新编21世纪心理学系列教材

心理学基础

第2版

白学军 主编

An Introduction to Psychology

中国人民大学出版社
· 北京 ·

内容简介

《心理学基础》是心理学的入门教材，通过系统地介绍人类心理活动的科学知识、科学概念和科学理论，使学生在初学阶段就能够理解科学心理学与常识心理学之间的区别。

本教材共分13章，以心理现象为主线，先介绍心理过程，再介绍个性心理。还设置了“心理发展”和“社会心理”两章，使读者能够科学地了解自己、他人和社会。本教材强调以下四点：第一，坚持辩证唯物主义和历史唯物主义，合理安排体系与架构；第二，启发学生思考，让学生带着问题学习；第三，充分反映中国学者的研究成果；第四，充分体现中国人的价值观和人生观。

本教材适合作为心理学/应用心理学专业的基础课教材，也可以作为其他相关专业学习心理学的入门教材，同时可供对心理学感兴趣的读者阅读参考。

主编简介

白学军　教授，博士生导师，天津师范大学副校长，教育部人文社会科学重点研究基地——天津师范大学心理与行为研究院院长。国务院学位委员会心理学科评审组成员，教育部高等学校心理学类专业教学指导委员会副主任，教育部高校学生心理健康教育专家指导委员会副主任，全国学生心理健康工作咨询委员会副主任委员，中国心理学会原理事长。教育部“新世纪优秀人才支持计划”人选，“新世纪百千万人才工程”国家级人选，全国文化名家暨“四个一批”人才，国家“万人计划”哲学社会科学领军人才，教育部“长江学者奖励计划”特聘教授，全国高校黄大年式教师团队带头人。享受国务院政府津贴。全国五一劳动奖章、首届全国教材建设奖一等奖获得者。天津市劳动模范，天津市教学名师，天津市杰出津门学者。《心理与行为研究》主编。

序

德国心理学家艾宾浩斯说过：心理学有一个漫长的过去，但只有一段短暂的历史。自从人类诞生以来，就产生了丰富的心理学思想。例如，在公元前500年左右，我国著名的思想家、教育家孔子就提出“性相近，习相远”的人本性发展的思想，提出“学而时习之，不亦乐乎”“学而不思则罔，思而不学则殆”的学习心理思想。

1879年，德国哲学家、心理学家冯特在莱比锡大学创建了世界上第一个心理学实验室，开始用实验的方法研究心理学问题，标志着科学心理学的诞生。一百多年来，心理学的研究领域不断扩大，心理学的分支学科不断增多。

现代科学技术的进步，为探讨人类心理奥秘提供了更多先进仪器设备和研究方法，特别是无创脑成像技术的发明和使用，如fMRI、MEG、PET、fNIRS、ERPs等技术的广泛使用，使我们可以对心理活动产生的物质基础——大脑，进行直观的观察，极大地提高了我们对人类心理奥秘的认识水平。

中国心理学的发展一直与世界心理学的发展是同步的。特别是党的十八大以来，在以习近平同志为核心的党中央坚强领导下，全国各族人民共同努力，在中国共产党成立一百周年之际，我国脱贫攻坚战取得了全面胜利。整个社会的物质生活极大地丰富，人民群众生活水平得到显著提高。我国社会的主要矛盾是人民日益增长的美好生活需要和不平衡不充分的发展之间的矛盾。人民群众对精神生活需要的满足越来越迫切。越来越多的人关注自身心理健康，主要体现在人们越来越愿意系统地学习心理学的基本知识、基本原理。各类大学纷纷开设心理学的入门课，让更多大学生接受科学心理学理论知识的教育。近年来的研究表明，我国大学生心理健康素养得到明显提升，与欧美发达国家高校学生的差距明显缩小。

习近平总书记提出，教育是国之大计、党之大计，深入实施科教兴国战略，加快教育现代化建设，确立到2035年建成教育强国的奋斗目标。新时代高等院校肩负着重要使命，即培养德智体美劳全面发展的社会主义建设者和接班人，培养一代又一代在社会主义现代化建设中可堪大用、能担重任的栋梁之才，确保党的事业和社会主义现代化强国建设后继有人。

为了让大学生更好地掌握科学心理学知识，避免伪（或非）科学心理学知识的消极影响，我们组织全国兄弟院校的教师共同编写了这部教材。在编写教材过程中，首先是坚持以习近平新时代中国特色社会主义思想为指导，坚持守正创新，系统收集国内外普通心理学教材，重点学习各教材的结构体系与体例。在此基础上，制定了本书的编写提纲和各章节的内容。其次，在教材内容撰写上，既要反映国内外经典的心理学理论、研究范式和研究成果，又注重在相关心理现象的论述中采用我国学者的研究成果，特别是中华优秀传统文化。这样做的目的有二：一是表明这些心理学理论和规律也适用于中国人，因为这些规律是以我们自己的人为研究对象得出的；二是改变心理学教材中言必称欧美的局面，增强学生的民族自豪感和自信心。最后，在每章内容开始前，以问题为导向，让读者带着问题来学习，这样一方面可激发学习者的兴趣和主动性，另一方面可促进学习者对知识、理论的理解。同时，教材中采用了许多中华优秀的经典故事，这些故事很好地反映了中华民族长期以来所认同的世界观、人生观和价值观。大学阶段正是一个人世界观、人生观和价值观定型的关键期，培养学生树立正确的世界观、人生观和价值观是教育的最重要目的。

本教材由我担任主编，12 位多年从事心理学教学和研究的教师参与编写，具体分工如下：第一章由天津师范大学白学军教授执笔，第二章由陕西师范大学王勇慧教授执笔，第三章由西安体育学院朱昭红教授执笔，第四章由西北师范大学康廷虎教授执笔，第五章由湖北师范大学岳鹏飞教授执笔，第六章由福建师范大学张锦坤教授执笔，第七章由湖南科技大学刘旭教授执笔，第八章由内蒙古师范大学侯友副教授执笔，第九章由云南师范大学陶云教授执笔，第十章由山东第二医科大学贾丽萍教授执笔，第十一章由山东泰山学院李芳教授执笔，第十二章由遵义师范学院朱海教授执笔，第十三章由天津师范大学王锦博士执笔。最后，由我对全书进行统稿。在这里，我要衷心感谢各位作者在撰写书稿中所付出的辛苦劳动。他们都是所在单位学术骨干力量，日常工作非常繁忙，但为了编写好本书，他们牺牲了自己节假日与家人团聚的时间，加班加点地工作，这种敬业精神值得鼓励。更难能可贵的是大家一遍遍地修改书稿，使内容不断趋于完善。

本书之所以能与读者见面，中国人民大学出版社编辑张宏学女士功不可没，她为本教材的顺利出版做了大量的、默默无闻的、辛苦的工作，特别是她的认真细致、精益求精的工作风格，令人钦佩，在此对她致以崇高的敬意！

面对正在迅猛发展的心理学科，每天都有新的心理学知识产生。我自己深感学识浅陋、水平有限。如果教材中还存在纰漏和不足，请大家不吝赐教。

白学军

2024 年 12 月 6 日

目录

第一章
概　论

【学习目标】

1. 什么是心理学？
2. 心理学的本质是什么？
3. 心理学的研究原则有哪些？
4. 心理学的代表性理论观点有哪些？

【章节导读】

你凭什么说我不知道呢？

两千多年前的一天，哲学家庄子和朋友惠施在濠水桥上散步，两人边走边谈。突然，他们为一件事争吵起来。请您阅读故事（《庄子与惠子游于濠梁》）的原文[①]：

> 庄子与惠子游于濠梁之上。庄子曰："鲦鱼出游从容，是鱼之乐也。"
>
> 惠子曰："子非鱼，安知鱼之乐？"
>
> 庄子曰："子非我，安知我不知鱼之乐？"
>
> 惠子曰："我非子，固不知子矣；子固非鱼也，子之不知鱼之乐，全矣！"
>
> 庄子曰："请循其本。子曰'汝安知鱼乐'云者，既已知吾知之而问我，我知之濠上也。"

用今天的话来说，其意思是：

庄子和惠子一起在濠水桥上游玩。庄子看着水里的鲦鱼说："鲦鱼游得悠然自得，它一定快乐啊！"

惠子问庄子："你不是鱼，怎么知道鱼的快乐呢？"

庄子反问惠子："你不是我，怎么知道我不知道鱼的快乐呢？"

惠子答道："我不是你，本来就不知道你；你本来就不是鱼，你不知道鱼的快乐，也是完全可以断定的。"

庄子说："请回到我们开头的话题。你问我怎么知道鱼的快乐，就说明

---

① 庄子．(2018)．庄子·秋水．见*全注全译老子·庄子*．北京：中国华侨出版社，638－639．

你很清楚我知道，所以才来问我从哪里知道的。而我是在濠水桥上知道的。”

请思考以下两个重要问题：

第一，人的心理是可知的吗？

第二，我们是怎样知道别人的心理的？

第一节　心理学的研究对象

一、心理现象

心理学研究的对象是心理现象。心理现象非常复杂且多样。通常人们认为，心理学既研究人的心理现象，又研究动物的心理现象；既研究个体的心理现象，又研究群体的心理现象。

（一）什么是心理学

心理学　研究心理现象及其规律的学科。

心理学（psychology）是研究心理现象及其规律的学科。

心理学的英语“psychology”一词来源于希腊文，是由“psyche”＋“logos”演化而来的词（《中国大百科全书》总编委会，2021）。其中，logos 的含义是研究关于什么的规律。psyche 的含义是心理、灵魂或精神，用字母 Ψ 表示，读作“sy”，源于古罗马神话中少女普绪喀（Psyche）和爱神丘比特（Cupid）相恋的故事。普绪喀经历很多磨难，最后终于和丘比特结为夫妻，成为灵魂、精神和生命之神。后来，psyche 演化为词根 psyche-。因此，psychology 最初的含义是关于灵魂的科学。

学术前沿

心理学的各种形式的表达

心理学的研究对象最早的说法是灵魂，后来改为心灵（mind），即心理学是对心灵的研究，又称心灵哲学（philosophy）。到 19 世纪初，德国哲学家、教育学家 J. F. 赫尔巴特（J. F. Herbart）才首次提出心理学是一门科学。在中国，“mind”一词有不同的翻译，如心理、心智、精神、意识、思想、思维等。

资料来源：《中国大百科全书》总编委会．(2021)．*中国大百科全书：心理学*（第 3 版)．北京：中国大百科全书出版社．

随文提问：你是如何理解“心理”一词的?

现代心理学主张，心理现象包括心理过程和个性心理。其中，心理过程是共性的东西，每个人都会有；个性心理是个性化的东西，人与人之间会存在差异。

（二）心理过程和个性心理

1. 心理过程

心理过程由认知过程、情绪过程和意志过程构成。

认知过程是人对客观现实的反映。反映的水平从低级到高级依次是感觉、知觉、记忆、想象、思维和言语等。

感觉是人脑对客观事物个别属性或个别特征的反映，它是人对事物的直接认识。在某种条件下，感觉是听到物体发出的声音，看到事物的明或暗，嗅到事物的香味或臭味，等等。例如，玫瑰花是红色的。

知觉是人脑对客观事物整体属性的反映。它是多种感觉经验与个体已有知识经验的有机结合，如香蕉就是形、色和味三者的组合，即：形状像月牙，颜色是黄的，味道有水果的香甜。因此，在知觉过程中，个体的知识经验起到重要的作用。

图 1－1 2012 年龙年邮票

感知过的事物保留在头脑中，在一定的条件下再认或再现出来，就是记忆。因此，记忆是对过去所遇到的客观事物的反映，是由记到忆的过程。如在考试时，学生需要回忆起课堂上或教材中相关的概念、原理。

想象是人脑根据已知形象形成新形象的过程。例如，中国人心目中的“龙”就是由多种动物构成的新形象，如图 1－1 所示。

具体来说：龙，其头似驼，角似鹿，眼似兔，耳似牛，项似蛇，腹似蜃，鳞似鲤，爪似鹰，掌似虎。

思维是人脑对客观事物的概括和间接的反映。通过思维，人可根据已知的事物来推断未知的事物。例如，已知金属（如铜）具有导电性，新发现一种金属元素（如铂），则可推断由其构成的物质应具有导电性。

言语是人利用语言符号和语言规则进行的交际过程。语言与言语是不同的。语言是指话，例如英语、俄语、汉语。言语是指说。

随文提问：如何理解盲人摸象的故事？

情绪过程是人脑对客观事物是否满足自身物质和精神需要产生的态度体验。情绪是人对客观事物要求的反映。例如，一个人在通过努力获得成功后，会感到愉快、高兴；两者关系不和谐时，人就会产生消极体验；若一个人付出巨大努力，但是最后没有成功，会引发其愤怒、悲伤的情绪。我们的祖先将人的情绪分为喜、怒、哀、乐、爱、恶、惧七种基本形式。美国心理学家埃克曼则将情绪分为喜悦、愤怒、悲伤、恐惧、厌恶、惊奇六种形式。

意志过程指个体自觉地确定目的、制订计划、克服困难和实现预定目标的心理过程。一个人克服的困难越大，意志越坚强，越能实现伟大的目标。

学术前沿

人的情绪具有多样性

加利福尼亚大学伯克利分校的研究人员发现：人有27种不同的情绪。考恩（A. Cowen）在《美国国家科学院院刊》上发表了其研究成果。他招募了800多名被试观看30部短片，同时记录被试的情绪且要求每个人对自己的感受进行排序。这些短片的内容包括婴儿、婚礼、死亡、蜘蛛、性行为、自然灾害等。

第一组的任务是自由地报告他们所感受到的情绪。结果发现，他们的回答反映了一系列丰富而微妙的情绪状态，包括钦佩、崇拜、美学欣赏、娱乐、焦虑、敬畏、尴尬、无聊、冷静、困惑、渴望、厌恶、共情、兴奋、妒忌、入迷、恐惧、震惊、感兴趣、快乐、怀旧、浪漫、悲伤、满足、欲望、同情和胜利共27种。

第二组的任务是针对第一组所提出的情绪，按照视频带来的情绪强烈度排序。结果发现，被试所经历的情绪是一致的，超过一半的被试对每个视频都有相同的情绪体验。

第三组的任务是将他们的情绪体验用数字1～9的形式进行量化。

根据前两组被试的回答，研究人员准确预测了第三组的排序情况。研究表明，这些被试在观看视频的时候，其情绪有27种之多。

资料来源：科普中国网．（2017－09－08）．*研究人员发现人的情绪有27种类型*. https：//www.kepuchina.cn/yc/201709/t20170908_223609.shtml.

在现实生活中，人的认知过程、情绪过程和意志过程是紧密联系、相互作用的。一方面，人的情绪过程和意志过程受认知过程的影响。例如，“知之深，爱之切”就说明认知过程对情绪过程的影响。例如，夏明翰（1900—1928）烈士的《就义诗》“砍头不要紧，只要主义真。杀了夏明翰，还有后来人”正说明了认知过程对意志过程的影响。另一方面，情绪过程和意志过程也影响认知过程。积极的情绪促进人的认知过程，深化人的认识；消极的情绪则阻碍人的认知过程。坚强的意志能帮助人们克服困难，深化人们的认知过程；而遇到困难就逃避，则会使人的认知浅尝辄止。同样，情绪过程和意志过程也是密切联系的。情绪既可成为意志行为的动力，也可成为意志行为的阻力，而人通过意志可调节、控制自己的情绪。

随文提问：结合《攻关》一诗的内容，如何理解情绪过程和意志过程对认知过程的影响？

伟大的无产阶级革命家、政治家、军事家叶剑英元帅，为迎接将要召开的第一次全国科学大会（1978年），写《攻关》诗表示祝贺。

攻 关

叶剑英

攻城不怕坚，攻书莫畏难。
科学有险阻，苦战能过关。

2. 个性心理

个性心理是个人多种心理特点的独特结合，是个人经常且稳定地表现出来的心理特点。个性心理包括个性心理特征和个性倾向性两部分。

个性心理特征包括能力、气质和人格。能力是影响心理活动效率的基本因素。能力也是人在获得和应用知识的过程中或完成某种活动过程中表现出来的一种心理特性。能力是造成人与人之间的差异的重要因素之一。例如，有人计算能力强；有人记忆力超强，能过目不忘；有人分析判断能力强；等等。

气质是个人与生俱来且与他人不同的稳定的心理特征。气质是那些不依赖于内容和动机，在任何时间和空间条件下都能稳定表现出来的心理动力特点。一个人的气质在胎儿期就有表现。例如，那些报告自己腹中胎儿胎动次数较多的母亲，她们的孩子出生后，其哭声更响亮；那些报告自己腹中胎儿胎动次数较少的母亲，她们的孩子出生后，其哭声比较弱。俗话说“江山易改，秉性难移”，即就气质来说的。

人格是个人区别于他人的心理特征的总和，表现在一个人的活动风格上。人格决定命运，其实是指当一个人养成良好的人格特征，如勤劳、诚实、勇敢、谦虚时，其在生活中就会受欢迎，因而有好的命运。

个性倾向性是推动个人活动的动力系统，是个性心理中最活跃的因素。个性倾向性决定个人对周围事物的认识和态度，决定其追求的目标。个性倾向性主要包括需要、动机和价值观。需要是个性倾向性的基础。每个人的需要都不一样，如生理需要、安全需要、交往需要和成就需要等。个体的一切行动都是在其内部动力推动下进行的，这种推动个体活动并使活动朝向一定目标的内部动力就是动机。动机的基础是个人的各种需要。对个人来说，什么最重要？想要过怎样的生活？这些是由价值观所支配的。价值观是支配个体评价和衡量行为好坏、对错的心理倾向性。因此，正确的价值观对个人发展非常重要。

二、心理的本质

坚持马克思主义基本原理是揭示心理现象本质的指导思想（白学军，等，2023）。唯物主义者指出，心理现象或精神现象是大脑的机能，是对外部世界的反映。这一观点是对心理本质的科学概括和总结。

（一）心理是大脑的机能

恩格斯认为，我们的意识与思维，不管它怎样好像是超感觉的东西，总是物质实体器官的产物，即人脑的产物。① 列宁指出，心理的东西、意识等等是物质（即物理的东西）的最高产物，是叫作人脑的这样一块特别复杂的物质的机能。② 这一观点已被科学研究证实。

例如，1831 年巴黎郊外的一家医院来了一位 21 岁的男性患者，他得了一种不能说话的病。1861 年 4 月 12 日，该患者因病找到外科医生布洛卡（P. Broca），布洛卡医生用 5 天时间对该患者进行了仔细检查，发现其喉头肌肉和发音器官是正常的，不影响其正常地说话，也没有其他瘫痪的症状会妨碍其发音。患者很聪明，能借助符号来进行交际，就是不能说话。4 月 17 日，患者去世，布洛卡医生当天对患者大脑进行解剖，在肉眼水平上就能发现患者第三额叶后部、靠近大脑外侧裂处有一块区域坏死了。后人为了纪念

---

① 解放社编．(1963)．*马克思 恩格斯 列宁 斯大林 思想方法论*．北京：人民出版社，174.

② 列宁．(2012)．*列宁选集：第 2 卷*（第 3 版）．北京：人民出版社，170.

布洛卡医生的这一发现，将该区域命名为布洛卡区。如果该区域有病变，则虽然患者能阅读、理解、书写，也知道自己想说什么，但就是存在发音困难，说话缓慢且费力。布洛卡区损伤会导致个体运动性失语症，即言语不自然、不流利和发音不清晰。1874年，德国科学家威尔尼克（C. Wernicke）还发现，大脑颞叶与顶叶交界区域的主要功能是分辨语音，形成语义。如果该区域受损，虽然患者能说出语法正确的句子，但是句子没有任何意义。为纪念威尔尼克的发现，该区域被命名为威尔尼克区。具体如图1-2所示。

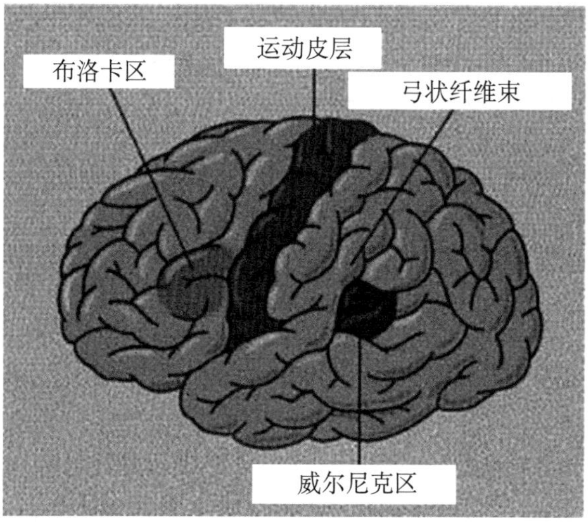

图1-2　布洛卡区和威尔尼克区

有研究发现，杏仁核可能是恐惧情绪加工的关键中枢。相比愤怒等其他情绪面孔，恐惧刺激可以更大程度上激活杏仁核（LeDoux，2003）。

总之，心理是大脑的功能。

（二）心理是大脑对客观现实的反映

心理是大脑对客观现实的反映。虽然有人出生时大脑是正常的，但是在成长的过程中，他们脱离了正常的社会环境，结果导致其心理发展水平很低。

心理学与生活

狼孩的故事

1920年10月，辛格（J. A. L. Singh）牧师在印度加尔各答的丛林中发现两个由狼哺育的女孩。他请人将这两个狼孩抓获。年龄大的女孩约8岁，年龄小的女孩约1岁半。辛格把年龄大的女孩叫卡玛拉（Kamala），年龄小的女孩叫阿玛拉（Amala）。当她们初次被带到孤儿院时，其生活习惯如同野兽一样。具体特征是：不会用双脚站立，只能用四肢走路；害怕日光，在太阳光下会不断地眨眼；习惯在黑夜里看东西；白天经常睡觉，晚上很活泼；在晚上10点到凌晨3点之间，会发出尖叫声；听不懂人话，也发不出人类的音节；不会用手拿东西，吃起东西时狼吞虎咽，喝水也和狼一样用舌头舔；天太热时，张着嘴，伸出舌头来，像狗一样喘气；不愿洗澡，也不肯穿衣服，随地大小便。

辛格牧师对她们耐心抚养和教育，年龄小的阿玛拉比年龄大的卡玛拉发展快些。进入孤儿院2个月后，她们口渴时，开始会说“水”。但阿玛拉入院不到1年，便去世了。卡玛拉用了25个月才说出第一个词“ma”；4年后共学会6个词；7年后学会45个词，并能说出用3个词组成的句子。进入孤儿院2年8个月后，卡玛拉才会用两脚站起来；5年多才会用两脚走路，但其跑步时又会用到四肢。卡玛拉一直活到17岁，其智力只相当于三四岁正常儿童的水平。

资料来源：辛格．(1982)．*狼孩*（陈甦新，李青编译)．长春：吉林人民出版社．

如果不接受正规教育，即使出生时很正常的人，在遗传上有很大的潜力，也会随年龄增长而变得平庸。这方面最典型的例子之一是王安石所写的《伤仲永》一文的主人公方仲永（引自徐柏容，郑法清，2006)。

伤仲永

王安石

金溪民方仲永，世隶耕。仲永生五年，未尝识书具，忽啼求之。父异焉，借旁近与之，即书诗四句，并自为其名。其诗以养父母、收族为意，传一乡秀才观之。自是指物作诗立就，其文理皆有可观者。邑人奇之，稍稍宾客其父，或以钱币乞之。父利其然也，日扳仲永环谒于邑人，不使学。

余闻之也久。明道中，从先人还家，于舅家见之，十二三矣。令作诗，不能称前时之闻。又七年，还自扬州，复到舅家问焉。曰：“泯然众人矣。”

王子曰：仲永之通悟，受之天也。其受之天也，贤于材人远矣。卒之为众人，则其受于人者不至也。彼其受之天也，如此其贤也，不受之人，且为众人；今夫不受之天，固众人，又不受之人，得为众人而已耶？

译文：

金溪有个叫方仲永的人，家中世代以耕田为业。方仲永长到五岁时，不曾见过书写工具。忽然有一天，方仲永哭着索要这些东西。他的父亲对此感到诧异，就向邻居把那些东西借来给他。方仲永立刻写下了四句诗，并题上自己的名字。这首诗以赡养父母和团结同宗族的人为主旨，供全乡的秀才观赏。从此，每当方仲永被指定事物作诗时，其立刻就能完成，并且诗的文采和道理都有值得欣赏的地方。同县的人们对此都感到非常惊奇，渐渐地都以宾客之礼对待他的父亲，有的人花钱求取方仲永的诗。方仲永父亲认为这样有利可图，就每天带着方仲永，四处拜访同县的人，不让他学习。

我听说这件事很久了。明道年间，我曾跟随先父回到家乡，在舅舅家见到方仲永，那时他已经十二三岁了。我叫他写诗，但其诗已经不能与从前的名声相称。又过了七年，我从扬州回来，再次到舅舅家去，问起方仲永的情况，舅舅回答说：“他的才能消失了，和普通人没有什么区别了。”

王安石对此事非常感慨，说：方仲永最终成为一个平凡的人，是因为他后天所受的教育跟不上。像方仲永这样天资很好，但没有受过正常的教育，都会变成平凡的人。对于那些天资本来就一般的人，如果不接受教育，他们会发展成什么样呢？

随文提问：你对王安石最后一段话是什么看法？

三、心理学的学科性质

（一）心理学是一门交叉学科

从心理的本质来看，心理是脑的机能。因此，心理学家要像自然科学家那样，借用各种实验仪器研究心理的神经生物学基础，探讨有关心理活动的生理基础和机制。

例如，诺贝尔奖获得者、美国神经科学家斯佩里（R. Sperry）将癫痫病患者的胼胝体切断后（即患者变成了裂脑人），通过实验发现裂脑人与正常人有许多不一样的行为特征。例如，裂脑人可以完成正常人无法完成的任务，如一手画方、一手画圆。给裂脑人的右眼呈现一个物体，他能够说出物体的名称；但将物体放在裂脑人的左眼前，他却不能够说出物体的名称，只能说出物体的形状。这些结果表明，大脑左半球负责加工语言信息，大脑右半球负责加工形状信息。

心理学家与人工智能专家合作，在计算机上模拟人类的行为。例如，1997 年 5 月 11 日，IBM 公司的超级电脑“深蓝”击败了国际象棋世界冠军卡斯帕罗夫。“深蓝”曾于 1996 年 2 月 10 日首次挑战卡斯帕罗夫，但惨遭失败。其后，IBM 公司对“深蓝”做了改良，其终于获胜。没过多久，IBM 宣布“深蓝”在棋坛退役。所以，卡斯帕罗夫想再找“深蓝”一战也未能如愿。

心理学研究人在进行社会活动时的心理和行为，因此也属于社会科学。马克思曾经指出，人就其本质而言是一切社会关系的总和。每一个人都是社会中的人，不可能单独往来，总是要与其他社会成员发生各种联系，形成多样化的社会关系，如父子关系、母子关系、夫妻关系、师生关系、上下级关系等，从而产生了不同的社会心理现象，如从众、社会偏见、风俗习惯等。

随文提问：为什么不同地方的人，他们的行为习惯各异？

社会文化对人的心理也会产生影响。例如，西方社会以个人主义文化为主，东方社会以集体主义文化为主。前者强调个人的作用，后者强调集体的作用。典型的例子是奥本海默和邓稼先两人的故事。他们分别是美国和中国原子弹计划的领头人，可是他们的性格和为人却截然不同。奥本海默 20 多岁的时候在德国哥廷根做玻恩的研究生。玻恩在他晚年所写的自传中说，奥本海默常在别人做学术报告时（包括玻恩做学术报告时）打断报告，走上讲台拿起粉笔说：“这可以用下面的办法做得更好……”奥本海默说一不二、锋芒毕露、直率急躁的行为风格，使其能成功地领导美国原子弹研究计划。邓稼先则忠厚朴实、身先士卒、谦虚谨慎、遇事与人商量，他领导了中国原子弹的研究计划。后来有人说，如果这两个人换一下，则都不可能成功。

学术前沿

东西方文化对人心理的影响

维度	东方人	西方人
道德范畴	更强调忠诚和圣洁	更强调关爱和公平

续表

维度	东方人	西方人
不道德的理解	更多将不道德与不文明联系起来	更倾向于从是否包含伤害元素角度来判断与衡量不道德程度
做出不道德行为的情绪	羞耻感	罪恶感
两难道德情境的选择	更倾向于关系伦理	更倾向于公正伦理

资料来源：胡晓檬，喻丰，彭凯平．(2018)．文化如何影响道德？文化间变异、文化内变异与多元文化的视角．*心理科学进展，26 (11)*．

人是社会的成员，其心理是在社会的影响下发展起来的，所以每个人的心理具有社会制约性。一个人生活的社会环境不同，阶层地位不同，其心理活动的水平也不同。鲁迅在其《"硬译"与"文学的阶级性"》一文中就清晰地描述了这一现象："……穷人决无开交易所折本的懊恼，煤油大王那会知道北京捡煤渣老婆子身受的酸辛，饥区的灾民，大约总不去种兰花，像阔人的老太爷一样，贾府上的焦大，也不爱林妹妹的。"这些都说明心理学的研究又具有社会科学的性质。

总之，心理学既属于自然科学又属于社会科学，是一门交叉学科。

（二）心理学是认知科学的主干学科

认知科学 研究人类的认知和智力的本质和规律的科学。

认知科学（cognitive science）是研究人类的认知和智力的本质和规律的科学。其研究范围为包括知觉、注意、记忆、动作、语言、推理、决策、思维、意识乃至情感、动机在内的各个层次和方面的人类认知和智力活动。认知科学的一个重要特点是具有高度的跨学科性，是在心理科学、计算机科学和信息科学、神经科学和脑科学、科学语言学、比较人类学和进化相关科学、其他多门基础科学和数学、科学哲学乃至其他多门社会科学的交界面上涌现出来的新兴科学。

心理学是认知科学的主干学科。这是因为认知心理学与认知科学在研究方向上是一致的，范围上有共同之处，认知心理学对认知科学有重要作用。2016 年 3 月，国家发布了"十三五"规划纲要，将"脑科学与类脑研究"列为国家重大科技项目，标志着"中国脑计划"的全面展开。2018 年，中国脑科学"地区性计划"分别启动，北京和上海在当地政府的大力支持下，分别于同年 3 月和 5 月成立脑科学与类脑研究中心。2021 年 9 月，伴随着中华人民共和国科学技术部（简称科技部）发布《科技创新 2030—"脑科学与类脑研究"重大项目 2021 年度项目申报指南》，酝酿 5 年多的"中国脑计划"宣布正式启动。"中国脑计划"以"脑认知功能解析"为核心，以"理解脑、修复脑、模拟脑"为目标，确定了"一体两翼"的发展战略。

名家观点

认知科学的三大基石

是什么奠定了认知科学不可替代的学科地位？中国科学院院士陈霖认为是认知变量、

认知实验范式和脑认知成像。

（1）认知变量是适合描述人类认知精神世界的变量。研究任何一种过程，首先必须回答一个问题：这种过程操作的基本单元（变量）是什么？每门基础科学都有其特定的基本单元，例如高能物理学的基本粒子、遗传学的基因。研究发现，认知基本单元不像是计算理论的符号，也不像是信息论的比特。在短时记忆研究中，米勒（G. Miller）提出了“组块”的概念。组块这一基本单元的重要性在于，它不是借用于物理科学或信息科学，不是来源于物理的逻辑和计算的分析，而是来源于认知科学的实验发现，是适合描述认知精神世界的基本变量。

（2）认知实验范式是适合研究认知过程的科学实验方案。认知研究面临的一个主要挑战是实验结果的多种可能解释。一个直接的原因是认知科学实验的输入和输出因素、外在和内在因素，并不都是可见和可控的。这样的困难反映了认知精神世界较之物质世界本质不同的复杂性。认知科学的一项重大使命是，发展研究认知精神世界特有的科学方法论。认知实验范式对解决多种可能解释的困难、对推动发展认知研究特有的科学方法论，具有重要而实际的作用。认知科学的一个主要研究内容是设计研究认知的实验范式。通过实验范式的设计，针对不同的认知问题，操控各种变量和条件，对照排除不可见因素，分离相互混淆的因素，揭示超越常识的现象和机制。

（3）脑认知成像不是指成像技术，而是有关“什么是大脑”的一种研究路线和哲学思想。脑认知成像研究定位各个脑区的认知功能及其相互联系。较之认知实验范式，脑认知成像是解决多种可能解释困难的又一重要途径。脑认知成像揭示的各个脑区的神经表达，为我们克服多种可能解释的困难提供了基本的生物学约束。脑认知成像被看成一大基石，因为它不可替代地带来对大脑认知功能和机制的崭新认识。典型的例子是默认网络的发现：大脑在没有外界刺激的状态下存在一个反映大脑基本功能的网络。更重要的是，有关大脑主要功能的传统观点可能是片面的，与刺激无关的内生性活动才是大脑的基础功能。以功能磁共振为代表的各种成像技术的发明，使人类第一次可以直接无创地“看到”大脑的认知活动。

资料来源：陈霖.（2017）. 认知科学的三大基石. *中国科学基金，31（3）*.

第二节　心理学的任务

一、心理学的目标

心理学家与其他科学家一样，从事科学研究的目标是描述、解释、预测、控制心理活动。

（一）描述

观察是心理学的首要任务。心理学家要想揭示心理的本质，就必须对观察对象的行为进行仔细的、系统的观察。因此，心理学研究中将观察所得结果称为行为数据，即对个体的行为和行为发生时的环境的观察记录。

描述分直接描述和间接描述两种。直接描述是直接呈现观察对象的心理和行动。在《三国演义》中是这样描述关羽形象的：身长九尺，髯长二尺；面如重枣，唇若涂脂；丹凤眼，卧蚕眉，相貌堂堂，威风凛凛。间接描述是间接呈现观察对象的心理活动和行为。例如，心理学家用 IQ 得分的高低来描述一个人的聪明程度。如果一个人的 IQ 得分大于 140，表明其非常聪明；如果一个人的 IQ 得分小于 60，表明其非常不聪明。

虽然描述为我们提供了“是什么”的答案，但是它却无法回答“为什么”这个重要的问题。为什么有许多家长希望自己的孩子成才？为什么成功人士中男性更多？当人们感到不舒服时，为什么会变得更有攻击性呢？在紧急情况下，为什么旁观者伸出援助之手较困难？

（二）解释

解释是对所观察现象的本质加以说明。解释常常意味着我们可以陈述一种行为产生的原因。心理学家提出的许多理论，就是对某些心理现象之间因果关系的解释。解释就是对行为产生的原因加以说明，即回答“为什么”这个问题。

心理学与生活

张桂梅坚守梦想无私奉献的故事

2007 年，时任云南丽江华坪县儿童福利院院长的张桂梅有一个梦想：建一所免费女子高中，让贫困山区的女孩都能读高中、考大学，阻断代际贫困。2008 年 9 月，在当地党委和政府的支持下，在社会各界的援助下，全国第一所免费女子高中——丽江华坪女子高级中学开学了。十几年来，在校长张桂梅率领的教师团队的努力下，丽江边远山区的 2 000 多名女孩从华坪女子高中毕业，圆了大学梦。2022 年，身为党的二十大代表的张桂梅的梦想是：希望山里的孩子，不管是男孩女孩，想读什么书就能读什么书！希望山里孩子与城里孩子的教育同步！学校创立前，许多初中毕业的山区女孩因为家庭贫困上不了高中，被迫去打工或者早婚。华坪女子高中为她们敞开了校门，使她们能免费读书，生活上还可以得到学校的资助。走进华坪女子高中的女孩命运由此改变，与贫困渐行渐远。许多学生家长自豪地说：“我的孩子在女高读书不要钱！”华坪县地处边远山区，女子高中难以吸引高质量的教师人才，靠什么和城里的学校和学生比拼？张桂梅校长说出华坪女子高中的成功秘诀：“我们从红色教育中汲取坚守和奉献的力量。”

资料来源：张勇 .（2022 - 10 - 09）. 张桂梅：坚守梦想 无私奉献 . *光明日报*.

张桂梅校长用无私奉献精神，坚守梦想，永不放弃，建成华坪女子高中，帮助 2022 年毕业的 142 名学生全部考上大学，帮助这些学生及其家庭实现了大学梦。是什么原因让张桂梅这样做呢？一是责任和使命。张桂梅说：“我是共产党员，只要我还有一口气，就会为党育人、为国育才，让大山里的孩子们成为合格的社会主义接班人！”二是心有大爱。张桂梅被女孩子们亲切地称为“张妈妈”，她像一束希望之光，照亮孩子们的追梦人生。三是坚韧执着的拼搏和无私奉献。张桂梅常年坚持家访，行程 11 万多千米，覆盖学生1 300 多名，为学校留住了学生，为学生留住了用知识改变命运的机会。她吃穿用非常简朴，对自己近乎“抠门”，却把工资、奖金捐出来，用在教学和学生身上。

（三）预测

预测是指准确预测个体行为的能力。因为张桂梅校长一心想为党育人、为国育才，认为只有受教育才能改变女孩子的命运，才能阻断家庭的代际贫穷，所以她常年家访。

当然，在日常生活中，预测人的心理或行为是一件很困难的事。这主要是因为，影响人的心理或行为的因素不仅包括环境因素（温度、照明）、生理因素（身体是否健康、生理周期是否正常），还有心理因素（情绪、态度、过去的经验和人格）。其中，环境因素和生理因素相对来说容易控制，而心理因素比较难以控制。

（四）控制

控制是让个体的行为发生或不发生。张桂梅校长的华坪女子高中之所以能够成功，且有越来越多的学生考入大学，圆了自己的大学梦，一方面源自张桂梅校长身上的“坚韧、执着、拼搏”精神，另一方面源自她做的事是“好事”“善事”，是正义的事，因此得到了党和政府以及社会爱心人士的大力支持。

二、心理学的领域

（一）心理学家工作的场所

随文提问：你心目中的心理学家应该是什么样子的?

1892 年 7 月，美国心理学会（American Psychological Association，APA）在克拉克大学成立，共有会员 31 人，且全部为白人男性。现在，APA 会员中有一半是女性，且其他种族的会员也不断增加。到 1998 年底，APA 有 15 万多名来自世界各国的会员。其会员中只有 20%的人从事科研工作，大约 70%的会员在与临床或健康相关的机构工作。由于 APA 已经不再像当初建立时聚焦于科研，于是 1988 年，450 名心理学科研工作者组建了美国心理学协会（American Psychological Society，APS），他们希望 APS 聚焦于正在从事心理学科研活动人员的特殊需要。2006 年，APS 改名为心理科学协会（Association for Psychological Science）。APS 发展非常迅速，到 2014 年会员达 1.2 万人（夏克特等，2016）。

从 1959 年到 2010 年，APA 调查发现获得心理学博士学位的女性人数比例从 15%增长到 70%，获得心理学博士学位的少数族群人数比例也从极小比例增长到 24%。

1999 年，APA 对获得博士学位的会员进行调查，结果发现有 33.9%的人是在学术机构工作，在独立机构中工作的占 22.0%，其他人则在与人们生活密切相关的部门工作。具体如图 1-3 所示。

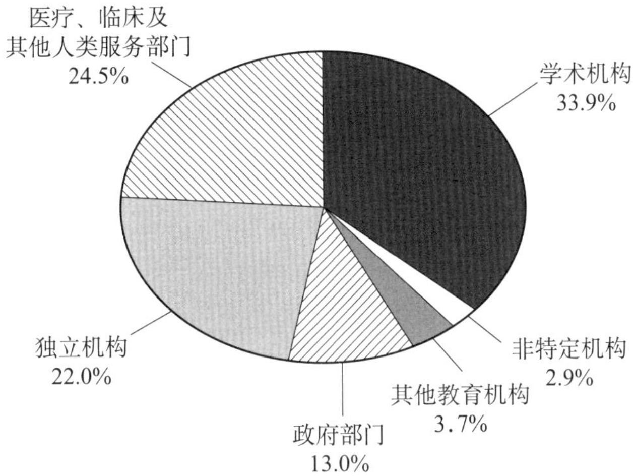

图 1-3 心理学家工作的场所

2000 年，APA 对在美国大学的心理学系或研究机构攻读心理学博士学位的研究生所学专业进行调查，结果发现：在 1998—1999 年几乎一年的时间里，有 47.4%的人攻读的专业是临床心理学，咨询心理学专业是 8.5%，实验与生理心理学专业是 7.9%，教育与学校心理学专业是 7.5%，发展心理学专业是 5.7%，普通、社会和人格心理学专业是 5.3%，工业和组织心理学专业是 4.8%，认知心理学专业是 4.4%，其他专业是 8.5%。

（二）心理学的分支

当代心理学是一个庞大的学科体系，这一点可以从美国心理学会下设二级分会和中国心理学会下设二级分会看出。

美国心理学会现在共有 53 个专业分会（取消了第 4、第 11 和第 23 分会，但后面的编号没有变化），具体如表 1-1 所示。

表 1-1 美国心理学会下设的 53 个专业分会

编号	专业分会
1	Society for General Psychology and Interdisciplinary Inquiry（普通心理学和跨学科探究学会）
2	Society for the Teaching of Psychology（教学心理学学会）
3	Society for Experimental Psychology and Cognitive Science（实验心理学和认知科学学会）
5	Quantitative and Qualitative Methods（定量和定性方法学会）
6	Society for Behavioral Neuroscience and Comparative Psychology（行为神经科学和比较心理学学会）
7	Developmental Psychology（发展心理学学会）
8	Society for Personality and Social Psychology（人格与社会心理学学会）
9	Society for the Psychological Study of Social Issues（SPSSI）（社会问题的心理学研究学会）
10	Society for the Psychology of Aesthetics，Creativity and the Arts（美学、创造力和艺术心理学学会）
12	Society of Clinical Psychology（临床心理学学会）
13	Society of Consulting Psychology（咨询心理学学会）

续表

编号	专业分会
14	Society for Industrial and Organizational Psychology（工业和组织心理学学会）
15	Educational Psychology（教育心理学学会）
16	School Psychology（学校心理学学会）
17	Society of Counseling Psychology（心理咨询学会）
18	Psychologists in Public Service（公共服务心理学家学会）
19	Society for Military Psychology（军事心理学学会）
20	Adult Development and Aging（成人发展与老龄化学会）
21	Applied Experimental and Engineering Psychology（应用实验和工程心理学学会）
22	Rehabilitation Psychology（康复心理学学会）
24	Society for Theoretical and Philosophical Psychology（理论与哲学心理学学会）
25	Behavior Analysis（行为分析学会）
26	Society for the History of Psychology（心理学史学会）
27	Society for Community Research and Action：Division of Community Psychology（社区研究和行动学会：社区心理学分会）
28	Society for Psychopharmacology and Substance Use（精神药理学和物质使用学会）
29	Society for the Advancement of Psychotherapy（心理治疗促进学会）
30	Society of Psychological Hypnosis（心理催眠学会）
31	State，Provincial and Territorial Psychological Association Affairs（州、省和地区心理事务学会）
32	Society for Humanistic Psychology（人本主义心理学学会）
33	Intellectual and Developmental Disabilities/Autism Spectrum Disorder（心智发育迟滞和发展障碍/自闭症谱系障碍学会）
34	Society for Environmental，Population and Conservation Psychology（环境和人口保护心理学学会）
35	Society for the Psychology of Women（女性心理学学会）
36	Society for the Psychology of Religion and Spirituality（宗教和灵性心理学学会）
37	Society for Child and Family Policy and Practice（儿童和家庭政策与实践学会）
38	Society for Health Psychology（健康心理学学会）
39	Society for Psychoanalysis and Psychoanalytic Psychology（精神分析学会）
40	Society for Clinical Neuropsychology（临床神经心理学学会）
41	American Psychology-Law Society（法律心理学学会）
42	Psychologists in Independent Practice（独立执业心理学家学会）
43	Society for Couple and Family Psychology（夫妻与家庭心理学学会）
44	Society for the Psychology of Sexual Orientation and Gender Diversity（性取向和性多样性心理学学会）
45	Society for the Psychological Study of Culture，Ethnicity and Race（文化和少数族群心理研究学会）
46	Society for Media Psychology and Technology（媒体和技术心理学学会）
47	Society for Sport，Exercise and Performance Psychology（体育、训练和绩效心理学学会）

续表

编号	专业分会
48	Society for the Study of Peace，Conflict，and Violence：Peace Psychology Division（和平、冲突和暴力研究学会：和平心理学分会）
49	Society of Group Psychology and Group Psychotherapy（团体心理学和团体心理治疗学会）
50	Society of Addiction Psychology（成瘾心理学学会）
51	Society for the Psychological Study of Men and Masculinities（男性和男性化心理研究学会）
52	Society for Global Psychology（国际心理学学会）
53	Society of Clinical Child and Adolescent Psychology（临床儿童和青少年心理学学会）
54	Society of Pediatric Psychology（儿科心理学学会）
55	Society for Prescribing Psychology（处方心理学学会）
56	Trauma Psychology（创伤心理学学会）

说明：各分支机构名并非固定不变，表中所示为截至本书出版时美国心理学会网站上的机构名。

中国心理学会是中国心理学工作者最大的学术组织，成立于1921年。到2025年初，中国心理学会下设13个工作委员会、46个专业委员会和2个期刊编委会，具体如表1-2所示。

表1-2 中国心理学会的分支机构

编号	分支机构
一	**工作委员会**
1	学术工作委员会
2	国际学术交流工作委员会
3	心理学普及工作委员会
4	心理学教学工作委员会
5	心理危机干预工作委员会
6	青年工作委员会
7	心理服务标准化工作委员会
8	出版工作委员会
9	临床心理学注册工作委员会
10	员工心理促进工作委员会
11	心理服务机构工作委员会
12	心理咨询师工作委员会
13	心理学行业立法推进工作委员会
二	**专业委员会**
1	教育心理专业委员会
2	发展心理专业委员会
3	理论心理学与心理学史专业委员会
4	普通心理和实验心理专业委员会
5	工业心理专业委员会
6	医学心理专业委员会

续表

编号	分支机构
7	生理心理专业委员会
8	体育运动心理专业委员会
9	法律心理学专业委员会
10	学校心理专业委员会
11	心理测量专业委员会
12	社会心理学专业委员会
13	临床与咨询心理学专业委员会
14	特殊职业心理学专业委员会
15	人格心理学专业委员会
16	工程心理学专业委员会
17	决策心理学专业委员会
18	老年心理学专业委员会
19	民族心理学专业委员会
20	护理心理学专业委员会
21	语言心理学专业委员会
22	社区心理学专业委员会
23	网络心理专业委员会
24	情绪与健康心理学专业委员会
25	心理学脑成像专业委员会
26	音乐心理学专业委员会
27	眼动心理研究专业委员会
28	心理学质性研究专业委员会
29	认知神经科学专业委员会
30	心理学与社会治理专业委员会
31	文化心理学专业委员会
32	经济心理学专业委员会
33	积极心理学专业委员会
34	康复心理学专业委员会
35	校园欺凌与暴力防治专业委员会
36	行为与健康心理学专业委员会
37	时间心理学专业委员会
38	婚姻家庭心理与咨询专业委员会
39	正念心理学专业委员会
40	学习心理专业委员会
41	神经心理学专业委员会
42	管理心理学专业委员会
43	环境心理学专业委员会

续表

编号	分支机构
44	家庭教育心理专业委员会
45	女性与生育心理学专业委员会（筹）
46	心智过程与建模专业委员会（筹）
三	**期刊编委会**
1	《心理学报》编委会
2	《心理科学》编委会

说明：各分支机构名并非固定不变，表中所示为截至本书出版时中国心理学会网站上的机构名。

（三）心理学的学科范围

在我国，目前心理学主要包括13个学科方向（国务院学位委员会第六届学科评议组编，2013），具体如下。

1. 基础心理学

基础心理学是研究一般的心理现象与规律的学科。主要研究内容包括心理的实质及神经机制、感觉与知觉、意识与注意、学习与记忆、思维与言语、情绪与意识、个性（人格）心理特征与个性（人格）倾向性等。

2. 认知神经科学（也称脑与认知科学）

认知神经科学是研究认知过程和心理活动的脑机制的学科。主要研究内容包括基本认知过程的神经基础，情绪和社会认知的神经基础，心智障碍的神经基础，基因、遗传、环境与脑、行为的相互作用。

3. 发展心理学

发展心理学是研究人类个体心理发生发展特点和规律的学科。主要研究内容包括不同年龄阶段（婴儿期、幼儿期、童年期、青少年期、成年期和老年期）的心理发展特点和规律，毕生认知、人格与社会性发展的心理及神经机制，以及对各年龄阶段个体发展问题的干预。

4. 社会心理学

社会心理学是研究人类社会行为规律及其内在心理机制的学科。主要研究内容包括态度、社会知觉、价值取向、沟通与人际关系、助人与侵犯、从众与服从、群体中的相互影响等。

5. 心理测量学（也称心理计量学）

心理测量学是研究心理测量相关理论、方法和应用技术的学科。该学科以经典测量理论、现代测量理论和心理统计学原理为基础，主要研究内容涉及心理物理学、心理量表法、心理测验等。

6. 教育心理学与学校心理学

教育心理学是研究教育教学情境中个体心理活动及其发展变化机制、规律和有效促进策略的学科。该学科主要探讨：（1）学习心理，包括知识、技能与能力的学习过程与规律，品德的培养过程与规律，学习动机的形成过程与规律，等等；（2）教学心理，包括如何进行课堂管理、教学设计和教学成效测评，等等。学校心理学作为教育心理学的应用分支，主要研究如何运用教育心理学和临床心理学的基本原理干预儿童青少年的行为和学习问题，包括儿童青少年的行为和学习问题的诊断、治疗，儿童青少年的心理教育、心理评估、职业心理辅导、心理咨询，等等。

7. 管理心理学（也称工业与组织心理学）

管理心理学是用心理学原理和方法研究社会生活各领域中人的管理行为特点及其规律的学科。主要研究内容包括工作分析与环境设计、人员选拔和测评、培训和职业发展、绩效评估与反馈、领导行为与决策、职业健康心理、组织与员工促进、组织变革与危机应对等。

8. 体育运动心理学

体育运动心理学是研究体育运动的心理学基础和人在体育运动中的心理活动特点及其规律的学科。主要研究内容包括个体的认知、情绪、个性特点对体育运动的影响，掌握运动知识、形成运动技能、进行技能训练的心理学规律，运动竞赛中人的心理状态，运动员的心理选拔和测量，等等。

9. 工程心理学

工程心理学是以人-机-环境系统为对象，研究系统中人的心理特征、行为规律以及人与机器和环境相互作用的学科。主要研究内容包括人操作的信息加工机制、认知操作与工作绩效的关系、心理负荷与情境意识、选拔与训练、心理规律在人机交互设计中的应用。

10. 临床与咨询心理学

临床与咨询心理学是将心理学应用到临床实践领域的有关人心理健康的学科。主要研究内容包括心理障碍及其评估与诊断，心理病理机制，心理治疗与预防，正常人的生活、学习和职业等方面的适应和发展性问题，学业指导、生涯发展、人际关系等领域的问题的表现、评估与咨询和干预，等等。

11. 军事心理学

军事心理学是运用心理学的理论和方法描述、解释军事环境下军人心理活动和作业绩效特点及其规律的学科。主要研究内容包括军人心理选拔与分类、军事人因学与作业绩效、军事环境对心理活动的影响、军人心理训练、军队领导与组织管理、军队临床心理与咨询、心理战与防御等。

12. 法律心理学

法律心理学是运用心理学的理论和方法揭示与解释在法律创制、实施、监督等法律运行过程中出现的各种法律行为与精神过程发生、发展及其规律的学科。主要研究内容包括公众选择对立法的影响、法律社会化与法律意识、守法行为的培养、违法犯罪心理、民事司法心理、刑事司法中的审讯技巧、罪犯矫正等。

13. 心理学史

心理学史是研究心理学产生、发展和演变规律的学科。主要研究内容包括中外心理学思想史、中外科学心理学史、中外心理学思想比较史、心理学各个流派的基本理论、理论心理学的基本问题等。

第三节 心理学的研究方法

一、心理学研究的基本原则

（一）客观性原则

客观性原则（objectivity principle）是指在研究过程中，心理学工作者必须实事求是地反映个体心理的真实面貌，以达到对心理现象的科学认识。

客观性原则是一切科学工作者必须遵守的根本原则。违背这一原则，心理学研究就会误入歧途，甚至导致反科学的结论。

在研究中，心理学工作者如何贯彻客观性原则呢？

第一，坚持实事求是地揭示心理学的规律。从研究对象的选择、研究的设计、实验仪器的使用、结果的记录、数据的统计分析到结论的得出，都要实事求是。上述任何一个环节出现失误，都不符合客观性原则。

第二，在心理学研究中还要注意：（1）心理学的研究绝不是为了去论证或说明某一决策，去附和某人预先的“结论”，而是为决策提供科学的依据，起先行作用。（2）心理学的研究不允许从“期待”出发，而必须从实际出发。那种符合自己“期待”的结果就采用、不符合自己“期待”的结果则舍去的做法，是不符合科研工作者的职业道德要求的。（3）对心理学研究成果的评价要客观。

第三，在进行心理学研究前，要制定客观的指标。客观指标应该是能观察和测量到的。

（二）发展性原则

发展性原则（development principle）指坚持用发展变化的观点来研究心理现象。

第一，坚持个体心理是不断发展变化的观点，即：不能用静止的观点来看待个体心理发展的现状和水平；在衡量和评价个体心理发展水平时，标准和指标不能是绝对的、一成不变的，而应该是动态的、变化的。

第二，坚持教育决定个体心理发展变化的观点，即发挥教师的主导作用，促进个体心理产生质的变化，同时充分发挥个体的主观能动性。

> **客观性原则** 在研究过程中，心理学工作者必须实事求是地反映个体心理的真实面貌，以达到对心理现象的科学认识。
> **发展性原则** 坚持用发展变化的观点来研究心理现象。
> **教育性原则** 心理学研究要有利于个体身心的发展。

（三）教育性原则

教育性原则（educational principle）指心理学研究

要有利于个体身心的发展。在开展心理学研究时，一定不能忘记，研究的对象是人，不是物。因此，在选择方法和安排程序时，不能只考虑是否有助于解决所研究的问题，还要考虑所用的方法对个体身心发展是否不利，特别需要考虑是否侵犯或伤害个人权利。

心理学工作者在研究中要做到以下两点：

第一，始终牢记所研究的对象是人，要考虑所施加的实验条件对其心理发展的当前和长期影响，特别是要注意那些不利的影响。

第二，尽量控制实验研究中一些意外事件对个体心理造成的不良影响。如果出现不良影响，就要想方设法消除。

（四）理论联系实际原则

理论联系实际原则（principle of applying theory to reality）是指心理学研究的问题要来源于实践，研究成果也要服务于实践。

为什么要坚持理论联系实际原则呢？

第一，检验理论的适当性和应用性水平。心理学的理论是由实验或观察所获得的经验事实，是通过科学抽象概括出来的理性认识。只有将它应用于人们的实际生活中，才能检验其是否符合实际，从而说明其适当性和应用性水平。

第二，克服实验室研究的精确性、严密性与自然性、应用性之间的矛盾。实验室研究是在特别设置的环境下进行的，利用各种仪器设备精确地测量各种行为反应，故其所得的结论能否在现实生活环境中应用，还需在实践中进行检验。

第三，促进心理学服务社会发展。心理学只有与社会发展和人民的需要相联系，才具有发展的前途和强大的生命力。

（五）伦理性原则

> **理论联系实际原则**　心理学研究的问题要来源于实践，研究成果也要服务于实践。
> **伦理性原则**　在从事心理学研究时不能违反社会的伦理道德准则。

伦理性原则（ethical principle）指在从事心理学研究时不能违反社会的伦理道德准则。

贯彻伦理性原则，必须坚持以下几点：

第一，无伤害。在心理学研究中，必须遵守的最高原则是对被试（人或动物）不能进行故意伤害（身体和心理）。

第二，保护。保护主要涉及知情同意、数据保密和事后解释。知情同意是指在心理学研究中，要采用易于理解的语言告知被试所研究的内容，让其在知情的情况下决定参加与否。数据保密是指在研究过程中和结束后要保障数据的安全性。事后解释是研究结束后，研究者要留出时间和希望了解研究的被试进行讨论，详细、诚恳地回答他们提出的问题。

第三，尊重隐私。在某些情况下，研究可能涉及被试的隐私问题。一般的解决办法是征求被试的同意，或者采取对数据不提姓名的方式来报告。

二、心理学研究的具体方法

（一）观察法

1. 观察法的含义

观察法（observational methods）是指在自然情境下对被观察者行为做系统的观察记录，以了解其心理的方法。深入细致的观察常使心理学工作者获得系统而重要的信息。

2. 观察法的类型

（1）参与观察，指观察者成为被观察者活动中的一名正式成员，其双重身份一般不为其他观察者所知晓。如在课堂上，教师通过提问来观察学生的行为反应，以了解学生对知识的掌握情况，教师运用的就是参与观察。

（2）非参与观察，指观察者不参与被观察者的活动，不以被观察者团体中的一名成员的身份出现。

3. 观察法的要素

观察法是一门专门的技术，要实施好，一定要注意其所包括的五个要素：（1）观察对象。观察对象的年龄、特征、角色等。（2）观察内容。观察对象做了什么、说了什么等。（3）发生的时间。事件持续多久、何时结束等。（4）发生的地点。事件发生的具体位置、情境等。（5）发生的过程。事件为何发生、是否与其他事件有关联等。

随文提问：从你所在教学楼的一楼到四楼有多少级台阶？

（二）实验法

1. 实验法的含义

实验法（experimental methods）是在控制情境下系统地操纵自变量，以观察其对因变量的影响的方法。实验法是一种控制条件下的观察法。在心理学实验中，研究对象一般称为被试或参与者。开展心理研究的人一般称为主试或实验者。实验法中最主要的变量有自变量、因变量和无关变量。自变量指由实验者操纵且施加于被试的刺激物。因变量指实验中所要观察的被试的各种反应。无关变量指在实验过程中，除自变量以外，其他一切可能对因变量产生影响，因而需要加以限制的变量。

观察法 在自然情境下对被观察者行为做系统的观察记录，以了解其心理的方法。

实验法 在控制情境下系统地操纵自变量，以观察其对因变量的影响的方法。

2. 实验法的类型

（1）自然实验。自然实验指在自然情境中进行的实验。教育心理实验是典型的自然实验，指在教育过程中，改变某些条件来研究学生心理的方法。教育心理实验的优点是将研究与教育教学相结合，研究结果直接为教育教学服务，针对性强；因其属于自然实验，所以研究结果易于推广。缺点是在实验过程中，干扰因素较多且不易控制，理想的实验设计不易达到。

（2）实验室实验。实验室实验指在严格控制条件下，借助一定的仪器所进行的实验。实验室实验的优点是对实验条件进行了严格控制，有利于实验者弄清楚特设条件与个体心理或行为之间的因果关系；实验可以重复且精确性高。缺点是由于实验室条件同个体正常的生活条件相差较大，所以实验结果在推广时受到一定的限制。

心理学与生活

饮酒对记忆的影响

饮酒对记忆有什么影响？有一项研究对此问题进行了探讨。研究者让被试朗读一组单词，然后要求他们报告各词出现的次数。A组被试在朗读前饮酒，B组被试在朗读后饮酒，C组被试在朗读前或朗读后都不饮酒。结果发现：朗读前饮酒的被试（A组），他们的判断成绩明显要比不饮酒组（C组）的差，表明A组成绩受到了酒精的影响；朗读后饮酒的被试（B组），他们的判断成绩与不饮酒组（C组）之间没有差异，表明B组成绩没有受酒精的影响。

自然实验与实验室实验既有共同之处又有不同，具体如表1-3所示（俞国良，2006）。

表1-3 实验室实验与自然实验的比较

	实验室实验	自然实验
对变量的控制程度	高	低
随机分配程度	几乎总是	很少
便利性	通常很高	通常很低
真实性	低	高
自变量受到的影响	更低一些	更高一些
被试的怀疑	更高一些	更低一些
实验偏向	更高一些	更低一些
外部效度	低	高

（三）访谈法

1. 访谈法的含义

访谈法 通过交谈来收集个体心理资料的研究方法。

访谈法（interview methods）是通过交谈来收集个体心理资料的研究方法。它是心理学研究中运用最广泛的研究方法之一（王重鸣，2001）。

2. 访谈法的类型

（1）结构访谈，指在心理学研究中，一种有指导的、正式的、事先设定了问题项目和反应可能性的访谈形式。

（2）无结构访谈，指在心理学研究中，一种非指导的、非正式的、自由提问和做出回答的访谈形式。

3. 访谈法的要求

（1）相互信任。访谈者与受访者之间必须建立相互信任的关系。

（2）气氛友好。在访谈过程中，访谈者要通过真诚的语气、和蔼的态度创造一种友好的气氛。

（3）问题要简单明了。当受访者对问题理解出现困难时，访谈者一定要采取通俗易懂的语言来说出自己所要问的问题的意思。

（4）及时追问。在访谈的过程中，如果受访者的回答有歧义，要及时追问，搞清楚受访者的真实意思。

实践与应用

什么产生了风?

下面是皮亚杰（J. Piaget）与 5 岁儿童就“什么产生了风”进行的对话。

皮亚杰：什么产生了风?

儿童：树。

皮亚杰：你怎么知道?

儿童：我看到它们挥动手臂。

皮亚杰：那怎么能产生风呢?

儿童：（伸出手挥动）像这样。只不过它们更大。并且有很多树。

皮亚杰：什么产生了海上的风?

儿童：从陆地上吹过去的。不，是波浪……

可见，通过访谈，可以很好地了解儿童对如何产生风的认识。

（四）测验法

1. 测验法的含义

测验法（test methods）指用标准化的量表来测量个体的智力、人格、态度、兴趣以及其他个性特征的方法。

测验法 用标准化的量表来测量个体的智力、人格、态度、兴趣以及其他个性特征的方法。

2. 测验法的类型

（1）能力测验，指通过标准化的测量方法来评估个体在特定领域内的能力的测验。

（2）学业成绩测验，主要测量个人经过某种正式教育或训练之后对知识和技能的掌握程度。

（3）个性测验，主要测量人格、气质、兴趣、态度等个性特征。

3. 测验法的要求

（1）在测验前要做好准备工作。包括：通知测验的时间、地点和内容；主持测验的人员要熟悉测验指导语且能准确地背诵；准备好测验材料；熟悉测验的程序。

（2）保持良好的测验环境。一般需要安静的环境。在正式测验开始后，无关人员不再出现在测验现场。

（3）严格按测验要求进行。在对被试进行测验时，一定要严格按照测验的要求进行，不能擅自改动测验的要求。

（4）按标准评定测验结果。对测验结果的评定一定要按评分手册进行。在评定完原始分数后，根据手册中的常模表，对数据进行正确转换。

实践与应用

你是否手机成瘾？

请仔细阅读表 1－4 中的句子，选择最符合你情况的数字。

表 1－4　智能手机成瘾量表（SAS）

最近一段时间以来，你是否存在以下情况：	完全不符合	不太符合	有一点不符合	有一点符合	比较符合	完全符合
1. 我由于使用手机而耽误了原定的计划或事情。	1	2	3	4	5	6
2. 我因使用手机而导致学习（或工作）时注意力难以集中。	1	2	3	4	5	6
3. 我使用手机时，手、腕、颈、肩等部位会感觉到疼痛。	1	2	3	4	5	6
4. 我无法忍受没有手机的日子。	1	2	3	4	5	6
5. 手机不在身边的时候，我会感到焦虑不安。	1	2	3	4	5	6
6. 我脑子里总是想着手机或者与手机相关的事情。	1	2	3	4	5	6
7. 即使是生活受到手机的严重干扰，我也不打算放下手机。	1	2	3	4	5	6
8. 我总是不断查看手机，以免遗漏某些信息。	1	2	3	4	5	6
9. 我使用手机的时间总是比预期的要长。	1	2	3	4	5	6
10. 我周围的人认为我使用手机的时间太长了。	1	2	3	4	5	6

计分方法：10 道题的选项分数直接相加，得分越高，说明手机成瘾程度越高。

资料来源：Kwon，M.，Kim，D. J.，Cho，H.，& Yang，S.（2013）. The smartphone addiction scale：development and validation of a short version for adolescents. *Plos one*，*8*（*12*），e83558.

第四节 心理学的发展史

一、科学心理学产生

图 1-4 冯特

（一）科学心理学的诞生

德国心理学家艾宾浩斯（H. Ebbinghaus）曾说："心理学有一个漫长的过去，但只有一段短暂的历史。"

科学心理学诞生于 1879 年，创始人是德国心理学家冯特（W. Wundt，见图 1-4）。1879 年，冯特在莱比锡大学创建了第一个独立的心理学实验室，开始对心理现象进行系统的实验研究。因此，1879 年成为科学心理学的诞生之年，冯特也成为科学心理学的创始人。

名家趣闻

冯特——一位年少时不会游戏但长大后著作等身的心理学家

冯特在儿童时期非常安静，在青少年时期非常严肃，不分心于游戏和娱乐。他从来没有学会游戏，童年时没有朋友，青年时也仅有好学的伴侣，形成了严肃的、不知疲倦的、不怕困难险阻的性格。

从 1853 年至 1920 年的 68 年里，冯特共写作了 53 735 页书稿和文章。如果 68 年合计 24 820 天，那么冯特由 1853 年至 1920 年的每天约写作或校对 2.2 页。这相当于整整 68 年的时间里他日夜不停，每两分钟就要写一个字。

资料来源：波林．(1981)．*实验心理学史*（高觉敷译）．北京：商务印书馆．

（二）科学心理学为什么诞生在德国

为什么科学心理学能在德国诞生呢？原因如下。

1. 近代哲学思潮的影响

17—19 世纪欧洲各国的哲学，主要指法国的唯理论和英国的经验论。唯理论的代表人物、法国哲学家笛卡儿关于身心关系的思想，促进了对动物和人体进行解剖学和生理学方面的研究。经验论代表人物、英国哲学家洛克认为，人最初的心理像一张白纸，一切知识和观念都是后天从经验中获得的。这两种哲学观点的争论一直持续到现代，并对心理学的产生有重要影响。

2. 生理学的发展

在 19 世纪中叶，生理学已经成为一门独立的实验科学。特别是神经系统生理学和感官生理学的发展，对心理学走上独立发展的道路产生了重要的影响。例如，赫尔姆霍茨

（H. Von Helmholtz）第一次精确测定了神经冲动的传导速度，并用实验法研究了视觉、听觉现象。

3. 心理物理学的兴起

德国物理学家和心理学家韦伯（E. H. Weber）第一次以实验界定了阈限的含义，得出了最小触觉可觉差的数量法则。费希纳（G. T. Fechner）在韦伯的基础上发现了物理量与心理量间的函数关系。

二、主要心理学派别

心理学从诞生到现在已经走过一百多年的发展道路，产生了八个重要的心理学派。

（一）构造主义学派

构造主义（structuralism）学派产生于19世纪末的德国，代表人物是冯特和美国心理学家铁钦纳（E. B. Titchener，见图1－5）。

图1－5 铁钦纳

冯特主张心理学是研究直接经验（即意识）的科学。心理学应该采用实验内省的方法，分析意识的内容，并找出意识的组成部分以及它们如何联结成各种复杂心理过程的规律。

构造主义学派的贡献是让心理学走上了实验研究的道路，促进心理学成为一门独立的科学。

该学派的局限是主张要对心理进行“纯内省”和“纯科学”的分析，只研究心理内容或构造本身，不去讨论其意义和功用，严重脱离实际。

（二）机能主义学派

机能主义（functionalism）学派产生于19世纪末20世纪初的美国，代表人物是詹姆斯（W. James，见图1－6）。

图1－6 詹姆斯

詹姆斯是美国心理学家、哲学家、教育学家，实用主义的倡导者，美国机能主义心理学派创始人之一。他在1890年出版了《心理学原理》这部经典著作，1904年当选美国心理学会主席，1906年当选美国国家科学院院士。

机能主义学派主张心理学的研究对象为具有适应性的心理活动，认为意识是一个连续的整体。该学派重视心理学的实际应用，反对构造主义学派将意识分析为感觉、情感等元素，关注动物心理、儿童心理、教育心理、变态心理、差异心理等领域，并改进了心理学的研究方法。

（三）行为主义学派

图 1-7　华生

行为主义（behaviorism）学派产生于 20 世纪初的美国，创始人是华生（J. B. Watson，见图 1-7）。之后发展出了新行为主义学派，代表人物是斯金纳（B. F. Skinner，见图 1-8）。

华生于 1903 年获芝加哥大学哲学博士学位，1908 年任约翰·霍普金斯大学教授。华生受俄国生理学家巴甫洛夫经典条件反射学说的影响，于 1913 年发表论文《行为主义者眼中的心理学》，标志着行为主义心理学的诞生。1915 年，华生当选美国心理学会主席。

华生认为，心理学要抛开意识，直接研究行为。他将刺激-反应（S-R）作为解释人的一切行为的工具，强调心理学研究要采用客观的实验方法，认为环境对心理和行为具有决定性作用。

图 1-8　斯金纳

斯金纳是美国新行为主义学派的创始人，1930 年获哈佛大学心理学硕士学位，1931 年获心理学博士学位，1947 年成为哈佛大学心理学系终身教授。1958 年，美国心理学会授予他卓越科学贡献奖。1968 年，斯金纳荣获美国国家科学奖章。1990 年 8 月 10 日，美国心理学会授予其心理学终生贡献奖。

斯金纳主张，人类行为主要是由操作性反射构成的操作性行为，操作性行为是作用于环境而产生的结果行为。

（四）格式塔学派

格式塔（Gestalt）学派产生于 20 世纪初的德国，代表人物是韦特海默（M. Wertheimer，见图 1-9）。格式塔是德语 Gestalt 的音译，意思是整体、完形。

图 1-9　韦特海默

韦特海默是德国格式塔学派的创始人之一，1904 年在德国维尔茨堡大学获哲学博士学位。1912 年，他与苛勒及考夫卡在法兰克福共同研究似动现象。在这个研究的基础上，他们创立了格式塔心理学。1916—1929 年间，韦特海默任职于柏林心理研究所。代表著作是 1925 年出版的《格式塔说三论集》和 1945 年出版的《创造性思维》。

格式塔学派既反对构造主义学派的元素主义，又反对行为主义学派的“刺激-反应”公式，认为整体不等于部分之和，因此要从整体的角度来研究心理现象。

格式塔学派强调的整体观对后来心理学的发展具有积

极意义，特别是其提出的知觉组织原则、学习和思维研究成果至今仍对心理学有重要影响。

（五）精神分析学派

精神分析（psychoanalysis）学派产生于20世纪初，创始人是奥地利精神病学家弗洛伊德（S. Freud，见图1-10）。

图1-10 弗洛伊德

弗洛伊德于1881年获维也纳大学医学博士学位，代表性著作有《梦的解析》（1900）、《日常生活的精神病理学》（1904）、《精神分析引论》（1910）、《精神分析引论新编》（1933）等。

精神分析学派主张人的心理包含两个主要的部分：意识和无意识。意识是能够觉察到的心理活动。无意识包含人的本能冲动，以及出生以后被压抑的人的欲望。介于意识和无意识之间的中间心理状态叫作前意识。弗洛伊德把人的心理结构分为三个层次，即本我、自我、超我，并认为三者要发展平衡，否则就会导致精神疾病的发生。

（六）社会文化历史学派

社会文化历史学派（social-cultural-historical school）的创立者是维果茨基（L. Vygotsky，见图1-11），之后，列昂节夫（A. N. Leontiev）、鲁利亚（A. R. Luria）对该学派的发展做出了贡献，因此该学派也称维列鲁学派。

图1-11 维果茨基

维果茨基1917年毕业于莫斯科大学法律系和沙尼亚夫斯基大学历史哲学系，1924年到莫斯科心理研究所工作。维果茨基对人的高级心理机能进行了研究，1925年发表《意识是行为主义心理学的问题》，明确提出研究意识问题对科学心理学的重大意义。

该学派强调：社会文化历史制约着人的心理发展；心理发展是在环境和教育的影响下，在低级心理机能的基础上逐渐向高级心理机能转化的过程；语言符号这一中介环节是心理机能发展的本质动因，只有掌握这个工具，才能使低级心理机能转化为间接的、随意的、高级的心理机能。

（七）人本主义学派

人本主义（humanistic）学派产生于20世纪六七十年代的美国。人本主义学派被认为是自精神分析学派和行为主义学派之后，西方心理学中的“第三势力”。代表人物有马斯洛（A. Maslow，见图1-12）和罗杰斯（C. R. Rogers，见图1-13）。

马斯洛于1934年获威斯康星大学心理学博士学位，1967年任美国心理学会主席。

图 1-12 马斯洛

图 1-13 罗杰斯

罗杰斯于 1931 年获哥伦比亚大学博士学位，1956 年获美国心理学会颁发的杰出科学贡献奖，1972 年获美国心理学会卓越专业贡献奖。

图 1-14 奈瑟

人本主义学派主张心理学应着重研究人的价值和人格发展，以及对人类进步有意义的现实问题。该学派关注人的本性、潜能、尊严和价值，认为人有自由意志，有自我实现的需要。因此，只要有适当的环境，人就会力争达到某些积极的社会目标。

(八) 认知心理学

认知心理学（cognitive psychology）的诞生以 1967 年美国心理学家奈瑟（U. Neisser，见图 1-14）所著《认知心理学》一书的出版为标志。

奈瑟于 1956 年获哈佛大学心理学博士学位，1967 年出版第一部以“认知心理学”为书名的专著，被誉为认知心理学之父。

随文提问：你最喜欢哪一个学派对心理本质的认识？

认知心理学把人看作一个类似于计算机的信息加工系统，认为信息的输入、编码、转换、存储和提取等加工过程就是人的认知过程，强调用计算机模拟心理过程。

基本概念

心理学　认知科学　客观性原则　发展性原则　教育性原则　理论联系实际原则　伦理性原则　观察法　实验法　访谈法　测验法

本章要点

1. 心理学是研究心理现象及其规律的学科。

2. 心理学研究的内容是心理过程和个性心理。其中，心理过程是共性的东西，个性心理是个性化的东西。

3. 心理过程包括认知过程、情绪过程和意志过程。

4. 个性心理是人在进行心理活动时所表现出来的整体特点与差异，包括两个子系统：个性心理特征和个性倾向性。

5. 心理的本质是大脑的机能和大脑对客观现实的反映。

6. 心理学既属于自然科学又属于社会科学，是一门交叉学科。

7. 心理学是认知科学的主干学科。

8. 心理学家的研究目标是描述、解释、预测、控制心理活动。

9. 心理学研究的基本原则包括客观性原则、发展性原则、教育性原则、理论联系实际原则和伦理性原则。

10. 心理学研究的具体方法包括观察法、实验法、访谈法、测验法。

11. 1879 年，德国心理学家冯特在莱比锡大学创建了第一个独立的心理学实验室，标志着科学心理学的诞生。

12. 科学心理学能在德国诞生的原因有三：近代哲学思潮的影响、生理学的发展和心理物理学的兴起。

13. 心理学的主要学派包括构造主义学派、机能主义学派、行为主义学派、格式塔学派、精神分析学派、社会文化历史学派、人本主义学派和认知心理学。

复习思考题

1. 如何正确理解“知人知面不知心”这一说法？
2. 学习了心理学之后，你最感到自豪的地方是什么？
3. 当有人说自己有一种能够预知他人未来的能力时，你怎么看这种说法？

拓展学习

张述祖，沈德立．(1987)．*基础心理学*．北京：教育科学出版社．

彭聃龄，陈宝国．(2023)．*普通心理学*（第 6 版）．北京：北京师范大学出版社．

叶奕乾，何存道，梁宁建．(2021)．*普通心理学*（第 6 版）．上海：华东师范大学出版社．

韦德，塔佛瑞斯，萨默斯，申．(2023)．*心理学*（第 13 版，白学军等译）．北京：中国人民大学出版社．

第二章
心理发展

【学习目标】

1. 什么是发展?
2. 毕生发展观的思想精髓是什么?
3. 发展心理学家是如何解释认知、道德和人格发展的?
4. 发展心理学家如何解释依恋?
5. 成年后的身心发展有什么特点?

【章节导读】

《斯芬克斯之谜》是一则古希腊神话故事。故事中的斯芬克斯是一头有着狮子躯干、人类女性面容且生有天使翅膀的怪兽。它坐在忒拜城附近的悬崖上，让每一个经过此地的人猜同样一个谜语:“什么东西早晨四条腿走路，中午两条腿走路，晚上三条腿走路?”如果不能答对，就会被它吃掉。很多人猜不出谜底，被斯芬克斯吃掉了。当地充满了恐惧。终于，有一天，一个叫俄狄浦斯的年轻人来到了它的面前，说出了谜底。俄狄浦斯回答道:“是人！在婴儿时期，依靠双手和双腿爬行，因此是四条腿走路；稍后的大部分生命旅程中都是用两条腿走路；最后到了老年期，年迈体弱，必须依靠拐杖行走，因此是三条腿走路。”俄狄浦斯答对了。怪兽斯芬克斯坠崖而死。

斯芬克斯之谜从生物形态上生动地描述了人类个体的毕生发展过程。个体在成长过程中，会经历不同的年龄阶段，每个年龄阶段都会有不同的生理特征和心理特点。

请思考以下两个重要问题:

第一，个体在不同年龄阶段，会有哪些重要的生理和心理变化?

第二，影响个体心理发展的因素有哪些?

第一节 心理发展概述

一、心理发展的含义

发展（development）是指在不可逆的时间框架内，通过机体与环境相互作用的过程，个体在生命进程中表现出来的系统的、连续性的变化，反映了生物成熟和学习对个体的影响。广义的发展刻画了种群所有成员的典型发展，狭义的发展描述的是个体之间可能存在差异的那些发展。发展心理学家的目标是描述和解释发展的实质，既要揭示种群所有成员的典型发展特点，也要涉及个体间可能存在的发展差异，找到人类发展最优化的规律。

传统的发展心理学认为，发展止步于青少年期。而毕生发展的观点认为，发展是一个终生过程。个体适应自己所选择的情境的能力在不断变化。生命全程的每一个时期都会受到之前发生的事件的影响，也会影响之后发生的事件。每一个时期有其特征和价值，不存在哪一个时期更重要或更不重要的问题。现在我们知道，即使是老年人也在发展。临终的经验可能是最后的发展。

随文提问：你是怎么看待心理发展的？

过去的学者之所以把儿童心理学等同于发展心理学，可能与当时人类的平均寿命都不超过 50 岁有关，很多人在 30～40 岁就因为战乱或疾病而离世。根据约翰·桑托洛克（Santrock，2004）的理论，一般人的心理发展在成年以后就不再改变。所以，当时的发展心理学只着重于儿童的心理发展。不过，随着人类平均寿命的增长，以及社会变得复杂，心理学家开始发现人类在成年以后，心理状况亦会继续发展。所以，有关成年人及老年人心理发展的研究开始如雨后春笋般出现。之后，不少人开始从整合的角度来观察人生的心理发展，形成今日的毕生发展心理学。

毕生发展心理学是新兴发展心理学科目。从 20 世纪 60 年代后期开始，受系统科学方法论的影响，以及现代社会逐步向老龄化过渡，加之发展心理学本身研究范围的拓展，越来越多的心理学家开始将人的毕生发展作为研究对象，毕生发展观也逐步成为发展心理学中的主流趋势。

发展 在不可逆的时间框架内，通过机体与环境相互作用的过程，个体在生命进程中表现出来的系统的、连续性的变化，反映了生物成熟和学习对个体的影响。

毕生发展心理学 关于个体从受精卵开始到出生、成熟，直至衰老乃至死亡的生命全程中心理发生、发展的特点和规律的科学。

二、毕生发展观与个体发展的阶段性

毕生发展心理学（life-span developmental psychology）是关于个体从受精卵开始到出生、成熟，直至衰老乃至死亡的生命全程中心理发生、发展的特点和规律的科学。它的核心假设是个体心理和行为的发展并没有到成年期就结束，而是扩展到了整个生命过程，它是动态、多维度、多功能和非线性的，心理结构与功能在一生中都有获得、保持、转换和衰退的过程。

德国心理学家巴尔特斯（P. B. Baltes）是毕生发展心理学研究领域的代表人物。巴尔特斯提出的观点及其研究在该领域具有重要的影响，下面是其毕生发展观的思想精髓（Baltes et al.，1999；任真，桑标，2003）。

（一）毕生发展观的思想精髓

巴尔特斯毕生发展观的要点包括以下几个方面。

1. 个体发展是整个生命过程的发展

人的一生都在不断地发展变化，从生命的孕育到生命的结束，其中任何一个时期都可能是发展的起点和终点。

传统的心理发展观主张心理发展从生命之初开始，儿童青少年期是发展的主要年龄阶段，到成年期处于稳定，老年阶段的主要特征是心理衰退。所以，传统的心理发展观强调早期发展经验对人生发展的重要性，注重对儿童青少年的研究。毕生发展观则主张心理发展不但取决于先前的经验，而且与当时特定的社会背景等因素有关，强调以生命全程的视角审视发展。因此，一生中任何阶段的经验对发展均有重要的意义。

2. 个体发展是多方面、多层次的

个体发展是一个长期复杂的过程，心理和行为的各个方面，甚至同一方面的不同成分和特性，其发展的进程与速率是不相同的。需要指出的是，毕生发展观认为发展并不简单地意味着功能的增加，生命历程中任何时候的发展都是获得与丧失、成长与衰退的整合，新能力的获得往往伴随已有能力的丧失，只是其得与失的强度与速率随年龄的变化而有所不同。以语言的发展为例，在个体获得本民族语言的同时，他对其他语言的发音能力就明显降低了。成功发展（successful development）的实质意味着同时达到最大的获得和最小的丧失。得与失的辩证法是发展的基本特征，所以，在评价个体发展时要避免仅用单一化标准，而应辩证地认识发展的多面性和多层次性。

3. 个体发展是由多种因素共同决定的

我们常说，人的心理发展是先天的遗传和后天的环境影响共同作用的产物。

巴尔特斯认为，决定个体发展的有三类影响系统：年龄阶段、历史阶段和非规范事件。年龄阶段的影响，主要指生物性上的成熟和与年龄有关的社会文化事件，包括社会认可的接受教育的年龄（如 6 岁入学接受基础教育、18 岁高考接受高等教育等）、婚恋年龄、更年期、退休年龄等。历史阶段的影响，指特定社会历史，如战争、经济状况等对个体发展的影响。生活在相同历史阶段的个体在心理和行为表现上往往具有一定的共性。非规范事件的影响，指对特定个体具有特定意义的生活事件，如疾病、离异、职业变化等的影响。这三类影响系统又各自包括许多具体内容。因此，应采用整体性和普遍联系的观点去理解个体发展，充分考虑到不同因素对个体发展的具体影响，从而更好地理解个体发展的历程和结果。

4. 由生物和文化共同进化的结构构成了毕生发展的总体框架

巴尔特斯从进化论和个体发育观（ontogenetic perspectives）的角度，提出了一个个体毕生发展的总体框架——生物和文化共同进化的结构（joint biological and cultural coevolution architecture）。他强调，人的行为是生物-基因的和社会-文化的过程与条件共同建构的结果。

这种结构包括三个基本原理：第一个原理是进化选择的优势随年龄增长而衰退。巴尔特斯认为，对于人类而言，进化选择的压力主要在前半生，功能在于保证生殖适宜性（reproductive fitness）和有效的养育行为。相对于年轻人而言，老年人的基因组（genome）中包含大量有害的和机能失调的基因，因此更易患病且生物潜能不断损失。第二个原理是对于文化的需求随年龄增长而增长。文化在这里的含义是，人类在几千年里所创造的并经过代际传递下来的心理的、社会的、物质的和符号的（以知识为基础的）资源总和，包括认知技能、动机倾向、社会化策略、读写的能力、物理建筑、世界经济和医疗技术等。个体随年龄增长需要拥有更丰富的文化资源，是为了促进身心发展达到更高的功能水平，同时补偿生物功能的下降。第三个原理是文化的效能（efficacy）随年龄增长而下降。虽然个体间和领域间存在巨大差异，但随着年龄增长，文化的补偿效率和个体的可塑性都在下降。以老年认知学习为例，年龄越大，要达到同一功能水平需要花费的时间和认知努力就越多。

5. 发展是带有补偿的选择性最优化的结果

巴尔特斯提出了带有补偿的选择性最优化模型（selective optimization with compensation，SOC），用以解释生命全程各个年龄阶段的发展问题。选择是指个体对发展的方向、目标和结果的趋近或回避。最优化是指获取、优化和维持有助于获得理想结果并避免非理想结果的手段和资源。补偿则是由资源丧失引起的一种功能反应。巴尔特斯认为，选择、最优化、补偿三者之间的协调（orchestration）存在于个体发展的任何过程之中。个体具有发展的适应性和主观能动性，总是期望以最小的丧失来追求最大化的利益，通过选择达到发展的最优化。如果不能实现或可利用资源丧失，个体便会调整原有发展目标或创造新手段以达到目标加以补偿。

（二）个体发展的阶段性

在人的一生中，个体身心特征的发展既是一个连续的过程，又可以分为不同的阶段。个体发展到每个阶段，都有与其年龄相符合的行为特征。这些社会期待的行为准则称为各年龄阶段的发展任务（development task）。根据个体的年龄和主要的发展任务，可以将人的一生分为八个阶段：产前期、婴儿期、幼儿期、童年期、青少年期、成年期、中年期以及老年期。每一发展时期的大致年龄以及身心发展的主要任务与特点见表 2－1。

表 2－1　人生各个时期的主要发展

各时期名称	时间段	主要发展任务与发展特点
产前期	受精至出生	生理发展
婴儿期	出生至 3 岁	身体成长和动作发展 社会性依附：亲子关系 初步的认知能力、语言发展

续表

各时期名称	时间段	主要发展任务与发展特点
幼儿期	3～6 岁	力量增加，粗大和精细动作发展 认知发展：创造力、想象力 社会化发展：自我意识
童年期	6～12 岁	力量和运动技能发展 认知发展：有逻辑的具体思维、书面语言、记忆 社会化发展：同伴关系、自我概念与自尊
青少年期	12～20 岁	生理发展：身体的迅速改变、生殖成熟 认知发展：抽象思维 社会化发展：人格独立、两性关系建立
成年期	20～40 岁	职业与家庭 认知能力处于巅峰之后逐渐下降 社会化发展：父母角色、社会职业角色
中年期	40～65 岁	生理机能出现某些衰退、活力下降 认知技能复杂化：解决实际问题的能力提高，但学习新知识的能力下降 社会化发展：性格有一定改变，对时间的取向改变
老年期	65 岁以上	生理机能衰退 智力与记忆能力有些许衰退，反应变得缓慢 需调适多方面的损失（如身体机能的衰退、记忆力的下降、失去所爱的人、退休后收入减少等） 找出生命的意义，面对越来越近的死亡

由于个体在发展历程中各阶段的行为各有其特征，因而有**关键期**（critical period）的概念。关键期指在个体成长中的某一段时期，其成熟程度恰好适合某种行为的发展；如错失发展或学习机会，以后该种行为就不易建立，甚至是一生无法弥补的。在关键期内，适宜的刺激和经验是运动、感觉、语言及其他脑功能正常发展的重要前提。

关键期　在个体成长中的某一段时期，其成熟程度恰好适合某种行为的发展；如错失发展或学习机会，以后该种行为就不易建立，甚至是一生无法弥补的。

以视知觉为例，如果婴儿从出生起就缺乏有效的视觉刺激，将导致本来用于视觉的脑细胞萎缩或转而从事其他的任务。如果视觉在 3 岁时还不能得到恢复，患儿就可能永久性地丧失视觉功能。关键期内视觉经验的有无以及视觉经验的丰富与否，对建立正常视觉功能具有极其重要的意义。研究表明，猴子视觉发育的最敏感时期是出生后的 6～8 周，而人视觉发育的最敏感时期为出生后的半年之内。

人类的语言习得也存在关键期。0～5 岁是儿童大脑高速发育的时期，也是儿童语言习得的关键时期。在青春期以前，如果个体还没有接触到正常的语言环境，其左半球的语言潜能就会消失。在关键期后，虽然个体的语言能力可以继续发展，但其发展速度、加工过程以及学习效果都与正常的语言习得有显著差异。

心理发展的关键期与脑的结构和功能的可塑性（plasticity）密切相关。脑可塑性指脑可以被环境和经验修饰，具有在外界环境和经验作用下不断塑造其结构和功能的能力。在关键期内，脑的结构和功能特别容易受到环境和经验的影响，因此，关键期也是可塑性最强的时期。

随文提问：如何理解心理发展的关键期?

值得注意的是，并非所有的人类心理功能都有明显的发展或习得的关键期，抑或是关键期不明显。因此，有些学者主张用**敏感期**（sensitive period）的概念（申继亮，方晓义，1992）。“敏感期”意味着在这一时期内，某一心理功能的发展对环境和经验最为敏感，发展最迅速。但此时期结束后，相应的心理功能还可能得到发展。

实践与应用

下列案例说明了什么问题?

1. 在医学史上曾经报道过这样一个病例：一名意大利男孩在其还是婴儿时，为了治疗眼部的轻微感染，一只眼睛被绷带缠了两周。在此期间，缠绷带的那只眼睛暂时不能工作，脑内相应的神经元发生了变化。在其 6 岁时，这只眼睛被检测出失明，尽管眼科检查的结果表明其眼睛是完全正常的。是什么导致了悲剧的发生?

2. 在猫或猴子出生后最初几个月中，通过手术将其一只眼睛的眼睑缝合起来并维持一段时间，然后打开。视觉被剥夺的这只眼睛永远无法恢复其应有的视觉能力，导致终身弱视甚至丧失视觉。然而，在成年猫或猴子身上，类似的视觉剥夺不会影响被剥夺眼的视觉功能。

3. 印度“狼孩”卡玛拉，8 岁时回到人类社会，在人类社会又生活了 10 年。在 10 年间，她学会站立用了 2 年多，学会行走用了近 6 年，4 年学会 6 个单词，7 年学会 45 个单词；到 17 岁时，智力只相当于三四岁正常儿童的水平。

资料来源：彭聃龄．(2019)．*普通心理学*（第 5 版）．北京：北京师范大学出版社．

三、心理发展的影响因素及个别差异

（一）心理发展的影响因素

敏感期　在这一时期内，某一心理功能的发展对环境和经验最为敏感，发展最迅速。但此时期结束后，相应的心理功能还可能得到发展。

遗传　从受孕到个体生命现象开始，父母的身心特征通过细胞染色体传递给子女的一种生理变化过程。

人的心理发展是如何产生的？是天性使然还是教养所成？当代发展心理学家已取得的共识是：心理发展是天性与教养共同作用的产物，是遗传和环境交互作用的结果。

1. 遗传影响

遗传（heredity）是指从受孕到个体生命现象开始，父母的身心特征通过细胞染色体（chromosome）传递给子女的一种生理变化过程。遗传对发展的影响主要是通过体细胞中染色体内的遗传物质脱氧核糖核酸（deoxyribonucleic acid，DNA）实现的。个体的肤色、发色、身体构造、感官特征，尤其是大脑和神经系统的解剖特点都体现了遗传因素的影响。行为遗传学的研究表明，除了体貌特征外，人的智力、人格特质等也受一定的遗传影响。布查德和麦克高（Bouchard & McGue，1981）的研究指出，智力的相似性随遗传相关程度的提高而提高。同卵双生子智力测验分数的相关高达 0.85，异卵双生子间的相关为 0.60，共同抚养的同胞兄弟姐妹的相关为 0.45，堂（表）兄弟姐妹间的相关仅为 0.15。对双生子人格特质的研究也发现，遗传对人格五因素中的所有因素都有显著影响，遗传率为 40%～50%（Jang et al.，1996）。

但是，在理解和解释遗传对心理发展的影响上，我们应该持更加科学和理性的态度，不能夸大它的作用。因为行为遗传学的研究方法尚有局限，所以研究结果并不能完全排除环境因素的影响。也要意识到，可遗传并不表示已遗传，已遗传的也并非不可改变。环境的因素也会调节遗传的作用。

2. 环境影响

环境因素指个体生存空间中所有可能影响个体的外在因素，包括维持生存所必需的物质环境（也称自然环境）和个体所处的社会条件（即社会环境）。概括起来，对心理发展产生影响的环境因素主要包括以下方面：

> **环境因素**　个体生存空间中所有可能影响个体的外在因素，包括维持生存所必需的物质环境（也称自然环境）和个体所处的社会条件（即社会环境）。

（1）胎内环境。胎内环境主要指个体生命现象发生的最初的环境，包括从受精的那一刻开始，经过合子、胚胎和胎儿的发展，个体被置于母体的特定环境，即子宫。这种环境对个体身体及出生后行为的发展会产生深远的影响。如果孕期头三个月母亲感染风疹，服用某些药物、毒品，疲劳或吸烟，甚至长期情绪激动，都会对胎儿的发育及其出生后的心智特点和情绪行为产生影响。

（2）早期经验。早期生活环境带来的经验，尤其是在身心发展敏感期的经验确实会给个体日后的身心发展带来影响。比如，环境刺激的丰富或匮乏会使个体的心理发展或受益或受损。近年来国内外关于留守儿童的研究也发现，相比非留守儿童，留守儿童在成长中可能表现出更多的社会心理问题。

（3）家庭环境。家庭对个体心理发展的影响是多方面的，比如，父母职业、家庭氛围、经济收入等，其中影响较大的是父母教养方式。最有影响力的父母教养方式理论当属美国心理学家鲍姆林德（D. Baumrind）提出的理论。她将大多数的父母教养方式分为四类：权威型（authoritative）、专制型（authoritarian）、放任型（permissive）和忽略型（neglecting）。其中，最有利于儿童健康成长的是高度规矩和高度满足相结合的权威型。管之、望之、教之、爱之四者兼具，是权威型教养方式的特征。鲍姆林德（Baumrind，1971）指出，无论是理论还是实际研究都证实了权威型父母教养出来的孩子更独立、负责、勤奋和高成就，也更友善、自主、合群和自信。

思政延伸

家庭对人成长的重要性

家庭是人生的第一个课堂，父母是孩子的第一任老师。孩子们从牙牙学语起就开始接受家教，有什么样的家教，就有什么样的人。家庭教育涉及很多方面，但最重要的是品德教育，是如何做人的教育，也就是古人说的“爱子，教之以义方”“爱之不以道，适所以害之也”。青少年是家庭的未来和希望，更是国家的未来和希望。古人都知道，养不教，父之过。家长应该担负起教育后代的责任。家长特别是父母对子女的影响很大，往往可以影响一个人的一生。中国古代流传下来的孟母三迁、岳母刺字、画荻教子讲的就是这样的故事。我从小就看我妈妈给我买的小人书《岳飞传》，有十几本，其中一本就是讲“岳母刺字”，精忠报国在我脑海中留下的印象很深。作为父母和家长，应该把美好的道德观念从小就传递给孩子，引导他们有做人的气节和骨气，帮助他们形成美好心灵，促使他们健康成长，长大后成为对国家和人民有用的人。

资料来源：习近平．(2020)．*论党的宣传思想工作*．北京：中央文献出版社．

（4）学校教育。学校教育是有目的、有计划、有系统的教育形式，在个体发展中发挥主导作用，对个体的认知、情绪情感、人格、人际交往、社会适应等诸多方面都会产生影响。

（5）社会文化环境。社会文化环境指个体生存及活动范围内的社会物质、精神条件的总和，包括特定的社会制度、经济模式、文化系统、道德体系、社会规范、政策法规、风俗习惯等，会对个体的心理发展产生影响。

近年来，在探讨环境对心理发展的影响方面，美国心理学家布朗芬布伦纳（Bronfenbrenner，U.，& Ceci，S. J.，1994）强调在发展变化的真实生态环境中研究人的心理发展。他提出的生态系统理论将个体的生态系统划分为五个子系统（Bronfenbrenner，1979）：微观系统（microsystem）是最里层的环境系统，是个体直接活动或体验着的环境，如家庭、幼儿园、学校班级等；中层系统（mesosystem）是指儿童直接参与的两个或多个微系统之间的联系和相互影响，比如家校联系；外层系统（exosystem）是指那些个体并未直接参与但却对个体有影响的环境，如社区邻里、父母工作环境等；宏观系统（macrosystem）是指与个人有关的所有微观系统、中层系统及外层系统的交互作用关系，是最广大的环境系统，是个体所处的社会文化及亚文化背景；历时系统（chronosystem）是指在个体发展过程中所有的社会生态系统随时间的推移而发生的变化，比如微观系统中家庭成员的增加或减少、个人转学等，宏观系统中国家的生育政策、养老政策的变化等。布朗芬布伦纳的生态系统理论对我们理解社会环境对于个体心理与行为的制约作用有很大帮助。

虽然以往针对环境影响心理发展的研究多侧重于社会环境的作用，但自然环境对人身心发展的影响作用也不容忽视。2022 年，习近平总书记在党的二十大报告中指出：“大自然是人类赖以生存发展的基本条件”，强调要“尊重自然、顺应自然、保护自然”，强调要“推动绿色发展，促进人与自然和谐共生”。这不仅是国家经济建设的指导思想，对人的身心健康发展也有重要意义。

杨盈、蔡华俭等（2024）通过系列研究，证实了自然可以提升自我本真性（authenticity）及其对心理健康的积极作用。自我本真性在心理学中是指人们感受和做真实自我的程度。它不仅可以促进个体身心健康，还可以提升人的道德水平、组织有效性等。他们首先通过两项调查证实了自然和本真性之间的相关关系。其中一项研究就发现，在居住地种养花草的被试比没有养花草的被试有更强的自然联结感和本真性，并且自然联结感和本真性之间呈显著正相关，即：个体报告的自然联结感越强，本真性也越强。随后，他们又通过系列实验，从多个不同的角度进一步证明了自然提升本真性的因果关系。

3. 遗传与环境的交互作用

心理发展既不是单纯由遗传决定的，也不是纯粹由环境塑造的，遗传和环境二者在个体发展中是相互作用的。至于何者对个体的身心发展影响较大，大致遵循以下原则。（1）个体出生前的发展，主要由遗传因素决定。（2）个体出生后的早期发展阶段，遗传与环境在身心两方面的作用有所不同：身体方面的特征，遗传的影响大于环境；心理方面的特征，环境的影响大于遗传。（3）个体发展趋于成熟阶段，影响个体身心发展的主要是环境因素。

随着发展心理学、发展行为遗传学和脑科学等学科的发展，在发展心理学领域也逐渐形成了一些有关儿童发展的个体-环境交互作用的重要理论模型，并得到了研究的支持。这些模型虽然使用了不同的概念，但都共享一个观点，即：不同儿童对环境刺激的敏感性不同，加之他们所面对的环境影响因素千差万别，导致儿童多样性的发展结果（王振宏等，2020）。这些理论模型分别从不同的角度解释了基因等个体遗传因素和家庭等环境因素对儿童发展的交互影响。

（二）心理发展的个别差异

探究个体行为随年龄增长而变化的一般模式，是发展心理学研究的重要目的之一。通过对多数个体发展历程中动作、认知、语言、情绪情感等心理行为变化特点进行分析研究和归纳总结，可以得出各个年龄阶段中大多数个体所表现出的共同特征，通常称为**年龄特征**（age characteristic）。这也是解释和预测个体身心发展时大致可以遵循的一般性发展模式。然而，在成长过程中由于受遗传基因与环境的不同影响，不同个体间在身心特征上会有很大的差异，有的高于同龄人的平均值，有的则低于同龄人的平均值。这种差异性表现就称为**个别差异**（individual difference）。

> **年龄特征** 各个年龄阶段中大多数个体在动作、认知、语言、情绪情感等心理行为上所表现出的共同特征。
>
> **个别差异** 在成长过程中由于受遗传基因与环境的不同影响，不同个体间在身心特征上的差异性表现。

每个发展阶段中的个体就心理学的意义而言，有两个年龄：（1）实足年龄指个体自出生之日算起的年龄；（2）发展年龄指身心发展程度意义上的年龄。两个年龄接近或相等，表示个体发展正常；发展年龄大于实足年龄，表示个体的发展较一般人早熟（身体的或心理的）；发展年龄小于实足年龄，表示个体的发展较一般人晚熟。

学术前沿

基因与个体发展

人类个体是由先天（遗传）还是后天（环境）决定是学者们长期辩论的话题。大量研究证实，基因在个体的身心发展上具有重大作用。

2018年，爱丁堡大学开展的新研究突出了罕见基因变体对智商的影响。科学家分析了2万名受试者DNA中的数千个基因标记，试图寻找与智商有关的信号。结果发现，罕见与常见基因变体的效果综合起来，能够解释人们之间存在的至少一半的智商差异。

这与此前一项针对双胞胎和家族的研究结果相符。之前那项对人类基因组的分子研究估计，基因对智商的影响约占30%，而当时这被认为是言过其实。

此次研究还首次测算了罕见基因变体对智商的影响。科学家发现，这些罕见基因变体对基因的影响与它们的数量不成比例，比常见基因变量的影响大得多。

戴维·希尔博士（Dr. David Hill）指出："我们用了两种方法评估罕见基因变体对智商的影响。如果结合罕见和常见基因变体的影响，人与人之间智商的差别有一半以上都与基因有关。"

基因确实对个体的成长发育有着很大的影响，但并不能代表个体成长发育的全部。心理学家认为，影响个体成长过程的因素有很多，如遗传、养育、经历、朋友、家庭、教育和人际关系等。遗传因素或者先天特质只是众多因素的一小部分。中国古代有句名言："一母生九子，九子各不同。"这句话也佐证了心理学家的观点。请试想一下：造成你目前状况的因素中，有多少成分是由遗传决定的，又有多少是由你的人生经历决定的？

资料来源：叶子．(2018-02-06)．*别学习了：新研究称智商至少有一半由基因决定*．科普中国网．https://www.kepuchina.cn/public/right_list/201802/t20180206_549663.shtml.

第二节　产前发育与婴儿期的心理发展

一、出生前的发展

个体的生命起始于受精卵，即在两性交合时女性的卵细胞（卵子）和男性的精细胞（精子）相遇结合为一个合子，这个过程也叫受精或受孕。受精的过程不但决定了个体的性别，而且奠定了个体行为的遗传基础。从受孕到出生，新生命在母亲子宫里要经过三个阶段的生长发育：胚芽期（germinal stage，0～2周）、胚胎期（embryonic stage，3～8周）和胎儿期（fetal stage，8周至出生）。

在胚芽期，受精卵快速分裂形成球形细胞团，并植入子宫，着床于子宫壁。在胚胎期，胃、肝、肾等内脏器官，消化道的结构，神经系统，眼、耳、鼻、口及四肢的肢芽均已形成，已略具人形，连接胎儿与母体的生命线——脐带也开始发挥作用。到七八周，性别开始分化。至3个月时，已经可以区分胎儿的性别。胚胎期的时间不长，但由于生长和发育迅速，这一时期胚胎也最容易受到环境中不利因素的影响，几乎所有生理发展上的缺陷都出现在孕期头3个月，严重的还会导致停孕或流产。胎儿期开始的一个重要标志是骨细胞的出现。在胎儿期，所有的器官和机能变得更像人，所有的系统开始具有整体功能。在这一时期，胎儿出现反射表现，皮肤表面开始形成，身长和体重大大增加，大脑、脊髓中的各种神经联系逐渐复杂。到第28周，如果早产，胎儿的神经和呼吸系统已发育到足以让绝大多数胎儿生存（存活的可能性为85%）。到三十六七周，那个曾经给胎儿以大海般感觉的地方已经显得过于狭小，再也容不下日渐长大的胎儿了，胎儿降生。

在出生前，个体除了身体发育外，感官的功能也在发展。触觉是胎儿本身接触环境的第一个也是最重要的信息来源。通过观察发现，胎儿在子宫中并不是静止不动的，而是有着各种各样的活动，比如会把小手放进自己的嘴巴。胎儿在子宫里被羊水包围。随着皮肤逐渐形成，胎儿的触觉也不断被刺激。荷兰一家触觉沟通研究机构的创始人法兰斯·维德曼（F. Veldman）建议父母经常用手触摸母亲的腹部，一方面可以使胎儿发展出一种“产前情感依附”，另一方面可以提升父母对胎儿活动的敏感度。此外，胎儿的嗅觉和味觉也都有不同程度的发展，有了早期的嗅觉和味觉记忆，为出生后的发展奠定了基础。能够观察到的胎儿期最显著的发展是听觉。到6个月末，胎儿已经能对声音做出反应。一些实验研究也发现，音乐刺激引起胎儿运动量增加。相比其他女性和父亲的声音，刚出生的婴儿更喜欢母亲的声音。

二、婴儿期的发展

从出生到3岁前称为婴儿期，这一时期是个体发展日新月异、最引人注目的阶段。

（一）婴儿的身体发展

个体出生后，身体快速成长，在外表现在身高、体重、头围、胸围、牙齿与骨骼发育等方面，在内主要表现为大脑的发育。

足月儿的平均体重在3.3千克左右，身长50厘米左右，男婴略重也略长于女婴。到3岁前，其体重和身高分别可以达到出生时的近3倍和2倍。个体的身体发育遵循从上到下、由近及远、先粗后细的模式，即：头部发展在先，身体发展在后；躯干发展在先，四肢发展在后；牵动全身的大肌肉活动发展在先，负责局部细节的小肌肉动作发展在后。

婴儿时期身体各个系统的发展速率也是不同的，其中神经系统发展最快。刚出生时，新生儿脑的大小约是成人的1/4，在功能上，中枢神经系统还很不成熟。出生后，大脑继续生长，主要表现在脑皮层的生长，在半岁时已达到最终体积的一半，在2岁时是成人的3/4，4岁时大小已接近成人。伴随大脑体积的增长，头围也相应变大。

（二）婴儿的动作发展

婴儿的动作发展是其活动发展的直接前提，也是认知发展的重要基础。动作发展在一定程度上也可以看作心理发展的外部表现。

刚出生的新生儿不能进行有目的的行为，但已出现一些先天的反射活动。尽管先天反射的目的还不太清楚，但很多反射活动被认为对个体的生存具有重要意义。比如，吮吸反射和吞咽反射是为获得营养；定向反射又称探究反射，是为探究生存环境；抓握反射和惊跳反射［也叫拥抱反射或**莫罗反射**（Moro reflex）］则可能是人类早期进化时适应环境的遗迹行为，对生活在树上的灵长类动物婴儿十分重要。婴儿早期转头、踢腿、挥动手臂等都是一连串反射行为的结果；对于这些行为，新生儿并没有太多的意识控制。但很快，婴儿就锻炼出了由大脑皮层控制的随意自主动作。到3岁前，随着婴儿开始有意识地运用身体的特定部位，其动作控制能力也得到持续、迅速的发展，其逐渐可以完成一些精细动作。婴儿躯体动作发展的顺序通常是先学会抬头，然后会翻身，约6个月时可独坐，七八个月时开始学爬行、站立，周岁后学会行走，然后慢慢地会跑，会自己上、下楼梯，双足跳起，单足站立。到3岁左右，儿童的活动基本上和成人差不多了。爬行是婴儿的一种重要技能。研究表明，爬行经验不但影响婴儿的空间认知能力发展，对其依恋行为和社会性情绪发展也有重要影响（董奇等，2000，2001）。

莫罗反射 一种受惊后张开双臂和双腿，然后向中央部位收回的反应。

随文提问：人出生时有哪些反射？

虽然人类婴儿的动作发展遵循基本的共同发展顺序，但具体到每个个体，其发展速度却各不相同，既受遗传基因以及神经系统成熟度的内在影响，也受环境和个体经验的外在影响。

（三）婴儿的认知发展

1. 感知觉发展

感知觉的发展对婴儿非常重要，是其认识世界最初和最主要的手段，也是其所有高级心理活动的基础。近年来的研究表明，所有的感官从出生起已具备某种程度的功能，从而使感知能力在出生后得到迅速发展。

触觉是婴儿最早发展的感觉。出生后，婴儿对外界和自身的探索很大程度上是从口腔和手的触觉活动开始的。研究发现，婴儿在面临一个新物体时会有三种不同的反应：摆动手中的物体并观看，口腔活动，让新物体撞击桌面或在桌上滑动，其中口腔活动出现的频率最高（庞丽娟，李辉，1993）。除了口腔触觉外，婴儿的视-触协调活动也体现了触觉的发展。0～3个月时婴儿的前够物（pre-reaching）行为是早期的手-眼协调活动倾向。前够物行为表现为婴儿会对看见的物体挥动手臂，且物体越是在可触及的范围内，其手臂活动越多。到4～5个月，婴儿已有较成熟的够物行为，能够抓住运动着的物体，有意识地完成手-眼协调活动。

新生儿也具有一定的视觉能力，会对灯光眨眼，也能追随移动的物体，但其视觉系统尚不成熟，因而视物不清。到半岁时，婴儿的视敏度便已达到新生儿时的四五倍。2个月时，婴儿已能初步分辨颜色，能在白色背景下分辨出红、绿色；约3个月时，开始对蓝色敏感；4个月时，看红色和蓝色的时间比看其他颜色的时间更长（Teller & Bornstein，1987）；5个月时，在光源变化的条件下表现出对颜色的恒常性（Dannemiller，

1989）。此外，婴儿对人脸也有特别的兴趣；相比陌生人的面孔，新生儿更喜欢注视母亲的脸（Walton et al.，1992）。

视觉发展的另一个方面是立体视觉的发展。早期的婴儿是否具有三维知觉能力呢？为了探索儿童深度知觉的发展，吉布森和沃克（Gibson & Walk，1960）发明了一种叫"视崖"（visual cliff）的装置。该装置是一张1.2米高的桌子，桌面上是一块透明的厚玻璃，如图2-1所示。桌子的一半（浅滩）是由红白格图案组成的平实桌面，另一半是透视玻璃下可观察到同样图案的地板（深渊）。在"浅滩"和"深渊"中间是一块0.3米宽的中间板。吉布森和沃克发现，婴儿在能爬行时（一般为7个月左右），表现出逃避"深渊"的倾向（36名婴儿中有27名爬过"浅滩"，只有3名爬过"深渊"）。另有研究者将2个月大的婴儿置于"视崖"深侧，发现婴儿的心率比处于浅侧时的心率低，说明他们觉察到了这种深度（Campos et al.，1970）。

图2-1　视崖

资料来源：格里格，津巴多．(2003)．*生理学与生活*（王垒等译）．北京：人民邮电出版社．

婴儿在出生前已具有听觉，出生后几天已能辨别不同的声音，并且更喜欢母亲的声音。新生儿已经具有视听协调的能力，能将视觉体验与听到的声音结合起来。婴儿对气味也具有较强的敏感性，更偏好母亲的气味。

2. 记忆的发展

婴儿记忆的持续时间比成人短得多。生命最初的一年半中，记忆持续时间会逐步变长。根据研究，婴儿记忆的发展可分为三个连续的阶段（Perlmutter，1980）。

第一个阶段，婴儿的记忆发展表现为神经细胞的不断激活。随着婴儿对刺激越来越熟悉，适应所需的时间越来越短。2～3个月大的婴儿便能再认出几天前挂在床头的运动物体。

第二个阶段始于3个月大，婴儿成功完成有目的行为的概率不断增大，如能积极地看和寻找物体，开始伸手接近甚至抓握喜欢的物体和人，比如奶瓶和经常照料自己的亲人，表明婴儿已能辨认出事物和人。

第三个阶段始于8个月左右，婴儿已能像成人一样记住较抽象的东西，如能记住模糊不清的物体，以及“较大的”人。2 岁后的婴儿已能理解“记住”“想一想”“知道”“假装”等智慧性的术语，表明记忆有明显发展。

（四）婴儿的依恋发展

依恋（attachment）是所有灵长类动物的普遍能力，是个体间形成的亲密、信任、温暖和支持的社会情绪性联系，对人一生的健康和生存都很重要。通过对养育者（主要是母亲）的逐渐依恋，儿童可以获得安全的基础，他们有能力去探索环境，当害怕时可以回到这个安全的避风港。

依恋始于养育者和婴儿间在身体上的触摸和拥抱。根据英国心理学家鲍尔比（Bowlby，1969，1973）的研究，婴儿依恋关系的形成可分为四个阶段。第一个阶段是前依恋关系阶段（0～6 周），此阶段的婴儿能辨认母亲的声音和气味，但是并不介意与母亲分离，还没有形成与母亲的依恋关系。第二个阶段是形成中的依恋关系阶段（6 周至 6～8 个月），此阶段的婴儿可以识别母亲，对母亲有更亲热的反应，如咧嘴笑、咿呀说话、哭的时候被母亲抱起来会安静等，但仍然不介意与母亲分离。第三个阶段是明确的依恋关系阶段（6～8 个月至 18 个月），此阶段的婴儿已形成了对母亲明晰的依恋关系，会通过微笑、哭叫、伸手接近等方式吸引母亲的注意，当母亲离开时会烦躁不安，变得难过，表现出**分离焦虑**（separation anxiety）。第四个阶段是调整目标的依恋关系阶段（18 个月至 2 岁以后），此阶段的婴儿已经形成了稳定的依恋关系。由于他们认知水平和语言的迅速发展，他们已能理解母亲的来去，以及预测她的返回，因而分离抗拒下降，形成了基本的安全感。此时的婴儿已有了自我概念，并会开始与母亲协商，使用通过请求和劝说来改变母亲目标的方式控制母亲的行为。

依恋 婴儿与养育者（主要是母亲）之间形成的亲密、信任、温暖和支持的社会情绪性联系。

分离焦虑 婴儿因与亲人分离而产生的焦虑、不安或不愉快的情绪反应。

在养育过程中，养育者对待婴儿的方式不同，可能会使他们形成不同的依恋方式。安斯沃斯及其同事创设了一种陌生情境实验，通过观察儿童在实验中的反应，将母子依恋关系分为三种类型：安全型（secure type）、逃避型（avoidant type）和矛盾型（ambivalent type）。安全型的儿童最常见，他们在母亲在场时能安逸地做游戏和探索，在母亲离开时会悲伤、焦虑，在母亲回来时高兴，并寻求亲近、安慰和接触，对母亲明显比对陌生人更喜欢。

随文提问：依恋对儿童发展有什么重要作用？

逃避型和矛盾型均属于不安全依恋，占少数。逃避型儿童在母亲离开时并不表现出分离焦虑，在母亲返回时也没有表现出高兴，甚至会逃避或忽视母亲，母亲在场或不在场对他们影响不大。在有需要时，他们也不会寻求帮助。他们对母亲没有表现出比对陌生人更喜欢的倾向。矛盾型儿童表现得似乎离不开母亲，在母亲离开前就开始焦虑，紧张地关注母亲的行为，生怕其离开而无心做游戏和探索；在母亲离开后更加不安，但在母亲返回后又表现出矛盾心理，既想寻求与母亲接触，又在母亲欲亲近时生气地拒绝和反抗。矛盾型儿童对陌生人也表现出排斥。到 20 世纪 90 年代，发展心理学家又提出了第四种依恋类型——无组织型（disorganized type）。无组织型也属于不安全依恋，这类儿童在陌生情境中表现出杂乱无章和缺乏组织的行为，看起来既令人迷惑又复杂，在移向母亲的同时又保持警觉的凝视，表现出很大程度的不安全感。

不同类型的依恋关系对儿童日后的行为有重要影响。安全型依恋的儿童在幼儿园和学校表现得更有能力、更自信、更独立、更有好奇心、更具有社会能力，也更有韧性（Pianta & Ball，1993）。无组织型依恋的儿童更容易出现问题行为，也更难以应对压力（Van Ijzendoorn et al.，1999）。近年来，随着我国双职工家庭的增多，祖辈参与儿童教养的情况逐渐增多。在这种亲隔代协同教养家庭中，儿童与父辈和祖辈之间会形成复杂的多重依恋关系。由于依恋关系可以帮助预测人的主观幸福感（Mónaco et al.，2019），唐莹莹等（2023）采用亲子依恋和祖孙依恋问卷、主观幸福感量表对 178 个亲隔代协同教养（儿童与父母、祖父母三代共同生活家庭中的抚养方式）家庭的儿童进行调查，考察了亲子依恋和祖孙依恋质量的一致与不一致对儿童主观幸福感（包括生活满意度、积极情感和消极情感）的影响。研究发现，拥有一致高质量亲子依恋和祖孙依恋关系的儿童主观幸福感水平更高；亲子依恋与祖孙依恋质量不一致时，亲子依恋质量高于祖孙依恋质量的儿童生活满意度更高，且高质量的亲子依恋或祖孙依恋均能提升儿童积极情感。

第三节 童年期的心理发展

儿童从 3 岁至十一二岁期间，身心持续快速发展，身体比例的变化尤为明显。刚出生的新生儿脑重约 390 克，为成人脑重的 25%左右；到 3 岁时脑重已达到 990～1 011 克，相当于成人的 75%；到六七岁时脑重约 1 280 克，基本接近成人水平；之后，脑重的增长速度减慢，到 12～13 岁时达到成人脑重的平均数（1 400 克），到 20 岁左右停止增长。到童年晚期，头部发育基本完成，躯干还会继续成长，直至青春期结束。

随着神经系统、身体机能的不断成熟，加上不断学习和练习，儿童的感知能力、运动技能逐渐提高，认知能力、社会行为和人格特征也得到了明显发展。

一、认知发展

认知发展（cognitive development）是指个体在知觉、记忆、想象、思维、学习、问题解决等方面的发展。在认知发展领域，两位心理学先驱的研究和理论尤其引人注目。

> **认知发展** 个体在知觉、记忆、想象、思维、学习、问题解决等方面的发展。

（一）皮亚杰的认知发展理论

瑞士心理学家皮亚杰（Jean Piaget，见图 2-2）是儿童心理发展史上极具影响力的理论家，他在对自己早期感兴趣的动物学和认识论思想整合的基础上，开创性地对认识起源和发展进行了实验研究，建构了极具贡献性的认知发展理论。他所创立的理论被称为发生认识论。

图 2-2 发生认识论的创始人皮亚杰

皮亚杰的研究始于对自己3个孩子婴儿期的细致观察。他观察孩子们如何探索新玩具，如何解决简单问题，以及如何逐渐认识自己和外部世界。后来，皮亚杰运用临床观察法对更大样本的儿童进行了研究，考察从婴儿期到童年期约12年间，个体知觉、动作、思维、问题解决等认知活动的发展过程。在此基础上，他发现了儿童在思考从游戏规则到物理法则等各方面问题时的年龄差异，领悟出了促进人类智能发展的内在动力，从而建构了他的认知发展理论，实际上也是智力发展理论。

皮亚杰认为，智力是“所有认知结构趋于平衡的状态”。智力发展的内在动力是失衡（disequilibrium），因为失衡而寻求恢复达到再平衡的过程就是适应。皮亚杰认为，儿童个体在通过操纵客体的动作认识世界的过程中形成的自己独特的认知结构，称为**图式**（schema）。随着环境的变化、经历的增加，儿童必须不断地使用和调整已有图式以适应新的观察情境和经验。适应的本质就在于获得机体与环境的平衡。适应有两种形式：同化和顺应。

同化（assimilation）是指个体将新信息纳入现存的图式（也可以说是认知结构）中。比如，小强在和自家养的小牧羊犬的玩耍中获得了关于“狗”的图式。日后他看到邻居家的宠物狗也说“狗狗”，就表明他已将邻居家宠物狗的新信息同化到了他关于狗的图式中。

顺应（accommodation）是指对于不能同化的新信息，个体须改变或修正现存图式以适应新环境和信息。比如，当小强看见邻居的暹罗猫（外形与牧羊犬有些相似）还叫“狗狗”时，他的父母很可能会纠正他。这时，小强就必须修正他关于“狗”的图式，从中将“猫”排除，同时还要创建一个新的关于“猫”的图式。以此方式，小强便顺应了新的信息，即“暹罗猫不是狗”。

在这些概念的基础上，皮亚杰提出了所有儿童都会经历的四个认知发展阶段。

> **图式** 指儿童个体在通过操纵客体的动作认识世界的过程中形成的自己独特的认知结构。
>
> **同化** 个体将新信息纳入现存的图式中。
>
> **顺应** 个体改变或修正现存图式以适应新环境和信息。
>
> **客体永恒性** 儿童在生命的头两年内形成的外界客体不依自己的知觉而永久存在的观念，即理解了物体即使看不见或摸不着，也是存在的。

阶段一：感知运动阶段（sensorimotor stage，0～2岁）。在这一阶段，婴儿通过具体的动作，如看、触摸、听、把东西放进嘴里、吮吸、抓握等认识周围的世界。“思维”由与身体运动相协调的感觉信息构成。随着儿童对环境的不断探索以及发现特定的动作会产生特定的结果，比如打掉一块布会发现一个藏起来的玩具、松开绒毛玩具鸭子会使它跌落而无法够到、用汤勺敲桌子会得到晚餐等，其动作逐渐变得更加有目的，也逐渐形成了**客体永恒性**（object permanence）的概念，即理解了物体即使看不见或摸不着，也是存在的。

皮亚杰观察到，婴儿在头几个月似乎遵循着“眼不见心不知”的原则。他们会专心地看一个玩具，但如果玩具被藏在纸后，他们不会去看纸的后面，也不会试图寻找。然而，在约 6 个月大时，婴儿会开始寻找被藏起的玩具了。到近 2 岁时，绝大多数的儿童有了客体永恒性的概念，知道即使玩具被衣服盖着，它也肯定在那儿。此时的儿童很喜欢玩“藏猫猫”游戏。

皮亚杰说，理解客体永恒性代表儿童运用心理表象和符号能力的开始。

阶段二：前运算阶段（preoperational stage，2～7 岁）。这一阶段，儿童对符号和语言的使用加速发展。例如，2 岁的儿童能假定大盒子是房子、桌子或火车。但此阶段的儿童还缺乏理解抽象原则、因果关系和心理“运算”（例如，2 乘以 6 等于 12）的认知能力。儿童在此阶段的思维特点是自我中心（egocentric）的，仅能从自己的参考系中看世界，不能想象其他人看到的是不同的。

这一阶段的儿童还不知道将液体从一个瓶倒入另一个瓶中，液体的量是一样的。如果将液体从一个矮的、宽的杯子倒进一个高的、细的杯子中，此阶段的儿童会说第二个杯子中的液体多。他们还是根据液体的表面现象（在杯中的高度）去判断它的量。

阶段三：具体运算阶段（concrete operational stage，7～11 岁）。此阶段儿童的思维特点有了质的改变，能够根据具体事例进行推理思考。他们不会仅根据容器里液体的表面现象（高、矮）判断液体的多少，他们已经掌握了**守恒**（conservation）的概念，即当物体的外观或形式改变时，其物理属性不变。他们理解了性别身份的稳定性，知道一个女孩不会因戴了男孩的帽子而变成男孩。他们也开始理解因果关系，学会了心理操作，如加、减、乘、除。他们还学会了事物分类（例如，松树属于树）和按从小到大、从亮到暗、从低到高的顺序排列事物。

> **守恒**　当物体的外观或形式改变时，其物理属性不变。

但皮亚杰认为，此阶段儿童思考问题时，仍然是基于具体的经验和概念，而不是基于抽象的事物或逻辑推理。

阶段四：形式运算阶段（formal operational stage，11 岁到成人）。此阶段的典型特征是抽象思维的发展和完善。此阶段的青少年已能运用抽象的、符合形式逻辑的推理方式（演绎推理或归纳推理）去思考问题。他们懂得概念也能与物体一样被比较和分类，能提出合理的假设并进行验证，知道事物的发生会有多种可能性。总之，到此阶段，青少年的思维已经具有更强的灵活性和复杂性。

经典实验

“三山”实验

皮亚杰发现，在前运算阶段，儿童基本上是从自己的角度出发看待事物和进行思考的，这被称为“自我中心”思维。图 2-3 呈现的“三山”实验，证实了这一特点。在“三山”实验中，实验材料是三个高矮、大小和颜色各不相同的假山模型。实验首先要求儿童从模型的四面观察这“三山”，然后让儿童面对模型就座，同时放一个玩偶娃娃在“山”的另一边，继而向儿童出示不同角度山景的图片，实验任务是要求儿童指出哪一张图片是玩偶娃娃看到的“山”。结果发现，四五岁的儿童指认的图片都是他们从自身角度所见的“山”，即他们认为自己看到的就是玩偶看到的。

图2-3 “三山”实验

资料来源：米勒.（2015）.*发展心理学研究方法*（陈英和译）.北京：北京师范大学出版社.

皮亚杰的理论是20世纪最有影响力的认知发展理论，但也受到许多批评和挑战。比如，他提出的发展阶段的具体时间没有得到证实。很多研究认为，皮亚杰低估了儿童的认知能力，甚至认为认知能力是以连续的、重叠的波浪式方式发展的，而不是一个离散的步骤或阶段。还有学者批评皮亚杰过分强调个体对环境的适应，而忽视了社会文化对认知发展的重要性。

（二）维果茨基的认知发展理论

维果茨基是社会文化历史学派心理学的创始人，其理论诞生于20世纪30年代，迄今仍有活力。维果茨基发现，儿童的认知发展既不单纯是其内在成熟的结果，也不完全决定于儿童的自主探索，而是通过与能力更强的成人交流得以实现的。因而，维果茨基认为，人类不同于动物，人类能够使用符号和工具，人类创造了文化，人的心理发展是受社会历史发展规律制约的。他把个体心理机能划分为两类，即低级心理机能和高级心理机能。低级心理机能依靠生物进化，不需要学习就能获得，是动物和人都有的，如感知觉、不随意注意、复述性记忆等。高级心理机能是人类个体与文化接触、学习语言的过程中由低级心理机能转化而来的，是更为高级、复杂的机能。高级心理机能的实质是内化了的社会关系，受社会文化和历史发展制约。

维果茨基特别强调语言与认知发展的关系。他认为，语言具有调节思维与行动的功能。维果茨基与皮亚杰一样，都注意到了幼儿期出现的自我中心语言，但他们的解释却截然不同。皮亚杰认为，自我中心语言没有任何交流作用，是幼儿在思考时的一种缺陷，表明他们还不能根据他人的观点来调节自己的语言。到了具体运算阶段，自我中心语言就会自动消失。维果茨基则比较强调自我中心语言的积极作用，他将这种不以与他人交流为目的的自言自语称为**私语**（private speech）。他认为，儿童的这些自言自语能帮助他们解决问题。他观察到，儿童在遇到困难任务时，私语会成倍增加。这个现象说明，儿童在运用自我中心语言帮助其思考。因此，他认为自我中心语言具有促进儿童心理发展的功能，而且不会消失，而是内化成了内部语言——一种无声的对话。

私语 不以与他人交流为目的的自言自语。

依据社会文化促进认知发展的观点，维果茨基提出了对教育具有重要启示的**最近发展区**（zone of proximal development）理论。他认为儿童的发展有两种水平：一种是儿童的现有水平，指儿童独立活动时实际所能达到的解决问题的水平；另一种是儿童可能的发展水平，也就是儿童在成人帮助下通过教学所能达到的可能的发展水平。两者之间的差异就是最近发展区。最近发展区的上限代表儿童认知发展的最大潜能。教师在教学中应着眼于学生的最近发展区，为学生提供有适当难度的内容，调动学生的积极性，发挥其潜能。最近发展区理论强调社会文化及社会交往在个体认知发展中的价值，认为成人的引导、同伴的影响以及合作学习对儿童的认知发展都有重要的意义。

随文提问：如何基于最近发展区来开展教育？

二、道德发展

道德是某一社会大多数人所接受的一套行为准则，是有关是非善恶的判断和实践，涉及“知”和“行”两个方面。道德既有社会文化差异，也有全人类的共性。**道德发展**（moral development）指在社会化过程中个体随年龄增长逐渐习得道德标准，并以此指导自己行为的过程。

最近发展区 儿童独立活动时实际所能达到的解决问题的水平和在成人帮助下通过教学所能达到的可能的发展水平之间的差异。

道德发展 在社会化过程中个体随年龄增长逐渐习得道德标准，并以此指导自己行为的过程。

（一）皮亚杰的两阶段理论

皮亚杰以说故事的方法研究了 4～12 岁儿童的道德认知发展。皮亚杰的实验任务是要求不同年龄的儿童对道德决策问题中主人公的行为进行道德判断。

比如，下面是“打破杯子”的故事：

故事 A：一个叫约翰的小男孩在房间里听到妈妈喊吃饭，于是他走进餐厅。餐厅门后的椅子上放着一个托盘，托盘里放着 15 个杯子，但约翰不知道门后有这些东西。在他进来的时候，门把托盘碰倒在地，里面的 15 个杯子全摔碎了。

故事 B：有一天，一个叫亨利的小男孩趁妈妈不在家，想偷偷地从食橱中取一些果酱吃。于是，他爬到椅子上去取。但是，果酱实在太高了，他够不着……在他尽力去够的时候，他不小心碰翻了一个杯子，杯子掉到地上摔碎了。

在儿童听完故事后，皮亚杰询问他们这样的问题：哪个孩子更淘气？为什么？那个更淘气的孩子应该受到什么惩罚？

皮亚杰发现，年幼的儿童多数认为约翰的过失更大，因为他打碎的杯子多；而年龄大一些的儿童因认知发展的成熟，会根据一个人的目的和动机评估道德性行为，因而认为亨利的过错更大。

基于这类研究，皮亚杰建构了他的道德发展理论，认为儿童的道德发展主要经历两个阶段：

（1）道德他律期（heteronomous stage，5～8 岁），也称他律道德（heteronomous morality）。这时，儿童把权威人物制定的规则看成神圣不可改变的，儿童有了很强的规则意识。当你在一个6岁儿童面前超速驾驶时，你就会明白皮亚杰所说的他律的含义了。即使你是因为紧急医疗事件而往医院疾驶，年幼的儿童也会指责你违反了“交通规则”，并认为你的行为应该受到惩罚。

他律期的儿童倾向于根据客观结果而不是行为动机判断行为的对错。此阶段的儿童认为，约翰（不小心打破了15个杯子）比亨利（在偷吃果酱时打破了1个杯子）的过失更大。

他律期的儿童也偏爱赎罪性惩罚，而不考虑不良行为与惩罚本身的关系。比如，一个6岁的儿童更可能去踢打一个打破窗子的男孩而不是让该男孩赔偿损失。

（2）道德自律期（autonomous stage，9～12岁），也称自律道德（autonomous morality）。此时期的儿童已经不再盲从权威，开始意识到社会规则是人定的，可以受到质疑，也可以修改。他们也会设想他人的立场，根据行为的动机而非结果来做出道德判断。他们开始意识到道德规则的相对性——有时候根据需要也是可以违背规则的。所以，他们不再会认为及时运送急症患者的司机违反了交通规则是不道德的，也通常会认为在偷果酱时打破1个杯子（不良意图）的亨利比去吃饭时不小心打破15个杯子（意图是好的或中性的）的约翰更淘气。

当询问如何惩罚不良行为时，自律期的儿童通常更偏好互换性惩罚，即惩罚结果适合“罪行”的处置方式，目的是使犯规者能理解规则的含义并减小该行为重复发生的可能性。因此，一个自律期的儿童对故意打破窗子的男孩采取的措施可能就是，让男孩用自己的零花钱赔偿，而不是靠武力解决问题。

图2-4　道德发展研究的贡献者柯尔伯格

皮亚杰划分的这两个道德阶段与认知发展的具体运算阶段和形式运算阶段基本相符，说明道德发展与认知发展关系密切。皮亚杰的道德理论也属于认知发展取向。

（二）柯尔伯格的三水平六阶段理论

美国哈佛大学的柯尔伯格（L. Kohlberg，见图2-4）是继皮亚杰之后采用认知发展取向研究道德发展问题的另一位心理学家。他采用两难故事法（method of dilemma-story）考察儿童对故事内容的道德判断。“海因兹偷药”就是柯尔伯格（Kohlberg，1964）在研究中使用的最著名的两难问题：

在欧洲，有一个妇女因得了一种特殊的癌症而濒临死亡。医生认为有一种药或许能够挽救她的生命，这种药是镇里一位药剂师最近发现的一种镭化物。这种药非常贵，药剂师索要的价格是2 000美元，比实际价格高出了10倍。海因兹是这个妇女的丈夫，他四处筹钱却只借到了1 000美元。于是，他告诉药剂师妻子危在旦夕，哀求他能便宜出售此药，或是迟些日子再还清欠款。但药剂师一口回绝。海因兹绝望了，于是他在夜里溜进药店偷走了药。

海因兹应不应该偷药？为什么？

柯尔伯格采用这样的两难故事对70多名10～16岁的男孩进行了长达十年的追踪研究，之后又到世界各地去验证他的研究结果，最终将儿童的道德判断概括为三种水平，即前习俗水平、习俗水平、后习俗水平，每种水平又分为两个阶段，共六个阶段。

随文提问：如何利用两难故事来促进儿童对道德问题的思考？

（1）**前习俗水平**（preconventional level，4～10岁）。儿童道德处于外控水平，服从得到奖赏、逃避惩罚的道德原则。

第一阶段：避免惩罚的服从取向阶段。儿童尚不具备是非善恶观念，因恐惧惩罚而服从规则。对“海因兹偷药”问题的回答会是：“他不该偷药，因为会被警察抓起来，会进监狱。”“偷药不是坏事，他事先请求过，他也准备付钱了，他拿走的药实际不到200美元，他也没有造成其他伤害，没有带走其他东西，偷的不是大东西，不会受重罚。”

第二阶段：相对功利取向阶段。儿童开始基于自己的利益和他人可能给予的回报来考虑服从规则。对“海因兹偷药”问题的典型回答包括：“如果妻子一直对他不好，海因兹就没有必要冒险偷药。”“如果妻子对他一向很好，海因兹就该为救她的命去偷药。”“海因兹应该偷药，因为他妻子需要这个药，他想让妻子活下去。”

（2）**习俗水平**（conventional level，10～13岁）。儿童开始将权威的法则内化，服从取悦他人或维持秩序的道德原则。

第三阶段：寻求认可取向阶段。儿童会按照成人确定的“好孩子”标准，寻求行为上的认可。对“海因兹偷药”问题的典型回答如下：“偷窃行为是不好的，但海因兹的行为只是一个好丈夫应该做的。你不能指责他因为妻子而做出这样的事情，如果他不能挽救妻子，那才是值得批评的。”“海因兹不该偷窃。如果妻子死了，海因兹不应该受到指责。他没有为此去偷窃犯罪，我们不能说他是无情无义的，他已经做了力所能及的事情。不过，药剂师是自私无情的。”

第四阶段：顺从权威取向阶段。儿童开始考虑社会秩序、社会良知和自己的责任，服从团体规范，尊重法律权威，判断是非时初具法制意识。例如，对“海因兹偷药”问题的回答是：“如果药剂师对生命垂危的人置之不理，这是很不应该的；海因兹有挽救妻子的责任。但是，海因兹不能因此违反法律，他必须赔偿药剂师，并且应该因偷窃而受处罚。”“海因兹想挽救妻子的生命是可以理解的，但是他采取偷窃的办法解决问题是不对的。不管在什么情况下，个体都应该遵守规则。”

（3）**后习俗水平**（postconventional level，13岁以后）。个体的道德观念完全内化，认识到道德原则间的冲突，并懂得如何取舍。

第五阶段：法制观念取向阶段。人们相信法律是为了大多数人的利益和幸福而制定的，个体有责任遵守法律，依法行事。从这一阶段对“海因兹偷药”问题的回答中，可以看出合法与合乎道德的区别：“在判断偷窃是否违反道德之前，我们应该整体地考虑这件事情。当然，法律对入室偷窃有明确的规定，而且海因兹知道没有法律支持他的行为。但是，在万不得已的情况下去偷药也是可以理解的。”“我能理解非法偷药的合理之处，但并

前习俗水平　儿童道德处于外控水平，服从得到奖赏、逃避惩罚的道德原则。

习俗水平　儿童开始将权威的法则内化，服从取悦他人或维持秩序的道德原则。

后习俗水平　个体的道德观念完全内化，认识到道德原则间的冲突，并懂得如何取舍。

不能说其行为是合法的。法律可以保证社会和谐，海因兹有责任遵守这些规定。你不能说海因兹偷药是完全错误的，但也不能说它是对的。”“法律禁止人偷窃，但没有考虑到救人性命的特例。可能需要修订现行的法律。”

第六阶段：价值观念取向阶段。人们按照内在的价值标准行事，凭自己的良知进行是非判断。这一阶段对“海因兹偷药”问题的回答如下：“当个体必须在破坏法律和挽救生命之间做出选择时，挽救生命的更高原则使偷药行为在道德上是正确的。”“在癌症病例很多而药物又相对缺乏的情况下，根本不可能满足所有人的需要。海因兹这么做，对别人是不公平的。”

柯尔伯格指出，儿童的道德是分阶段有序发展的，只有经历且建构了前一阶段的道德模式，儿童才能理解和使用后一阶段的道德推理。但柯尔伯格也提出，并非每个人都会经历所有的水平和阶段，有些人直到成年也没有超越寻求认可或顺从权威的阶段。

学术前沿

个体公平感的产生

长期以来，研究者认为道德知识和行为起源于复杂的推理加工，个体的道德感是较晚才形成的，可能是青少年时期甚至更晚。然而，在新近的研究中，学者们发现个体的道德感起源于 2 岁之前。公平感是道德感的重要衡量因素，通过对公平感的考察，可以了解个体道德感的发展。

对于成人而言，他们通常会认为资源应该被平均分配。与青少年和成人相一致，婴儿也期待资源得到公平的分配，也会基于他人遵守公平原则或违反公平原则来评价他人。婴儿的公平感也有特殊性，即婴儿并不会立即惩罚不公平者。

资料来源：Sommerville，J. A.（2018）. Infants' understanding of distributive fairness as a test case for identifying the extents and limits of infants' sociomoralcognition and behavior. *Child Development Perspectives*，*12*（*3*）.

三、人格发展

个体自降生起，在生理不断成熟、认知逐步发展的同时，也在不断社会化的过程中形成和建立自我概念，构建自己的人格。所以，**人格发展**（personality development）是贯穿人的整个生命历程的，既受生理成熟和认知发展的影响，也受社会文化的制约。比较有影响的人格发展理论有精神分析学派的缔造者弗洛伊德的心理性欲发展理论、新精神分析学派的代表人物埃里克森的心理社会发展理论，以及新行为主义取向的代表人物班杜拉的社会学习理论。虽然这些理论并不仅仅涉及童年期，但为了使读者能够对理论形成完整的印象，我们在这里一并介绍。

人格发展 个体的人格特点发生、发展、变化的过程，其贯穿人的整个生命历程，既受生理成熟和认知发展的影响，也受社会文化的制约。

（一）弗洛伊德的心理性欲发展理论

1. 人格结构

弗洛伊德认为个体的人格结构由三大部分组成，即本我、自我和超我。所谓本我，就是本能的我，其完全处于无意识之中。本我代表个体的一切原始冲动和本能欲望。本我遵循快乐原则，为了满足自己的需要不惜付出一切代价。自我是面对现实的我，它是通过后天的学习和环境的接触发展起来的，是意识结构的部分。自我是本我和外界环境的调节者，它奉行现实原则，既要满足本我的需要，又要制止违反社会规范、道德准则和法律的行为。超我，是道德化了的我，代表个体的理想部分。它是从自我中分化和发展起来的，是人在儿童期对父母道德行为的认同、对社会榜样的效仿，是受文化传统、价值观念、社会理想的影响而逐渐形成的。它由道德理想和良心构成，遵循道德原则。

弗洛伊德认为，本我、自我和超我三者之间相互作用、相互联系。其中，自我承担着多重任务，扮演着协调者的角色：一方面要设法满足本我对快乐的追求，另一方面还必须使行为符合超我的要求。所以，自我的力量必须强大才能够协调本我和超我之间的冲突和矛盾，使三我保持平衡，人格健康发展。如果三我之间处于失衡状态，不健全的人格就会形成，导致神经症的发生。

2. 人格动力

弗洛伊德认为，人格发展的根本动力是人的本能，分为生本能和死本能。生本能包括生存本能和性本能，代表爱和创造的力量。死本能是一种破坏力，指向个人内部时表现为自责、自杀、自虐等行为，指向外部时就会产生憎恨、攻击、侵犯和施虐等行为。在这些本能中，弗洛伊德尤其强调性本能（又称力比多）在人格发展中的作用。它是埋藏在无意识里的冲动和能量，需要选择某种渠道释放，产生快感。引起快感的身体部位称为**性感带**（erogenous zone）。性生活不但趋向身体快感的满足，还趋向有利于生存的其他快感的满足。

> **性感带**　弗洛伊德的心理性欲发展理论中引起快感的身体部位。

3. 人格发展阶段

随着年龄的增长，性本能会选择身体的不同部位投放，产生快感的部位会发生转移，弗洛伊德据此将人格发展分为五个阶段。

（1）口唇期（0～1 岁）：婴儿出生后，口腔作为第一个性感带，通过吸吮来追求需要的满足。如果不能满足或过度满足，就会导致人格发展出现障碍。

（2）肛门期（1～3 岁）：此阶段，个体主要通过肛门的排泄活动获得满足，快感主要表现为忍受和排便。若此阶段满足不当，成年后或会出现僵化、刻板、教条的行为，或表现出随意、邋遢、懒散。

（3）性器期（3～6 岁）：儿童开始从性器官上得到快感，意识到男女性别的差异，并对异性别父母产生爱恋和对同性别父母产生嫉妒，也就是通常所说的恋父情结和恋母情结。弗洛伊德尤其重视个体在此阶段的发展。如果发展顺利，成年后便可建立社会认可的两性关系，正常恋爱、结婚、生子。如果发展固着，就会出现诸多心理障碍，导致性向和性关系的异常。

（4）潜伏期（7岁至青春期）：此阶段的儿童受社会压力的影响，压抑了自己的性欲倾向，把注意力转移到游戏、学习、运动上。

（5）生殖期（青春期以后）：个体的性欲在此阶段复活，性生理开始成熟，兴趣转向异性。

图2-5　心理社会发展理论的创始人埃里克森

弗洛伊德认为，每个阶段心理性欲的发展对个体的健康都有重要意义。任何阶段发展不顺利，出现停滞或退化，都会给人格发展带来负面的影响。弗洛伊德尤其强调童年期经验的影响，认为童年直至成年后各种偏离常态的行为问题都与此有关。

（二）埃里克森的心理社会发展理论

埃里克森（Erik H. Erikson，见图2-5）是美国著名精神病医师、新精神分析学派的代表人物。

面对当时工业社会的重大挑战，以及美国的一系列社会问题，埃里克森结合自身的人生经验以及多年从事心理治疗工作的见闻、体会及思考，提出了著名的心理社会发展理论（psychosocial development theory）。该理论将人生全程分为八个发展阶段，因而也被称为人格发展八阶段理论。

随文提问：发展任务与人格发展的关系是什么？

埃里克森认为，人格发展的核心是自我意识的发展，其形成和发展可分为持续一生的八个阶段。在每个发展阶段，随着个体的成熟和能力的增长，社会都会对自我提出新的适应性要求，以及必须完成的特定的发展任务。这些要求能否顺利满足和实现，这些任务能否适时完成，对个体能否形成健康人格至关重要。

埃里克森将人生的每个阶段都看作一个“危机与转机”的关键，意指每个阶段都有必须解决的特定心理冲突。如果冲突能顺利解决，危机就变为转机，就能顺利向下一个阶段发展；若危机不能适时化解，就会产生适应性困难或造成人格偏离。根据每个人生阶段要解决的心理社会危机，埃里克森将人格发展分为八个阶段，见表2-2。

第一阶段的危机是“信任对不信任”，婴儿的发展任务是建立对他人的信任感。如果养育者能尽心负责地照顾婴儿，敏锐地关注到婴儿的需求并给予满足，那么婴儿就能感受到周围世界的温暖并建立起信任感和安全感。

第二阶段的危机是“自主对羞愧怀疑”，儿童的发展任务是发展自主性。此阶段的儿童开始有了自我意识，也进入了人生的第一个反抗期。父母既要保护他们的独立探索，又要控制，使其行为符合社会规范。如果儿童寻求独立的努力得到父母的悉心引导和鼓励，他们就能产生基本的自我价值和自我控制感；如果父母对儿童的保护或惩罚不当，儿童就会产生怀疑，并感到害羞。

第三阶段的危机是“主动对内疚”，这一时期的儿童在游戏中模拟社会，体验各种角色。如果儿童表现出的主动探究行为受到鼓励，儿童就会形成主动性；如果他们的行为不能得到成人的认可，或是受到讥讽，他们就会失去自信，因为觉得达不到父母的要求而产生内疚感。

表 2-2 埃里克森心理社会发展八阶段及心理危机

阶段	年龄	心理危机（发展关键）	发展顺利	发展受阻
1	0至1～1.5岁	信任对不信任	对人信任，有安全感	焦虑不安，缺乏安全感
2	1～1.5至3岁	自主对羞愧怀疑	独立，有自主感，相信自己	自我怀疑，行动畏首畏尾
3	3～6岁	主动对内疚	有目的感，独立进取	畏惧退缩，无自我价值感
4	6～12岁	勤奋对自卑	具有求学、做事、待人的基本能力	缺乏生活基本能力，充满失败感
5	12～18岁	自我同一性对角色混乱	自我概念明确，追求方向确定	生活缺乏目标，时感彷徨迷失
6	18～25岁	亲密对疏离	感情生活顺利，奠定事业基础	孤独寂寞，无法与人亲密相处
7	25～50岁	繁殖对停滞	关爱家人，培育后代	自我放纵，不顾未来
8	50岁以后	自我完善对悲观绝望	随心所欲，安享天年	追悔往事，一事无成

第四阶段的危机是“勤奋对自卑”，此阶段儿童开始进入学校学习，需要发展学习能力来获得赞许。如果他们能顺利地完成课业任务，获得足够的成功经验，他们就会产生勤奋感；反之，就会产生自卑感。

第五阶段的危机是“自我同一性对角色混乱”，此阶段的个体处于青春期。**自我同一性**（ego identity）指个体能够认识到自我是一个在时空上完整的、相互联系的统一整体，是个体在寻求自我的发展中对自我的确认，包含性别和身份两种认同。此阶段的青少年自我意识高涨，经常会思考“我是谁”“我将走向何方”“我在社会中处于何种地位”诸如此类的问题，并对理想、职业、价值观、人生观等进行思考和选择。如果青少年能较客观、全面地认识和评价自我，明确自己的角色，有自己的职业理想并为之奋斗，他们就会建立自我同一性；否则，就会产生角色混乱。

> **自我同一性** 个体能够认识到自我是一个在时空上完整的、相互联系的统一整体，是个体在寻求自我的发展中对自我的确认，包含性别和身份两种认同。

后三个阶段都属于成人阶段，面临的危机分别是“亲密对疏离”“繁殖对停滞”“自我完善对悲观绝望”。如果一个人能顺利地度过之前的自我认同时期，那么其在以后的成人岁月中就能很容易与他人建立亲密关系，发展友谊，结婚生子，过上幸福而充实的生活；即便到了老年，体力、心力和健康状况每况愈下，他们也能做出相应的调整和适应，安享天年。如果青春期未能很好地建构起自我同一性，之后的成年人生就会危机重重，要么孤独寂寞，要么自我放纵，对自己的人生不满，感到虚度了年华，追悔莫及，悲观绝望。

名家小传

埃里克森的早期经历和他的心理社会发展理论

埃里克森是一位伟大的心理学家，早年接受过精神分析的训练。他的理论形成受到许多人的影响，其中有西格蒙德·弗洛伊德（Sigmund Freud）、安娜·弗洛伊德（Anna Freud）、彼得·布洛斯（Peter Blos）、罗伯特·怀特（Robert White）、让·皮亚杰（Jean Piaget）和罗伯特·哈维赫斯特（Robert Havighurst），以及他的妻子琼（Joan）。1950年，埃里克森提出了心理社会发展理论和人生的八个发展阶段。

此外，埃里克森的生活经历与其理论的提出也有重要关联。看过下面他自己的童年回顾，就不难理解为什么“同一性危机”的概念能成为埃里克森理论最为关注的问题之一。

> 我在德国南部的卡尔斯鲁厄长大，父亲西奥多·洪伯格博士（Dr. Theodor Homburger）是儿科医生，母亲卡拉·亚伯拉罕森（Karla Abrahamsen）是丹麦哥本哈根人。在我整个学前期，他们向我隐瞒了母亲曾与一位丹麦人结婚，但在我出生前我的生父遗弃了她的事实。和许多小孩一样，我喜欢这里的生活，并或多或少地忘记了三岁前单独和母亲生活的日子。那时，她的朋友们是德国西南部山林地区汉斯·托马（Hans Thoma）民间风格的艺术家们；我想，在我习惯那位留着胡须、有着治病的漂亮工具和神秘仪器的医生——一位新的父亲之前，他们给了我最早的男性印象。我喜欢在他们的画室和我们的房间之间来回地跑。每天下午以后，楼里就会有很多神情紧张但又对人笃信不疑的母亲和孩子。我有种被“特殊”庇护的感觉（即使那些没有这样严重生活问题的孩子也常被这样庇护）。虽然我有理想的父母，但我却幻想着自己完全是个弃儿的情形。然而，当时很少有人知道我的父亲是我的继父。他让我姓了他的姓（我保留下来作为中间的名字），并希望我和他一样成为医生。
>
> 我的继父成长在一个极端的犹太小资产阶级家庭里，他是这个家庭唯一的专业人士（并深受尊重），而我是一个（具有混合民族的斯堪的纳维亚背景）白皮肤、蓝眼睛、个子非常高的男孩。不久，我就被继父所在的教堂认为是“异教徒”；而对我的同学来说，我是个“犹太人”。在第一次世界大战时，尽管我非常强烈地想成为一名好的德国沙文主义者，然而当丹麦保持中立时，我又成了个“丹麦人”。

资料来源：纽曼 B M，纽曼 F R.（2005）. *发展心理学*（第8版，白学军等译）. 西安：陕西师范大学出版社.

（三）班杜拉的社会学习理论

阿尔伯特·班杜拉（Albert Bandura，见图2-6）是新行为主义心理学的主要代表人物之一、社会学习理论（social-learning theory）的创始人。

行为主义心理学家认为，人的一切行为都是习得的，人格也不例外。他们通常会用一些明晰的概念，比如学习、强化和模仿等去解释人格。他们认为，人格不外是各种习得行为模式的集合。像其他习得行为一样，人格也是经过经典条件反射和操作条件反射的过程形成的。当代新行为主义取向的心理学家已不再机械地将人看成受程序驱动的机器人，他们强调，儿童既可以通过学习形成善良、慷慨等积极的人格品质，也可以通过学习形成敌意、破坏等消

图2-6　社会学习理论的创始人班杜拉

极的人格品质。

班杜拉的社会学习理论就是其中的代表。班杜拉认为个体是通过观察他人的行为以及行为的结果来进行学习的，他称之为**观察学习**（observational learning）。童年期的个体更是如此，他们通过观察和模仿榜样的方式习得新的行为或矫正旧的行为。比如，看过母亲化妆的小女孩会很快学会给自己的玩具娃娃化妆，或在自己的脸上涂涂抹抹；看到有人将废弃物丢进垃圾桶里，儿童也会捡起地上的空瓶子，将它丢进垃圾桶里；看到班里的同学因为上课不听讲受到老师批评的儿童也会努力改正自己上课开小差的习惯；诸如此类。儿童就是这样通过观察现实生活中的人或事，通过观看银幕和荧屏中人物的行为和故事等方式，掌握了运动技能，学到了对人对事的态度，习得了行为规范，也逐渐塑造了性别角色。

观察学习 个体通过观察他人的行为以及行为的结果来进行学习的过程。

班杜拉设计了一个经典实验，用以考察榜样人物的行为后果对儿童自发模仿榜样行为的影响。在实验中，班杜拉首先将儿童分为三组，然后让儿童观看电影中一位成年男子的攻击行为。在影片的结束部分，三组儿童看到的结果不同：第一组儿童看到成人榜样被表扬；第二组儿童看到成人榜样受批评；第三组儿童看到成人榜样既不受奖励也不受惩罚。然后，班杜拉把三组儿童都带到一个房间内，里面有成人榜样攻击过的对象。结果发现，看到榜样被表扬的儿童模仿影片中成人的攻击行为最多，看到榜样受批评的儿童的攻击行为最少，看到榜样既不受奖励也不受惩罚的儿童的攻击行为居中。这个实验证明了榜样攻击行为所导致的后果是儿童是否自发模仿这种行为的决定因素。该实验说明，儿童可以从行为者的行为结果——奖励与惩罚中获得学习。班杜拉称这种强化过程为“替代强化”（vicarious reinforcement）：儿童因观察到榜样的行为得到强化而使自己间接地受到强化，即儿童更倾向于表现出别人得到奖励的行为，而较少表现出别人受到惩罚的行为。

班杜拉的社会学习理论是对传统行为主义的继承和发展，在心理学很多分支领域以及教育、管理、大众传播等社会生活领域均有广泛的影响。

第四节 青少年期的心理发展

青少年期（adolescence）是指从青春期体验开始到身心逐渐成熟的发展阶段，大体指 11 或 12 岁到 20 岁左右的阶段，通常也被认为是从童年期到成年期的过渡时期。

一、青少年期的身体发展

（一）青春期体验

从童年期进入青少年期的重要标志是**青春期**（puberty）的到来。青春期指从性器官开始发育、第二性征出现至生殖功能完全成熟的一段时期。男性性成熟的标

青春期 从性器官开始发育、第二性征出现至生殖功能完全成熟的一段时期。

志是遗精，女性是月经初潮。由于卵巢比睾丸发育早，所以女性的身体发育要比男性早1～2年。此阶段，女性的下丘脑、垂体、卵巢等发育成熟，卵巢开始分泌雌激素、孕激素及少量雄激素，外生殖器官开始发育，出现第二性征，如乳房隆起、皮下脂肪丰满、骨盆宽大、嗓音细高等。男性的表现则是睾丸增大，能制造成熟精细胞，阴囊变红，阴囊皮肤增厚，阴毛及腋毛出现。男性的第二性征体现在胡须和体毛出现、嗓音变粗等方面。

青春期通常被称为发展过程中的“狂风暴雨期”，以内心骚动、喜怒无常、爆发对抗为特征。

研究者发现，性成熟早晚会影响青少年期个体对自己的外貌及身体形象的满意度（陈红，黄希庭，2005）。还有研究者指出，性成熟早晚对男女影响不同。对男性而言，青春期较早出现有更多积极的影响（Jones，1957），对女性反而有更多不利的影响（Tobin-Richards et al.，1983）。

此时期，部分青少年由于对自己身体特征的变化缺乏现实和客观真实的认知，还可能产生体像意识的困扰，而且女生的困扰多于男生。一项针对中学生的调查表明，有一半的女生和四分之一左右的男生对青春期出现的第二性征感到害羞、不安和新奇；有部分女生对自己的乳房发育不满意，不满意自己的体型；有部分男生不满意自己的生殖器，苦恼于身材的矮小。

（二）身体各部分的发育

青少年期是人的身体发育完成的时期。研究表明，在人的一生中，有两个阶段身体生长迅速，身体各部分的比例发生显著变化。一个是在产前期和出生后的最初半年，另一个则是青春期。青春期的快速生长发育，被称为青春期急速成长现象。事实上，这种现象开始于性成熟之前或与性成熟同时开始，终止于性成熟后的半年到一年。男生的急速成长期在12～15岁开始，大概13岁为高峰，体重、肌肉力量、肩宽、骨盆宽等也都得到增加，与此同时性机能和第二性征也发育成熟。女生比男生的急速成长期略早，约在11～15岁，12岁为高峰，故而在小学五六年级时，女生身高普遍高于男生。除身高外，女生的体重也会随青春期的开始而快速增加，最快时甚至可在一年内增加近10千克。

除了急速成长的特征外，从青春期开始，身体各部分的发育极不平衡。我们在前面讲到，婴儿期的身体发育遵循由躯干到四肢的原则，可进入青春期后，却反其道而行：手的生长先于手臂，脚的生长也先于腿部，耳朵的生长先于头部，甚至身体左右两半的生长也不均衡，出现两手两脚大小不一样的情形。

二、青少年期的心理发展

（一）自我意识增强

自我意识（self-awareness或self-consciousness）是对自己身心活动的觉察，是一种多维度、多层次的复杂心理现象，它由自我认识、自我体验和自我控制三种心理成分构成。“我是谁”“我是什么样的人”“我是否快乐”“我能干什么”是与自我意识最相关的问题，也是青少年期的个体最常思考的问题。做个形象的比喻，青少年个个都像哲学家，都是激情奔放的诗人。但由于社会经历的局限，他们思考问题的深度和广度也会受限，出现身心发展的不平衡。青少年会思考他们在他人眼中的样子，格外关注自己的外表、风度、衣着服饰，是否受人欢迎等，也关注自己的能力和学习成绩。他们自尊心强，但敏感且脆弱。他们在受到肯定和赞赏时，内心深处会产生强烈的满足感；在受到批评和惩罚时，会感觉受到重大打击，容易产生强烈的挫折感。

青少年的一个重要特点是更注重与同伴的交往，这也是他们确立自我形象、形成自我概念很重要的一个途径。随着年龄的增长，对自己生活、学习的环境的熟悉，对同学、朋友个性的了解，孩子们开始彰显个性，暗暗地在群体里比高低。所以，这个时候他们的交往群体很重要，会对他们的价值观、人生目标定向等产生一定的影响。当然，任何因素都不会孤立影响人的心理发展，而且特例也永远会存在。

值得注意的是，青少年期属于特定的发展阶段，青少年面临生理心理上的巨大变化，以及社会化发展过程的跌宕起伏，青少年期也是较易产生心理问题的时期。我国第一部“心理健康蓝皮书”——《中国国民心理健康发展报告（2017—2018）》指出，虽然我国仅有少数人群存在不同程度的心理健康问题，但在不同年龄段、不同职业群体中，心理健康状况差异较大。青少年阶段（12～18 岁）个体的心理健康指数随年龄增长呈下降趋势，初一学生心理健康水平最高，初二、初三学生次之，高中学生最低。所以，青少年期的心理健康问题需要格外引起注意，心理健康知识的普及、“自我调节”理念和技能的提升是心理学工作者需要关注的重点。

（二）代际冲突明显

青少年的生理快速成熟，身高、体重与成人非常接近，他们渴望从心理上摆脱对父母的依赖，行为上摆脱被父母控制。所以，对抗是青少年期个体普遍存在的一种心理特征，它表现为对一切外在强加的力量和父母的控制予以排斥的意识和行为倾向。由于我们当下的教育现状，平时对青少年又多缺乏独立能力的培养，因此他们生理早熟而心理晚熟是较普遍的现象。他们虽有一定的独立性，但还没有完全独立；在许多方面，尤其是在物质生活方面还要依赖父母。他们还没有成为具有完全责任能力的人，并不是对自己的所有行为都能负起责任。加上青少年接受事物的能力非常强，处在这样一个快速、多元的社会发展背景下，各种思想观点和价值体系都可能交织在他们的头脑中。所以，有些家长抱怨现在的孩子们既要自由又要宠爱，虽不能一概而论，却反映了一种代际冲突。

随文提问：在新时代，如何更好地理解代际冲突？

虽然代际差异可能客观存在，但代际冲突并不必然会出现。有研究者就指出，青少年与其父母在很多问题上的观点其实是一致的，代际冲突问题可能被夸大了，即便有冲突也只是表现在某些方面而已。比如，一项纵向研究调查了父母与其青少年子女在家务劳动、穿衣打扮、文明礼貌、消费行为和药物使用等方面的差异和冲突，发现：在家务劳动、穿衣打扮和文明礼貌三方面，随着子女年龄的增长，双方的意见逐渐趋于一致；但在消费方面的冲突随年龄的增长而增加（Galambos & Almeida，1992）。一项对我国香港家庭的研究给出了父母与青少年子女在不同方面发生冲突的比例，发现最容易发生冲突的是在一些日常活动的选择和管理上，比如，打电话、看电视、上床睡觉的时间，冲突发生的比例占 37%，做家务和写作业各占 16%（Yau & Smentana，1996）。

总之，由于成长经历不同、成长背景各异，代际差异是必然存在的，父母要认识到这一点，但也不必过度恐慌。认识到孩子所有的问题都是其发展过程中正常会出现的问题，科学引导，尊重孩子要长大的愿望，民主、平等地与他们对话，与孩子共成长，代际冲突就会在可控范围内自然地缓解。

（三）性意识觉醒

性意识指对性的认识、理解、体验和态度。性通常具有两种含义：男女性别和性行为。个体最早的性意识产生于 2 岁前后对父母性别角色差别的认知。随后通过父母的教养行为和语言，在 3 岁前形成自己是男孩还是女孩的性身份意识。也是在这一时期，在排尿、洗澡等活动中通过对自己和异性儿童外生殖器的观察，产生了对自己性别生物特性的初步认识。到学龄前，儿童通过同性和异性儿童之间的与性别相关的游戏，形成自己的性别角色意识。这种意识状态在进入学龄期后一直持续渐进，但性的意识被学习、运动等其他活动掩盖。直到青春期，随着第二性征的出现、性冲动的产生，个体性心理逐渐成熟，两性差异的意识再次被唤醒，产生性要求和择偶的意识。这种心理现象称为性意识觉醒。

性意识觉醒也是青少年自我意识发展的一个重要方面。青少年在对异性的反应上经过了一个由反感、抵触，到关注、好感，再到吸引、爱恋的过程。表现在行为上就是，初入青春期时，两小无猜的男女同学之间突然拉起了性别屏障，异性成了一个不可进入的神秘世界。之后，男女同学开始悄悄相互关注，但较多关注外表，多因异性同学的出众外貌而产生好感，开始自觉或不自觉地按照自己心中的理想以及想象出的异性的要求塑造自己和期待对方。随着对异性在认识和情感上的向往和好奇的提升，青少年有了交往的渴望，甚至可能产生朦胧、脆弱的恋情。有些青少年还尝试从书籍、网络、视频中寻求性知识。有些甚至偷偷地看色情品，出现性梦和性幻想。还有些青少年不知如何控制自己的性冲动，要么过度压制自己，要么放任自流，与异性交往中行为失控，甚至发生不负责任的性行为。

从西方的数据来看，年轻人的性态度日趋开放。20 世纪 90 年代的报告指出，15～19 岁青少年的性交发生率大约为 60%。近年来，我国青少年性行为的发生率也有明显增长趋势。2015 年发布的《中国家庭发展报告》显示，青少年发生初次性行为的平均年龄为 15.9 岁，15～17 岁青少年性行为发生率为 4.1%，其中农村 5.4%，城镇 2.8%。不完整家庭青少年及城乡留守青少年的性行为发生率均高于完整家庭青少年和非留守青少年，尤其是城镇留守青少年的性行为发生率最高，为 7.6%。曾有性行为经历的青少年中，初次性行为避孕比例只有 53.2%，本人或女朋友曾怀孕的比例为 25%，其中 26.7% 曾经采取避孕措施，青少年避孕知识及能力严重缺乏。因此，青少年的性教育和生殖健康教育已是无法回避且必须面对和开展的工作。

（四）自我同一性混乱

埃里克森的心理社会发展理论虽然是解释人生全程发展的理论，但特别重视青少年期，核心内容上也格外强调自我同一性的发展，认为其是人生需要化解的最重要的危机。同时，埃里克森（Erikson，E. H.，1963，1982）还提出，虽然自我同一性在生命全程中都很重要，但青少年期是同一性形成最为重要的发展时期。自我同一性是个体在人生发展历程中通过不断对自己进行思考、与他人进行比较，在对自我形象接受、否定、迷惑、纠结、悦纳等过程中，以及在不断应对各种人生选择中逐渐形成的。

在这个过程中，青少年身体上的显著变化，影响到他们对外观形象及躯体特征的自我感受。他们还要选择自己的关系模式，探索自己在社会中的角色和地位。可以想象，对于缺乏生活经验的青少年来讲，将自我的诸多方面进行统整绝非易事。所以，青少年期可能是个体同一性最混乱的时期。

有研究指出，在青少年期，个体因年龄、能力、经验、家庭背景的不同，可能会形成四种不同的同一性状态：（1）同一性获得（identity achievement），属于很好地化解了心理危机、完成自我确定的一类人。他们知道自己想要什么、自己能做什么，并努力笃定地实现目标。（2）同一性延缓（identity moratorium），属于正经历埃里克森所预言的危机的一类人。他们在一些可能的选择中犹豫不决，危机尚未化解，仍在自我追寻中。（3）同一性困惑（identity confusion），属于发展危机无法化解而陷入困境的一类人。他们没有条件和能力进行选择，又不知未来如何做。（4）同一性早闭（identity foreclosure），属于自己无主见、没有自己的价值判断、未来一切听由父母安排的一类人。这四种状态中，同一性获得是最成熟的状态，同一性困惑是最不成熟的一种（Marcia，1966，1980）。一项针对 12～24 岁男性同一性状态的横断研究发现，仅有刚过半数的被试在 24 岁时达到了同一性获得状态（Meilman，1979）。所以，在青少年期，多数个体还不能完成自我认同的任务，处于从困惑到渐成的过渡阶段。

心理学与生活

自拍让女大学生更幸福

自拍是指个体给自己拍照并将照片上传到社交网站或网络媒体的行为。自拍既是一种个人照片分享的行为，也是一种自我呈现的方式。自我呈现（self-presentation）是指个体为了建立、维持或者提升自己在他人或公众中的形象，呈现一系列关于自身信息的行为。

自我呈现是一种社会适应性行为，会对个体的心理和行为产生一定的影响，普遍存在于网络环境中。个体在社交网站上发布自拍照往往伴随着积极情绪的产生，具体表现在以下两个方面：

（1）在社交网站上，个体发布的自拍照相较于其他内容会得到更多的赞和评论。

（2）个体发布自拍照可以减轻孤独感，提升自身幸福感和生活满意度。

资料来源：孟男，王玉慧，雷雳．（2017）．自拍照编辑与女大学生主观幸福感的关系：积极反馈与自我概念的中介作用．*心理发展与教育*，*33*（6）．

学术前沿

低头族与睡眠质量

低头族（phubbing＝phone＋snubbing），是一个由“手机”（phone）和“冷落”（snubbing）合成的新型词，专指那些只顾低头看手机而冷落或无暇顾及其他人和事物的一类人或一种社会现象。这类人不分性别、年龄和国籍。他们专注于自己的电子屏幕，减少了与自己的亲朋好友面对面沟通和交流的时间。青少年期是身心成长发育的重要时期，如此时他们成为低头族，可能会产生近视、注意力不集中、肥胖、情绪障碍、网络成瘾等问题。

青少年低头族往往是手机成瘾者。目前，我国青少年网民中使用手机上网的高达90.0%。多个国家的研究都显示，青少年手机成瘾者的比例高于30%。睡眠质量降低已经成为手机成瘾者严重的身心健康问题之一。有研究表明，手机成瘾对青少年的睡眠质量有显著的预测作用。高频率地使用手机甚至能够据以预测一年以后的睡眠障碍。

手机成瘾还会破坏青少年的情绪平衡，使他们体验到较多的消极情感、较少的积极情感，进而影响到他们的睡眠质量。因此，家长和教师应该有意识地引导青少年学习情绪调节策略、提升情绪调节能力，以弱化不良情绪在手机成瘾与睡眠质量之间的桥梁作用。还可以有针对性地帮助青少年通过学习和训练来降低情绪反刍水平、提升正念水平，从而弱化手机成瘾的不良影响。

另有研究发现，父母“低头族”可以显著正向预测初中生手机成瘾，但是初中生手机成瘾不能显著预测父母“低头族”。这说明，这种行为在亲子间存在代际传递，而且这种传递是单向地由父母传递给孩子。该研究结果警示家长在青少年的偏差行为方面，要重视“上梁不正下梁歪”的古训。

资料来源：刘庆奇，周宗奎，牛更枫，范翠英．(2017)．手机成瘾与青少年睡眠质量：中介与调节作用分析．*心理学报*，*49*（*12*）；丁倩，孔令龙，张永欣，周宗奎，胡伟．(2018)．父母“低头族”与初中生手机成瘾的交叉滞后分析．*中国临床心理学杂志*，*26*（*5*）．

第五节　成年后的身心发展与生活适应

成年后的这段时光是人生最漫长的时光。在这漫长的岁月里，个体要承担求知进学、求职择业、结婚生子、养育子女、实现人生价值、安享晚年、面对死亡等诸多人生任务。身心发展的相关问题非常多，主要可归纳为以下几方面。

一、成年后的生理发展

从人类的生理机能来看，青少年期是体能发展的高峰，成年期后体能就开始下降。但人类体能的下降速度并不如一般人想象的那么快速，一个50岁、身体健康的人仍然能够担负与20岁年轻人一样的工作。在肌体活动的速度和灵活性上，可能随年龄增长有所下降；但在工作品质上，反而可能会随年龄增长而上升。成年后最明显的身体机能下降表现在感知能力和记忆速度上：50 岁以上的人多半已经有花眼的体验，有些人表现得可能更早；60 岁以上的人多数会有听力下降的体验。40～50 岁后，个体的记忆速度会明显慢于年轻人。图 2－7 显示了人类体能从 20 岁到 80 岁下降的大概趋势。从大脑重量变化的情况来看，20 岁到 80 岁只减少了 8%左右。

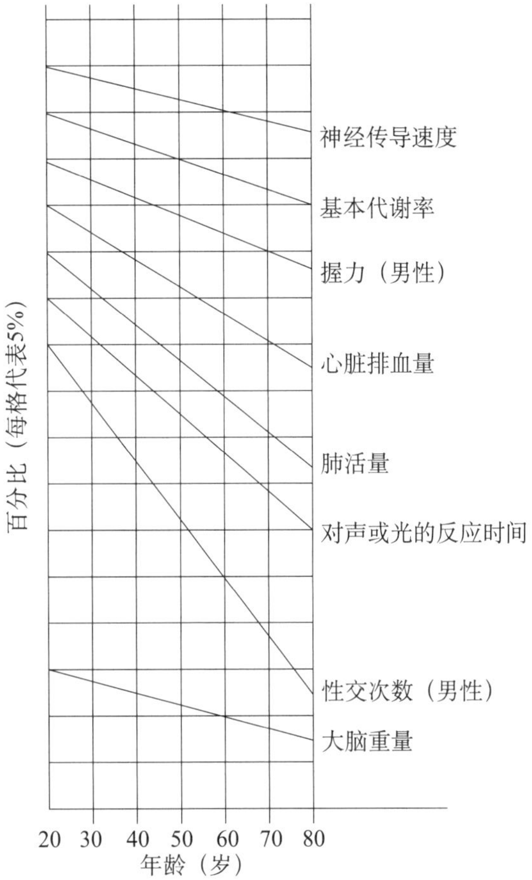

图 2－7 成年后生理机能的变化

资料来源：张春兴．(1994)．*现代心理学：现代人研究自身问题的科学*．上海：上海人民出版社．

成年期生理上最显著的改变是**更年期**（menopause）现象。更年期的概念最初主要特指女性在绝经后，因卵巢功能逐渐衰退或丧失，以至雌激素水平下降而引发以自主神经功能代谢紊乱为主的一系列生理症状的时期。现在从更广义的角度来看，更年期也与男性有关。男性更年期指男性的生殖系统机能开始退化，雄激素的分泌逐渐减少到一定程度，以至出现部分与女性更年期类似症状的时期。当然，男女更年期的出现时间及生理表现会不同。一般女性的更年期出现在 45～55 岁，而男性更年期的出现一般会较女性延迟 10 年，大约在 55～65 岁。

更年期 最初主要特指女性在绝经后，因卵巢功能逐渐衰退或丧失，以至雌激素水平下降而引发以自主神经功能代谢紊乱为主的一系列生理症状的时期。现在从更广义的角度来看也与男性有关。男性更年期指男性的生殖系统机能开始退化，雄激素的分泌逐渐减少到一定程度，以至出现部分与女性更年期类似症状的时期。

但由于现代人生活节奏的加快、工作生活压力的增大，男女更年期的出现时间都有提前的趋势（当然，因工作、生活境遇不同而存在差异）。总体来讲，男性更年期与女性不尽相同，他们不存在绝经等更年期开始的信号，症状不如女性明显，其症状出现的概率也比女性低。最显著的差异是，女性进入更年期后即不再有怀孕的可能，男性则仍然有生育的能力。多方原因导致女性在此阶段罹患抑郁症的风险高于男性。

随文提问：促进老年人心理健康的办法有哪些？

中年后，通常从65岁开始进入老年。虽然生理老化和机能衰退是不可抗拒的自然规律，但随着经济的发展、生活条件的改善、医疗保健手段的提升，心智和生理方面出现老化的表现也明显延后。老年人生理上的衰老主要体现在身体机能和健康上。在身体机能方面，老年人的体力大不如从前，耐力、负重力等急剧下降。在健康方面，老年人更易受疾病困扰，如心血管疾病、高血压、糖尿病、肿瘤等。

心理学与生活

当青春期撞上更年期

随文提问：当青春期撞上更年期，会擦出怎样的火花？

近年来，晚育现象越来越突出。1990—2021年，女性平均初育的年龄从24.1岁推迟至28.8岁，平均生育年龄（所有孩次）从24.8岁推迟至29.3岁。根据2022年民政部数据，我国男女平均初婚年龄分别为29.2岁、27.7岁。在国内经济发达的地区，晚婚晚育情况更突出。长三角城市群的男女平均初婚年龄分别为30.8岁、28.9岁，珠三角城市群的男女平均初婚年龄分别为30.5岁、28.6岁。根据《中国人口普查年鉴2020》，2019年中国女性平均初育年龄为28.1岁。因此，当父母进入更年期时，孩子大多正处于青春期。

二、成年后的心理发展

关于成年后的心理发展，这里主要从两个方面进行讨论。

一是埃里克森心理社会发展理论中涉及的心理危机。埃里克森在其人生八阶段理论中述及的最后三个阶段便阐释了成年后的心理发展特点以及各阶段需要完成的重要发展任务。18～25岁是个体寻求与他人建立亲密关系、奠定自己事业发展方向的重要时期。25～50岁是通过创造性的生产活动造福下一代的时期。一般来讲，如果这两个阶段的心理发展顺利，个体便能与他人建立亲密友好的人际关系和婚恋关系，工作、事业一般也会有良性发展。更重要的是可以为人生最后一个阶段，即老年的心理发展和适应打下基础，使老年的人生和谐、平稳地度过。

如果这两个阶段发展不顺利，日后就容易导致人际冲突、生活混乱，到老年后会陷入更加孤独疏离的心理困境。当然，人生的这些心理危机并不是只能僵化地在特定阶段去化解，若在之前的发展阶段没有解决好，在其后的生命历程中还可以去解决，只是可能会困难一些。

二是成年后的心智是否会随个人年龄的增长而退化。根据日常经验，成年后尤其是进入中年后，很多人觉得记事情的能力不如从前了，学东西慢了，就是简单的心算也信心不够了，表现出一般认知能力随年龄增长而降低的趋势。有研究者比较了不同年龄的成年人在解决传统智力问题和解决实际生活问题上的差异，发现在解决传统智力问题上，35 岁左右成绩最好，之后随年龄增长成绩逐渐下降。这个结果与人们日常观察到的一般认知能力随年龄增长而降低的现象吻合。然而，在解决实际生活问题上，40～49 岁区间的被试成绩最好（Denney & Palmer，1981）。这项研究表明成年后心智能力随年龄降低并不是绝对的，那些更多依赖感官和神经系统功能的认知能力确实会呈现随年龄下降的趋势，但在实践中以习得的经验为基础的认知能力却是在整个一生中都在提升的。在生活中，我们也可以看到很多六七十岁的老年人，只要身体健康，他们就仍然可以参与很多社会活动，在工作岗位上仍然可以为社会做出贡献，甚至迎来其人生成就最大的时期。

三、成年后的生活适应

这里主要指成年后中老年的生活适应。有调查数据显示，在成年后的人生阶段里，中年人是幸福感指数最低的。这是因为中年人往往在工作单位里承担着相对多的职责，而儿女多尚未独立。随着人寿命的延长，中年人的父母也多健在，中年人既肩负着工作的压力和责任，又背负着生活的重担，所谓“上有老，下有小”。进入老年后，多数人开始体验退休生活，伴随生活模式的改变，身体机能出现下降，疾病也开始多发，甚至开始思考不可回避的死亡问题。所以，成年后的生活适应是中老年期非常重要的身心适应问题。比较显著的适应问题集中在身体健康、人际关系以及对待死亡的态度上。

首先是健康问题。虽然进入中年后，大多数人的身体是健康的，但近年来，随着生活节奏的加快、工作压力的增大，中年人得病甚至猝死的情况时有发生。人们一般理解的老年病也提前在中年人群中出现，这里暂且都归类为中老年常见病，这些常见疾病有：高血压、高血脂、冠心病、脑卒中、糖尿病、支气管哮喘、慢性支气管炎、慢性胃炎、阿尔茨海默病、肿瘤、骨质疏松、骨关节退行性病变等。所以，合理饮食、适度锻炼、保持积极乐观的心态很重要。国内外的研究均证明，在现代医疗发达的今天，很多疾病是可控的，健康长寿很大程度上跟个人的个性与生活方式，以及生活习惯密切相关。

其次是成年后的人际交往问题。按照埃里克森心理社会发展理论，40 岁左右的中年人正处在人生发展的第七个阶段，即“繁殖对停滞”时期。这时候的主要任务是关爱家人，培育后代。所以，中年人工作之外的所有关注点几乎都在孩子身上，家庭的快乐、矛盾也多因孩子的问题而起。等孩子成年离开家后，父母会经历一段比较困难的适应期，即所谓的“空巢期”。这时，他们需要重新构建自己的人际关系，通常是在过去的同学、儿时的玩伴之间重温往日的友谊，逐渐增加交往，弥补空巢后的失落。中老年人还可以在某种工作之余的爱好中交友，建立起相对固定的朋友圈，或一起谈诗论画，或一起打球登山、外出旅游等，使自己保持一种积极、愉悦的状态。进入老年后，因为身体机能所限，社交范围会逐渐缩小，在交往的方式和行为表现上性别差异越来越小，更趋于中性。此外，老年人还要学会接受身边的同龄人会越来越少的事实。

最后是面对死亡的问题。生、老、病、死是每个人都无法回避的事情，也是无法抗拒的自然规律。当死亡临近时，人们会经历怎样的心理变化呢？库布勒-罗斯（Kübler-

Ross，1974）曾访谈大约 500 名濒临死亡的绝症患者。根据访谈的结果，他提出个体接受死亡大致要经历五个阶段：否认、愤怒、对剩余时间的讨价还价、沮丧以及最后接受。当个体得知自己身患绝症将不久于人世时，其最初的表现是震惊，试图告诉自己那不是真的；然后可能会感到愤怒，会质问为什么命运如此不公，得病的偏偏是自己；当意识到事实的确如此时，接下来其会徒劳地寻求推迟死亡的办法，比如告诉自己还要活着实现一个未了的心愿，即所谓“讨价还价”，同时，也会为即将逝去的生命而感到悲伤和沮丧；在经历了这些痛苦的阶段后，最终理解这是不可避免的结局，从而镇定、平和地接受。库布勒-罗斯的理论虽然缺乏科学依据，但确实能反映大多数人濒临死亡的心理过程。

并不是只有身患绝症的人才会有面对死亡的问题。随着年龄的增长、身体机能的衰退，许多进入中老年期的人会意识到死亡的临近。他们开始回顾自己的所作所为，寻找生与死的意义，并试图为自己的一生做个总结。有人开始撰写回忆录；有人回归家乡，安度晚年。如果觉得自己一生的多数愿望达成了，理想也基本实现了，就会对自己的过去感到满意，获得生命的价值感。如果回首往事，觉得自己一生碌碌无为，荒废了一世的光阴，就可能陷入对自己和生活的绝望之中。研究证明，那些觉得自己的一生活得有意义的人最不畏惧死亡。

学术前沿

抑制对老年人舌尖现象的影响

舌尖现象（tip-of-the-tongue phenomenon）是指说话者忽然感到话到嘴边却说不出来。舌尖现象是词汇搜索困难中最显著的代表。一般情况下，舌尖现象随年龄增长而增多。老年人的舌尖现象使其在言语表达时有更大的困难，增加了他们在人际交往中的受挫感。

早年的抑制不足理论（inhibition deficit theory）认为，当个体通过语义线索激活目标词时，与目标词相关的干扰词干扰了对目标词的检索和提取，会让个体激活一些和目标词有关但不正确的词汇信息。这些被激活的信息在抑制功能不足的情况下，易造成检索路线的偏离，最终导致更多的舌尖现象。老年人抑制功能随年龄增长而衰退，他们激活的无关信息比年轻人更多，且难以抑制无关信息对当前任务的影响。而抑制的本质是指阻碍与当前任务无关的干扰信息对当前任务的干扰，包括通达（阻止与当前任务无关的信息进入注意中心的能力）、删除（从注意中心中删除与当前任务不再相关的信息的能力）与压抑（限制个体心理内部强而优势的反应的能力）三种子功能。

彭华茂等分别考察了通达和删除两种子功能在老年人舌尖现象中的作用（由于压抑子功能难以进行实验操作，故其研究没有考察压抑变量）。研究结果证明，老年人的通达功能不足以抑制干扰词的影响，他们也不能有效删除之前激活的干扰信息，因而出现更多舌尖现象，证实了抑制不足理论。

该研究为改善老年人舌尖现象提供了启示：（1）在认知干预上，可以设计专门针对抑制子功能进行训练的方案以期改善老年人通达、删除功能。（2）在日常生活情境中，可致力于减少老年人言语交流环境中的干扰信息；谈话中如果涉及话题的转换，应多强调当下话题。

资料来源：彭华茂，毛晓飞．(2018)．抑制对老年人舌尖现象的影响．*心理学报*，*50* (10).

在有限的生命中，没有人能达成自己所有的愿望，发挥自己所有的潜能，体验到生命所能给予的一切经验。但是，每个人都可以通过对人生目标的不断追寻和努力，在历史的长河中留下自己生活的足迹。

近年来，我国人口老龄化程度不断提高，如何使老年人更好地度过人生的最后阶段，安享幸福晚年，是全社会普遍关注的问题。党的二十大报告在“增进民生福祉，提高人民生活品质”部分也提出了“实施积极应对人口老龄化国家战略”，这不仅是政府工作的指导方略，也是对心理学工作者的使命召唤。心理学工作要服务于这一国家战略，要关照到老年人，尤其是独居、空巢、留守、失能、重残、计划生育特殊家庭等“特殊困难老年人”的心理需求，在推进健康中国建设以及老年友好型社会建设中，做出心理学人的专业贡献。

基本概念

发展　毕生发展心理学　关键期　敏感期　遗传　环境因素　年龄特征　个别差异　莫罗反射　依恋　分离焦虑　认知发展　图式　同化　顺应　客体永恒性　守恒　私语　最近发展区　道德发展　前习俗水平　习俗水平　后习俗水平　人格发展　性感带　自我同一性　观察学习　青春期　更年期

本章要点

1. 发展是指在不可逆的时间框架内，通过机体与环境相互作用的过程，个体在生命进程中表现出来的系统的、连续性的变化，反映了生物成熟和学习对个体的影响。

2. 毕生发展心理学是关于个体从受精卵开始到出生、成熟，直至衰老乃至死亡的生命全程中心理发生、发展的特点和规律的科学。

3. 个体发展是遗传与环境因素交互作用的结果，遗传因素包括与遗传基因联系着的生物有机体的内在因素，而环境因素包括物质环境和社会环境。

4. 关键期是指个体发展历程中，某个时期对某种行为的形成最为重要，而且是最适于学习该行为的时期。

5. 产前发育期指个体从受孕到出生的九个多月期间，包括胚芽期、胚胎期和胎儿期三个阶段。

6. 婴儿期个体的身体发育遵循从上到下、由近及远、先粗后细的模式，即：头部发展在先，身体发展在后；躯干发展在先，四肢发展在后；牵动全身的大肌肉活动发展在先，负责局部细节的小肌肉动作发展在后。

7. 依恋是个体从婴儿开始与养育者间形成的亲密、信任、温暖和支持的社会情绪性联系。发展心理学家将依恋关系分为安全型、逃避型、矛盾型和无组织型四种类型。

8. 皮亚杰的认知发展理论将儿童的认知发展分为四个时期：感知运动阶段（0～2 岁）、前运算阶段（2～7 岁）、具体运算阶段（7～11 岁）和形式运算阶段（11 岁到成人）

9. 维果茨基认为，儿童的认知发展既不单纯是其内在成熟的结果，也不完全决定于儿童的自主探索，而是通过与能力更强的成人交流得以实现的，受社会历史发展规律制约。为此，他提出了最近发展区概念。

10. 皮亚杰将儿童的道德发展分为道德他律和道德自律两个阶段。柯尔伯格将道德发展分为三种水平六个阶段：避免惩罚的服从取向阶段、相对功利取向阶段、寻求认可取向阶段、顺从权威取向阶段、法制观念取向阶段、价值观念取向阶段。

11. 埃里克森的心理社会发展理论强调社会文化因素在每个发展阶段对自我的影响。他将人格发展分为八个阶段，每个阶段都有一种与某种重要冲突有关的人格危机。这些冲突能否顺利解决，对个体能否形成健康人格至关重要。

12. 班杜拉认为，个体的人格是通过观察和模仿榜样的方式形成的。他提出了观察学习、替代强化等概念。

13. 青春期身心发展的主要特点是：身高体重快速增长，第二性征发育，自我意识增强，性意识觉醒及自我同一性混乱等。

14. 成年后那些更多依赖感官和神经系统功能的认知能力确实有随年龄下降的趋势，但在实践中以习得的经验为基础的认知能力却是在整个一生中都在提升的。到老年期，个体的身体机能开始经历退行性的变化，在心理上要面对健康问题、人际交往问题以及面对死亡等适应问题。

复习思考题

1. 毕生发展心理学关心的主要问题是什么？
2. 你如何看待来自原生家庭的早期经验对人格健康发展的影响？
3. 你如何理解青春期的发展？
4. 你是否想过自己会如何度过成年后发展期？你是否可以为自己的人生幸福负责？

拓展学习

林崇德．(2018)．*发展心理学*．北京：人民教育出版社．

沈德立．(2013)．*实验儿童心理学——揭开儿童心理与行为之谜*．北京：北京师范大学出版社．

韦登，邓恩，哈默．(2023)．*实用青年心理学*（杨金花等译）．北京：商务印书馆．

俞国良，辛自强．(2013)．*社会性发展*．北京：中国人民大学出版社．

雷雳．(2022)．*毕生发展心理学——发展主题的视角*．北京：中国人民大学出版社．

伯克．(2024)．*伯克毕生发展心理学*（第7版，陈会昌译）．北京：中国人民大学出版社．

第三章

心理的生理基础

【学习目标】

1. 心理现象是怎样产生的?
2. 为什么说脑是心理的器官，心理是脑的机能?
3. 生活经历如何影响你的脑?

【章节导读】

还记得本书第一章开篇“子非鱼，安知鱼之乐?”的故事吗? 既然庄子认为自己能知道鱼的快乐，那我也想问庄子：你知道成为一条鱼又是怎么样的感觉吗?

在濠梁之辩的两千多年后，美国著名哲学家托马斯·内格尔（Thomas Nagel）也从想象自己是蝙蝠的过程中获得灵感，并在1974年发布了“成为一只蝙蝠可能是什么样子”（What is it like to be a bat?）的研究成果。他认为，主观经验无法通过客观描述来获得，是心理与物理之间的解释鸿沟。简单来说，就算我们知道蝙蝠是通过声纳来感知并飞行在空中，但因为我们并非真正身临其境成为一只蝙蝠，我们还是无法知道作为蝙蝠是什么样的感觉。举例来说，你和我看到的红色是一样的吗? 这或许听起来是一个很蠢的问题，因为当红色物品摆在眼前时，非色盲或者没有眼疾的一般人都能准确地说出该颜色。波长约700nm的红色光刺激到视网膜的锥体细胞是我们大家都能看到红色的生理基础。然而，尽管这种光刺激细胞的过程是不变的客观物理事实，却没有人能保证你和我主观感受到的红色是相同的。就像是几年前网络爆红的蓝黑白金裙，即使是同一条裙子的照片，也有人说是蓝黑裙，有人却说是白金裙。这也说明看似客观的色彩也存在主观性。

请思考两个重要的问题：

第一，人的心理到底是怎么产生的?

第二，人脑到底如何感知世界?

第一节　神经元

早期生理学家的主要研究目标是更好地理解神经系统如何工作。现代神经科学家已逐步逼近这一目标，但是他们仍在继续努力，力求解开神经系统之谜。生物心理学家保罗·麦克莱恩（P. MacLean）说过（MacLean，1990），研究中首要的问题是了解人脑的功能，而不是通过我们掌握的物理学和化学知识去分析人脑的成分。人脑是由无数的神经元构成的。虽然一个孤立的神经元能够发挥的作用极为有限，但联合在一起的神经元形成了巨大的神经网络，使得我们有了意识和智慧。因此，这一部分中，我们的目的是通过认识神经元来理解为你的感觉所利用的信息是如何最大限度地通过神经冲动在你的脑和全身其他各处之间交流的。

一、神经元的结构和类型

神经元　脑内的神经细胞，是神经系统的最小单位。

脑内的神经细胞被称作**神经元**（neuron），它是神经系统的最小单位，是我们肉眼无法看清楚的。神经元是这样一种细胞，它能接收、加工信息，并将其传递到体内其他细胞。神经元的形状、大小、化学成分和功能各异，哺乳动物中已经确认有200多种不同类型的神经元，但所有的神经元都有相似的基本结构。在你的脑内大约有1 000亿个神经元。

（一）神经元的结构

神经元均由四个基本部分构成，即树突、胞体、轴突、神经末梢，见图3-1。接收传入信号的部分是一些被称为树突（dendrite）的分支纤维。树突的主要作用类似电视的接收天线，负责从感受器或其他神经元接收信息，并将信息传向胞体。胞体（soma）的形态和大小有很大的差别，有圆形、锤体形、梭形和星形等形状，含有细胞核和细胞质，以维持细胞的生命。胞体的主要作用是负责整合从树突接收的信息，或者在一些情况下不经过树突而直接从另一个神经元接收信息。然后，胞体通过单一的、延伸的被称为轴突（axon）的纤维将所接收的刺激传递至与它联系的其他神经元。轴突的末端被称为神经末梢（nerve terminal），这部分连接着其他神经元的树突或者胞体，使得信息能够从一个神经元传递到另一个神经元。神经元一般只沿着一个方向传递信息，从树

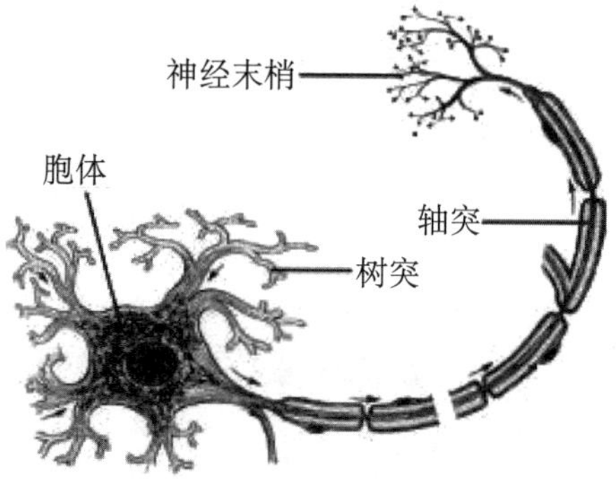

图3-1　神经元模式图

随文提问：脑神经科学家如何“看清”神经元的活动？

突通过胞体沿轴突传到神经末梢。

（二）神经元的类型

根据形态和功能的不同，神经元可分为三种类型。

感觉神经元，又称为传入神经元，它们的作用是将信息传向中枢神经系统。感觉神经元是高度特异化的细胞，例如对光、声和身体位置非常敏感。

运动神经元，又称为传出神经元，主要位于脑、脊髓和自主神经节内，它们的作用是将信息从中枢神经系统传到肌肉和腺体，支配效应器官的活动。

心理学与生活

认识肌萎缩侧索硬化症

2018 年 3 月 14 日，科学界最耀眼的巨星之一、著名物理学家斯蒂芬·霍金（Stephen Hawking）去世，享年 76 岁。霍金所患的疾病已被确诊为肌萎缩（脊髓）侧索硬化症（ALS），也称为渐冻人症。这种疾病会引起大脑和脊髓的运动神经元退化和死亡，最终导致大脑不能发起和控制肌肉运动。一些病人完全瘫痪以至于被“禁闭”，他们甚至不能通过眼睛和手指的移动与外界交流。霍金不能离开他的轮椅，只有最小范围的肌肉控制能力，而且不能交谈，他使用一个语音合成器来发表演讲。ALS 不同于其他的大脑机能障碍。阿尔茨海默病患者能够保持多年身体的健康状态，但他们的心理能力却不可避免地降低，其记忆也会出现消退。帕金森病患者主要遭受虚弱、颤抖、僵化的折磨，随着病情的发展，1/3 的患者会出现痴呆的病症。相反，ALS 只杀伤运动神经元，而对负责人格和智力的大脑神经元没有影响。患者的身体机能消退了，但其心理并没有受到损伤。

脑内的大部分神经元是中间神经元，它们起联络作用，负责从感觉神经元将信息传递到其他中间神经元或运动神经元。每个运动神经元都有多达 5 000 个中间神经元，这些中间神经元的连接构成了大的中介网络，形成脑内信息加工的主要场所。

这三类神经元一起工作最典型的例子是反射弧，即一个刺激引起一种自动反应，被认为是最简单的运动形式。你可以想象自己触摸热炉子时，手部皮肤中的感觉神经元迅速将信息传递至运动神经元，从而引发肌肉收缩，使你将手缩回来。对于大多数反射弧，感觉神经元和运动神经元之间的连接是由脊髓中的中间神经元介导的，中间神经元充当某种“中间人”，从而绕过大脑来节省时间。这也就是为什么当你触摸热炉子时，你的手会反射性地抽回；如果你走路时突然踩到一个钉子上，你会本能地将脚抬起来。这两个动作都只需要几分之一秒，无须深思熟虑根本原因。

依照传统脑机能定位观点，在大脑皮层中存在着感觉神经元和运动神经元，并不存在一种既能感知又能运动的“感知-运动神经元”。直至 20 世纪 90 年代，意大利帕尔玛大学神经科学家贾科莫·里佐拉蒂（Giacomo Rizzolatti）领导的团队尝试把微电极植入恒河猴大脑皮层腹侧前运动区域（F5 区）的神经元中，以记录这些神经元在猴子活动时的电反应状态。研究者偶然发现，即使猴子自己不做出任何动作，但如果它们看到其他猴子做出一些目标指向动作，例如抓握香蕉，它们腹侧前运动皮层 F5 区的某些神经元也会产生强烈激活。也就是说，这类神经元似乎能将执行者的动作“映射”到观看者的大脑中，使它们能够理解和识别这些动作，研究人员将之命名为“镜像神经元”。镜像神经元是一种集感知和运动于一身，似乎可以在动作知觉和动作操作两者之间进行匹配的感觉-运动神经元。

科学家利用功能性磁共振成像技术（fMRI）发现，人类大脑中也存在类似的用于动作观察和动作执行匹配的“镜像神经系统”。一个人脑中前运动皮层（运动皮层前面的部位，主管筹划人体运动）中簇集的神经元一被激活，随即就会出现某种预定的人体运动。令人感到好奇的是，当一个人看到旁人在进行同样的运动时，这些神经元也被激活。这样，人们之间类似的脑部位就身兼二职：既负责自己人体运动的产生，也负责对他人人体运动的感知。神经学家认为，这些镜像神经元可能有助于一个人解码他人的意图从而预测其行为。研究者同时还发现，个体在观察到他人进行某种活动时或感知他人情绪状态时均会激活该系统，进而引起相应躯体反应和自主反应，从而使观察者产生匹配的认知和情绪状态。镜像神经元让我们对他人的情绪感同身受，设身处地领悟他人的内心世界。镜像神经元或许还可以解释婴幼儿模仿他人的微笑及其他许多行为的现象。其实，我们所有人都深有体会，例如，当看到他人打哈欠时，我们就会不由自主地打哈欠。神经学家认为，镜像神经元还可能说明至今仍有待解之谜的许多心理行为。例如，自闭症儿童就有镜像神经元系统的缺陷，或许这就是为什么自闭症儿童不能揣摩他人意图和心态。有研究者发现，镜像神经元在发展人们明白连贯的口语表达能力方面也起到了重要作用。

二、神经冲动

冲动性是神经和其他兴奋组织（如肌肉、腺体）的重要特性。当刺激（机械的、热的、化学的或电的）作用于神经时，如果刺激强度达到阈值，神经元会产生和传导动作电位，这个过程称为**神经冲动**（nerve impulse）的传导。从性质上来说，神经元内的神经冲动主要是一种电信号。我们可以通过想象多米诺骨牌来理解神经冲动：当第一块骨牌被推倒之后，其后所有的骨牌将会波浪式地被推倒，直到最后一块。每一次神经冲动传导之后，神经元就如同被推倒的骨牌快速复原摆好，为下一次神经冲动传导做好准备。

> **神经冲动** 当刺激（机械的、热的、化学的或电的）作用于神经时，如果刺激强度达到阈值，神经元会产生和传导动作电位，这个过程称为神经冲动。

> 随文提问：如何测量人的神经冲动传导速度？

正如我们所知，神经冲动的传导需要一定的时间。例如，当有人踩了你一脚时，你的大脑并不是立即知道的，而是在大约 1/50 秒之后才得到这个信息的。在轴突中，神经冲动的传导速度大约是每秒 2.5 米。轴突半径越大，传导速度越快。在一些粗大的轴突中，传导速度最快可达到每秒 100 米，即每小时约 360 千米。神经冲动的传导服从全或无法则。神经元反应的强弱并不随外界刺激的强弱而改变。就像鞭炮的引火线一样，一段一段燃烧下去，不依赖于火力的大小，这种特性使得信息在传递中不会越来越微弱。

一个神经元如同一节小小的生物电池，来自其他神经元的信息通过一系列的神经冲动被传递至轴突，之后被传向下一级神经元。

随文提问：如何测量人的神经信号传递的速度?

人类神经元之间传递的信息基本都是化学性质的神经冲动。两个神经元之间有一个极小的间隙，叫作突触（synapse），见图 3－2。信息通过突触从一个神经元传递到另一个神经元。当一个神经冲动到达轴突末梢时，会引起那里的神经递质的释放。**神经递质**（neurotransmitter）是能够引起其他神经元兴奋或抑制的化学物质。当神经递质分子穿过突触间隙后，就到达了其他神经元的胞体或者树突上的受体部位，这些区域对特定的神经递质非常敏感。一旦神经递质附着于受体部位，就可以给下一个神经元提供兴奋或者抑制的信息。至此，神经递质就完成了它的工作，从受体分子上脱离，在突触间隙中游荡，或是受酶的作用而分解，或是被轴突的神经末梢重吸收再利用，或是扩散到突触间隙外。如果来自其他神经元的兴奋性输入达到了某个阈值，那么接收这些信号的神经元就会放电，将这些信号传送到它的临近神经元。通过这个过程，信号沿着复杂的、贯穿大脑的神经元通路，从一个神经元传至下一个神经元，从而产生我们所有的想法和行为活动。

神经递质 能够引起其他神经元兴奋或抑制的化学物质。

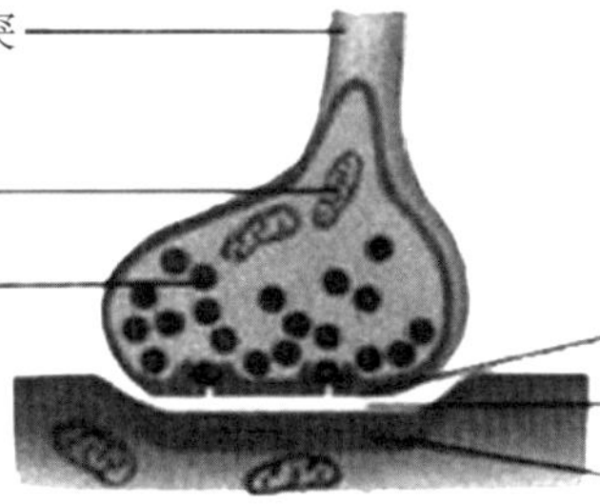

图 3－2 突触结构示意图

三、神经网络

神经元之间的这种沟通过程是脑发挥功能的最本质机制。每个神经元都与几千个其他神经元连接，因此细胞之间的沟通过程构成了非常错综复杂的神经网络，从而保证实现对信息的接收、传递和处理的功能。有报告显示，脊髓前角一个运动神经元的胞体可有 2 000 个突触，大脑皮层每个神经元可有 30 000 个突触。芝加哥大学神经科学家赫里克（Herrick，1926）计算，100 万皮层细胞两两组合，就可得 $10^{2\ 783\ 000}$ 种组合。由此可见，神经网络有多么复杂！现在，你可以想象一下，就在你的大脑中，有 1 000 亿个神经元和其间形成的 100 兆个突触正在接收和发送信息，这是一台多么神奇的生物计算机啊！

刚出生时，婴儿大脑中的许多神经元很少与其他神经元相联系。但在出生后的头两年，婴儿大脑中的神经元之间建立起了几十亿个新的连接，脑中所拥有的神经元数目远远超出了所需要的数目。生活中各种刺激的出现对这些神经元的存留至关重要。随着婴儿经验的增加，那些没有与其他神经元相互连接的神经元就会变得多余，最终将消失，以提升神经系统的运作效率。

随文提问：好的环境真能改变大脑功能吗？

一项经典研究力图揭示经验对大脑的影响。研究者用老鼠作为实验对象，3只老鼠都是从一胎所生的老鼠中选择的，它们被随机分配在3种不同的实验条件下。一只老鼠仍旧与其他同伴待在实验室的笼子里，另一只被分派到“丰富环境”的笼子里，第三只被分派到“贫乏环境”的笼子里。经过4～10周的时间，实验者分别检验不同环境下的鼠脑差异。结果发现，在“丰富环境”中生活的老鼠的大脑和在“贫乏环境”中生活的老鼠的大脑在很多方面都存在差异，比如在“丰富环境”中生活的老鼠大脑皮层更重、更厚，并且这种差异具有显著意义。虽然这两组老鼠的神经元在数量上并没有显著差异，但“丰富环境”使得老鼠的大脑神经元更大。对比两组老鼠大脑的神经突触，在高倍电子显微镜下，发现在“丰富环境”中长大的老鼠大脑中的神经突触比在“贫乏环境”中长大的老鼠大50%。

虽然这一研究是用老鼠进行的，但研究者们相信，这一结果可以很好地用于人类被试。优越的生活环境对脑的发育和脑功能一定会有好的影响。这一观点在之后得到其他研究者的进一步证实。例如，他们发现丰富环境的生活经历有助于加强学习本身；即使是在贫乏环境中长大的成年动物，当它被安排在一个丰富环境中时，它的大脑发育也能获得增强。后来的研究表明，婴儿早期与照看者之间的情绪经验可能影响了大脑中某种化学物质的产生，这种化学物质在大脑皮层的生理发展上起到重要作用。当婴儿对照看者的情绪依恋得不到满足时，婴儿的神经系统中产生的激素将导致这个人在以后的生活中出现各种心理障碍的可能性大增。

人类是自然界中大脑体重比最高的动物，人类较强的学习能力正是因其脑中的神经元连接可以随外部环境而改变，大脑的这种特性被称为大脑的可塑性（plasticity of brain）。

“可塑性”是一个解释脑如何根据经验进行调整的神经科学术语。学习过程涉及感觉输入或者动作之后神经突触间连接强度的改变。在我们的整个生命历程中，神经元细胞都在延展新的树突，生长新的轴突，形成新的突触连接，修正或者剪切已经存在的神经连接。基因和外在环境之间的相互作用使得我们的大脑随着我们的经验不断改变。就像肌肉会因为我们不断地锻炼得到增强，大脑神经网络连接也会因为我们的不断使用而增强。

杨雄里（2002）指出，大脑的可塑性是指大脑可以被环境或者经验修饰，具有在外界环境和经验的作用下不断塑造其结构和功能的能力。由于大脑的可塑性是学习的基础，所以大脑的可塑性也是教育的基础。我国学者提出了教育活动的生物本质——在对外界的刺激进行适当控制的情况下，使受教育者形成预期的神经网络、行为模式和品格。人的发展均通过脑神经中枢的发展得以实现。因此，有学者指出：教育工作最重要的是要尊重教育规律，而尊重教育规律在很大意义上就是要尊重人脑的发育发展规律。

随着脑科学的发展，我们将会看清越来越多的行为现象背后的根源。脑科学会带给我们更多的细致了解人的行为和能力变化的方法，比如更客观、量化、可复制的行为和脑活动测量技术，也能为增强学习能力提供更多的手段。

自 20 世纪 80 年代以来，经颅磁刺激（transcranial magnetic stimulation，TMS）等作为无创的神经调节技术可以改善由疾病造成的学习记忆损伤状况，而学习记忆调节依赖于突触可塑性这一生理学基础。TMS 通过影响大脑神经突触结构和功能的可塑性改善学习记忆功能。

学术前沿

体育巨星们是天赋超常还是后天训练造就的?

出租车司机在其熟悉城市里的大街小巷穿行自如，因为他们在不断练习。大城市的出租车司机在涉足这一行之前，要花好几年的时间探索如何在这拥挤的大城市里找到行车路线，到达目的地。科学家们发现，这种寻找路线的练习使得出租车司机的大脑发生了变化。证据就是，出租车司机与常人相比，大脑海马体变大了。而且从业时间越长的司机，海马体越大。

杂技训练对大脑也有着类似的影响。长达数月的杂技训练可以使大脑中参与处理动作的神经元胞体变大，这就意味着大脑细胞之间的信息交流增加。有趣的是，一旦人们停止了密集的杂技训练，神经元胞体又会恢复到原来的水平。

研究者对高水平射击运动员和新手的大脑活动进行了比较，发现两者有很大的不同。高手在瞄准时与快要扣动扳机时，其神经元活动相对较弱，但在扣动扳机的一瞬间，其大脑活动就会变得明显。高手的大脑运动区域与前额叶皮层的其他大脑区域，如推理、观察活动所发生的区域之间的协调与交流较少。一旦扣动扳机，这些区域彼此间频繁的交流就停止了。这种协调性减弱在初学者身上就没有发现。研究结果显示，运动技能越娴熟，运动员所用到的大脑网络区域越少。

研究者还利用脑成像技术测量了一位钢琴演奏家特殊的脑差异。脑扫描发现，钢琴演奏家左手指的皮层代表区比非钢琴演奏者明显更大。而右手指由于在钢琴演奏中不需要太多感觉作用，它的大脑皮层代表区并没有明显增大。对于 12 岁之前就学习的演奏家，其左手指的大脑皮层代表区会格外大。

资料来源：贝洛克．(2011)．*超常发挥*（吴奕俊，吴纯佩译)．北京：中信出版社．

第二节　神经系统

一、神经系统的结构

神经系统是一个拥有完整结构的系统。为了便于理解，我们可把它分成中枢神经系统和周围神经系统两大部分（见图 3－3)。中枢神经系统由脑和脊髓组成，周围神经系统由联系中枢神经系统和负责传递信息的神经纤维组成。大脑是神经系统的中枢，通过脊髓、周围神经系统及其他通道与躯体各部分进行信息交换。

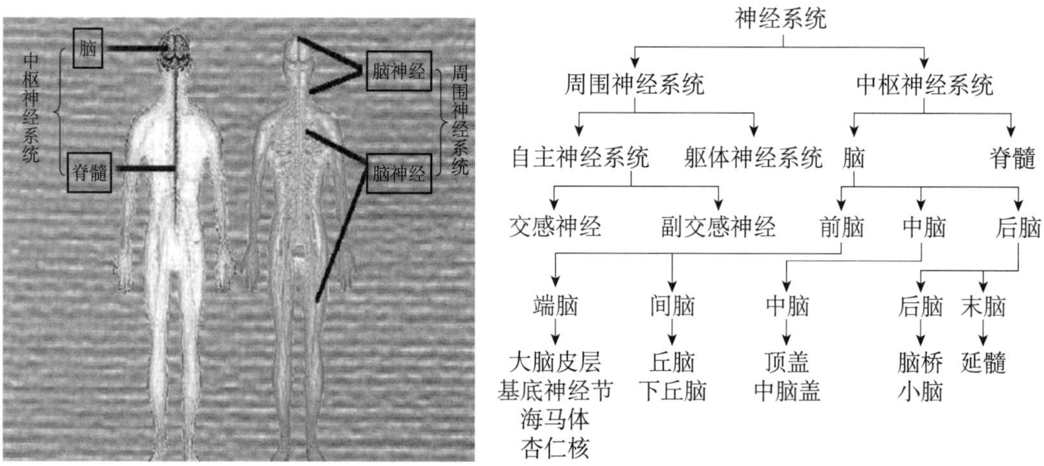

图 3-3　中枢神经系统和周围神经系统

（一）周围神经系统

周围神经系统由躯体神经系统和自主神经系统组成。

1. 躯体神经系统

躯体神经系统（somatic nervous system）负责传递来往于中枢与感觉器官和骨骼肌之间的信息，主要调节身体骨骼肌的动作，所控制的行为是随意性的。例如，设想你在打字，手指在键盘上的活动由躯体神经系统控制。当你决定要敲击什么键时，你的大脑发出指令要手指敲击键盘上的某些键。同时，手指也会给大脑发回它们的位置和活动的信息。如果你敲错了键，则躯体神经系统就会通知大脑，由大脑发出必须纠正的指令。只用零点几秒的时间，你就能删除错误并按下正确键。

2. 自主神经系统

自主神经系统（autonomic nervous system）负责传递内脏器官和腺体之间的信息。它维持机体的基本生命过程。该系统每天 24 小时全天候工作，调节着那些一般情况下不需要你有意识控制的功能，如呼吸节律、体温的升降、血压的高低、心跳的快慢等。自主神经系统主要处理两类生存问题：一类是机体受到威胁，另一类是维持常规身体状态。

依照形态和机能的不同，自主神经系统又分为交感神经（sympathetic branch）和副交感神经（parasympathetic branch）两部分。

（1）交感神经。一般来说，人们把交感神经看成一个“应急”的系统。当人们挣扎、搏斗、恐惧或者愤怒时，交感神经马上产生作用，其功能是唤醒脑的结构去战斗或者逃避危险，动员全身力量以应付危急情况，如加速心脏的跳动、下令肝脏释放更多的血糖使肌肉得以利用、暂时减缓或停止消化器官的活动。

> **躯体神经系统**　负责传递来往于中枢与感觉器官和骨骼肌之间的信息，主要调节身体骨骼肌的动作，所控制的行为是随意性的。
>
> **自主神经系统**　负责传递内脏器官和腺体之间的信息。它维持机体的基本生命过程。该系统每天 24 小时全天候工作，调节着那些一般情况下不需要你有意识控制的功能。

（2）副交感神经。当危险过去后，副交感神经就会减缓这些过程，使躯体保持平静，或使兴奋起来的躯体返回到较低的唤醒水平，并恢复消化活动，使心跳变慢、肌肉放松。因此，副交感神经会在突发事件结束后或情绪活动之后很快被激活。此外，副交感神经还负责执行机体在非紧急情况下的常规维护，如排除体内废物，保护视觉系统（通过眼泪和瞳孔收缩），维持身体的能量，使心率、呼吸或消化功能保持在维持生命所必需的水平。

自主神经系统在机体的应激反应中起着非常重要的介导作用。心理应激能改变中枢-外周调节系统的反应性，这些改变分别影响不同的通路，导致特定靶器官的交感或副交感神经活动的增强或减弱，而且这些反应缺乏适应性，长时间存在会损害健康。

随文提问：你知道压力为什么也会致病吗？

（二）中枢神经系统

中枢神经系统由脑和脊髓组成，负责整合和协调全身的功能，加工传入的神经信息，并向身体不同部分发出命令。中枢神经系统发出和接收神经信息是通过脊髓实现的。

1. 脑

脑是中枢神经系统的头端膨大部分，位于颅腔内。人脑可分为大脑（有时也称为端脑）、间脑、中脑、脑桥（又称为桥脑）、小脑和延脑（也称为延髓）六个部分。延脑向下和脊髓相连接。

2. 脊髓

脊髓就像一根电缆，将脑与周围神经系统联系起来，是中枢神经系统的最低部分。它位于椎管内，上端在枕骨大孔处与脑相连，下端变细呈圆锥状。脊髓分为 31 节（颈 8，胸 12，腰 5，骶 5，尾 1），但它拥有一种连续性的结构。

脊髓的主要功能有两个。首先，将脑和周围神经联系起来，成为脑神经传入与传出的中转站。人体躯干四肢各部分收到的感觉信息，经脊髓向上传导至脑。脑对躯干四肢活动的控制和调节也要经过脊髓才能传到全身各处。其次，脊髓还协调身体左、右侧活动并负责无须脑参与的快速简单动作反射。它是一些反射活动的低级中枢。一些较为简单的反射无须脑参与，仅凭脊髓就可以完成，如膝跳反射、腹壁反射、排便反射、排尿反射等。虽然脑在正常条件下会注意到这些动作，但在没有自脑而下的信息时，肢体依然能完成这些反射动作。如脊髓和脑分割开的机体，受到疼痛刺激时仍能收缩其肢体。

脊髓的神经受损就会导致腿或者躯干的麻痹，在截瘫病人中可见这种症状，其麻痹的程度决定于受损脊髓的高度，越是高位损伤的截瘫，则麻痹程度越严重。

随文提问：脊髓如何控制行为？

二、脑结构及其功能

脑是中枢神经系统最重要的结构。人脑的结构大体上可分为三个相互联系的层次，最深层称为脑干、丘脑和小脑，主要与心率、呼吸、吞咽和消化等自主功能有关。外包这个中央结构的是边缘系统，它与动机、情感和记忆过程有关。包在这两层脑结构之外的是大脑，人类的全部心理活动发生在这里。大脑及其表层即大脑皮层整合感觉信息，协调运动，促成抽象思维和推理，见图3-4。下面，我们更加详细地来了解这三层脑结构的功能。

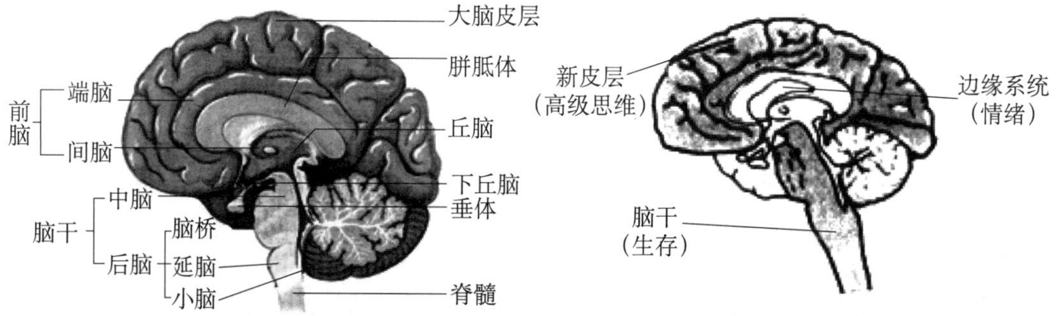

图3-4 脑结构

（一）大脑皮层

和其他种群相比，人类的优势在于拥有智慧。而智慧来源于大脑。在人类进化的进程中，大脑在整个人脑中所占的比例不断增加，超过脑的任何其他部分，占据总重量的2/3，它的作用是调节脑的高级认知功能和情绪功能。大脑的外表面由数十亿细胞组成，形成约3毫米厚的薄层组织，称为大脑皮层，是中枢神经系统中70%神经元的所在之处，形成了大脑皮层的灰质。在构造上，大脑皮层看起来有点像核桃仁，有着许多沟回，进而使得其具有更大的面积。大脑皮层在体积和面积上的增加对人类的适应能力和智力发展极为重要，这也是人类比其他动物聪明的原因所在。

随文提问：头大的人是否可能更聪明？

学术前沿

聪明人的大脑在工作时有何特点？

心理学家海尔（Richard J. Haier）等通过正电子断层扫描技术（PET）测查了脑的工作情况。测查之前，先让带有放射性标记但对人体无害的葡萄糖进入人体，这样就可以记录下一个人努力工作时脑细胞消耗的葡萄糖总量，并将结果制成图像。对于一个人而言，随着脑力活动难度的增加，脑细胞所消耗的葡萄糖量也会增加。实验中要求被试分别计算“36－11”和“36－33”。PET扫描表明，被试在解“36－11”和在解“36－33”时，脑的葡萄糖消耗情况不同，因为后一道题比前一道题更容易。研究进一步发现，在智力测验中得分低者，其大脑所消耗的葡萄糖较多，得分高者消耗较少。这些结果表明，低效率的大脑在工作中能量消耗大但任务完成度低。

资料来源：库恩．(2004)．*心理学导论：思想与行为的认识之路*（第9版，郑钢等译）．北京：中国轻工业出版社．

大脑分成左右对称的两半，称为大脑两半球。两个半球按一种很有趣的方式分工合作。例如，语言性工作一般由左半球负责，大约有95%的成年人用左半球控制说话、写作和言语理解。另外，左半球在数学、时间判断、节奏和复杂运动控制方面也更有优势。而右半球在知觉技能方面的功能超过左半球，在对模式、面孔和音调的识别与对情绪的识别和表达等方面，以及在视觉、空间技能和完成操作性任务等方面也比左半球功能强。这种大脑左右半球在信息处理上的差异是在“裂脑”研究中发现和广为传播的。但是，新近的研究采用神经影像技术如fMRI和PET证实了两个大脑半球都参与了多数任务，尽管两者的贡献未必均等。

经典回顾

左右脑的差异研究

如果大脑真的被分成两个脑，或者说左、右大脑之间的联系受到破坏，一个人还能正常地行动吗？既然感觉输入是同时作用于左右两侧的，那么视觉、听觉、触觉等会受到怎样的影响？

为了回答上述问题，斯佩里和加扎尼加采用了不同的方法对裂脑患者进行了研究。其中一项研究中，他们将一种物品如钢笔放在患者的右手中，不让患者看到或听到，物品的有关信息只能通过触觉传递到大脑的左半球。在这种条件下，他们发现患者能够说出物品的名称，并能描述它，指出它的用途。然而，当同样的物品被放在患者的左手时，患者却不能说出物体的名称，更不能描述它。但当要求被试从他面前的各种物品中找出与左手的物品相匹配的物品（记住，被试并没有看见它）时，他却能很容易地找出来。这一结果表明：口头言语表达受控于大脑的左半球。正常人能说出放在左手里的物品的名称，是因为信息从其大脑的右半球经过胼胝体传到了左半球，其语言中枢在那里会明确“那是一支钢笔”。

现在，我们已经知道了，对于大多数人，言语是左半球的功能。当一侧脑半球在这些功能产生时发挥主要作用，则认为这就是功能一侧化。研究发现，仅有5%的右利手人和15%的左利手人在大脑两半球都发生言语加工过程。

资料来源：霍克．(2020)．*改变心理学的40项研究*（第7版，白学军等译）．北京：人民邮电出版社．

随文提问：测一测自己是左利手还是右利手。

两个半球由一条厚厚的、叫作胼胝体的纤维连接起来，见图3-5。胼胝体是大脑左半球和右半球进行交流的主要“电缆系统”。例如，当一个人弹奏钢琴时，双手的协调运动要求左半球和右半球必须飞快地交换信息。因此，音乐训练等早期经验可以改变胼胝体的大小。一项研究发现，受过古典音乐训练的音乐家脑中的胼胝体比较大，而未受过此类科班训练的音乐爱好者的胼胝体相对较小。更令人惊奇的是，每个半球都在控制对侧的躯体，左脑主要控制躯体右边的部分，右脑则主要控制躯体左边的部分。例如，如果一个人的右半球受到损伤，左侧躯体将会瘫痪或者丧失感觉；如果左半球受到损伤，出问题的将是右侧躯体。

大脑皮层除了可以分成左、右两个半球外，还可按照皮层的两个沟从垂直和水平方向将两个半球又分成四个区域，称为脑叶（lobe）。不同脑叶的功能是在临床和实验研究中逐步确定的。例如，使用电极刺激皮层表面，皮层会被激活。或者在使用局部麻醉的脑外科手术过程中，医生使用电极刺激病人大脑皮层的特定区域，让病人报告刺激的效果。此外，大脑病变或者脑损伤会引起各种个性、行为或者感觉能力的改变。

心理学与生活

菲尼斯·盖奇身上发生了什么传奇故事?

25 岁的盖奇（Phineas P. Gage）在美国佛蒙特州铁路建设工地上工作，他负责爆破岩石。1848 年 9 月 13 日这一天，正当盖奇用一根铁撬把炸药填塞到孔中的时候，一颗火星意外地点燃了炸药。当时，他的头正歪向一边，提前引爆的炸药使他手中的铁撬从他的左颧骨下方穿入头部，然后从眉骨上方出去，在空中飞行一段距离后落在他身后 20 多米远的地方。这根铁撬长约 1.1 米，重 5.04 千克，一端直径为 3.18 厘米，另一端的直径为 0.64 厘米。当盖奇被铁撬击倒后，虽然颅骨的左前部几乎完全被损毁了，但他并未失去知觉。在一位年轻的外科医生哈罗的精心治疗下，盖奇在 10 周后出院了。

盖奇的幸存是一个奇迹，他仍然可以说话、走路，严重的脑损伤似乎对他没有什么影响。但不久以后，人们发现盖奇的脾气与从前大不相同了。他本是一个非常有能力、有效率的领班，思维机敏、灵活，对人和气、彬彬有礼。但这次事故以后，他变得粗俗无礼，对事情缺乏耐心，既顽固、任性，又反复无常、优柔寡断。他似乎总是无法计划和安排自己将要做的事情。正如他的朋友们所说，“他不再是盖奇了”。

资料来源：麦格尼格尔.（2013）. *自控力*（王岑卉译）. 北京：文化发展出版社.

如上面所介绍的盖奇，就是通过临床研究证实了其受损伤区域的功能。以下是一些对不同脑叶功能的研究结果。

1. 额叶

额叶位于外侧裂之上和中央沟之前（见图 3-6），具有较为高级的运动控制和认知活动的功能，如筹划、决策、目标设定等。额叶被认为是思维的中心，它包括运动皮层和前额叶。

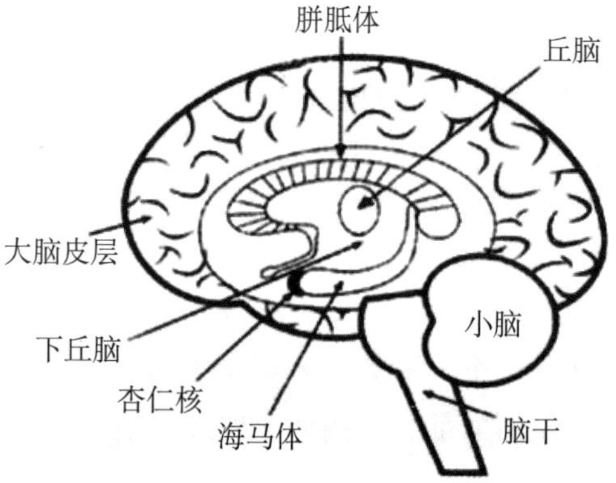

图 3-5 大脑皮层和胼胝体示意图

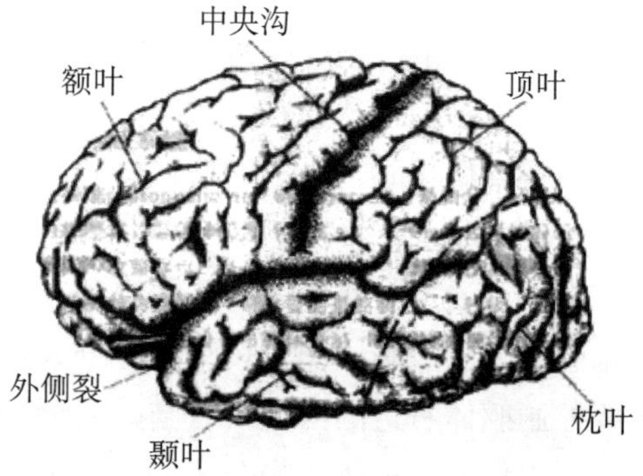

图 3-6 大脑皮层功能分区示意图

在前额叶和顶叶之间，有一个非常重要的弧形组织，叫作运动皮层（见图3－7），这里指挥着全身的肌肉。如果使用电极刺激这个部位，将会引起身体各部位的抽搐。另外，脑一侧发出的指令传向身体对侧的肌肉。

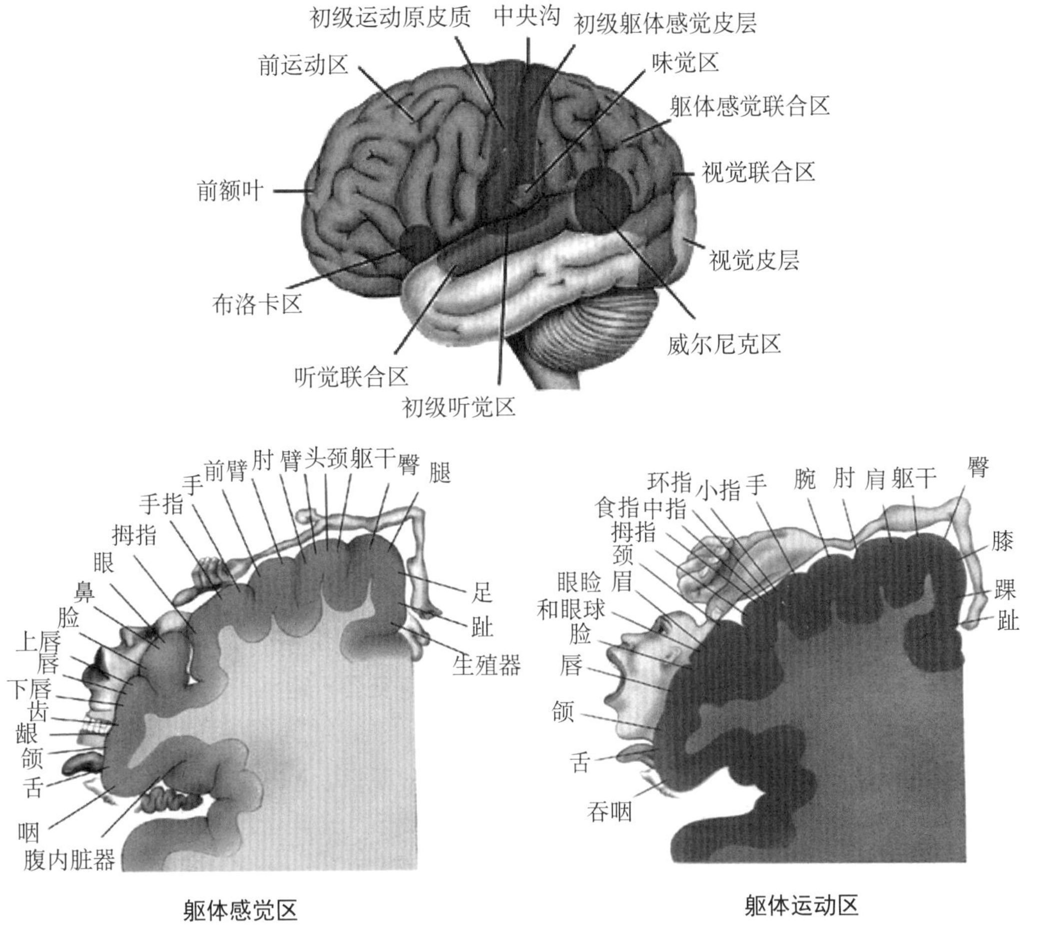

图3－7　不同躯体部分的感觉中枢和运动中枢在皮层的分布

说明：上图为不同脑叶及初级运动区、初级感觉区示意图，下图为不同躯体部分的感觉中枢和运动中枢在皮层的分布。

学术前沿

长期训练对大脑功能的塑造

我国学者赵琦等揭示了经长期舞蹈训练，舞蹈专家的感知运动优势特征所对应的脑功能特点。研究采用专家-新手范式，选取具有6年以上专业舞蹈练习经历的23名舞者组成舞蹈组，未经过任何舞蹈练习的21名大学生组成对照组。采集被试的静息态功能磁共振数据，比较两组被试的局部一致性（ReHo）、比率低频振幅（fALFF）和功能连接（FC）。结果显示，舞蹈组双侧中央后回、左侧颞上回、右侧中央前回、右侧枕中回ReHo值、双侧中央前回fALFF值，以及右侧中央前回与左侧中央前回的连接强度及右侧中央前回与双侧中央后回的FC值均显著高于对照组。中央前回主要与舞者动作学习、控制和记忆能力相关，中央后回、颞上回和枕中回主要负责舞者对动作的感知和记忆加工。该结果表明了舞者感知运动优势的特点可能与个体的感知、记忆加工及动作学习与控制能力相关脑功能改变有关。该结果为舞蹈练习促进大脑可塑性提供了佐证。

资料来源：赵琦，陆颖之，王莹莹，周成林．（2017）．舞蹈运动员大脑感知运动系统的功能特征：一项静息态功能磁共振研究．*中国运动医学杂志，36（12）*．

从图 3－7 中可以看出，一个躯体部位所占面积的大小反映了这个部位在运动上的重要性，这与即将讲到的躯体感觉区的分配原则是一样的。可以看出，运动皮层中有很大的区域用以支配手指，尤其是大拇指和与言语活动相关的肌肉活动，这反映出操作物体、利用工具和语言交流等人类活动的重要性；而且，手在运动区中所占的面积比脚大，这是手的动作能够如此灵活的原因。

在左半球额叶的后下方，靠近外侧裂处，有一个言语运动区，通过邻近的运动区控制说话时的舌头和上颌的运动。这个区域受到损伤会引发运动性失语症，这类患者说话不流利，话语中常常遗漏功能词，因而形成“电报式”语言。

运动皮层之外的全部额叶皮层称为前额叶，与许多心理活动有关。如本章前文所提到的盖奇的病例，正是这一脑区受损引起明显的个性和情绪的变化。此外，额叶损伤病人在完成推理时也常常遇到困难，他们总是一遍又一遍地重复错误的答案，说明推理等智力活动是依靠额叶完成的。

学术前沿

体育明星为何与冠军失之交臂？

在体育比赛中，我们时常可以观察到运动员在关键时刻的竞技发挥与其实际应有的能力表现相比有失水准。2020 年东京奥运会体操女团决赛中，曾经获得多项大型体操比赛冠亚军和女子个人全能冠军的芦玉菲出现了严重的掉杠失误；在第二天的女子体操个人全能决赛中，她在高低杠环节又一次失误掉杠。2022 年利物浦世界体操锦标赛中，东京奥运会体操女子平衡木亚军、全国体操锦标赛女子全能冠军唐茜靖出现了三次重大失误。2022 年北京冬奥会自由式滑雪空中技巧混合团体决赛中，贾宗洋落地时出现失误；面对记者采访，贾宗洋说：“我选择的是这四年来每一天我都在练的最有把握的动作，但落地那一刻我也不知道为什么控制不住了……”运动心理学家把这些现象称为压力下的“Choking”。

“Choking”一词本用于解释医学中生理上的窒息现象，Daniel（1981）首次将“Choking”运用于运动心理学领域，我国学者王进（2004）将“Choking”定义为：在压力条件下，习惯的运动执行过程发生衰变的现象。“Choking”强调运动员在压力情景下的发挥失常，描述了心理变化导致的“不该发生的错误”，而且这种压力有关的“失误”不仅发生在体育比赛中，在考试、表演、消防、警务、作战和紧急救援中也可能会发生。

有学者提出，出现“Choking”现象的原因之一是想得太多。当动作技能达到熟练程度时，通常情况下我们根本不会注意到动作的细节和步骤，动作的发出是下意识的，由感觉运动大脑皮层掌管。“Choking”的发生是因为运动员在压力下有意识地去控制运动执行过程，对动作的有意识关注唤醒了大脑前额叶皮层的参与，从而引起已经形成自动化的执行过程被破坏。就如同我们急急忙忙下楼时如果想着腿和脚的动作，我们更可能会跌倒一样。有时候，关注会非常有害。"想做就做！"（Just do it！）这句耐克的广告语很好地诠释了在体育比赛中获得完美表现的关键。

资料来源：娄虎．(2019)．运动员压力下"Choking"的机制——过程理论的证据．*体育科学，39*（9）；王进，乔智，刘金华，等．(2018)．压力与"Choking"现象：基于过程理论的系统分析．*体育科学*（12）；王进．(2004)．解读"反胜为败"的现象：一个"Choking"过程理论．*心理学报*（5）；Daniel，M. (1981). The choke and what you can do about it. *Scholastic Coach*，*December 13*。

2. 顶叶

顶叶位于中央沟之后，负责触觉、痛觉和温度觉。从图3-7中可以看到，身体部位的大小与其在感觉区所占面积并不是对应的。一个躯体部位在感觉区中所占面积越大，感觉的敏感程度就越高。例如：嘴唇在图中所占面积很大，这一部分对刺激特别敏感；背部和躯干所占面积很小，这些躯体部分的敏感程度很低。

3. 枕叶

枕叶位于头后部，是视觉信息到达的部位，是皮层上的初级视觉区。它接收由眼睛输入的神经冲动，产生初级形式的视觉，如对光的觉察。如果枕叶某处出现肿瘤，病人就会在视觉上出现盲点。

在顶叶和枕叶交界处，还有言语视觉中枢，这一区域损伤将导致书面语言理解障碍，如患者看不懂文字材料，产生视觉失语症或失读症，即：患者能看到字词，却不能理解它们的含义。

4. 颞叶

颞叶位于外侧裂下部，即每个大脑半球的侧面，是听觉的主要中枢。如果用电极直接刺激颞叶的初级听觉区，人将会在没有声音时"听到"一系列声音。如果由上而下对颞叶进行刺激，人将会"听到"音调由低向高的变化。这些研究结果表明，听到声音的质量显然与颞叶上的不同部位有关。在颞叶上方、靠近枕叶处，有一个言语听觉中枢，它与理解口头言语有关，大多数在左侧颞叶，仅有约5%的人在右侧颞叶。这个区域损伤将引发听觉性失语症，即病人不理解口语单词，不能重复他刚刚听过的句子，也不能完成听写活动。

从图3-7中我们可以看到，初级感觉区和运动区只占了大脑皮层的很小一部分。那么，剩下的大片区域是做什么的呢？这些区域叫作联合皮层。对联合皮层功能的认识主要来自一些对脑损伤病人的研究。联合皮层不接受任何感觉系统的直接输入；从这个脑区发出的纤维，也很少直接投射到脊髓支配身体各部分的运动。该区域只负责对来自各个感觉器官的信息进行综合处理。例如，在对猴子进行的延迟反应实验中，前额叶联合区受损伤的猴子，不对延迟后的刺激做出正确反应；而前额叶联合区未受损伤的猴子，能做出正确反应。前额叶联合区与思维策略等高级心理能力的发展有关。从系统发生来看，联合区是大脑皮层上进化较晚的一些脑区，和各种高级心理机能有着密切的关系。动物的进化水平越高，联合区在皮层上所占的面积就越大。人类大脑皮层的联合区占4/5，比感觉区和运动区要大得多。

虽然不同脑叶的功能不同，但并不是说每个脑叶单独控制某一特殊功能。事实上，脑如同一场音乐会中的交响乐队那样工作。不管你是在做菜、做数学题，还是在和朋友聊天，你的脑都是作为一个统一的整体在工作，各个脑叶之间相互影响、协调工作。

（二）边缘系统

边缘系统 位于大脑半球和脑干之间的环周结构，由三个部分组成：海马体、杏仁核和下丘脑。该系统功能复杂，与内脏活动和心理活动都有密切的关系，参与体温、血压和血糖水平的调节并执行其他体内环境的调节活动，同时也与动机、情绪状态和记忆过程有关。

边缘系统（limbic system）是位于大脑半球和脑干之间的环周结构，由三个部分组成：海马体、杏仁核和下丘脑（见图3-8）。

该系统功能复杂，与内脏活动和心理活动都有密切的关系，参与体温、血压和血糖水平的调节并执行其他体内环境的调节活动，同时也与动机、情绪状态和记忆过程有关。在边缘系统中，我们可以找到控制愤怒、害怕、性反应和其他强烈觉醒反应的对应点。例如，用电极刺激猫的边缘系统能够引发猫的攻击行为，表现为蜷缩、嘶叫、伸开爪子、前倾和绷紧肌肉，表现出所有防御和攻击的特征。

随文提问：快乐还是不快乐，大脑哪一部分来负责？

对边缘系统进行电刺激常常会引起情绪反应。在一项临床实验中，研究者对一位女患者的杏仁核进行电刺激，使她突然爆发出恐惧和愤怒情绪，她喊道："我想从椅子上起来！不要让我这样做！我不是故意的！"在另一个病案中，当研究者对女患者的颞叶进行电刺激时，患者突然大笑起来，说自己非常喜欢这一刺激；刺激停止后，女患者重新变得安静、稳重、有礼貌。研究者还发现，边缘系统中存在着"快乐中枢"。可卡因、苯丙胺类、海洛因等成瘾类药物都具有激活"快乐中枢"的功能，这也是人们对这些药物成瘾的原因之一。研究者在边缘系统中也发现了惩罚中枢或者厌恶中枢，当这些区域被刺激时，动物会表现出躁动行为，并能够学会主动关闭刺激。

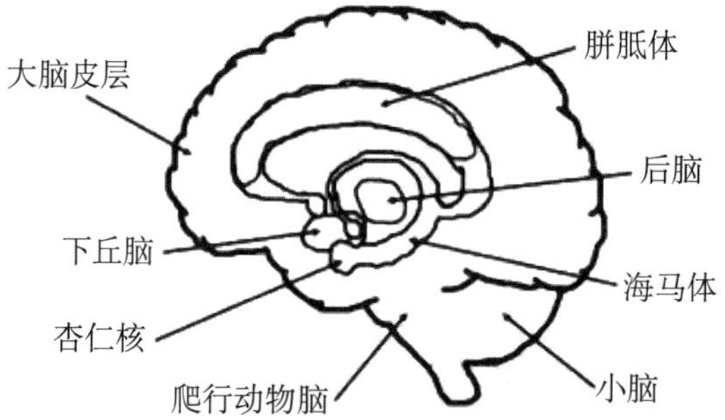

图3-8 边缘系统结构

1. 海马体

海马体（hippocampus）是边缘系统中最大的脑结构，它对于外显记忆的形成非常重要。我们通常把记忆划分为两类：外显记忆和内隐记忆。外显记忆是我们推理和回忆的基础，比如回想两周前和朋友对话的详细内容靠的就是这种记忆。内隐记忆经常用来指导动作执行，如同一份行动指南，只要你遵照这份指南，你就能在骑自行车、打高尔夫球、挥舞棒球棍击球或者玩手机游戏上获得成功。大量的临床证据证实了海马体在外显记忆获得中具有重要作用。病人莫莱森可能是心理学最著名的被试之一，他使我们知道了海马体损伤的一些结果。莫莱森在 27 岁时接受了一次脑外科手术，试图治愈他身上药物无法控制的严重频繁的癫痫发作。手术将大脑海马体的一大部分切除。结果，莫莱森只能回忆出他的原始记忆，失去了把新信息存入长时记忆的能力——如果他见过你，那么仅仅一周后他就不记得你了。但与此同时，海马体损伤并没有妨碍获得意识觉知之外的内隐记忆。因此，莫莱森仍能学到新的技能，比如弹钢琴时手指动的顺序，这些技能极大地依赖于内隐记忆，而这些记忆可能并非存储在海马体，因而未受到影响。

学术前沿

运动重塑大脑海马体：来自神经科学的研究证据与发展展望

海马体是中枢神经系统的重要组成部分，是受学习、训练等外在环境因素影响的较为敏感的神经核团。海马体历来是前沿研究热点，但运动认知神经科学刚刚起步，关于运动对人类海马体影响的研究还处于探索阶段。随着脑影像技术的发展，特别是磁共振技术的出现，人类探察海马体这一皮层下神经核团的结构与功能已成为可能。这些技术为海马体可塑性相关研究提供了广阔的探索空间，也使得研究者能够进一步探明运动对海马体的影响。

我国学者满晓霞和魏高峡对运动重塑大脑海马体的结构和功能的研究成果进行了汇总。现有研究从人类影像学视角切入，聚焦于运动对海马体的体积的影响；运动重塑海马体的功能则涉及运动影响海马体激活水平、血流灌注水平及海马体与其他脑区的功能连接三个方面。研究还进一步发现了不同运动形式、不同运动剂量对海马体的作用效果存在差异。现有提出运动重塑大脑海马体的生理机制的学说有脑可塑性假说、脑源性神经营养因子假说和神经递质假说。未来研究可进一步关注海马体可塑性与早期应激事件、儿童青少年学习和教育、情绪健康、老年期认知功能以及临床康复领域的关联。研究路径与布局需继续优化实验设计、革新研究技术手段、推进多学科交叉融合，从人毕生发展的角度深入探索运动促进海马体健康的认知神经机制，开发干预海马体相关神经系统疾病的运动处方，从而推进健康关口前移，发挥运动作为良医的功效。

资料来源：满晓霞，魏高峡．(2021)．运动重塑大脑海马：来自神经科学的研究证据与发展展望．*武汉体育学院学报，55 (4).*

2. 杏仁核

杏仁核（amygdala）在情绪控制和情绪记忆形成中具有一定的作用。它尤其与恐惧情绪有着密切的联系，并起着通往皮层的“快速通道”的作用，这使得我们能够在完全弄清楚刺激的性质之前就做出对可能有害刺激的反应（如图 3－9 所示）。试想一下你第一次在电影院看恐怖片的场景，当你身临其境的时候，你有怎样的反应？是不是呼吸急促、心跳加速、全身发抖？那时候的你一定是恐惧的。恐惧是有机体企图摆脱、逃避某种情境而又无能为力的情绪体验。那么，恐惧的信息是怎样进入你的大

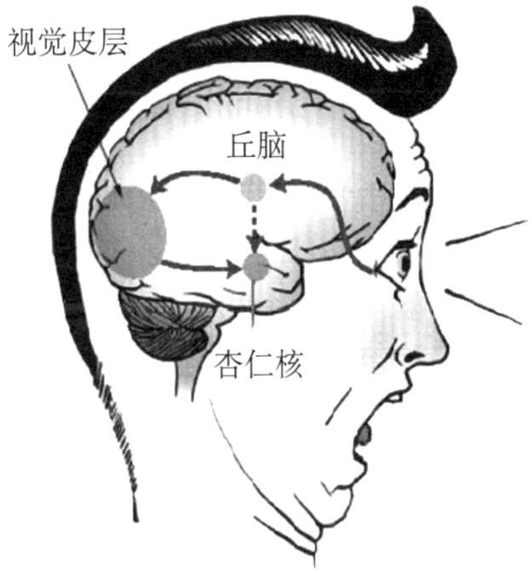

图 3－9　情绪反应的神经通路

脑的呢？如图3－9所示，恐惧刺激信息不需要大脑皮层的精细加工，就能保证你做出迅速反应。杏仁核会24小时全天无休地监控你的安危，并掌管大脑中约千亿个神经元。当恐怖画面唤醒了你的杏仁核时，杏仁核会对其进行扫描，并意识到危险，命令眼睑肌肉将眼睛闭起，以此来保护自己。杏仁核一些区域的损伤也会损害面孔表情识别能力。

3. 下丘脑

下丘脑（hypothalamus）是脑内很小的结构，位于丘脑下方，也叫丘脑下部，仅有小葡萄那么大，但在日常生活中具有重要作用，是情绪和许多基本动机的主要中枢，包括饮食、睡眠、体温调节、激素分泌、觉醒、情感和性行为。下丘脑维持着身体内部平衡。当身体能量储备降低时，下丘脑维持兴奋并刺激机体寻找食物和进食；当体温下降时，下丘脑引起血管收缩并产生非随意的微微颤动，这就是通常所说的发抖产热。下丘脑也调节内分泌系统的活动。

（三）脑干、小脑和丘脑

1. 脑干

当脊髓进入颅骨并与脑相连后，体积变宽，形成脑干（brain stem）。脑干上连大脑半球、下连脊髓，呈不规则的柱状，是大脑与脊髓之间的联络通路。脑干有多方面的功能，主要维持个体生命体征，如心跳、呼吸、消化、体温、睡眠等重要的生理活动，这些活动由下列四种重要的结构来承担完成。

（1）延脑（medulla）。位于脊椎的最上端，背侧覆盖着小脑，呈一种狭长的结构。延脑与机体的基本生命活动有重要关系，具有调节呼吸、血液循环、消化等功能，所以延脑的损伤将是致命的，因而延脑又称为“生命中枢”。药物、疾病或者击打对延脑的破坏将置人于死地。另外，从身体发出的上行神经纤维和自脑发出的下行神经纤维都在延脑发生交叉，这就意味着身体的左侧与脑的右侧相连，而身体的右侧与脑的左侧相连。

（2）脑桥（pons）。紧贴延脑之上的是脑桥，它位于延脑和中脑之间，提供传入纤维到其他脑干结构和小脑之中，是中枢神经和周围神经之间传递信息的必经之路。它对人的睡眠具有调节和控制的作用。

（3）中脑（midbrain）。它位于丘脑底部，小脑、脑桥之间，形体较小，结构简单，主要支配眼球、面部肌肉活动，以及与调节身体姿势和随意运动有关。中脑受损，会出现面部表情呆板或者舞蹈症。

（4）网状结构（reticular formation）。在脑干隔断的广大区域，有一类致密的神经细胞网络，称为网状结构或者网状系统。它提供传入纤维到其他脑干结构和小脑之中。由于大脑的传入和传出信息都要经过网状结构，因此这一系统对注意、运动、警觉和一些反射活动都有重要影响。例如，当信息进入大脑时，网状结构决定着哪些信息可以有优先权，哪些信息将被删除，因此影响着人的注意力。同时，网状结构也修改发送到躯体的命令，例如，肌肉状态、姿势，以及眼睛、面部、头部、躯体、四肢的运动都受到网状结构的影响。另外，这一系统还控制着呼吸、打喷嚏、咳嗽和呕吐等反射性活动。网状结构的另一项重要功能，是维持警觉和唤醒水平。它唤醒大脑皮层去注意新刺激，甚至在睡眠中也保持着脑的警觉反应。过去的读书人“头悬梁、锥刺股”，让疼痛驱除自己的困意，其中的道理就是通过网状结构激活来使得大脑保持活跃和警觉。这个区域的大面积损伤会导致昏迷。

2. 小脑

小脑（cerebellum）位于脑的基底部，贴在脑干之上，主要负责调整姿势、肌肉的紧张程度和协调肌肉的运动。一些复杂的运动，如走路、舞蹈等，一旦学会似乎就编入小脑，并能自动进行。研究表明，在学习能力上，例如控制身体运动的运动机能学习，小脑有着重要作用；同时，小脑在习惯性行为模式的记忆中也起着重要的作用。小脑损伤会出现痉挛、运动失调，丧失简单的运动能力。脑成像研究发现，缺乏冲动控制能力的注意缺陷与多动障碍儿童的小脑体积有所减小。

3. 丘脑

丘脑（thalamus）相当于一个中转站，传入的感觉信息可通过丘脑到达大脑皮层的适当区域，并在那里进一步加工。视觉信息、听觉信息、味觉信息和触觉信息都在这个小小的圆形结构中短暂停留，由这个系统进行初步分析。例如，丘脑把眼睛获得的视觉信息传递到大脑皮层视觉区（如图 3－9 所示）。只要丘脑受到丝毫损伤，就有可能导致耳聋、失明，或者其他感觉的丧失。唯有嗅觉信息不经过丘脑而被直接传送到皮层，丘脑损伤不影响嗅觉。

第三节　内分泌系统

如果说神经系统是身体中的第一大信息交流系统，那么，**内分泌系统**（endocrine system）就是第二大信息交流系统。内分泌系统是一种腺体网络，由许多腺体组成，制造和分泌被称为激素或者荷尔蒙的化学物质到血液中，这些化学物质被输送到身体的每一个部位，影响我们的内部活动和外部活动。内分泌系统和神经系统是从共同的系统演化而来的，都是细胞间实现沟通的化学信使。神经递质对其邻近的细胞发生作用，这种作用是快速发生的；而激素是对远方的细胞发生作用，作用是缓慢实现的。我们很少能够意识到激素的存在，但它们却通过多种途径影响着我们的行为：身体发育、一般的新陈代谢、心理发展、第二性征的发展、情绪行为和有机体的化学合成。因此，没有有效的内分泌系统，人就不能生存。

> **内分泌系统**　第二大信息交流系统，是一种腺体网络，由许多腺体组成，制造和分泌被称为激素或者荷尔蒙的化学物质到血液中，这些化学物质被输送到身体的每一个部位，影响我们的内部活动和外部活动。

激素对身体化学调节程序的作用，只能在遗传上早已确定的反应部位发生。在影响不同的特异性目标器官或者组织中，激素能调节如此大范围的生化过程，以至于它们被称为“生命的信息传递者”。

下面，我们介绍与人类心理现象直接相关的几种内分泌腺。

一、脑垂体

脑垂体（pituitary gland）在脑的下部（见图3-10），其形状似豌豆。脑垂体是内分泌系统的总司令部，是调节人整体激素水平的总开关，通常被称为“主腺体”。在人的生长过程中，脑垂体起着非常重要的调节作用。童年期，脑垂体分泌生长激素，能够加速身体的生长。生长激素分泌不足会导致侏儒症，分泌过量会造成巨人症。如比姚明还高出半头的北京首钢队的中锋孙明明因患有脑垂体瘤，身高达到2.35米。在儿童成长期的后期或者成人阶段，生长激素分泌得太多将导致肢端肥大症。男性脑垂体分泌的促性腺激素，刺激睾丸分泌睾酮，进而刺激精子的产生。脑垂体还可以促进雄性副性征的发育，如长胡子、嗓音变化和身体的成熟等。女性的脑垂体激素刺激雌激素的产生，促进女性的卵巢释放孕激素使女性怀孕。一些避孕药就是阻断了脑垂体控制这一激素流的机制，从而阻碍孕激素的释放。

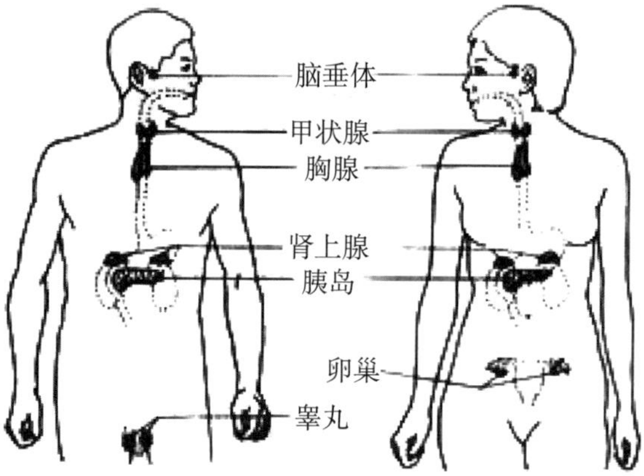

图3-10 男女内分泌腺

随文提问：应激会导致个体什么激素分泌增多?

更重要的是，脑垂体能对应激反应过程进行调节。心理应激状态下，脑垂体可以从下丘脑接收一些激素，进一步影响其他内分泌腺的激素释放，如甲状腺、肾上腺、卵巢或睾丸都受到脑垂体的调节。脑垂体直接由下丘脑控制。因此，下丘脑是脑神经系统和内分泌系统的主要衔接处，也是整个身体中腺体的控制中心。

心理学与生活

考试考砸的原因是什么?

一直以来，人们认为考试考砸的原因是压力和焦虑。真的如此吗？为此，心理学研究者要求学生们参加一次相当难的数学测试。在考试之后，研究者让每个人向一支小试管中吐一口唾沫，这样他就可以测出每个人唾液中的皮质醇含量。皮质醇是肾上腺制造的一种激素，与同压力相关的身体变化有关。当人们处于紧张环境中时，皮质醇会大量分泌，因而许多研究者认为皮质醇是一种可以让你在特定时间内检测出测试对象所承受的压力水平的简单快捷的方式。

王立萍等选取了大学新生，收集他们考试前两周（放松期）和考试前一天（紧张期）的唾液皮质醇和焦虑自评量表，结果显示，紧张期皮质醇分泌显著多于放松期，但两次的焦虑状态并无显著差异，表明考试应激仅对唾液皮质醇的分泌有一定的影响。国外学者进一步研究发现，那些皮质醇越高数学成绩越差的人，就是那些自称对做数学题感到极其焦虑的人；而那些皮质醇水平越高表现越好的人，就是那些不会对数学有任何焦虑感的人。

这一研究对于那些在课堂黑板前当着大家的面解题的学生来说是个好消息，甚至对于处于高压环境下，如大型演讲时的你来说也是一个好消息。如果你能成功地将自己的身体对环境的反应理解为积极的信号，那么你就有可能表现良好。如果你把自己身体的信号如手心出汗、肚子疼、心跳加速、肌肉发紧等表现理解为自己处境不佳，找不到解决办法，那么这种担心或者忐忑就会让你考试成绩不佳。

资料来源：Beilock，S. L.，Schaeffer，M. W.，& Rozek，C. S.（2017）. Understanding and addressing performance anxiety. In A. J. Elliot，C. S. Dweck，& D. S. Yeager（Eds.），*Handbook of Competence and Motivation*（*2nd Edition*）：*Theory and Application*. Guilford Press；王立萍，和秀云，李艳玲，等.（2018）. 考试应激与皮质醇觉醒反应. *中国健康心理学杂志，26*（1）.

二、松果体

松果体（pineal gland）是脊椎动物大脑中的一个小型内分泌腺。它的形状和大小与石松的果实相似（因而得名），位于大脑中心附近，在两个脑半球之间，夹在两个圆形丘脑所在的凹槽中，见图 3－11。

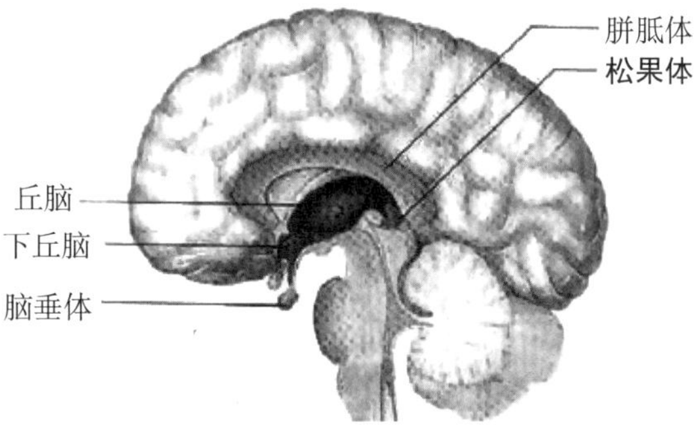

图 3－11 松果体示意图

关于松果体的功能，在医学领域有一段浪漫史。早期哲学家们为其赋予神秘的机能。笛卡儿指出，由于大脑的对称性，所有部位都是双面的，但这个腺体没有配对物。因此，他认为，这一腺体可能是所有人类思想原始想法的所在地。他进而指出，这个小腺体里面最轻微的运动也会极大地改变灵魂的运动状况，相应地，灵魂的微小变化也会使该小腺体的运动大为改观。再后来，人们利用解剖学证据，发现它与人眼感光视网膜有着相似性，因而它被称为第三只眼，甚至被人为地赋予了宗教意义。

目前，这一腺体的功能被重新认识，科学家发现其分泌一种叫褪黑素的激素，使得我们能够对白昼和黑夜的变化做出反应。褪黑素在血液中的水平在黄昏时升高，在午夜时达到最高点，接近天亮时又降低，由光驱动循环帮助控制身体节律和睡眠周期。也正是由于这一原因，褪黑素保健品宣称可用于治疗严重失眠和倒时差。

三、甲状腺

甲状腺（thyroid gland）位于颈部，紧贴气管上端，呈蝴蝶状，由左右两叶和连接两叶的峡部组成。它是人体最大的内分泌腺，功能是调节新陈代谢，同时对人格有着相当大的影响。甲状腺功能亢进会导致甲状腺分泌过多，个体会变得紧张、易激惹和神经质，新陈代谢加快，身体消瘦。甲状腺功能低下会导致甲状腺分泌过少，成年人会表现为少动、嗜睡、动作迟缓和肥胖。

四、肾上腺

肾上腺（adrenal gland）是位于肾脏正上方的两个小腺体，分为内外两层，内层为肾上腺髓质，外层为肾上腺皮质。这两部分通过两条神经内分泌途径对情绪行为产生影响：一是下丘脑—交感神经—肾上腺髓质，二是下丘脑—垂体—肾上腺皮质。可见，肾上腺既受自主神经系统支配，又受中枢神经系统直接调节。

（一）下丘脑—交感神经—肾上腺髓质

在对情绪性刺激发生反应时，交感神经同时刺激内脏器官和肾上腺髓质。通过神经的作用，内脏器官立即进入应激状态，体内会发生许多重要变化，以准备应付外部的危险。肾上腺髓质则分泌两种激素——肾上腺素和去甲肾上腺素，前者与恐惧有关，后者与愤怒有关，两者都起着唤醒机体、促进生理应激反应的作用，如心率增加、血压升高、肝糖原和脂肪分解加速、血糖升高、肌肉变得紧张并接收更多的血液等。激素到达器官较慢，但对各器官的生理效应具有较长的持续效果，直到活动的需要终结为止。去甲肾上腺素不仅是肾上腺髓质分泌的激素，同时也是交感神经的传递介质，这样，内分泌系统不仅具有神经激活作用，还参与化学激活反应。而且，交感神经直接支配肾上腺髓质，控制激素的分泌，肾上腺激素的分泌还调节效应器官的活动，并对中枢神经系统形成反馈调节。可见，中枢神经系统、自主神经系统和内分泌系统之间存在网络性的交互作用关系。

（二）下丘脑—垂体—肾上腺皮质

情绪产生时，下丘脑释放促肾上腺皮质激素释放因子，调节垂体前叶促肾上腺皮质激素的分泌量，而促肾上腺皮质激素又控制着肾上腺皮质类固醇的分泌。肾上腺皮质分泌的激素按功能分为：（1）盐皮质激素，参与机体的钠、钾代谢的调节，即保钠、保水、排钾。人体缺少该激素，会出现精神萎靡、肌肉无力等。（2）糖皮质激素，调节机体的物质代谢，并能增强机体的应激能力，如增强机体对创伤、高温、惊恐、疼痛等刺激的抵抗力，使机体产生相应的应激反应。（3）性激素，主要是指少量的雄激素，具有促进人体男性化的作用，并能促进蛋白质的合成。对女性而言，该激素过多，会出现男性化的病理特征。例如，一名过度男性化的女性会长出胡须。研究表明，焦虑、发怒、恐惧、无望等有害的心理刺激能明显地增加促肾上腺皮质激素和皮质类固醇的分泌量，并导致一系列生理后果。例如，人处于焦虑状态时，外周血管收缩，血糖浓度下降，肌肉松弛，消化腺分泌活动减弱，这与促肾上腺皮质激素和皮质类固醇分泌的增加有关，这两种激素水平的变化与心理紧张相关。已有研究通常采用皮质醇作为下丘脑—垂体—肾上腺皮质功能的反应指标，且证实了其有效性。虽然人的毛发、血液、尿液和唾液中均含有皮质醇，但相比而言，唾液中的皮质醇均为游离态且能够即时地标识应激反应的结果。有研究者采用社会应激测试任务引发儿童皮质醇浓度和主观紧张感显著上升，而且表现为男性皮质醇变化显著大于女性，但所引发的主观紧张感差异不显著（陈光辉，孔艳红，2016）。

学术前沿

人未老，发先白

俗话说“笑一笑十年少，愁一愁白了头”。随着现代生活节奏的加快，情绪与健康的关系越来越受到重视。那么，情绪如何影响我们的身心健康？为此，许多研究者进行了情绪对神经内分泌影响的相关研究。

压力面前，个体会产生一定的生理心理反应。心理反应可以通过主观情绪体验表达；生理反应则由交感神经（SNS 轴）和下丘脑-垂体-肾上腺（HPA 轴）的变化反映。皮质醇激素是人类 HPA 轴的终端产物，也是判断 HPA 轴功能的重要生物指标。

研究发现，皮质醇分泌对个体的心理健康有着不可替代的积极作用，可以缓解个体承受压力后所产生的负面情绪体验。有研究显示，儿童应激下皮质醇反应在父母感知的家庭压力和儿童心理问题行为之间起中介作用，即：儿童应激下皮质醇反应越显著，儿童心理行为问题越少。另外，临床治疗相关研究发现，伴有焦虑特征抑郁症患者皮质醇分泌异常增多发生率高于不伴有焦虑特征抑郁症者。

有研究者指出，研究皮质醇分泌水平与大脑控制之间的关系是认识机体压力情绪问题的关键所在。一系列神经生理学实验表明，机体面对压力时会产生相应的认知和情绪反应，也会不自觉地使用情绪调节策略来缓解情绪，而这些都伴随着大脑相关脑区的激活，特定区域的激活会刺激 HPA 轴的皮质醇分泌，进而减少因压力产生的负性情绪。

现代社会中不可避免地会存在生活压力、强工作负荷或者突发状况等应激事件。应激是导致工作中人因失误的一个最常见的原因。因此，了解应激情境下风险行为相关的生理机制对于降低任务难度、保障作业安全具有重要的现实意义。据此，有研究采用特里尔社会应激测试和气球模拟风险任务考察应激对决策影响的生理机制。研究结果表明，应激下个体的皮质醇反应越显著，行为越冒险。而且这一作用受到兴奋易感性的调节：兴奋易感性较强的个体，应激下皮质醇反应越显著，行为越冒险；而兴奋易感性较弱的个体，其皮质醇变化不能预测风险倾向。该发现提示了兴奋易感性在应激影响中的重要作用，也为高压岗位的人员选拔提供了科学启示。

资料来源：孟瑶，陈莅蓉，周仁来．(2019)．皮质醇分泌缓解负性情绪的证据及其机制．*中国临床心理学杂志，27 (1)*；傅雪薇，孙佳宁，肖家乐，等．(2022)．父母感知的家庭压力对儿童问题行为的影响：父母心理攻击和儿童应激下皮质醇反应的中介作用．*心理发展与教育，38 (5)*；王霈珊，古若雷，张亮．(2023)．急性应激与风险倾向：兴奋易感性的调节作用．*心理学报，55 (1).*

五、性腺

性腺（sex gland）在男性为睾丸，在女性为卵巢。它既是人体的主要生殖器官，能产生生殖细胞（精子、卵子），又是人体重要的内分泌器官，能分泌性激素。性激素的作用有两个：一是促进和维持性器官的发育成熟及生殖功能的成熟，二是促进第二性征的出现及生殖过程的进行。大多数类固醇类的药物是人工合成的睾丸素。虽然许多运动员相信服用类固醇能够增强肌肉的爆发力，但并没有充分证据表明类固醇能够提高运动成绩。而使用类固醇的副作用却显而易见：女性的嗓音变得深沉单调，男性出现睾丸萎缩、阳痿或胸部增大。无论男女，使用类固醇的运动员患卒中、心脏病和肝脏疾病的概率都会增大。许多类固醇使用者最后出现精神病性反应或成为精神病人，有些人出现严重的反社会倾向。对于未成年人，甚至会导致发育迟缓。因此，体育组织禁止使用合成类固醇等激素或其他兴奋剂。

心理学与生活

运动员的生物档案——类固醇生物护照

运动员生物护照的概念最早于 2002 年被提出。与直接检测禁用物质的方式不同，生物护照是为每位运动员建立一份电子生物档案，收集运动员多个时期的血液和尿液样本信息，对相关的生理学指标进行长期跟踪，根据生理指标的纵向变化判定运动员是否使用了禁用物质或方法。某些禁用物质在人体内的代谢速度很快，很难被直接检测出来，但其对人体的影响会持续较长时间，体现在某些生理指标水平发生波动。生物护照正是通过这些异常波动的生理指标进行间接判断。运动员生物护照项目由国际自行车联盟（Union Cycliste Internationale，UCI）在 2008 年环法自行车赛上首先启用，目前已在多个反兴奋剂机构和国际单项体育联合会（International Sports Federations，ISF）中得到推广。

运动员生物护照包括血液、类固醇及内分泌等 3 个模块的内容。血液生物护照在 2009 年世界反兴奋剂机构（World Anti-Doping Agency，WADA）发布的《运动员生物护照操作指南》中首次被提出，通过纵向分析血液指标的异常波动发现违规行为。2014 年，类固醇生物护照出台，用于监测尿样中内源性类固醇指标以确定有无外源性摄入的内源性类固醇和其他类固醇激素。用于检测肽类禁用物质的内分泌生物护照仍处于研究阶段。

类固醇生物护照被用于长期监测个体的睾酮、表睾酮等内源性生理指标的波动并进行纵向对比分析，判断运动员是否存在兴奋剂违规行为。运动员生物护照、内源性类固醇及类固醇生物护照相关专业知识的普及，帮助广大教练员、运动员认识和了解类固醇生物护照技术在反兴奋剂工作中的作用，有助于积极践行“拿干净金牌”的纯洁体育价值观。

资料来源：刘梦攀．(2022)．运动员的生物档案——类固醇生物护照．*中国体育教练员，30 (2)*．

实践与应用

你会被压力打败吗？

目的：看一看自己在体育、演奏、面试等关键活动中是否会因为压力大而发挥失常（理查德·马斯特斯编制）。

指导语：请仔细读表3-1中的句子，根据自己的实际情况做出相应的回答。请在相应的地方画“○”。每个题目的答案没有对错，请不要有任何顾虑。

表3-1　压力自省问卷

编号	题目	是	否
1	让我沮丧或愤怒的事情发生很长一段时间之后，我仍然记得很牢。		
2	我只是想想曾经让我沮丧的事情就会觉得紧张。		
3	我经常发现自己一遍又一遍地回忆那些让我愤怒的人或事。		
4	即使事情已经过去很久了，我也总是会想起那件让我愤怒的事情。		
5	我不会忘记那些让我沮丧或者愤怒的人，哪怕是鸡毛蒜皮的事情。		
6	当有人提醒我关注曾经的失败时，我觉得一切又要再次发生了。		
7	相比我认识的大多数人，我比他们更不担心未来。		
8	我总是尝试去理解自己。		
9	我经常反思自己。		
10	我总是要检查我的动机。		
11	我有时会有那种在别处观察自己的感觉。		
12	我对自己情绪的变化很敏感。		
13	我能意识到自己解决问题时的大脑活动。		
14	我关心自己做事的方式。		
15	我关心自己表现的方式。		
16	我会意识到自己的表现方式。		
17	我经常担心自己不能给别人留下好的印象。		
18	我出门前要做的最后一件事情是照镜子。		
19	我关心别人对我的看法。		
20	我经常犹豫不决。		

结果评定：得分越高，表示你在体育、演奏、面试等压力很大的活动中越容易发挥失常。

基本概念

神经元　神经冲动　神经递质　躯体神经系统　自主神经系统　边缘系统　内分泌系统

本章要点

1. 大脑和神经系统由相互连接的神经元组成。神经元排列成长链并形成密集的网络。信息通过神经元突触从一个神经元传递到另一个神经元。

2. 神经元的主要传导纤维是树突、胞体、轴突和神经末梢。

3. 神经冲动是电信号在神经纤维中传导的基本形式，而神经元之间的交流包括化学信号形式和电信号形式，化学性突触占大多数。

4. 神经系统可分为中枢神经系统（脑和脊髓）和周围神经系统。周围神经系统又包括躯体神经系统和自主神经系统。

5. 自主神经系统可以分为交感神经和副交感神经两部分。

6. 人类大脑的特点是高度皮层化，即拥有扩大的大脑皮层。

7. 大脑的左右半球具有各自功能的独立性。语言中枢在大脑左半球，非语言半球为右半球。

8. 大脑皮层不同脑叶及其基本功能不同：额叶——运动控制、言语和抽象思维中枢；顶叶——躯体感觉中枢；颞叶——听觉和语言中枢；枕叶——视觉中枢。一个区域的损伤将影响其特定功能。

9. 内分泌系统的内分泌腺将激素释放到血液中，使得身体中产生化学信息的交流。内分泌的活动影响一个人的心境、行为和人格。

10. 脑垂体影响多数内分泌腺的分泌，脑垂体也受到下丘脑的控制。应激状态下，大脑通过快速的神经系统活动和缓慢的内分泌活动两种方式控制整个躯体。

复习思考题

1. 假如你的脑被移植到了另一个人的身上，而他的脑被移植到了你的身上，你会认为哪一个人是你？是安装了新脑的旧躯体，还是有着旧脑的新躯体？

2. 如何正确认识“右脑开发”训练的意义？

3. 为什么脑细胞损伤后不像身体其他部位的细胞那样容易被代替？

4. 如何理解以脑为导向的教学模式？

拓展学习

贝洛克．(2011)．*超常发挥*（吴奕俊，吴纯佩译）．北京：中信出版社．

霍克．(2020)．*改变心理学的40项研究*（第7版，白学军等译）．北京：人民邮电出版社．

沈政，林庶芝．(2014)．*生理心理学*．北京：北京大学出版社．

魏景汉，等．(2008)．*认知神经科学基础*．北京：人民教育出版社．

哈迪曼．(2018)．*脑科学与课堂：以脑为导向的教学模式*（杨志等译）．上海：华东师范大学出版社．

苏泽，等．(2014)．*教育与脑神经科学*（方彤等译）．上海：华东师范大学出版社．

瑞迪，哈格曼．(2013)．*运动改造大脑*（浦溶译）．杭州：浙江人民出版社．

中国脑科学网，http：//www.pai314.com/

第四章
感觉与知觉

【学习目标】

1. 什么是感觉？什么是知觉？
2. 感觉与知觉之间有什么关系？
3. 感觉是如何测量的？
4. 知觉有哪些基本特征与分类？

【章节导读】

《唐语林·补遗（起德宗至文宗）》有一则托梦寓言，讲的是五官争功的故事：

> 某梦口与鼻争高下。口曰：“我谈今古是非，尔何能，居我上？”
>
> 鼻曰：“饮食非我不能辨。”
>
> 眼谓鼻曰：“我近鉴毫端，远察天际，惟我当先。”又谓眉曰：“尔有何功，居我上？”
>
> 眉曰：“我虽无用，亦如世有宾客，何益主人？无即不成礼仪。若无眉，成何面目？”

请思考以下两个重要问题：

第一，人们常说的“五官”与人的心理活动之间有什么关系？

第二，为什么“五官”各自有功，但是，人们对客观世界的认识又需要它们的共同作用？

第一节　感觉与知觉概述

一、什么是感觉与知觉

（一）什么是感觉

感觉是最基本的心理现象，也是人们认识客观世界的基本心理过程之一。马克思主义认识论认为，对客观世界的认识，需要由“感性认识上升到理性认识”（徐光春，2019）。其中，“感性认识”就是必然依赖于感觉信息的输入和心理加工。我们可以想象一下，有人正坐在书桌前拿起放在桌子上的手机仔细地端详一下：它是什么形状？它的背面是什么颜色？如果用手指轻轻地触摸手机的屏幕，能体验到屏幕传递给他的是什么样的感觉？如果闭上眼睛，用手指轻弹手机的背面，他又能听到什么样的声音？

“白色，长方形，表面光滑，能感受到外壳的冰凉，手指轻弹的时候会听到‘嘣嘣嘣’的声音……”这是对他看到的颜色、形状，通过触摸感受到的温度，听到的声音等特征的描述。根据这些描述，人们的脑海里可能会浮现出一部白色的、长方形的、表面光滑的手机。现在，思考一个问题：手机的颜色、形状、温度、声音等特征或信息，是如何感受到的？也许人们会脱口而出：“是我看到的、触摸到的、敲击的时候听到的啊！”这些信息的获得，是人们运用自己的视觉、触觉、听觉感受到的，这些都与人们的感觉有关。

那么，什么是感觉呢？**感觉**（sensation）是人脑对直接作用于感觉器官的客观事物的个别属性的反映（白学军，2015）。它是人们认识客观世界的开始。人们依赖于自己的眼睛、鼻子、耳朵等感觉器官，感受到认识对象的各种特征。基于这一过程，人们才能够认识客观世界。

（二）什么是知觉

当人们依赖丁感觉，获得了有关事物形状、颜色等特征之后，又是如何进一步加工感觉输入的信息的呢？当人们拿起一部手机，通过“看”“触摸”“听”，明确感受到它是“白色，长方形，表面光滑，能感受到外壳的冰凉，手指轻弹的时候会听到‘嘣嘣嘣’的声音……”，那么，接下来，请尝试回答一下：“一个白色，长方形，表面光滑，能感受到外壳的冰凉，手指轻弹的时候会听到‘嘣嘣嘣’的声音的东西，会是什么？”

人们会不会脱口而出“是我的手机”？如果真的不假思索就做了回答，那么，请再认真思考一下，一个“白色，长方形，表面光滑，能感受到外壳的冰凉，手指轻弹的时候会听到‘嘣嘣嘣’的声音”的东西，有没有可能是一个漂亮的铅笔盒，或者是一本书，或者是一个随身携带的充电宝……

会不会觉得很有趣？拿起任何一部手机感受一下，它确实具有上述所有特征。但是，具有上述特征的未必就是手机。为什么？因为前者是人们通过不同的感觉器官，获得有关“手机”的个别特征，后者则需要对这些特征信息进行整合加工，并予以理解和解释，而知觉就属于对信息进行整合加工的一种心理过程。因此，**知觉**（perception）是客观事物直接作用于感官而在头脑中产生的对事物整体的认识，是对感官得到的外部世界的信息的综合与解释的加工过程（彭聃龄，2019）。

> **感觉**　人脑对直接作用于感觉器官的客观事物的个别属性的反映。
>
> **知觉**　客观事物直接作用于感官而在头脑中产生的对事物整体的认识，是对感官得到的外部世界的信息的综合与解释的加工过程。

二、感觉和知觉的产生

（一）感觉的产生

感觉的产生是有条件的。首先，需要有直接作用于感觉器官的客观刺激信息输入。这些客观刺激信息，可以是声音刺激，比如音乐、噪声、敲击声，也可以是视觉刺激，比如图像、文字，以及树木、花草……任何能作用于感觉器官的客观事物都可能会引发人们的感觉。其次，感觉的产生需要有感觉器官；而且，特定的感觉器官往往只能反映特定类型的刺激信息。比如，人们的眼睛主要是接收可见的光波刺激信息，而耳朵主要是接收声音刺激信息。更为重要的是，感觉的产生需要神经系统的信息传递和加工。如果没有神经系统的信息传递和加工，人脑就不能够适当地反映客观刺激。

客观刺激直接作用于人们的感觉器官。为什么能够产生感觉呢？这是因为人们的感觉器官实际上是换能装置。当客观刺激信息作用于感觉器官时，人们的感觉器官就会从各种物理刺激信息中获得能量。比如，人们的眼睛作为视觉器官，在看到某一个外部刺激信息，比如房屋、树木、吊塔等时，就会通过光的反射或折射作用，获得该刺激物不同位置的光波信息。当这些光波信息到达视网膜之后，视网膜上的视觉神经细胞就会将光能转换为神经生理信号，并通过神经通路传递到大脑。大脑就是一个极其精密的神经生理信号加工系统，其对外部客观刺激信息传递的神经生理信号的加工，就可以反映客观刺激信息的不同属性，从而产生感觉。

（二）知觉的产生

知觉的产生需要有直接作用于感觉器官的感觉信息输入。因此，知觉的产生是离不开感觉的。如果没有感觉信息输入，人们就无法产生知觉。然而，知觉并不只是感觉信息的简单结合。虽然知觉以感觉为基础，但它又是更高一个层次的心理加工过程，包含觉察、组织、分辨和确认等（Moates & Schumacher，1980）。

觉察（detection）是指对客观存在的事物的觉知。例如，我们把手伸进一个盒子里，接触到一个光滑的、冰凉的平面，但却不能确定盒子里究竟装的是什么。这是因为手与客观刺激的接触，产生了诸如“光滑”“冰凉”的感觉，这只是对外部刺激信息的觉察。组织（organization）是将过去经验和当前感觉输入进行整合，包括对来自感觉的各种信息，比如视觉输入的大小、颜色，触觉输入的光滑、冰凉等信息的整合，也包括对同一感觉通道输入的信息进行整合加工，比如把视觉输入的颜色信息和大小信息组织起来。分辨（discrimination）是把一个事物或其属性与另一个事物或其属性区别开来。确认（identification）是指人们利用已有的知识经验和当前获得的信息，确定知觉的对象是什么，给它命名，并把它纳入一定的范畴。例如，我们把盒子中那个“光滑”“冰凉”的刺激物拿出来，放在眼前。有更多的信息输入并得到有效组织之后，我们可能会做出判断，确定这实际上是一部新手机，这一过程就是分辨和确认。

实际上，在知觉产生的过程中，觉察、组织、分辨和确认等心理加工阶段并不是各自独立的，而是紧密联系、相互作用的。其中任何一个阶段的加工，都可能会影响知觉的产生，或者产生不同的知觉结果。与此同时，人们在认识客观世界的过程中，需要各种感觉通道的共同参与。任何单一的感觉器官都无法完成复杂的信息组织与整合加工。**多感觉整合**（multisensory integration，MSI）是指来自不同感觉通道的信息相互作用，并整合为统一、连贯且有意义的知觉过程（唐晓雨，崔鑫忠，高敏，等，2022；Talsma et al.，2010）。孙远路、胡中华和张瑞玲等人（2011）研究发现，多感觉整合通过合并来自不同通道的信息，可以减少知觉系统的噪音；而且在注意分配条件下，可以提高对多通道信息判断的速度和准确性（顾吉有，吕勇，2016）。有趣的是，心理学的众多研究还关注不同感觉通道的应激传染问题，比如，当一个人观察到别人的应激状态时，观察者会在生理和心理上与被观察者相匹配，并体验到对方的应激感受（赵荣，黄钰杰，克丽比努尔·艾尔肯，等，2023）

多感觉整合 来自不同感觉通道的信息相互作用，并整合为统一、连贯且有意义的直觉过程。

学术前沿

Pip-and-Pop 效应：是多感觉整合引起的吗？

有研究者（van der Burg et al.，2008）做了一个有趣的实验。他们发现，如果让人们在一些倾斜角度不同的干扰线段中，搜索一条垂直或者水平的目标线段，是一项复杂的任务，往往需要搜索者花费更长的时间。但是，如果在搜索的过程中，当目标线段出现时，同时呈现一个“砰”的声音，那么即使这个声音与目标线段的位置没有关系，人们搜索目标的效率也会提高。他们就把这种现象称为 Pip-and-Pop 效应。对于这种现象，心理学的研究者普遍认为是听觉信息和视觉信息整合的结果，即多感觉整合发挥了作用。

基于 van der Burg 等人（2008）的发现，国内学者 Gao 等人（2021）对这种效应进行了更加深入的研究（见图 4-1）。他们在实验中利用眼动技术，比较了静态搜索和动态搜索条件下同时呈现的声音信息的影响，结果发现，静态搜索条件下，声音对搜索没有影响。也就是说，在静态搜索条件下，没有出现 Pip-and-Pop 效应。与之不同的是，在动态搜索条件下，随着声音和目标变化的同步频率提升，Pip-and-Pop 效应也会随之增强。由此，研究者认为 Pip-and-Pop 效应可能并不是多感觉整合的结果，而是由特异性的刺激信息吸引了注意力导致的。

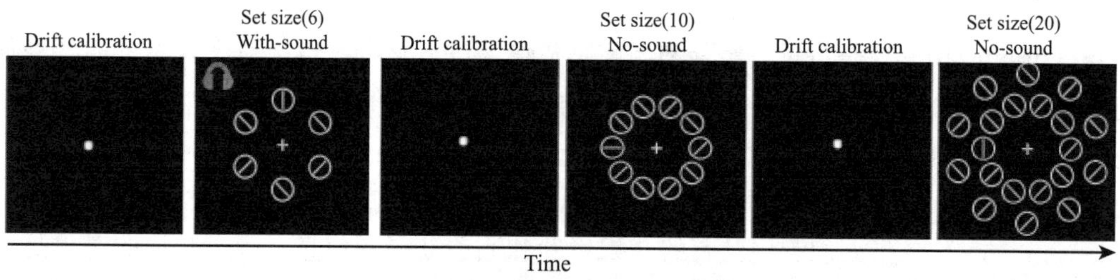

图 4-1 实验试次序列示意图

说明：示意图呈现的是 Gao 等人（2021）研究中实验一的实验试次序列。从左到右第一幅图为注视点校准；从第二幅图开始，随机呈现 6、10、20 个线段的图片，其中声音刺激为有声音和无声音两种条件，并以随机的方式呈现。

三、感觉和知觉的特征

（一）感觉的基本特征

感觉是在客观刺激信息与个体感觉器官的相互作用中产生的。感觉的基本特征有直接性和个别性。

1. 直接性

客观刺激物直接作用于个体的感觉器官，或者说，客观刺激信息的感觉输入是感觉产生的基本条件。这就决定了感觉是直接指向特定的客观刺激物的。如果客观刺激物没有直接作用于感觉器官，客观刺激信息的物理信号就不能通过换能装置转换成神经生理信号，人脑就不能对客观刺激信息进行加工，也就不能对客观刺激信息的属性予以反映。因此，对目不能及、耳不能闻、鼻无法嗅、口无法尝、伸手不能触及的事物，人们是无法产生与之相应的感觉的。

2. 个别性

个别性可以理解为各个不同方面的独立、个别、单一等特点。因此，感觉的个别性是指对直接作用于感觉器官的客观刺激物的某些独立、个别、单一的特点的反映。比如，人们通过眼睛仅仅能获得客观刺激物的视觉信息，通过耳朵仅仅能获得客观刺激物的听觉信息，通过鼻子仅仅能获得客观刺激物的嗅觉信息，等等。人们并不能通过视觉获得声音的大小、味道的好坏等信息；同样，人们也不能通过听觉获得形状、颜色等信息。

各个不同的感觉通道对刺激信息的加工是不同的。换言之，感觉通道对刺激信息的加工是具有特异性的，特定的感觉通道只对特定的刺激信息敏感。因此，能够引起特定感觉通道反应的刺激信息或属性，对该感觉通道而言，就是适宜刺激。比如，由物体振动产生的声波是听觉的适宜刺激，波长 380～780nm 的光波刺激是视觉的适宜刺激，皮肤表面温度的变化则是温度觉的适宜刺激。感觉通道对特定的适宜刺激敏感，这是由感觉器官的生理特点决定的。也正因为如此，感觉只能是对客观刺激物个别属性的反映。

（二）知觉的基本特征

知觉是对感觉信息的觉察、组织、分辨和确认，是对客观刺激信息的理解和解释，是一个有组织、有规律的心理活动过程。其基本特征主要有如下几个。

1. 选择性

知觉的选择性是指从感觉到的众多刺激信息中，选择部分刺激信息加以优先知觉的特性。在这一过程中，被优先选择的刺激信息即知觉的对象，或者可以理解为目标刺激、靶刺激，其他未被选择的刺激信息则转变为背景信息。

例如，图 4－2（a）由三条竖线和三条横线构成。如果人们在知觉过程中，将三条横线作为目标对象，这时候三条竖线就成为知觉的背景，如图4-2（b）所示。与之相似，如果将三条竖线作为目标对象，那么，三条横线则变为知觉的背景，如图4-2（c）所示。如果对图4-2（a）进行重新观察，可能会出现有时将三条横线作为知觉对象、有时将三条竖线作为知觉对象的现象。这表明，在人们对客观刺激进行知觉组织的过程中，知觉的对象和背景实际上是可以转换的，而这种转换与知觉者的主观意图、任务要求，以及理解性等有关。

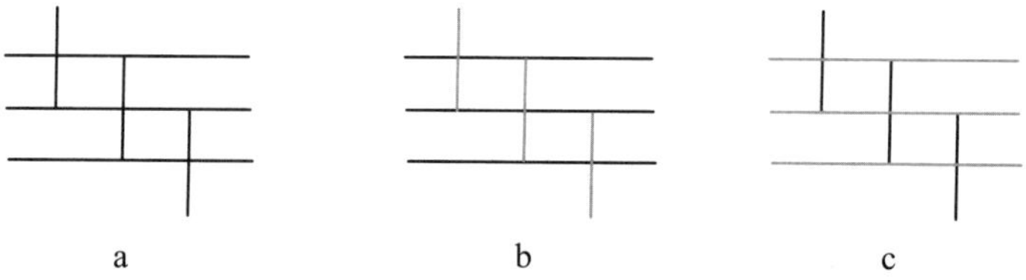

图4-2　知觉的选择性示例

随文提问：在生活中，知觉选择性的作用有哪些?

在知觉过程中，某一知觉对象能否从背景信息中分离出来，受到很多因素的影响，比如对象与背景的差别。有研究发现，在一个真实的生活场景中，刺激物是否被知觉为对象，与场景中各刺激物所拥有的信息量有关。首先，具有信息的刺激物会被优先知觉；其次，与信息量小的刺激物相比，信息量大的刺激物更容易被知觉为对象。比如，在浏览图4-3时，三个帆板可能会被优先选择为知觉的对象，而海水可能会是背景。这是因为与海水相比，帆板的信息量更大。

图4-3　真实场景中的知觉选择性示例

此外，刺激物的动静状态、意义特征等也可能会影响知觉对象的选择。相对而言，在某个场景中，与静止不动的刺激物相比，运动的刺激物更易被知觉为对象；与意义模糊的刺激物相比，意义明确的刺激物更易被知觉为对象。当然，意义特征的影响是比较复杂的。研究者也发现，意义模糊的刺激物如果拥有更大的信息量，也可能优先被知觉（Brockmole & Henderson，2008）。

2. 理解性

知觉的理解性是指人们在知觉过程中，往往会依赖已有的知识经验对刺激信息予以理解和解释，并用语词加以标识的知觉特性。这可能与人们在知觉过程中的意义建构有关。人们在看到某一个刺激物时，往往会产生“这是什么?”“怎么会这样?”等的意义建构，这会引导人们利用已有的知识经验对知觉对象予以理解和解释。这种现象在日常生活中非常常见。比如，人们在游览自然风光时，往往会被美丽的景色吸引，而这种吸引通常与人们对自己所面对景物的解释和理解有关。在唐代诗人李白“日照香炉生紫烟，遥看瀑布挂前川”的诗句中，诗人被庐山瀑布吸引，而之所以被吸引，原因是诗人将烟云缭绕的庐山理解为“日照香炉”。同样是庐山瀑布，诗人孟浩然在《彭蠡湖中望庐山》中写到“香炉初上日，瀑水喷成虹”，他也将庐山理解为初上日头照耀的“香炉”。

随文提问：为什么说“知之深，爱之切”？

人们拥有的知识经验是影响知觉理解性的重要因素。人们拥有的知识经验不同，即使是同样的刺激信息，可能也会有不同的理解。比如，在黑板上画一个圆圈，数学老师可能理解为那是一个“圆”，语文老师可能将其理解为“圆圆的月亮”，地理老师则可能将其理解为“太阳”或“地球”。除此之外，他人的言语引导或任务要求也可能会影响人们对客观刺激信息的知觉。比如，在镶嵌图形测验中，研究者要求被试从测试图形中选出十字图或T形图。在相应的任务引导下，被试就能够从测试图形中将其所理解的十字图或T形图选出来。

3. 整体性

知觉的整体性是指在知觉客观刺激信息时，会将某些信息作为统一的整体而选择和组织的知觉特性。这种现象不仅在完整的刺激信息中有体现，甚至在信息不完整或不充分的条件下也有体现。比如，在对图4-4（a）的知觉过程中，虽然图中的三角形、矩形、椭圆都被其他的线条切分，但是人们仍然会将三角形、矩形、椭圆知觉为完整的图形。与之不同的是，在图4-4（b）中，无论是三角形、矩形还是椭圆，其线条信息都是不完整的，但是，人们仍然能够将其知觉为完整的三角形、矩形和椭圆。

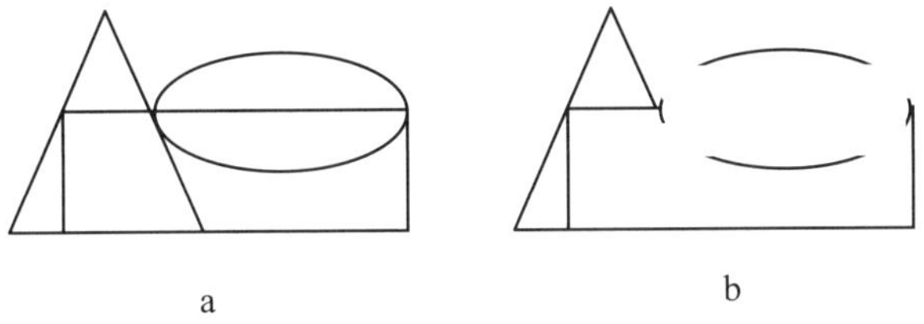

图4-4 知觉的整体性示例

在知觉过程中，对刺激信息的整体性加工，既受到刺激物本身的影响，也受到知觉者主观经验的影响。就刺激物本身而言，如果刺激信息之间存在时空上的一致性、语义上的联系等，就会更容易让人在知觉过程中将其组织为一个整体。比如，在语义启动的研究中，人们更倾向于将诸如“苹果”和“苹果树”知觉为一个整体，而较少将“橘子”和“苹果树”知觉为一个整体。在真实生活场景中，由于“电脑”和“鼠标”或“键盘”存在着功能上的联系，人们更倾向于将其知觉为一个整体，而不是将“电脑”和“斧头”知觉为一个整体。此外，如果不同刺激物在时空上具有联系，人们也倾向于将其知觉为一个整体，比如“书桌”和“书房”、“墙体”和“窗子”等。从知觉者主观经验的角度来看，人们原有的知识经验在知觉过程中也发挥着重要的作用。比如，在对图4-4（b）

的知觉过程中，如果个体没有三角形、矩形、椭圆的知识经验，那么，这些线条可能仅仅是不连续的线条。

4. 恒常性

知觉的恒常性是指当知觉条件在一定范围内发生变化时，人们对某事物的知觉映像仍然保持相对不变的知觉特性。换言之，人们可能在不同的条件下，对于同一事物所能获得的感觉信息输入发生了变化，但是，人们仍然能保持对该事物的知觉映像。比较经典的例子是，在一扇门关上、半开、完全打开等不同的条件下，人们从同一视角所获得的视觉信息显然是不同的，但是，人们仍然会将其知觉为同一扇门，并不会因为视觉信息输入的变化，而改变对这扇门的知觉映像（如图 4－5 所示）。

图 4－5　知觉的恒常性示例

知觉的恒常性与知觉者的知识经验是密切相关的。如果知觉者已经习得，或已经具备有关刺激物信息的相关知识经验，比如，“太阳是圆的”，那么，他就不会因为太阳被云遮挡了，而改变对太阳形状的知觉。另外，知觉的恒常性也受到背景参照信息的影响。比如，有三张场景图片：第一张图片描绘的是一个穿着白色外套的人站在太阳下；第二张图片描绘的是一个穿着灰色外套（仅仅改变了外套的颜色，其他细节都不变）的人站在月亮下；第三张图片与第二张图片的区别仅仅是删除了图片中的月亮。人们在学习了第一张图片之后，浏览第二张图片时，由于以月亮为参照线索，倾向于认为月光下的人仍然穿着白色的外套。但是，当人们学习了第一张图片，再浏览第三张图片时，由于图片中的参照线索“月亮”没有了，人们会倾向于认为图片中的人穿着灰色的外套。

四、感觉和知觉的心理意义

对于健康的个体而言，他可能从来不会去思考感觉能力丧失会是什么样，会给生活带来什么麻烦。我们想象一下，如果一个人失去视觉，或者听觉、味觉、嗅觉……或者说，当个体不能有效地整合加工自己所感知到的各类信息，不能识别路上行驶的车辆，甚至身旁的亲人……那么，个体的生活可能就会变得一团糟。

（一）感觉的作用

人们可以通过感觉获得关于内外部世界的客观信息，比如某一物体的颜色、明度、气味、软硬等，从而能够了解它的各种特性。正因为如此，人们才能够选出自己喜欢的或者合适的颜色，人们才能够听到美妙的音乐、动人的故事……如果没有感觉信息的输入，那么，人们可能根本无法适应外部环境，也无法根据需要调节自己的行为。

除此之外，感觉保证了机体与环境的信息平衡。人要正常生活，必须和环境保持平衡，其中包括信息的平衡。具体来说，人们从周围环境获得必要的信息，是保证机体正常生活所必需的。信息超载或不足，都会破坏信息的平衡，给机体带来不良影响。例如，有人认为大城市中信息超载会使人产生“冷漠”的态度；而研究也发现由“感觉剥夺”（sensory deprivation）造成的信息不足，会使人产生无法忍受的不安和痛苦。可见，没有由感觉提供的外界信息，人就不能正常地生存。

经典实验

感觉剥夺实验

在20世纪中叶，有科学家进行了“感觉剥夺”实验。在实验中，被试被要求安静地躺在实验室内的一张舒适的床上。室内非常安静，听不到一点声音；一片漆黑，看不见任何东西。被试两只手戴上手套，并用纸卡卡住（如图4-6所示）；吃喝都由主试事先安排好了，不需要移动手脚。总之，来自外界的刺激几乎都被“剥夺”了。

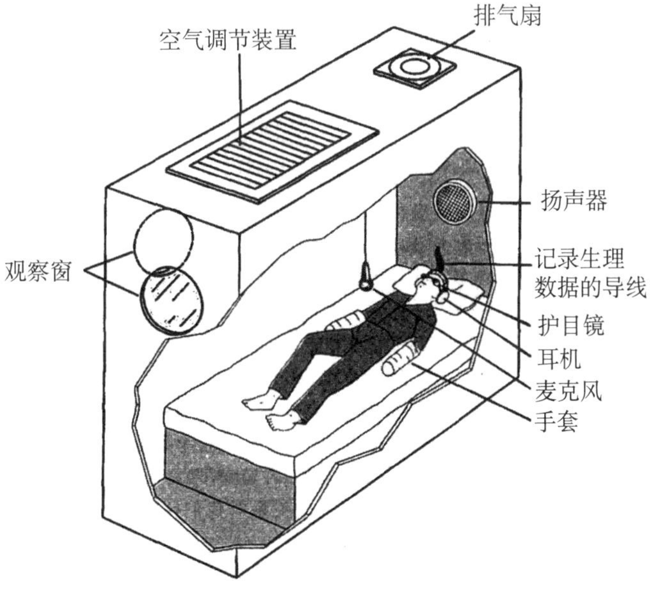

图4-6　感觉剥夺实验示意图

实验开始时，被试还能安静地睡着。但稍后，被试开始失眠，不耐烦，急切地寻找刺激。他们唱歌，吹口哨，自言自语，用两只手套互相敲打。被试变得焦躁不安，觉得很不舒服，老想活动。实验中，被试每天可以得到20美元的报酬。即使这样，也难以让他们将该实验坚持2～3天以上。这个实验说明，来自外界的刺激对维持人的正常生存是十分重要的。

资料来源：全国十二所重点师范大学（联合编写）.（2008）. *心理学基础*（第2版）. 北京：教育科学出版社.

感觉是一切较高级、较复杂的认知活动的基础，也是人的全部心理现象的基础。人的知觉、记忆、思维等复杂的认知活动，必须借助感觉提供的原始资料。人的情绪体验，也必须依靠人对环境和身体内部状态的感觉。总之，没有感觉这一基本的心理过程，一切较复杂、较高级的心理活动就无从产生。

（二）知觉的作用

知觉是对感觉输入的信息予以理解和解释的心理加工过程。它对于信息加工，以及环境适应具有重要的作用。在日常生活中，人们接触到的客观刺激信息是海量的，而且可能是杂乱无序的。那么，人们是如何从海量的、杂乱的信息中获得自己需要的信息，或者利用这些信息引导自己的生活呢？可以想象，如果没有知觉心理过程，人们的感觉器官只是获得各种各样的个别的感觉信息，但是这些信息对于自己有什么样的作用，是积极的还是消极的，人们无从得知。

知觉为人们提供了信息选择、组织、识别、判断的心理加工过程，其具有选择性、整体性、理解性和恒常性四个基本特征。在知觉过程中，人们能够依据自己的知识经验，或者刺激信息的特征，对客观刺激信息做出选择，并对这些信息进行组织加工。更重要的是，即使这些刺激信息可能是残缺不全的、不完整的，人们也可以利用知觉的整体性特征，使杂乱无序的信息变得有序，变成可以进一步加工的认知单元。在此基础上，人们可以依赖已有的知识经验，对这些有序的认知单元进行理解和解释，使其具有意义特征，变成能够理解和认识的刺激信息，这样，客观刺激信息对于人们的生活才是有意义的；也只有如此，人们才能够有效地适应外部环境。

第二节　感觉的分类与测量

一、感觉的分类及其特点

在中国传统医学中，耳、目、口、鼻、舌，谓之五官。五官既能反映肾、肝、脾、肺、心这五脏的变化，又能辨声、辨味、辨寒暑。因此，五官既是人们重要的感觉器官，又能够获得各种不同的感觉刺激信息。依据感觉器官及其相对应的适宜刺激，可以将感觉分为视觉、听觉、嗅觉、味觉和肤觉等不同的类型。一般而言，任何感觉的产生，或特定的感觉现象，都与感觉系统的生理结构、功能，以及外部刺激的特征相关。

（一）视觉

视觉的产生依赖于外部刺激信息和视觉系统的信息转换、传导与加工。波长为 380～780nm 的光波是视觉的适宜刺激。适宜刺激直接作用于人类的视觉器官——眼睛后，就会通过视觉系统的能量转换和神经生理信号传导、加工，产生视觉反应。人类的视觉系统是由光路系统和神经传导系统构成的。其中，角膜、晶状体和玻璃体等属于光路系统［如图 4－7（a）所示］，而由视网膜和大脑枕叶的纹状区等构成的信号传导和加工系统为神经传导系统［如图 4－7（b）所示］。

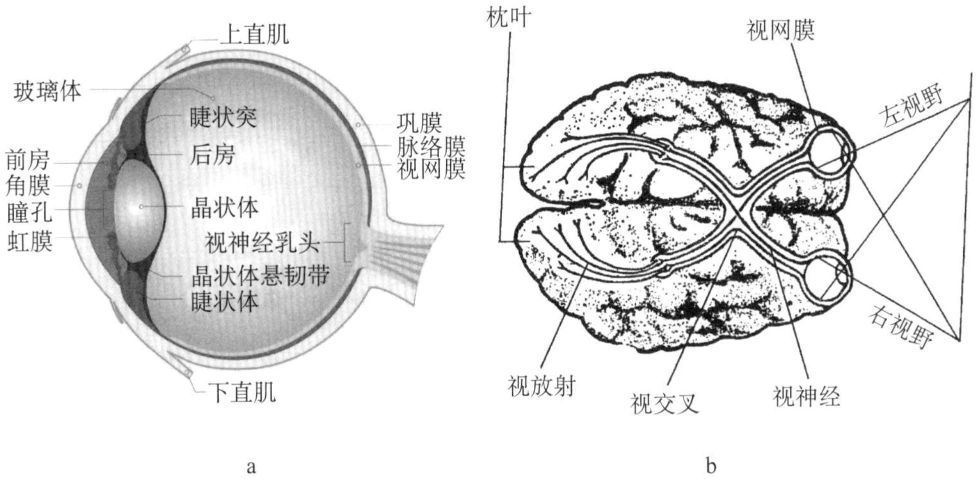

图 4－7　视觉的光路系统（a）和神经传导系统（b）图示

人类的视觉系统对视觉信息的加工，既受到视觉系统结构、功能的影响，也受到光线的物理特征的影响。视觉的生理机制包括折光机制、感觉机制、传导机制和中枢机制。其中，眼睛是我们的视觉感受器官，是由巩膜、角膜、晶状体、玻璃体、视网膜等构成的复杂结构。外在的光线刺激直接作用于人们的眼睛之后，经过一系列的光学折射，到达视网膜，激活视网膜上的感光细胞，并转换为神经生理信号，通过视神经传递到中枢神经系统进行加工，从而产生视觉。

随文提问：测量视力的原理是什么？

与此同时，由于光线具有强度、空间分布、波长和持续时间等特征，视觉也就相应具有一系列典型的特征，比如明度、颜色、视觉对比等。其中，明度是眼睛对光源和物体表面的明暗程度的感觉，是由光线强弱决定的一种视觉经验。一般来说，光线越强，看上去越亮；光线越弱，看上去越暗。颜色受光线的波长、强度，以及纯度和亮度影响，因此颜色具有色调、明度和饱和度三种基本特性。此外，光刺激在空间上的不同分布，可能引起明暗的对比、颜色的对比等视觉现象；而受时间因素的影响，在光刺激作用下，人们可能会产生视觉适应、视觉后像、闪光融合等视觉现象。

（二）听觉

听觉的适宜刺激是由物体振动产生的 16～20 000Hz 范围内的声波。听觉的感受器官是耳。声波通过空气传递到耳，并通过耳内的信号转换等复杂加工，最终产生听觉。听觉的产生与耳的生理结构和功能是相联系的。耳由外耳、中耳、内耳三部分组成。外耳包括耳廓和外耳道，主要负责收集声音。中耳由鼓膜、听小骨、卵圆窗和正圆窗组成。内耳由半规管、前庭器官和耳蜗组成，主要负责听觉刺激的能量转换及传导（如图 4－8 所示；张春兴，1994）。当声音产生的压力波引起耳蜗液的振动时，就会使毛细胞兴奋，产生动作电位，从而实现能量的转换，并通过腹侧通路和背侧通路投射到中枢神经系统进行加工而产生听觉。

声波具有频率、振幅和波形等物理性质。其中，频率指发声物体每秒振动的次数

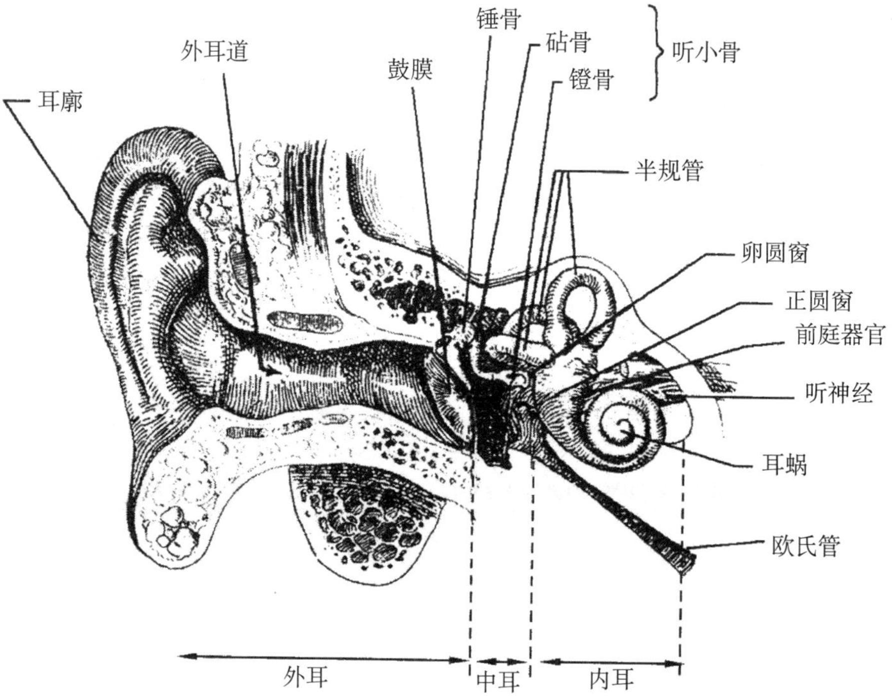

图 4-8　听觉感受系统和神经传导系统图示

（周/秒），单位是赫兹（Hz）。不同声音，其频率是不同的。振幅是指振动物体偏离起始位置的大小。振幅大，压力大，听到的声音就强；相反，振幅小，压力小，听到的声音就弱。最简单的声波波形是正弦波。由正弦波引起的声音叫纯音，但在日常生活中，人们听到的大部分声音并不是纯音，而是复合音，是由不同频率和振幅的正弦波叠加而成的。

声波的物理特性决定了听觉的音调、音响和音色等特性。比如，音调主要是由声波频率决定的。声波频率不同，人们听到的音调高低也不同。音响则是由声音强度或声压水平决定的一种听觉特性。强度大，听起来响度高；强度小，听起来响度低。音色是指声音的频率表现在波形方面的特性。不同的物体振动有不同的特点，波形不同，则音色不同。

（三）嗅觉

嗅觉是由有气味的物质引起的，所以其适宜刺激是有气味的物质。当有气味的物质作用于鼻腔上部黏膜中的嗅细胞时，产生的神经冲动经嗅束传至嗅觉的皮层部位，从而产生嗅觉。嗅觉不是由少数嗅觉感受器的联合活动产生的，而是由大量嗅觉感受器分别对不同的嗅觉刺激做出反应。这就是嗅觉的“锁和钥匙理论”。

嗅觉感受性受许多因素影响。不同性质的刺激物有不同的嗅觉感受性，而且它和环境因素、机体状态有关。此外，适应也会使嗅觉感受性明显下降，但其可以通过长期的实践锻炼得到提高。

（四）味觉

味觉的感受器是分布在舌面各种乳突内的味蕾，它的适宜刺激是溶于水的化学物质。人的味觉有甜、苦、酸、咸四种，负责它们的味蕾在舌面的分布是不一样的。舌尖对甜味最敏感，舌中、舌两侧和舌根分别对咸味、酸味和苦味最敏感。

味觉的产生也受到很多因素的影响，比如，嗅觉可以调节人们对刺激物的味觉感受。温度对味觉感受性和感觉阈限也有明显的影响。在不同的温度下，人们对刺激的味觉感受会存在差异。此外，味觉的适应和对比作用都很明显。

（五）肤觉

肤觉是指刺激作用于皮肤而引起各种各样的感觉的统称。肤觉的基本形态主要包括触压觉、温度觉和痛觉。肤觉感受器在皮肤上呈点状分布，对应于不同的肤觉感受，可以分别称为触点、温点和痛点。

1. 触压觉

触压觉是由非均匀分布的压力作用于皮肤引起的，分为触觉和压觉。外界刺激接触皮肤表面，使皮肤轻微变形，这种感觉叫触觉。外界刺激使皮肤明显变形，这种感觉叫压觉。触压觉的感受器是分布于真皮内的神经末梢。触压觉的传导通路主要是通过触压觉感受器发出的神经信号，传递到脊髓，并经延脑到丘脑，以及大脑皮层中央后回，最终产生相应的感觉。

皮肤的不同部位具有不同的触压觉感受性。面部是人体对压力最敏感的部位，其次是躯干、手指和上下肢。此外，对落在皮肤上的物体的定位也是触压觉的一种形式。触压觉的定位能力也因身体部位的不同而呈现明显的差异。

2. 温度觉

皮肤表面温度的变化是温度觉的适宜刺激。一种温度刺激引起的感觉是由刺激温度与皮肤表面温度的关系决定的。皮肤表面的温度称为生理零度。高于生理零度的温度刺激，引起温觉；低于生理零度的温度刺激，引起冷觉；当刺激温度等于生理零度时，则不产生温度觉。皮肤对冷、热刺激的感受，分别由不同的感受器完成。身体不同部位的生理零度是不同的，因而对温度刺激的敏感程度也不同。

3. 痛觉

当客观刺激对有机体具有损伤或破坏作用时，就能引起痛觉。痛觉传递了肌体受到伤害的信息，因而具有保护机体的作用。痛觉的感受器是皮肤下的神经末梢。这些神经末梢接收刺激信息，并转换为神经冲动传递到脊髓，然后沿脊髓至延脑、丘脑，再从丘脑至大脑皮层。人的痛觉不仅受外在刺激强度的影响，还受许多因素的影响，如文化环境、生活经验，以及心理暗示等。

人的感官系统是非常精细且复杂的，而客观世界的刺激信息也是精彩纷呈的。因此，人类的感觉也是多种多样的，并不局限于视、听、嗅、味、触等感觉。另外，基于不同的划分标准，人们对感觉的认识和分类也是不同的。比如，根据引起感觉的刺激来源，可以将感觉分为外部感觉和内部感觉。外部感觉有视觉、听觉、嗅觉、味觉、肤觉等，而内部感觉有运动觉、平衡觉、内脏感觉等。运动觉也叫动觉，它反映身体各部分的位置、运动以及肌肉的紧张程度。平衡觉也叫静觉，是由人体做加速或减速直线运动或旋转运动引起的。内脏感觉也叫机体觉，是由内脏的活动作用于脏器壁上的感受器产生的。

实践与应用

味觉及其对判断决策的影响

味觉是人类最基本的感觉之一。俗语讲“民以食为天，食以味为先”。如果没有味觉的参与，食之而无味，那么，人们对于食物的选择可能会变得非常困难，也就不会产生各种各样丰富的食物品类。有趣的是，心理学家研究发现，味觉不但是人类重要的感觉，而且“潜在参与甚至决定性地影响了个体对世界的认知、判断与决策”。

在对陌生人信任感的判断中，研究者发现，相较于苦味饮料的饮用者，甜味饮料的饮用者会认为中性面孔的危险度更低、可信度更高。在另一项有关利他行为的研究中，研究者在品尝实验结束后，询问参与者是否愿意无偿地为一位教授提供帮助。他们发现，食用了甜味巧克力的参与者更愿意花时间为这位教授提供无偿的帮助，这些参与者更愿意配合他人，更加乐于助人。

资料来源：陈银芳，谢家全，杨文登．(2020)．味觉对判断与决策的影响及其机制．*心理科学进展，28 (10)*.

二、感觉的测量指标与方法

感觉的产生是感觉器官与刺激信息之间相互作用的结果。但是，客观的刺激信息与感觉之间是如何相互作用的呢？早在 19 世纪中叶，就有很多研究者开始探索感觉的测量，试图建立感觉强度与刺激强度之间的关系，并且发展出了一系列经典的测量方法，甚至影响了科学心理学的发展。那么，感觉的测量是在测什么？又是如何测量的呢？

（一）感受性的测量指标

感觉器官对相应的适宜刺激的感觉能力，称为**感受性**（receptivity）。感受性可以反映个体感觉器官的感觉能力，因此，感觉的测量即对感觉器官感受性的测量。在感受性的测量中，相应适宜刺激的强度是重要的影响因素，所以，通过改变适宜刺激的强度，测量感觉器官对其的感觉反应，就成为感觉测量的基本方法。德国物理学家费希纳在 1860 年出版的《心理物理学纲要》中述及的最小变化法、平均差误法和恒定刺激法统称为传统心理物理法，是感觉测量的最基本方法，感觉阈限则是最基本的测量指标。

感受性 感觉器官对相应的适宜刺激的感觉能力。

1. 绝对感受性和绝对感觉阈限

虽然人们具有各种极其敏感的感觉器官，但并不是所有的外在刺激都能引起感觉。比如，我们能够听到哗哗的流水声，能够听到钟表的滴答声，但是当流水声、滴答声变得越来越小时，可能就越来越听不清它们的声音了。19世纪的研究者提出了感觉阈限（sensory threshold）的概念，并将刚刚能够引起心理感受的刺激量的大小定义为**绝对感觉阈限**（absolute sensory threshold）。与之相对应，感觉器官能够觉察最小刺激量的感觉能力即绝对感受性。不同的个体，感觉能力是不一样的。在日常生活中，很多人有测试视力的经验。有些人的视力为4.8，有些人的视力为5.2，这就意味着视力为4.8的人所能感受到的视觉刺激的最小量要大于视力为5.2的人，而视力为5.2的人能够觉察到一些视力为4.8的人觉察不到的视觉刺激信息。另外，即使是同一个人的左眼和右眼，其对视觉刺激的感受能力也存在差别。

绝对感觉阈限 刚刚能够引起心理感受的刺激量的大小。

心理学与生活

视力测试也是心理测试

如果有人问："你做过心理测试吗？"很多人的第一反应可能是"没有"，或者是联想到心理健康问卷测试、人格测试、智力测试，或者参加过心理学实验等。实际上，几乎每个成年人，至少是大学里的每一位大学生，都是参加过心理测试的……最常见的心理测试可能并不是给人们测试智力、人格，而是对我们感觉能力的测量，比如视力的测量（如图4－9所示）。

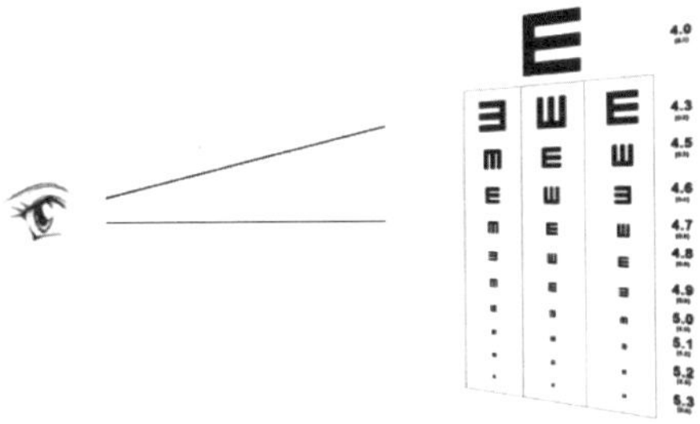

图4－9 视觉感受性（视力）的测量示意图

视力测试为什么属于心理测试呢？这就需要我们了解一下视力测试是如何实施的。在很多视力测试中，都要求受测者在特定距离条件下，判断不同大小的字母"E"的开口方向。在这一过程中，字母"E"的大小是一个客观的物理量，而受测者能否感觉到就是一个心理量。因此，视力的测量实际上就是视觉感受性的测量，用以判断个体视觉感受器能够觉察刚刚能引起视觉的最小刺激量的能力。

人们可能会注意到，绝对感觉阈限和绝对感受性之间是反比关系。绝对感觉阈限越高，就需要越大的刺激量，才能够被觉察到，这就意味着感觉器官的感觉能力较低；相反，绝对感觉阈限越低，引起感觉的刺激量就越小，感觉器官的感觉能力就越强。

2. 差别感受性和差别感觉阈限

感觉器官的感觉能力不仅仅体现在对最小刺激量的觉察上，对最小变化量的觉察也能够反映感觉器官的感觉能力。当人们觉察到一个刺激之后，如果刺激量发生了变化，有些人能够敏锐地觉察到变化，而有些人却不能够觉察。这表明，对最小变化量的觉察，同样可以反映个体是否具备更强、更敏锐的感觉能力。因此，可以把刚刚能引起差别感觉的最小变化量或差别量称为**差别感觉阈限**（differential sensory threshold），而把对这种最小变化量或差别量的感觉能力称为差别感受性。

差别感觉阈限 刚刚能引起差别感觉的最小变化量或差别量。

差别感受性与差别感觉阈限之间也呈现反比的关系。换言之，差别感觉阈限越低，人们就能感受到越小的刺激变化量或差别量，即差别感受性就越强；反之，差别感觉阈限越高，引起人们觉察的刺激变化量或差别量就越需增加，即差别感受性就越弱。

（二）传统心理物理法

1. 最小变化法

最小变化法（minimal-change method）也称极限法、系列探索法、最小可觉察法（或最小差异法）等，是测量阈限的直接方法。它将刺激按递增或递减系列的方式，以间隔相等的小步变化，寻求从一种反应到另一种反应的瞬时转换点或阈限的位置。

采用最小变化法测定绝对感觉阈限时，刺激系列分为递增和递减两种。在递增系列中，初始刺激量的设定，要在被试觉察不到的物理刺激强度范围内；而在递减系列中，初始刺激量的设定，要在被试能够觉察到的物理刺激强度范围内。在测试时，每个刺激系列都从初始刺激量开始，按照递增或递减方向，依次呈现给被试，每次刺激后要求他们报告是否能够感觉到刺激。以被试反应转折点对应的两个刺激强度的中点为阈限，然后计算所有系列阈限的均值，其结果即为绝对感觉阈限值。

采用最小变化法测量差别感觉阈限时，需要设定标准刺激和比较刺激。其中，标准刺激的刺激强度在整个测试过程中保持不变；而比较刺激需要在测试过程中予以调整变化，因此，也被称为变异刺激。用于测量差别感觉阈限的刺激系列也可以分为递增和递减两种。在测试过程中，将标准刺激和比较刺激同时呈现，直到被试的反应发生转折。在递增系列的每次测试中，标准刺激不变，按照递增顺序每次变换比较刺激。在递减系列的测试中，标准刺激保持不变，而比较刺激是以递减的方式变换的。

2. 平均差误法

平均差误法（method of average error）又称调整法或均等法。这种方法的标准程序是先给被试呈现一个标准刺激，然后要求被试调节、重设或复制一个比较刺激，使后者在感觉上与标准刺激相等。根据比较刺激的初始值大于或小于标准刺激，被试的调节也可以分为递增和递减两种。

采用平均差误法测定绝对感觉阈限时，要求被试调整比较刺激的强度，使之与标准刺激的强度相等。在测定过程中，假设标准刺激的强度为“零”，被试每次调整的标准刺激强度与“零”相比较。记录被试每次调节的比较刺激强度，计算其算术平均数，就可得到绝对感觉阈限。在测定差别感觉阈限时，同样要设定标准刺激和比较刺激。被试每次反复调整比较刺激的强度，直到他感觉与标准刺激的强度相等时为止。每次比较刺激也可按递增和递减两个序列进行调整，直到找出与标准刺激相等的值为止。

3. 恒定刺激法

恒定刺激法（method of constant stimulus），也叫次数法、正误法。它一般是以随机的方式呈现少数几个恒定的刺激，每呈现一个刺激，要求被试回答“有”“无”，或“是”“否”、“轻”“重”、“强”“弱”等，然后按照被试对不同刺激的回答计算阈限值。

利用恒定刺激法测定绝对感觉阈限，首先需要根据研究经验和预先测试，找到从经常感觉不到（感觉到的概率小于5%）至经常感觉到（感觉到的概率大于95%）的刺激强度范围，并在此范围内确定5～7个等距刺激点。在测试过程中，刺激的呈现是随机的，各种强度的刺激的呈现次数要相等。其次，确定被试的测试反应，比如“有”或“无”、“是”或“否”等。在测试过程中要求被试在每呈现一次刺激之后报告是否感觉到该刺激，并统计被试反应频数和百分数，以此计算阈限。

采用恒定刺激法测量差别感觉阈限时，要确定一个标准刺激和若干个比较刺激，被试对呈现的刺激进行比较。差别感觉阈限的计算方法一般采用内插法或作图法，分别求出被试的上差别感觉阈限和下差别感觉阈限。差别感觉阈限的值即为上差别感觉阈限与下差别感觉阈限的和的平均数。

心理物理法的应用，促进了人们对感觉的认识，推动了科学心理学的发展。随着科学技术的发展，对于感觉的测量，无论是研究技术、方法，还是研究范式和方法论，与传统的心理物理法相比，都已经变得更加精细、准确，也不仅仅局限于刺激的物理量与心理量之间的关系。比如，在视觉的测量中，研究者不只是测量眼睛对于不同大小刺激信息的觉察，而且，在测量中应用眼动仪，记录眼睛对于某一刺激信息的注视时间、凝视时间、注视次数，以及眼跳幅度、眼跳次数、回视次数、瞳孔大小等一系列视觉特征的数据，用以推断更加复杂的心理加工过程（康廷虎，张会，2020；闫国利等，2013；Zang et al.，2016）。

三、感受性的变化规律

感觉器官的感受性是非常复杂的。它既与感觉器官的类型、生理构造等有关，又与刺激信息有关。对于不同的个体而言，其感受性存在差别；同时，感觉器官对刺激信息的反映，也会因为刺激信息的变化而发生变化。然而，感觉器官感受性的变化也是有规律的，比如感觉适应、感觉对比、感觉后像、联觉现象等。

（一）感觉适应

> **感觉适应** 在刺激物对感受器的持续作用条件下，感觉器官的感受性发生变化的现象。

感觉适应（sensory adaptation）是指在刺激物对感受器的持续作用条件下，感觉器官的感受性发生变化的现象（车文博，2001）。一种常见的感觉适应现象是视觉适应。视觉存在着对弱光刺激和强光刺激的适应，因此表现为暗适应和明适应两种现象。其中，**暗适应**（dark adaptation）是指照明停止或由亮处转入暗处时，视觉对弱光的适应，表现为视觉感受性的提高。与之相反，**明适应**

（bright adaptation）是指照明开始或由暗处转入亮处时，视觉对强光的适应，表现为感受性的下降。在生活中，典型的例子是，当我们开车进入隧道时，是从亮处进入暗处，视觉需要逐渐适应隧道中的弱光，即表现为暗适应；当车辆驶出隧道时，又是从弱光环境进入强光环境，视觉需要逐渐适应隧道外的强光，即表现为明适应。

随文提问：如果有糖和苹果，先吃糖再吃苹果，或者先吃苹果再吃糖，按照哪一种顺序更能感受到苹果的甜味？为什么？

需要注意的是，刺激物对感觉器官的持续作用导致的感受性变化，可能是提高，也可能是降低。以视觉适应为例，明适应体现为视觉感受性的降低，暗适应则体现为视觉感受性的提高。另外，感觉适应现象在其他的感觉器官中也都是存在的。比如，“入芝兰之室，久而不闻其香”“入鲍鱼之肆，久而不闻其臭”，意指长时间处于“香”或“臭”的环境中，即在“香”或“臭”的持续作用下，人们的嗅觉也不能觉察芝兰之香、鲍鱼之臭，这是典型的嗅觉适应现象。

（二）感觉对比

暗适应　照明停止或由亮处转入暗处时，视觉对弱光的适应，表现为视觉感受性的提高。

明适应　照明开始或由暗处转入亮处时，视觉对强光的适应，表现为感受性的下降。

感觉对比　同一感受器受到不同刺激信息的作用，引起感受性变化的现象。

感觉对比（sensory comparison）是指同一感受器受到不同刺激信息的作用，引起感受性变化的现象。其实际上是感觉间相互作用的反映。比如，人们的味觉在接受了食用盐的刺激之后，再接受糖的刺激，就可能会降低对咸的感觉。在触觉系统中，人们在用双手接触冰凉的水之后，再接触温度稍高的水时，就会体验到比平时更温暖的感觉。图 4－10 反映的是典型的视觉对比现象。其中，大方框为背景，小方框为目标。在图 4－10（a）中背景是黑色，而图 4－10（b）中背景是灰色。虽然小方框的颜色没有变，但是受感觉对比的影响，人们会觉得图 4－10（a）中的灰色小方框的颜色更亮一些。

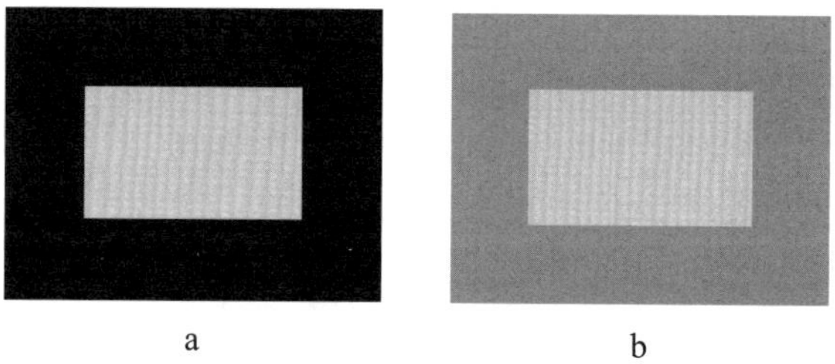

图 4－10　视觉对比现象图示

根据不同刺激信息作用于同一感觉器官的时间特征，可以将感觉对比现象区分为同时性对比和继时性对比。同时性对比是指不同的刺激信息同时作用于同一感觉器官［比如，人们同时看到图 4－10（a）中的黑色背景和灰色目标物］，而产生的感受性变化现象。继时性对比是指不同的刺激物先后作用于同一感觉器官，而产生的感受性变化现象。比如，先看到红色的物体后，再看白色的物体时，会发现其略带绿色。

（三）感觉后像

感觉后像（sensory afterimage）是指刺激物对感受器的作用停止以后，感觉现象并没有立即消失而短暂保留的现象。各种感觉器官都能产生感觉后像。比如，房间的灯关了，眼睛里还保留着亮灯的形象；声音停止后，耳朵里还有这个声音的余音；喝完橙汁之后，口腔里仍然能感觉到橙汁的酸甜味等。这些都属于感觉后像。

感觉后像可以分为正后像和负后像。如果后像的品质与刺激物相同，就叫正后像。比如，在注视白炽灯之后，闭上眼睛，眼前仍然会出现灯的一个光亮。与之不同的是，如果用眼睛凝视白色屏幕［图 4－11（a）的背景］上的目标刺激物［图 4－11（a）的黑色菱形方块］，然后删除黑色刺激物，而眼睛仍盯着白色屏幕［图 4－11（b）］看，就会发现原来黑色的位置好像是变亮了。这种后像的品质与刺激物相反，即为负后像。值得注意的是，彩色的负后像是刺激色的补色，如红色的负后像是绿色，黄色的负后像是蓝色。因此，如果用眼睛注视一朵绿花，然后将视线转向身边的白墙，那么在白墙上将看到一朵红花，这实际上是颜色知觉过程中出现的视觉负后像。

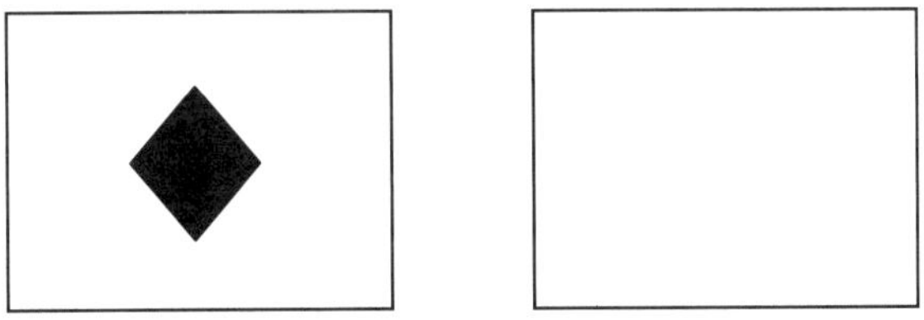

a　　　　b

图 4－11　视觉后像图示

（四）联觉现象

很多人在餐厅看着菜单点菜时，往往会选择样图色彩更加丰富的菜品。人们认为，看起来好看的，味道可能更好。实际上，这与联觉现象有关。**联觉**（synaesthetes）是指一种刺激作用于感觉器官，除了产生相应的感觉，同时又产生另外的感觉的现象。在日常生活中，联觉现象是比较常见的。比如，人们常把颜色分为暖色调和冷色调。其中，暖色调主要是以红、黄为主的颜色，而冷色调是以蓝、绿为主的颜色。实际上，颜色并不能决定温暖还是冰冷。但是，人们在看到一个会场以暖色调为主时，就会体验到暖洋洋的感觉；而看到会场以冷色调为主时，则会体验到肃穆萧瑟的感觉。

正是因为存在联觉现象，很多文学作品、绘画、图案设计等会应用该现象增强效果。朱自清在散文《荷塘月色》中写道："微风过处，送来缕缕清香，仿佛远处高楼上渺茫的歌声似的。""清香"本来是嗅觉所感受到的，但是与此同时却仿佛听到了"渺茫的歌声"，即产生了听觉。另外，在一些广告设计中，如果要体现清凉的感觉，设计者往往会将淡蓝色和白色相结合，以实现这种效果。

> **感觉后像**　刺激物对感受器的作用停止以后，感觉现象并没有立即消失而短暂保留的现象。
>
> **联觉**　一种刺激作用于感觉器官，除了产生相应的感觉，同时又产生另外的感觉的现象。

这实际上是利用了联觉的规律。

第三节 知觉的分类与信息组织

在认识客观世界的过程中，“是什么”“在哪里”“怎么样”“什么时间”的问题总会困扰着人们。在解决这些问题的过程中，知觉是重要的心理过程之一。它是对客观事物整体属性的反映，是对感觉输入的信息进行组织、判断、解释的过程。那么，人们是如何组织信息，又是如何理解感觉获得的信息的呢？根据知觉对象的不同，或者是感觉信息输入的特点，可以将知觉分为空间知觉、时间知觉、运动知觉等。

一、空间知觉

人们对物体或刺激信息的空间关系的认识，即为**空间知觉**（spatial perception）。其包括对刺激物形状、大小、方位，以及距离远近等的认识。它有助于人们理解和认识“是什么”“在哪里”的问题。如果人们不能够确定刺激物的形状、大小，不能够确定刺激物离自己有多远、在什么位置，人们就很难判断刺激物是什么，以及它所在的空间位置特点。

空间知觉 人们对物体或刺激信息的空间关系的认识。

（一）形状知觉

1. 什么是形状知觉

形状知觉是指个体对物体轮廓和细节的整体反映。其形成主要依赖于视觉、触觉和动觉的信息输入，以及不同感觉通道的协同活动（林崇德等，2003）。在形状知觉的过程中，需要对不同感觉通道输入的信息进行特征分析、组织和识别。

一般认为，对刺激物形状的识别开始于对不同感觉通道输入信息原始特征（primitive feature）的分析与检测。这些特征包括点、线条、角度、朝向和运动等（Marr，1982）。在此基础上，基于知觉的理解性、选择性等特征，对原始特征进行组织并将其从背景中分离出来，形成刺激物的轮廓或图形。当刺激物的轮廓或图形被组织并分离出来之后，人们就利用已有的知识经验，确定知觉到的刺激物的形状是什么，即形状（或模式）识别（pattern recognition）。人们对刺激物形状的知觉，与对感觉输入刺激信息的组织加工密切相关。人们在信息组织的过程中，往往会受到刺激信息邻近性、相似性、对称性、封闭性，以及线条朝向、连续性等的影响。

随文提问：为什么站在桥上看流动的河水，会觉得桥朝水流的反方向运动？

2. 形状知觉过程中的错觉现象

在知觉过程中，往往会存在错觉现象；而且，错觉现象在任何类型的知觉过程中都有可能发生。错觉是指在特定条件下人对客观事物所产生的不正确的、受到歪曲的知觉。在形状知觉过程中，也存在着错觉现象，比如横竖错觉、缪勒-莱依尔错觉等。横竖错觉、缪勒-莱依尔错觉实际上都属于长短错觉。图 4－12（a）属于横竖错觉，图中的横线和竖线实际上是一样长的，但是当两条线如图 4－12（a）呈现时，人们会觉得竖线比横线长。图 4－12（b）属于缪勒-莱依尔错觉，实际上两条横线是一样长的，但是受箭头的影响，人们会觉得箭头相向的横线比箭头背向的横线长。

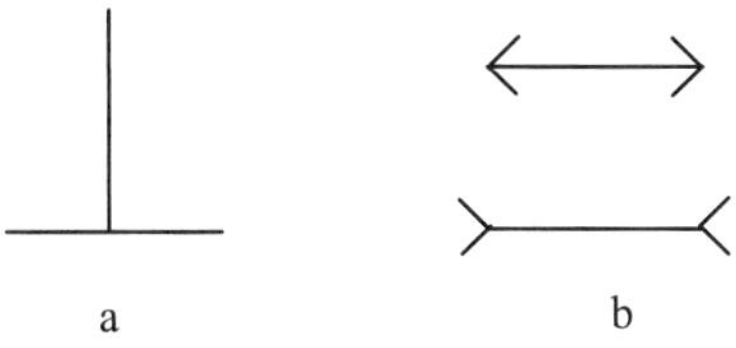

图 4－12　长短错觉示例

（二）大小知觉

1. 什么是大小知觉

对刺激物大小的知觉，受刺激物在视网膜上投影的大小，以及知觉距离的影响。视网膜成像的大小符合几何投影的规律，即：刺激物所在的位置距离远，在视网膜上成像小；同一刺激物所在的位置距离近，在视网膜上成像大。因此，视网膜成像的大小是与刺激物的大小成正比、与距离成反比的关系。

由于视网膜成像的大小与刺激物所在位置的距离有关，人们就可以依据这一关系来判断刺激物的大小。在距离恒定时，视网膜成像较大，说明刺激物较大；视网膜成像较小，说明刺激物较小。与此同时，在视网膜成像恒定时，距离较远，说明刺激物较大；距离较近，说明刺激物较小。

2. 大小知觉过程中的错觉现象

人们在判断刺激物大小时，会受到与之相邻的刺激物大小对比的影响，而产生大小错觉。图 4－13（a）显示的圆圈是标准刺激，图 4－13（b）中有一些更小的圆圈环绕着标准刺激，图4－13（c）是一些较大的圆圈环绕着标准刺激。在看图 4－13（b）和图 4－13（c）时，如果将标准刺激作为目标，而把更小的圆圈或较大的圆圈作为背景，就会产生图 4－13（b）中的标准刺激比图 4－13（c）中的标准刺激更大一些的错觉。虽然标准刺激的视网膜成像大小是相同的，而且观察距离也一样，但是仍然会产生大小错觉，其原因主要是视网膜上的视像比例不同。

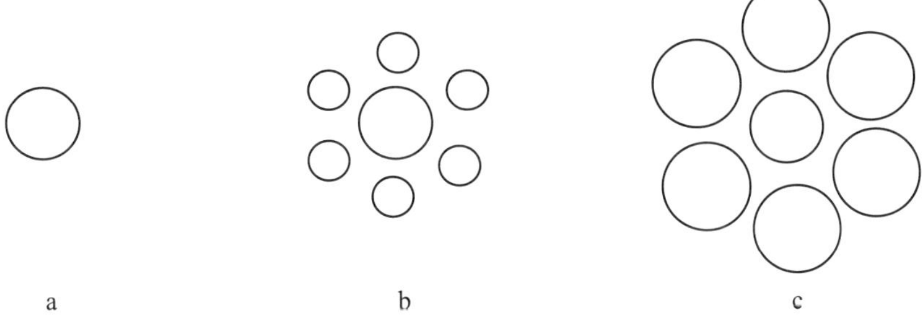

图 4－13　大小错觉示例

（三）距离知觉

1. 什么是距离知觉

在日常生活中，人们接触到的事物很多都不是平面的，而是立体的。那么，人们是如何表征刺激物的立体属性的呢？这就需要人们能够知觉不同刺激物，或同一刺激物不同部分的远近距离。人们对刺激物的立体或远近属性的知觉，即**距离知觉**（distance perception），又称为立体知觉（stereoscopic perception）或深度知觉（depth perception）（顾明远，1998）。研究发现，距离知觉并不是与生俱来的，而是在个体发展过程中逐渐形成的（Walk & Gibson，1961）。

距离知觉 人们对刺激物的立体或远近属性的知觉，又称为立体知觉或深度知觉。

对刺激物立体属性或距离的知觉，需要依赖单眼线索、对象的重叠、双眼视差、双眼辐合、线条透视、空气透视、运动视差、对象明暗等线索。不同刺激物相互遮挡是判断物体前后远近关系的重要条件。如果一个刺激物遮挡了另一个刺激物，那么被遮挡刺激物的距离就会被知觉得更远一些，这种线索仅凭单眼就可获得。人们也可以依赖双眼的辐合获得距离知觉的线索。如果刺激物所在的位置距离近，双眼的辐合角就大；而如果刺激物所在的位置距离远，辐合角就小。此外，受空气透视的影响，远处的刺激显得模糊，细节不如近处的刺激物清晰。人们也可以根据这一线索判断刺激物的距离。

2. 距离知觉过程中的错觉现象

在距离知觉过程中出现的错觉现象，比较典型的是蓬佐错觉现象（如图4-14所示）。在图4-14（a）中，两条灰色的线条是一样长的。现在将这两条线平移到图4-14（b）中，形成图4-14（c）。受线条透视影响，在图4-14（b）中，人们会觉得越往上的位置离自己越远，那么越是上边的横线就应该越短。在图4-14（c）中，两条灰色的横线实际上是一样长的。但是，由于横线之间的比较，人们会产生上边的灰色横线比下面灰色横线长一些的错觉。

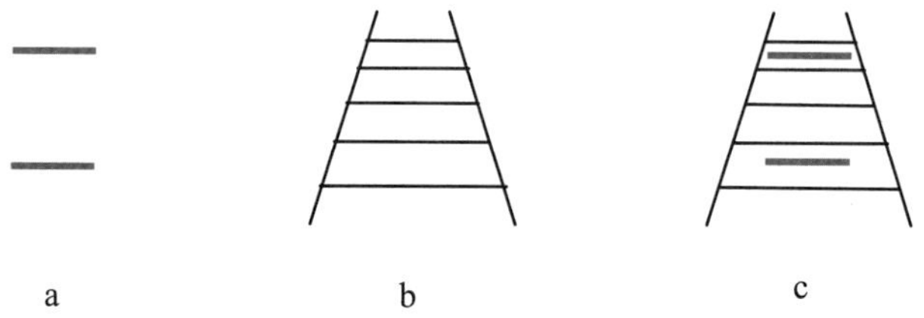

图4-14 距离错觉示例

经典实验

视崖实验

美国心理学家沃克和吉布森（Walk & Gibson，1961）设计了一个视崖装置，用来观察婴儿的深度知觉发展。视崖装置的基本设计是：在一张桌子的顶部，安装一块透明的玻璃板。然后在玻璃板的下面，按照纵的方向贴上红白图案的玻璃纸。在贴到中间位置后，将另一半玻璃纸贴在桌子下面的地板上，并一直贴到对角（如图 4-15 所示）。这样就形成了浅滩和深渊的效果。

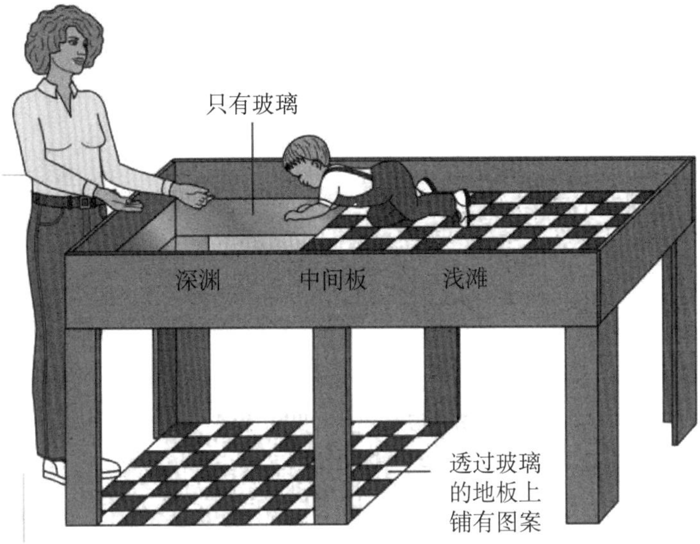

图 4-15 视崖装置及实验演示图

实验的过程如图 4-15 所示，妈妈站在桌子的另一侧，要孩子从桌面的一侧爬向另一侧。结果发现，获得深度知觉的孩子爬到接近深渊的位置时，就会因为害怕“掉”下去，而不敢继续爬向妈妈。研究发现，深度知觉可能不是先天的，而是在出生后的 6 个月中习得的。

资料来源：Walk，R. D.，& Gibson，E. J.（1961）. A comparative and analytical study of visual depth perception. *Psychological Monographs：General & Applied*，*75*（15）.

（四）方位知觉

1. 什么是方位知觉

在日常生活中，人们需要确定自己或客观刺激物在什么位置。比如，在体育课上，老师会给同学们“向前看”“向后转”“向左转”“向右转”等指令，这就需要同学们能够准确地判断和识别前、后、左、右的方位。因此，方位知觉是人们对自身或客观刺激物在空间中的方向和位置关系的知觉（林崇德等，2003）。人们对刺激物方位的知觉同样依赖于视觉、听觉、触觉等各种感觉的协同活动。比如，人们可以通过嗅觉闻到饭菜的香味，并判断香味从哪里来；也可以依赖视觉线索判断厨房的位置，确定自己离厨房的远近等。

2. 方位知觉过程中的错觉现象

在方位知觉的过程中，也存在错觉现象。比如，受周围背景因素的影响，人们在知觉图形的位置和方向时，可能产生与实际方向不一致的错觉。典型的方向错觉有波根多夫错觉、松奈错觉、黑林错觉、赫夫勒错觉、冯特错觉等。

图4－16显示的是典型的波根多夫错觉。从图4－16（a）可以看到，有一条直线与矩形相交。在图4－16（b）中，这条直线被矩形遮挡，在这种条件下，人们可能会产生被矩形割裂开的两条线段似乎不在一条直线上的错觉。

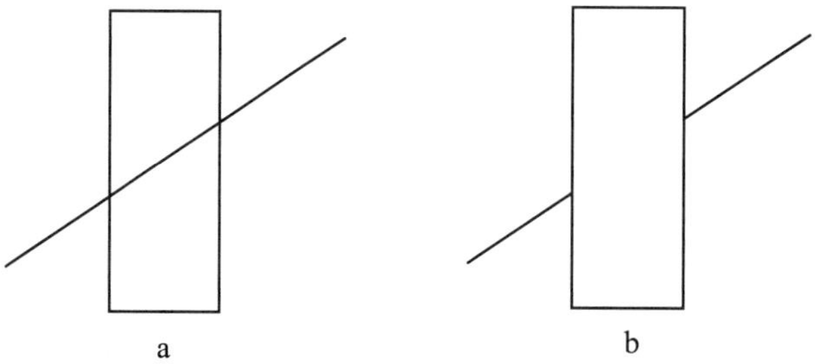

图4－16　波根多夫错觉示例

二、时间知觉

人们在认识客观世界的过程中，总是倾向于确定在什么时间发生了什么事。这有助于人们从时间的轴线上认识和理解客观世界的运动变化，预测或设想事物发展变化的规律，从而规划自己的工作和生活。因此，对时间的知觉同样深刻影响着每一个人的成长和发展。

（一）什么是时间知觉

在现实生活中，人们对于某一个人的了解和认识，不仅是想知道他的高矮胖瘦、他的衣着打扮，还希望了解他在哪里长大、他的年龄有多大……其中“在哪里长大”涉及他的过去，“年龄有多大”涉及生命的成长和延续。对这些问题的理解和认识，能够帮助人们知道这个人的生活轨迹，以及与之相关联的生活事件。因此，时间和空间一样，也是物质存在的基本形式。**时间知觉**（time perception）是人脑对客观事物发生、发展、变化的顺序性和延续性的反映。

时间知觉　人脑对客观事物发生、发展、变化的顺序性和延续性的反映。

所谓顺序性，是指事物发展的先后关系。比如人的成长，总是从婴儿期向幼儿期发展，又从幼儿期向童年期发展。“千里之行，始于足下”，事物的发展总是有起点、有过程的。正是因为事物的发展具有顺序性，人们才能够认识事物的变化规律。与之相对应，所谓延续性，是指事物的发展是持续的运动过程。比如，冬雪渐消、春花吐蕊、夏花烂漫……一年四季总是交替变化，正所谓“万物生生而变化无穷焉”。

（二）时间知觉的基本分类

人们对时间的知觉存在不同的形式。比如，人们有时候需要确定事件是什么时间发生的，有时候则需要确定事件持续了多长时间。显然，这是两种不同形式的时间知觉。因此，依据时间知觉的不同形式，可以将时间知觉分为时序知觉、时距知觉和时间点知觉三种类型。

随文提问：什么条件下觉得时间过得特别快？

在时间知觉过程中，人们对事件发生发展先后顺序的知觉，称为时序知觉。比如，“1920 年初，李大钊和陈独秀等人开始酝酿建党的问题，1920 年 8 月在上海建立的共产党早期组织取名为‘中国共产党’。1920 年 9 月，上海发起组把《新青年》杂志改为党的理论刊物。1921 年 7 月 23 日，在上海法租界望志路 106 号召开了中国共产党的第一次全国代表大会。党的一大宣告中国共产党的正式成立”（徐光春，2019）。从这段话中，我们能够理解中国共产党的成立经历了“先期酝酿建党—建立早期组织—召开第一次全国代表大会”的先后顺序，这属于对时间顺序的知觉。与之不同的是，从 1920 年初到党的一大的召开，历时 1 年零 7 个月的时间，这种对从某一时间点开始，再到某一时间点结束这期间事件持续的时间长短的识别，则属于时距知觉。时间点知觉也称为对时间的确认，是指对某个事件发生的具体时间的知觉，比如中国共产党第一次全国代表大会是在 1921 年 7 月 23 日组织召开的。

（三）时间知觉的线索

人们对时间的知觉，往往需要依赖于视觉、听觉、肤觉和触觉等的感觉信息输入。一般而言，人们既可以根据机体内部的节律或周期性的变化来知觉时间，也可以借助外在的计时工具来确定准确的时间点或者持续的时间。

1. 机体内部的生物节律

“生物钟”常常被人们用以调节身体活动。实际上，生物钟是生物体生命活动内在节律性的反映。人的神经系统的活动有兴奋和抑制两种基本过程，而且二者之间可以相互转化。神经系统的活动特点决定了有机体的活动是有规律的，而这种规律性可以作为人们知觉时间变化的重要线索。比如，人们的饥饿感能为午饭或晚饭时间提供线索，人们的困倦程度能为工作或休息时间提供线索。

2. 周期性的变化

在中国传统文化中，“道法自然”是一条基本的生活哲学。其智慧在于引导人们依据自然的规律或法则生活。因此，在时间判断方面，古代中国人发明了日晷，它利用太阳的投影方向来测定并划分时刻。日晷不仅是测定时刻的工具，还是人们利用太阳和地球之间的周期性运动规律来判断时间的方法。可见，每天的日升日落，给人们提供了判断时间的线索；同样，季节、节气的变换，也为人们的时间知觉提供了线索。

除了自然界的周期性变化之外，在人们的生产生活中，社会生产活动的组织往往也是有周期性规律的。比如，学校的教学活动，每一个工作日可能都是 8 点上班，中午 12 点下班，下午 2 点上班，下午 6 点下班，周六、周日则属于休息日。这种规律性的工作安排，不仅让人们的生活变得更加有序，也为人们的时间知觉提供了线索。

3. 外在的计时工具

在人们的现实生活中，对时间的知觉往往依赖于外在的计时工具。比如，日晷、沙漏等工具就可以用来帮助人们确定时间。随着科学技术的发展，现代社会拥有了更加精密的计时工具，比如腕表、手机、秒表等。这些工具可以将时间切分得更加精细，也让人们对时间的知觉变得更加准确。

（四）时间知觉过程中的错觉现象

人们在利用机体内部的生物节律或周期性的变化来知觉时间时，往往会出现一些歪曲的、错误的知觉反应。因此，在时间知觉过程中，也会出现错觉现象。比如，在参加自己喜欢的活动时，人们往往会忘记时间，觉得时间过得很快；相反，当人们参加的是自己不喜欢的活动时，就会觉得时间过得很慢。与之类似，如果参加的活动内容丰富，人们会觉得时间过得很快，而如果活动内容单调，人们就会觉得时间过得很慢。中国有个成语“度日如年”，就是形容艰难困苦的日子长久难熬，就像是一整年的时间。毛泽东在《水调歌头·重上井冈山》中写道：“三十八年过去，弹指一挥间。”虽然三十八年的时间过去了，但是诗人却觉得就像是弹指一挥那样快。此外，时间延续的长短变化对人们的时距知觉也会产生影响。随着时间长度的延长，人们对时间变化的敏感性会降低，比如，对今天和明天的时距知觉（间隔一天）会更加准确，而对十几年之后的某一天与后一天（间隔一天）的时距知觉就没那么敏感（胡雪等，2018；任天虹等，2015）。

心理学与生活

威胁性情绪对时间知觉的影响

对时间的知觉会受到情绪的影响而发生扭曲。心理学研究发现，与中性情绪相比，负性的情绪刺激可以延长被试对时间的主观估计，而正性的情绪刺激会缩短主观时间。就负性情绪刺激而言，高唤醒的负性情绪刺激比低唤醒的负性情绪刺激更易延长主观持续时间。这些研究结果不仅让人们通过心理学科学研究理解了时间知觉可能出现偏误的原因，也启发了一些新的学术探索。

为了进一步地了解不同类型的负性情绪及其情绪动机是否会影响时间知觉，国内学者郭秀娟、任维聪等人（2023）依据情绪动机维度模型，应用实验的方法探讨了愤怒和恐惧两种特定的威胁性情绪对时间知觉的影响。他们在研究中设计了时间比较和时间估计两种任务。结果发现，在两种任务条件下，愤怒和恐惧两种威胁性情绪对时间估计的影响均存在差异。具体而言，与中性情绪相比，愤怒导致主观时间变短，而恐惧会使主观时间变长。这一研究结果表明，情绪动机对时间知觉存在影响，在趋近动机条件下主观时间变短，而在回避动机条件下主观时间变长。

资料来源：郭秀娟，任维聪，张志杰．(2023). 威胁性情绪对时间知觉的影响——基于情绪动机理论的视角．*心理与行为研究，21 (3).*

三、运动知觉

在知觉的分类中，除了空间知觉、时间知觉之外，还有对刺激物运动状态的觉察与理解。运动是客观世界存在的基本形态之一。人们对刺激物运动状态的觉察和理解，可以帮助人们觉察危险，理解事物的变化规律。同时，其对于人们的生活适应，以及更高级的心理加工，也具有非常重要的意义。

（一）什么是运动知觉

> **运动知觉** 对刺激物位置移动及移动速度的知觉。

运动知觉（motion perception）是指对刺激物位置移动及移动速度的知觉（彭聃龄，2012）。我们生活的世界是不断运动变化的；而且，不同的物体，它们的运动特征可能是不一样的。比如，鸟儿在天空中飞翔，汽车在公路上行驶，树叶在风中摇摆……对这些不同类型物体的运动变化，以及各种不同的运动形态的觉察，都需要有运动知觉的参与。

人们对刺激物运动特征的知觉，依赖于视觉、听觉等感觉通道的信息输入和整合加工。当人们看到刺激物发生位置移动时，刺激物在视网膜上的成像就会发生变化。比如，当一个刺激物向我们靠近时，它在视网膜上的成像就会逐渐增大；而当刺激物逐渐远离时，它在视网膜上的成像就会逐渐缩小。这种变化能够为我们知觉刺激物的运动提供线索。此外，日常生活中，人们听到的风声，主要是因为某一个物体发生的快速位置移动引起了空气的振动，从而产生的声音。如果刺激物运动的速度加快，听到的风声就会更大、更急促；如果刺激物运动的速度放慢，听到的风声就会更小、更平缓。这也可以为人们知觉刺激物的运动提供线索。

（二）运动知觉的分类

人们对物体运动的知觉受到很多因素的影响，比如人们选择的参照物、物体运动变化的速度、运动物体的大小等。如果坐在火车上，以远处的大山为参照物，就会发现火车行进的速度比较慢；如果以近处的树木为参照物，就会发现火车行进的速度非常快。此外，当刺激物移动速度较快时，人们是能够觉察到的；但是，当刺激物移动速度比较慢，或者特别快时，单纯依靠自己的感觉系统可能无法觉察到。由此可见，对刺激物运动的知觉，受到刺激物运动特点和个体感知系统功能的影响。据此，也可以将运动知觉分为真动知觉和似动知觉。

1. 真动知觉

真动知觉是对刺激物在空间上的真实位移和移动速度的知觉。但是，并不是所有的真实移动都能够被人感知到。刺激物运动的速度也可用单位时间内物体运动的视角大小来表示，即角速度（弧度/秒）。我们把刚刚可以觉察到的单位时间内物体运动的最小视角称为运动知觉的下阈。当物体的运动速度太快，超过一定的限度时，人们只能看到弥漫性闪烁。刚刚看到闪烁时的角速度叫运动知觉的上阈。对于在运动知觉下阈和运动知觉上阈之间范围内的运动现象，人们是可以觉察到的。但是，对于超出这个范围的运动现象，人们是无法感知到的，比如植物的生长，或者高速飞行器的瞬间移动等。

2. 似动知觉

似动知觉是指在一定条件下，人们把客观上静止的刺激物看成运动的，或者把客观上不连续的位移看成连续运动的现象。似动主要包括动景运动、诱导运动、自主运动、运动后效等形式。

（1）动景运动。当两个刺激物按一定的空间间隔和时间距离相继呈现时，人们会看到从一个刺激物向另一个刺激物的连续运动，这就是动景运动。在日常生活中看到的霓虹灯就是利用了这一现象。实际上，霓虹灯中每一个灯的位置都是固定的，并没有发生移动，但是，当按照先后顺序依次亮灯时，就会让人觉得亮光是从一个位置移动到另一个位置，让人产生旋转光圈的知觉。

（2）诱导运动。诱导运动是指人们由于对一个刺激物的运动的知觉而感知到与运动刺激物相邻的静止刺激物发生运动的现象。人们在夜晚看到有片片云朵遮挡了月亮，让月亮忽隐忽现，就会觉得云朵好像是静止的，而月亮却是在以肉眼可见的速度发生运动变化。事实上，云朵在运动，而月亮运动的速度只凭借人们的眼睛视觉是觉察不到的。这种由于云朵的运动，而让人们误认为月亮在快速运动的现象，就是典型的诱导运动现象。

（3）自主运动。自主运动是指人们在注视一个静止不动的刺激物一段时间之后，会发现刺激物在移动的现象。一般而言，这个刺激物相对于背景是比较小的刺激物。比如，在黑暗的屋子里盯着一个光点看，或者在一片白色的墙面背景下盯着一个黑色的小点看，都有可能出现自主运动的现象。

（4）运动后效。运动后效是指人们在注视一个方向的运动后，再去看静止的刺激物，会觉得静止的刺激物朝着相反的方向运动的现象。比如，在行驶的列车上，我们在注视列车前进的方向后，再去注视轨道两旁的树木时，会觉得树木在朝相反的方向运动。

基本概念

感觉　知觉　多感觉整合　感受性　绝对感觉阈限　差别感觉阈限　感觉适应　暗适应　明适应　感觉对比　感觉后像　联觉　空间知觉　距离知觉　时间知觉　运动知觉

本章要点

1. 感觉的产生需要有直接作用于感觉器官的客观刺激信息输入、有机体的感觉器官，以及神经系统的信息传递和加工。

2. 知觉以感觉为基础，是相较于感觉而言更高一个层次的心理加工过程，其包含觉察、组织、分辨和确认等心理加工过程。

3. 感觉的基本特征主要体现为直接性和个别性。

4. 知觉的基本特征主要体现为选择性、理解性、整体性和恒常性。

5. 传统心理物理法主要包括：最小变化法、平均差误法、恒定刺激法。

6. 错觉是指在特定条件下人对客观事物所产生的不正确的、歪曲的知觉。错觉现象在任何类型的知觉过程中都有可能发生。

7. 对于在运动知觉下阈和运动知觉上阈之间范围内的运动现象，人们是可以觉察到的；但是，对于超出这个范围的运动现象，人们是无法感知到的。

复习思考题

1. 感觉和知觉之间存在什么样的关系?
2. 举例说明什么是绝对感受性，什么是差别感受性。
3. 在日常生活中，你是否遇到过错觉现象? 这些错觉现象是如何产生的?

拓展学习

白学军，等．(2024). *实验心理学*(第 3 版). 北京：中国人民大学出版社．
彭聃龄，陈宝国．(2023). *普通心理学*(第 6 版). 北京：北京师范大学出版社．
黄希庭，郑涌．(2015). *心理学导论*(第 3 版). 北京：人民教育出版社．
格里格．(2023). *心理学与生活*(王垒等译). 北京：人民邮电出版社．
Sensation and Perception (1). https://www.bilibili.com/video/av6805705
Sensation and Perception (2). https://www.bilibili.com/video/av6948430

第五章
注意与意识

【学习目标】

1. 什么是意识？
2. 注意的本质是什么？
3. 如何拥有好睡眠？
4. 为什么会出现药物依赖或成瘾？

【章节导读】

在《庄子·齐物论》中有这样一段话："昔者庄周梦为胡蝶，栩栩然胡蝶也，自喻适志与！不知周也。俄然觉，则蘧蘧然周也。不知周之梦为胡蝶与，胡蝶之梦为周与？周与胡蝶，则必有分矣。"

庄子在梦境中，不知是自己变成了蝴蝶还是蝴蝶变成了自己。这则小故事将梦境的虚幻与现实交织在了一起，庄子借由梦境抒发了对自由的向往和浪漫的情怀。

传说曹操曾梦见三匹马在同一个槽里吃食。曹操苦思了许久，认为这预示着司马懿、司马师和司马昭（三马）父子将要篡夺曹（槽）氏的天下，因此警告曹丕要留意。

在科学领域，化学家奥古斯特·凯库勒曾梦见一条蛇盘成环状，口中含着自己的尾巴，于是受此启发，发现了苯分子的结构。

请思考以下几个问题：

第一，我们为什么会做梦？

第二，在做梦的时候，我们是否有意识呢？

第一节　意识概述

一、什么是意识

什么是意识？这是一个很难回答的问题。迄今为止，人们还没有找到一个有关意识的令人满意的定义。研究者关注的角度不同，对意识的理解就不同。从哲学角度看，意识是与物质相对立的精神层面，主要由思想、理论、梦等构成；从心理状态角度看，意识意味着个体处于清醒、警觉、注意力集中的状态；从心理机能角度看，意识包括可以用语言报告的一切东西；从行为反应角度看，意识指的是受个体意愿控制的行为和言语，而非自动化的动作和言语。总的来说，**意识**（consciousness）是人类所具有的一种高水平的心理活动，指个人运用感觉、知觉、思维、记忆等心理活动，对自己内在的身心状态和环境中外在的人、事、物变化的觉知。

意识　个人运用感觉、知觉、思维、记忆等心理活动，对自己内在的身心状态和环境中外在的人、事、物变化的觉知。

所以，意识活动的内容具体包括以下三种：（1）对外部事物的觉知。比如，对外界的声、光、气味等环境信息的觉知。（2）对内部刺激的觉知。比如，对自身的需求、焦虑等种种内部经验的觉知。（3）对自身的觉知。比如，在觉醒状态时，个体能知道自己的喜怒哀惧，也能知道自己的所见所闻所思；而在睡眠和做梦状态时，个体会陷入一些离奇、荒诞的梦境。

意识心理可以呈现多种角色，但是意识必须依次聚焦于不同的事物，就像移动的聚光灯一样（Tononi & Edelman，1998）。一个人全神贯注于某事物时所得到的清楚明确的意识经验被称为焦点意识，在这种条件下个体会选择一些刺激，忽略或抑制其他刺激。所以，意识并不善于同时处理多项事务。如果你试图一边开车一边发短信，那么你必须将注意力在任务之间反复切换。

相比之下，无意识过程（nonconscious process）并没有这样的限制，可以同时处理多项工作。正因如此，你可以同时走路、呼吸、嚼口香糖。更严格来说，意识对信息的处理具有顺序性，而无意识的脑回路可以平行地处理许多信息。

目前，很多来自意识缺陷病人及正常人的研究证据均表明，无意识信息会影响人类的认知加工。主流观点认为，无意识信息影响了反应操作加工而非刺激知觉加工。但罗婷等（2018）采用侧抑制范式（flanker task）的研究发现，无意识的无关字母不仅影响目标字母的反应加工，更重要的是，还影响目标的刺激加工，表明无意识信息存在刺激表征。

学术前沿

意识可以延展吗？

当今时代，人类正处于科学技术试图催生新文明的前夜。互联网、计算机和智能手机等科技将人类的认知能力延伸到机器之中，甚至改变了人类的情感和意识体验，使得人们逐渐接受“心理生活并不局限于脑”这样一种信念。这引发了人们对“延展心智”问题的关注。延展心智曾经主张，记忆、思维、情绪和情感等心理过程并非局限于有机体的脑或中枢神经系统。相反，在某些条件下，有机体非神经部分的身体、身体之外的环境和世界都是实现心智的有效成分，发挥了构成性的功用。

近期，意识体验是否可延展引发了人们的关注。意识体验是否可以延展？延展心智主题的倡导者主张，虽然无意识的心理状态和过程可以超越生物脑和身体的疆界，但是意识状态却不能。但是，有不少的证据证明意识状态也不仅仅是脑的作用。以先天性白内障患者为例，经过手术，患者具备了“看”的能力，却不能形成正确的视觉意识。一位患者在拆开绷带的那一瞬间，面对外科医生的脸，他看到的是“一片模糊”，中间却能“发出声音”，因为患者不能把以往的感觉运动知识与“发出声音的这片模糊形象”联系起来，无法形成“脸”的视觉意识体验。这说明，视觉意识体验与身体的感觉运动技能是联系在一起的。脑的神经环路并非实现视觉意识体验的唯一机制。

资料来源：苏佳佳 & 叶浩生．(2023)．延展心智：脑是实现心智的唯一基础吗?．*心理学报(11).*

二、意识的基本特征

（一）主观性

首先，反映形式的主观性。就视觉意识而言，凡人眼所见并非客观世界本身，而是世界反射光线经人眼，再转换为电冲动等，最终被人脑转换成一种像。这种像不等同于世界本身，也即其反映形式是主观的。人脑（眼）能反映的客观世界的光谱范围非常狭窄，只能反映一部分。不同演化水平的物种，所看到的同一世界的像有差异。甚至同样是人，色盲和正常人所见世界也不同。其次，每个人的意识世界都是独一无二的，对于任何人来说，他可以清晰、直接地觉知到自己的思想和情感，但是只能通过观察和聆听间接地理解他人的意识经验。因此，意识是如此主观、难以表述，理解意识就好比搜寻彩虹的尽头。在一个多世纪以前，冯特等构造主义心理学家使用内省的技术，让人们报告自己的意识经验。很快，人们就清楚地看到意识具有易变、主观的特性，心理学家甚至开始绝望地认为我们永远不可能发现一种能够客观研究意识经验的科学方法。

心理学与生活

什么在动?

寺庙的幡旗在微风中飘动，和尚们产生争论。一位说：“幡旗在动。”另一位反驳：“不是，是风在动。”争论持续下去。最后，六祖慧能说：“不是幡旗在动，也不是风在动，是你们的心在动。”

——《坛经》

（二）能动性

意识的能动性表现在三个方面。第一，个体能够感知到自己与外界环境之间的沟通与交互作用，了解自己对所处环境的适应程度，并及时调整自己的状态；第二，个体能够有意识地将自己过去的记忆内容与现在所感知的内容相联系，使自己有一种连续的意识经验；第三，个体能够依据感知到的信息，将过往的记忆信息与现在的感知联系起来，控制自己的当前行为，计划自己的未来行动，以便实现预期目标。

（三）统一性

意识的统一性表现为个体意识到的经验是一个统一的整体。各种感知形式都被整合为一种独特的、具有明显个人特征的、连贯的意识经验。比如，一个人来到广场上，看到鲜花盛开、彩旗飘扬、人头攒动，不仅在那个时刻个体的感知经验是一个整体，即使过了数个月后，当他再次回忆时，他回忆起的场景也是一个整体。虽然视觉和听觉通路接受的刺激不同，但个体经验仍然是一个统一的整体。

随文提问：学完意识的特征后，你如何理解“眼见为实”这个成语的意思？

三、意识水平

（一）弗洛伊德的意识水平模型

弗洛伊德所提出的意识模型将意识比喻为冰山一角，认为水面之下还存在着大得多的部分。弗洛伊德认为这一部分就是那些藏在我们内心深处的心理与情绪丛，包括需求、欲望、愿望与创伤性记忆等，凝聚着大量的情感冲突与情绪体验。通常情况下，它们虽然很难被我们觉察到，但又在不知不觉中决定着我们的思想与行为。现在，大量证据表明弗洛伊德的这一观点是正确的，心理的很大部分内容是潜藏的，运转于我们看不见的地方，深藏于意识之下。

弗洛伊德将意识分为三种水平。

1. 意识

意识指个体能察觉到的心理活动，是人能认识自己和认识环境的心理部分。弗洛伊德认为，意识只是心理系统中表层的东西，其功能是从人的心理活动中把那些先天的、本能的欲望排除掉。

2. 前意识

前意识是介于意识与无意识之间的意识水平，指一些关于事件与事实的记忆。比如，中国的首都是北京，它并未被意识到，但非常容易进入意识之中。前面有提到过，意识具有顺序性，一次只能处理一件事情，但前意识没有这样的局限。也就是说，前意识可以同时在许多地方搜索信息，这种能力被称为平行加工。但与此同时，前意识也缺乏意识那样的精细思考能力。你可以将前意识看作记忆的储藏室，其中的存货不断地流转，所以最近使用过的与最具情绪性的信息就最容易获取。前意识在整个心理系统中发挥着“检察官”的作用，其目的在于保证个体的当前行为和想法既适合无意识层面的本能要求，又适合意识层面的道德和良心的要求。

3. 无意识

无意识又称潜意识，弗洛伊德将其定义为存储未被意识到的原始动机与威胁记忆的地方，也就是隐藏在意识层面之下的情感、记忆、欲望等复杂经验，因受意识的控制和压抑，致使个体不能觉知的内容。无意识是心理系统中的深层部分，是生物本能和欲望。弗洛伊德认为，虽然被压抑到无意识中的思想和冲动不能进入意识，但它们以间接或伪装的方式（如通过梦、口误等）影响人们的日常行为。

心理学与生活

主持人的口误

一位著名的节目主持人应邀主持一台大型晚会。到了晚会开始的时间，大幕徐徐拉开，舞台灯光和摄像机镜头全部聚焦在他身上，观众也在注视着他。这时，他面带微笑注视着台下的观众，然后开口了："各位观众、各位来宾、电视机前的观众，你们好，欢迎你们观看今天的晚会。现在，我正式宣布，演出——结束了。"一语既出，一片哗然。

从无意识的角度来思考，为什么主持人会出现口误呢？

原来，一段时间以来，这位主持人在上级管理者的安排下已经连续主持了许多场节目，身心都已经十分疲惫，心里巴不得这台晚会赶紧结束。当舞台灯光亮起时，职业素养让他不得不对摄像机和台下的观众做出笑脸，然而，内心的疲惫与厌倦却让他在一时疏忽中说出了自己的真实想法。

资料来源：耿兴永．(2016). *潜意识：心理学帮你发现未知的自己*（第 3 版）. 北京：中国纺织出版社．

（二）詹姆斯的意识流

威廉·詹姆斯对意识提出了一个别样的比喻，他把日常的清醒意识比作无时不在变化而流动向前的河流，无时不在变化指的是不断变化的感觉、知觉、想法、记忆、情绪、动机与欲望。根据詹姆斯的观点，"意识流"包括我们对自己和环境刺激的意识，也包括源自身体内部的感觉，比如饥饿、口渴、疼痛与愉快。

对詹姆斯而言，意识存在两种水平。

1. 聚焦区域

聚焦区域包括我们在任何时候所关注的任何事物。比如，将注意力集中于聚光灯下的歌手。

2. 边缘意识

边缘意识指对位于注意范围边缘刺激物所获得的模糊不清的意识，包括各种感受与联想，为我们关注的内容提供意义与背景。比如，你去参加一个酒会，你关注的是和你互动的人，你对于酒会的感觉以及由这个事件唤起的其他回忆都是边缘意识的一部分。

学术前沿

中华民族共同体意识的影响因素

以中国14个少数民族的学生和汉族学生为被试，考察族际通婚子女的民族内隐观、身份认同及二者对外群接触态度和中华民族共同体意识的影响。结果发现，与族内通婚子女比，族际通婚子女持有的民族本质论观念较弱、对本民族的认同感不强烈，但对其他民族的外群体态度和交往意愿都更积极，在自我身份范畴化过程中更具有灵活性，更倾向于构建归属水平更高的上位身份认同。族际通婚作为高质量的民族接触与交融形式，对推动建立民族互嵌格局和铸牢中华民族共同体意识具有重要意义。

资料来源：张航，冯晓慧，张积家．(2023). 民族内隐观、身份认同对族际通婚子女的外群接触态度和中华民族共同体意识的影响．*心理学报 (7).*

第二节　注意概述

一、注意的含义

（一）什么是注意

注意（attention）与意识紧密相连，但它既不同于意识，也不同于对事物的认知。

注意是心理活动对一定对象的指向和集中，是心理过程的动力特征之一。注意并不是一个独立的心理过程，它与认识过程、情感过程、意志过程密切联系，是一切心理活动的共同特征。注意能保证人们对事物做出更清晰的认识和更准确的反应，是人们获得知识、掌握技能、完成各种智力活动和实际操作的重要心理条件。

注意　心理活动对一定对象的指向和集中。

（二）注意的特征

指向性和集中性是注意的两个基本特征。指向性表现为人的心理活动具有选择性，是指人在每一瞬间的心理活动或意识选择了某个对象，而忽略了其余对象。人不可能在某一时刻同时注意所有事物、接收所有信息，只能有选择地对一定的对象进行注意和加工。

集中性是指心理活动停留在一定的对象上，对其进行深入加工。当心理活动或意识指向某个对象时，它们会在这个对象上集中起来，即全神贯注，兴奋性增强。人在高度集中自己的注意时，注意指向的范围就缩小。当注意集中时，个体的心理活动只关注当前注意所指向的事物，即注意对象，与当前注意对象无关的事物或活动则被抑制。比如，学生在课上集中注意力听老师讲课时，对窗外的汽车声听而不闻。

随文提问：想一想自己聚精会神看书时有没有意识到有人来到身边。

（三）注意的功能

1. 选择功能

每一时刻，机体内外都存在大量的刺激，这些刺激既有重要的又有不重要的。注意的选择功能可以帮助从大量的信息中选出重要的信息给予反应，同时排除掉无意义信息的干扰，使个体在同一时刻将注意指向一项或少数几项工作或事物，使心理活动具有一定的方向性，使人们能在纷繁复杂的刺激面前做出有意义的选择，从而高效率地适应环境。

2. 维持功能

注意使人的心理活动或意识能够在一段时间内保持比较紧张的状态，只有在这种状态下，才能对选择的信息进行深入的加工与处理，使复杂活动顺利进行。具体来说，当外界信息进入知觉、记忆等心理过程时，注意能够将已经选择好的有意义的、需要进一步加工的信息保持在意识之中，使之得到进一步加工。它是衡量注意品质的一个重要指标。例如，人们可以长时间聚精会神地观看电视剧；学生在上课时必须将注意维持在课堂学习上，这样才能很好地理解老师讲解的知识。

3. 调节和监督功能

注意不但表现在稳定而持续的活动中，而且表现在活动的变化上。当人们从一种活动转向另一种活动时，注意就表现出重要的调节作用。注意使人及时觉察事物的变化，并调节自己的心理和行动以适应这种变化，使个体能随时发现自己行动的错误，并对错误及时纠正。例如，想要取得好成绩的学生会监督自己，并将注意放在听课上；一旦出现走神等干扰听课的情况，就赶紧调整状态，继续认真听课。

心理学与生活

为什么中国共产党会如此关注贫困——价值观影响注意的选择及维持

我国从 2012 年底至 2019 年底，平均每小时有超过 1 500 人走出贫困，7 年间 9 348 万人脱贫。2020 年 11 月 23 日，贵州省宣布所有贫困县摘帽出列，至此，我国 832 个国家级贫困县全部脱贫摘帽（截至 2020 年底，1 800 余人牺牲在脱贫攻坚一线）。2020 年，我国实现了农村贫困人口全部脱贫的伟大目标，取得了令世界瞩目、足以彪炳史册的贫困治理成果。2021 年 2 月 25 日，全国脱贫攻坚总结表彰大会在京隆重举行，习近平庄严宣告：我国脱贫攻坚战取得了全面胜利。3 月 9 日，联合国秘书长古特雷斯致函习近平，祝贺中国脱贫攻坚取得重大历史性成就。事实上，当前世界人民脱贫取得的进步，主要发生在中国。之所以能取得这一成绩，和中国共产党及中国政府所持的“为人民服务”的价值观紧密相关。习近平说：人民对美好生活的向往，就是我们的奋斗目标。正是有了这样的价值观，中国共产党及中国政府才会去关注贫困群体，并最终解决了贫困问题。个体亦如此，我们每天选择什么作为注意对象，反映了我们的价值观、态度、需要等。

资料来源：*党的十八大以来经济社会发展成就系列报告：脱贫攻坚战取得全面胜利 脱贫地区农民生活持续改善*. https://www.gov.cn/xinwen/2022-10/11/content_5717712.htm；*联合国秘书长古特雷斯致函习近平 祝贺中国脱贫攻坚取得重大历史性成就*. https://www.gov.cn/xinwen/2021-03/09/content_5591835.htm.

二、注意的分类

（一）无意注意、有意注意和有意后注意

根据注意选择方向上的目的是否明确，以及意志努力的参与程度上的差异，可以将注意分成**无意注意**（unconscious attention）、**有意注意**（conscious attention）和**有意后注意**（attention after conscious）三种。

1. 无意注意

无意注意也称为不随意注意，是指事先没有目的，也不需要意志努力的注意。注意的引起不是依靠意志的努力，而是由刺激物本身的特点决定的。引起无意注意的原因包括刺激物本身的特点以及人自身的状态。刺激物的强度越大，新异性越强，与周围环境的对比越鲜明，就越容易引起人们的注意。人自身的状态、需要、情感、兴趣、过去的经验等也起一定的作用。刺激物的意义性使得某些物理强度上异常微弱的刺激也能引起人们的无意注意。比如，你正在家中写作业，窗户外传来一声巨响，你会不由自主地向窗外看去。

2. 有意注意

有意注意也叫随意注意，是有预先目的，必要时需要意志努力，主动地对一定的事物所发生的注意。它是在无意注意的基础上发展起来的，是人类所特有的心理现象。比如，当你决定要去写作业时，在完成这件事的过程中，你就会有意地把注意集中在自己要做的事情上。此时，不论你所注意的那个事物是否有新异性，你都必须集中注意，同时排除各种无关刺激的干扰。因此，有意注意必须付出意志努力。

有意注意受多种因素影响，主要包括：

（1）活动的目的和任务。有意注意服从于活动的目的和任务。一般来说，对活动目的理解得越清楚、越深刻，完成任务的愿望越强烈，与活动任务有关的事物就越能够引起注意。

（2）对事物的间接兴趣。兴趣是人积极探究某种事物的心理倾向。当人对事物发生兴趣时，就会主动去注意它。

（3）个体的知识经验。对于特别熟悉的事物，个体可以自动进行加工和操作，不需要特别集中注意；而对于和自己的知识经验有一定的联系同时又保持一定的新异性的事物，比较容易维持注意。

（4）活动的组织。活动组织越合理，越有利于保持有意注意。

（5）个体的人格特征及意志品质。一个具有顽强、坚毅性格特点的人，易于使自己的注意服从于当前的目的与任务。

3. 有意后注意

这种注意既不同于一般的无意注意，即它仍然是自觉的、有目的的，又不同于一般的有意注意，即它不需要意志的努力（或不需要明显的意志力）。这种注意兼有两种注意

无意注意 事先没有目的，也不需要意志努力的注意。

有意注意 有预先目的，必要时需要意志努力，主动地对一定的事物所发生的注意。

有意后注意 有预先目的，但不需要意志努力的注意。

的部分特点，是一种高级状态下的注意，是从事创造性劳动的必要条件。比如，有人可以一边看电视、一边织围巾，此时，对织围巾这一活动的注意就是有意后注意。

有意后注意既服从当前的任务要求，又可以节省意志的努力，因此有利于完成长期的、持续性的任务。多增加对任务的了解，试着让自己真心喜爱上这些活动，从中发掘出成就感，这样才能保持我们对任务的长期而稳定的注意。

（二）选择性注意、持续性注意和分配性注意

注意按其功能被分为以下三类：

选择性注意（selective attention）是个体在同时呈现的两种或两种以上的刺激中选择一种进行注意，而忽略另外的刺激。例如，在双耳分听实验中，用耳机分别向被试的双耳呈现不同的声音刺激，要求被试注意其中一耳的刺激，而忽略另一耳的刺激。用这种方法可以研究选择性注意，揭示人们如何有效地选择一类刺激而忽略另一类刺激以及选择的具体过程等。有研究表明，有奖赏预期（事先告知有奖励）时，选择性注意更快，这提示人们要改善注意可以从动机入手，干一行爱一行，才能更好地投入注意，才能学有所成、学有所精（李开容，胡博，陈雨嘉，等，2022）。

持续性注意（sustained attention）是指注意在一定时间内保持在某个客体或活动上，也叫注意的稳定性。例如，学生在 45 分钟的上课时间内，使自己的注意保持在教师讲述的内容上；观众去电影院看电影，能将自己的注意始终保持在影片内容上。要维持持续性注意，个体要觉察并预防疲劳的发生。一项研究发现，长时间连续作业将造成高铁司机的持续性注意水平下降（郭孜政，潘毅润，吴志敏，等，2015）。

选择性注意 个体在同时呈现的两种或两种以上的刺激中选择一种进行注意，而忽略另外的刺激。

持续性注意 注意在一定时间内保持在某个客体或活动上，也叫注意的稳定性。

分配性注意 个体在同一时间对两种或两种以上的刺激进行注意，或将注意分配到不同的活动中。

分配性注意（divided attention）是个体在同一时间对两种或两种以上的刺激进行注意，或将注意分配到不同的活动中。例如，学生在课堂上一边听讲一边记笔记；汽车司机在驾驶汽车时手扶方向盘，脚踩油门，眼睛还要注意路标和行人等。研究发现，踢足球可以提升分配性注意；与场依存型的个体相比，踢足球对场独立型（不易受外界因素干扰）个体的作用更明显（范海楠，张代发，刘成凤，等，2020）。

三、注意与意识的关系

注意和意识既有联系又有区别。

首先，注意不等同于意识。注意是一种心理活动或“心理动作”，而意识主要是一种心理内容或体验。注意提供了一种机制，决定什么东西可以成为意识的内容。只有被注

意到的内外刺激，才能被个体觉察，进而产生意识。其次，注意又和意识密不可分。在可控制的意识状态下，人的注意集中在当前有意义的内容上，得到比较清晰和深刻的认识。自动化的意识状态要求很少的注意，意识的参与成分也相对较少。在白日梦状态下，人的意识内容不断地变化，实际在这些内容上所分配的注意极少。睡眠状态下，人们处于一种无意识状态，注意基本停止活动。

四、注意的品质

（一）注意广度

注意广度也称注意范围，是指在同一时间内，意识所能清楚把握的对象数量。视觉的注意广度大约是：外文字母 4～6 个，几何图形 3～4 个。影响注意广度的因素主要有三个。

1. 注意对象的特点

注意广度会因注意对象特点的变化而变化。一般说来，注意对象的组合越集中，排列越有规律，相互之间越能成为有机联系的整体，注意广度就越高；反之，注意广度就越低。

2. 活动的任务

对于活动任务越复杂，越需要关注细节的注意过程，注意的广度会大大降低。如从事编辑工作的人和从事校对工作的人相比，前者注意的广度要更低，后者注意的广度要更高。

3. 个体经验

一般来说，个体的知识经验越丰富，整体知觉能力越强，注意广度就越高。一项研究探讨了国际象棋高手和初学者对残局的加工过程。结果发现，高手能从整体角度把握棋局，而初学者只能部分地把握棋局，这主要是由于两者的知识经验不同，从而导致注意广度存在差异，最终表现为对棋局的把握存在差异。

（二）注意稳定性

注意稳定性是指注意集中在一定的对象上的持续时间。注意维持的时间越长，注意越稳定。这是注意在时间上的特点。人的感受性不能长时间地保持固定的状态。在稳定注意的条件下，感受性也会发生周期性增强或减弱的现象，这种现象叫作注意的起伏，或叫注意的动摇。注意的起伏周期一般为 2 或 3 秒至 12 秒。与注意的稳定性相反的注意品质是注意的分散，也叫分心。注意的分散是指注意离开了心理活动所要指向的对象，而被无关的对象吸引去的现象。

影响注意稳定性的因素主要有以下几个。

1. 注意对象的特点

注意对象本身的一些特点会影响注意在它上面维持的时间长短。一般来说，内容丰富的对象比单调的对象更能维持注意的稳定性。比如，人们在一幅色彩丰富的油画上维持注意的时间肯定长于一幅简单的示意图。此外，运动的事物比静止的事物更能维持注意的稳定性。相对于一幅画，人们可能会花更多时间关注活动的电视画面。但并不是说事物越复杂，刺激越丰富，注意就越稳定；一些过于复杂、变幻莫测的对象反而容易使人产生疲劳，导致注意的分散。

2. 主体的意志力和精神状态

注意的稳定性实际上就是保持良好的有意注意，因此也需要有效地抗拒各种干扰。主体具备坚强的意志力，就可以战胜各种困难，克服自身缺点和不足，始终如一地保证活动的进行和活动过程的高效率。

3. 个体的主观状态

一个人身体健康，情绪良好，精力充沛，就会在学习和工作中全力投入，不知疲倦。相反，一个人处于失眠、疲劳、疾病状态，或者情绪受挫时，注意就无法保持稳定，活动效率也会大大降低。

（三）注意分配

注意分配是指在同一时间内，把注意指向不同的对象，同时从事几种不同的活动。影响注意分配的因素有以下两个。

> 随文提问：尝试一手画方形、一手画圆形。

（1）同时进行的几种活动至少有一种应是高度熟练的。当一种活动达到自动化的熟练程度时，个体就可以集中大部分精力去关注比较生疏的活动，保证几种活动同时进行。比如，学生可以边听报告边记笔记，是由于写字已经达到熟练的程度。

（2）同时进行的几种活动必须有内在联系。这是因为活动间的内在联系有利于形成固定的反应系统，经过训练就可以把握这种反应模式，同时进行几种活动。

（四）注意转移

注意转移是个体根据新的任务，主动把注意由一个对象转移到另一个对象上。影响注意转移的因素主要有以下几个。

1. 对原活动的注意集中程度

个体对原活动兴趣越浓厚，注意越集中，注意的转移就越困难。当然，如果对原活动的注意本来就不够集中，注意就比较容易随活动任务的要求而转移。

2. 新注意对象的吸引力

如果新的活动对象引起个体的兴趣，或能够满足他的心理需要，注意的转移就比较容易实现。

3. 明确的信号提示

在需要注意转移的时候，明确的信号提示可以帮助个体的大脑处于兴奋和唤醒状态，灵活迅速地转换注意对象。例如，教师在讲课过程中，讲到重点知识时，加重语气并明确表示这是重点知识，学生就会迅速将注意转移到这个知识点上。

4. 个体的神经灵活性和自控能力

神经灵活性强的人比神经灵活性弱的人更容易实现注意的转移，自控能力强的人比自控能力弱的人更善于主动及时地进行注意的转移。

学术前沿

注意分散与记忆加工的关系

智能设备的普及增大了学习者注意分散的概率，但有关注意分散影响认知加工的研究结果不尽相同。为探讨注意分散对记忆效果的影响，考察注意分散的边界条件，有研究者对检索到的45篇文献使用随机效应模型进行元分析。在再认、线索和自由回忆的成绩上，分别生成了17个（1 816人）、12个（1 642人）和29个（3 802人）独立效应量。结果发现，注意分散显著降低了再认（g=－0.52）、线索回忆（g=－0.50）和自由回忆成绩（g=－0.87）。调节效应分析发现：线索回忆上，注意分散对文本材料和内隐记忆的影响分别弱于注意分散对图片材料和外显记忆的影响；自由回忆上，注意分散对编码阶段、内隐记忆的影响分散分别弱于注意分散对提取阶段和外显记忆的影响。研究表明，注意分散降低记忆效果，但受注意分散阶段、材料类型和记忆类型等因素的调节。

资料来源：肖晶晶，陈登水，张锦坤．(2023)．注意分散与记忆加工的关系：一项元分析．*心理与行为研究，21（2）*.

第三节 生物节律、睡眠与梦

一、生物节律

生物节律 有机体生理功能的周期性变化。

生物节律（biological rhythms）是指有机体生理功能的周期性变化，它表明有机体内部存在一个“生物钟”，随时监视着时间的进程。

人的行为与四种时间循环相联系，即人的生物节律。这四种时间循环大致相当于1年、28天、24小时和90分钟四种时间长短。在这四种时间长短里，人都表现出心理活动和行为的周期性波动。

所有的生物都会受到自然周期更替的影响，尤其是昼夜光线的变化。其中，对人类而言最为重要的是昼夜节律，也就是每24小时重复一次的身体模式。

昼夜节律在人类和其他动物身上都存在，它的主要表现为睡与醒的周期性循环。此外，还有一些生理方面的节律变化，如体温升降、排尿、激素分泌等。例如，一天中体温在下午达到顶峰，到夜里熟睡时达到最低点。人体内部的生物钟使人从生理上倾向于在一日的某个特定时间最易入睡。

二、睡眠与失眠

如果你活到 90 岁，那么你会睡将近 30 年时间。也就是说，人的一生中大约有 1/3 的时间是在睡眠中度过的。睡眠是人们最熟悉的活动之一，是维持生命不可缺少的过程。但是，睡眠这种神秘的状态究竟是什么呢？从行为表现角度，睡眠被定义为：身体完全放松，感觉阈限提高，会产生一些特殊的脑电信号。

通过分析人在睡眠状态下的脑电波，科学家发现，人在睡眠中，意识既不是完全停止，也不是以同一方式在持续活动，其本身也经历一个小小的周期性变化。

（一）睡眠的阶段

尤金·阿瑟林斯基在 1952 年的一个晚上，记录下了他儿子熟睡后的脑电波与眼部肌肉运动。一开始，大约一个半小时很平静，脑电图（EEG）显示，在此期间只有慢波睡眠。之后，眼睛突然快速运动起来。记录显示男孩的眼球来回快速移动，就好像在观看一幕快速变化的场景。同时，脑电波模式表明男孩是清醒的。阿瑟林斯基以为儿子已经醒了，正在四下张望。他走进卧室，吃惊地看到儿子还在熟睡，一动不动地躺着，闭着眼睛。这个现象激发了阿瑟林斯基的兴趣，他对更多的志愿者进行了相同的检测，结果发现了相同的模式。

一个人刚刚躺在床上，闭上眼睛并且全身放松时，大脑就会出现 α 波。α 波是一种有规律的慢波，波幅较大。之后，脑电波会变得越来越慢，他就进入了睡眠状态，接着就会经历以下四个阶段（见图 5－1）。

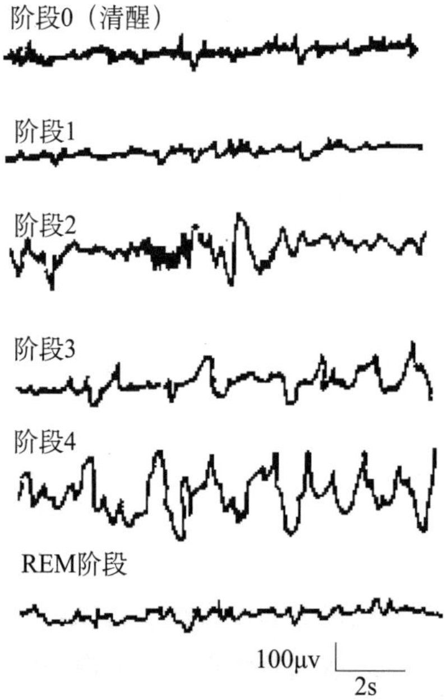

图 5－1　睡眠中各阶段的脑电波形态图

（1）在第一阶段，个体处于浅睡状态，很容易被外部刺激惊醒，EEG 呈现较慢的活动状态（θ 波），伴随着类似于那些在清醒状态时可以看到的快波（β 波），大约持续 10 分钟。

（2）在第二阶段，通常会呈现较慢的 EEG 活动状态，不时伴随着睡眠梭形波（快速脑电活动）的短暂爆发，这是第一阶段结束的可靠标志，大约持续 20 分钟。

（3）在第三阶段，除了出现第二阶段的睡眠梭形波，大脑还会不时产生 δ 波，这种脑电波频率较慢、波幅很大。此时，个体的呼吸和脉搏变慢，肌肉放松，并且很难被唤醒，大约持续 40 分钟。

（4）第四阶段是睡眠周期中入睡程度最深的阶段，大约开始于入睡半小时之后，此时大多数脑电波为 δ 波。

随着第四阶段的结束，脑电活动不断增加，睡眠者会以相反的顺序重新经历上述阶段，依次是第四阶段、第三阶段、第二阶段和第一阶段。但此时的第一阶段并非一开始所呈现的那样，而是会产生快速的 β 波。此时，个体的心率加快，血压升高，呼吸变快，并且伴随着快速的眼动，这表示进入了快速眼动睡眠（REM）阶段。

在睡眠中，大约每隔 90 分钟，我们就会进入快速眼动状态。它的标志性特点是快速的脑电波和闭着眼的快速眼动，会持续几分钟或更长时间，然后突然停止（Aserinsky & Kleitman，1953）。没有快速眼动的间歇阶段被称为非快速眼动睡眠。

在这两个不同的睡眠阶段，意识中发生了什么事情呢？为了找到这个问题的答案，研究者叫醒了处于快速眼动睡眠和非快速眼动睡眠阶段的被试，让他们描述自己的心理活动（Dement & Kleitman，1957）。结果发现：在非快速眼动睡眠阶段被叫醒的被试的描述中不包含任何心理活动；而在快速眼动睡眠阶段被叫醒的被试的描述中通常包含生动的认知，其中有富于幻想的奇异场景，往往还具有攻击性。换言之，快速眼动表示睡觉的人在做梦。

大多数人在每天晚上的睡眠过程中平均会经历 4～6 次睡眠周期。在连续的睡眠周期中，睡眠者在深度睡眠阶段（第三和第四阶段）停留的时间会逐渐减少，而在快速眼动睡眠阶段停留的时间会逐渐增加。因此，在最后一个完整的睡眠周期中，我们停留在快速眼动睡眠阶段的时长会达到 1 小时。

（二）睡眠的功能

对于维持正常的心理功能来说，睡眠是必不可少的。即使是只熬了一个通宵，个体的注意、记忆、思维和创造性等也都会受到影响。长期的睡眠剥夺会损害与学习和记忆有关的脑细胞。连续几天不睡觉会使人产生幻觉和妄想。

无论是人还是其他动物，每天都需要睡眠，因此它肯定具备一些基本功能。但对于睡眠究竟具备什么功能，还存在很多不同的看法。

进化心理学家认为，睡眠可能是进化的结果，它使动物能够保存能量，并在不需要觅食或者寻找伴侣时远离伤害（Dement & Vaughan，1999）。同样，一些实验表明，睡眠能改善心理功能，特别是记忆力和问题解决能力（Born & Wagner，2004）。其他研究还发现，睡眠能促进大脑中新神经元的形成，睡眠剥夺则会抑制这一过程（Lai & Siegel，

2003）。睡眠和梦境同样可以帮助大脑驱除白天对不需要或无用信息的记忆，这很类似于重新整理计算机磁盘中的文件格式（Crick & Mitchison，1983）。而睡眠问题可能导致记忆编码与巩固的消极倾向，削弱情绪调节能力，阻碍恐惧情绪消退（周雅，范方，2017）。

随文提问：对于“日有所思，夜有所梦”这句话，你怎么看？

按照通常的观点，睡眠为机体提供一个暂时休息的机会，从而使机体能够清除体内废物，修复受损细胞，增强免疫系统的功能，并恢复白天损失的体力。因此，睡眠的基本功能是保存和修复。

（三）失眠

当人们对自己的睡眠时间感到不满时，通常会被诊断为患有失眠症。患有失眠症的个体大约占所有成年人的三分之一，因此最常见的睡眠失常就是失眠。失眠主要有三种表现，包括：上床后入睡困难；时睡时醒，早晨醒后感觉不能清除疲劳；入睡困难，易惊醒，醒后很难再入睡。根据失眠的原因，可以把失眠划分为四类。

1. 情境性失眠

情境性失眠主要是生活情境的改变所致，包括睡眠环境的改变。这是一种暂时性失眠，主要涉及一些造成个体心理压力的事件，如考试到来、失恋、亲人去世、离婚等。

2. 假性失眠

当事人只是在心理上有失眠感，但其状态良好，这种失眠称为假性失眠。这主要是没有认识到睡眠存在着个体差异所致。

3. 失律性失眠

因生活节奏突然改变而形成的暂时性失眠，称为失律性失眠，如飞行时差所造成的睡眠困难、工厂里三班倒的工人出现睡眠困难等。

4. 药物性失眠

咖啡、茶或可乐等造成的失眠称为药物性失眠。它还包括长时间服用安眠药物，在心理和生理上形成了对药物的依赖所导致的失眠。

实践与应用

你是否需要更多睡眠？

想要判断自己是否需要更多睡眠，请如实回答下列问题：

1. 你是否会在课堂上感到昏昏欲睡？
2. 你是否会在周末睡得很晚？
3. 当你无聊时，你是否经常会昏昏欲睡？
4. 你在阅读或看电视时是否经常睡着？
5. 你是否经常在上床后 5 分钟内睡着？
6. 你早上醒来是否会感觉自己没有休息好？
7. 如果不用闹钟叫醒你，你会睡过头吗？

如果对以上任何一个问题的回答为“是”，你就有可能缺乏睡眠。你还有可能会在学习质量和成绩方面付出代价。

资料来源：罗鑫 & 苑成梅．（2023）．失眠相关量表汉化及开发现状．*上海交通大学学报（医学版）．43*（11）．

学术前沿

正念训练对睡眠质量与日间警觉性的影响

为考察正念对睡眠质量与日间警觉性的影响，本研究将参与实验的被试分为正念组与控制组，在八周训练前后，采用五因素正念度量表（FFMQ）、匹兹堡睡眠质量指数量表（PSQI）与精神运动警觉性测试（PVT）进行测量。结果显示：（1）正念组的后测FFMQ得分显著高于前测，后测PVT任务反应时、反应延迟数与完成任务的疲劳自评差值显著低于前测，控制组前、后测无显著差异；（2）正念组的前测PSQI睡眠障碍维度得分显著高于控制组前测，而两组后测差异不显著。研究证明，正念训练可以提升个体正念水平与日间警觉性水平，并在一定程度上改善个体的睡眠质量。

资料来源：蒋天翔，马宁．（2021）．正念训练对睡眠质量与日间警觉性的影响．*心理与行为研究*（4）．

那么，我们如何能克服失眠呢？

安排有规律的生活是最有效的方法，并且不必对自己的睡眠时间长短耿耿于怀，5～9小时都属正常，只要睡醒后精神饱满、精力充沛，睡眠时间都算是充足的；对生活中偶尔的失眠也不必过分担忧，放松些，到困倦时自然就会入睡。入睡前不宜过饱，应尽量避免饮用刺激性饮料，睡前适当喝些牛奶有利于睡眠；睡前半小时内不适合从事过劳的工作；切忌擅自服用安眠药物。

三、梦

梦（dream）是睡眠中最生动有趣又最不可思议的环节。栩栩如生的梦境，如真如幻，使人感到神秘莫测。究竟是什么引发了这些不可思议的认知场景？还有，如果这些认知场景有意义的话，那么它们意味着什么？正如我们之前所看到的，睡眠学家现在了解到，梦境会在夜晚有规律地出现，通常是在快速眼动睡眠阶段。但有关这一睡眠阶段最大的未解之谜就是：我们为什么会做梦？

梦是在睡眠某一阶段产生的一种自发的意象活动。人在清醒时接触外部客观世界，获得了丰富的感性材料，经大脑加工成为经验和表象。在睡眠状态下，这些经验和表象中的一部分重新呈现出来，就成了梦的内容。

梦有时生动鲜活，有时模糊不清，有时令人恐惧，有时又平和温馨。当人回忆梦时，梦的情节总是不合乎逻辑、怪诞、缺乏连续感。有时，一些人会出现明晰的梦（lucid dreams）。在这种状态下，他们知道自己正在做梦，并且感觉自己有清晰的意识。

> **梦**　在睡眠某一阶段产生的一种自发的意象活动。

那么，梦对我们来说意味着什么呢？从认知的视角来看，一些专家将梦境看作有意义的心理事件，它们反映的是做梦者内心世界中的重要事件或幻想。一些认知科学家则一直在寻找梦境和记忆之间的连接，他们甚至认为梦境会帮助我们建构生命中的意义（Wamsley & Stickgold，2011）。但是，也有人认为梦境可能根本没有意义，它们只是大脑在睡眠期间的随机活动。

心理学与生活

法老的梦

埃及的国王法老做了一个梦："我梦见一棵麦子长了七个麦穗，茁壮而金黄。随后又长了七个麦穗，细弱而枯干。这七个细弱的麦穗吞了前面七个肥大又饱满的麦穗。"他请约瑟来解梦，约瑟想了想，解释说："在经历了七个丰收年之后，埃及将有七个饥荒的年头，而且这七年将会把之前七年丰收的盈余全部耗光。"这种解释当然毫无道理，但如果从心理分析的角度来看，我们可以发现它或许反映了法老心中对于时局危机的某种担忧。

资料来源：耿兴永.（2016）. *潜意识：心理学帮你发现未知的自己*（第 3 版）. 北京：中国纺织出版社.

（一）弗洛伊德的梦的理论

弗洛伊德认为梦是无意识过程的显现，是通向无意识最可靠的路径。或者说，被压抑的无意识冲动和愿望以改变的形式出现在梦中，这些冲动和愿望主要是性本能和攻击本能的反映。

在精神分析理论中，梦境有两种主要的功能：保护睡眠过程（用象征符号来隐瞒破坏性的想法）以及在梦境中实现心愿。弗洛伊德认为，梦境通过减轻个体白天产生的精神紧张来发挥保护者的作用，并且允许做梦的人加工无意识欲望而不会造成伤害，以此履行其实现心愿的功能。

根据弗洛伊德的观点，无论梦的内容看起来多么荒谬，每个梦都是有意义的。梦可以分为两个层面：显梦（manifest content）和隐梦（latent content）。显梦是回想时讲出来的梦的内容，隐梦是蕴含于显梦中的梦的真正含义。在无意识中，存在着一些与性有关的冲动和欲望，它们不为社会伦理所接受，受到压抑，无法出现在意识中。在睡眠时，由于意识的警惕性放松，这些冲动和欲望就在梦中以改头换面的方式表现出来。所以，如果梦的内容能够引发焦虑感，心理的理性部分就会使这部分内容伪装起来。因此，精神分析治疗师会详细了解患者的显性梦境，寻找潜伏在无意识中与隐藏动机和冲突有关的线索。

（二）激活-整合理论

激活-整合理论最早由罗伯特·麦卡利和艾伦·霍布森（McCarley & Hobson，1977）提出，认为梦的本质是我们对脑的随机神经活动的主观解释。一定数量的刺激对维持神经系统的正常功能是必要的。在睡眠期间，大脑会封闭外界刺激，于是快速眼动睡眠介入其中，从内部提供刺激，神经系统会产生一些随机活动。梦则是我们的认知系统试图对这些随机活动进行解释并赋予意义的结果。因此，梦境的内容是由大脑激活造成的，而不是来自无意识欲望或者其他有意义的心理过程。

从这个理论的观点来看，梦境源自处于睡眠状态的脑干产生的周期性神经放电。随着这些能量向大脑皮层扩散，睡眠者会经历对感觉、记忆、动机、情绪和运动的印象（理论中"激活"的部分）。虽然皮层激活是随机的，而且它产生的画面之间并没有逻辑上的联系，但是大脑会试图理解它接收到的刺激信息。为此，它会编造一个连贯的故事，将这些在随机放电过程中产生的"信息"联系在一起（理论中"整合"的部分）。因此，梦境可能只是大脑理解无意义内容的方式。

（三）认知观点

认知观点认为梦担负着一定的认知功能。在睡眠中，认知系统依然对存储的知识进行检索、排序、整合、巩固等，这些活动的一部分会进入意识，成为梦境。比如，很多作家、作曲家和科学家都曾经从梦境中获得灵感。所以，梦可以成为创造性的来源。

如今在 21 世纪，实证研究对这一观点的支持逐渐增加。在快速眼动睡眠阶段，我们的大脑似乎已经准备好以之前没有想到过的方式将想法结合在一起。当个体在快速眼动睡眠阶段被唤醒然后执行词语联想任务时，他们会比清醒时产生更多新奇的联想（Stickgold & Walker，2004）。这就好像快速眼动睡眠会将大脑从清醒时的局限中解放出来，使它能够抓住机会尝试将想法进行新的组合，而这恰恰就是创造力的基础。

第四节　意识的特殊现象

一、催眠

（一）催眠的含义

我们经常会在电影、电视剧中看到，催眠师用一个悬挂的小物件让受催眠者进入一种服从的麻木状态。但这种对催眠的描绘是错误的。一个悬挂的小物件没有力量去控制人们的思想，即使影视画面更加准确地呈现催眠师如何通过暗示来促使受催眠者全神贯注和身心放松，这种描绘也同样具有戏剧性。在某些情况下，处于催眠状态的个体会展示出惊人的能量，他们可以忽略疼痛、记起长久以来遗忘的细节以及产生幻觉。然而，究竟是哪些心理过程使得这些现象产生呢？

催眠 一种类似睡眠而非睡眠的意识恍惚状态。

催眠（hypnosis）是一种类似睡眠而非睡眠的意识恍惚状态。它可以引导并增强个体易受暗示性的特征。催眠不同于睡眠。EEG 记录告诉我们，催眠与正常的睡眠无关，即使受到催眠的个体可能看起来处于一种放松的、类似于睡眠的状态。事实上，催眠并没有什么特定的 EEG 信号。在催眠状态下，个体的思维、语言和活动是在催眠师的引导下呈现的，个体失去独立思考和行动的能力。大多数权威专家将催眠定义为以深度放松、易受暗示和注意力集中为特征的一种意识状态。

催眠的状态主要表现为：主动性反应减少；注意变得狭窄；旧记忆还原；知觉扭曲并产生幻想；暗示性增强；等等。当一些人被深度催眠时，他们对暗示的反应会表现为在知觉、记忆、动机和控制感方面产生戏剧性变化（Orne，1980）。催眠结束后，人们经常会报告体验到了自己对催眠师暗示的高反应性以及不需要意识层面的努力就可以完成指示的行为。然而，是否所有人都很容易被催眠呢?

研究发现，4～6 岁儿童认为，具有与某事物相关的亲身经验、思维经验和知识的人更有可能梦到该事物，并且认为个体的意愿能够控制梦。随着年龄的增长，越来越少的学前儿童认为个体的意愿能够控制做梦（徐琴美等，2006）。

学术前沿

催眠定义探新

我国学者基于综述及特征归纳，提出整合性质的催眠定义：催眠是一种以恍惚为特色的深度沟通。首先，催眠本质上是一种沟通。催眠是催眠主体利用技术方法对被催眠主体施加影响或者与被催眠主体进行交流的一种过程或结果。其中，催眠主体与被催眠主体既可为同一主体也可为不同主体，前者一般称为自我催眠，后者一般称为他人催眠。这种施加影响的过程或结果一般称为沟通。其次，催眠的特色是恍惚。恍惚是催眠的本质属性，也是狭义催眠区别于其他观点的重要标志。暗示等能引发恍惚但并不必然，它们之间存在差异：暗示与恍惚的侧重点不同，睡眠与恍惚属于两种状态，解离、想象及单一观念与恍惚紧密相关但所指范围较窄，合作和爱所指范围则较广，而过程论者所强调的社会认知等与恍惚区别明显。最后，催眠要有深度。深度与激活等息息相关，且具有积极、有效和持续等特点。催眠要有深度，表达深度沟通是催眠的所属类别这一逻辑学含义，有助于进一步认识催眠现象。

资料来源：张伟诗，连榕．(2022)．催眠定义探新：以恍惚为特色的深度沟通．*心理科学*，*45*(1).

（二）受暗示性

一个人能否进入催眠状态，主要取决于其受暗示性的高低。人的受暗示性高低存在很大的个体差异，受到两个因素的影响：首先是个体对催眠的态度以及对催眠者的信任感；其次是个体的身心条件与个性特点。

可催眠性可以通过个体对标准化暗示的反应来测量。个体在受暗示性方面存在差异，从对所有暗示毫无反应到对几乎每个暗示都能完全反应不等。人群中，大约 10%～20%的人很容易被催眠，约 10%的人根本不可能被催眠。受暗示性的水平还取决于年龄。只有 10%～15%的成年人具有高水平的可催眠性，而这一数字在儿童群体中高达 85%。可催眠性水平高的个体对暗示的反应，可能包括移动自己的手臂、走动、体验幻觉、遗忘重要的记忆以及变得对疼痛刺激不敏感。

容易被催眠的人通常有以下特征：会经常做情节生动的白日梦；想象力比较丰富；容易沉浸于眼前或想象中的场景；依赖性强，经常寻求他人的指点，以及对催眠的作用深信不疑。

（三）对催眠的不同解释

关于催眠所涉及的心理机制，众说纷纭，尚无定论。以下列举常见的观点。

1. 社会认知或角色扮演的观点

这一观点认为，在催眠中，被催眠者只是扮演了一个特殊的社会角色。这个角色意味着将无条件地接受催眠师的指挥。由于是角色的要求，被催眠者在进入催眠状态后，就倾向于顺从催眠师的指示，做出特定的行为或产生特定的感受。人是按照自己对催眠的想象来行动的。

需要指出的是，并不是说被催眠者在故意欺骗别人，他们的确相信自己在经历另外一种意识状态，在这种状态下，除了顺从催眠师的指示别无选择。

认知观点提出，催眠涉及将感觉模式转变为自上而下的加工过程。换言之，个体的思维并不是由输入的刺激驱动的，而是由内心的期望和心理意象诱发的。因此，人们会被催眠是因为他们的意愿或期望，他们会倾向于表达和实现催眠师试图引起的反应。

催眠会导致大脑的加工过程发生自上而下的深远变化，这一观点得到了一项研究的支持。在该研究中，那些被深度催眠的人受到暗示：他们正在触摸一块令人不舒服的高温金属。结果发生了什么呢？他们大脑中与疼痛知觉相关的区域“激活”了，其激活模式与那些实际触摸一块50摄氏度的高温铁棒的控制组被试是相同的（Derbyshire et al.，2004）。

2. 意识功能分离的观点

这种观点认为，人的意识有执行和监督两种基本功能：执行功能可以使我们控制和规范自己的行为；监督功能可以使我们观察自己的行为。但是，催眠可以使两种功能之间的联系断开，使其执行功能正常，并接受催眠师的指令，而监督功能不起作用。

有人认为，催眠不一定会使意识分离，它只是弱化了意识对行为的监督，因而使执行功能自动地执行了催眠师的指示，没有以个体的正常认知系统作中介。

这些不同的视角是否存在共同之处呢？或许所有视角都有其可取之处。催眠可能就像正常的清醒状态一样，可以包含各种各样的心理状态，如动机加强、期望转变以及社会互动等。

（四）催眠的应用

催眠会对一些个体的心理和生理功能产生强有力的影响，因此催眠对于研究身心连接而言是很有用的工具（Holmes et al.，2006）。实验者可以对处于催眠状态的正常志愿者诱发暂时的心理状态，比如焦虑、抑郁或者幻觉，而并不需要找到那些已经处于这类心理状态的个体。

催眠还有助于心理治疗。例如，对于那些恐高或患有蜘蛛恐惧症的个体而言，催眠在降低个体敏感度方面确实是一种有效的工具。它同样可以作为针对战斗压力所进行的放松训练的一部分。在陈伟星等（2010）用催眠疗法治疗 68 例惊恐患者的研究中，对惊恐障碍治疗的有效率达 70.6%，充分证明了催眠是临床治疗惊恐障碍的有效手段。此外，治疗师发现催眠对于消除不良行为十分有效，比如用催眠后暗示的技术往往可以降低患者对尼古丁的渴望，从而消除吸烟行为（Barnier & McConkey，1998）。同样，治疗师还可以让患者忘记发生在催眠期间或者之前的事件，这种效应称为催眠后遗忘。

催眠正在疼痛管理中发挥着越来越重要的作用，特别是在那些涉及麻醉风险的程序中（Nash，2001；Patterson et al.，2004）。然而重要的是，我们应该注意到，不是每个人都可以被催眠到足以有效缓解疼痛的深度。尽管如此，催眠本身仍可以让这些患者在接受治疗的过程中避免本来会产生的剧痛。在一些情况下，这种掩盖疼痛的方式比针灸、阿司匹林、安定乃至吗啡还要有效。

二、冥想和白日梦

（一）冥想

冥想 个体有意识地把注意集中在某一点或想法上，在长时间的重复下，使大脑进入特殊的意识状态，产生特定的心理表象，或什么都不想。

冥想（meditation）起源于 2 000 年前的宗教和文化传统。坐禅者如果想要修炼到更高层次，提高悟性，通常会采用冥想这种方式。冥想一词有不同的翻译，例如，正念、禅修、静观等。

冥想是一种改变意识状态的形式。在冥想期间，个体有意识地把注意集中在某一点或想法上，在长时间的重复下，使大脑进入特殊的意识状态，产生特定的心理表象，或什么都不想。

冥想的目的各不相同，但是许多冥想的实践者都是为了寻求某种形式的精神启迪以及在自我认识和幸福感方面有所提升。冥想者会运用各种各样的技术，不过他们一般会从集中精力执行一种重复性行为（如呼吸）、采取特定的身体姿势（如瑜伽姿势）以及尽可能弱化外界刺激开始。冥想可以持续几分钟到几小时。

与亚洲和太平洋地区悠久的历史相比，冥想直到最近才被作为科学研究的主题受到心理学的重视。早期研究表明，冥想在很多方面与休息很类似，会促使各种表征身体唤起状态的信号强度下降（Morrell，1986）。然而，最新研究发现了大脑中与冥想有关的一系列刺激性变化，这些变化反过来会影响共情、自我意识、注意和应激。

总体而言，冥想是一种放松、减轻压力、摆脱世俗牵绊的有效方式，它可能也能改善个体的认知功能，还会产生促进健康的生理变化。越来越多的医学和心理学方面的实践者开始设法理解冥想的原理并且尝试将其运用到治疗当中（Barinaga，2003）。但是，冥想与其他心理、生理或精神方面的技术相比是否具备优势还有待未来的研究。

（二）白日梦

每个人都有精力不集中、思想开小差的时候。例如，上课时突然走神了，想起了昨天发生的一件事，随之思绪万千，沉浸于想象之中。这种现象通常称为**白日梦**（day dream)，程度较严重的称为幻想，在不同的研究背景下也称“心智游移”“走神”等。白日梦是在非睡眠状态下产生的高度自我卷入的幻想活动。在白日梦中，个体会产生随心所欲的想法，以逃避当前的生活经历。它是思维的产物，是意识的产物，具有一定程度的可控性。白日梦与幻想有本质上的不同，它是幻想的系统化、梦境化和病理化。虽然做白日梦者的意识是存在的，但他已不能行使真正意识的功能，而是按照无意识去勾画“美妙”的意境，借以达到欲望的满足。

白日梦 在非睡眠状态下产生的高度自我卷入的幻想活动。

研究表明，每个人都有过白日梦的经历。对于大多数人来说，白日梦的内容一般包括成功或失败、攻击或敌意、性幻想或浪漫奇遇、内疚等。在很大程度上，白日梦是基于个体的记忆或想象的内容自发产生的。

白日梦的形成条件主要有以下几个：第一，个体所从事的事情流程很单调、枯燥，不断重复。第二，个体对自己当前所从事的事情不感兴趣。比如，学生上课时，对课堂内容不感兴趣，就容易出现白日梦。第三，个体正在从事的活动不需要太多的心理资源。如果这时候没有明确目标，资源就会得到释放，容易形成白日梦。第四，个体受到一些外界因素的干扰。比如，个体经历了一些能引起情绪大幅波动的事情，如批评、受欺负、与恋人或家庭成员发生矛盾等，就容易出现白日梦。第五，个体的自控能力、注意力集中程度也对白日梦的产生有一定的影响。另外，服用某些药物也容易导致白日梦。

弗洛伊德认为，梦是无意识愿望的实现。就此点而言，白日梦也类似，因为白日梦的内容直接受到外显的动机的支配。白日梦里的情景或事件都是用来满足做白日梦者的某种想法或欲望的，包括情欲、权力欲等。但做梦是睡眠周期的一个阶段，个体几乎处于无意识状态，而白日梦并非睡眠的一部分，虽然有时出现在睡前的迷糊状态，但此时健康的做白日梦者尚有意识存在，意识仍在支配着白日梦的进程。

三、精神药物

几千年来，人类使用酒精、鸦片、大麻、咖啡因以及其他药物来改变自己对现实世界的日常知觉。人们使用这些药物的原因多种多样：有时是为了改变意识状态，有时是宗教仪式的需要，有时是为了娱乐，有时是为了逃避现实。比如酒精，可以作为帮助人们在社会交往中感到舒适的“社会润滑剂”。还有些药物是那些寻求快感、平静乃至麻木状态的个体所服用的。这些药物有没有什么共同之处呢？

精神药物（psychoactive drug）是通过改变个体躯体内部生化反应来改变其知觉、情绪、思维、记忆或行为的物质。在某种程度上，所有的精神药物都对那些通常会帮助我们决策的大脑机制有所损害。此外，诸如可卡因、海洛因、大麻和安非他命等被最广泛滥用的药物都会刺激大脑的“奖赏回路”。从进化的视角来看，我们的大脑本身就是以从许多物质中获得快感的方式发育的（比如甜味或油腻的食物），这有助于我们的祖先存活并繁衍。可卡因、海洛因和安非他命会欺骗大脑，利用同样的机制产生强烈、直接而又愉悦的信号，从而让我们的身体“认为”这些

精神药物 通过改变个体躯体内部生化反应来改变其知觉、情绪、思维、记忆或行为的物质。

物质对我们是有好处的。

（一）精神药物的种类

有些药物在使用后能对中枢神经系统产生影响而使个体的感知觉、情绪和行为等心理活动发生变化，这类药物称为心理促动药物。心理促动药物首先会使人的心理在感知觉层面发生改变，加大剂量后严重的则会引起思维、情绪以及行为活动方面的改变。根据其作用的性质不同，心理促动药物可以分为以下四类。

1. 致幻剂

致幻剂 通过改变知觉、创造幻觉和模糊自我与外部世界的界限来改变意识的药物。

致幻剂（hallucinogens）是通过改变知觉、创造幻觉和模糊自我与外部世界的界限来改变意识的药物。比如，一个头脑中正产生幻觉的人可能会在听音乐的时候突然觉得自己在弹奏这首乐曲，或者觉得音乐来自身体内部。

常见的致幻剂包括麦司卡林（用一种仙人掌制成）、裸盖菇碱（用一种蘑菇制成）、LSD 以及 PCP（也叫五氯苯酚或“天使粉”），LSD 和 PCP 都是在化学实验室合成的药物。致幻剂引起的情绪反应存在个体差异，且每个人在不同时间的反应也不尽相同，有时可能是一次愉快的经历，有时也可能是一场噩梦。而且，这种药物会产生一种奇怪的分离性反应，服药者会感觉自己好像脱离了自己的部分人格。服药者可能会变得神志不清或对疼痛不敏感，当服用高剂量时会出现惊厥，甚至死亡。

有些常用药物不在这四类药物的范畴之内，而是由这几类药物的成分组合而成，并且药效也具有不确定性。比如大麻，大麻是用大麻类植物（可以用来做绳子，也可以用来做毒品）做成的，主要也是发挥致幻的效果。但是，有些专家并不同意这一分类，因为在某种程度上它也有兴奋剂和抑制剂的性能。它的有效成分是四氢大麻醇（THC）。就某些方面而言，THC 属于一种温和的兴奋剂，能够提高人的心率，并使味道、声音和颜色等刺激的强度增大；小剂量可以创造温和愉悦的快感，大一点的剂量能导致长时间的幻觉反应，有时会影响动作协调性和反应时。与酒精不同，吸入大麻产生的幻觉能够持续好几个小时，在服药者觉得药物作用消失之后很久依然存在。大麻产生的愉悦感包括知觉改变、镇静、疼痛缓解、温和的快感和时空的扭曲，在某些方面与吸食海洛因的效果相似。

2. 鸦片剂

鸦片剂（opiate）包括吗啡、海洛因和可待因，这些药物都是用罂粟制成的。这些药物非常容易上瘾，它们会压制人的生理感受和对刺激的反应。因此，它们中的部分药物被广泛地应用在医学领域，尤其具有特别好的镇痛和止咳作用。

鸦片剂跟大麻类似，在大脑特定区域中有受体存在。这些鸦片剂受体的发现让人们意识到大脑本身就会制造鸦片剂，这种物质称为内啡肽，是身体固有的镇痛剂。这些研究鼓舞科学家去探寻与鸦片剂有相同止痛效果但不会导致成瘾的药物。但到目前为止，这个愿望还没有达成。在医学监控下，为了控制疼痛而服用鸦片剂的病人很少对其高度上瘾。同样是服用鸦片剂，目的不同（产生快感或控制疼痛）而产生的效果不同的原因还不清楚。但是，当疼痛出现时，鸦片剂对脑的作用位置似乎不在与产生快感有关的

"奖赏中枢"。因此，在医疗过程中，为了控制疼痛而正当地使用鸦片剂是不会产生让人恐惧的不良后果的（Coderre et al.，1990）。

3. 抑制剂

通过抑制中枢神经系统的活动来减缓心理生理活动的这一大类药物叫作**抑制剂**（depressor）。抑制剂包括巴比妥类药物（通常用于镇静）、抗焦虑药物和酒精（一种社交兴奋剂和神经系统抑制剂）。使用这些药物通常能使人感到平静和昏昏欲睡，可以减少焦虑、罪恶感、紧张和压抑感；但是过度使用或滥用会很危险，因为它们会损害反射行为和判断能力，况且人们也会对抑制剂上瘾。

鸦片剂 用罂粟制成的药物，包括吗啡、海洛因和可待因。

抑制剂 通过抑制中枢神经系统的活动来减缓心理生理活动的一大类药物。

巴比妥类药物通常被用作安眠药，它们能够诱导人们入睡。但不幸的是，它们具有减少快速眼动睡眠的副作用。这会导致服药者感觉无力，并存在严重的快速眼动反弹的风险，使服药者整晚都在做噩梦。更糟糕的是，服用过量的巴比妥类药物会导致意识的丧失，有时会造成昏迷甚至死亡。

酒精是另一种抑制大脑活动的药物，是人类最早使用的精神药物之一。少量饮酒能达到服用兴奋剂的某些效果，因为它可以抑制大脑某些区域的活动，这些脑区通常负责抑制一些冲动行为。在生理上，饮用少量的酒可以让人放松，甚至可以略微提高成人的反应速度。但是，只要剂量稍大一些，酒精就会损害协调能力和智力，虽然有时候饮酒者会认为自己的表现增强了。从长期效果来看，饮酒会减缓中枢神经系统的活动。与巴比妥酸盐和鸦片剂一样，酒精可被用作麻醉剂。如果长期大量饮酒，肝脏、心脏和大脑的功能会受到损害。如果饮用过量，会导致大脑中负责呼吸和心跳的神经元被抑制，从而导致死亡。

4. 兴奋剂

与抑制剂正好相反，**兴奋剂**（stimulant）是会加速中枢神经系统的活动、产生兴奋作用的物质，包括尼古丁、咖啡因、可卡因、安非他命和脱氧麻黄碱等。兴奋剂可以使心理和生理的活动水平都迅速提升，如果用量适中，还可以引发兴奋、自信、安宁或欣快感。这就是为何长途驾驶的货车司机有时会通过服用兴奋剂来保持清醒。但是，大量使用兴奋剂则会使人感到焦虑、神经过敏和过度警惕，甚至会导致个体出现痉挛、心脏衰竭以至死亡。

兴奋剂 会加速中枢神经系统的活动、产生兴奋作用的物质。

安非他命和可卡因是两种常见的兴奋剂。安非他命是一种合成药物；可卡因则是天然药物，是从一种叫作古柯的植物中提取的。过量使用安非他命、可卡因会产生恐惧和偏执的幻觉，这些症状在严重的心理障碍患者身上也会出现。而且，这些药物会让服药者的情绪像坐过山车那样一会儿无比高兴、一会儿又无比忧郁。这会导致服药者提高服用药物的频率和剂量，因此他们很快就会滥用药物并失去控制。

咖啡因和尼古丁这两种兴奋剂可能不会被你认为是精神药物——但它们对于脑的作用却是迅速而强大的。仅仅需要 10 分钟，两杯浓咖啡中所含的咖啡因就足以对心血管系统和大脑产生明显的影响。吸烟时吸入的尼古丁也能在数秒之内产生类似的作用。这两种药物都会让人上瘾。幸运的是，咖啡因对大多数人造成的不良影响是微小的。但是，尼古丁要危险得多，因为尼古丁会让人高度成瘾，而且它与许多健康问题相关，包括癌症、肺气肿和心脏病。实际上，其他所有精神药物（包括海洛因、可卡因和酒精）所造成的不良影响加起来都没有吸烟的危害大。

（二）药物依赖和成瘾

我们已经看到，精神药物能够改变大脑中神经元的运作，进而暂时改变个体的意识。这些物质一旦进入大脑，就会作用于神经元的突触，阻断或激发神经信息。这样，精神药物就大幅度地改变了大脑的通信系统，影响了知觉、记忆、情绪和行为。

值得注意的是，许多精神药物在不断使用的过程中，其特定剂量所带来的改变意识的效果会越来越小。因此，服药者必须加大摄入剂量才能产生与以往相同的效果，这种药物在重复使用后效果递减的特性叫作耐药性（tolerance）。与耐药性同时出现的是生理依赖（physical dependence），即身体习惯并开始需要这种药物，这部分是因为大脑中神经递质的产生受到了药物频繁摄入的影响，表现为身体上因缺药而出现剧烈难忍的病痛，急切地渴望得到药物才能使之减轻。

除了生理依赖，还有心理依赖，表现为没有药物各方面就都极度不适应，思维不能集中，并且心情烦躁，完全不能进行正常的心理活动。这通常是由许多精神药物所产生的强烈奖励效果导致的。许多药物能够让人们在心理上成瘾，包括咖啡因、尼古丁、处方药和非处方药。

不管是生理上还是心理上的成瘾最终都会影响大脑，在许多公共卫生专家的眼中，这两种成瘾都属于大脑疾病（Leshner，2001）。而无论是生理依赖还是心理依赖，都会造成许多个人问题和社会问题。毫无疑问，这一领域在研究方面还有很大空间。

基本概念

意识　注意　无意注意　有意注意　有意后注意　选择性注意　持续性注意　分配性注意　生物节律　梦　催眠　冥想　白日梦　精神药物　致幻剂　鸦片剂　抑制剂　兴奋剂

本章要点

1. 大脑同时在许多层面运作，包括意识层面与无意识层面。
2. 意识的基本特征有三个，即主观性、能动性和统一性。
3. 弗洛伊德将意识分为三种水平，即意识、前意识和无意识。
4. 注意是心理活动对一定对象的指向和集中。
5. 注意具有选择功能、维持功能、调节和监督功能。
6. 注意的品质包括注意广度、注意稳定性、注意分配和注意转移。
7. 人的一生中大约有1/3的时间是在睡眠中度过的。

8. 快速眼动睡眠阶段的标志性特点是快速的脑电波和闭着眼的快速眼动，会持续几分钟或更长时间，然后突然停止。

9. 梦是在睡眠某一阶段产生的一种自发的意象活动。

10. 催眠是一种类似睡眠而非睡眠的意识恍惚状态，它可以引导并增强个体易受暗示性的特征。

11. 按照药物作用的性质不同，心理促动药物可以分为四类，即致幻剂、鸦片剂、抑制剂和兴奋剂。

12. 药物依赖包括生理依赖和心理依赖。

复习思考题

1. 你怎么才能证明自己拥有意识？
2. “一心二用”一定会影响我们的学习效率吗？
3. 人为什么需要睡眠？
4. 你会用什么理论来解释自己的梦？

拓展学习

潘菽．(1998)．*意识——心理学的研究*．北京：商务印书馆．

耿兴永．(2016)．*潜意识：心理学帮你发现未知的自己*（第3版）．北京：中国纺织出版社．

卡巴金．(2015)．*正念：此刻是一枝花*（王俊兰译）．北京：机械工业出版社．

布朗．(2023)．*注意缺陷多动障碍与阿斯伯格综合征：12个聪明人的挣扎、支持和干预*（刘璐，钱秋谨主译）．北京：北京大学医学出版社．

哈里斯．(2024)．*意识：心智的基本奥秘*（杨晟译）．北京：中国人民大学出版社．

格里格．(2023)．*心理学与生活*（王垒等译）．北京：人民邮电出版社．

第六章
记　忆

【学习目标】

1. 什么是记忆?
2. 记忆有哪些类型?
3. 遗忘的规律是什么?
4. 提高记忆的策略有哪些?

【章节导读】

中国共产党已走过百年奋斗历程。2021 年，中央党史和文献研究院推出《中国共产党一百年大事记》一书，逐年记载了中国共产党成立以来的每一个不平凡的事件。学党史，记住每个不平凡，才能更深刻地认识新中国来之不易、中国特色社会主义来之不易。怎样更好地记住并深刻领会每个历史事件的意义？有没有一种简单高效的记忆术使自己成为一个“过目不忘”的记忆超人，又快又好地记住重要内容？一些记忆大赛的冠军似乎能完成不可思议的任务：在 20 秒内记住整屏的二进制码；在几分钟内记住 200 多张人物肖像与名字的匹配。超强记忆力是少数人才有的吗？记忆力可以通过训练而增强吗?

著名刊物《科学》在创刊 125 周年之际，邀请了全球各领域顶尖科学家提名 21 世纪最重要的研究问题，最后总结了 125 项，其中前 25 项被认为是重中之重。在这 25 项问题中，排在第 15 位的是“How are memories stored and retrieved?”(记忆是如何被存储和提取的?) 这似乎是一个很普通而简单的问题，因为它在每个人身上时刻发生着，但要从科学的角度去回答这个问题并不容易。作为人类的高级心理过程，自从 1885 年德国心理学家艾宾浩斯发布关于遗忘的研究成果后，记忆就一直是心理学和认知科学领域的研究热点。

请思考以下几个问题:

第一，记忆的类型有哪些?(例如，背一首诗与记住广播体操的动作要领对大脑而言是一回事吗?)

第二，遗忘的规律有哪些？为什么我们会遗忘?(例如，为什么我们有时候交完试卷走出考场后才想起考试时怎么也想不起来的内容?)

第三，记忆有哪些策略?(例如，当我们能成功地将要背的材料完整地背诵出来时，接下来应当怎么做才能使它保持得久一点?)

第一节 记忆概述

一、什么是记忆

记忆作为基本的心理活动，与其他心理活动紧密联系在一起，协调人的心理活动功能，对保证人的正常学习、工作和生活起着极其重要的作用。记忆是一种积极能动的心理活动，与学习过程关系密切。记忆中经验的获得、积累和应用等，也是学习过程的不同阶段和不同方面。人通过感知从周围环境中获取信息，如果这些信息不能存储下来并在需要时重现，人就不可能获得和积累知识与经验，就无法形成概念进行判断和推理，也就不能适应复杂多变的客观环境，更不能解决纷繁复杂的各种问题。没有记忆，人的心理活动将不可能正常发展，会永远停留在新生儿水平。在人的智能系统中，记忆也处于重要的地位。记忆将人的心理活动的过去、现在和未来连接成一个整体，使人的心理活动在时间上得以持续，并使个体最终实现心理的发展、知识经验的积累和人格特征的形成。

从字面上看，记忆包括记和忆两个方面。“记”体现在识记和保持上，“忆”体现在再认和回忆上。记忆是人脑对过去经验的保持和提取。人们感知过的事物、思考过的问题、体验过的情感以及操作过的动作，能够以映像的形式保留在人们的头脑中，在必要的时刻又可以把它们重现出来。记忆与感知觉不同。感知觉反映的是当前作用于感官的事物；离开当前的客观事物，感知觉就不复存在。记忆总是指向过去，是在感知发生后出现的，是人脑对过去经历过的事物的反映。从信息加工的观点看（见图 6-1），记忆就是人脑对外界输入的信息进行编码、存储和提取的过程。为使外界输入的信息适合存储，大脑要对信息进行加工，首先使不同感官通道输入的信息成为人脑可以接收的形式，即编码。编码有不同的层次或水平，而且以不同的形式存在，如视觉的信息编码、听觉的信息编码以及语义的信息编码等。采用哪种编码形式，取决于刺激的性质和主体的个人

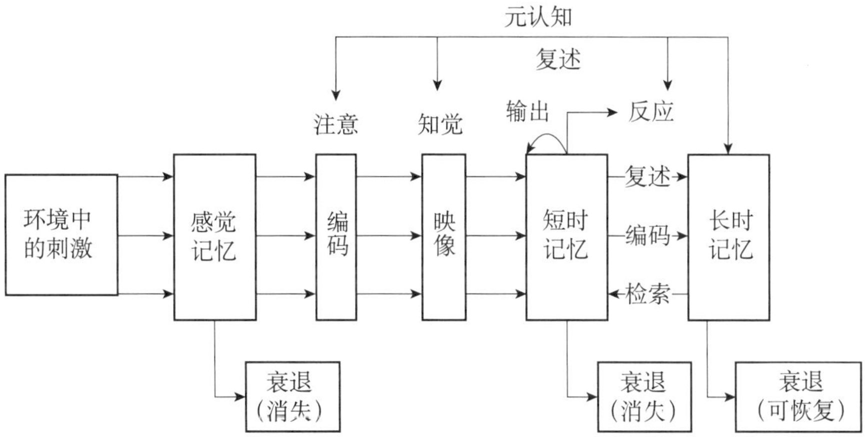

图 6-1 记忆过程模式图

特点。在某一瞬间，人脑可以捕捉到大量信息，但大部分信息在短暂停留后即消失了（即感觉记忆，其具体特点见下文“记忆的类型”相关介绍）。只有被注意到的信息才会成为进一步知觉加工的对象。通过对初步编码项目的组织（短时记忆和长时记忆之间的双向作用），当前加工的信息得以被识别，但这一过程中记忆所能处理的信息容量和保存时间均有限，当容量或时间超限时，加工中的信息将衰退或消失。记忆的信息在通过编码或复述得以储存后，才算被大脑“记下来”，但也并非一劳永逸，像电脑硬盘一样可以随时准确地调用。我们所记住的信息会由于时间推移、信息间的干扰、情绪状态等各种复杂的原因而发生改变、衰退或消失。

二、记忆的类型

（一）感觉记忆、短时记忆和长时记忆

根据记忆保持时间的长短，可将记忆分为感觉记忆、短时记忆和长时记忆。

生活中，我们也许有这样的经历：参加朋友的聚会，刚走进聚会场所时你同时听到、看到各种各样的信息，突然发现一位好朋友，于是开始兴奋地聊天，忘记了刚进来时很感兴趣的一个盆景（感觉记忆）；你的朋友把他的几个朋友介绍给你，当你和第三个人握手时你可能已经忘了第一个人的名字（短时记忆）；但是可能有一位久违的老朋友，尽管小学毕业之后就再未见过面，你还是一下子就叫出了他的名字（长时记忆）。上述例子分别反映了记忆的三种类型：感觉记忆、短时记忆和长时记忆。

1. 感觉记忆

感觉记忆（sensory memory）指感觉刺激停止之后所保持的瞬间映像。由于它的作用时间极其短暂，它又被称为瞬时记忆。它是一种原始的感觉形式，是记忆系统在对外界信息进行进一步加工之前的暂时登记。感觉记忆的主要特点是有较大的容量，但保存的时间极其短暂，为 0.5～3 秒。

> **感觉记忆**　感觉刺激停止之后所保持的瞬间映像，主要特点是有较大的容量，但保存的时间极其短暂，为 0.5～3 秒。

感觉记忆能让我们在感觉刺激消失之后对其进行短暂保留。就视觉而言，与其说人们知觉到的是实际刺激，不如说是一种后像（afterimage）。只要拿着点燃的烟花束或者打开的手电筒在黑暗中快速画圈，你自己就能演示后像的存在。如果你移动得足够快，你应该可以观察到一个完整的圆圈，即使光线来源只是一个单独的点——感觉记忆将感觉图像保留了足够长的时间，以便你知觉到一个连续的圆，而非一个个断开的光点。

斯伯林（Sperling，1960）的一项关于视觉形象存储的经典实验很好地证明了感觉记忆的特点。他用速示器在短时间内向被试呈现一些字母卡片，字母分上中下 3 行，每一行有 4 个，如图 6－2 所示。刚开始，斯伯林以 50 毫秒每张的速率快速呈现卡片。然后，他要求被试报告所看到的字母，结果被试仅能报告 4 ～5 个字母，但被试认为 12 个字母都看见了。斯伯林推测，被试看到的比他能报告的多。为了证实这一点，他设计了一种巧妙的方法——部分报告法。

XMRJ
CNKP
VFLB

图 6-2 斯伯林感觉记忆实验材料

与传统方法不同的是，部分报告法并不要求被试报告所有的 12 个字母，而是在每次刺激呈现完毕后给出随机的声音提示，指定被试报告某一行的字母。例如，如果是高音，则被试报告第一行的 4 个字母；中音则报告第二行的 4 个字母；低音则报告第三行的 4 个字母。由于三种音调是随机出现的，如果无论要求报告的是哪一行，被试每次都能正确报告出该行的字母，那就可以推测被试是能够看到所有的 12 个字母的。只不过由于保持的时间非常短，在被试说出 4 个字母之后，其他字母的映像就消失了。实验结果验证了斯伯林的构想，采用部分报告法后，被试的感觉记忆容量达到平均 9.1 个项目。但是，随着音调的延迟逐步提升至 1 秒，被试的准确率就节节下降。这是因为记忆在感觉存储器中留下的痕迹会在大约 1/4 秒之后消退（Massaro & Loftus，1996）。

莫瑞等（Moray et al.，1965）模仿斯伯林的部分报告法实验，设计了听觉的感觉记忆实验。在这个实验中，他把 4 个扬声器放在屋里的 4 个角上，让被试坐在当中，使他可以同时从 4 个不同声源处听到声音并能区分出声源。实验时，可以从 2 个、3 个或 4 个声源同时各呈现 1～4 个字母。刺激呈现完毕后，被试报告他听到的字母。实验采用部分报告法，即在被试面前的提示板上安 4 盏灯，各代表一个声源。声音刺激呈现后亮一盏灯，当某盏灯亮了，被试就要报告它所代表的那个声源传来的字母。结果表明，部分报告法的回忆成绩优于全部报告法，证实了听觉系统中也存在感觉记忆。

2. 短时记忆

感觉记忆中的大量信息很快就会衰退，只有被注意到的部分信息进入短时记忆中。**短时记忆**（short-term memory）是信息从感觉记忆到长时记忆的一个过渡阶段。这种快速的遗忘与艾宾浩斯所研究的遗忘是不一样的，其主要特点是对信息的保持时间较短，约为十几秒到 1 分钟左右；且容量有限，一般为 7±2 个组块。组块是人们熟悉的一个单元。数字、英文字母、汉语单字、句子等都可以是组块。例如，8 9 6 7 9 2 5 这组数字如果你是第一次见，它们对你来说可能是 7 个单元；但如果它们是你家的电话号码，那对你来说就只是 1 个组块。

短时记忆 刺激信息呈现以后，保持时间在 1 分钟之内，对刺激信息进行加工编码的记忆。短时记忆的编码方式为听觉编码和视觉编码。

那么，短时记忆是如何编码的呢？关于这一问题有大量的实验研究。对于短时记忆的编码，经实验证明可以分为听觉编码和视觉编码。例如，研究者通过研究语音相似性对回忆效果的影响，证实了听觉编码方式的存在：给被试呈现一些辅音字母，要求被试严格按顺序进行回忆。结果发现，在视觉呈现条件下，发音相似的字母（如 B 和 V）容易发生混淆，而形状相似的字母（如 E 和 F）很少发生混淆。这说明听觉编码是短时记忆的一种主要编码方式。

随文提问：试一下，看一眼你能记住多少东西。

工作记忆（working memory）是与短时记忆紧密相关的概念，二者既有区别又有联系。巴德莱和希奇（Baddeley & Hitch，1974）认为，工作记忆是一种对信息进行暂时加工和存储的容量有限的记忆系统，在许多复杂的认知活动中起重要作用。巴德莱主张用工作记忆的概念替代原来的短时记忆的概念。实际上，从工作记忆的概念可以看出，工作记忆涵盖了短时记忆，但它强调短时记忆与个体当前所从事活动的联系。工作记忆可以被理解为一个临时的心理“工作平台”，在这个工作平台上，人们对信息进行操作处理和组装，以帮助自己理解语言、进行决策以及解决问题。巴德莱（Baddeley，2000）提出，工作记忆系统包括四个成分：（1）一个类似于注意、不受感觉形式影响的中央执行系统（central executive system）。中央执行系统是一个资源有限的注意控制系统，是工作记忆的核心成分和最具能力的部分，具有控制和监督功能。（2）一个以语音形式（基于语言）保持信息的语音环路（phonological loop）。语音环路负责以语音为基础的信息的存储与控制，由被动的语音存储器和主动的发声回路两部分组成。前者能容纳数量有限的言语材料，能将语音信息保持1～2秒；后者通过无声复述恢复在语音存储器中迅速消退的记忆痕迹。（3）一个专门进行视觉和空间编码的视觉空间模板（visuo-spatial sketchpad）。视觉空间模板用于处理视觉的和空间的信息。信息可以直接进入视觉空间模板，也可以以表象的方式进入。例如，看到墙上的一幅风景画，这幅画就直接进入了视觉空间模板。如果你闭上眼睛，从记忆中产生画的表象，那么这一信息就是间接进入的。（4）一个可以保持和整合来自语音环路、视觉空间模板和长时记忆信息的临时存储系统，即情景缓冲器（episodic buffer）。情景缓冲器是一个容纳来自工作记忆系统和长时记忆系统中的多重编码信息的暂时存储系统。个体可以通过意识接近情景缓冲器。该系统由中央执行系统控制。它可以用来解释表征捆绑问题，即不同来源的信息是怎样结合在一起并形成一种单独的内在情景知觉的。

3. 长时记忆

长时记忆（long-term memory）更贴近于我们日常生活中所说的记忆。长时记忆是指信息经过充分加工、在头脑中长久保持的记忆，又称为永久性记忆。短时记忆中的信息通过复述或精细复述进入长时记忆，也有一些是因感知中印象深刻一次性直接进入长时记忆而被存储的。长时记忆就像一个巨大的图书馆，保存着个体将来可以运用的各种事实、表象和知识。它为我们的一切活动提供必要的知识基础，使我们能够识别各种模式、进行学习、运用语言、进行推理和解决问题等。它的主要特点是存储的时间长，且一般认为其容量没有限制。

> **长时记忆** 信息经过充分加工、在头脑中长久保持的记忆，其容量没有限制。

长时记忆中的信息是有组织的知识系统，其编码形式主要有下列几种：（1）按语义类别编码。在记忆一系列语词概念材料时，人们总是倾向于把它们按语义的关系组成一定的系统，并进行归类。（2）以语言的特点为中介进行编码。借助语言的某些特点，如语义、发音、字形等，对当前输入的某些信息进行编码，使它们成为便于存储的东西。这种编码方式在无意义音节记忆过程中经常使用。（3）主观组织。学习无关联的材料时，如果既不能分类又没有联想意义上的联系，个体就会倾向于采取主观组织对材料进行加工。

（二）情景记忆和语义记忆

根据所存储信息的类型，可将记忆划分为情景记忆和语义记忆（Tulving & Donaldson，1972）。

1. 情景记忆

情景记忆（episodic memory）也叫情境记忆。用图尔文（Tulving）的话来说，情景记忆接收和存储关于个人的特定时间的情景或事件以及这些事件的时间-空间联系的信息。换句话说，情景记忆是对个人在一定时间内发生的事件的记忆，是对我们亲身经历的种种事情的记忆，如“我昨晚看了一场电影”“我去年夏天游览了桂林”等，都是情景记忆。总之，情景记忆保持的信息总与个人生活中特定的时间或地点相联系，具有自传体的性质。情景记忆的事件可能是生活琐事，也可能是一个人所经历的重大事件，后者称为闪光灯记忆（flashbulb memory）。例如，任何一个经历过“5·12”汶川大地震的人都能清晰地记得地震时自己身在何处、正在做什么。我们在描述情景记忆的内容时，往往是用“我记得”而不是“我知道”。

2. 语义记忆

语义记忆（semantic memory）是指对各种有组织的知识的记忆。它是运用语言所必需的记忆，是一个人所掌握的有关字词或其他语言符号、其意义和指代物、它们之间的联系，以及有关规则、公式和操纵这些符号及概念和关系的算法的有组织知识。语义记忆是对语词、概念、规则和定律等抽象事物的记忆，如对语词的意义和语法规则、化学公式、物理定律、乘法规则以及各种科学概念的记忆。语义记忆所存储的事物不依赖于个人所处的某个特定时间或地点，例如：长方形的面积等于长×宽，行星围绕着恒星转等。这类信息具有抽象和概括的特性。换句话说，语义记忆中的事物总是可用一般的定义来描述。语义记忆为人类所特有，从简单的识字、计数到掌握复杂的现代科学知识，都离不开语义记忆。我们在描述语义记忆的内容时，往往用“我知道”而不是“我记得”。

随文提问：回忆一下自己刚进大学校门时遇到的人。

（三）陈述性记忆和程序性记忆

根据信息加工处理与存储的方式不同，可将记忆分为陈述性记忆和程序性记忆。

1. 陈述性记忆

陈述性记忆（declarative memory）是对有关事件和事实性信息的记忆。例如，对人名、地名、名词解释以及定理、定律等的记忆都属于陈述性记忆。陈述性记忆具有明显的可以言传的特征，即在需要时可将记得的事实表述出来。陈述性记忆所涉及的知识是学校教育的重要内容。

2. 程序性记忆

程序性记忆（procedural memory）是对具有先后顺序的活动的记忆。程序性记忆主要包括心智技能与动作

情景记忆 接收和存储关于个人的特定时间的情景或事件以及这些事件的时间-空间联系的信息。

语义记忆 运用语言所必需的记忆，是一个人所掌握的有关字词或其他语言符号、其意义和指代物、它们之间的联系，以及有关规则、公式和操纵这些符号及概念和关系的算法的有组织知识。

陈述性记忆 对有关事件和事实性信息的记忆。

程序性记忆 对具有先后顺序的活动的记忆。

技能两部分，它是经过个体观察学习与实际操作练习而习得的记忆，又称为技能记忆、程序性知识。程序性记忆是按一定程序习得的，开始时比较困难，一旦掌握便很难遗忘，如小时候学会了骑自行车，几十年以后仍然不忘。如果已经达到了纯熟程度，那么程序性记忆的信息检索会以自动化的方式进行。程序性记忆的最显著特点是难以用言语表述，即难以言传。会骑自行车的人很难用言语来表达是如何掌握这种知识的。从个体的发展来看，个体首先发展的是程序性记忆。例如，自幼学习的动作技能、写字、骑车甚至吃饭等，都是通过练习来获得的程序性记忆。

程序性记忆和陈述性记忆在信息处理与加工方面有所不同。一般来说，程序性记忆要求在认知事物的同时还须参与其间的活动，陈述性记忆则偏重于认知事物。目前的研究认为，程序性记忆和陈述性记忆的信息存储于大脑的不同部位，说明大脑在存储记忆信息方面存在着分区专司的功能。虽然在记忆信息的存储中存在程序性记忆和陈述性记忆之分，但在表达知识时，两种记忆都是需要的，它们分工合作构成整个记忆活动过程。

（四）正确记忆和错误记忆

根据提取的准确性，可将记忆划分为正确记忆和错误记忆。正确记忆指正确地报告出曾经呈现过的事物或发生过的事，而**错误记忆**（false memory）指错误地声明一个以前未呈现过的事物或者从未发生过的事曾经呈现或发生。从记忆的科学研究开始，研究者的研究思路更多地偏向于个体记忆的正确性、保持量。例如，记忆实验往往考察被试最终能正确回忆词表中的多少个单词。相对而言，对个体记忆过程中的歪曲、错误等现象及其产生原因的研究近年来才受到较多的关注，虽然早在 1932 年，巴特莱特运用再生法发现个体记忆过程中的重构性，已部分地触及错误记忆的概念。错误记忆的研究范式主要有联想范式、无意识知觉范式、误导信息干扰范式等。所有这些研究范式可以归为两大类，其中联想范式和无意识知觉范式主要考察的是人们对单词的错误记忆，误导信息干扰范式则考察人们对事件的错误记忆。它们分别从不同侧面揭示了错误记忆产生的原因和机制。

> **错误记忆**　错误地声明一个以前未呈现过的事物或者从未发生过的事曾经呈现或发生。

罗迪格等（Roediger et al.，1998）提出的关于错误记忆的 DRM（Deese-Roediger-McDermott）实验范式是联想研究范式的主要代表，引发了大量相关实验研究。在经典的 DRM 范式中，被试学习 36 个词表，每个词表包含一个未呈现的目标词，也被称作关键诱饵（critical lure），如“寒冷”，另外还包括与它相联系的 15 个学习项目（如“冬天”“冰雪”“感冒”等），结果发现被试往往在即时回忆测验中以很高的概率错误地报告那些高关联词。经典范式是使词表中每个项目均与一个未呈现过的关键诱饵产生联想，因而被称为集中联想研究范式。我国学者杨治良等（2006）在 DRM 范式的基础上考察了错误记忆的时间效应，研究发现错误记忆很顽固，一旦产生便很难衰退；而且，在消除了其他干扰因素的潜在影响后，即使是在很短暂的测验时间延迟条件下，它也能保持稳定，不会随着时间而减弱。

实践与应用

记忆小测试

下面是一项关于记忆研究的小测试，动手试试吧。

第一步，请先拿一本书把下面的方框遮住，注意，不要看里面的内容。

第二步，逐个默读下面各个词。

床铺	梦乡	毯子	瞌睡	枕头	午觉
打鼾	垫子	闹钟	休息	睡觉	打盹
床单	床铺	小床	摇篮	头晕	哈欠

第三步，默读结束后，把这些词遮掩起来，回答方框内的问题。

******************** 默读时请遮住下面方框内的内容 *******************

请你看看下面四个词中哪些是出现过的？哪些是未出现过的？

沙滩　　睡眠　　台灯　　厨房

这是错误记忆研究的DRM范式。如果刚才你的回答是“睡眠”，说明你的记忆受到诱导，因为刚才所看的词语中并未出现“睡眠”一词，只是与其存在关联而已。如果你未受到诱导，也不能因此否认这一范式的有效性，可能是由于此处只是实验演示，与严谨的实验控制存在一定的差距。DRM范式已经得到充分证明，你可以通过查阅错误记忆的相关文献以进一步了解。

资料来源：Roediger，H. L.，& McDermott，K. B.（1995）. Creating false memories：Remembering words not presented in lists. *Journal of Experimental Psychology：Learning，Memory，and Cognition*，*21*（4）.

洛夫特斯和帕尔默（Loftus & Palmer，1974）提出了误导信息干扰范式（misinformation effect paradigm），该范式的标准程序为：先让被试观看关于某事件的录像或幻灯片，然后向实验组被试提供含有误导信息的关于该事件的其他描述或问题，控制组被试则不提供误导信息，有些情况下还会在一段时间间隔后，要求被试根据记忆回答一些问题，最后对被试回答的准确性和自信水平进行分析。在一项实验中，研究者让被试（成年人）观看一段汽车事故的影片。随后，让被试写下所看到的事件，同时回答几个相关问题，如：“当汽车彼此接触（contacted）时，时速大约是多少？”其中“接触”一词分别用不同程度的词代替——“碰撞”（hit）、“撞击”（bumped）、“猛撞”（collided）、“撞毁”（smashed），让不同被试分别回答不同形式的问题。因变量是被试对车速的估计。结果发现，当被问到汽车彼此接触时车速多快时，被试的平均估计值是51千米/小时。随着动词所表示程度的升高，被试对车速的平均估计值也呈上升趋势，其中“撞毁组”的平均估计值达到66千米/小时。一周后，让被试回忆影片并且回答另一类问题，如：“你看到过一些碎玻璃吗？”影片中其实没有出现碎玻璃，但在先前听到动词“撞毁”的被试大多表示看到过碎玻璃。

（五）外显记忆和内隐记忆

根据记忆中意识参与程度，可将记忆分为外显记忆和内隐记忆。

1. 外显记忆

外显记忆（explicit memory）指个体对生活中的事件或情景有意识的回忆。例如，要求个体回忆在某时某地所学习的内容，或要求个体在真实情景与虚假干扰之间做出区分。又如：“请回忆上周六你做了什么事情？”“你从实验心理学这门课中都学了什么知识？”一般来说，用于测量短时记忆和长时记忆的实验任务都被划分到外显记忆的范畴，因为个体被“外显”地告知对过去事件进行提取，如自由回忆、线索回忆、再认、配对联想学习等。

2. 内隐记忆

外显记忆 个体对生活中的事件或情景有意识的回忆。
内隐记忆 个体对过去事件的提取不需要个体的意识性努力参与。

内隐记忆（implicit memory）也包含个体对过去事件的提取，但不同的是，这种提取不需要个体的意识性努力参与（Roediger & McDermott，1994）。内隐记忆的产生几乎是自动的。例如，当你弯腰系鞋带时，你无须对自己说：“我该怎么做呢？我是什么时候学会系鞋带的？我现在还记得怎么系吗？”你会觉得这是自然而然的事情。当然，内隐的知识肯定也是需要经过先前学习的，但它与外显记忆间的关键差异在于，内隐记忆不需要个体有意识地提取信息。

随文提问：如果你会骑自行车，你还能说出自己是如何上车的吗？

外显记忆测验要求被试有意识地回忆先前所学的材料，如自由回忆、线索回忆和再认。而对于被试自身无法有意识知晓的记忆，研究者又是如何知晓的呢？当代关于内隐记忆的实验研究可以追溯到 20 世纪 60 年代神经心理学有关遗忘症患者的研究，它直接引发了内隐记忆的系列研究。20 世纪 60 年代，神经心理学关于遗忘症的研究成为引发当代内隐记忆研究热潮的契机。英国神经心理学家沃林顿和韦斯克兰茨（Warrington & Weiskrantz，1968）首先在对遗忘症患者的启动效应研究中发现了内隐记忆现象。他们的研究表明，在合适的条件下，甚至深度遗忘症患者也能够长时间地保留完整信息。在随后进行的一系列实验中，沃林顿和韦斯克兰茨采用不同的测验形式对遗忘症患者的记忆进行了考察，均发现虽然重度遗忘症患者在完成传统的再认和自由回忆任务时存在明显的障碍，但在某些间接测验形式下，例如使用残图识别测验和部分线索测验（现称为词干补笔测验）时，他们的成绩却与正常人接近。这启发研究者提出存在内隐记忆这一相对独立的记忆系统。

（六）客体记忆和元记忆

根据记忆加工的控制的层面，可将记忆分为客体记忆和元记忆。

所谓客体记忆（object memory），包括上述各种类型的各种记忆，通常就是我们所说的对信息的编码、存储和提取等加工过程。例如，当我们背一篇课文时，我们大声地边读边记的过程主要包含的就是客体记忆；但当我们读完一遍之后，想想自己是否已经能够背诵下来了、哪里还比较不熟悉等问题时，就包含元记忆的过程了。我们知道，元认知指的是个体关于自己认知过程的认知及相关知识，而其中与记忆相关的部分即为元记忆。因此，**元记忆**（meta-memory）是指个体关于自己记忆过程的认知及相关知识，包括个体对自身记忆能力的监测和控制。元记忆使我们可以反思自己记住了什么、未能记住什么，从而指导我们准确地判定当前的记忆程度，避免产生过高估计。元记忆对合理安排资源、做出恰当的时间分配从而实现有效记忆有重要意义。

（七）前瞻记忆和回溯记忆

根据记忆内容在时间轴上的指向，可将记忆分为**前瞻记忆**（prospective memory）和**回溯记忆**（retrospective memory）。

前瞻记忆是指对于未来要执行的行为的记忆，即对某种意向的记忆。它反映了将来的情况，使我们记得去做一些事情。例如，记住每天查看邮箱、周末要去参加一个会议等。而回溯记忆指的是对过去所发生事件的记忆。例如，回忆两年前的自己做过什么、记住刚刚学过的这本书中前面章节的内容、再认一幅图片等。

元记忆 个体关于自己记忆过程的认知及相关知识，包括个体对自身记忆能力的监测和控制。
前瞻记忆 对于未来要执行的行为的记忆，即对某种意向的记忆。
回溯记忆 对过去所发生事件的记忆。

目前，理论界仅就前瞻记忆和回溯记忆的内容和现象区分达成一致，而对于两者是否在内部过程上存在不同尚存争论。洛夫特斯（Loftus，1971）认为前瞻记忆和回溯记忆具有相同的过程；伯吉斯和沙利思（Burgess & Shallice，1997）则认为前瞻记忆只是一种实验范式，而不是一种记忆类型，它类似于自由回忆或再认；当然，也有研究者认为前瞻记忆和回溯记忆是两个不相关的系统，几乎不共享任何加工资源（Ellis，1996；Kvavilashvili，1987）。

王丽娟、田翠和武侠（2013）通过分析注意缺陷多动障碍儿童、老年痴呆症患者、酒精依赖症和内侧颞叶癫痫患者的前瞻记忆表现，从临床角度探索了前瞻记忆的神经机制，发现四类脑损伤部位不同的人群在前瞻记忆任务上的表现都差于正常人群，进一步证明了前额叶在前瞻记忆的监控过程中起着核心作用，丘脑、内侧颞叶参与了前瞻记忆的监控与执行，而前额叶多个部位的互动以及前额叶、丘脑和内侧颞叶等多个脑区的互动可能是完成前瞻记忆监控的神经基础。

第二节 遗 忘

一、遗忘的特点

德国心理学家艾宾浩斯的遗忘曲线表明，遗忘在学习之后立即开始，遗忘的进程并不均衡。记忆规律有先快后慢的特点，这说明遗忘在其初期速度很快，以后则逐渐减慢，过了很长一段时间后，遗忘几乎不再发生。根据艾宾浩斯的遗忘曲线，不复习或未经复习的知识容易遗忘，因此在知识的学习中，制订复习计划有助于知识的记忆。

无意识记比有意识记、机械识记比意义识记更容易导致遗忘。没有预定目的且不需要意志努力的无意识记积累了许多日常经验和零碎知识，但正是由于缺乏明确的目的性，在掌握系统的科学文化知识方面远不如有明确目的且需要意志努力的有意识记。发挥主观能动性、基于理解的意义识记比仅采用重复方式、依靠单纯背诵的机械识记更能将学习的知识纳入已有的知识结构中。因此，意义识记的效果会比机械识记的效果更好，记住的内容也更不容易遗忘。

经典回顾

艾宾浩斯关于遗忘曲线的研究

艾宾浩斯（Hermann Ebbinghaus，1850—1909）是对人类记忆进行科学研究的先驱，1885年在其著名的《记忆：对实验心理学的贡献》(*Memory: A Contribution to Experimental Psychology*）中发表了有关遗忘规律的实验研究。艾宾浩斯的实验设计颇为独特：首先，所有实验都只有一名被试——他自己。其次，他首创采用无意义音节（nonsense syllables）作为实验材料，它由前后两个辅音字母和中间一个元音字母构成，如ZOK、VAP，所以也称为CVC（consonant-vowel-consonant）音节。采用这类实验材料的目的是最大限度地减小语义联想的影响。实验时，艾宾浩斯以一定的速率大声读出这些无意义音节，读完后立即盖住材料并尽量地背诵出来或写出来。很显然，只读一遍是不可能回忆出多少的，但他可以记录正确回忆量。然后，再读第二遍，再回忆，如此反复，直到最终能回忆出所有材料。艾宾浩斯在学习结束一个月后测查记忆保持水平，虽然他用材料中的第一个无意义音节作为线索提示，但却无论如何也回忆不出其他无意义音节。这是否意味着他先前所记住的内容在头脑中荡然无存了呢？对此应如何检测？艾宾浩斯创造性地解决了这一问题。在先前的学习阶段，他记录了刚好能完全回忆出学习材料所需要的学习遍数。一个月之后，他再学这些材料，并再次记录刚好能完全回忆所需要的学习遍数。艾宾浩斯发现，虽然他根本无法回忆出先前所学的内容，但在重学那些材料时，所需的学习遍数减少了。艾宾浩斯将这种减少称为节省分（savings score），它的计算方法很简单：

$$\text{节省分}=(OL-RL)/OL\times100\%$$

式中，OL（original learning）指初始学习所需遍数，RL（relearning）指再学所需遍数。

例如，如果先前艾宾浩斯用了10遍将材料记住，再学时只用了5遍，则节省分为$(10-5)/10\times100\%=50\%$。那么，在初始学习结束后，节省分和间隔时间之间有何关系呢？这是艾宾浩斯进一步思考的问题，而这一问题的答案便是著名的遗忘曲线（如图6-3所示）。

图中横坐标是初始学习之后的间隔时间，纵坐标是节省分。从中我们可以很直观地得知遗忘与时间的关系：在学习结束的短时间内，个体将迅速遗忘（节省分在1小时内

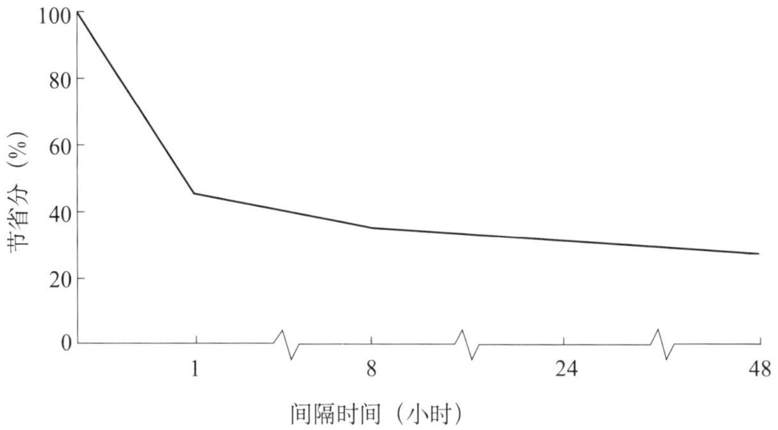

图 6-3 艾宾浩斯遗忘曲线

从 100%降至 40%），随后趋于平缓，也即遗忘的发生是“先快后慢，先多后少”。

资料来源：Ebbinghaus，H.（1885）. *Memory：A contribution to experimental psychology*. New York，NY：Teachers College，Columbia University.

二、遗忘的原因

（一）消退理论

消退理论（decay theory）又称痕迹理论，这种理论认为记忆是刺激信息在人脑中留下痕迹的过程，遗忘就是这些记忆痕迹得不到强化而逐渐减弱以至最后消失的过程。记忆某一内容时，就好比在墙上划一道痕，每多记一遍，痕迹就深一些。如果很长时间都不去把原来的痕迹再“划一划”，随着风吹日晒，这些痕迹就会渐渐变浅并最终消失，遗忘也就产生了。这种观点较容易为大众所接受，似乎“时间久就忘了”。这一解释虽然通俗形象，但是目前并未得到精确有力的实验论证，还不能充分说明记忆中的遗忘原因。

（二）干扰理论

干扰理论（interference theory）认为，遗忘不是记忆痕迹消退的结果，而是新学习的信息或先前学习的经验的干扰或妨碍所造成的。对此，研究者进行了实验并发现了两种干扰作用：前摄抑制和后摄抑制。**前摄抑制**（proactive interference）是之前学习的材料对后学习材料的回忆所造成的干扰。安德伍德（Underwood，1949）的实验要求两组被试记忆词汇：第一组在学习前进行了大量类似的学习；第二组没有进行这种学习。结果发现，第一组只记住了 25%的词汇，第二组则记住了 70%。**后摄抑制**（retroactive interference）是后学习的材料对之前学习材料的回忆所造成的干扰。缪勒（G. E. Muller）和皮尔扎克

前摄抑制 之前学习的材料对后学习材料的回忆所造成的干扰。
后摄抑制 后学习的材料对之前学习材料的回忆所造成的干扰。

（A. Pilzecker）在1900年首先发现这种现象。他们让被试识记无意义音节，然后休息5分钟，再进行回忆，结果回忆率是56%。如果被试在这期间从事了其他活动，回忆率只有26%，这说明后面从事的活动对前面的学习起到干扰作用，导致成绩下降。

随文提问：什么事让你难以忘记？

前摄抑制和后摄抑制也可以用来很好地解释序列位置效应。所谓序列位置效应，是指记忆材料在序列位置中所处的位置对记忆效果的影响，包括首因效应和近因效应。序列开头的材料比序列中间的材料记忆效果更好，被称为首因效应；序列末尾的材料比序列中间的材料记忆效果更好，被称为近因效应。开头部分的内容只受到中间位置的后摄干扰，末尾部分的内容只受到中间位置的前摄干扰，而中间部分的内容既受到开头内容的前摄干扰，也受到末尾内容的后摄干扰，所以遗忘得最快。研究表明，这一效应在我们死记硬背的情况下特别突出。例如，在背诵一篇含有多个段落的课文时，往往开头和结尾的背诵效果更好；而中间部分由于受到前摄抑制和后摄抑制的双重干扰，记忆效果比较差，也较容易遗忘。这也提示学习者，对于处在中间位置的内容应注意多花些时间去背诵，避免出现遗忘。

（三）同化理论

奥苏贝尔（D. P. Ausubel）认为，人们在认知或学习过程中出现的某些遗忘可能是积极的，即认知结构出现了简化，高级的概念代替了低级的概念，忘掉了“不重要的”信息。奥苏贝尔的同化说是建立在有意义学习理论的基础上的，有意义学习是指符号所代表的新知识与学习者认知结构中已有的适当概念建立非人为的、实质性的联系的过程。奥苏贝尔认为，真正有意义的学习必须以原有的学习经验为基础，并且前后相继的学习不是相互干扰而是相互促进的。他还指出，这里的遗忘是一种带有目的性的遗忘，是学习者对学习对象进行有效组织、分类整理的一个重要步骤。由此，学习者就不用记忆大量琐碎的、毫无意义联系的事物，只需记忆高级的、概括性和联系性较强的知识概念。因此，具体事物的细节或琐碎信息就会逐渐弱化，最终被人们遗忘。这一过程可以理解为一种“认知修剪”，就像用剪刀修剪无用的枝叶一样，把一些不必要的知识剔除，以便让更多有效的知识进入记忆领域。

（四）动机性遗忘理论

动机性遗忘（motivated forgetting）理论认为个体在一定的动机驱使下，会对某些信息产生主动性遗忘。弗洛伊德认为，动机性遗忘是有意识或无意识压抑过去令人痛苦、不愉快的情绪所导致的，是个体主动拒绝其进入意识，是一种自我防御的方式。如果这种压抑被解除，记忆也就能恢复。

不过，现在我们知道，情绪和记忆之间的关系要比弗洛伊德所假设的更加复杂。情绪唤起并不总是导致较差的记忆，有时候情绪唤起对记忆没有什么影响，有时候它还能在某些方面增进记忆。心理学家迈克尔·博克（Michael Bock，1986；Bock & Klinger，1986）进行了一系列严格控制的实验室研究，考察了情绪唤起和记忆之间的关系。研究发现，如果向被试呈现一个词表，过后要求他们回忆该词表，则被试对带有积极情绪的词语（比如kiss、prize）的回忆，要优于对带有消极情绪的词语（比如disease、lose）的回忆。但是，在博克的研究中，被试回忆成绩最差的乃是中性词，而非负性情绪词。因此，轻度的积极或消极情绪唤起似乎都能促进记忆。

白学军等（2012）研究了情绪状态对遗忘的影响，研究采用“有意遗忘”的研究范式，例如呈现给被试若干词语，要求被试“记住”某些词语和“忘记”某些词语，最后考察要求忘记的词语被回忆出来的可能性是否降低。结果发现，在积极情绪状态下（快乐），被试更多地遗忘负性情绪词；在消极情绪状态下（悲伤），被试更多地遗忘中性词。

（五）提取失败理论

提取失败理论认为，遗忘是由于对记忆中的信息无法提取，而不是因为记忆的消退、干扰或抑制等。信息加工理论认为，记忆是一个输入、编码、存储和提取的过程，信息进入长时记忆后就不会轻易丢失，因此回忆不起需要的信息是因为没有合适的提取线索，没有合适的提取线索则无法对信息进行回忆。我们往往会将很重要的信息和经过复述的信息存储在长时记忆中，但有时因为缺乏提取线索，即使知道在记忆中，也回忆不出来。例如，考试结束后，小明说：“刚刚那道数学题我本来会做，就是一时想不起来。”记忆中的“舌尖现象”（tip-of-the-tongue phenomenon，TOT）说的也是这个道理。但是，若在考试时，脑海中有一个相关的线索提示他，那么最终他一定会想起来。

心理学与生活

舌尖现象：话到嘴边却说不出口

舌尖现象 一种“几乎就有了”的感受，答案就在嘴边，我们能够清晰地感觉到，却没有办法把它说出口，或加以具体的描述。

舌尖现象是一种“几乎就有了”的感受，答案就在嘴边，我们能够清晰地感觉到，却没有办法把它说出口，或加以具体的描述。比如，当你碰到一位多年未见的小学同学时，你知道你记得他叫什么，但在当下你就是想不起来。

舌尖现象产生的原因较为复杂，有研究者认为它可能是大脑对记忆内容的暂时性抑制所造成的。这种抑制来自多方面，比如对有关事物的其他部分特征的回忆掩盖了所要回忆的那部分特征，又比如回忆时的情境因素以及自身情绪因素的干扰，等等。而消除了抑制，如经他人提示、离开回忆困难时的情境、消除紧张情绪等，舌尖现象往往就会消失。很多考生在考试中都有过这样的经历：一些平时很简单、很熟悉的字、单词或公式等到嘴边就是无法记起。此时不妨闭上双目，做几下深呼吸，然后想象自己在平时熟悉的教室中学习的情景，手中拿的仍是那熟悉的书本，仿佛能听到熟悉的老师在眼前讲课。进入情景的“角色”后再思考，舌尖现象就有可能突然被攻克。

另外，从当前研究来看，对舌尖现象的探索有认知和元认知两种视角。认知视角认为信息激活或提取不充分是舌尖现象发生的主要原因，元认知视角则认为个体对目标内容提取状态的监测引发了舌尖现象。两种不同的视角都分别找到了神经基础，例如，舌尖现象发生时负责语义加工（认知）的额叶脑区会出现更大的激活，同时也有研究发现负责监测和控制（元认知）的前扣带回、前额叶、右侧背外侧前额皮质和右侧前额下回等脑区被激活。舌尖现象激活脑区的不同表明舌尖现象的发生及解决包括认知过程和元认知过程及两个过程之间的相互影响。

资料来源：欧阳明昆，蔡笑，张清芳．（2019）．认知还是元认知：口语产生中舌尖效应的心理机制．*心理科学进展，27（12）*．

三、遗忘症

存在于我们大脑中的记忆容易被扭曲、虚构、遗忘，这是人类记忆所固有的特性。上述关于错误记忆、遗忘的研究已充分表明这一点。但对于个体的记忆而言，更具威胁的是记忆的部分或全部剥夺，即遗忘症（amnesia）。对于脆弱的人类记忆而言，车祸、病毒、卒中、肿瘤等都能轻易地导致罹患遗忘症。与正常遗忘不同，遗忘症不是正常范围内的记忆衰退或扭曲，而是部分或完全的记忆丧失，是一种记忆障碍。遗忘症中最常见的症状形式是**逆行性遗忘**（retrograde amnesia）和**顺行性遗忘**（anterograde amnesia）。前者指在提取已学习信息上有障碍，患者失去提取脑损伤前事件的记忆能力，即能学习新东西和编码新事件，但不能记忆发生在脑损伤前的经历和事件；而后者指在学习新信息上有障碍，不能形成新的记忆。这两类症状大多数是由脑部创伤所引发，受损部位多为间脑和海马颞叶周边区域。

逆行性遗忘 在提取已学习信息上有障碍，患者失去提取脑损伤前事件的记忆能力。

顺行性遗忘 在学习新信息上有障碍，不能形成新的记忆。

著名的遗忘症个案 H. M.（为保护隐私，他的全名 Henry Molaison 直到他 2008 年去世之后才被公布；见图 6－4）所患即为顺行性遗忘。他从 10 岁开始就饱受癫痫发作的折磨，医生为了制止癫痫发作为他做了一次手术。但那次手术摧毁了一些对记忆很重要的大脑结构（海马体及与之相关的结构），自此之后虽然癫痫发作的影响减轻了很多，但同时也让 H. M. 患上了严重的顺行性遗忘。他能清楚记得手术前的事情、人物，但手术后的记忆却受损严重。然而，H. M. 学习运动技能的能力仍然完好：他能学会诸如如何打电话、骑自行车等涉及程序性记忆的事情；如果教他弹奏简单的钢琴曲，第二天他仍会弹奏，但因为无法记起前一天的事，他会对自己的演奏能力感到十分吃惊。因此，顺行性遗忘通常不会影响到人们获得程序性记忆的能力，但是会破坏人们形成新的长时情景记忆的能力（Squire et al.，1993）。顺行性遗忘症患者会有不同程度的失忆现象，不过轻度患者经过治疗可以恢复记忆。

图 6－4 顺行性遗忘症患者 H. M.

逆行性遗忘通常是会忘记过去的事情而对新近发生的事情则不会忘记。这种遗忘症比 H. M. 所患的遗忘症普遍得多，大多是由癫痫、各种大脑损伤、头部遭受重击或高度应激性的事件等引起的。这两种遗忘症最关键的区别在于遗忘了的信息是旧的还是新的。一些严重的患者同时存在顺行性和逆行性遗忘现象，有时被称为“全脑遗忘症”。例如，柯萨科夫综合征患者身上就包含着顺行性遗忘与逆行性遗忘。

在遗忘症患者身上，研究者发现，无论遗忘症对有意记忆的损害有多大，其无意记忆都几乎不受影响，即患者可能仍然拥有完好的内隐记忆。他们可以辨认左右反转的镜像、玩拼图游戏，也能形成经典性条件反射。但是，由于外显记忆上的缺陷，他们在做这些事情时可能觉察不到自己学习过。

第三节 记忆策略

自艾宾浩斯对记忆开展科学实验研究以来，学习与记忆领域积累了大量的基础性研究发现，增进了人类对自身认知能力的理解。许多实验研究结论为科学有效的记忆提供了策略支持，得到了广泛的应用。但也有不少经典的实验室研究，由于外部效度问题，在教学实践中的可操作性、易用性等问题，并未受到教师与学生的认可从而得到有效应用。下面介绍在认知与学习研究领域得到较多实证支持的几种记忆策略。

一、即时复习和过度学习

根据艾宾浩斯遗忘曲线，遗忘速度开始时最快，遗忘的也最多。因此，保持记忆的一项最简单的原则便是即时复习。研究表明，当我们在一天的某一时间点识记完某一内容时，在其后的 10 小时内复习 15 分钟，比 5～10 天后复习 1 小时的效果好得多。尤其是对于本身意义性不强或记忆时难以赋予意义的材料，更应即时复习。对于学生而言，一种已经被广泛证明的简单高效的方法是，在每天晚上睡前花 15～20 分钟时间，快速地将当天识记过的内容再次在头脑中过一遍，将可大大减少未来复习巩固所需的时间。

另外，有关**过度学习**（over learning）的研究表明，适当增加对刚刚能记住的材料的学习遍数有利于巩固记忆。过度学习是指在“记得”“学会”的基础上，再增加一些学习时间，使得对学习材料的掌握达到更高的程度。一般来说，过度学习率保持在 50%～100%最好。过度学习特别适用于那些必须准确回忆却缺乏意义的操作性信息，例如乘法口诀表、汉字书写和单词拼写等。

> **过度学习** 在“记得”“学会”的基础上，再增加一些学习时间，使得对学习材料的掌握达到更高的程度。

二、分散记忆

在学校教学实践以及各类培训教育中，学习者经常需要在一段较短的时间内记住、掌握某一内容，例如考前复习、外语培训中的所谓“浸入式”学习（培训期间高强度、高密度地接触知识）。那么，这种短期的密集式学习是否真的有效呢？关于识记某一知识时应当将时间集中还是分散的问题已经探讨了一个多世纪，目前所形成的共识是：将某一给定的时间拆分或间隔为多个节段的记忆效果（以延时测试成绩为衡量标准）优于集中记忆的效果，这方面的实验依据非常丰富。例如，有一项研究让大学生被试采用分散的方式记忆外语单词，并在8年后考查其影响，仍然发现了分散效应（Bahrick & Phelphs，1987）。还有研究发现较大间隔的分散可促进初中生对历史知识的记忆，帮助他们在9个月之后进行的测验中取得更好的成绩（Carpenter et al.，2009）。

虽然总体而言，以往的研究已明确分散记忆的效果优于集中记忆，但对于学习者或教学者而言，使用这一策略时必然会考虑的一个问题是："我该如何安排分散的时间间隔？"分散效应的实验范式一般为"初次识记→间隔（时间或插入其他任务）→再次识记→间隔→最终测试"。按一般性的推理，如果最终测试之前的时间间隔是固定的，那么识记阶段的时间间隔越大，首次识记后的遗忘也将越多，进而将影响最终测试的成绩。但研究表明，在一定范围内，增大间隔能带来更好的学习效果（间隔超出某一临界点之后，最终测试成绩将有所下降）（Rohrer & Pashler，2010）。因此，分散学习实验范式中的两次"间隔"都是至关重要的，科学地安排"间隔"将有助于实现记忆效果的最优化。研究表明，记忆阶段的间隔时间控制在测试间隔时间的5%～10%是最佳的（Cepeda et al.，2008）。

另外，近年来在线学习形式的发展与普及引发人们对碎片化学习的讨论，因为碎片化的在线学习与分散学习方式非常类似。移动互联技术的进步在便捷了信息沟通的同时，也带来碎片化的时间和碎片化的内容：我们可能经常在用APP背单词时点开社交软件闪动的头像，回复完信息后再继续背，一长段时间的专注学习变得越来越难得；而且在海量信息社会，各类微课层出不穷，碎片化的学习内容正变得越来越多。那么，在线学习中是否存在分散学习效应？不同时间间隔对在线学习效果的影响如何？有研究发现，采用短时间间隔方式在线学习的实验组学生成绩显著优于采用长时间间隔方式在线学习的控制组，短学习时间间隔下学生更容易产生对知识的深度认知加工行为，且学习时间间隔以首次练习正确率为中介因素对最终学习成绩产生影响。这说明在线学习中存在分散学习效应。只要保证学习者在一个较长的时间段内能够相对完整地完成所有知识内容的学习，碎片化学习就有可能对在线学习效果产生积极的影响。因此，应将学习时间安排纳入在线学习设计之中，探索不同类型知识的最优学习时间间隔并进行学习推荐，以更好地适应越来越普遍的碎片化学习。

三、利用线索

随文提问：把一件事想起来，可以利用哪些线索？

一个有效的线索往往能够帮助你在一场考试中快速地回想起某个知识点。你还会发现，测试的题型不同，其难易程度也会不同。例如，你会做出选择题比问答题更容易的判断，原因可能是相对于问答题来说，选择题能够提供更多的信息或者线索。也就是说，线索是那些能够帮助个体想起存储在记忆中的信息的刺激，包括词语、地点、歌曲、气味、图像等。

一个提取线索是否有效取决于被搜索记忆的类型是否与该记忆被存入长时记忆时所形成的关联匹配。当我们记忆中所形成的有关事物的相关信息与线索相一致时，我们就可以很好地提取所需要的内容。而有时我们并没有那些线索，这就需要我们去创造新的线索，也就是要学会对材料进行精细加工。精细加工是指在任何特定水平上，对材料进行充分加工，从而加深与个体原有的记忆的联结，使其具有一定的意义。已有实验表明，个体在学习过程中对所学材料加工得越精细，记忆的效果会越好。其原因在于：可以增强新信息的独特性，从而使其能与其他的信息区分开来；可以使我们获得更多用以推断的材料，而且这些推断和回忆是完全正确的。有研究采用事件相关电位（ERP）技术探讨了提取线索的强度如何影响记忆效果，结果发现提取强线索词时个体的加工方式与精细加工类似，也就是说更强的提取线索会引发有关情境背景信息的回想，从而提高回忆成功率（马小凤等，2022）。

心理学与生活

如何利用线索帮助我们记住一份购物清单

去超市大采购时，我们通常会列一张清单以提醒自己不要漏了什么。没有清单，我们总觉得会忘掉几件东西。其实，只要掌握了下面两种利用记忆线索的小策略，我们可能连清单都不用带就能牢牢记住要买的东西。

位置记忆法（loci method）是一种传统的记忆术，古时的演讲家经常使用。使用位置记忆法，就是学习者在头脑中创建一个熟悉的场景，在这个场景中确定一条明确的路线，在这条路线上确定一些特定的点，然后将所要记的项目全都视觉化，并按顺序和这条路线上的各个点联系起来，回忆时就可以各个点为线索，将其一一提取出来。例如，我们要购买奶粉、黄油、面包、啤酒、香蕉等，我们可以将其与每天经过的路线相联系——银行、邮局、书店、宿舍、食堂，然后就可以自行建立联系，如银行里的人在喝啤酒庆祝、邮局里的人用黄油贴邮票……

词栓法（peg word method）指记住与1～10这些数字押韵的一组“词栓”，然后创造心理表象，将那些要记忆的系列内容与特定的词栓联系起来。每个人都可以创造适合自己的“词栓”系统，将其牢记后，即可将要记忆的项目逐渐往上“挂”。例如：1，小溪，想象要记的项目在小溪上漂浮；2，天鹅，想象要记的项目坐在天鹅上；3，高山，想象要记的项目放在山顶上……

四、再现事件发生的情境

情境能够影响人们将什么编码到一个记录事件的记忆痕迹之中，所以当编码和提取时的情境相匹配时，记忆效果可能会更好，这被称为情境效应。这也是警察如此注重保护案发现场的原因之一。戈登和巴德莱（Godden & Baddeley，1975）曾用“潜水”实验证明了物理情境对于记忆的重要性。在这个实验中，他们让一组被试穿戴上潜水装备在水下学习一组单词，另一组被试在陆地上学习同一组单词。随后分别让两组被试中的一半在水上进行测验，另一半在陆地上进行测验。结果表明，编码和提取发生在同一情境中，回忆成绩会更好。随着虚拟现实（virtual reality，VR）技术的发展，研究者们利用VR 模拟的场景验证了情境一致性效应，他们使用 VR 系统复制了戈登和巴德莱的“潜水”实验。结果表明，在 VR 环境中学习语义信息的学习者在现实环境中的记忆识别任务中表现出色，而在 VR 环境中的识别任务中的记忆效果较差（Parker et al.，2020）。这些发现复制并扩展了戈登和巴德莱的实验结果，再次证实了情境记忆的重要性。

此外，也有研究发现，当一个人提取信息时的心境与编码信息时的心境相一致时，记忆效果会更好（Eich & Metcalfe，1989）。当不同情绪性质的材料与被试的心境状态相一致时，个体对学习材料的记忆效果也会发生不一样的变化。也就是说，一个人高兴时就容易记住那些高兴的事情，悲伤时就容易记起那些悲伤的事情。例如，在一项研究中，被试在正常的心境状态下学习含有积极的、消极的以及中性的单词的词表。在随后的测验中，研究者为被试营造了积极或消极的心境状态，结果发现被试回忆起较多与他们测验时心境状态一致的单词。

总而言之，当个体学习时的情绪状态和物理环境与提取时的情绪状态和物理环境相一致时，个体就更容易回忆起材料。所以在准备一场考试的时候，可以在将要举行考试的教室进行复习，考试时便可以再现学习的情境，从而促进记忆的提取。有研究表明，相对于花费同样的时间在同一个地点学习，在不同地点学习能让人们更好地记住材料（Smith et al.，1978）。其原因可能是，在不同地点学习可以防止人们将学习内容只和一个地点相联系。

五、提高对识记内容的加工水平

不同程度的加工水平会产生不同的记忆效果。在记忆的信息加工模式中，从短时记忆进入长时记忆包含着复述过程。复述是对信息进行重复的过程，包括机械复述和精细复述。机械复述是指简单地对信息进行重复，而不考虑其含义，也不与已有的知识联系。例如，背英语单词时，有的人会反复地记单词，直至记住为止。事实上，我们会发现这种记单词的方式往往效果不佳，过了一段时间也许就将这个单词忘得一干二净了。可是，当我们对单词进行造句或者将其放到文章中加以理解时，单词会记得更加牢固。这是由于我们对这个单词进行了精细加工，即将它的含义与我们已有的知识联系在一起。

随文提问：试着把几个难记的英文单词用联想法来记忆。

为什么会出现这样的差异呢？加工水平理论认为，编码涉及从表层到深层的连续体，加工得越深，记忆效果越好。加工深度由编码过程中的任务特点决定，存在两种水平：浅加工和深加工（Craik & Lockhart，1972）。浅加工很少涉及信息的意义，主要关注信息的物理特征和知觉特征，例如线条、角度和轮廓等构成物体物理外观的表征。对单词进行机械复述更多的是对单词进行浅加工，只是在不断重复而不考虑它的意义，也不和其他已有的知识发生联系。深加工发生在精细复述的过程中，即利用语义、意义和符号特征等，使之与已有的知识联系在一起。根据加工水平的原则，人们对刺激加工得越深，就记得越牢固。也就是说，精细复述之所以优于机械复述，是由于我们的大脑对刺激或者信息进行了更深的加工，使得信息能够更好地保留在我们的大脑之中。

有一项研究通过对一个单词提出不同类型的问题，进而改变对这个单词的加工水平，证实了不同的加工水平会产生不同的记忆效果（Craik & Tulving，1975）。在实验中，首先向被试询问不同类型的问题。浅加工水平的问题主要涉及单词的物理特征，例如："这个单词是大写的吗?"较深加工水平的问题和单词韵律有关，例如："这个单词是否和train押韵?"最深水平的加工通过一项涉及词汇意义的任务来实现，例如："这个单词可否填入句子'他在路上看见了一辆________'?"被试回答完上面的问题后，完成一项记忆测验。结果表明，更深水平的加工和更好的记忆效果有关。

此外，我们有时会发现，当我们将信息与自己联系在一起时，记忆效果会更好，这被称为自我参照效应。罗杰斯等（Rogers et al.，1977）让被试记忆单词，每个单词与四种不同性质的问题相联系。例如，记忆happy这一单词，有关物理特征的问题为："是用小写字母写的吗?"有关押韵的问题为："是否与snappy押韵?"有关意义的问题为："是否与upbeat的意思相同?"有关自我参照的问题为："能否用来描述你此刻的心情?"结果发现，被试在四种条件下的回忆正确率分别为5%、8%、14%、30%，即被试更可能记住与自己有关的单词。研究者认为，这可能是由于有关自己的信息能够使个体在大脑中产生更为丰富详细的表象。所以，在记忆时，我们可以尽量将识记内容与自身形成联系，以增强记忆效果。

六、经常进行"提取"练习

根据信息加工心理学的观点，记忆包含编码、存储和提取的过程。编码被认为是学习和记忆某一内容的关键阶段，诸如谐音字法（山巅一寺一壶酒=3.141 59）、词栓法等记忆策略均是从帮助学习者更好地对材料进行"编码"的角度开发和设计的。提取则被认为是用于支持当前内容的编码，使其通过复述或精细加工得以存储下来的过程。学习过程中典型的"提取"包含在考试、课堂小测、课堂提问、自我测试等教与学的事件中。例如，当老师问你"李白是哪个朝代的诗人"时，你回答"唐代"便包含你对存储在头脑中的知识的提取意思；当你背诵了几遍期末考试的材料，尝试着去回忆它时，你就是在进行"提取"练习。我们或许都知道，在背诵过程中尝试回忆是一项很有帮助的策略，它可以提示我们哪些已经记住、哪些还需加强，相当于起到了元认知的监控作用。近年来有关测试效应（testing effect）或提取练习效应（retrieval practice effect）的研究表明，测试或尝试回忆等所包含的"提取"，除了有"元认知"作用之外，可能还包括更为直接的记忆保持作用，尤其是长时记忆保持的关键作用。

学术前沿

测试效应

卡匹克和罗迪格（Karpicke & Roediger，2008）在《科学》杂志上发表的一项关于测试效应的研究指出，"提取"对于学习（记忆）而言，有在之前的研究中未被充分发现的重要意义。

研究让大学生被试在四种条件下记忆词对（形式类似于“APPLE-苹果”）：(1) S-T-S-T-S-T-S-T，简称ST，S代表Study，即被试记忆词对；T代表Test，即对被试进行词对测试（“APPLE-?”）。(2) S-T-Sn-T-Sn-T-Sn-T，简称SnT，Sn指仅学习未成功回忆的词对。(3) S-T-S-Tn-S-Tn-S-Tn，简称STn，Tn指先前回忆成功的词对将不再加入随后的测试。(4) S-T-Sn-Tn-Sn-Tn-Sn-Tn，简称SnTn。结果发现，ST组和SnT组的回忆率都约为80%，而STn组和SnTn组的回忆率分别仅为36%和33%。“重复学习”（编码）对回忆无显著促进作用，而“重复测试”（提取）则极大地促进了回忆。此外，研究还发现，被试对一周后的词对测试成绩的估计与其实际成绩不一致，表现为“重复学习”条件下被试产生了高估，而“重复测试”条件下被试低估了自己的掌握水平。从另一层面而言，虽然提取练习对于巩固学习有巨大意义，但即便是大学生被试也未能意识到这一促进学习的关键所在。

资料来源：Karpicke, J. D., & Roediger, H. L., 3rd (2008). The critical importance of retrieval for learning. *Science* (New York, N. Y.), *319 (5865)*.

测试效应指对某一学习内容进行一次或多次测试（提取练习），比相同时间的重复学习能更好地提高后来对它的记忆保持水平，尤其是长期保持水平。我们在学习过程中应如何加以具体应用呢？例如，对于一个已经能成功回忆一次的内容，接下来应如何安排提取的时间间隔？提取几次才能达到最好的“性效比”？认知科学家在实证研究的基础上提出了建议：应确保在学习阶段对其进行三次的成功回忆（提取），并在随后采用分散学习的方式重新学习三次（尽可能延长各次的时间间隔）（Rawson & Dunlosky, 2011）。张锦坤和连榕（2013）通过对认知科学与教育心理学研究中有关学习和记忆策略的相关研究的综合分析，总结了有效学习的三个易控变量，“提取练习”即为其中之一（另两个是控制学习和记忆的时间间隔和学习顺序，在本节已述及）。研究者指出了学习实践中存在的较为突出的一个问题：虽然基于“提取”的记忆策略对于所学内容的长效保持是极为重要且有益的，但大多数学习者并未意识到这一点，甚至有所排斥。纠正这种“认知偏差”是有效记忆的关键所在。此外，新近的研究还发现提取练习有助于减少任务转换导致的消极作用（肖晶晶等，2024）。近年来智能便携学习终端的发展提升了学习过程中任务转换的频率：用外语词汇APP背单词时，突然社交软件弹出一条消息，回复完信息后再回到单词学习页面，这一转换过程可能降低单词记忆保持率。该研究发现，对于包含一定任务转换频率的学习事件，及时对所学内容进行提取练习（测试）有助于加强记忆建构和巩固记忆痕迹。

总而言之，对于记忆的促进主要是通过对编码和提取这两个方面的提升实现的。在你学习一个新的知识点时，要想有效地达到记忆的目的，你要在抓住注意和记忆的关系的基础上，赋予新的知识点生动的含义，并将新知识与已有的知识联系起来，然后还要将知识组织在一起，明白彼此间的联系。还要通过不同的提取方式，例如测验、提取线索等，帮助你在必要的时候有效地回忆起那些知识。

基本概念

感觉记忆 短时记忆 长时记忆 情景记忆 语义记忆 陈述性记忆 程序性记忆 错误记忆 外显记忆 内隐记忆 元记忆 前瞻记忆 回溯记忆 前摄抑制 后摄抑制 舌尖现象 逆行性遗志 顺行性遗忘 过度学习

本章要点

1. 记忆是人脑对过去经验的保持和提取。记忆由三个环节构成：识记、保持和再认或回忆。这三个环节相互影响、相互依存。

2. 根据记忆保持时间的长短，可将记忆分为感觉记忆、短时记忆和长时记忆。根据所存储信息的类型，可将记忆划分为情景记忆和语义记忆。根据信息加工处理与存储的方式不同，可将记忆分为陈述性记忆和程序性记忆。根据提取的准确性，可将记忆划分为正确记忆和错误记忆。根据记忆中意识参与程度，可将记忆分为外显记忆和内隐记忆。根据记忆加工的控制的层面，可将记忆分为客体记忆和元记忆。根据记忆内容在时间轴上的指向，可将记忆分为前瞻记忆和回溯记忆。

3. 艾宾浩斯遗忘曲线表明遗忘在学习之后立即开始。遗忘在其初期速度很快，以后则逐渐减慢。过了很长一段时间后，遗忘几乎不再发生。遗忘的消退理论认为，遗忘就是这些记忆痕迹得不到强化而逐渐减弱以至最后消失的过程；干扰理论认为，遗忘是其他信息的干扰所致；同化理论认为，某些遗忘可能是由于认知结构出现了简化，高级的概念代替了低级的概念；动机性遗忘理论认为，个体在一定的动机驱使下，会对某些信息产生主动性遗忘；提取失败理论认为，遗忘是由于对记忆中的信息无法提取。遗忘症是一种常见的记忆障碍，常见的有逆行性遗忘和顺行性遗忘。

4. 保持记忆的一项最简单的原则是即时复习；过度学习的研究表明，适当增加对刚刚能记住的材料的学习遍数有利于巩固记忆。相比集中记忆，分散记忆让我们记忆保持得更久。

5. 一个有效的线索可以帮助学习者在一场考试中快速地回想起某个知识点，位置记忆法和词栓法都是创建线索的有效方法。情境效应表明当编码和提取时的情境相匹配时，记忆效果可能会更好。

6. 不同的加工水平会产生不同的记忆效果。加工水平效应、自我参照效应均表明将记忆内容与自身形成联系，可以提高记忆水平。

7. 测试效应的相关研究告诉我们，要想使学习内容在头脑中保持得长久些，应经常进行提取练习。

思考题

1. 什么是记忆？记忆的类型和各自的特点有哪些？

2. 艾宾浩斯是如何研究遗忘的？根据他的发现，遗忘有何特点和规律？

3. 遗忘产生的理论解释有哪些？它们对如何防止遗忘有何启示？

4. 前摄抑制和后摄抑制在学习过程中有何影响？可以通过什么方式来减少它们的影响？

5. 面对即将到来的考试，采取哪些方式可以帮助你更好地掌握知识点，从而顺利地通过考试？

6. 参加1921年中国共产党第一次全国代表大会的有哪些代表？你会采用什么方法来记住他们的名字？

推荐阅读

杨治良，孙连荣，庞菁华．(2012)．*记忆心理学*．上海：华东师范大学出版社．

李士一．(2023)．*空间内隐记忆研究*．天津：天津教育出版社．

刘希平，唐卫海，钟汝波．(2022)．*记忆与元记忆心理学*．北京：北京师范大学出版社．

连榕．(2010)．*认知心理学*．北京：高等教育出版社．

第七章
学　习

【学习目标】

1. 什么是学习？
2. 行为主义学习理论的基本观点有哪些？
3. 认知主义学习理论的基本观点有哪些？
4. 什么是高效率学习？其基本特征有哪些？
5. 高效率学习的认知心理要素有哪些？

【章节导读】

20世纪初，一匹叫汉斯的马引起了巨大的轰动。汉斯的主人是一位好奇心很强的数学老师，名叫威廉·冯·奥斯顿。他是进化论的积极倡导者，他相信动物像人类一样聪明。1900年，他买下汉斯，并开始给它上数学课。他想弄清楚，经过系统的教授，一匹马的数学能力终究能发展到什么水平。

经过四年的充分教学，1904年，奥斯顿和汉斯进行了首次公开演示课。当时，只有为数不多的观众应邀来到奥斯顿家的院子里，他们围成一个半圆。奥斯顿蓄着长长的白胡须，身着宽松的工作服，头顶黑色礼帽，站在汉斯身边。然后，他请观众出计算题。令人称奇的是，不论是简单的加减法还是复杂的求平方根等计算题，汉斯每次都能以踩踏鹅卵石的方式给出正确答案。

后来，通过不断反复的教学努力，汉斯能识别时间，能为一段旋律选择合适的音调，会通过点头或摇头来回答问题。有一次，汉斯以变换踩踏次数的方式，正确指出了字母表中字母的位置，接着又表演了逐字母拼写单词的本领。凭借这种高难度的技能，汉斯甚至能正确地拼写出观众的名字（怀斯曼，2016）。

请思考以下两个重要问题：

第一，汉斯学会了什么？

第二，汉斯是如何学会的呢？

第一节　学习概述

学习现象在人类和动物中普遍存在。例如，儿童学会使用筷子，成年人学会驾驶汽车，鹦鹉学会模仿人类的简单语言，猴子学会骑自行车，等等。虽然学习是人类和动物所共有的，且是人类和动物适应环境的必要条件之一，但迄今为止只有人类才能对学习本身进行探究。科学心理学诞生之前，东西方文明都积累了丰富的关于学习心理的思想。例如，中国古代圣贤孔子提出了“学而时习之”“温故而知新”等重要论述；古希腊哲学家柏拉图、亚里士多德提出了学习的三条联想律，即相似律、接近律和对比律。科学心理学诞生之后，心理学家采用实验方法对学习进行了大量的研究。经过百余年的发展，有关学习的研究日趋系统与丰富，形成了诸多学习理论。目前，学习心理已成为心理学最重要的研究领域之一。

一、学习的含义

学习的内容非常广泛，学习的过程非常复杂，学习的形式非常多样。因此，要对学习做出准确的界定并非易事。随着心理学家对学习研究的深入与发展，许多学者从不同角度对学习的实质或本质提出了不同观点。

（一）广义的学习

广义的学习　由经验（或实践）引起的个体知识或行为的相对持久的变化。

广义的学习（comprehensive learning）是指由经验（或实践）引起的个体知识或行为的相对持久的变化（伍尔福克，2015）。该概念是目前被广泛接受的一个定义。它包含四个方面的要点：

（1）行为或行为潜能的改变。学习是通过个体的行为变化来体现的，而行为变化仅仅是个体内部变化的外在表现。因此，越来越多的学者认为，除了外在的行为变化之外，学习也应包括以某种方式引起个体行为潜能的改变，如个体的态度、信念、人格特质、知识和技能等。

（2）由个体经验引起的相对持久的变化。经验通常是个体通过某种活动获得的。因此，从这个角度而言，个体因成熟、遗传、脑损伤或某些疾病等而引起的行为变化不能归为学习。

（3）人类和动物共有的现象。人类和动物行为有两类：一类是本能行为，一类是习得行为。前者是通过遗传而来，是不学而能的；后者则是人类和动物在后天环境中通过学习获得的个体经验，从本质上说，它是一种适应性行为。因此，学习并非人类所独有，动物也能产生学习。

（4）没有价值观的批判。学习引起的变化并不意味着行为的改变都是积极的。个体习得不良行为、不良事物等也是学习。

心理学与生活

乌鸦喝水——它真的知道吗?

乌鸦真的会用石头喝到水吗？有一项研究通过三个实验对此问题进行了探讨。实验1的结果发现，白嘴鸦能快速地学会利用石头吃到漂浮在瓶中水面上的虫子；实验2的结果发现，当在实验中同时给白嘴鸦提供大小两种石头时，它们能快速地学会懂得大石头的效果比小石头更好；实验3的结果发现，当在实验中同时设置水与锯末两种情境时，白嘴鸦能快速地学会往装水的瓶子里投石头，表示它们知道往装有锯末的瓶子里投石头不管用。

资料来源：Bird，C. D. & Emery，N. J. （2009）. Rooks use stones to raise the water level to reach a floating worm. *Current Biology*，*19*（16）.

（二）狭义的学习

狭义的学习 凭借间接经验产生的、按照教育目标要求的、比较持久的能力或倾向的变化过程。

狭义的学习（narrow learning）是指凭借间接经验产生的、按照教育目标要求的、比较持久的能力或倾向的变化过程（沈德立，2006）。它一般是指学校教育情境中学生的学习，是人类学习的一种特殊行为，与动物学习具有本质上的区别。具体而言，它具有三个典型特点：

（1）学生的学习是教师指导下的有目的、有计划、有组织的学习。学生的学习都是在学校情境中发生的，是教师依据社会需要和教育目的要求，并依据学生的身心发展特点，把教学大纲和教科书所规定的内容传授给学生，以改变学生的心理与行为的过程。学习材料的结构与层次、学习过程的系列与程序都是经过精心设计和安排的。

（2）学生的学习以系统掌握间接经验为主要任务。学生的学习是与人类一般的认识过程有所不同的认识过程，它主要是通过教师的传授在短时期内掌握前人积累的间接知识经验，进而为未来亲身实践以及进一步认识、改造世界打好基础。因此，学生的学习是以间接学习为主。

随文提问：如何区分日常生活中的学习与非学习现象？

（3）学生学习的目的是在短时期内发展自身认知能力和品德。人类在探索世界过程中所积累的科学文化知识，本身蕴含着丰富的有关认识过程和认识方法的规律。学生只有通过不断地掌握前人认识成果，才能促进自身认识能力的发展。在学生学习过程中，掌握科学文化知识和培养道德品质是相辅相成的两个方面。具体体现为：品德形成依赖于科学文化知识的掌握；反过来，已形成的良好品德又能进一步调动学生学习的积极性和主动性。因此，从这个角度来讲，学生的学习既是学习知识经验的过程，也是学习做人的过程。

二、学习的分类

（一）依据学习主体

从学习主体即学习者的角度，通常可以将学习分为三类（卢家楣等，2014）：

（1）**人类学习**（human learning）是指人类主动适应并积极改造自然和社会环境，以满足自身生理和社会需要的学习。这种学习具有明确的目的性，且主要是通过第二信号系统在社会实践与交往活动过程中以间接方式获得经验，并概括抽象事物的概念及其相互关系。

人类学习 人类主动适应并积极改造自然和社会环境，以满足自身生理和社会需要的学习。

动物学习 动物消极被动地适应环境变化，以满足自身生理需要的学习。

机械学习 从研究人类学习行为出发，研究一些认识客观世界的基本方式，获取各种知识和技能，以对人类的认识规律进行探索，深入了解人类的各种学习过程，借助计算机科学和技术原理建立各种学习模型，从而为计算机系统赋予学习能力。

（2）**动物学习**（animal learning）是指动物消极被动地适应环境变化，以满足自身生理需要的学习。这种学习主要是通过第一信号系统在生存适应活动过程中以直接方式获得经验或生存技能。

（3）**机械学习**（rote learning）是指从研究人类学习行为出发，研究一些认识客观世界的基本方式，获取各种知识和技能，以对人类的认识规律进行探索，深入了解人类的各种学习过程，借助计算机科学和技术原理建立各种学习模型，从而为计算机系统赋予学习能力（陈琦，刘儒德，2007）。这种学习是人工智能领域的一个重要分支。

（二）依据学习过程的繁简难易程度

从学习过程繁简难易程度的角度，加涅将学习分为八类：

（1）信号学习是指个体在经典条件作用基础上形成的对某个信号刺激做出特定反应的学习。这种学习以经典条件作用为基础，是行为形成的最小单位。

（2）刺激-反应学习是指个体在操作性条件作用基础上形成的学习。

（3）连锁学习是指个体将一系列刺激-反应联合起来，以形成复杂行为模式的学习。

（4）言语联想学习是指以言语为单位的连锁学习。通过这种学习可以形成一系列连续性的语词联结。

（5）辨别学习是指个体学会识别多种刺激的异同并对之做出不同反应的学习。

（6）概念学习是指个体学会对同一类事物的共同属性做出同一反应，并能抽离出同类事物的本质属性以形成概念的学习。

（7）规则学习是指个体了解两个及两个以上概念之间的关系的学习。

（8）解决问题的学习是指运用所学规则以解决实际问题的学习。

（三）依据知识获得方式

从个体获取知识方式的角度，奥苏贝尔将学习分为两类：

（1）**接受学习**（reception learning）是指将所学的内容以确定的方式传授给学生。在这种学习中，学生只需要将教师讲授的内容加以内化或组织，以便在将来的某个时期可以利用或再现它。接受学习具有两个典型特点：一是在学习过程中以教师讲授为主；二是通过讲解可以提高学生的认知水平。

> **接受学习** 将所学的内容以确定的方式传授给学生。
>
> **发现学习** 学生在学习情境中，经由自己的探索寻找，获得问题答案的一种学习方式。

（2）**发现学习**（discovery learning）是指学生在学习情境中，经由自己的探索寻找，获得问题答案的一种学习方式。这种学习的关键是学生独立学习、独立思考，最后掌握基本的原理。

（四）依据学习目标

从个体学习目标的角度，布卢姆将认知领域的学习分为六类（张积家，2016）：

（1）认识是指个体对知识的简单回忆。

（2）理解是指个体解释所学知识。

（3）应用是指个体在特殊情况下使用概念和规则。

（4）分析是指个体区别和了解事物的内在联系。

（5）综合是指个体对各种思想进行整合，产生新结构。

（6）评价是指个体根据内部证据或外部标准做出判断。

根据布卢姆的观点，这六类学习的关系是由简单到复杂，后一类学习的获得以前一类学习的获得为基础。

（五）依据学习内容及结果

从学习内容及结果的角度，我国著名心理学家潘菽（2001）将学习分为四类：

（1）知识的学习，主要是指知识的理解、保持、迁移和应用。

（2）技能的学习，主要是指运动、动作技能的熟练。

（3）能力的学习，主要是指以思维为主的心智能力的锻炼。

（4）道德品质和行为习惯的学习。

根据潘菽的观点，这种分类的优点在于比较符合教育工作的实际需要，教师可以针对不同类型的学习形式的特点，根据不同的特殊规律进行教学和指导学生的学习。而缺点在于，这是一种人为的分类。事实上，学生的学习不能简单地区分为知识的、技能的或道德品质的学习。

三、学习与脑

（一）大脑单侧化

人类大脑分为两个半球。虽然它们看起来相似，但是两个半球在形状、大小和功能上存在一定的差异，即单侧化（lateralization）或称为大脑两半球的功能特异化。对正常人大脑半球功能单侧化的大量研究发现：左半球通常控制言语过程，如言语、阅读、书写、数学运算和逻辑推理；右半球通常控制非言语过程，如空间、音乐、艺术、想象和创造力等。总体来说，左半球用一种更加集中和分析的方式加工信息，右半球则用一种更加全面或广泛的方式整合信息（费希特，罗森博格，2012）。

值得注意的是，大脑两半球功能的单侧化并不是绝对的，正常情况下大脑两半球是协同活动的。一些研究者采用高空间分辨率的fMRI发现，大脑在处理语言时，会同时激活不同的脑区（马来阳等，2021）。例如，有研究发现，当个体执行汉语语言认知任务时，双侧额下回、双侧额中回、左中央前回以及双侧小脑上部都会被激活（Xi et al.，2017）。有关双语者及多语者的研究发现，不同语言的语音、语义和语法处理过程在大脑半球中激活的脑区不同，但彼此之间存在重叠和功能联结（马来阳等，2021）。游旭群和宋晓蕾（2009）采用Kosslyn单侧视野速示技术发现，大脑两半球均参与产生视觉心理表象，但分工不同，并表现出不同的单侧化效应。具体而言，大脑左半球通过类别空间关系产生表象时更有效，大脑右半球通过数量空间关系产生表象时更有效。徐福明和黄龙（2020）采用经典决策范式和单耳听力任务发现，大脑左右半球的激活对公平判断中的框架效应的影响存在不对称性。具体而言，在大脑左半球被激活的状态下，不存在公平判断框架效应；而在大脑右半球被激活的状态下，则会出现公平判断框架效应。

（二）大脑的可塑性

对每个人来说，大脑都是独一无二的器官。自出生起，大脑就开始对个体的经历进行持续的编码，形成情绪和思维模式等。正是这些经历的不断积累使你成为自己。自20世纪60年代起，罗森茨维格（M. R. Rosenzweig）及其同事通过一系列实验证明学习（经验）会影响大脑神经系统的发展。在其中一个实验中，他们将老鼠分成三组（见图7-1）：标准组是几只老鼠一起生活在空间足够大的实验室笼子里；贫乏组是一只老鼠生活在一个单独隔离的小笼子里；丰富组是6～8只老鼠生活在一个装有各种可供玩耍的物品的大笼子里。三组老鼠总能获得适量的水和食物。实验结果发现，生活在丰富环境中的老鼠的大脑皮层更重、更厚，RNA和DNA的比率更大，且神经突触也更大。

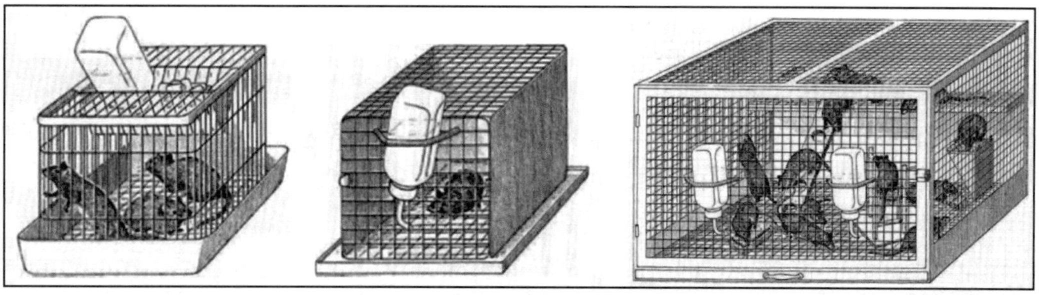

图7-1 三组老鼠的饲养环境

上述现象被称为大脑可塑性（brain plasticity）或神经可塑性（neurology plasticity），是指大脑的功能和结构在先天遗传和后天经验的相互作用下发生改变的能力（彭聃龄，2012)。脑功能可塑性是指脑区间发生的功能分离或整合，表现为脑功能网络重组或脑自发活动功能性重组以及功能连接增强，不涉及大脑结构的变化（霍丽娟等，2018；湾明月等，2020；Huang et al.，2014）。脑结构可塑性在宏观水平上包括皮质厚度、灰质体积、白质纤维连接强度和方向等的变化；细胞水平包括神经元和突触形态学变化；分子水平包括细胞内外刺激信号和细胞核内基因转录的改变（杜新，陈天勇，2010）。细胞和分子水平的脑结构可塑性常被认为是神经的结构可塑性（陈爱国，颜军，殷恒婵，2011）。现代认知神经心理学发现，神经系统中以学习（经验）为基础的变化一般通过多种方式发生。其中，新突触的形成或与其他神经元建立联系被称为突触发生（synaptogenesis），这是学习的基础（费希特，罗森博格，2012）。

自 20 世纪 90 年代以来，脑科学研究提出了一系列关于大脑可塑性的原则。具体如下：（1）大脑可塑性是大脑运用新功能、重组自身或终生构建新神经连接的能力，这种能力是学习（经验）的一种作用。（2）几乎每一种主要的神经元结构都能够产生以学习（经验）为基础的变化。（3）并不是所有的大脑区域都具有同样的可塑性。（4）大脑可塑性随年龄的变化而变化，婴儿期和童年早期的可塑性最强，之后随着年龄的增长而逐渐下降。总体来说，大脑在我们的生命中从未丧失生长新神经元的能力（费希特，罗森博格，2012）。

随文提问：大脑在可塑性上有什么局限？

随着 ERP、EEG、脑磁图（MEG）、fMRI 等脑成像技术的迅猛发展，我国学者聚焦大脑可塑性开展了系列研究并取得了一定的成果。例如，杨占军等人（2013）探讨了不同培养环境对幼年和成年小鼠大脑可塑性变化的影响。结果发现，丰富的环境可以提高脑组织中超氧化物歧化酶（SOD）、谷胱甘肽过氧化物酶（GSH-Px）的活性，幼年期是使脑功能物质产生可塑性变化的主要时期。戴雯等人（2017）以乒乓球和羽毛球运动员为被试，探讨了长期系统化的运动训练对大脑运动皮层可塑性变化的影响。结果发现，长期专项训练不但能增强大脑皮层的兴奋性，而且可以根据不同的动作和技术特征表现出与之对应的大脑可塑性变化。

第二节 行为主义学习理论

一、经典条件作用

经典条件作用（classical conditioning），也称为经典条件反射，是指有机体学会将一个刺激和另一个刺激联系在一起的一种学习（伍德等，2018）。其实质是一种刺激的替代过程，即由一个新的、中性的刺激（称为条件刺激，CS）替代原先自然引发反应的无条件刺激（UCS）。它最早是由俄国生理学家伊万·巴甫洛夫（Ivan Pavlov）于 1903 年发现的。

经典条件作用 也称为经典条件反射，是指有机体学会将一个刺激和另一个刺激联系在一起的一种学习。

（一）经典实验

经典条件作用是巴甫洛夫在研究狗的消化系统功能的过程中偶然发现的。最初，为了检测狗的唾液中的消化酶，巴甫洛夫及其助手在狗的嘴巴里插入管子以收集唾液。然后，他们将肉末放入狗的嘴巴里，自然地引起狗分泌唾液。如此进行一段时间后，他们发现这些狗在呈现肉末之前就会开始分泌唾液，甚至狗在听到实验助手来给它们喂食的脚步声时就会开始分泌唾液。巴甫洛夫猜想这些狗已经在脚步声与肉末之间建立了联系。

名家趣闻

巴甫洛夫——一个不食人间烟火的知识分子

巴甫洛夫在进行实验研究时，非常严格，从不忽视细节。但在日常生活中，他则是不食人间烟火的知识分子。订婚之后，巴甫洛夫常常把自己微薄收入的大部分花在给未婚妻买奢侈品，如糖果、鲜花和戏剧票上。只有一次，他真的给未婚妻买了一件实用的礼物：在未婚妻旅行前，给她买了一双新旅行鞋。

可是，当他的未婚妻到达目的地时，她却发现旅行箱里只有一只鞋和巴甫洛夫写的一封信："不要找你的另一只鞋子了，我把它当作对你的思念，放在书桌上了。"

资料来源：赫根汉．(2003)．*心理学史导论*（第 4 版，郭本禹等译）．上海：华东师范大学出版社．

为了探清其原理，巴甫洛夫针对该现象开展了一系列控制严格的实验研究，实验装置如图 7－2 所示。其中一项研究中，巴甫洛夫在给狗呈现食物前，先呈现铃声，并测量狗分泌的唾液量。当铃声与食物配对重复出现几次之后，即使铃声出现之后并无食物出现，狗听到铃声后也开始分泌唾液。这表明狗已经被条件化，将铃声和食物的出现联系起来。结果是，铃声像食物一样具有引起狗分泌唾液的功能。

图 7－2　巴甫洛夫与经典条件作用实验

（二）工作机制

根据巴甫洛夫的实验研究，经典条件作用的形成依赖于以下几个因素及其关系的转变：

（1）**无条件刺激**（unconditioned stimulus，UCS）是指不需要经过预先学习就能够引起某种生理或情绪反应的刺激，如实验中的食物（桑特罗克，2008）。

（2）**无条件反应**（unconditioned response，UCR）是指由无条件刺激引起的自动的、无须学习的生理或情绪反应，如实验中食物放入狗口中所引发的唾液分泌反应。

（3）**中性刺激**（neutral stimulus，NS）是指不会自动引起生理或情绪反应的刺激（伍尔福克，2015）。

（4）**条件刺激**（conditioned stimulus，CS）是指先前的中性刺激由于与无条件刺激联结而最终变成的能够引起条件性生理或情绪反应的刺激。

（5）**条件反应**（conditioned response，CR）是指条件刺激与无条件刺激形成联结后对条件刺激做出的习得性生理或情绪反应。

无条件刺激 不需要经过预先学习就能够引起某种生理或情绪反应的刺激。

无条件反应 由无条件刺激引起的自动的、无须学习的生理或情绪反应。

中性刺激 不会自动引起生理或情绪反应的刺激。

条件刺激 先前的中性刺激由于与无条件刺激联结而最终变成的能够引起条件性生理或情绪反应的刺激。

条件反应 条件刺激与无条件刺激形成联结后对条件刺激做出的习得性生理或情绪反应。

根据巴甫洛夫的实验研究，采用图 7－3 中的实验安排即可产生经典条件作用。而经典条件作用工作机制的实质是：一个中性刺激与一个无条件刺激经过重复配对从而有效地诱发无条件反应的学习过程。在该学习过程中，中性刺激转变为条件刺激，进而具有与无条件刺激等同的效用。

随文提问：你在日常生活中应用过经典条件作用吗？

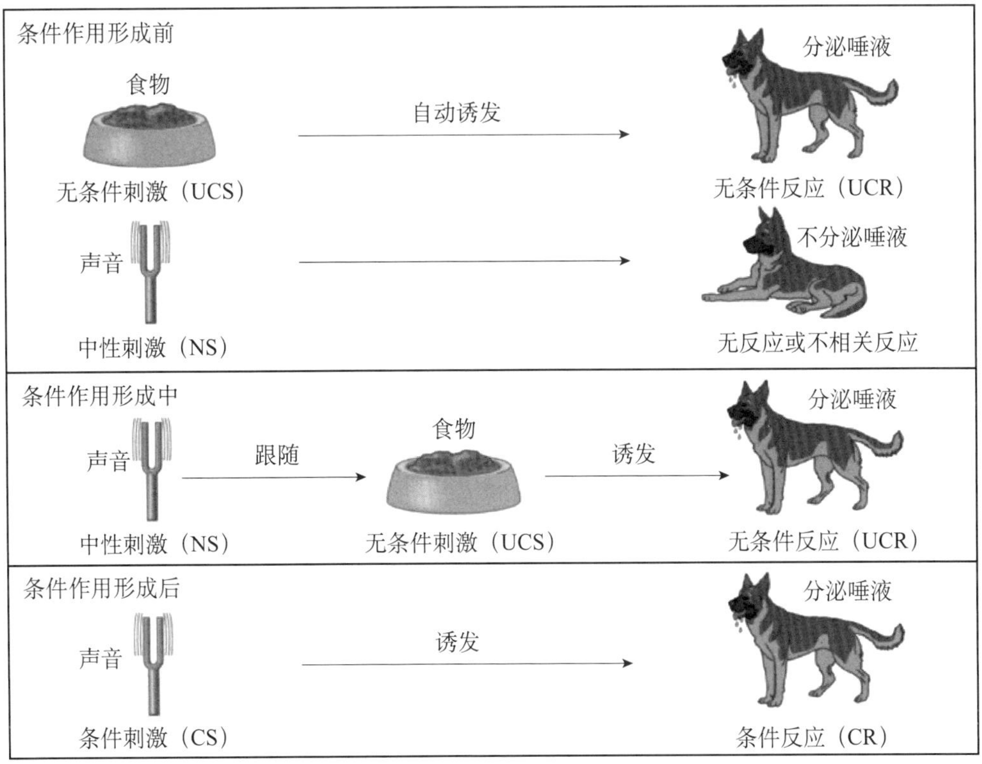

图 7－3 经典条件作用的工作机制

（三）基本观点

1. 习得与消退

习得（acquisition）是指在经典条件作用下有机体学会刺激与反应之间联结的过程，即通过一个中性刺激多次与无条件刺激相结合，使有机体学会对条件刺激做出条件反应的过程。

消退（extinction）是指在经典条件作用下，当条件刺激反复呈现却没有无条件刺激时，习得的条件反应逐渐消失的现象（夏克特等，2016）。也就是说，如果条件刺激多次重复出现而没有无条件刺激相伴随的话，则条件反应会变得越来越弱，并最终消失。值得注意的是，这种消退现象只是暂时的，并不是永久性的。经过一段时间后，当条件刺激再次单独出现时，条件反应又会再次出现，这种现象被称为自动恢复（spontaneous recovery）。

2. 泛化与分化

泛化（generalization）是指有机体对与条件刺激相似的刺激做出相似条件反应的现象。泛化反应的强度取决于新刺激与原条件刺激的相似程度，新刺激与原条件刺激越相似，其诱发的条件反应就越强。

> **习得** 在经典条件作用下有机体学会刺激与反应之间联结的过程。
> **消退** 在经典条件作用下，当条件刺激反复呈现却没有无条件刺激时，习得的条件反应逐渐消失的现象。
> **泛化** 有机体对与条件刺激相似的刺激做出相似条件反应的现象。
> **分化** 有机体对不同刺激做出不同反应的现象。
> **高级条件作用** 当条件反应形成时，可以单独运用条件刺激与另一个中性刺激建立联结的现象。

分化（discrimination）是指有机体对不同刺激做出不同反应的现象。它是经典条件作用的精确化过程。

泛化与分化是互补的过程。泛化是对事物相似性的反应，分化则是对事物差异性的反应。泛化能使我们的学习从一种情境迁移到另一种情境；分化则能使我们对不同情境做出不同的恰当反应，从而避免盲目行动。

3. 高级条件作用

高级条件作用（higher-order conditioning）是指当条件反应形成时，可以单独运用条件刺激与另一个中性刺激建立联结的现象。其实质是，当中性刺激转化为条件刺激后，条件刺激将具有无条件刺激的作用，即条件刺激可以作为另一种新的条件反应形成的无条件刺激。这种现象也被称为二级条件作用或次级条件作用。与此相对应，经典条件作用也被称为一级条件作用。根据巴甫洛夫的观点，在一级条件作用的基础上可以建立二级条件作用，而在二级条件作用的基础上则可进一步建立三级条件作用。

实践与应用

经典条件作用的应用

1. 将积极、快乐的事情与学习任务联结起来。例如：

（1）强调团体竞争与合作而不是个体竞争。许多学生对个体竞争存在消极的情绪反应，而这种消极的情绪反应可能会泛化到其他学习中。

(2) 让学生自己分配休息时间、享受分配的乐趣，并且让他们自己承担相应的结果。

(3) 创造舒适的阅读环境，如摆设五彩缤纷的书籍、放置阅读玩偶等，以此鼓励学生自愿读书。

2. 帮助学生自愿、成功地体验会引发焦虑的情境。例如：

(1) 在学习地图时，指派一名害羞的学生教其他两名学生如何分配学习材料。

(2) 为实现较大目标，先设置一些小步骤。对于害怕考试的学生，先每天设置一些不评分的小测试练习，再每星期进行一次评分稍大些的测试练习。

(3) 如果一名学生害怕在全班同学面前发言，就让这名学生先坐着向一个小组的同学读报告，接着站着读，再接着只报告重点而不逐字逐句读；然后，逐步让学生走到讲台上向全班同学做报告。

3. 帮助学生辨认情境间的差异或相似之处，从而使他们能恰当地进行分化与泛化。例如：

(1) 向学生解释，让他们明白拒绝陌生人的礼物是正确的；但如果父母在场，那么接受这种好意也是安全的。

(2) 让具有考试焦虑的学生相信，这次考试和其他考试是一样的。

资料来源：伍尔福克．(2015)．*伍尔福克教育心理学*（第12版，伍新春等译)．北京：中国人民大学出版社．

二、尝试-错误学习

(一) 经典实验

桑代克（E. L. Thordike）于19世纪90年代开创了对动物的主动行为进行实验研究的先河。其最为经典的实验为迷笼实验，实验装置如图7-4所示。

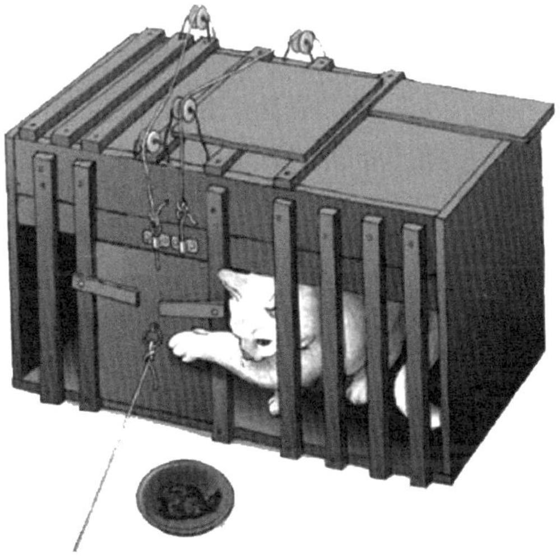

图7-4 桑代克的迷笼实验装置

在实验中，桑代克将一只饥饿的猫锁在一个迷笼里，外面放着一些食物，然后记录猫需要多长时间才能弄明白如何打开笼子。一旦猫触动装置跑出去，桑代克会立即抓住猫，并再次将猫放进迷笼里。一次又一次，桑代克反复地将猫关进迷笼，并记录猫每次打开迷笼所花的时间。

通过一系列实验，桑代克发现，当猫第一次被放进迷笼时，它会随机地四处乱抓乱窜，直到它偶然碰到装置并跑出来。经过几次尝试后，猫的行为的随机性越来越弱，尝试的次数越来越少，它从笼子中逃脱的时间也越来越短。据此，桑代克推测逃脱时间的减少意味着学习过程正在发生：猫正在将它的行为与行为结果联系起来。

（二）基本观点

桑代克通过一系列的动物学习实验，总结出三条重要的学习定律。

1. 练习律

练习律（law of exercise）是指某一刺激-反应之间的联结程度随练习次数的变化而变化（张春兴，1998）。具体而言，若联结得到练习和应用，这种联结就会得到增强；反之，联结则会减弱。根据桑代克的观点，练习律由使用律和失用律两部分组成。其中，使用律是指对刺激做出反应会增强它们之间的联结；而失用律是指在对刺激不做反应的情况下，联结强度会逐渐减弱。

2. 效果律

效果律（law of effect）是指某一刺激-反应之间的联结程度随反应之后的行为效果的变化而变化。具体而言，如果某个反应之后获得奖赏，刺激-反应之间的联结就会增强，以后在类似情境中重复该反应的可能性就会增大；反之，如果某个反应之后获得惩罚，刺激-反应之间的联结就会减弱，以后在类似情境中重复该反应的可能性就会变小。

3. 准备律

准备律（law of readiness）是指某一刺激-反应之间的联结程度随个体身心准备状态的变化而变化。准备不是指学习前的知识准备或成熟方面的准备，而是指学习者在学习开始时的预备定势，即联结的强弱程度取决于学习者的心理调节和心理准备。一般而言，个体在有准备且活动得以顺利开展时就感到满意，个体在有准备而活动无法顺利开展时就感到烦恼，个体在无准备而被强制开展某项活动时也会感到烦恼。

练习律 某一刺激-反应之间的联结程度随练习次数的变化而变化。

效果律 某一刺激-反应之间的联结程度随反应之后的行为效果的变化而变化。

准备律 某一刺激-反应之间的联结程度随个体身心准备状态的变化而变化。

操作性条件作用 也称为工具性条件作用，是指在一定的刺激情境中，个体某种反应结果能满足其某种需要，以后这种操作及活动得到强化而形成的条件作用。

三、操作性条件作用

操作性条件作用（operant conditioning），也称为工具性条件作用，是指在一定的刺激情境中，个体某种反应结果能满足其某种需要，以后这种操作及活动得到强化而形成的条件作用（梁宁建，2011）。其实质是个体学会把反应与活动结果联系在一起，以及被强化的行为再次发生。

(一)经典实验

操作性条件作用是美国行为主义心理学家斯金纳于 20 世纪 30 年代在巴甫洛夫经典条件作用和桑代克效果律的基础上创立的研究程序和方法，其实验装置被称为斯金纳箱（如图 7－5 所示）。

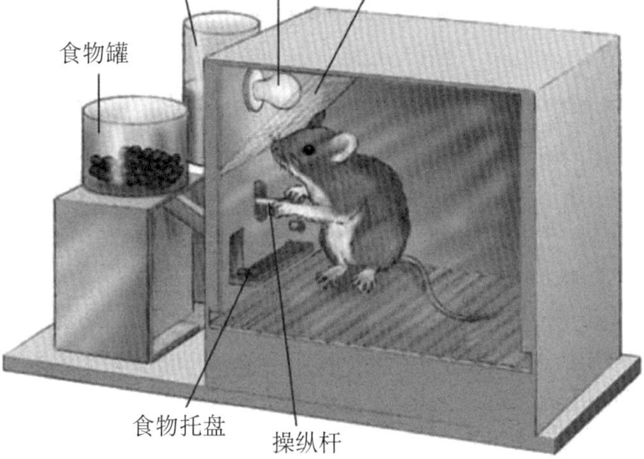

图 7－5 斯金纳箱

斯金纳箱类似于桑代克的迷笼。不同之处在于，箱内装有精密的电动装置，它可以自动记录动物正确反应的次数和频率。具体而言，斯金纳箱内安装了一个活动操纵杆，操纵杆与一个食物罐连接。实验中，当饥饿的老鼠被放到斯金纳箱里时，因为没有食物，老鼠会表现出典型的觅食行为：仓皇四窜、到处嗅闻，偶尔会碰到箱壁。老鼠非常偶然地按压到了箱壁上的操纵杆，一粒美味的食物立即掉到了食物托盘中。然后，老鼠会继续四处乱窜，再次偶然地按压到了操纵杆并获得了美味的食物。再经过多次这样按压到操纵杆得到食物的重复，老鼠行为的随机性开始降低，逐渐变得能协调地按压操纵杆。最后，斯金纳使老鼠学会了尽可能快地按压操纵杆，以获得食物。

(二)基本观点

1. 应答性行为与操作性行为

斯金纳创造了操作性行为（operant behavior）这个术语，用来指有机体所产生的对环境有影响的行为。

斯金纳认为，所有的行为都可以归结为两类：应答性行为和操作性行为。应答性行为是由刺激情境引发的反应，即刺激-反应的联结，有机体在这种反应中只能被动地对环境刺激做出反应，巴甫洛夫的经典条件作用就是这种反应。操作性行为则是有机体的自发性行为，它不是由刺激情境引起的，如老鼠的觅食行为等。

根据斯金纳的观点，大多数人的日常行为是操作性行为，个体做出的行为是在某种方式下对环境进行“操作”，环境则会通过加强这些行为（即强化它们）或使行为不再发生（即惩罚它们）来做出回应。

2. 强化与惩罚

强化（reinforcement）泛指应用一定的刺激或事件提高某一操作性行为反应率的过程。它是影响行为巩固或再次出现的关键因素。而能够使行为的发生概率提高的任何刺激或事件被称为强化物（reinforcer）。斯金纳将强化区分为正强化（positive reinforcement）和负强化（negative reinforcement）两种。当某种行为反应发生时呈现一个积极刺激，该行为反应的发生概率会随之上升时，这种现象被称为正强化；而当某种行为反应发生时撤销某个厌恶刺激，该行为反应的发生概率随之上升时，这种现象被称为负强化。

随文提问：奖励就是强化吗?

除强化之外，行为可能导致的另一种结果是**惩罚**（punishment），它是指当有机体做出某种反应时，得到一个厌恶刺激或失去一个愉快刺激，以期消除或减少相应行为反应的过程。而能够使行为的发生概率降低的任何刺激或事件被称为惩罚物（punisher）。与强化相对应，惩罚也可以区分为正惩罚（positive punishment）和负惩罚（negative punishment）。当有机体做出某种反应的同时伴随着厌恶刺激，相应行为反应随之被消除或减弱，这种现象就是正惩罚；而当有机体做出某种反应的同时伴随着愉快刺激的撤销，相应行为反应随之被消除或减弱，这种现象就是负惩罚。强化与惩罚的具体关系见表7-1。

表7-1 强化与惩罚的关系

	行为发生概率上升	行为发生概率下降
呈现刺激	正强化（呈现愉快刺激）	正惩罚（呈现厌恶刺激）
撤销刺激	负强化（撤销厌恶刺激）	负惩罚（撤销愉快刺激）

3. 强化程序

强化 应用一定的刺激或事件提高某一操作性行为反应率的过程。
惩罚 当有机体做出某种反应时，得到一个厌恶刺激或失去一个愉快刺激，以期消除或减少相应行为反应的过程。
强化程序 运用强化来形成操作性条件作用时的强化时间与比率安排。

强化程序（reinforcement schedule）是指运用强化来形成操作性条件作用时的强化时间与比率安排（沈德立，2006）。斯金纳认为，强化程序可以分为连续强化程序（continuous reinforcement schedule）和间歇强化程序（intermittent reinforcement schedule）。连续强化程序是指在每一次正确反应之后均给予强化，而间歇强化程序是指间隔一定的时间才对行为给予强化（桑特罗克，2008）。刚开始，连续强化对于习得新行为非常有用，但随着行为的习得与熟练，间歇强化的优势则会变得越来越明显。

根据斯金纳的观点，间歇强化程序可以进一步分为两种：一种是间隔程序，以两次强化之间的时间间隔为基础；另一种是比率程序，以两次强化之间有机体做出的反应次数为基础。间隔程序和比率程序都既可以是固定的（可预测的），也可以是变化的（不可预测的）。因此，间歇强化程序具体可以分成四种类型，每种类型具有不同的反应模式

（如图 7－6 所示）。

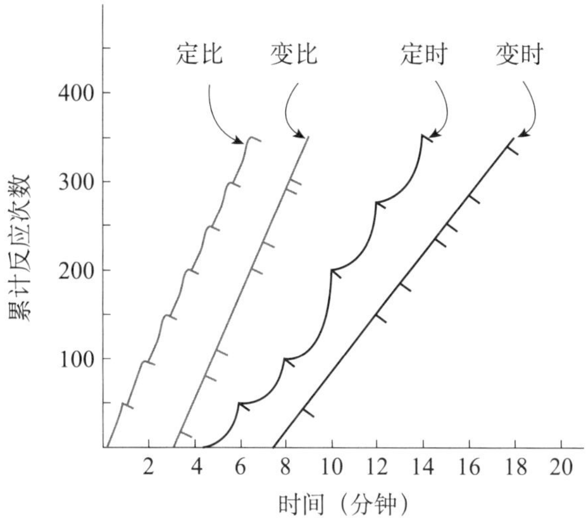

图 7－6 强化模式效果趋势图示

（1）固定比率程序（fixed ratio schedule）是指在一组固定次数的正确反应之后给予一次强化。例如，每 3 次正确反应给予一次强化。

（2）变化比率程序（variable ratio schedule）是指间隔一定数量的正确反应之后给予一次强化，但具体间隔的反应次数是不固定的。例如，在 3～8 次正确反应之后给予一次强化，但具体几次是随机的。

（3）固定间隔程序（fixed interval schedule）是指对在经过规定的时间间隔之后做出的第一个正确反应给予强化，对在这个时间段中发生的其他反应不给予强化。

（4）变化间隔程序（variable interval schedule）是指对间隔一段时间之后做出的第一个正确反应给予强化，但这段时间间隔的长度是变化的。

4. 塑造

塑造（shaping）是指对目标行为连续接近的强化（德里斯科尔，2008）。塑造的核心是连续接近，即将目标行为分解为一个个小步骤，对每一小步进行强化，直到获得最终的目标行为。例如，为了教会老鼠按压操纵杆，我们可能首先强化趋近操纵杆的行为，然后是抬起一只爪子，把爪子伸向操纵杆，接触操纵杆，最后是按压操纵杆。一旦老鼠做出正确反应（上述一系列的小目标行为），就马上进行正强化，直到老鼠学会目标行为为止。需要注意的是，塑造涉及对过程的强化，而不是等待尽善尽美时才进行强化。

塑造 对目标行为连续接近的强化。

塑造通常被用来确立相对简单而本质上是连续的新行为，若想确立由学习者已知的离散的、简单的行为构成的复杂行为则需要进行连锁塑造（chaining shaping）。所谓连锁塑造，是指将任务分成许多小步子，当学习者完成每一步时都予以强化。其具体操作如下（陈琦，刘儒德，2007）：

（1）选择目标——越具体越好（终点行为）。

（2）了解学习者目前能做什么，已经知道什么（起点行为）。

（3）列出一系列阶梯式的步子，引导学习者从目前状态迈向目标状态。步子大小的设定取决于学习者能力的高低（步调划分）。

（4）对学习者的每一进步都予以反馈（即时反馈）。

第三节　认知主义学习理论

一、顿悟学习

格式塔心理学，也称为完形心理学，是认知主义学习理论的先驱。该学派的主要代表人物是韦特海默（M. Wertheimer）、考夫卡（K. Koffka）以及苛勒（W. Köhler）。从某种意义上讲，认知学习观的最有力的实证支持最早可追溯到苛勒所设计的一系列实验。

（一）经典实验

格式塔心理学家苛勒在1913—1917年，对黑猩猩的问题解决行为进行了一系列的实验研究。其中最具代表性的是黑猩猩摘香蕉实验，如图7-7所示。

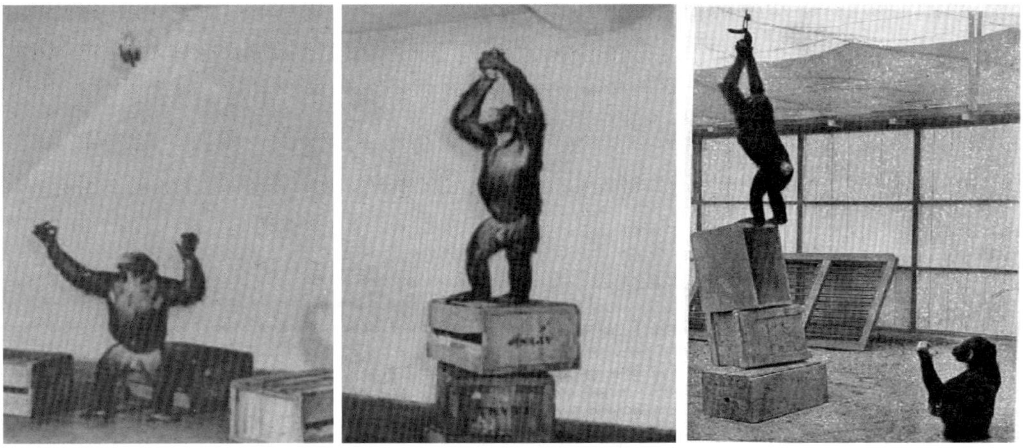

图7-7　苛勒的黑猩猩摘香蕉实验

实验中，黑猩猩被关进一个铁笼子里。笼子顶上悬挂着一串香蕉，但是它够不到。笼子内的地上有几个木箱子。苛勒发现，黑猩猩一开始试图从地上直接跳起来抓取香蕉，但经过多次尝试都未能达到目的。此后，黑猩猩便不再跳了，而是在笼子里走来走去，似乎在观察笼子里的情形。经过一段时间后，黑猩猩突然走到木箱子面前，站着不动。又过了一会儿，它慢慢地将木箱子搬到香蕉下面，然后跳到木箱子上，成功摘到了香蕉。随后的实验发现，如果一个木箱子不够高，黑猩猩还会将两个或多个木箱子叠加起来，以使自己能成功摘取香蕉。

（二）基本观点

1. 完形的实质

“完形”是德文“Gestalt”一词的意译，音译为“格式塔”。该词在德文中含有“形状”“形式”“完整”“整体”“构造”“组织”等意思，因此，通常被译为“完形”或“格式塔”。根据格式塔心理学的观点，完形是一种心理结构，是在机能上相互联系和相互作用的整体，是对事物关系的认知。

2. 学习过程是顿悟的过程

顿悟 个体领悟到自己的行为与情境，特别是与目的物之间的关系。

顿悟（insight）是指个体领悟到自己的行为与情境，特别是与目的物之间的关系。格式塔心理学家认为，学习是个体利用自身的智慧与理解力对情境以及情境与自身关系的顿悟，而不是动作的简单积累或盲目尝试。值得注意的是，顿悟通常出现在若干尝试与错误之后。在做出相应的行为反应之前，个体通常会在头脑中进行一系列“提出假设，检验假设”的思索。它与桑代克所说的盲目的、胡乱的冲撞行为存在明显不同。对人类而言，通常顿悟获得的知识更容易习得，不容易遗忘，并且比死记硬背获得的知识更容易迁移到新情境之中（伍德等，2018）。脑成像研究发现，顿悟学习涉及几个不同脑区所形成的独特交互作用模式。具体而言，在顿悟发生过程中，大脑负责信息加工的各个脑区在某一时间内同时被激活，达到意识层面，从而使个体突然感到“灵光一闪”。

3. 学习的实质是主体内部主动组织完形

格式塔心理学家认为，学习过程中的问题解决都是由对情境中事物关系的理解而构成一种“完形”来实现的。这种“完形”是一种心理结构，具有一种组织功能，它能填补缺口或缺陷，使有机体不断地进行组织和再组织，从而不断出现一个又一个完形。根据格式塔心理学派的观点，在学习中，对情境中各个部分之间的关系的理解不是渐进的，而是突然的。

这种完形观点强调心理具有一种组织功能，强调主体的能动作用，并且指出了观察、顿悟、理解等认知过程在个体学习过程中的作用。

4. 刺激与反应之间的联系以意识为中介

桑代克、华生以及斯金纳等行为主义心理学家将学习看成刺激与反应之间的直接关系，反对意识在学习中的作用，只把有机体的行为看成外界刺激引起的被动反应。因此，有机体在学习过程中没有主动性可言，只能被动地适应环境。

格式塔心理学家在承认外界环境作用的基础上，强调意识、心理的中介作用。例如，考夫卡曾明确指出：“我们对于刺激之直接反应，多是在心理或知觉水平上感受历程。”（引自高觉敷，叶浩生，2005）格式塔心理学家认为，由刺激直接引起的反应是一种心理的或知觉方面的过程，行为直接受知觉及其组织作用支配。例如，考夫卡探讨了地理环境、有机体、行为环境与真正的行为和内在行为的相互关系。根据他的观点，行为环境、真正的行为、内在行为都是由有机体产生的，有机体同地理环境之间是相互作用、相互影响的。真正的行为影响地理环境，使行为环境和有机体的心理状态发生改变。

这种观点后来被新行为主义者托尔曼继承，形成了认知行为主义，成为修正经典行为主义观点的基本准则，在一定程度上动摇了行为主义的根基，使行为主义学习理论朝认知方向转化。

二、符号学习

20 世纪三四十年代，以爱德华·托尔曼（Edward C. Tolman，1886—1959）为首的对行为主义持反对意见的人们开始形成一定的力量。他们认为，不但在学习过程中有刺激和反应，而且在有机体内部还发生了更为复杂的事情。在这种倡导下，托尔曼对当时流行的行为主义观点提出了两点修正意见：一是如果不对与刺激和反应同时发生的内部心理过程进行考察，就无法充分理解学习的本质及其复杂性；二是虽然内部认知过程无法直接观察，但我们可以通过分析可观察的行为来客观、科学地对其进行推断。

（一）经典实验

托尔曼在 1948 年的论文中介绍了一系列实验研究以支持自己的观点，位置学习实验和潜伏学习实验是其最为经典的两个实验。

1. 位置学习实验

实验时，将老鼠放置在迷宫的出发点，然后让它们在迷宫中自由地探索（如图 7 - 8 所示）。

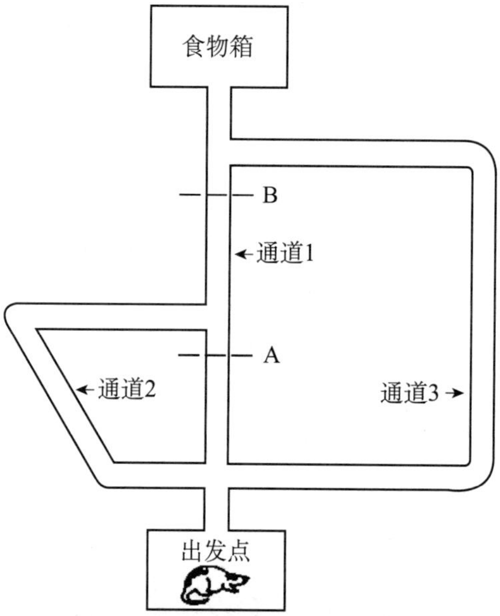

图 7 - 8　托尔曼的位置学习实验

迷宫中有三条长短不等的连接食物箱的通道。当老鼠在迷宫内经过一段时间的探索后，研究者对它们的学习行为进行检验。检验后，将它们置于迷宫的出发点，然后对各通道做一些处理，观察老鼠对不同处理的行为反应。实验结果发现：

（1）若三条通道都畅通无阻，老鼠会选择距离最短的通道 1 直接到达食物箱。

（2）若 A 处被堵塞，老鼠会选择距离第二短的通道 2 到达食物箱。

（3）若 B 处被堵塞，老鼠则会直接选择通道 3 到达食物箱。

2. 潜伏学习实验

实验时，老鼠被分为三组：对控制组（C 组）老鼠而言，研究者采用标准的迷宫学习任务，即让老鼠学习走迷宫，在迷宫的出口处总是能获得奖励性食物，每日如此。对无奖励组（N 组）老鼠而言，每天学习走迷宫的时间与 C 组相同，但它们在迷宫中的任何行为都不会受到奖励。对延迟奖励组（D 组）老鼠而言，前 10 天的操作与 N 组相同；从第 11 天起，研究者在迷宫出口处会放置奖励性食物（与 C 组操作相同），且以后每天如此。

实验结果指标为三组老鼠的平均错误数（即进入盲巷的次数），如图 7－9 所示。从图中可以看出，N 组和 D 组老鼠在没有获得任何奖励时，它们的学习进步较小；而 C 组老鼠在 2 周内几乎达到了准确无误的程度。不过，当 D 组老鼠发现学习走迷宫能获得食物时（从第 11 天开始），它们只用 3 天时间就达到了几乎准确无误的程度。

随文提问：当没有强化时，学习是如何发生的呢？

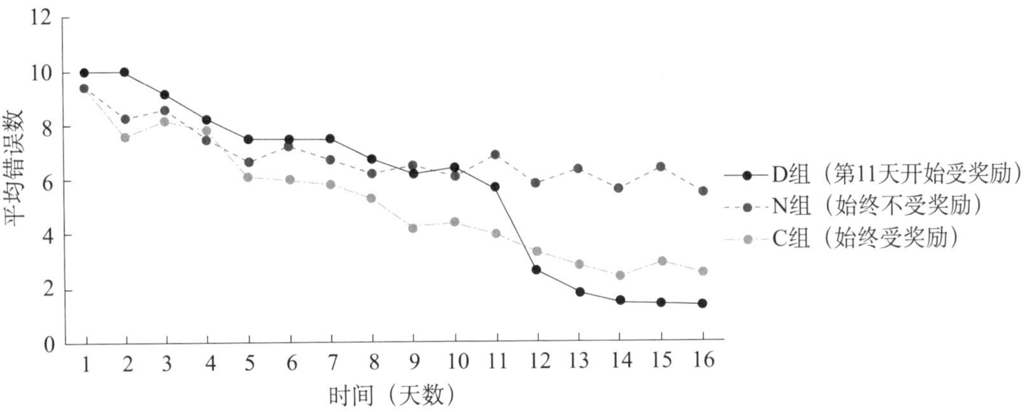

图 7－9 潜伏学习实验结果

（二）基本观点

1. 认知地图

认知地图（cognitive map）是指有机体对某一物理环境结构形成的认知表征。为了研究个体在学习过程中的认知变化，托尔曼设计了位置学习实验（如图 7－8 所示）。实验结果表明，老鼠在实验过程中的行为不是盲目的，而是带有一定的目的性。它们在迷宫中学会的并不是一连串简单的刺激-反应，而是迷宫的位置信息，在脑中形成一幅认知地图，即目标-对象-手段三者联系在一起的认知结构。

认知地图 有机体对某一物理环境结构形成的认知表征。

学术前沿

鸽子有使用概念性差异的认知能力

人类并不是唯一能够灵活地划分世界的动物。研究发现，鸽子也具有采用不同方式对物体进行分类的认知能力。

实验中，让鸽子观看一些人、花、汽车和椅子的彩色图片。鸽子必须将每张图片正确地分为两大类之一以获得食物。在一半的实验中，鸽子啄四个键中的一个键，四个键分别代表人、花、汽车和椅子四种基本分类。在另一半的实验中，鸽子啄两个键中的一个键，分别代表更高分类的自然刺激物（人和花）以及人工刺激物（汽车和椅子）。这两种类型的实验随机混合在一起：鸽子可能看见同样的图片，必须把它分类为"鲜花"，紧接着把它分类为"自然刺激物"。事实上，鸽子能够很容易地学会对这两种分类进行正确判断。在实验的最后，研究者用从来没有在练习中出现过的同类新图片进行测量。鸽子做出的正确反应率超过随机水平。这项研究强有力地证明了鸽子已经掌握基本的分类能力，而不仅仅是对具体事物进行反应。

资料来源：格里格，津巴多．(2003)．*心理学与生活*（王垒等译）．北京：人民邮电出版社．

托尔曼认为，个体在学习过程中能够主动地对局部环境中的方向、距离、事件、顺序，甚至时间关系进行综合，以形成表象。个体学习过程的实质就是根据对情境的认知，在当前情境与达到目的的手段和途径之间建立起完整的符号系统。

2. 潜伏学习

潜伏学习 在没有明显强化的情况下，学习也会产生，只是其结果不甚明显，是潜在的。

潜伏学习（latent learning）是指在没有明显强化的情况下，学习也会产生，只是其结果不甚明显，是潜在的（桑特罗克，2008）。典型情境是，这种学习在缺乏奖赏的情况下仍然会产生（如图 7－9 所示）。托尔曼认为，学习的结果可能不会表现出来，而是处于一种"潜伏"状态。只有当需要利用这种知识时，学习的结果才会通过行为表现出来。因此，根据托尔曼的观点，外部强化并不是学习产生的必要因素，没有外部强化也会出现学习。

为了解释老鼠在迷宫中产生的潜伏学习，托尔曼提出有机体在没有外部强化情况下产生的学习行为受有机体的预期指导。具体而言，在老鼠学习走迷宫的过程中，它们能根据对情境的感知，在头脑中形成一系列的期待，即有机体对未来事件的假设或信念。这些期待有些会被证实，有些则不会被证实。而被证实的期待本身就是一种强烈的内在强化，即由学习活动本身产生的强化。

三、观察学习

阿尔伯特·班杜拉（Albert Bandura）是美国当代著名心理学家，是社会学习理论的创始人。社会学习理论试图解释个体社会行为的获得，而观察学习是其核心内容。该理论认为，儿童是通过观察他们生活中重要他人的行为来习得社会行为的。

（一）经典实验

20 世纪 60 年代，班杜拉开展了一系列社会学习的实验，这些实验现在被公认为经典的心理学实验，它们为发展他的社会学习理论做出了巨大的贡献。其中一个经典实验被称为波波玩偶实验（如图 7－10 所示）。

图 7－10　班杜拉的波波玩偶实验

实验中，班杜拉让三组儿童分别观看同一主题材料但结局不同的电影片段。每部影片的前半段都讲述了一个成年女人在痛打充气玩偶：用木棍敲打、坐到它上面、将它扔到空中等。后半段则为三种不同结局：一种是成年女人受到了奖励；一种是成年女人受到了惩罚；一种是成年女人没有获得任何反馈。

看完影片后，实验者将三组儿童分别带到一个放有波波玩偶的房间里，并让每个儿童单独地与玩偶待在一起，然后在儿童不知情的情况下观察他们的行为表现。结果发现，三组儿童都对波波玩偶表现出了不同程度的攻击行为。那些看到成年女人受到奖励的儿童表现出的攻击行为最多，而那些看到成年女人受到惩罚的儿童表现出的攻击行为最少。据此，班杜拉提出，通过对榜样行为进行观察与模仿可以产生学习。不论榜样行为是否受到奖赏，观察学习都会发生。

（二）基本观点

1. 观察学习的内涵

班杜拉将学习分为两类，即**参与性学习**（enactive learning）与**观察学习**（observational learning）。参与性学习是指个体从亲身经历的行为结果中获得的学习。一般而言，导致成功结果的行为会保留下来，而导致失败结果的行为会被遗弃。观察学习则是指个体通过观察或模仿他人的行为进行的学习（桑特罗克，2008），也称为

> **参与性学习**　个体从亲身经历的行为结果中获得的学习。
> **观察学习**　个体通过观察或模仿他人的行为进行的学习，也称为替代性学习。

替代性学习（vicarious learning）。

相对于依赖个体亲身经历的参与性学习而言，观察学习不仅可以大大提高学习者的学习速度，还可以避免个体承受具有负面影响的行为结果。例如，我们可以通过他人讲述、书籍阅读以及观看电影等方式来了解地震、飓风等各种自然灾害的危险性，而不必亲身体验或承受其灾难性后果。

2. 观察学习的历程

班杜拉认为，一段完整的观察学习是由四个相互关联的过程组成的，分别为注意、保持、再现和动机。

（1）注意阶段。在观察学习时，个体必须首先注意到榜样所表现出的行为特征，并了解该行为所蕴含的意义。否则，个体难以再现榜样的行为。简单地说，如果个体想模仿或再现榜样的行为，就必须先注意到榜样在说什么或者做什么。

（2）保持阶段。在观察到榜样的行为之后，个体必须将其转化为表象（即将行为的样子记下来）或语言符号（即用语言描述行为），进而将行为保存在记忆系统中。

（3）再现阶段。在该阶段，个体将榜样行为的符号表征转化为学习者自己适当的行为方式，包括对行为的认知、组织、监控与完善等过程。其功能是将符号转变成自己的行为。最终，个体通过认知复述和实际操作相结合学习到榜样行为。

（4）动机阶段。行为的获得是一个认知过程，行为的表现则是一个动机过程。个体在习得榜样行为后，不一定会将习得行为付诸实施。当现实环境提供积极诱因时，个体先前获得但尚未表现出来的观察学习行为可能会迅速地转化为自己的个人行为；相反，当个体发现习得的榜样行为没有社会功能价值或可能存在被惩罚的危险时，则容易出现观察学习与行为表现不一致的状况。

3. 观察学习的影响因素

班杜拉主张将新行为的学习与习得行为的表现区分开来，认为知识的获得（学习）与行为表现是两种不同的过程。个体实际习得的内容要比个体实际所表现出来的多得多。

个体是否会将从观察学习中习得的行为表现出来，依赖于许多因素，如动机、兴趣、外在刺激、觉察到的需求、生理状况、社会压力以及社会竞争等。在这众多影响因素中，班杜拉尤其强调动机在个体行为表现中的作用。根据班杜拉的观点，观察学习者是否能够表现或经常表现出榜样行为受三种诱因的影响。

随文提问：如何在课堂中使用观察学习的方法？

（1）直接诱因。如果获得的行为能产生有价值的结果，个体则倾向于表现经由观察习得的行为；如果获得的行为没有价值，或表现这种行为有可能导致惩罚，个体则会减弱表现这种行为的倾向。

（2）替代性诱因。替代性诱因起作用的原理与直接诱因起作用的原理大致相同。在经由观察所习得的行为中，对他人有用的行为比对他人无用的行为更容易表现出来。看到他人行为的成功，能增强个体表现这种行为的倾向；而看到他人行为受到惩罚，则会减弱表现这类行为的倾向。

（3）自我诱因。个体对自己行为的评价对其是否表现经由观察而习得的行为起着调节作用。一般而言，个体更愿意表现那些令自己满意的行为，而会拒绝那些不能令自己满意的行为。

第四节 高效率学习

一、高效率学习概述

（一）高效率学习的含义

高效率学习是指学生在学习过程中，根据知识的内在联系，按照科学的规律，以最小的投入取得最大成效的学习。它以学生对学习心理规律与所学知识之间内在联系的深入研究、掌握科学学习方法和积累一定的知识经验为基础，是一种狭义的学习，与尝试错误学习和经验积累学习存在本质上的区别。

高效率学习 学生在学习过程中，根据知识的内在联系，按照科学的规律，以最小的投入取得最大成效的学习。

（二）高效率学习的基本特征

（1）学习速度快。在学习过程中，学习者想要学习速度快，首先需要建立符合个体自身认知规律的科学表征。其次，学习进行的速度快，而思维敏捷是实现高速度学习的关键。

（2）学习方法科学。学习者根据具体的学习内容，选择运用科学有效的方法完成学习任务。例如，学习者能根据不同学习任务合理地分配学习时间，能及时复习所学内容，能在学习过程中劳逸结合，等等。

（3）学习策略适当。在学习过程中，学习者能根据学习目标、学习任务、学习的时间要求、学习材料的特点、自身特点等因素选择最佳的学习策略，以实现学习目标。

（4）学习质量高。质量高是高效率学习的关键指标。只有实现高质量的学习，才能称为高效率学习。在学习过程中，不重视学习质量，而片面地强调学习速度、学习方法以及学习过程中运用的策略等内容，都是对高效率学习的误解。

随文提问：最佳学习途径是什么？

（5）学习乐趣强。学习者在学习前、学习中和学习后，在心理上体验到一种愉快感、兴奋感、满足感和成就感，同时还在内心深处产生一种非常渴望进一步学习的要求和愿望。他们的身心状态在学习过程中比较放松，没有任何压力、焦虑和紧张感。学习者在这种状态下的学习效率最高，且有可能产生创造性学习。

（6）学习创造性强。在学习过程中，学习者能根据学习目的和任务创造性地完成学习任务。例如，学习者能采用新的学习方法和学习策略来实现学习目标，且有可能产生创造性的学习结果。

（三）高效率学习的认知心理要素

（1）元认知。元认知（metacognition）是指个体在对自身认知过程意识的基础上，对自身认知过程进行自我反省、自我控制与自我调节，主要由元认知知识（metacognitive knowledge）和元认知监控（metacognitive monitoring）两种成分构成。其中，元认知知识是指个体对于什么因素影响人的认知活动的过程与结果、这些因素是如何起作用的、它们之间又是怎样相互作用的等问题的认识（陈琦，刘儒德，2007）；元认知监控是指个体对认知行为的管理和控制，主要包括检查是否理解、预测结果、评价某个尝试的有效性、计划下一步动作、测查策略、确定适当的时机和努力、修改或变换策略以克服所遇到的困难等。

（2）内隐认知。内隐认知是一种完全不需要意识和注意参与的认知加工过程，由内隐记忆（implicit memory）和内隐学习（implicit learning）两部分组成。其中，内隐记忆是指过去经验对个体当前活动的一种无意识的影响（彭聃龄，2012）。内隐学习是指有机体在与环境接触的过程中不知不觉地获得一些经验，并因之改变其事后某些行为的学习（郭秀艳，2003）。

（3）选择性注意。选择性注意（selective attention）是指在注意的同时有意识地对非注意对象进行抑制，使之不干扰正在进行的心理活动。其实质是选出有意义的、符合需要的、与目前从事的活动有关联的信息，同时避开（抑制、排除）与当前活动无关的干扰信息。当大脑的这种功能减弱时，无关信息就会进入个体的意识，从而干扰有用信息的加工，使个体加工效率降低，甚至无法进行。

随文提问：哪种刺激更容易引起人的注意?

（4）知识呈现的方式。知识可以分为陈述性知识和程序性知识两类。前者是指有关客观事物及其背景和关系的知识，主要包括概念、命题、脚本和表象；后者是指有关技能、认知操作和如何做事情的知识。造成学习效率不高的重要原因之一是学校的教学内容、教学过程与教学方法没有真正按个体认知活动的规律进行安排。因此，要想实现高效率学习，就必须探讨知识呈现方式与高效率学习的关系。

（5）学习策略。学习策略（learning strategies）是指个体在学习过程中使用的信息加工方式、方法和调控技能的总和。具体包括两方面的内容：一是个体在认知加工过程中使用的编码、分析、保持、提取信息等一系列方式或方法，也称为认知策略（cognitive strategies），主要包括复述策略（rehearsal strategies）、精细加工策略（elaboration strategies）和组织策略（organizational strategies）。其中，复述策略是指在工作记忆中为了保持信息，运用内部语言在大脑中重复学习材料或刺激，以便将注意力维持在学习材料之上的策略；精细加工策略是指把所学习的新信息与原有知识联系起来，以理解并增加新信息意义的策略；组织策略是指整合所学知识之间、新旧知识之间的内在联系，以形成新的知识结构的策略。二是个体在学习过程中使用的控制和调节信息加工行为的方式或方法，也称为元认知策略（metacognitive strategies），主要包括计划策略（planning strategies）、监控策略（monitoring strategies）和调节策略（regulation strategies）。其中，计划策略是指个体依据认知活动的特定目标，在一项认知活动之前计划各种活动、预计结果、选择策略、想出各种解决问题的方法，并预估其有效性；监控策略是指个体在认知活动的实际过程中，根据认知目标及时评价、反馈自己认知活动的结果与不足，正确估计自己达到认知目标的程度、水平；调节策略是指个体根据对认知活动结果或认知策略效果的检查，及时修正、调整认知策略。

（6）非智力因素。非智力因素（nonintellectual factors）是指那些不直接参与认知活动（或智力活动），但对认知活动起直接制约作用的心理因素，主要包括动机、兴趣、情绪、意志、性格等。非智力因素与智力因素在学习活动中具有不同作用，前者对学习活动起调节和动力作用，后者则是学习活动的操作系统。总体来说，非智力因素在学习过程中主要发挥六个方面的作用，即动力作用、定向作用、引导作用、维持作用、调控作用、强化作用（燕国材，2006）。

二、高效率学习研究新进展

（一）测试效应与高效率学习

测试效应是指对某一学习内容进行一次或多次测试（提取练习），比相同时间的重复学习能更好地提高对该学习内容的记忆保持水平，尤其是长期保持水平，也称为提取练习效应（retrieval practice effect）。自卡匹克和罗迪格于2008年在《科学》上刊发提取练习比简单的重复学习更加有利于长时记忆保持的报告以来，利用提取练习促进学习与记忆的研究受到了研究者和教育工作者的广泛关注（梁秀玲等，2015）。研究者评估了10种学习方式（下划线、总结法、关键词记忆、重复学习、提取练习、文本想象、建构概念图等）的适用性，结果发现提取练习是目前最为高效和最适于推广的学习方式（Dunlosky et al.，2013；梁秀玲等，2015）。

大量的实证研究表明，测试效应具有一系列特点，主要包括年龄的广泛性、材料的多样性、作答方式的无差别性、知识与能力水平的相对独立性以及长短保持间隔后的稳定性（周爱保等，2017）。

（1）年龄的广泛性。实证研究发现，除大学生群体之外，高中生、小学生甚至学龄前儿童都能产生测试效应。

（2）材料的多样性。研究者不但采用简单的语义材料（如词单和词对等）和教育文本材料（如历史、科学等）观察到了测试效应，而且在空间信息材料和运动技能中也观察到了测试效应。新近研究发现，测试不仅能增强对概念型知识的记忆，同样也可以促进高阶认知技能的连续发展（周爱保等，2015）。

（3）作答方式的无差别性。作答方式不会对测试效应产生影响。无论是显性提取作答（如口述、手写或键盘输入），还是隐性提取作答（如仅在头脑中回忆，不做外显的表达），都能引发测试效应。

（4）知识与能力水平的相对独立性。测试效应不受学习者原有知识和能力水平的影响。例如，周爱保等人（2013）探讨了个体前期知识水平对提取练习、建构概念图和重复学习三种学习策略的影响，结果显示，提取练习策略的有效性不受前期知识水平的限制，而建构概念图策略的有效性则严重地依赖于前期知识水平。

（5）长短保持间隔后的稳定性。测试效应是一种稳定的现象，它不但稳定地出现在长时间保持间隔之后，而且在短时间延迟之后也能观察到。值得注意的是，在短时间保持间隔的情况下，初始提取的成功率起着关键作用。一些研究发现，提取失败项目带来的劣势会掩盖提取成功带来的益处（Rowland & DeLosh，2014）。

（二）选择性提取与高效率学习

虽然测试效应证实测试（提取练习）能增强对练习内容的记忆效果，但这些研究的一个典型特征是个体需要在学完后的短时间内对所有已学内容进行提取练习，即一种完全性提取。日常生活情境却与此恰恰相反，个体在学完后的较短或较长时间内，仅仅是有意或无意地对部分先前学习内容进行提取练习，即一种选择性提取（selective retrieval）。越来越多的研究发现，选择性提取的影响具有两面性。具体而言，它在一些情境中会损害其他相关但未获得提取练习内容的回忆表现，而在另一些情境中则会改善其他未获得提取练习内容的回忆表现，前者被称为提取诱发遗忘（retrieval-induced forgetting，RIF），后者则被称为提取诱发促进（retrieval-induced enhancement，RIE）。

（1）提取诱发遗忘。提取诱发遗忘是指重复提取某类别下的部分记忆内容会导致该类别下其他相关内容更难被提取的现象，通常使用由学习、提取练习和最后测试三个阶段构成的提取练习范式进行研究（刘旭等，2023）。在过去的 20 多年里，提取诱发遗忘研究取得了丰硕的成果。例如，虽然干扰理论获得了一定的实证支持，但大多数研究结果都支持抑制理论，认为提取诱发遗忘是抑制机制在提取练习过程中产生的结果，其具有干扰依赖性、提取特定性、线索独立性以及强度独立性等特性，而这四大特性强有力地支持了抑制理论的观点；同时，提取诱发遗忘也是一种比较普遍的记忆现象，存在于各种刺激和群体之中，且受语义相似性、整合程度、自我相关性、提取策略、指导语、输出干扰效应、线索启动效应以及内隐线索效应等因素的影响（刘旭，2021；张锦坤，2022）。

新近研究发现，提取抑制的本质是一种适应性机制，这种抑制会致使个体暂时无法从记忆中提取信息。但是，当潜在的干扰信息消失时，被抑制的信息会以更快的速度被重新提取出来（王卓等，2023）。

（2）提取诱发促进。提取诱发促进是指选择性提取在特定情境下将促进其他相关的未获得提取信息的回忆成绩的现象。目前，研究者主张采用双因素理论解释提取诱发促进，认为选择性提取是引发抑制加工还是情境再激活加工，取决于学习情境与提取情境之间的相似程度。当两种情境高度相似时，抑制加工起主导作用，产生提取诱发遗忘效应；反之，情境再激活加工起主导作用，产生提取诱发促进效应（Bäuml，2019；Bäuml et al.，2017）。在过去的十余年里，研究者系统探讨了遗忘类型、重复方式、提取难度和工作记忆等因素对提取诱发促进的影响。结果发现，因情境改变而发生遗忘的信息能从选择性提取中获益，其他性质的遗忘信息（如前摄干扰）则不受影响（Bäuml & Samenieh，2012）；提取诱发促进不受重复方式影响（提取与重学产生类似效应），但受提取难度影响，更难的提取引发更大的效应（Wallner & Bäuml，2017）；提取诱发促进与工作记忆容量呈正相关（Schlichting et al.，2015）。

虽然现有的提取诱发促进研究主要集中于国外，但国内研究者也逐渐开始关注选择性提取所引发的这种促进作用。例如，杨萌萌（2021）以无关双字词为实验材料，探讨了提取诱发促进的发展特征。结果发现，六至七年级之间（12 岁左右）是儿童提取诱发促进发展过程中的一个重要节点，六年级及以下儿童不能产生提取诱发促进现象，七年级儿童则可以借助选择性提取引发提取诱发促进现象。蔡佳（2023）采用无关双字词实验材料发现，大学生提取诱发促进受选择性提取项目的占比影响。具体而言，大学生在选择性提取 12 个（占比为 3/5）或 16 个（占比为 4/5）项目的情况下，能引发显著的提取诱发促进现象。但是，当让大学生选择性提取 8 个（占比为 2/5）或 4 个（占比为 1/5）项目时，则无法产生显著的提取诱发促进现象。除受选择性提取项目的占比的影响外，大学生提取诱发促进还受类别线索及其语义成分的影响。当在选择性提取过程中向大学生呈现与双字词无关联的类别名称作为提取线索时，这种线索能取消选择性提取引发的促进作用。更为重要的是，当类别名称与双字词存在高语义关联时，这种线索能使选择性提取的促进作用反转为提取诱发遗忘现象。

（三）部分线索效应与高效率学习

部分线索效应（part-list cuing effect）是指让学习者学习一系列材料，在随后的测试阶段，为学习者提供先前学习的部分材料作为提取线索，让学习者回忆剩余的材料，其回忆成绩反而比没有提取线索时的回忆成绩差（Slamecka，1968）。该效应最早是由斯拉麦克于 1968 年发现的，其研究范式通常包括学习、干扰和测试三个阶段。学习阶段要求被试学习一系列材料，学习完之后进入分心任务阶段，例如进行五分钟的数学运算。测试阶段则要求被试回忆目标项目。实验组和控制组的主要区别在测试阶段：实验组被试需要回忆学习阶段学过的所有项目；控制组被试则需要以主试提供的学习阶段所学的部分材料作为线索，回忆其余目标项目。

自部分线索效应被揭示以来，西方研究者对该效应进行了广泛、深入的研究，在不同测试方式、不同实验材料、不同线索呈现方式、不同编码条件下和不同群体中都观察到了这一现象（John & Aslan，2020；Pepe et al.，2023；Wallner & Bäuml，2021）。近年来，国内研究者也日益关注部分线索效应这一记忆现象，并开展了系列研究。例如，刘湍丽等人围绕编码条件、线索特征、项目价值、工作记忆、记忆监控、个体差异以及认知机制等主题对部分线索效应进行了系统研究（Liu et al.，2020；Liu et al.，2022；刘湍丽，2014；刘湍丽，白学军，2017；刘湍丽，赵宇飞，邢敏，白学军，2019；刘湍丽，单亚菲，邢敏，白学军，2021；刘湍丽，张雅静，等，2024）。

新近研究发现，由于部分线索会促使个体内隐地提取与线索相关的内容，因此，部分线索与选择性提取具有等价性，在某些情境中也能引发促进作用（Bäuml & Samenieh，2012；Bäuml & Schlichting，2014）。例如，博伊姆尔和萨梅尼（Bäuml & Samenieh，2012）发现，如果遗忘是由于最初编码情境受损产生的，部分线索在这种情况下会促进被遗忘信息的回忆；相反，如果遗忘不是由这种情境变化引起的，而是由前摄干扰引起的，则部分线索在这种情况下不会引发促进作用。博伊姆尔和施利希廷（Bäuml & Schlichting，2014）发现，当学习与测试之间由于延迟间隔较短（4 分钟）而存在较大的情境重叠时，在测试中呈现先前学过的部分内容作为线索会损害其他学习内容的回忆表现；当将延迟间隔延长至 48 小时时，部分线索能将短延迟间隔条件下的损害作用反转为促进作用。

基本概念

广义的学习　狭义的学习　人类学习　动物学习　机械学习　接受学习　发现学习　经典条件作用　无条件刺激　无条件反应　中性刺激　条件刺激　条件反应　习得　消退　泛化　分化　高级条件作用　练习律　效果律　准备律　操作性条件作用　强化　惩罚　强化程序　塑造　顿悟　认知地图　潜伏学习　参与性学习　观察学习　高效率学习

本章要点

1. 学习是源于经验的持久性行为改变。对学习活动进行分类，有利于认识不同类型学习的特点及其特殊规律，便于提高学习效果。

2. 经典条件作用以“刺激-反应”关系为中心。当中性刺激能像无条件刺激一样引起无条件反应时，条件作用就形成了。

3. 当一种行为的结果增加了该行为再次发生的可能性时，这表示该行为得到了强化。

4. 强化和惩罚可以是正的或负的，具体依赖于行为结果是否包含刺激的呈现或者刺激被去除或避免。

5. 榜样或模仿在我们的学习中起着重要的作用，并且它能与强化共同塑造行为。

6. 潜伏学习所获得的不是特定反应，而是关于反应及其结果的知识。

7. 格式塔心理学认为，学习是个体利用自身的智慧与理解力对情境以及情境与自身关系的顿悟，而不是动作的简单积累或盲目尝试。

8. 高效率学习应该是一种科学的学习，它不但重视学习的速度和质量，强调学习的效果和质量，而且强调发展智力，培养非智力因素，增强学生的整体素质。

复习思考题

1. 什么是学习？
2. 为什么广告中总是配有好听的音乐或好看的风景？
3. 如何用操作性条件作用原理解释迷信行为？
4. 经典条件作用与操作性条件作用有什么区别与联系？
5. 儿童经常观看暴力电视节目会变得更具有攻击性吗？
6. 什么是顿悟？它是怎样影响学习的？
7. 观察学习会经历哪些历程？
8. 关于强化的必要性，托尔曼有什么发现？
9. 什么是高效率学习？它有哪些基本特征？
10. 高效率学习的认知心理要素有哪些？

拓展学习

陈琦，刘儒德．(2019)．*当代教育心理学*（第 3 版）．北京：北京师范大学出版社．

韦德，塔佛瑞斯，萨默斯，申．(2023)．*心理学*（第 13 版，白学军等译）．北京：中国人民大学出版社．

霍克．(2020)．*改变心理学的 40 项研究*（第 7 版，白学军等译）．北京：人民邮电出版社．

彭聃龄，陈宝国．(2023)．*普通心理学*（第 6 版）．北京：北京师范大学出版社．

沈德立．(2006)．*高效率学习的心理学研究*．北京：教育科学出版社．

第八章

思维与语言

【学习目标】

1. 什么是思维？思维的种类有哪些？
2. 什么是问题解决？问题解决的途径有哪些？
3. 什么是语言？语言的结构是什么？
4. 思维和语言的关系是什么？

【章节导读】

我国宋朝英宗年间，黄河发洪水，冲垮了河中府（今山西省永济县）城外的一座浮桥，将两岸边用来拴住铁桥的每头数万斤重的8头铁牛也冲到了河里。洪水退去以后，为了重建浮桥，需将这8头大铁牛打捞上来。这在当时是一件极为困难的事，府衙为此张贴了招贤榜。后来，一个叫怀丙的和尚揭了招贤榜。怀丙经过一番调查摸底和反复思考，指挥一帮船工终于将8头大铁牛全都捞上了岸。

怀丙提出的办法是：在打捞的那一天，他指挥一帮船工，将两条大船装满泥沙，并排地靠在一起；同时在两条船之间搭了一个连接架。船划到铁牛沉没的地方后，他叫人潜入水下，把拴在木架上的绳子的另一端牢牢地绑在铁牛身上。然后，船上的船工一面在木架上收紧绳子，一面将船里的泥沙一铲一铲地抛入河中。随着船里泥沙的不断减少，船身慢慢向上浮起。当船的浮力超过船身和铁牛的重量时，陷在泥沙中的铁牛便逐渐浮了起来。这时，通过船的划动，很容易就能把铁牛拉到河边并拉上岸。如此反复进行了8次，终于将8头大铁牛全都打捞到了岸上。

请思考以下两个重要问题：

第一，假如你来揭榜，你的思考过程是什么？

第二，怀丙和尚用了何种问题解决的策略？

第一节　思维概述

一、思维的概念及特征

（一）思维的概念

思维（thought）是人脑借助语言、表象或动作实现的对客观事物本质属性及其规律的间接和概括的反映过程。思维与感觉、知觉一样，都是人脑对客观事物的认识活动。但是，感觉和知觉是认识活动的低级阶段，是思维的基础。思维是认识活动的高级阶段，是感觉和知觉的深化，在认识活动过程中处于核心地位。例如，在学习数学过程中，你会发现 3、6、9、12 等数字之间的内在联系，并得出结论：12 后面一定是 15。这种透过现象揭示事物本质特征和内在联系的心理活动过程就是思维。推理、概念形成和问题解决等活动均体现了思维的过程。

> **思维**　人脑借助语言、表象或动作实现的对客观事物本质属性及其规律的间接和概括的反映过程。

（二）思维的特征

1. 概括性

思维的概括性是指人在大量感性材料的基础上，把一类事物的共同特征和规律抽取出来，加以概括。例如，我们经常看到木头漂浮在水面上这一事实，通过思维的概括性，可以得出木头的密度比水小的一般规律。思维的概括性还体现在对事物之间的本质联系和规律的反映上，它使人们的认识活动摆脱了具体事物的局限性和对事物的直接依赖，从而使人们扩大了认识的范围，加深了对事物的了解。例如，每次看到"月晕"就要刮风、地砖"潮湿"就要下雨，就能得出"月晕而风""础润而雨"的结论。概括是人们形成概念的前提，也是思维活动能迅速进行迁移的基础。

2. 间接性

思维的间接性是指人们借助一定的媒介和知识经验对客观事物进行间接的认识。例如，我们从早晨起床以后没出过门，突然进来一位穿着大衣、戴着手套和帽子的客人，由此可以推想出今天的天气特别冷；人类学家根据古生物的化石及其他有关资料，就能推知人类进化的规律。正是由于思维的间接性，人类才有可能超越时空的限制和人类感觉器官的局限，认识那些没有感知或无法直接感知的事物，从而揭示客观事物的本质和内在活动规律。

> 随文提问：思维能力强的人具备哪些特征？

3. 对经验的改组

思维是一种探索和发现新事物的心理过程，它常常指向事物的新特征和新关系，需要人们对头脑中已有的知识经验不断进行更新和改组。例如，人们过去认为世界上最小的物质是原子，后来发现原子由质子、中子和电子构成，质子和中子又由夸克构成。因此，夸克被认为是目前理论上最小的物质组成单位之一。在从事科学研究、探索世界奥秘时，人们往往需要对已有知识经验进行重新组织、更新甚至重构，才能解决复杂问题，实现创新。

（三）思维过程

思维是一个相当复杂的心理过程，涉及人脑中一系列复杂交错的认知操作，具体表现为对各种信息的分析与综合、比较与分类、抽象与概括、系统化与具体化等过程。

1. 分析与综合

分析是人脑将客观事物的整体分解为各个组成部分，或把整体事物的个别特征、个别方面区别出来的过程。例如，我们可以把食物的色、香、味、形分离出来，或者把植物分解成根、茎、叶、种子等。综合是在头脑中把事物的各个部分或各个方面联系起来，形成统一整体的过程。例如，我们可以把一堆零散的零件组成一个实用的工具。

分析与综合是辩证的统一。首先，分析与综合相互依存。没有分析，认识就不能深入，也不能认识到事物的内部细节和要素。但是，只有分析没有综合，认知就会支离破碎，不能把握客观事物的整体。其次，分析与综合相互转化。分析是从整体开始的，它是实现认识整体的手段、途径和方法，通过分析才能对整体进行更深入、更充分的认识。因此，人类的思维活动总是遵循着“最初的综合—分析—再综合”的过程而进行的。

2. 比较与分类

比较是人在头脑中对事物的个别部分、个别方面或个别特征加以对比，确定它们之间的异同及其关系的思维过程。比较是以分析为前提的，然而，比较并不只限于分析。比较是从最初的综合开始，通过分析，达到再次综合。综合也是比较的基础。比较必须根据一定的标准，不同的对象有不同的比较标准。例如，不能以一个人的高矮去比较另一个人的胖瘦。

分类是人在头脑中根据对象的相同点和相异点，把它们区分为不同种类的思维过程。由于事物有多种多样的属性，又有多种多样的联系，所以分类的标准也是多种多样的。同时，由于人们思维发展水平和知识经验的不同，对分类标准的掌握也各有差异。为了给对象分类，必须明确分类的标准。科学的分类是根据事物的本质特征所做的分类。

3. 抽象与概括

随文提问：为什么说物以类聚、人以群分?

抽象是从头脑中抽取出各种事物或现象的共同的属性和特征，舍弃其个别属性和特征的过程。抽象是在分析综合比较的基础上将事物本质属性同事物本身，以及事物的其他属性相分离，并把本质的属性提到首要地位加以认识的过程。

概括是在头脑中将抽取出来的客观事物的共同特性或本质特征联系起来，应用推广到同类其他事物中的思维过程。例如，我们把各类笔进行比较后抽取出其本质属性——书写工具。当我们把这一本质属性推广到同一类事物中，即不论是毛笔还是钢笔、圆珠笔、粉笔等，凡是能写字的工具就是笔，这个思维过程就是概括。

4. 系统化与具体化

系统化是在概括的基础上，在头脑中把一类事物按不同顺序与层次组成一定的系统的思维过程。例如，把生物按界、门、纲、目、科、属、种进行分类，把人按年龄、性别、民族、职业、性格等各方面进行分类等，都是系统化的过程。

具体化是通过分析综合，将抽象出来的一般特点应用到具体对象上的思维过程。它接近于感性经验提供的东西，接近于比较直观的、熟悉的东西。通过对事物的具体化，我们能够更好地理解一般事物。例如，通过举例说明、运用、图解等方式，我们能够更好地理解一般的理论、法则、规律等。

在解决问题的思维过程中，上述各种思维过程是相互联系的，并且是利用概念、判断、推理等思维形式进行分析、综合、比较、抽象和概括的运演过程。借助这些过程的不同组合，我们才能认识世界，有所创新，有所创造。

（四）思维的种类

1. 直观动作思维、形象思维和逻辑思维

根据思维任务的性质和抽象程度，思维分为直观动作思维、形象思维和逻辑思维。

直观动作思维是通过实际操作解决直观、具体问题的思维形式。例如，3 岁以前的儿童只能在动作中思考，他们的思维基本上属于直观动作思维。这种思维的重要特点是协调感知和动作，在直接接触外界事物时对直观动作产生初步概括。

形象思维是指以具体的直觉和表象为材料来解决问题的思维，是学前儿童和部分学龄初期儿童的思维特征。例如，我们计划去旅游，事先会在头脑中想象出可能的出行道路和交通方式，经过分析与比较，选择最终的道路。具体形象思维对从事某些和表象有密切联系的职业（如作家、艺术家、音乐家、演员等）具有重要意义。

逻辑思维是指人们面对理论任务时，运用概念进行判断和推理来解决问题的思维。例如，学生进行数学定理的证明，科技工作者进行某种推理、判断，都要运用这种思维。它是一切正常人的思维，是人类思维的核心形态。

2. 经验思维和理论思维

根据思维凭借的知识经验不同，思维分为经验思维和理论思维。

经验思维是人们凭借日常生活进行的思维活动。例如，儿童根据他们的经验，认为“果实是可食用的植物”“鸟是会飞的动物”，这些都属于经验思维。由于知识经验的不足，这种思维易产生片面性，甚至得出错误或歪曲的结论。

理论思维是根据科学的概念和论断，判断某一事物，解决某个问题。例如，我们说“由不在同一直线的三条线段首尾顺次连接所组成的封闭图形叫作三角形”，就是理论思维的结果。这种思维往往能抓住事物的本质，使问题得到正确解决。

3. 直觉思维和分析思维

根据思维过程清晰的程度，思维分为直觉思维和分析思维。

直觉思维是人们在面对新的问题、新的事物和现象时，能迅速理解并做出判断的思维活动。这是一种直接的领悟性的思维活动。例如，警察在嘈杂的人群中能迅速辨别出

罪犯；科学家对某些偶然出现的现象，提出猜想或假说等。直觉思维具有快速性、跳跃性等特点。

分析思维也就是逻辑思维，它是遵循严密的逻辑规律，逐步推导，最后得出合乎逻辑的正确答案或合理的结论。

4. 聚合思维和发散思维

根据思维的指向性不同，思维分为聚合思维和发散思维。

聚合思维是指从已知信息中产生逻辑结论，从现成资料中寻求正确答案的一种有方向、有条理的思维方式。聚合思维是把广阔的思路聚集成一个焦点的方法，其主要功能是求同。

发散思维是指思考问题时，沿着不同的方向重新组织当前的信息和记忆系统中存储的信息，产生大量独特的新思想的过程。这种思维在解决问题时，可以产生多种答案、结论或假说。其主要功能是求异和创新。心理学家普遍认为发散思维是创造性思维的最主要特点。

实践与应用

思维导图

思维导图又叫心智导图，是表现发散思维的有效图形工具，它简单却又很有效，是一种实用性的思维工具。思维导图运用图文并重的技巧，把各级主题的关系用相互隶属与相关的层级图表现出来，把主题关键词与图像、颜色等建立记忆链接。其模式如图8-1所示。思维导图充分运用左右脑的机能，利用记忆、阅读、思维的规律，协助人们在科学与艺术、逻辑与想象之间平衡发展，从而发掘人类大脑的无限潜能。

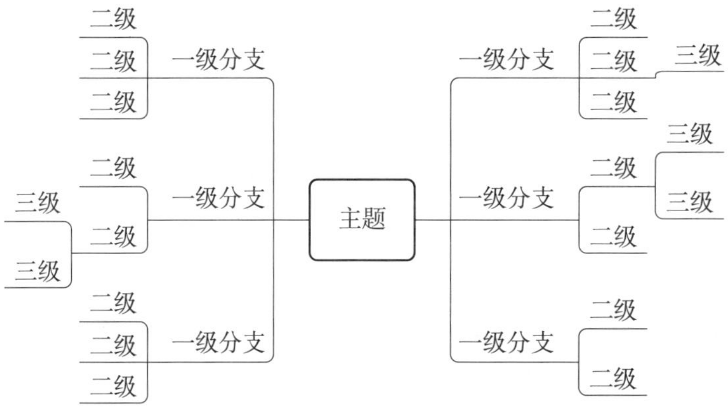

图8-1 思维导图的模式

5. 常规思维与创造性思维

根据思维的创新程度，思维分为常规思维与创造性思维。

常规思维是指人们运用已经获得的知识经验，按照现成的方案直接解决问题的思维。例如，学生运用已掌握的某一数学公式来解答同一类型习题时的思维。这种思维的创造性水平低，对原有的知识不需要进行明显的改组，也没有创造出新的思维成果。

创造性思维是重新组织已有的知识经验，提出新的方案或程序，并创造出新的思维成果的思维活动。例如，瓦特改良蒸汽机的思维就是创造性思维。创造性思维是人类思维的高级形式，也是多种思维的综合表现。

学术前沿

思维的三棱结构

人们之间智力差异的根本原因在于思维结构之间的差异。林崇德指出，思维结构是人类系统的一个子系统。因此，要考察人类思维结构的成分，就应当考察人类主体与客体的关系、思维结构之整体与部分的关系和思维结构各成分之间的关系。基于这种认识，林崇德提出了一种包括六种成分的思维结构，即思维的自我监控、思维的目的、思维的材料、思维的过程、思维的品质和思维的非认知因素，如图 8-2 所示。

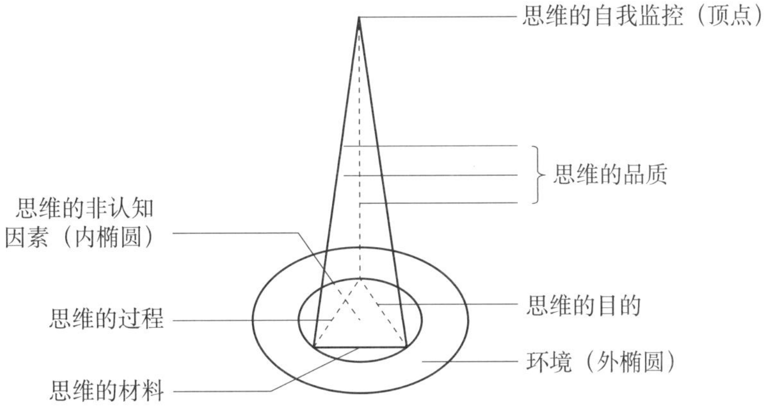

图 8-2　思维的三棱结构

思维的目的就是思维活动的方向和预期结果，它的发展变化或完善表现在定向、适应、决策、图式和预见五个指标上。思维的过程归结为这样的框架和指标：确定目标—接收信息—加工编码—概括抽象—操作运用—获得成功。思维的材料就是信息，即外部事物或外部事物属性的内部表征。思维的品质是人的思维的个性特征，也是思维结果的评价依据。思维品质的成分及其表现形式很多，但主要包括深刻性、灵活性、独创性、批判性和敏捷性五个方面。思维的自我监控又叫反思，是自我意识在思维中的表现，是思维结构的顶点和最高形式。思维的非认知因素是指不直接参与思维过程，但对思维过程起直接作用的心理因素，主要包括动机、兴趣、情绪、情感、意志、气质和性格等。

资料来源：林崇德．(2008)．*我的心理学观：聚焦思维结构的智力理论*．北京：商务印书馆．

二、概念

(一) 什么是概念

概念（concept）是具有共同属性的一类事物的总称。例如，“笔”这个概念，反映了各种笔的本质特征，即“书写的工具”，而不管它是钢笔、毛笔还是铅笔，也不管它是用何种材料制成的。概念与词紧密联系，是用词来表达和记载的。概念使词具有意义，成为具有意义的符号。但概念不等于词，同一概念可以用不同的词来表示。

概念 具有共同属性的一类事物的总称。

每一个概念都包括内涵与外延两个方面。内涵是概念对事物的特有属性的反映，是概念的质。外延是具体的、具有概念所反映的特有属性的那些事物，是概念的量。例如，脊椎动物概念的内涵是有生命的和有脊椎的，而外延包括一切有脊椎的动物，如鸟、鱼、蛇、兔、狼等。概念的内涵增大，外延就变小了。

（二）概念的种类

1. 具体概念和抽象概念

根据概念所包含属性的抽象与概括程度，概念分为具体概念和抽象概念。

具体概念指按照事物外在的、非本质的特征形成的概念。抽象概念指按照事物内在的、本质的特征形成的概念。例如，给幼儿呈现皮球、橘子、三角形积木、三角形蛋糕四种物品，让他们进行分类。如果他们根据形状把皮球与橘子归为一类、积木与蛋糕归为一类，则说明他们形成的概念为具体概念。如果他们根据事物的本质特征把皮球与积木归为一类，橘子与蛋糕归为一类，则说明他们形成的概念为抽象概念。

2. 合取概念、析取概念和关系概念

根据概念包含属性的数量及相互关系，概念分为合取概念、析取概念和关系概念。

合取概念指根据一类事物中单个或多个相同属性形成的概念，这些属性在概念中必须同时存在，类似于集合中的交集。例如，“青年学生”的概念必须同时具有两个属性，即“年龄处于青年期”和“职业为学生”。

析取概念指根据不同的标准，由单个或多个属性相结合而形成的概念。这些属性在概念中不必同时存在，类似于集合中的并集。例如，“好学生”的概念可以结合多种属性，“刻苦努力，成绩优秀”是好学生，“关心集体，乐于助人”也是好学生，这些属性同时存在，如“品学兼优”，更是好学生。

随文提问：“新质生产力”是什么类型的概念？

关系概念指根据事物之间的相互关系形成的概念。例如高低、上下、大小、前后等，都是根据客观事物之间的相对关系或内在联系形成的概念。

3. 前科学概念和科学概念

根据概念形成的途径，概念分为前科学概念和科学概念。

前科学概念又称日常概念，它是人们在日常生活中形成的、常包含事物非本质属性的概念。这种概念不够精确、规范，有时甚至是错误、不科学的。如许多儿童误把“会飞”当作“鸟”的本质属性，因而认为蝙蝠和蜻蜓属于鸟类，鸡、鸭、鹅不属于鸟类，于是形成了关于“鸟”的前科学概念。

科学概念是指在教学过程中形成的、能够正确反映事物的本质属性的概念。如学生

学习某门学科的定义、定律、原理等。

4. 自然概念和人工概念

根据概念形成的人为性，概念分为自然概念和人工概念。

自然概念指在人类历史发展过程中自然形成的、有关现实事物的概念。概念的内涵和外延由现实事物自身的特征决定，如“学生”“遗传”“国家”等。

人工概念指在实验室条件下，为模拟自然概念的形成过程而人为制造出来的概念。人工概念由于只是对自然概念的模拟，与人们的实际生活相距甚远，因而有很大的局限性。

5. 基本水平概念、上位概念和下位概念

根据概念系统的层次，概念分为基本水平概念、上位概念和下位概念。

基本水平概念处于概念系统结构层次的中间地带。上位概念处于概念系统结构层次的较高水平。下位概念处于概念系统结构层次的较低水平。例如，“椅子”是一个基本水平概念，比它水平更高的概念是“家具”，比它水平更低的概念是“有扶手的椅子”。

一般说来，基本水平概念能以最小的代价包含最多的信息，具有最佳的信息量和区分度。研究表明，基本水平概念在人类概念结构中具有特权。表达基本水平概念的术语在语言中最简短，这些术语在成人的谈话中占主导地位，儿童更易获得，具有更强的跨文化的一致性，更容易分类。

（三）概念形成

1. 概念形成的含义

概念形成是指个体以直接经验为基础，从许多同类事物的不同例证中独立发现和获得客观事物的共同特征的过程。

人类社会现有的各种概念是在历史发展过程中形成的，是经过曲折、复杂的实践过程不断积累、认识世界的结果。随着历史的发展，人类对客观存在认识的不断深入，概念的内涵也在不断变化与发展。例如，人们在古代认为物质是不可分的，后来将物质分析为元素，再后来认为原子是构成物质的最基本粒子。到了现代社会，原子还可以继续分析为更基本的粒子，并且形成了物质无限可分的概念。随着科学的不断发展进步，新的概念仍在不断产生。

经典实验

人工概念形成的实验研究

教育心理学家、认知心理学先驱布鲁纳（Jerome S. Bruner）等人经过长达 5 年的概念形成实验后认为，概念形成是个体运用策略进行假设检验的过程。

实验研究通过图片选取来探讨概念形成的过程。实验设计了 81 张图片，如图 8－3 所示，图片上的属性按性质分为四类：（1）图形：十字形、方形、圆形。（2）图数：每张图片上的图形数量分别为一个、二个、三个。（3）颜色：绿、黑、红三种，图 8－3 的卡片从左至右依次为上述三种颜色。（4）边线：每张图片的边线数量分别是一条、二条和三条。81 张图片的属性的不同结合，可以构成许多概念。例如，概念“三个黑色圆形”包括“圆形”“三个”“黑色”三个属性，不包括“边”这个属性，属于合取概念，代表这一概念的图形有 3 张。又如，概念“三条边线的图片”可以指不同形状和数量的图片，也可以指不同颜色的图片，属于析取概念，代表这一概念的图片有 27 张。再如，概念“在双边红色图形左侧的图形”属于关系概念。

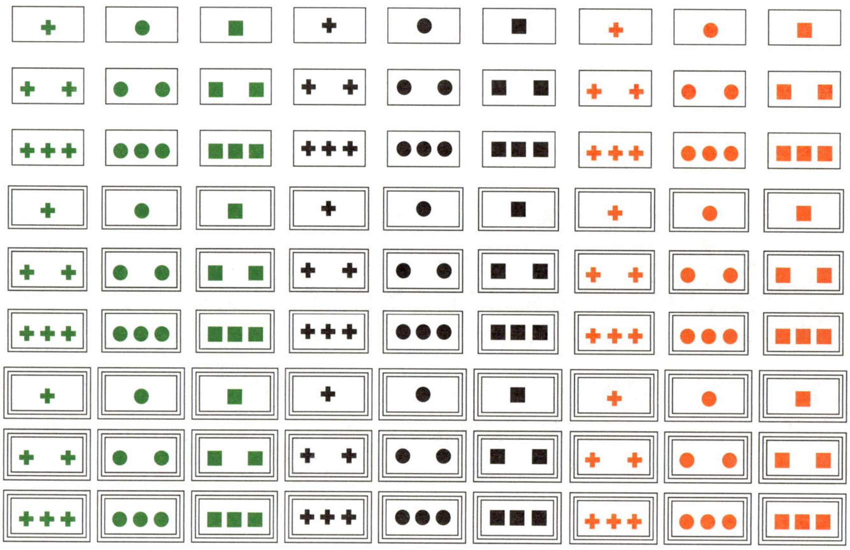

图 8－3　布鲁纳等人关于概念形成的实验材料

实验进行的程序是：主试将 81 张图片呈现给被试，说明图片都有哪些属性以及怎样将图片结合成概念，然后指着一张图片对被试说：“我现在心中有一个概念，概念的属性可以在这张图片上看到。请你按自己的想法，每次指一张图片给我看，对与错我随时告诉你，看看能否发现我所想的概念。”例如，主试提示给被试的有“单边”“一个”“黑色”“圆形”，主试心中的概念是“黑色圆形”。被试可能按下列顺序找到主试心中的概念。

被试选样	主试判定
（1）单边一个黑色圆形	对
（2）单边一个红色圆形	错
（3）单边一个黑色方块	错
（4）双边一个黑色圆形	对
（5）单边三个黑色圆形	对

实验到此为止，被试说：“我想你心中的概念是黑色圆形。”主试说：“对。”说明这时被试已形成了这种人工概念。

资料来源：彭聃龄．（2019）．*普通心理学*（第 5 版）．北京：北京师范大学出版社．

2. 概念形成的策略

概念形成是一个复杂的过程。布鲁纳等人发现概念形成中包含四种策略。

（1）同时性扫描策略。同时性扫描策略是指根据第一肯定实例所包含的部分属性形成多个部分假设，然后对多个部分假设进行检验。例如，根据第一个肯定实例，形成“两条边框”或“一个圆形”或“黑色圆形”等假设，在选取了一定的实例后，根据主试的反馈，对多个部分假设进行检验。采用这种策略需要同时记住多个假设，会给工作记忆带来很大的负担。

（2）继时性扫描策略。继时性扫描策略是指在已形成的部分假设的基础上，根据实验者的反馈，每次只检验一种假设，如果这种假设被证明是真确定，就保留它，否则就继续采用另一个假设，并逐一排除错误假设。由于一次只检验一个假设，而且是连续进行检验的，因此其被称为继时性扫描。这种策略给记忆带来的压力较小，但以前被排除的假设很有可能被再次应用，显得很不经济。

（3）保守性聚焦策略。保守性聚焦策略是指把第一个肯定实例（聚焦点）包含的全部属性都看作未知概念的有关属性而建立假设，然后每次只改变其中一种属性或特征来对这个假设进行检验。保守性聚焦大大减轻了记忆负担，人们不需要记住他们选择的所有实例及其性质，只需要记住当前的假设就可以。在应用保守性聚焦策略时，只改变焦点的一种属性，每一次选择又有一个明确的目的，并且每次都可以得到确定的信息，从而使整个作业过程变得既简洁又具体。保守性聚焦策略是一种相对更具系统性和更有效的策略。

（4）冒险性聚焦策略。冒险性聚焦策略是指把第一个肯定实例包含的全部属性都看作未知概念的有关属性或特征而建立假设，然后同时改变焦点图片上两种或两种以上的属性来检验假设。它和保守性聚焦策略非常相似，所不同的是它一次改变假设概念的多种属性，这种做法就像博弈一样，是冒着风险的，这种冒险可能碰巧成功，但也可能失败。这种策略的优点是可能很快地只做较少选择就可以成功地掌握概念，但缺点也在于此，失败的风险也大。

（四）概念的掌握

个体对人类社会发展过程中形成的概念的再认识和把握就是概念的掌握。概念的掌握是通过个体的思维活动，将概念转化为人脑中的概念的过程。概念的掌握主要有两条途径：一是不经过专门的教学而在日常生活中积累个人经验形成的概念。这类概念属于日常概念或前科学概念。例如，幼儿在学习“鸭”这一概念时，每当鸭子出现，幼儿若说出“鸭”，成人就说“对了”，并给予强化鼓励。当鸡、鹅出现时，幼儿若再说“鸭”，成人就说“错了，不是鸭”，而予以纠正。经过多次的反复，儿童就掌握了“鸭”这一概念。二是个体通过专门的教学有计划地掌握概念。这类概念一般属于科学概念。这是现代人掌握概念的最主要途径。

掌握科学概念是学生学习的重要内容和任务，受到个体的知识、经验、技能、动机等多种因素影响。教学过程中，正确掌握概念可以考虑以下几方面。

第一，注意日常概念对掌握科学概念的重大影响。日常概念有时有利于科学概念的掌握，有时则起阻碍作用，主要看日常概念的含义与科学概念的内涵是否一致。日常概念的含义与科学概念的内涵一致时，起积极作用。例如，几何学中“邻角”概念的内涵是具有公共顶

随文提问：想一想，如何快速地掌握一个新概念？

点和公共边的角，有些学生有“邻居”的日常观念，就容易掌握和理解邻角的概念。当日常概念与科学概念的内涵不一致时，就会产生消极的影响。所以在学习中，应明确日常概念与科学概念的区别，在头脑中把两者区分开，从而顺利掌握科学概念。

第二，利用变式和对比促进科学概念的掌握。所谓变式，就是在讲解概念时，运用多种感性材料的实例，以帮助学习者把握概念的内涵。在使用变式时，可以有两种方式：一是保持事物的本质属性不变，变化非本质属性。例如，讲解垂线概念时，在教科书和一般教学中，通常都是“⊥”，与日常概念的“垂”相一致。这时，学生往往对  等形式不能得出垂直相交的结论，这就是教学中变式利用不够的结果，同时日常概念也起到了干扰作用。二是变化本质特征，保持某些非本质特征不变，通过对比来帮助学习者区分不同概念的本质区别。例如，“鸟”的概念的本质特征是有羽毛的动物，可以蝴蝶、蝙蝠为例子：虽然蝴蝶、蝙蝠在某些非本质属性（例如，会飞）方面与麻雀、燕子相同，但其在羽毛等本质特征方面不同，因此蝴蝶、蝙蝠不属于鸟类。

第三，给概念下定义有利于概念的掌握。下定义就是利用简明的语言表达概念的内涵。学习者掌握了概念的定义，就可以根据定义去辨认事物，从而理解概念的实质。下定义要指示概念所包含的本质特征，常用的一种方法是“类加种差”。例如，人这一概念的定义是：“人是能制造和使用劳动工具的动物”，其中“动物”就是类；“能制造和使用劳动工具”就是人这种动物与其他类动物的差别，即种差。

第四，形成概念体系有助于概念的掌握。与世界上的事物普遍相互联系、相互对应，人类形成的概念与概念之间也存在着普遍联系，一般表现为并列关系（如直角三角形、锐角三角形）和从属关系（如生物、动物、鸟类、鸡）等。当学习者在头脑中建立了概念间的联系时，也就形成了概念体系。概念体系的形成有助于知识的系统化，有助于学习者更深刻、更全面地理解新概念。教学的一项重要任务就是帮助学习者构建有关学科的概念体系。

三、推理

推理是一种发展知识和获得新知识的有效手段。推理使人们从一些事实或假设的事实中得到新的结论，而这种新的结论又为人们进一步了解和掌握有关信息提供标准或指南。

（一）什么是推理

> **推理** 由具体事例归纳出一般规律，或者根据已有知识推导出新的结论的思维活动。

推理（reasoning）是由具体事例归纳出一般规律，或者根据已有知识推导出新的结论的思维活动。例如，在一个平面内，直角三角形、锐角三角形、钝角三角形的内角和均是 180 度。据此得出，平面内的一切三角形内角和都是 180 度。这就是推理的过程。

判断是推理的组成部分。判断是对客观事物做肯定或否定评定的思维活动。它在概念基础上进行，揭示了概念间的关系。如“铁是金属，铁不是液体”，通过肯定与否定两个判断，说明了铁的性质，揭示了“铁”和“金属”间的关系。

推理由两个以上的判断组成，并以几个相关联的句子表现出来。推理中所依据的判断叫前提，分为大前提和小前提。如“金属受热都会膨胀”是大前提，“铁是金属”是小前提。对这两个前提进行推理，得出“铁受热也会膨胀”的结论。因此，推理是对已有判断进行分析和综合，引出新判断的过程。

克茨等（Kurtz，Gentner，& Gunn，1999）提出一个关于人类推理的公式：

$$y = F(x, k)$$

式中，x 代表推理是给定的信息。k 代表推理是可利用的领域知识和特殊例子，它是抽象规则、限制和结构的综合物。F 是一系列可用来操作、结合或转换给定信息的手段。y 是推理过程的产物。整个公式的含义是：推理过程结束时得到的结论是在给定信息和推理者已有知识基础上一系列加工操作的结果。

（二）推理的种类

1. 归纳推理和演绎推理

根据推理时思维的方向，推理分为归纳推理和演绎推理。

归纳推理是从许多具体事例中得出一般的结论的推理。例如，科学家通过观察和研究大量自由落体现象，归纳出重力加速度为 $9.8\mathrm{m/s^2}$。

演绎推理是从一般原理到特殊结论的推理。例如，所有哺乳动物都是有脊椎的，狗是哺乳动物，所以狗是有脊椎的。

归纳推理本质上就是概念的形成，而演绎推理本质上属于问题解决。

2. 三段论推理、线性推理、条件推理和概率推理

根据推理的性质和推理的逻辑项之间的关系，推理分为三段论推理、线性推理、条件推理和概率推理。

三段论推理由两个假定真实的前提和一个可能符合也可能不符合这两个前提的结论组成，如表 8－1 所示。

表 8－1 三段论推理

三段论的结构	1. 大前提——已知的条件； 2. 小前提——所研究的特殊情况； 3. 结论——根据一般原理，对特殊问题做出的判断。
三段论的表示	1. 大前提——M 是 P； 2. 小前提——S 是 M； 3. 结论——S 是 P。

线性推理又称关系推理。在这种推理中，所给予的两个前提说明了三个逻辑项之间的可传递关系。

条件推理指人们利用条件性命题来推理。

概率推理是人们根据所给出的概率来估计新的概率。

（三）影响推理的因素

推理的前提和规则是制约推理正确性的重要因素；除此之外，推理的正确性还要受到材料的性质和某些心理因素的影响。

1. 材料的性质

推理的正确性常常要受材料性质的影响。推理材料越具体，推理越容易。对于抽象的材料，推理比较困难。

威尔金斯（Wilkins，1928）的实验证实了这一点，他用 81 名大学生做被试，向他们提出了在逻辑上等质的三段论，但采取了两种不同的陈述方式：一种是用语词陈述，被试容易理解其内容；另一种是用符号陈述，比较抽象。要求被试根据前提进行推理，选出适当的结论。结果表明，两种方式陈述的材料推理的正确率有显著的差异，语词陈述的平均正确率为 84%，符号陈述的平均正确率为 76%。

2. 前提所形成的气氛

武德沃斯和赛尔斯（Woodwarth & Sells，1935）发现，推理常常受到“气氛效应”的影响而导致错误。这主要是指人在推理时由于前提所造就的气氛，形成了一种定势。在这种气氛或定势下，人们往往不顾逻辑步骤，而得出错误的结论。例如，“所有的鱼都生活在水里”，而“鲸鱼也生活在水中”。由于前提气氛的影响，有些人很容易得出“鲸鱼是鱼”的错误结论。有人把这样的题目让 134 名大学生去做，结果 78%的人都得出上述错误的结论。赛尔斯根据实验结果还发现，只要前提中有一个项目是否定的，就会造就一种使人偏向引出否定结论的气氛。同样，只要有一个前提包含“有些”之类的字样，就会造就一种使人易于接受特称结论的气氛。

3. 情绪的偏见

情绪的偏见在推理过程中有一定的影响。由于情绪的偏见，人们往往会做出一些错误的推理，或者对带有情绪偏见的错误结论容易接受。希斯特斯怀特（D. Thistlethwaite）的实验说明了情绪的偏见对问题解决的影响。他用推理能力测验对来自美国南部、北部和西部 7 所大学的 559 名大学生进行了实验。测验共有 72 项推理，其中 36 项推理带有针对黑人、犹太人的种族主义的情绪色彩，其余的 36 项则毫无情绪色彩。实验要求被试指出每一项推论是否正确。结果表明，大学生们在鉴别情绪色彩的推论中错误较多，而且产生错误的内容与学生们所在地区有关。如北方大学生在鉴别有关黑人方面的推论所犯的错误比南方大学生少，这显然是和美国南、北方对待黑人的传统态度有关。

四、问题解决

（一）什么是问题解决

问题解决 由一定的情境引起的，按照一定的目标，应用各种认知活动，使问题得以解决的思维过程。

问题解决（problem solving）是由一定的情境引起的，按照一定的目标，应用各种认知活动，使问题得以解决的思维过程。问题实质是一种矛盾、一种认知情境。

由于问题无处不在、无时不有，旧的问题解决了，新的问题还会不断出现，人们就要不断地运用思维。

问题大致可分为两类：一是规定良好的问题；二是规定不良的问题。所谓规定良好的问题，是指问题具有清楚地说明的起点（或起始状态）和终点（或目标状态）。例如："从天安门怎么乘公共汽车到颐和园？"解决这类问题要求问题解决者在正确的方向上采取适当的手段去获得问题的解决。所谓规定不良的问题，是指那些没有明确的起点与终点，甚至两者均是含糊的，从而没有一种客观的尺度去衡量是否已成功地达到目标状态的问题。例如："怎么把物价上涨率限制在消费者可接受的程度？""你能设计出一套合理的图纸吗？"

（二）问题解决的过程

问题解决的思维过程可分为四个阶段：提出问题，分析问题，提出假设，检验假设。

1. 提出问题

提出问题依赖于若干因素：第一，依赖于人的活动积极性。人的活动量越大，接触面越广，对活动的态度越积极，就越能发现问题和提出问题。第二，依赖于人的求知欲。有求知欲的人能在别人不容易发现问题的地方提出问题，在不满意已有解释时提出问题，在追根问底时提出问题。第三，依赖于人的专业知识。

2. 分析问题

分析问题有两方面的工作。一方面是把要解决的问题分解为局部问题，并分析出矛盾的主要方面、关键因素，然后逐步解决；另一方面是把问题中的因素放在多种新联系中，来揭示该因素的新属性和新品质，实现顺利解决新问题，这种分析叫作综合的分析。

3. 提出假设

根据分析问题的结果，个体会提出一系列由因果关系决定的推测，即针对问题的解决提出方案、原则、途径和方法的假设。推测性的假设是沟通已知到未知的桥梁。假设常常是在分析问题中，随着认识的深入和条件的变化而逐渐形成的，并经受着不断的修改和矫正。个别情况下，假设也可能由直觉直接得出，或由尝试错误形式做出。但无论以何种方式得出的假设，都需经过检验。

4. 检验假设

即以形成的推测或假设去解决实际问题。问题得到了解决，就证明对问题的分析和推测是正确的；否则就需要重新分析问题和修改甚至重新提出假设。检验假设既可能通过实验来检验，也可能通过思维的推论来检验。尤其是那些难以实际检验的假设，则需通过思维的推论来进行论证，爱因斯坦将其称为"思维试验"。

（三）问题解决策略

问题解决的全过程分为三种状态：初始状态、目标状态、中间状态。初始状态是解决问题者的最初状态，问题解决者最终要达到的目标称为目标状态，从初始状态到目标状态期间经历的各种状态称作中间状态。在解决问题过程中，从一种状态变为另一种状态所采取的各种方法和操作，称为"算子"；各种中间状态称为"问题空间"。解决问题就是通过搜索选择算子，并运用算子改变问题空间，最后达到目标的过程。

问题解决策略是在解决问题过程中，搜索问题空间、选择算子系列时运用的策略总称。心理学把问题解决的策略分成两类：算法式策略和启发式策略。

1. 算法式策略

算法式（algorithm）策略就是在问题空间中随机搜索所有解决问题的可能性方法（算子），直至选择一种有效的方法解决问题。简单来说，就是把解决问题的方法逐个进行尝试，找到最终解决方案。例如，一只密码箱有 3 个转钮，每一转钮有 0～9 十位数字，现要采用算法式策略找出密码打开箱子，就要逐个尝试 3 个数字的随机组合，直到找到密码为止。这种策略的优点是能够保证问题的解决，缺点是耗时费力，有时弄不清楚问题到底是如何解决的。对于复杂问题，这种策略往往是行不通的。

2. 启发式策略

启发式（heuristics）策略是指个体根据一定的经验，在问题空间内进行较少的搜索，以实现问题解决的一种方法。运用启发式策略可节省时间，也很方便。这种策略以相似性为基础来选择算子，使初始状态变为和目标相似的状态，并逐步过渡到目标状态。启发式搜索不保证一定都能解决问题，但在大多数情况下能够使问题得到较好的解决。常用的启发式策略主要有以下几种。

（1）手段-目的分析法。这种策略把要解决的问题分为一系列子目标，分析当前状态与目标状态的差别，通过实现一个个子目标，最终实现总目标。这种策略的关键是找出当前状态与目标状态之间的差别，尽量运用各种方法消除差异，从而实现问题的解决。例如，要参加大学生创新创业大赛，不可能一下子拿出参赛作品，一般是把任务划分成几项子任务，如选题、查找信息资料、初步设计方案、设计调试产品、总结申报等，才有可能拿出好的作品。

（2）逆向搜索策略。这种策略是从问题的目标开始搜索，直至找到通往初始状态的通路或方法。例如，人们要去某个地方，往往是在地图上先找到目的地，然后查找一条从目的地退回到出发点的路线。逆向搜索策略更适合解决那些从初始状态到目标状态只有少数通路的问题，一些几何类型的问题比较适合采用这一策略。

（3）爬山法。这是一种类似于手段-目的分析法的解题策略。它是采用一定的方法逐步缩短初始状态与目标状态的距离，以实现问题解决的一种策略。这就好像爬山，为了登上山峰，需要从山脚一步一步登上山峰一样。日常生活中不少实际问题采用爬山法来解决。例如，医生在给慢性病人用药时常常用这种方法来确定用药的剂量。

（四）影响问题解决的心理因素

1. 专业知识

在解决一些较为复杂的问题时，相关领域中的特定的知识对于解决问题具有重要意义。在解决复杂问题时，专家和非专家（新手）有很大差别。专家对一般的专业问题能迅速解决，他们能迅速地识别熟悉的模式，再从长时记忆中找出解决问题的现成方法，而搜索活动较少。这种方法解决问题迅速、正确，所以叫强方法。没有经验的新手解决问题以尝试易变为特征。由于知识经验不足，只能反复不断地进行搜寻、检验和改正，用粗略、麻烦的方法解决问题，这种方法叫弱方法。

2. 知识表征的方式

知识表征就是头脑中标示有关知识内容与结构的方式。知识表征的方式能影响问题的解决。有这样一个问题：已知一个圆的半径是2cm，问圆的外切正方形的面积有多大？如图8-4所示。图中用不同的方式画出了圆的半径。结果发现被试在解决a图问题时出错较多，解决b图问题时出错较少。主要原因是问题呈现和表征的方式不同。

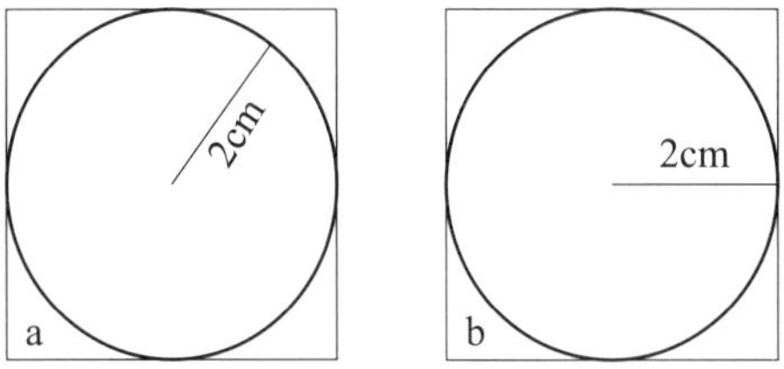

图8-4　a、b图的表征方式不同，导致问题解决的结果不同

3. 迁移效应

迁移指的是对一些问题的解决影响对另一些问题的解决。积极的迁移是，过去解决问题的经验有利于解决当前的问题；消极的迁移是，过去解决问题的经验对当前问题的解决产生干扰或不利于当前问题的解决。一般来说，知识经验越多、越活化，对问题的解决就越有帮助。

4. 定势

定势是指在过去经验的影响下，对于解决新问题带有一定的倾向性。定势有时有助于解决问题，有时则起妨碍作用。如果解决问题者囿于一定的反应倾向，而不能针对变化了的新情境采取相应措施，就会妨碍问题的解决。功能固着就属于这种定势。功能固着是指人只看到某个物品的通常用途时，就难以看出它的其他新用途。

5. 动机强度

解决问题的过程是由动机激发和推动的。动机较强，解决问题的动力也较大。但如果动机太强，超过了一定的限度，人的注意力过分集中于目标，就容易忽视其他影响解决问题的因素，思维变窄，会降低解决问题的效率。当然，如果动机太弱，注意力就容易受其他因素的干扰，心理活动的积极性较低，解决问题的效率也不高。动机强度适中才是解决问题的最佳心理状态。

6. 个性的影响

积极的个性品质，如善于思考、想象力丰富、向往新事物、有强烈的好奇心、有刻苦钻研的意志品质、有孜孜不倦的研究热情等，会有力地促进问题的解决。个性中的消极品质，如懒惰、怯懦、缺乏毅力、进取心不强等，不利于问题的解决。

实践与应用

有利于问题解决的10种方法

有研究者通过总结前人的研究成果，提出了有利于问题解决的10种方法。

1. 增加相关领域的知识

2. 使问题解决中的一些成分自动化

3. 制定比较系统的计划

4. 做出推论

在解决问题之前，要根据问题中给定的条件做出适当的推论。这样既可避免问题解决走入死胡同，又可消除对问题的错误表征。

5. 建立子目标

6. 逆向工作

7. 寻找矛盾点

在回答诸如“有可能……”或“有什么方法……”这类问题时，可采用寻找矛盾点的方法。

8. 寻找当前问题与过去相关问题的联系

在解决问题时，要积极考虑当前的问题与你曾经解决的问题或者你熟悉的问题有哪些相似性，然后利用类似的方法解决当前的问题。

9. 发现问题的多种表征

当问题解决遇到障碍时，回到问题的初始状态，重新形成问题的表征。

10. 多多练习

解决代数、物理和写作等课堂中遇到的问题，多练是一种好方法。

资料来源：彭聃龄.（2012）. *普通心理学*（第 4 版）. 北京：北京师范大学出版社.

第二节　语言概述

人类正因为有语言，才可以接受各种具体刺激物和词语的作用，进行抽象、逻辑的思维，形成意识与自我意识，并通过内部语言自觉调节自己的行为。因此，只有认识语言活动的规律，方能真正揭示人的心理活动的特点，使心理学真正成为研究人的心理现象的科学。

一、语言的一般概念

（一）语言的概念

语言（language）是一种社会现象，是人类用以交流思想和进行思维的主要工具，是社会上一种约定俗成的符号系统。语言的基本单位是词，它具有音、形、义三个特性。音和形是词的外在形式；词的意义则是词的内容，即为抽象、概括的事物。在生产、工作和学习的实践活动中，在人们进行思想交流、传递知识经验和表达情感的过程中，语言以物质化的语音或字形被人感知。同时，语言

> **语言**　一种社会现象，是人类用以交流思想和进行思维的主要工具，是社会上一种约定俗成的符号系统。

又是思维的工具，是思维的物质外壳。因此，语言成为人类所特有的最重要的交际工具。

语言是社会生活的客观现象，是社会强加给全体成员的一种特殊的规约；对使用同一语种的人来说，它是统一的。任何一种语言都具有一整套确定的发音、语法方面的规则，这些规则一经产生，并为大家所公认、接受，就有着较强的稳定性和长期性，不能随便变动，否则将不能发挥交际工具的作用。但语言中的词意是可以变的。随着社会历史的发展，有的词消失了，又产生了新词。语言作为社会的产物，作为人们互相交际的工具，它从不属于运用这种语言的个人。

随文提问：你能说出几种语言?

经典回顾

乔姆斯基及其语言观

乔姆斯基（Noam Chomsky；见图 8－5）是美国语言学家和政治活动家。他认为语言能力有一部分是先天的，是生物遗传和进化的结果，儿童习得语言是生来具有的语言获得装置（LAD）发挥作用的结果。语法主要包括基础和转换两个部分，基础部分生成深层结构，深层结构通过转换得到表层结构。语义部分属于深层结构，它为深层结构做出语义解释。语音部分属于表层结构并为表层结构做出语音解释。他强调从认知学的角度对人类语言共性的解释，区分先天的语言能力和后天的语言知识，认为语言有生成能力，是有限规则的无限使用，转换则是生成的重要手段。

图 8－5　乔姆斯基

乔姆斯基的《句法结构》被认为是 20 世纪理论语言学研究上最伟大的贡献之一。

资料来源：希伊．(2012)．*50 位最伟大的心理学思想家*（郭本禹，方红译）．北京：人民邮电出版社．

（二）语言的功能

1. 交际功能

语言的交际功能是指人与人之间通过言语活动交流思想、传递信息、表达感情的过程。它是语言最重要、最基本的功能。语言的交际功能有广义和狭义之分。广义的语言交际功能有四种类型：（1）人的内向交流，即内心的“自我”与“客我”之间的交流；（2）人际交流，即人与人之间的交际；（3）群体交流，即群体内成员及群体之间的交际；（4）大众传播，即借助印刷和电子媒体进行信息交流。狭义的语言交际功能则是指个人之间直接进行的交际过程，主要是满足人们之间的心理需求。由于语言具有交际功能，人类文明才得以传承，人类社会才能不断发展进步。

2. 符号功能

语言的符号功能是指语言中的词总是标志着客观事物的一定对象或现象。任何民族，在其语言中的某个词与它标志的对象或现象之间的关系，是人们在长期交往过程中确定和固定下来的，它们为本民族的人们所了解，并具有相对稳定性。当人们在交际过程中说出某人、某事或某现象时，就标志着或称呼出一定的客观对象或现象，于是人们在交际过程中互相了解、互相理解。

3. 概括功能

语言的概括功能是指语言不仅可以标志客观事物的个别对象或现象，还可以标志某类事物的许多现象。例如，当说“铅笔”时，“铅笔”一词就不仅指某支红铅笔，而是概括了各种各样的铅笔。说“文具”时，它不仅概括了铅笔、毛笔、钢笔、墨水、砚台、稿纸等，还概括了文具标志的更多特征。“物质”一词则更为抽象，它概括了世界上的一切事物。正因为词是客观事物的对象或现象的概括，人类才有可能借助词进行抽象思维，从而认识客观事物的本质，掌握客观事物发展的规律。

（三）语言的特征

1. 创造性

人们运用有限数量的词语和组合这些词语的规则，便能产生或理解无限数量的语句，这些语句可能是他们以前从未说过或听过的，这就是语言的创造性。各种句子千变万化，人们讲出的句子也很不相同。语言的创造性在儿童身上表现得最为明显，儿童习得语言发生在出生后很短的时间内，说明习得语言单靠模仿他人的语言是无法实现的。

2. 规则性

语言中的句子并不是通过单词随意地结合在一起产生的，它们的组合具有一定的规则。语言的规则性也就体现为语法规则。它是描述性的，而不是规定性的；只是描述了人们说话、写文章应该遵循的规则，是自动化的、无意识的。例如，汉语中的“我吃饭”符合汉语语法，而“我饭吃”不符合规则，因而成为一种没有意义的词汇组合。

3. 意义性

语言的每一个单位（词）都具有一定的意义。人们必须学习每个单词的意义，并且根据一定的规则，借助这些具有不同意义的词，才能表达和理解思想与感情。在句子中，同一个单词由于运用的语法规则不同，其意义也会不同，同时句子也会反映不同的逻辑关系。例如，汉语用“书”来表示“成本的著作”这一意义，而英语用“book”来表示。

4. 指代性

由于语言的单位（词）都有意义，所以即便是某种刺激不在眼前，也可以用语言来表示它。语言的这一特性打破了时空界限，使人们能够谈古论今，对人类文化历史的发展产生了深远的影响。例如，语言可指代一种客观存在的东西（如计算机、电视），也可指代一个抽象的概念（如正义、事业）等。

5. 社会性与个体性

语言是个体运用语言符号进行的交际活动，具有社会性和稳定性。人们只能使用社会上已经形成的语言。用词来表达意义也是约定俗成的。另外，语言交流发生在人与人之间，一个人说话的内容常常受到别人的影响，这也说明语言具有社会性。语言行为同时又是一种个体的行为，它和个体生存与发展的具体条件分不开，因而具有个体的特点。

（四）语言的种类

听、说、读、写是语言活动的基本形式。根据活动形式，语言通常分为两类：外部语言和内部语言。外部语言又包括口头语言（对话语言和独白语言）和书面语言。

1. 对话语言

对话语言指两个或几个人直接交际时的语言。例如，聊天、座谈、辩论等形式。对话语言是一种最基本的语言形式，其他形式的口语和书面语言都是在对话语言的基础上发展起来的。

对话语言有四个特点：第一，情境性。对话语言总是出现在一定的情境中，交往情境对于对话语言具有很大的影响。第二，简略性。对话使用的句子都非常简单，其语法结构和逻辑关系不一定很严谨，但不会影响正常的交际过程。第三，合作性。对话语言的双方必须能够相互理解和支持，并适时地做出相应的反应，对话才能够进行下去。第四，反应性。在对话语言中，所谈话题往往缺乏预见性，双方有时均无法加以事先控制和安排，需要随时根据对方的反应来调节自己的谈话。

2. 独白语言

独白语言是个人独自表现的，与叙述思想、情感相联系的较长而连贯的语言。例如，报告、讲演、讲课等形式。

独白语言有三个特点：第一，独白语言是说话者独自运用的语言，说话者谈论自己所要表达的观点或想法，没有交谈者的应答支持。第二，独白语言是一种展开的语言，具有连贯性和系统性。第三，独白语言是一种有计划、有目的、有准备的语言。使用独白语言时，必须有讲话提纲，明确讲话目的。

3. 书面语言

书面语言指一个人借助文字来表达自己的思想或通过阅读来接受别人观点的活动过程。从发展的角度看，书面语言的出现比口语要晚很多，是儿童在形成口头语言的基础上，经过专门学习而掌握的。它只有在文字出现以后，才为人们所掌握和利用。

书面语言有三个特点：第一，随意性。这表现在书面语言的内容可以反复推敲和斟酌，直到当事人认为能够完全准确地表达出自己的全部意思为止。第二，计划性。在书面语言表达前，人们就有腹稿、提纲等准备。第三，展开性。一般而言，书面语言只能借助文章的结构向读者提供语境线索，用展开的形式表达自己的思想情感。因此，书面语言通常具有逻辑严谨、语法规范等特点。

4. 内部语言

内部语言是一种自问自答以及自己思考时的语言，是在外部语言的基础上产生的。

虽然内部语言不直接用来与别人交际，但它是人们语言交际活动的组成部分，通常伴随着思维过程而出现。

内部语言有两个特点：第一，发音器官活动的隐蔽性。内部语言是一种语言活动，需要语言器官的参与，只是语言活动的外部标志，即语音是不显著的。第二，内部语言的简约性。内部语言是说给本人的，而本人对所说的内容是知情的。因此，就形式上看，内部语言是简化的、压缩的，甚至是片段的。

经典回顾

语言中枢

语言中枢是人类大脑皮质所特有的，多在左侧，如图 8－6 所示。临床实践证明，右利手者，其语言区在左侧半球；大部分左利手者，其语言中枢也在左侧，只有少数位于右侧半球。语言区所在的半球称为优势半球。儿童时期，如果在大脑优势半球尚未建立时，左侧大脑半球受损，有可能在右侧大脑半球皮质区再建立其优势，而使语言机能得到恢复。

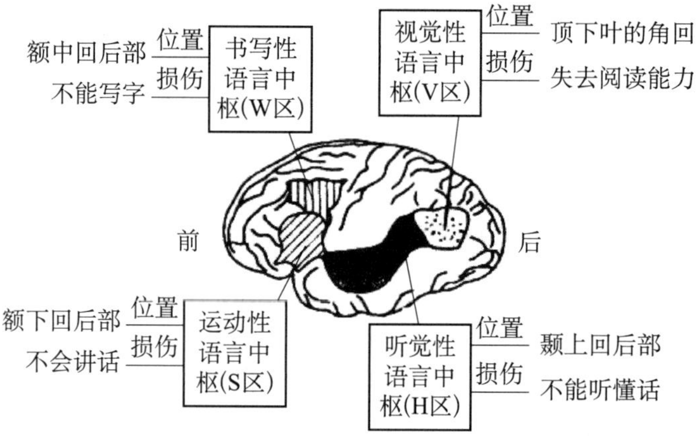

图 8－6　人类的语言中枢

运动性语言中枢（说话中枢）紧靠中央前回下部，即额下回后三分之一处，又称布洛卡区，能分析综合与语言有关的肌肉性刺激。此处受损，病人与发音有关的肌肉虽未瘫痪，却丧失了说话的能力，临床上称运动性失语症。

听觉性语言中枢（威尔尼克区的一部分）位于颞上回后部，能调整自己的语言和听取、理解别人的语言。此处受损，患者能讲话，但混乱而割裂，能听到别人讲话，但不能理解讲话的意思（听觉上的失认），对别人的问话经常所答非所问，临床上称为感觉性失语症。

书写性语言中枢（书写中枢）位于额中回后部。此处受损，虽然其他运动功能仍然保存，但写字、绘画等精细运动发生障碍，临床上称为失写症。

视觉性语言中枢（阅读中枢）位于顶下叶的角回，靠近视中枢。此中枢受损时，患者视觉无障碍，但角回受损使得视觉意象与听觉意象失去联系（大脑长期记忆的信息编码以听觉形式为主），导致原来识字的人变为不能阅读，失去对文字符号的理解，称为失读症。

二、语言理解

语言理解（language comprehension）是指人们借助听觉或视觉的语言材料在头脑中主动、积极地建构意义的过程。例如，我说“狗”，你知道这是指一种会汪汪吠叫的动物；我说“吃饱了”，你知道这是指有机体的一种状态。这说明你理解了这些词语或短语的意义。

根据输入通道的不同，语言理解可以分成言语理解（听觉输入）和阅读理解（视觉输入）。

（一）言语理解

言语理解（speech comprehension）是借助听觉输入的语言材料（语音）建构意义的过程。言语理解也叫言语知觉，主要以声波为载体，与文字加工存在很大区别，是人们对语音的识别过程。语音是口语的物质外壳和形式，只有正确地知觉语音，才能理解其所代表的意义。

1. 语音的物理属性

从声学上讲，语音是复合音，它可用响度、音高、音长、音色等要素来衡量。语音的强弱（即响度）取决于发音时呼出的气流量大小。语音的高低则与声带的长短、厚薄、松紧程度有关。音长（即声音持续时间的长短）取决于发音体振动的持续时间，两者正相关。语音的音色与声音的波形相关，一般取决于发音体的性质、发音方法、共鸣腔的形状与大小这三个要素，见图 8－7。

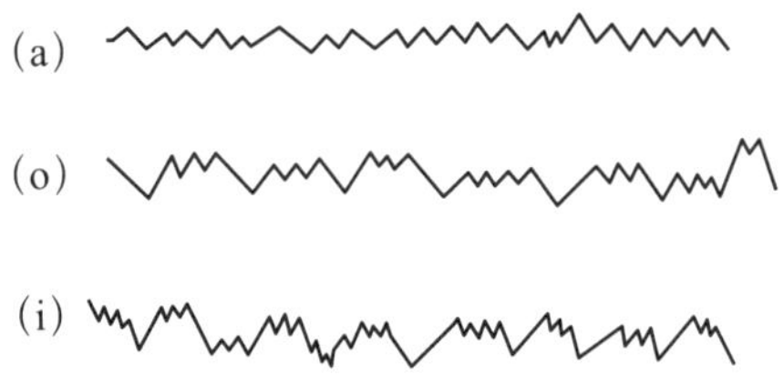

图 8－7　汉语的几种韵母的波形

2. 音位及其类别

音位是在一种语言中能够区分意义的最小语言单位。不同的语言在音位的数量和性质上有所不同。音位大致可分为两类：元音和辅音。语音的发音不同取决于舌头在口腔中的位置。气流顺利通过声道、不受任何阻碍发出的声音就是元音。例如，汉语中的 a，o，i，u，ü，英语中的 i，e，u，a 等。气流在发音通道上受阻而发出的声音叫辅音。如汉语中的 b，p，m，f，zh，ch，sh 等，英语中的 b，p，m，f，s，z，r，g 等。辅音又可以分为清音和浊音。气流使声带振动而发出的辅音叫浊音，气流没有使声带振动、只是在发音通道上受阻叫清音。根据语音的发音部位、发音方式和发音体不同，可以确定音位的一些特征。根据这些特征可以描述不同的音位，并使每个音位区别开来。

研究音位的区别性特征有助于解释人对语音的感知。由于每个音位都具有自己独特的区别性特征的模式，因此人对音位的感知可能依赖于人脑的某些特征觉察器。当一个音位作用于人的听觉器官时，将激活一组特征觉察器，并引发特定的反应。由于特征觉察器的组合模式不同，因而人们能对不同的音位进行分辨。

3. 影响言语理解的因素

言语知觉的效果可以用语言清晰度与可懂度进行测量。清晰度与可懂度是指听者了解讲话者讲话的百分率，或者听者听对的百分率。清晰度与可懂度并没有严格的区别。当听者对材料的感知不受上下文影响时，选用清晰度作为效果指标；若材料感知受上下文影响，则采用可懂度。讲话者的口音、通信系统的噪声、听者的辨音和抗噪声能力等因素，会对言语理解的效果有所影响。

影响言语理解的因素有五个方面：（1）语音类似性。由于音位具有区别性特征，因此正确感知这些特征是分辨不同音位的重要条件。两个音节具有的共同特征越多，就越容易混淆。（2）语音强度。语音强度太小或太大，分辨效果均不好。语音强度与语音辨别的关系如图8-8所示。（3）噪声掩蔽。由于噪声，语音强度必须加强才能被感知，这就是噪声对语音的掩蔽，这种掩蔽效果与信噪比（信号与噪声的比率）有关，如图8-9所示。（4）上下文作用。日常生活会话中，上下文交织组成的语境为交谈提供了参照性，因而有时语音低于噪声，人们也能部分听懂语音。（5）句法、语义的作用。这种影响作用类似于上下文的作用，即人们容易分辨和识别符合句法或语义清楚的句子中的单词。

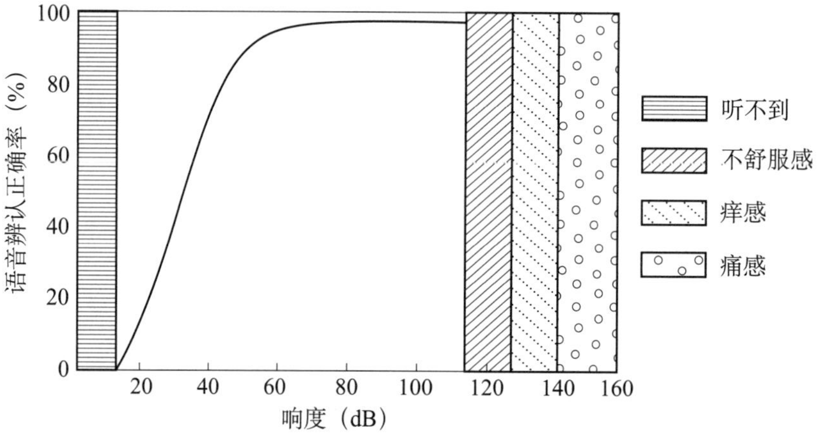

图8-8　语音强度与语音辨别的关系

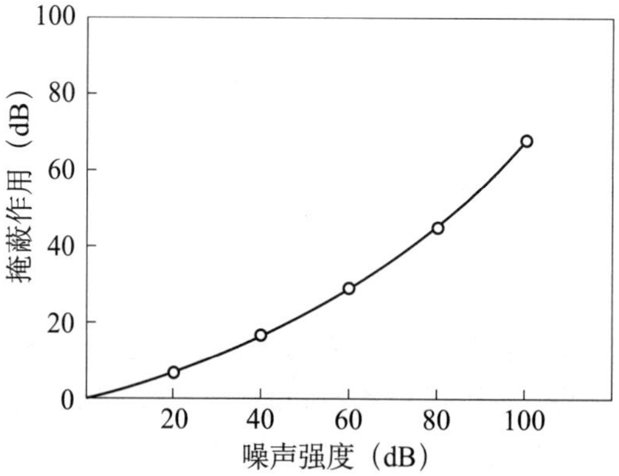

图8-9　噪声对语音的掩蔽作用

（二）阅读理解

阅读理解（reading comprehension）是在视觉输入的文字材料的基础上建构意义的过程。根据加工的水平，阅读理解可以分为词汇理解、句子理解和篇章理解。

1. 词汇理解

词汇理解又称词汇识别或词汇通达，是指个体通过听觉或视觉，接受输入词形或语音信息并通达语义的过程。词汇识别包含字形、语音和语义等多种信息的加工，但又是在一瞬间自动完成的。人们通常只能意识到识别的结果，而不能注意其加工过程。文字类型、词长、词频、笔画数、习得早晚、词义多少、语境等因素影响词汇理解。

在拼音文字中，词是由字母拼写而成的，即由字母组成音节，再由音节构成单词。研究发现，在使用频率相同的条件下，一个单词所包含的字母、音位或者音节数越多，这个单词的识别时间就越长（New et al.，2006）。单词中的首字母与结尾字母在辨认中具有重要作用，因为一旦知道了开头的字母，就能预测其他字母。同样，知道了词尾，即明白了该单词的性、数和词类等。这些不同的变化隐含着许多能被个体识别的语言信息。

汉语与拼音文字不同，汉语源于图形，其基本笔画构成了词的轮廓，是用形表意来组词的。在汉字识别中，研究发现，词汇识别的时间随着笔画数量和部件数量的增长而增加（彭聃龄，王春茂，1997）。处在不同部位的笔画和偏旁在汉字辨识中也有不同的作用，左右结构的汉字较上下结构、独体结构的汉字再认较容易（彭瑞祥，喻柏林，1983）。汉字作为一种象形文字，在识别中存在整体优先加工效应。

不论是拼音文字还是汉语，词汇识别都存在一些共同的规律。词频高的单词因其使用频率高，单词识别时间就短；相反，词频越低，识别的时间就越长。词汇学习的早晚也影响识别，早期习得的词语比晚期习得的词语要容易加工。多义词比单义词更容易识别。此外，丰富的语境信息也能促进词汇的加工。

2. 句子理解

句子理解是在字词理解的基础上，通过对组成句子的各种成分的句法分析和语义分析，并在过去经验的参与下获得句子语义的过程。句子由词组成，但不是词的机械总和，因此，句子理解比对词的理解过程更为复杂。句子类型、语义分析和句法等因素影响句子理解。

句子的类型影响到句子理解。人们日常听到、见到的句子类型，主要有肯定句、否定句、被动句、被动否定句等几种类型。陈永明等人（1990）考察了汉语不同类型句子的理解过程，结果发现，真的肯定句（鲨鱼生活在海洋里）比假的肯定句（鲨鱼生活在大路上）的加工速度快，但真的否定句（嘴巴不在眼睛上面）的加工速度却比假的否定句（眼睛不在嘴巴上）慢，肯定句的加工速度比否定句要快。这可能是不同类型的句子包含的句法和语义信息的复杂程度不同造成的。

句法是规定句子中词的排列以及词与词之间结构关系的表现方式的规则体系。句法分析决定着人们怎样对句子的组成成分进行切分，因此它对句子的理解有非常重要的影响。例如，句子“下雨天留客天留我不留”，它既可以划分为“下雨天，留客天，留我不，留”，也可以划分为“下雨天留客，天留，我不留”。对句法划分不同，导致对该句子意义理解上的不同。

通达语义是句子理解的最终目的。关于句法分析与语义分析的先后问题，一直有不同的观点。彭聃龄和刘松林（1993）的研究表明，汉语的句法分析和语义分析之间存在一定的相互作用。具体来说，句法分析首先对句子进行切分，并给出各种可能性；语义分析则在多种切分可能性中即时地选择一种语义合理的切分方式。

3. 篇章理解

篇章理解是语言理解的最高水平，它是在理解字词、句子的基础上，运用推理、整合等方式揭示篇章意义的过程。推理、语境、图式和策略等因素影响篇章的理解。

推理可以在已有语言信息的基础上对新信息进行加工，或者在篇章的不同成分间建立联结。因此，推理有助于建立语义联系，从而加速我们对言语的理解。例如，下面有这样一段话：“自石油危机以来，商业变得呆滞了，好像没有人再需要那些高级的东西了。突然，门开了，一个衣着讲究的人走进了展览室。约翰带着他真诚的、友好的表情朝这个人走去。”读完后，你很自然地会做出一系列的推理：约翰是个商人，当时商业正处于不景气的状态，他可能卖高级轿车，一个人想买轿车，约翰想做这笔买卖等（张必隐，1992）。

语境提供了各种背景的知识，因而能帮助人们迅速、准确地理解语言。研究者曾让被试等候在实验室内，并用录音机录下他们之间的谈话；随后，将谈话中的个别单词播放给他们听。结果发现，被试只能确认其中的一半左右。这说明，脱离了具体的语境，即使是对自己说过的话，也难以理解。

图式是知识表征的心理组织形式。它说明了一组信息在头脑中最一般的排列或可以预期的排列方式，是关于世界的一般知识和关于当前事件信息的结合。鲁忠义和彭聃龄（1990）的研究发现，当故事按图式组成时，人们容易理解；相反，如果将故事的图式打乱，人们对故事图式的预期会使理解的速度变慢，甚至会影响对故事内容的理解。对图式的有效使用可以看作阅读的一种策略。阅读策略不但可以促进当前篇章的阅读，而且能够迁移到其他篇章的阅读理解中。研究表明，对初中生进行说明文形式图式阅读策略训练，能显著提高学生的阅读理解水平（刘电芝等，2004）。

三、语言的产生

语言的产生又叫语言的表达。它是人们通过语言器官或肢体的活动把语言说出或者写出的过程，包括说话和写作两种形式。

（一）语言产生的性质

1. 语言产生是受目标指引的一种活动

正常情况下，语言的产生都有一定的目的性。例如，当你在学习中遇到不理解的问题时，需要向别人寻求帮助，这就产生了说话的目的与动机。一个人在工作中有了经验，希望把自己的经验交流出去，因而产生了写作的动机。总之，无论是说话还是书写，人的语言活动都是在一定动机的支配下产生的。说话的目的和动机不同，语言表达的内容和方式也就不同。

2. 语言产生是受认知系统直接支配和调节的

语言产生取决于说话者对情境分析和对听话者的正确理解。例如，“一种场合说一种话”指的就是这个意思。或者，有人问“你今天做了些什么”，你的回答内容是和你对问话者的问话意图的了解分不开的。如果你认为问话者仅仅出于客套，你可能只是随口回一句“没干什么”；如果问话者是你的好友，你认为他非常关心自己的活动，你的回答必然是认真而仔细的。

3. 语言产生是一种合作性的活动

合作性是语言交际的基础。在口语交际中，说话者和听话者同处于一个语言环境之中。交谈的双方轮流作为说话者和听话者。双方所说的话都应符合谈话的目的与方向。说话者的话语应意图清楚、目的明确、用词准确，传递的信息恰如其分，能被对方理解；应首尾连贯，不能前言不搭后语；说话的方式应简明扼要、条理清楚；说话时不能随便打断对方的讲话，应给对方讲话的机会等。

（二）语言产生的单位

通常，人们通过研究言语失误来分析语言产生的单位，把语言产生中发生的错误的单位作为语言产生的单位。

语误分析表明，语言产生的单位主要有：（1）音位。如将 big and fat 读成 pig and vat，属于辅音替换的错误。（2）音节。如将 unanimity of opinion 读成 unamity of opinion，出现了音节的删除错误。（3）语素。如将 the introduction of the subjects 读成 the subjects of the introduction，表现为语素替换错误。（4）词。如将 love to sing 读成 sing to love，出现词的交换错误。（5）短语。如将 my classmate went to the Summer Palace 读成 The Summer Palace went to my classmate，出现将短语交换的错误。

短语是语言产生的重要单位。例如，人们在说话时经常停顿一下。布默尔（Boomer，1965）发现，语言停顿经常发生在语法连接处，在短语间的平均停顿时间为 1.03 秒，在短语内的平均停顿时间为 0.75 秒。麦克莱和奥斯古德（Maclay & Osgood，1959）也观察到，在短语间停顿时，人们经常发出“um”“er”“ah”的声音，而在短语内停顿多是无声的。在自发性的言语中，说话人在重复他们所说的话时，常重复短语或更正短语。他们认为，语言产生是以短语为单位的，一次产生一个短语。短语间较长的停顿为计划下一个短语提供了时间。

句子也是语言产生的基本单位。格罗斯金等（Grosjean et al.，1979）在被试朗读时测量在句子中每个单词后的停顿时间，并求出每个单词后的停顿时间与全部停顿时间的百分比。结果发现，大部分停顿发生在句子的主要成分前后。在每个短语结构之后，特别是子句与子句的连接处，停顿时间都要长许多。

（三）语言产生的阶段

心理学科的创始人冯特最早对语言的产生过程进行了研究，他将口头语言的产生分为四个阶段，即观念的产生阶段、句法阶段、转换阶段和语音阶段。

20世纪70年代，弗朗琴（Fromkim）根据语误的研究，提出了一个系统的七个阶段的口语产生的模型。具体阶段包括：

（1）选择意义。这一阶段，说话者根据自己的知识、对听话者的了解和谈话所处的语境，从记忆存储库中提取信息，选择所要表达的意义。

（2）产生句法结构。这一阶段，说话者根据所要表达的意义选择一定的句法结构。

（3）选择内容词。选择内容词的词干，并将它们插入句法结构中。

（4）说明单词的形态。过去时、现在时和将来时等。

（5）产生音素结构，给每一个单词赋予一个音素串，表明单词的读音。

（6）选择运动指令。将音素表征编码成一套运动指令，以支配发音器官的运动。

（7）发出子句。发音器官执行运动指令，说出句子。

戴尔（Dell）对语言产生的阶段进行了更为深入的研究，他认为语言的产生包括语义、句法、构词、语音四种加工水平。语义加工是确定语言要表达的意义。句法加工是为词汇选择适当的句法结构。构词加工是确定名词的单复数和动词的时态。语音加工是提取语音和发出声音。该模型是一个平行分布加工模型，四种水平的加工之间存在相互作用。

上述两个模型都是关于口头语言的。通过“出声思维”的方法，弗劳尔（Flower）提出书面语言产生的三阶段模型，即计划、转化、校验。计划包括确定目的、形成思想、组织思想。转化即句子产生的过程。校验指评价和编辑的过程。这三个阶段并非线性的，在写作过程中这些活动经常可以转换。

四、语言对认知的影响

维果茨基认为，语言在认知发展过程中起着至关重要的作用。儿童从很早开始就具备一定的语言能力，并将之作为一种社会交际手段发展起来。之后，语言被内化，成为详细阐释认知过程形成的抽象符号系统，并且能够组织思维。

语言对认知的影响主要表现在以下五个方面（张积家等，2019）。

（一）语言影响认知方式

认知方式是指人们习惯的思考模式。研究发现，东西方人们的认知加工方式存在差异（Nisbett et al.，2001）。东方人（特别是中国人）倾向于整体性思维方式，强调事物之间的联系和背景的重要性；西方人倾向于分析性思维方式，强调逻辑和物体本身的重要性。这种认知方式的差异受到语言的影响，中国被试在使用汉语时整体性思维更稳定，西方被试在使用英语时分析性思维更稳定（Ji et al.，2004）。此外，相关研究表明，语言对个体具体的颜色认知、亲属关系认知、空间认知、时间认知也有影响。

学术前沿

文化对思维的影响

人们普遍认为，中国南方人细腻，北方人粗犷。究竟是什么因素造成了中国南方人和北方人思维方式、处事风格的差异呢？来自美国和中国的研究者对中国南北方作物种植与心理差异进行了实证研究，通过对北京、福建、广东、云南、四川和辽宁六个地域的 1 162 名汉族大学生进行调查，测量了参与者的思维方式、社会关系以及对待朋友和陌生人忠诚度的区别程度，结果发现：南方以水稻种植为主的省份的人群更倾向于整体性思维，而且更倾向于相互依赖和集体主义；以小麦种植为主的北方省份的人群更倾向于分析性思维和个体主义。研究从不同作物种植方式的角度解释了南北方思维方式的差异，并据此提出了“稻米理论”（the Rice Theory），表明不同农作物种植方式是引发南北方思维方式差异的原因之一。

论文于 2014 年在顶尖杂志《科学》上以封面论文的形式发表，后被美国《时代周刊》《生活科学》《经济学家》等报刊网站广泛报道，并引发广泛而持续的热议。

资料来源：Talhelm，T.，Zhang，X.，Oishi，S.，Shimin，C.，& Kitayama，S.（2014）. Large-scale psychological differences within China explained by rice versus wheat agriculture. *Science*，*344（6184）*.

（二）语言影响认知的途径和过程

语言的数字系统影响代数学习。有义符的汉字和名称中有类别标记的概念与语义，提取的途径和过程不同。例如，东亚语言的数字名称比西方语言规范，欧美语言的数字系统较复杂。米勒等（Miller et al.，1995）表明，不同语言的儿童在掌握 11～99 时显示出最大差异。中国儿童计数 1～10 或超过 99 的数并不比美国儿童好，但计数 11～99 的数时却比美国儿童好。

（三）语言影响认知的策略

不同语言有不同的词汇形式和语法结构，导致使用者在加工语言时使用不同的策略。例如，英文学习者容易形成注意词的曲折变化的策略，中文学习者容易形成关注义符与声旁的策略。中文名词往往有类别标记，如树木名称多包含“树”，酒类名称多包含“酒”。汉语母语者对有类别标记的概念名称的语义识别较快。

（四）语言影响认知的难易

讲不同语言的人在进行某些认知过程时会有难易的区分。Bloom（1981）研究了汉语、英语讲话者在反事实推理上的差异。反事实推理是对与事实相反的事件的推理。汉语和英语的语法不同，如英语中有专门表示假想事实的语法结构-虚拟语气，汉语没有，结果导致中国人在反事实推理上与美国人有很大差异。

（五）语言影响认知的结果

语言中的范畴和原型会影响人们对事物的加工、编码和存储，使讲不同语言的人或双语者使用不同语言时得到不同的认知结果。如对汉族人而言，父系亲属是“内亲”，母系亲属是“外戚”；对摩梭人而言，母系亲属是“内亲”，父系亲属是“外戚”。这种不同的文化图式影响人们对事物的认知。

第三节　思维与语言

思维与语言是人类反映现实的意识形式中互相联系的两个方面，它们的统一构成人类所特有的语言思维形式。但是，二者关系极其复杂，正如维果茨基指出的，“语言与思维的关系是最为复杂和最为重大的问题”。围绕思维能否离开语言存在这一根本问题，形成了不同的观点。

一、语言关联性假设

语言关联性假设（linguistic relativity）又称沃尔夫假设，是以美国语言学家沃尔夫（B. L. Whorf）提出的“语言相对论原则”为基础，逐渐发展成的一种系统的理论。该理论认为，语言支配思维，是“思想的塑造者”，因此，不同语言的人对宇宙会有不同的看法，会有不同的行为，形成不同的世界观。这一假设包括两个部分：第一，语言决定论，认为语言决定非语言的认知过程，学习一种语言会改变一个人的思想方式，讲不同语言的人对世界会有不同的看法。根据语言决定论观点，人的思维完全受自己的母语影响，因为人只能通过自己语言中的范畴和区别特征来认识世界。语言实际上决定着我们的经验。例如，汉语词汇的对称性特征反映了中国人的思维中的对称性特点。第二，语言关联性假设，认为认知过程都与某一语言相关，不同的语言有不同的决定认知的方式。不同语言的讲话者以不同的方式思考。语言结构多样化是无止境的，一种语言中的范畴类别和区分定义为该语言所独有，与其他语言系统不相容。形成思想的过程并不是独立的，而是一种独特的语法，在不同程度上因语言不同而不同。如在英语中描述雪的只有 snow 一个词，而因纽特人却有不同的词来称呼正在下的雪、在地上的雪、像冰块的雪、正在融化的雪和风吹起来的雪等，所以，因纽特人“雪”的概念一定会比英语讲话者复杂和丰富。

在 20 世纪五六十年代，语言关联性假设得到了某些证据的支持，但也受到多数心理学家质疑和拒绝，其主要原因是：（1）沃尔夫强调认知结构，同当时的行为主义传统相抵触；（2）沃尔夫强调相对主义，同乔姆斯基的理性主义观点相冲突；（3）当时的心理学家普遍认为概念先于语言。不同文化的概念结构在核心特征上相对恒定，没有跨文化差异。当然，沃尔夫假设最严重的问题是对语言缺乏历史观。社会及其文化决定语言，而非相反（张积家等，2005）。马克思和恩格斯认为：“语言是一种实践的、既为别人存在因而也为我自身而存在的、现实的意识”，语言是“由于和他人交往的迫切需要才产生的”①。语言决定论与社会实践不符。如果语言决定思维，讲不同语言的民族将无法交际。沃尔夫讨论了许多语言区别，却无法提供语言影响思维的真实证据。

虽然沃尔夫假设遭到许多批评，但心理语言学研究的深入和认知心理学、认知神经科学方法的应用为语言关联性假设积累了大量的证据。古佩兹（J. J. Gumperz）和莱文森（S. C. Levinson）于1996年出版了《重新思考语言关联性》。语言关联性理论再度成为学术界关注的热点。人们将沃尔夫假设区分为三个层次：（1）强式，即语言决定思维。（2）弱式，即语言影响知觉。（3）最弱式，即语言影响记忆。人们最难接受的是强式，对弱式则有许多学者认同。

学术前沿

新的语言关联性理论

随着新的事实和证据不断涌现，语言关联性假设需要进一步扩展和精细化。第一，新理论需要对沃尔夫原有理论框架进行扩展。受时代限制，沃尔夫假设只考虑了语言与认知的关系，未涉及语言与认知共同的神经基础——脑。因此，新理论必须考虑语言、认知、脑三者之间的关系，将理论的二元建构转换为三元建构。这样，既可使语言关联性假设建立在更坚实的科学基础上，也有助于更好地理解语言与认知的关系。第二，新理论必须精细化语言对认知的影响。语言影响认知哪些方面？语言如何影响认知？第三，新理论必须具有系统论和动力论的特点，必须体现语言、认知、脑三者之间相互依存和相互作用。张积家（2010）用一个三角形模型来说明语言、认知和脑的关系（如图8-10所示）。

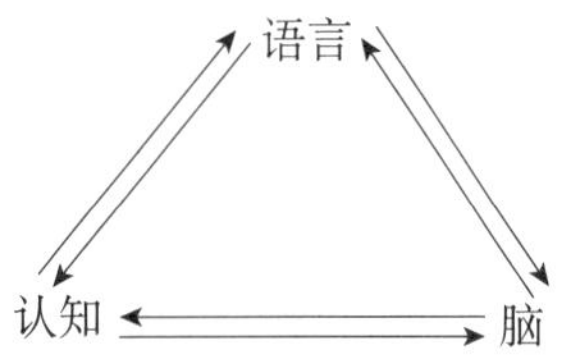

图8-10　语言、认知和脑的关系

在这种三角形结构中，语言、认知、脑分别处于三角形的三个顶点，它们之间的联系是双向的。一方面，脑是语言和认知共同的神经基础。人脑具有语言区和负责复杂认知的区域。另一方面，语言和认知又通过功能可塑性和结构可塑性影响脑的进化和发育。语言塑造人脑，不但影响脑的功能，而且影响脑的结构。而经过语言塑造的大脑又会反过来进一步影响认知和语言。语言和认知之间的关系也是双向的，认知影响语言，语言又是认知的中介和工具。

资料来源：张积家．(2010)．*语言认知新论：一种相对论的探讨*．广州：广东高等教育出版社．

二、“认知”假设

在思维和语言的问题上，“认知”假设与语言关联性假设观点对立。这种观点认为，虽然语言和思维的关系十分密切，但是它们并不是同源的，而是有各自发展的规律。在

① 马克思，恩格斯．(1995)．*马克思恩格斯选集：第1卷*．北京：人民出版社，81．

语言习得过程中，认识先于语言，思维决定语言；在语言使用过程中，语言和思维的关系越来越密切，往往形影不离，但是存在不需要语言外壳的思维。受著名心理学家皮亚杰和维果茨基的理论的影响，“认知”假设观点得到多数研究者的支持。

随文提问：思维必须借助语言吗？

维果茨基从种系发展和个体发展两个角度论证了思维和语言的关系。从种系发展来看，思维与有声语言具有不同的遗传根源，它们的发展也是不平行的，其发展曲线常常会有交叉。从个体发展来看，思维与语言发展并不是同一事物，在儿童有声语言发展中存在前思维阶段，思维的发展过程中也存在前语言阶段。只有当儿童的语言发展到内语言阶段时，思维和语言才真正走向统一。因此，从总体上看，思维和语言的关系可以简略地用两个相交的圆来表示，重叠部分表明语言和思维过程有一部分是重合的，这就是所谓的“言语思维范畴”。

皮亚杰认为，认知决定语言。思维和智力并不来自语言，而是来自动作。处于感觉-运动阶段的儿童虽然尚未出现语言，但有思维和智力。当儿童的认知水平发展到形式运算阶段，能够运用符号进行运算时，语言就成为智力发展的必要条件。儿童是在同现实的互动中首先发展了形式思维能力，然后才能表现他的语言能力，但语言可以使思维更加精确。语言和思维相互依存，思维越精细就越需要语言。

三、语言共同性

作为语言关联性的对立面提出来的是语言共同性的问题。语言共同性指的是各种语言所共有的特征，其可以区分为两种情况。一是绝对的共同性。这是任何语言都少不了的，例如语言的抽象性、强制性、创造性，语言的表意功能、置换作用等。二是相对的共同性。这就是各种语言总结出来的一些共同特征，但不一定每种语言都具有这些特征。例如，英语中通过主动语态和被动语态来表示谓语动作的使动方；汉语中没有语态区分，却可以用把字句或被字句表示。

既然语言的共同性是客观存在的，那么这一共同性的根源是什么？这方面的原因很多，可从感性范畴、认知范畴、社会范畴、语言心理范畴的角度进行研究（桂诗春，2000）。

四、思维和语言存在辩证关系

思维和语言既有区别又有联系。区别主要在于，思维是人脑对客观事物间接、概括的反映，它反映的是事物的本质和规律；而语言是社会历史发展过程中形成的表达心理的符号系统。因此，思维不同于语言。联系在于，思维和语言一样，都是社会的产物。思维不能离开语言。语言作为一种符号系统，是思维的发动者，是思维的物质外壳，也是表达和交流思想的根据。人们在进行思维活动时，主要借助语言来实现。语言也离不开思维。人们是以语言作为媒介进行思考的，不被思维使用的语言就会逐渐走向消亡。某种语言一旦消亡，我们的世界就会永远失去依附其上的那种文化和思维。

基本概念

思维　概念　推理　问题解决　语言

本章要点

1. 思维是人脑借助语言、表象或动作实现的对客观事物本质属性及其规律的间接和概括的反映过程。思维是认识活动的高级阶段，是人的重要的认知活动。思维能揭示事物的本质特征和内部联系。推理、概念形成和问题解决等活动均体现了思维的过程。

2. 思维具有概括性和间接性。思维的概括性是指人在大量感性材料的基础上，把一类事物的共同特征和规律抽取出来，加以概括。思维的间接性是指人们借助一定的媒介和知识经验对客观事物进行间接的认识。

3. 思维是一个复杂的认知操作过程，包括人脑对各种信息的分析与综合、比较与分类、抽象与概括、系统化与具体化等过程。

4. 概念是经过思维过程认识事物的本质属性和本质特征后，用词予以表示。概念是构成判断和推理的要素，是抽象思维的基本单位，是人脑反映事物本质特征的思维形式。概念形成的策略主要有同时性扫描策略、继时性扫描策略、保守性聚焦策略、冒险性聚焦策略四种。

5. 推理是由具体事例归纳出一般规律，或者根据已有知识推导出新的结论的思维活动。影响推理的因素有：材料的性质、前提所形成的气氛、情绪的偏见。

6. 问题解决是由一定的情境引起的，按照一定的目标，应用各种认知活动，使问题得以解决的思维过程。问题实质是一种矛盾、一种认知情境。问题大致可分为两类：一是规定良好的问题；二是规定不良的问题。问题解决策略主要有两类：算法式策略和启发式策略。

7. 影响问题解决的心理因素包括专业知识、知识表征的方式、迁移效应、定势、动机强度、个性的影响等。

8. 语言是一种社会现象，是人类用以交流思想和进行思维的主要工具，是社会上一种约定俗成的符号系统。通常分为两类：外部语言和内部语言。外部语言又包括口头语言（对话语言和独白语言）和书面语言。

9. 语言理解是指人们借助听觉或视觉的语言材料在头脑中主动、积极地建构意义的过程。根据输入通道的不同，语言理解可以分成言语理解（听觉输入）和阅读理解（视觉输入）。其中，阅读理解又包括词汇理解、句子理解、篇章理解。

10. 语言对认知的影响主要表现在五个方面：语言影响认知方式；语言影响认知的途径和过程；语言影响认知的策略；语言影响认知的难易；语言影响认知的结果。

11. 语言与思维的关系是最为复杂和最为重大的问题，主要理论观点有：语言关联性假设、“认知”假设、语言共同性、思维和语言存在辩证关系。语言关联性假设是心理语言学研究主要检验的理论。

复习思考题

1. 如何理解思维的概念及特征？
2. 结合实际生活谈谈问题解决的过程和策略。
3. 影响问题解决的心理因素有哪些？
4. 什么是概念的获得？实际学习中如何有效掌握概念？
5. 阅读理解主要包括哪些内容？
6. 结合自己的体会谈谈思维和语言的关系。
7. 查阅相关文献，试说明人类语言是如何产生的。

拓展学习

莱希．(2010)．*心理学导论*（吴庆麟等译）．上海：上海人民出版社．
迈尔斯．(2013)．*心理学*（黄希庭等译）．北京：人民邮电出版社．
格里格，津巴多．(2016)．*心理学与生活*（英文版）．北京：人民邮电出版社．
杨玉芳．(2015)．*心理语言学*．北京：科学出版社．

第九章
智　力

【学习目标】

1. 心理学家是如何定义智力的?
2. 典型的智力测验是什么样的?
3. 智商分数与性别、年龄和职业有什么关系?
4. 关于天才，智商能告诉我们些什么?
5. 智力落后的原因有哪些?
6. 遗传和环境是如何影响智力的?
7. 关于智力还有哪些其他观点?

【章节导读】

与其他物种不同，人类更多地将自己的成果归因于思维能力和智力，而不是体力与速度。这就是为什么我们被称为智人。智力让我们成为具有高度适应性的生物。我们可以居住在沙漠、森林、山脉甚至空间站中，我们可以面对城市的纷繁和喧闹，也可以面对退休后的简单与平静。

想一想斯蒂芬·霍金，他不能走路，也不能说话。在他 13 岁的时候，肌萎缩侧索硬化症（amyotrophic lateral sclerosis，ALS）就开始慢慢地侵蚀他的脊髓，破坏他的大脑和肌肉之间的联系。最后，他只能依靠轮椅行动，通过语音合成器来“发声”。虽然他重度残疾，但他的大脑却没有受到疾病的影响，依然保持着高度的活跃性，他依然可以思考。霍金是一位理论物理学家，也是当代最著名的科学家之一。他充满勇气和决心，运用自己的智慧加深了我们对宇宙的认识。

请思考以下问题：

当我们说像斯蒂芬·霍金这样的人非常“聪明”或“有智慧”时，这意味着什么?

智力可以测量吗?

智力测验可以预测将来的成功吗?

拥有非常高或非常低的智力会造成什么结果?

第一节　智力概述

一、智力的概念

（一）能力的含义

能力是一种直接影响人的活动效率，促使活动顺利完成的个性心理特征。能力是和活动紧密联系的，离开了具体活动，能力就无法形成和表现。一个具有绘画能力的人，只有在绘画活动中才能施展自己的能力。另外，能力是顺利完成某种活动直接有效的心理特征，而不是完成某种活动的全部心理条件。如活泼、热情、谦虚等属于人格特性，它们虽然与完成活动有一定的关系，但不直接决定活动的完成，因此不是能力。只有那些影响活动完成的特征，如感觉能力、观察能力、记忆能力、想象能力、思考能力、操作能力等才属于能力。

能力的产生与发展是和人类社会生活分不开的。以人类发展早期抽象思维能力的形成为例。原始人在实践生活中，一方面不断地把各种物体分解为它们的组成部分，另一方面又把各个部分联合成一个统一的整体。例如，在修建窝棚、缝制兽皮衣服时就是这样。人们在这个过程中逐渐学会了在头脑中进行分析和综合，即思维的分析和综合。这种思维的分析和综合，是在历史实践、实际分析和综合物体特征的基础上发展起来的。

我们都知道，人的知识有多有少，技能有高有低。那么，知识、技能与能力的关系究竟是怎样的？其实，知识、技能与能力三者密不可分。首先，知识与技能是能力形成的基础，并推动能力的发展；同时，能力影响知识、技能的学习进度，制约着知识、技能的掌握水平。其次，知识是认知经验的概括，技能是活动方式的概括，能力是心理水平的概括，知识、技能的掌握并不必然促进能力的发展；知识、技能的掌握只有达到熟练程度，通过广泛迁移，才能促进能力的发展。

除此以外，人的能力是多种多样的。首先，能力可以分为一般能力和特殊能力。智力就是一般能力；而特殊能力是指在专业活动中表现出来的能力，如色彩鉴别力、音乐表象能力等。其次，根据能力的功能不同，能力又可以分为认知能力（cognitive ability）、操作能力和社交能力。其中，认知能力一般就是指智力，即人脑加工、存储和提取信息的能力。

（二）智力的含义

智力（intelligence）作为一种社会建构性概念，其定义历来为心理学家所争议。在英文中，“intelligence”一词是 19 世纪后半叶由哲学家斯宾塞和生物学家高尔顿从古拉丁语中引入的，用来反映个体在心理能力上的差异。进入科学心理学时期以后，对智力的认识可以归纳为以下四种：

智力　理性思维、有目的的行动和有效应对环境的综合能力。

1. 智力是指抽象思维的能力

有心理学家从理性哲学的观点出发，认为智力是指抽象思维能力。如法国心理学家比纳（Binet et al.，1904）是智力测验的创始人，认为智力是正确的判断能力、透彻的理解能力、适当的推理能力。美国心理学家推孟（Terman，1916）也认为，一个人的智力和他的抽象思维能力成正比。

2. 智力是学习的能力

有人从教育学的观点出发，认为智力是学习能力，学习成绩的好坏代表了智力水平的高低。如心理学家迪尔伯恩（Dearborn，1921）认为，智力就是学习的潜能。

3. 智力是适应新环境的能力

还有人从生物学观点出发，认为智力是适应新环境的能力。如美国心理学家桑代克（Thorndike，1926）认为，智力是指个体有意识地以思维活动来适应新情境的一种潜力。瑞士心理学家皮亚杰（Piaget，1978）认为，智力的本质就是适应，儿童认识的发展就是个体对环境适应的逐步完善和日益智慧化的过程。

4. 智力是一种综合能力

美国心理学家韦克斯勒（Wechsler，1958）与我国大多数心理学家都认为，智力是一种整体的能力，是各种基本认知能力的综合。韦克斯勒认为，智力是一种假设的结构，它是一个人有目的地行动、合理地开展思维活动并有效地应对周围事物的整体能力。我国著名儿童心理学家朱智贤（1991）认为，智力是一种综合认识方面的心理特征，主要包括三个方面：感知记忆能力，特别是观察能力；抽象概括能力（包括想象力）；创造力，即创造性解决问题的能力。心理学家吴福元（1986）认为，智力综合了个体认识过程中的各种能力，如感觉、记忆、思维、想象等。

从国内外学者所持的各种观点以及对智力的研究历史可以看出，心理学家们虽然对智力的说法各不相同，但是都同意智力的构成是多种而不是某种单一因素，智力是相关因素的一个结合体，只是每个人的侧重点有一定的差异。

一般认为，智力是理性思维、有目的的行动和有效应对环境的综合能力，也就是指个体认识、理解客观事物并运用知识、经验等解决问题的能力，包括记忆、观察、想象、思考、判断、推理等。

随文提问：你认为聪明人的特征是什么？

二、智力的特征

智力是认知系统的机能表现，智力的根本机能性质是认知的。智力活动过程就是认知过程，智力活动的对象就是认知的对象，智力活动的结果也是认知的结果。智力保证着人们对客观世界的认识，以及对自身主观世界的理解，因此智力的本质是认知的。

虽然智力是认知的，但智力本身并不是认知过程，而是人在认知过程中表现出的特征和差异。这些特征和差异体现着个体在认知方面的品质特点，智力就是这种品质特点的概括与有机结合。智力是个体在一定的文化背景下、环境适应与认知活动中积累、沉淀下来的稳定心理品质，表现为人们有效地进行认知活动时相对稳定的状态。

智力还是一种潜能。智力作为一种潜在的心理能量，不仅体现在个体从学习训练、社会活动中获取更好的智力发展方面，同时也体现在神经生理方面：人脑中数量庞大的神经元组成了一个智慧和完善的机能系统。人脑的各种专门化区域，也具有明确的认知分工和信息加工能力，并且随着人类智力活动的开展，各专业区域在外部信息的刺激下，也会根据不同性质的信息加工有合有分，甚至构成主体交叉型的联合工作区，出现结构状的交叉联合与系统重组。在人类的智力活动中，随着个体对各种信息的加工处理不断加强，人脑的一些潜态机能得以开发，转化为显态的机能；一些不断出现的新信息或新刺激，也会使大脑逐渐产生与之对应的新功能。

美国学者加尔布雷斯（Galbraith，1968）首次提出了不同于人力资本的智力资本概念，认为智力资本在本质上不但是一种静态的无形资产，而且是一种思想形态的过程，是一种达到目的的方法、实现目标的手段。在他看来，智力资本不但是一种具有知识性的活动，而且是一种动态的资本形式。他将智力理解为一种效能、一种服务于实际目标的内在心理资源，即智力具有明显的效能性与工具性。

智力不同于一般的认知，它能够对认知活动和信息加工的过程与操作给予再认知，这种再认知就是**元认知**（metacognition），即管理自身的思维和问题解决过程的能力。在认知和智力活动中，元认知起着中央执行系统的作用。随着智力研究的不断深入，元认知的作用日益受到重视，它与智力本质的关联性也在不断被揭示。可能真正具有高智力水平的个体不仅认知水平高，更重要的是元认知水平也高。

元认知 管理自身的思维和问题解决过程的能力。

第二节 智力理论

智力理论是心理学家对人类智力所做的理论性与系统性的解释。正如对智力的定义存在诸多分歧，心理学家们对智力的构成也提出了不同的理论解释。

一、因素理论

（一）二因素理论

英国心理学家和统计学家斯皮尔曼（Spearman，1914）在因素分析法的基础上，根据人们完成智力任务时成绩的相关程度，提出了智力的二因素理论。他认为，智力包含两种成分：一般因素（general factor，或称**G因素**）和特殊因素（specific factor，或称**S因素**）。G因素是智力的核心，包括推理、问题解决、知识和记忆。他认为，一般智力较高的人，认知正确而迅速，注意力容易集中和分配，却不擅长记忆。特

G因素 智力的一般因素，智力的核心，包括推理、问题解决、知识和记忆。

S因素 智力的特殊因素，个体完成某些特殊活动所必需的能力，也称特殊能力。

殊因素是指个体完成某些特殊活动所必需的能力，也称特殊能力。斯皮尔曼发现有六类特殊因素：口语能力因素、数算能力因素、机械能力因素、注意力、想象力、智力速度。

斯皮尔曼承认每个人通常都拥有出色的特殊能力，但是在一个因素上得分高的人往往在其他因素上也会有高于平均分的得分。因此，至少存在不同能力聚于一身的倾向。斯皮尔曼认为这种共同性即 G 因素，是构成我们一切智力行为的基础。人们在完成任何一种任务时，都有 G 因素和 S 因素参与。两种活动所需 G 因素越多，则两种活动成绩的正相关越高；两种活动所需 S 因素越多，则两种活动成绩的正相关越低。G 因素和 S 因素的关系如图 9－1 所示。

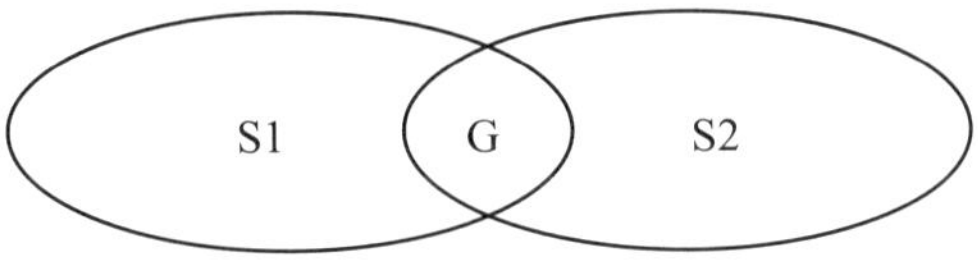

图 9－1 斯皮尔曼的二因素理论

（二）群因素理论

二因素理论强调一般因素和特殊因素的区别，并将它们绝对对立起来。其实，一般因素和特殊因素也是相互联系的，在一定条件下是可以相互转化的。美国心理学家瑟斯顿（Thurstone，1931）凭借多因素分析的方法，提出了群因素理论，借以反对通过单一智力分数来表示一般心理能力的理论。群因素理论与二因素理论的不同之处在于，前者主张智力由有限的几种基本心理能力构成，后者主张智力除了 G 因素外还有很多 S 因素。瑟斯顿用数学方法确定了 7 种基本心理能力，它们是：言语能力、数学能力、空间能力、知觉能力、记忆能力、推理能力和语词流畅能力。

瑟斯顿并没有按照单一的一般能力量表来对被试进行分级，但是，当其他研究者研究了瑟斯顿的被试分布后，他们发现了一个小的趋势：那些在某个因素上表现优秀的参与者，在其他几个因素上的表现也很出色。因此，他们得出 G 因素存在的结论。瑟斯顿后来修改了关于各因素相互独立的看法，提出了二阶因素的概念，即在彼此相关的第一阶因素的基础上，再度进行因素分析，提取高阶的共同因素。这样，群因素理论就与二因素理论趋于融合。

（三）形态理论

美国心理学家卡特尔（Cattell，1963）受斯皮尔曼等人的影响，通过因素分析法从瑟斯顿的 7 种基本心理能力中抽离出两种性质的智力，即**流体智力**（fluid intelligence）与**晶体智力**（crystallized intelligence）。流体智力指在信息加工和问题解决过程中表现出来的能力。它主要是指先天的、能够适应不同的材料并且与过去经验无关的一般能力，并且以神经生理为基础，随神经生理

流体智力 在信息加工和问题解决过程中表现出来的能力，主要是指先天的、能够适应不同的材料并且与过去经验无关的一般能力。

晶体智力 获得语言、数学等知识的能力，主要通过学习和经验的积累来获得，是过去对流体智力应用的结果。

的成熟而提高，相对不受教育文化的影响，如知觉、记忆、运算速度、图形推理等，这些能力大部分依赖于大脑的神经解剖结构。晶体智力指获得语言、数学等知识的能力，主要通过学习和经验的积累来获得，是过去对流体智力应用的结果。晶体智力大部分是习得的能力，如词汇、言语理解、常识等。

流体智力是晶体智力的基础。较强的流体智力有助于发展出较强的晶体智力，个体的接受能力取决于流体智力的水平。卡特尔认为，传统的智力测验所测得的是晶体智力，他设计了文化平等智力测验（Culture Fair Intelligence Test）来测量流体智力，认为智力有80%是由遗传决定的天赋才能（流体智力），有20%是由经验决定的成就（晶体智力）。另外，两种智力的发展模式不同。流体智力在青春期后开始缓慢下降，较早地表现出衰退；晶体智力随年龄增长而上升，在青春期后仍处于上升阶段（如图9-2所示）。

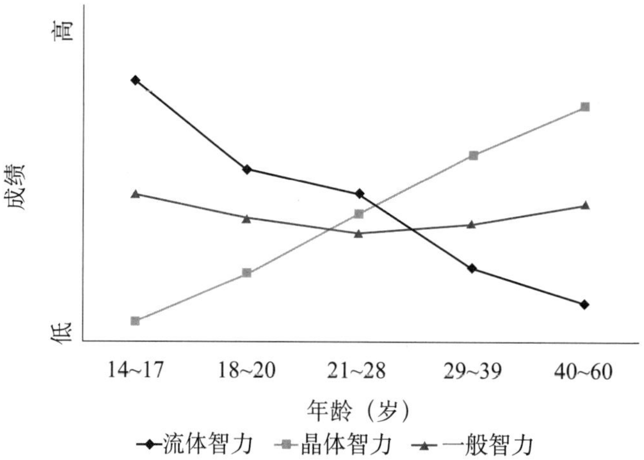

图9-2　流体智力、晶体智力与一般智力的年龄发展趋势

二、结构理论

（一）层次结构理论

弗农（Vernon，1936）通过综合智力的一般因素、群因素和特殊因素，提出了智力层次结构理论。智力层次结构理论认为，智力可能是按等级层次组织起来的，由高到低依次为：人类心理、一般因素与实际因素、联想、知觉和感觉。这是第一个按照智力因素间逻辑关系构建的层级水平模型。弗农在此基础上把智力重新分为四个层次：第一层次是一般因素（G）；第二层次是两个主要群因素（又称大因素群），包括言语教育能力（V：ED）和实际机械能力（K：M）；第三层次是次级群因素（又称小因素群），包括言语、数学、机械、信息、空间信息、动手操纵等；第四层次是特殊因素，即各种各样的特殊能力。弗农的智力层次结构理论是斯皮尔曼二因素理论的深入，他在G因素与S因素之间增加了大因素群和小因素群。具体的层次结构如图9-3所示。

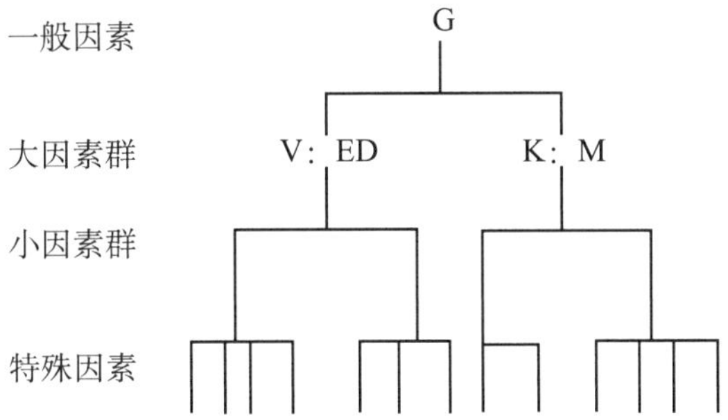

图 9-3 弗农的智力层次结构理论

（二）三维结构理论

美国心理学家吉尔福特（Guilford，1988）既反对智力中存在一般因素（G），也不承认智力由几个小因素构成。他提出了**三维智力结构**（structure-of-intelligence，SOI）**理论**，突破了以往智力理论研究的单面性和静态性。他认为，智力可以分为三个维度：内容、操作和产物。智力活动的内容（contents）即信息材料的类型，包括五种基本能力——视觉、听觉、符号、语义和行为；智力操作（operations）是主要的心理活动或过程，也就是个体对原始信息材料的处理，同样包括五种基本能力——认知、记忆、发散思维、聚合思维和评价；智力活动的产物（products）是对信息材料进行因素分析的结果，包括六种基本能力——单位、类别、关系、系统、转换和应用（如图 9-4 所示）。

三维智力结构理论 由吉尔福特提出的智力理论，认为智力包括三个维度：内容、操作和产物。

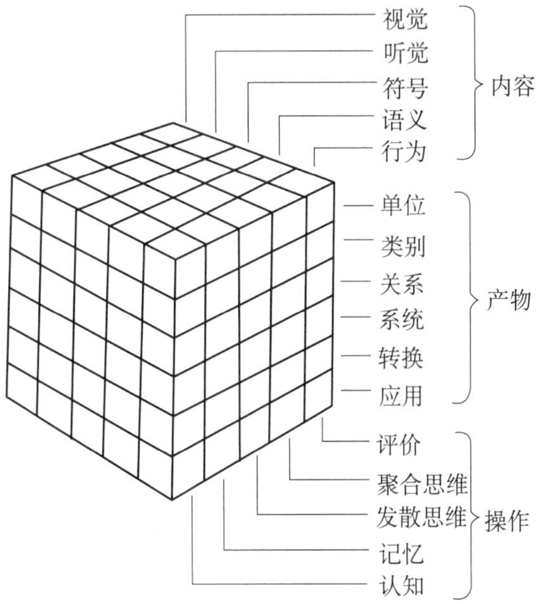

图 9-4 吉尔福特的智力三维结构模型

由于三个维度和多种形式的存在，人的智力在理论上区分为 5×5×6=150 种，这些不同的智力可以分别通过不同的测验来检验。例如，给被试10种图案，每种呈现5秒钟，然后让他们进行简要的描述。在这项测验中，测验的内容为视觉，操作为记忆，产物为单元，它代表了对视觉能力的度量。1971年，吉尔福特宣布，经过测验，智力三维结构模型中的近百种能力已经得到证实。吉尔福特在操作维度上加入发散思维，这是他为理解人类智力做出的一项独特贡献。

（三）三棱智力结构理论

我国学者林崇德（2002）提出了三棱智力结构理论。他认为，智力由思维、感知（观察）、记忆、想象、言语和操作技能组成，并且思维是智力的核心成分。思维的品质决定了人与人之间思维乃至智力的个体差异；思维的特点包括概括性、逻辑性、目的性、层次性、产生性等六个方面，而概括性是智力乃至思维的基础和首要特点。林崇德提出思维结构是由思维的目的、思维的过程、思维的材料、思维的品质、思维的自我监控以及非智力因素六个方面组成的三棱结构，并在此基础上揭示了儿童青少年的思维和智力发展的趋势和特点，如图9-5所示。

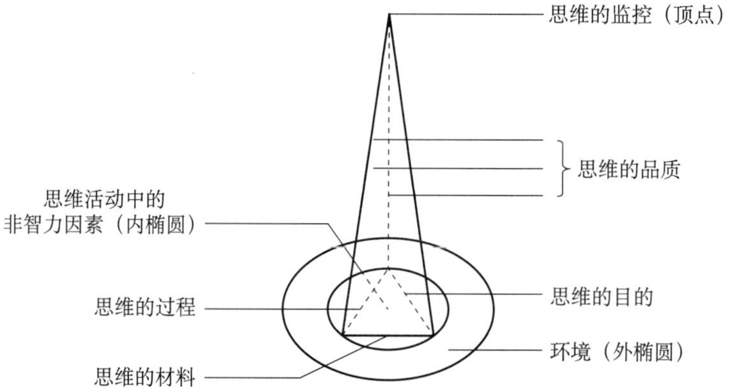

图9-5　林崇德的三棱智力结构理论

三、系统理论

（一）多元智力理论

将智力定义为G因素（一般因素）一直充满争议。比如，有些孩子数学成绩相对差，却可以弹奏非常复杂的钢琴曲。这种独特的能力倾向表明，我们需要提出一种新的、涵盖面更广的智力定义。**多元智力理论**（theory of multiple intelligences）由霍华德·加德纳（Howard Gardner）提出，认为智力有多种特殊的类型。加德纳批判过去的智力理论过度强调言语和数学技能而排除其他重要技能。他指出，大脑损伤可能会降低一种能力，而其他能力却不受影响。他认为，人类身上存在9种不同的智力，这9种智力在每个人身上以不同方式、不同程度组合，从而使每个人的智力各具特色。多元智力理

多元智力理论　由加德纳提出，认为智力有多种特殊的类型。

论契合了德智体美劳全面发展的五育并举理念，拓展了智力的内涵。

随文提问：文学家与数学家，哪一个更聪明？

（1）逻辑-数学智力（logical-mathematical intelligence）：人能够计算、量化、思考命题和假设，并进行复杂数学运算的能力。这种智力在科学家、会计、计算机程序员、侦探等身上有比较突出的表现。

（2）言语智力（linguistic intelligence）：个体运用言语思维，用语言表达和欣赏语言作品深层内涵的能力。这种智力在记者、编辑、作家、演讲家和律师等身上有比较突出的表现。

（3）音乐智力（musical intelligence）：人敏锐地感知音乐的能力。这种智力在作曲家、指挥家、歌唱家、演奏家等身上有比较突出的表现。

（4）空间智力（spatial intelligence）：人利用三维空间进行思维的能力。这种智力在画家、雕刻家、建筑师、航海家等身上有比较突出的表现。

（5）身体-知觉智力（bodily-kinesthetic intelligence）：人能巧妙操纵物体和调整自己身体动作的技能。这种智力在运动员、舞蹈家、外科医生、赛车手和杂技艺人等身上有比较突出的表现。

（6）人际智力（interpersonal intelligence）：能够理解别人和与人交往的能力，包括人际敏感性、共情能力、与人和谐相处的能力、人际沟通能力等。这种智力在教师、心理治疗师、律师、推销员、公关人员和政治家等身上有比较突出的表现。

（7）自省智力（intrapersonal intelligence）：关于建立正确的自我并善于用具体计划来指导自己人生的能力，包括了解自我、积极自我认知、接纳自我。这种智力在哲学家、小说家、诗人、牧师等身上有比较突出的表现。

（8）自然智力（naturalist intelligence）：对外在自然环境的认识和观察能力。这种智力在植物学家、博物学家、生态学家、医药人员、庭园设计师等身上有比较突出的表现。

（9）存在智力（existential intelligence）：思考人们的生存方式及其潜在的能力。这种智力在哲学家、天文学家、人类学家、幻想家等身上有比较突出的表现。

（二）三元智力理论

美国心理学家斯滕伯格（R. Sternberg）一方面同意加德纳关于多元智力的观点，另一方面又从信息加工心理学的角度更简洁地区分了智力的三个层面——智力成分亚理论、智力情境亚理论和智力经验亚理论，即**三元智力理论**（triarchic theory of intelligence）。

三元智力理论 由斯滕伯格提出，认为智力是复杂而多层次的，一种完备的智力理论必须说明智力的三个方面。

智力成分亚理论（component subtheory of intelligence）认为，智力理论的基本分析单元是智力成分，而智力成分就是一种基本的信息加工过程，它是在对客体或符号形成表征的基础上进行的操纵。智力包括三种成分：元成分（metacomponents）是用于计划、控制和决策的高级执行过程，如确定问题的性质、选择解题步骤、调整解题思路、分配心理资源等。操作成分（performance component）表现在任务的执行过程中，负责执行元成分的决策，其过程是接收刺激，将信息保持在短时记忆中，并进行比较，最后做出反应。它的数量可能很大，但用于任务的相当少，倾向于自动进入解决任务的各阶段。这些阶段包括对刺激的编码、刺激间的联系或比较，以及对刺激做出反应。知识获得成分（knowledge-acquisition component）是指获得和保存新信息的过程，负责接收新刺激，做出判断与反应，并对新信息进行编码与存储。

智力情境亚理论（contextual subtheory of intelligence）认为，智力可看成直接同个体生活有关的，有目的地适应、选择和塑造现实世界环境的心理活动。在日常生活中，智力表现为有目的地适应环境、塑造环境和选择新环境的能力，这些能力统称为情境智力（contextual intelligence）。一般来说，个体总是努力适应其所处的环境，力图达到自己与环境之间的协调。当个体不能适应环境时，就会选择那些他们可能适应的环境。当个体既不能适应当下的环境，又不能获得另一种可供选择的环境时，他们就会试图塑造一种新的环境，以增强自己对环境的适应。

智力经验亚理论（experienced subtheory of intelligence）主张智力包括两种能力：一种是应对新任务和新情境所要求的能力，另一种是信息加工过程自动化的能力。新任务是个体从未遇到过的问题，新情境是一种新异的、富于挑战性的环境。信息加工过程自动化的能力也是智力的重要成分，人们在进行复杂任务的操作时，需要运用许多操作化的过程，只有许多操作自动化以后，才容易完成复杂任务。如果个体不能有效地将一些自动化的操作运用于复杂问题的解决，就会导致信息加工的中断，甚至使问题解决失败。三元智力理论模型如图9-6所示。

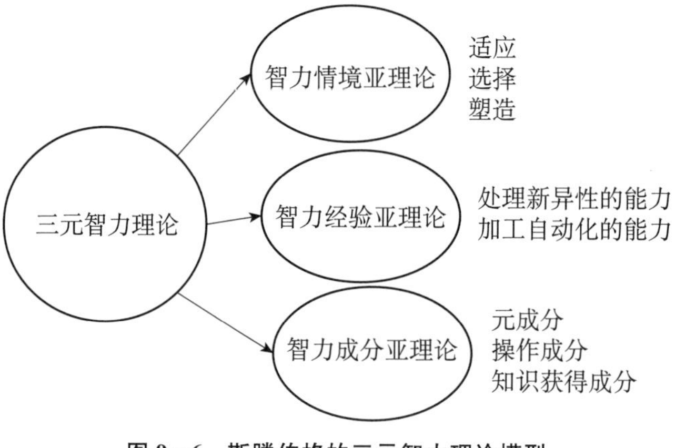

图9-6　斯滕伯格的三元智力理论模型

（三）成功智力理论

> **成功智力理论**　由斯滕伯格提出，是用以达到人生中主要目标的智力。
> **成功智力**　驱使个体以目标与任务为导向并采取相应行动、策略去实现目标、解决问题和完成任务的智力。

在三元智力理论的基础上，斯滕伯格从智力构成的视角出发，提出了**成功智力理论**（theory of successful intelligence）。斯滕伯格认为，“成功”代表着个体在特定情境下能够实现某些预设的目标，完成某些特定的任务。**成功智力**则是驱使个体以目标与任务为导向并采取相应行动、策略去实现目标、解决问题和完成任务的智力。他将成功智力划分为三个组成部分：分析性智力、创造性智力和实践性智力。分析性智力（analytical intelligence）包括抽象推理、评价和判断，它是对大多数学习任务起重要作用的智力类型，也是传统智力测验所评估的智力类型；创造性智力（creative intelligence）包括产生新想法和创造性地解决新问题的能力；实践性智力（practical intelligence）包括有效处理人们在日常生活中遇到的问题的能力，主要涉及获取隐性知识——个人在一种环境中有效开展工作所需要知道的，但没有被显性地教授甚至是无法用言语表达的知识。三种子智力分别有各自解决问题所对应的特质与技能，各个特质及其含义如表 9-1 所示。

表 9-1 成功智力的特质及其含义

成功智力	特质	特质的含义
分析性智力	确认问题	明确目标与问题本身及需要
	定义问题	分析实现目标所需要解决的关键问题
	形成策略	确定与比较实现目标所要解决核心问题的方式方法，并制定相应的解决方案
	表征信息	理解实现目标所需要解决问题的需求与情境
	分配资源	利用资源与工具辅助实现目标或将可用的资源分配到方案中
	监控进程	控制目标任务与子任务实现的进程快慢
	评估质量	判断和评估目标与任务实现的质量优劣
创造性智力	提出质疑	不断提出质疑并修改与调整解决方案
	适当“冒险”	尝试解决问题，大胆提出想法与意见
	再定义问题	基于情境对问题进行再次定位、把握与思考
	逆向加工	先实现核心目标，再完成其他任务
	产生与验证	针对特定问题情境生成解决问题的策略并验证
	思想“不唯一”	解决问题与确定方案时集思广益，采用不同的方法
实践性智力	将思想变为行动	将解决问题与实现目标的方案转化为实际行动
	以产品成果为导向	始终以最终要解决的问题与实现的目标为行动导向
	具有独立性	能够独立解决问题并实现特定目标
	“未明言知识”的表征及运用	能够表征大脑中需要解决问题的程序性知识并将其演绎为解决问题与实现目标的程序
	克服困难	寻求尽可能多的办法克服实现目标的困难
	坚持到底	实现目标与解决每个问题始终能够坚持到底
	实现手段-目的	设计解决问题与实现目标的程序、步骤，用以达成目的
	有效运用知识	有效综合运用相关陈述性知识实现目标

斯滕伯格的后续研究表明，智力的三个方面都能够可靠地测量，而且它们是相对独立的（不相关）。他还揭示了对智力任意一个方面的评估都能够提高真实生活中对智力行

随文提问：你如何看待“捧着金饭碗要饭吃”这一现象？

为的预测能力。斯滕伯格认为，成功的关键在于激发个体的非智力因素。用创造性智力去找对问题，用分析性智力去发现好的解决办法，用实践性智力去解决实际问题，当这三个方面协调平衡时才最有成效。成功智力三因素如图 9－7 所示。

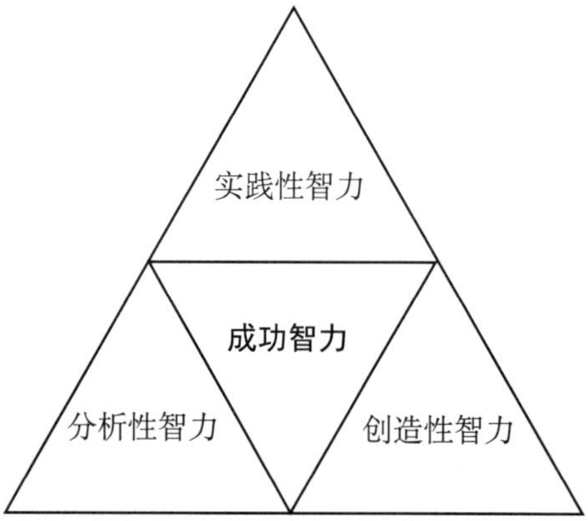

图 9－7 斯滕伯格的成功智力理论

（四）PASS 理论

加拿大心理学家戴斯（Das，2002）及其助手们提出了智力的 **PASS 理论**。最初，它被视作一种信息加工模型，随后又被描述为一种信息整合模型，直到 20 世纪 90 年代才被认定为智力模型。所谓 PASS，即“计划-注意-同时性加工-继时性加工”（planning-arousal-simultaneous-successive）这四种认知过程的首字母缩写。同时性加工和继时性加工是两个功能平行的认知过程，它们构成一个系统。注意系统又称为注意-唤醒系统。三个功能系统是分层次的，注意系统是基础，同时性加工-继时性加工系统处于中间层次，计划系统为最高层次。

PASS 理论 由戴斯提出，包括“计划-注意-同时性加工-继时性加工”这四种认知过程。

PASS 理论建立在鲁利亚（Alexander Romanovich Luria）的三个机能系统学说的基础之上：第一机能系统是调节激活与维持觉醒状态的机能系统，也称动力系统；第二机能系统是接收、加工和存储信息的机能系统；第三机能系统是编制行为程序、调节和控制行为的系统，也称行为调节系统。三个系统之间有一种动态的联系。注意、信息加工和计划之间是相互作用、相互影响的。计划过程需要充分的唤醒状态，以使注意能够集中，进而促进计划的产生；信息加工和计划过程也密不可分，现实生活中的任务往往能以不同的方式进行编码，个体如何选择加工方式需要计划的参与，所以同时性加工或继时性加工都会受到计划的影响。

PASS 理论认为，人类的认知机能，尤其是人类的高级认知活动，是人类所特有的，因为人类的认知活动发生在文化背景下，并且要使用文化工具。文化历史和像计算机这样的文化工具不仅持续构建着我们的思想内容，还持续构建着我们的思维、注意、记忆、学习和解决问题的方式。该模型如图 9－8 所示。

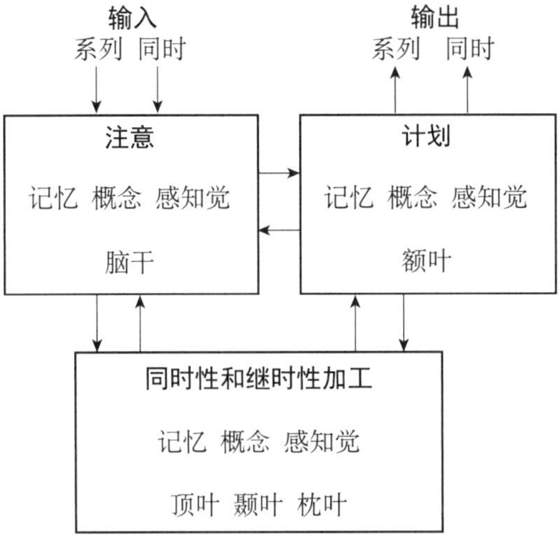

图 9-8 戴斯的 PASS 智力理论

(五)真智力理论

> **真智力理论** 由珀金斯提出，认为智力由神经智力、经验智力和反省智力组成。

美国哈佛大学心理学家珀金斯（Perkins，1988）提出了**真智力理论**（true intelligence theory），该理论认为智力由神经智力、经验智力和反省智力组成。

神经智力（neural intelligence）是指神经系统的有效性和准确性，主要从生理层面强调人脑神经基础对个体智力的影响。珀金斯认为，个体间的遗传差异决定了个体间神经特质功能的差异。也就是说，一个人之所以比其他人聪明，可能是因为他的神经系统功能更强，神经网络中的信息传递更迅速、准确。个体在神经智力上的差异也反映出个体在大脑生理结构上的不同。可以说，神经智力主要是由遗传决定的，后天的学习与训练虽然能在一定程度上刺激大脑功能，促进神经发展，但其作用有限。

经验智力（experiential intelligence）是指在不同领域中积累的知识与经验，可以被看作个体专长的积累。个体可以通过在特定领域和活动中的长期学习与训练，积累大量的知识经验，以有效促进经验智力的发展。珀金斯认为，那些处于较好、较丰富学习环境中的个体，其智力的发展、智慧成果的表现将会优于那些处于较为贫乏学习环境中的个体。因此，对个体智力起决定作用的是个体的经验智力。

反省智力（reflective intelligence）是指在学习和完成智力任务时所运用的策略、所持有的态度，以及在这个过程中对心理活动、认知活动进行管理和自我监控的心理资源。珀金斯认为，反省智力是一种有关如何有效地运用神经智力和经验智力的控制与调节系统，类似于元认知和认知监控。

珀金斯在其智力理论中非常重视反省智力对问题解决、认知活动的作用，认为反省智力在智力的成分中扮演着领航员的角色。具有高水平、高质量反省能力的个体能在各种智力活动中保持足够的敏锐性和对知识的驾驭力，能高效地运用元认知来操作、监控思维活动的发展，以有效的策略解决问题，并由此引发个体对解决问题、认识事物的积极态度，这种积极态度又能反作用于个体的智力活动，促进其发展。

第三节　智力的发展与差异

一、发展趋势

智力发展水平的变化主要是指个体随年龄增长而表现出智力发展的规律性趋势。美国心理学家韦克斯勒（Wechsler，1943）对智力发展趋势的研究表明，个体智力在13岁之前呈加速发展趋势，13岁以后发展速度变平缓，25岁时智力发展达到顶峰。智力低的人发展速度慢且停止较早，智力高的人发展速度快且停止较晚。

贝利（Bayley，1955）的研究最具代表性，他采用三种智力量表对同一组被试追踪研究达36年之久，根据研究结果绘制出智力发展的年龄曲线（如图9-9所示）。该曲线表明，人的智力发展在一生中表现出不同的发展速度，呈现先快后慢的发展趋势，凸显早期教育和早期智力开发的重要性。对于早期智力开发而言，丰富的环境刺激、言语刺激、社会刺激是重要的影响因素，合理的营养也很重要。

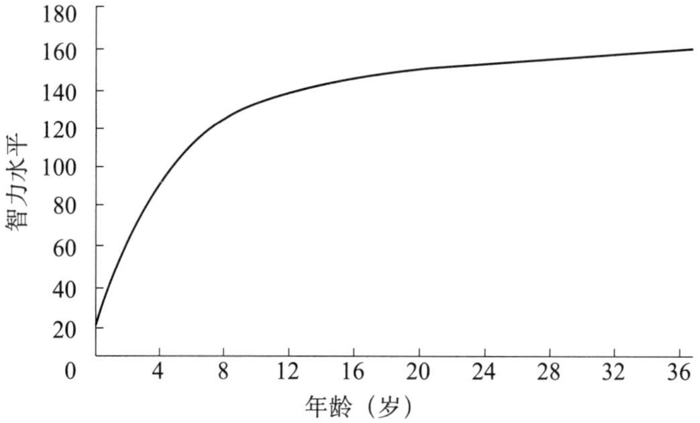

图9-9　贝利绘制的智力发展曲线图

二、影响因素

（一）遗传因素

遗传就是父母把自己的性状结构和机能特点传给子女的生物现象，基因就是遗传的基本单位。遗传的生物特征称为素质，指有机体生来具有的解剖生理特点，主要是神经系统、感官的特征，特别是大脑的生理解剖特点。大多数智力研究的先驱主张，智力是通过遗传获得的；而在我们的一般印象中，个体与其父母或兄弟姐妹在智力发展上似乎也有一定的相似性。智力发展的遗传因素研究一般采用以下几种方法：家谱分析法、双生子研究和收养研究。

家谱分析法，就是选出一个具有某一特征（如低能或具有某种特殊才能）的对象作为指标，然后以这个指标作为出发点，调查其家族史中出现相似特征的对象的数目。高尔顿是第一个用家谱分析法研究智力与遗传关系的人，他调查了几百个名人的亲缘关系，发现名人亲属成为名人的数目显著比普通家庭的多。因此，他坚定地认为遗传因素对智力发展起着决定性作用。但是，家谱分析法仅仅看到了遗传的作用，而割裂了智力的发展和后天环境的联系，因此后人很少使用此方法。

关于遗传因素在智力中的地位，最好的证据来源于比较同卵双生子和异卵双生子的研究。双生子研究的原理是，同卵和异卵双生子常常会在相似的环境条件下发展，然而，同卵双生子比异卵双生子共享更多的基因亲缘关系。因此，如果同卵双生子在智力上比异卵双生子更相似，则可假定是因为他们之间存在更高的基因相似性。从超过 10 000 项关于各种不同亲缘关系和孩子抚养安排的智力相似性研究中可以发现，同卵双生子的智力平均相关性（0.86）是非常高的，这说明同卵双生子倾向于在智力上很相似，异卵双生子的平均相关性（0.60）显著地低一些。这些结论在一定程度上支持了智力可遗传的观点。另外，关于被收养儿童的研究也提供了关于遗传效应的证据，即儿童即使没有被亲生父母抚养，智力也与亲生父母相似。洛林（Loehlin，1980）的研究表明，被收养儿童的一般智力水平和他们的亲生父母、养父母智力水平的相关值分别为 0.13 与 0.23，被收养儿童与养父母智力相关水平要高于其与亲生父母的智力相关水平。但是，在被收养 10 年以后，被收养儿童仍显示出与其亲生父母智力水平一定程度的相关，保持了原先的相关水平；而与养父母的相关值却下降到了 0.05。这些研究表明遗传对智力发展的影响作用：由于被收养儿童与他们的亲生父母有相同的遗传基因，他们之间的智力水平相关能够保持不变，甚至是越来越高；而被收养儿童的智力水平与他们养父母的智力水平之间的相关却随着时间的推移而显示出不再相似。

（二）环境因素

遗传无疑会影响智力，基因有时会使行为存在某种倾向，但是我们的生活经验同样也很重要。亨特等（Hunt et al.，1982）发现了早期经验的明显效应，并指出早期干预的重要作用。他发现，伊朗孤儿院的儿童因为得到的照顾甚少，哭闹也得不到回应，所以没有发展出对自己环境的任何个人控制感，极端的剥夺限制了他们先天的智力。随后，亨特开展了“辅助性人类充实”项目，对这些儿童进行回应性照料。结果发现，婴儿 22 个月大的时候在语言方面取得了极大的突破，能说出 50 多个身体部位的名称。亨特的研究结果表明了环境的重要性，当婴儿从极度贫困所造成的营养不良中解脱出来，获得补给的营养时，贫困对身体和认知发展造成的影响就得以缓解。万国斌等（1998）采用 HOME 家庭环境量表及贝利婴儿发展量表为工具，对 211 名 6～8 个月大的婴儿进行了研究，发现环境刺激质量对儿童智力发展的影响在婴儿期就已经存在。寄养的环境与家庭环境不同，如在幼儿园和学校，由于能够接收更多的信息、学习更多的知识，因而对儿童的智力发展十分重要。

家庭因素对智力的发展也起着重要的作用，具体包括家庭环境、父母特征和教养方式三个方面的影响。首先，家庭环境可分为家庭物质环境和家庭心理环境两大类：前者指儿童发展所需要的玩具、书籍等物质条件，后者指家庭为儿童提供的活动刺激、知识以及家庭的一般心理氛围。一般来说，丰富的物质环境可以为儿童的智力发展提供可能性，积极健康的家庭心理环境则是使儿童智力发展的可能性转化为现实性的重要保证。其次，父母的受教育程度和职业对儿童的智力发展有着稳定的影响，父亲的文化程度对儿童的语言智商有最重要的影响，母亲的文化程度则影响儿童的操作智商。最后，家庭的教养方式可分为专制型、放任型、溺爱型和民主型。现有研究表明，父母越是采用民主的教养方式，就越能促进儿童的智力发展，专制和溺爱则不利于儿童的智力发展。

除此之外，还有许多家庭环境因素会影响儿童的智力发育，这些影响儿童的危险因素越多，儿童的智力水平就越低（见表 9-2）。

表 9-2　与低智商相关的 10 种环境危险因素及是否处于危险环境的 4 岁儿童的平均智商

危险因素	4 岁儿童的平均智商	
	处于危险环境中的儿童	未处于危险环境中的儿童
家长没有工作，或者只是技能很低的工人	90	108
母亲没有高中学历	92	109
家里有 4 个或 4 个以上的孩子	94	105
家庭中没有父亲	95	106
家庭经历多次应激生活事件	97	105
父母有严厉的育儿价值观	92	107
母亲高焦虑或压抑	97	107
母亲心理不健康或诊断为心理失常	99	107
母亲对孩子没有积极情绪	88	107

资料来源：蔡笑岳，邢强．(2012)．*智力心理学*．广州：暨南大学出版社．

教育被认为是影响智力发展的最主要的环境因素，儿童的受教育程度、教育内容对智力发展的速度与水平都有显著影响。林崇德（2006）以中小学生为对象，开展了通过对被试实施思维品质训练的教学指导来培养学生智力的实验研究，结果显示：实验组被试和对照组被试在思维的敏捷性、灵活性、深刻性和独创性等方面存在差异，经过思维品质训练的被试明显优于对照组被试。此外，吴天敏（1985）的“动脑筋练习”实验研究表明，教育上的训练对于学生的智力开发有显著的效果。教育对智力发展的影响甚至到成人期仍有表现。从以上研究结果可以看出，后天的环境和学习对智力的影响也很大。

心理学与生活

电视剧对我有好处吗?

虽然弗林效应指出环境因素能影响智力（Flynn，1987），但究竟是什么环境因素影响智力并不清楚。有心理学家认为是当代文化在起作用，虽然他也同意许多流行媒体包含太多暴力和性内容，但他也指出电子游戏、网络甚至电视内容都在变得越来越复杂，需要人付出更多的认知努力去理解。换句话说，理解我们是如何体验环境的与理解我们所体验的内容一样重要。

心理学家还指出，包括网络和电脑软件等在内的其他流行文化也变得更复杂，连流行的电视内容也需要更多的认知加工。比如，和过去的电视剧不同的是，当代的电视剧的情境编制和任务塑造贯穿长达三四个月的节目。总之，流行文化比过去更能让人们去阅读、反思和解决问题了。

（三）其他因素

遗传和环境都显著地影响智力，而且它们的效应包括错综复杂的、动态的相互作用。遗传禀赋影响人们所获得的经验，而环境影响遗传素质实现的程度。斯卡尔（Scarr，1982）认为，遗传为智力设定了特定的界限，而环境决定了个体落在这些界限中的位置。个体不是机械地、被动地接受环境与教育的作用，外部条件对个体产生作用必须通过其自身的实践活动。换言之，智力是个体在改造客观世界的实践活动中形成和发展的。个体要想获得智力较为快速和完备的增长，没有主观能动性是根本不可能的。个体在改造世界的过程中，有计划、有目的地发挥自己的主观能动性，才能最大限度地发挥潜能。总而言之，智力的发展反映着人的潜能、教养、先天因素和后天努力的共同作用。

三、智力发展理论

（一）皮亚杰的认知发展理论

皮亚杰首先把智力定义为帮助有机体适应环境的一种基本生命功能，认为智力的本质就是适应性。在适应的过程中，主要的影响因素有四个：神经系统的成熟、物理环境、社会环境和平衡过程。神经系统的成熟是智力发展的重要因素，其作用主要体现在生命的前几年；物理环境是个体通过动作获取经验的基础；社会环境的作用是传递人与人之间的相互作用和社会文化；平衡过程是指调节个体（成熟）和环境（物理环境和社会环境）之间的相互作用，从而引起认知图式的一种新的构建，它是智力发展的决定因素。

皮亚杰认为，智力是按一定的阶段顺序发展的，前一个阶段是后一个阶段的基础，后一个阶段是前一个阶段的飞跃。两个阶段之间有质的差异。儿童青少年的智力发展经历了四个阶段：感知运动阶段（0～2 岁）、前运算阶段（2～7 岁）、具体运算阶段（7～12 岁）和形式运算阶段（12 岁以后）。感知运动阶段的儿童只有动作的智慧，没有表象和运算的智慧，仅靠感知动作的方式适应外部环境；前运算阶段的儿童由于信号或象征性功能的出现，从具体的动作中摆脱出来，凭借表象在头脑中进行思维，此时的儿童具有自我中心主义和思维的不可逆性；具体运算阶段的儿童形成了初步的运算结构，获得了守恒观念，并且实现了去自我中心性；形式运算阶段的儿童形成了演绎-推理的能力，个体的思维能力发展到了成熟水平。

（二）费尔德曼的发展理论

费尔德曼（Feldman，1980）认为，虽然皮亚杰将智力发展分为四个阶段，但是阶段的实质应该是一个不断发展的过程，新的行为特点总是在旧的发展阶段完成之前就出现了。在同一时期，儿童可以同时表现出几个不同发展阶段的行为特点。关于这种具体的发展过程，费尔德曼提出了三个与发展过渡状态有关的概念：众数水平、混合水平和偏离指数。众数水平反映了一个儿童的大多数反应落在某一发展水平上，研究表明，高于众数水平的教育干预能够促进智力发展；混合水平指儿童显示了多于一种发展水平的倾向，代表儿童智力各因素之间竞争的指数，反映了儿童认知系统的不稳定性；偏离指数是指非众数水平相对于众数水平的分布，如果多数反应居于众数水平之上，则为正偏离，反之则为负偏离。

（三）维果茨基的社会文化理论

维果茨基（Vygotsky，1978）的理论强调社会和文化对智力发展的影响。他认为，我们应该从儿童与环境相互作用的四个紧密联系的层面来评价发展，即种系发生学、微观发生学、个体发生学和社会文化层面。每种文化都把信仰、价值观、习惯的思维或问题解决方法，即它的智力适应工具传递给下一代，因此文化教会了儿童思考什么以及如何去思考。儿童在与更有经验的人的合作中获得了文化的信念、价值观和问题解决的策略。儿童在最近发展区完成认知的过程中，将他人给予的指导逐渐内化。当有较强能力的人提供适当指导时，儿童的学习效果最好。维果茨基不像皮亚杰那样认为儿童的自我交谈和自我中心语言在建构新知识时没有作用，而是主张儿童的自我语言会转变为认知自我指导系统，这一系统会对问题解决活动进行调整，并最终内化为内部语言思维。近年来的研究更支持维果茨基的观点，认为语言在儿童智力发展中起到重要作用。

四、智力差异

智力差异是指在个体成长过程中受到遗传和环境的交互影响，不同个体在智力发展上所显示出的彼此不同的现象。人类群体的智力发展符合正态分布曲线，大多数人的智力水平处于该曲线的中间位置，其智力发展是正常的。

（一）超常智力

智力的超常是指智力的高度发展。美国心理学家推孟（Terman，1925）在 1921 年开始对1 500 名智商在 140 分以上的超常儿童进行追踪研究，直到他们长大成年。他的研究结果与流行的观点“天才儿童都是适应不良的”相反：高智商儿童与正常儿童一样，大部分是健康的、适应良好的，并且在学业上特别成功。但是，是否所有超常儿童在成年期都很出众呢？答案是否定的，智商只是揭示了智力发展的潜能。推孟的研究中也有些被试长大后成为罪犯、失业者和适应不良者。国内学者也对超常儿童的认知能力进行了深入的研究，结果表明，超常儿童在观察力、类比推理能力、元认知能力等方面都比正常儿童的发展水平要高。

绝大多数成功的超常儿童，其家长一般都受过良好教育并且注重学习，鼓励孩子也成为同样的人。取得成功的超常儿童多半有着高度的掌握知识的决心，他们追求知识，力求做到最好，并能够坚持到底。国外有学者提出了关于杰出天才的三圈概念（如图 9－10 所示），超常智力只是达到杰出的三个必要条件之一，还需要与超常动机和超常创造力相结合，才能保证他们在特殊领域做出杰出成就。

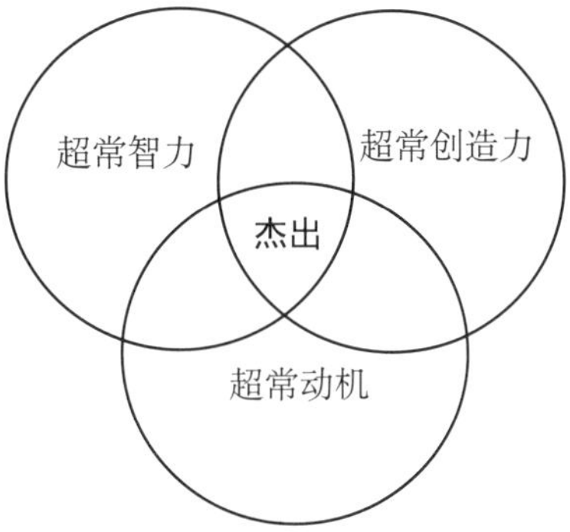

图 9－10　杰出天才的三圈概念

（二）智力落后

智力落后（intelligence disability）是一种发展性缺陷，具体体现为智商分数在 70 分以下或在适应方面有严重障碍。智力落后并不是某种心理过程的受损，而是各种心理能力的低下，其显著特征是社会适应不良。智力落后儿童的一般特点是：知觉速度迟缓、范围狭窄、内容笼统和贫乏；对词和直观材料的记忆很差，再现时歪曲和错误较多；语言发育迟缓，词汇量少，缺乏连贯性；在认知活动中缺乏概括力；严重丧失生活自理能力。

智力落后　一种发展性缺陷，具体体现为智商分数在 70 分以下或在适应方面有严重障碍。

智力落后的原因有很多，根据发生在母亲怀孕时、分娩时以及生产后，分为产前因素、产程因素和产后因素。产前因素主要包括：遗传性疾病，比如唐氏综合征个体的智力落后是由遗传结构中多出一条染色体造成的；代谢性异常，比如苯丙酮尿症是一种代谢障碍，如果在童年期没有被发现并治愈，可引起智力障碍；近亲结婚；母亲怀孕期间患病；母亲怀孕期间服药；母亲怀孕期间受辐射；等等。产程因素主要包括：窒息缺氧；早产或低体重。产后因素包括：新生儿溶血病；头颅受到意外伤害；脑部疾病，如脑炎、脑积水等；长期缺碘；大脑中微量元素不足；环境不良；营养不良；等等。已知大约 1 000 种类似的器质性疾病会造成智力落后，还有一些因素也对儿童的智力发展有负面影响，如父母婚姻关系不稳定和父母忽视、不恰当的营养和药物护理以及低质量的学校教育等。

（三）性别差异

男女两性在整体智力上并没有明显差异，但是男性和女性在智力的某些方面有各自的强项和弱项。韦克斯勒运用韦氏智力量表对 8～15 岁儿童进行测验，发现男女儿童在智力的不同方面差异显著，女性在言语量表上强于男性，而在操作量表上弱于男性。有人进一步研究发现，女性在语词能力、词汇和机械式学习项目上表现较好，男性则在空间想象力和数学推理项目上成绩较好。这种区别也可能源于社会期望对男性和女性不同的兴趣和能力的塑造。

在情绪智力中，情绪觉察力是一种解读他人情绪的能力。有研究发现女性的情绪觉察力要明显好于男性，后续的研究也证实了女性在理解面部表情等非言语线索上的技能更强。一些心理学家推测，女性

随文提问：男女智力真的有差异吗？

觉察情绪的能力有助于我们的母辈祖先理解其婴儿及其伴侣的情绪，这可能又反过来助长了女性发展共情技能的文化倾向。

海德等（Hyde et al.，1990）对 40 年来的 100 项数学能力方面的相关研究的元分析发现，女性在计算能力上具有一定的优势，但这种优势主要表现在中小学阶段；在问题解决上，中学时期的女生表现略好；在高中及大学阶段，男生则表现出优势。对于数学操作来说，男生在标准化测验上的表现普遍比女生好，而女生在学校所获得的学校评定等级比男生高。

林和皮特森（Linn & Peterson，1985）基于以往的研究提取了空间能力的三个因素：（1）空间知觉，指在干扰条件下，对垂直和水平方位的确定；（2）心理旋转，指对二维或三维图像表征的旋转能力；（3）空间想象，指对所显示的空间信息进行多步分析加工的能力。研究表明，在空间知觉和心理旋转测验中，男性的表现明显优于女性；而在空间想象力测验中，男女表现的差异不显著。

（四）种族差异

在智力研究中，跨文化差异一直是其主要论题之一。许多研究表明，不同种族间智力测验的成绩确实存在差异。有学者支持文化论，认为种族之间的智力分数差异并非由于其智力水平的实际差异，而是由人为的测验工具的文化偏向性或不同社会人群的经济地位、教育状况等环境因素造成的。但是，文化公平测验与标准智力测验的结果也显示出同样的种族差异。事实上，黑人在标准智力测验上的分数比在文化公平测验上的分数还略高，这个结果与许多人相信的文化理论预测刚好相反。在美国，一般情况下，黑人在学校的表现远远落后于白人，这与智力测验的结果相一致。黑人与白人在测验中最大的差异体现在推理和逻辑上，简单记忆方面黑人表现较好，但是在更复杂的测验（如倒背能力方面的反向数字广度测验）中，白人的优势明显。

五、智力的开发与培养

（一）国外智力开发

一个人的智力发展受到环境、遗传与教育等因素的影响，其中教育对智力发展起决定作用。国外对智力开发的训练与研究开展较早，成果也较为突出。1936 年，美国通用电气公司为其职工开设了“创造工程课”，职工的创造发明能力有明显提高。1941 年，奥斯本（Alex Faickney Osborn）的《思考的方法》一书出版，书中提出了开发智力的具体方法，即头脑风暴法。

英国学者波诺（Bono，1970）提出了横向思维的智力开发理论，他认为智力的高度不是由学习好坏决定的，智力是一种潜在能力，它必须加上头脑的思考能力，即思考的技巧才能发挥出来。波诺将传统思维称为纵向思维，纵向思维是分析性的，横向思维是启发性的；纵向思维是按部就班的，横向思维是可以跳跃的；纵向思维是选择性的，横向思维是生成性的；纵向思维能发展由横向思维生成的思想，横向思维可以提高纵向思维的效率，二者不可替代，相辅相成。波诺由此设计了包括六个方面的智力开发计划，即广度、组织、相互关系、创造力、信息和感觉、行动。

费厄斯坦工具性强化训练（Feuerstein instrumental training）是用于矫正青少年认知功能缺陷的一种训练方法。其工具分为三大类：非言语的个别实施工具；由教师读题、师生间有语言交流的工具；学生自己读题理解完成的工具。具体训练项目包括10项，分别是点的结构、空间定向、比较、分类、表征图案的设计、家庭关系、时间关系、数列、关系转换和三段论推理。费厄斯坦工具性强化训练被斯滕伯格称为目前国际上最流行的几个智力开发方案之一，国外学者用它开发个体智力，效果较好。

（二）国内智力开发

林崇德教授（2003）致力于学生的智力开发工作，形成了自己独特的开发学生智力的理论——学习发展理论。其内容包括：以儿童青少年心理发展的基本规律作为开发他们智力的出发点；培养思维品质是发展智力与培养能力的突破口；数学能力和语文能力是中小学智力与能力的基础；从非智力因素入手来培养学生的智力和能力。其中，所谓的非智力因素，即与智力、能力活动有关的一切非智力、非能力的心理因素，包括情感过程、意志过程、个性意识倾向性、气质和性格等。

吴天敏教授（1985）认为，智慧是脑神经活动的一些特点的心理反映，提高智慧可以直接通过加强脑神经活动的机能来实现。脑神经机能是在脑神经活动中得到提高的，所以设法激活脑神经活动，就可以取得提高智慧的效果。他还进一步提出了“动脑筋练习”这一训练方法，并通过实验论证了该方法的有效性。

冯忠良教授（1998）提出了结构-定向教学理论。结构-定向教学是结构化和定向化教学的简称。所谓结构化教学，就是教学首先应确立以建构学生心理结构为中心的观点；所谓定向化教学，就是教学的成效在于心理结构的形成。要提高教学成效，就必须依据心理结构形成、发展规律，实施定向培养。该理论的主要依据有三个：教育的经验传递说、学生学习的接受-建构说、能力品德的类化经验说。

（三）教学中对智力的培养

党的二十大报告明确指出，到2035年我国要“实现高水平科技自立自强，进入创新型国家前列”，“建成教育强国、科技强国、人才强国”①。人才是国家和民族振兴的源泉，是赢得国际竞争主动性的战略资源，也是衡量国家综合国力的指标。教育、科技、人才是全面建设社会主义现代化国家的基础性、战略性支撑。

智力培养是创新人才成长的基础，通过智力培养可以为创新人才提供必要的知识和技能。因此，在实际教学中，应注重以下教育原则：

第一，注重早期智力的培养。大脑发育的最迅速时期为儿童出生到五六岁，必须抓紧早期教育。

---

① 习近平.（2022）. *高举中国特色社会主义伟大旗帜 为全面建设社会主义现代化国家而团结奋斗：在中国共产党第二十次全国代表大会上的报告*. 北京：人民出版社，24.

第二，注重知识与技能的培养。教师要善于指导学生掌握解答各类课题的程序、规律、方法和步骤，进行强化训练，形成较为稳固的智力技能，以促进学生的思维能力、概括能力的发展。

第三，注重智力独特性的培养，坚持因材施教的原则。儿童的智力发展有其独特的差异之处，教师可以通过观察、测验等方式了解其差异，并为不同的学生提出不同的教育教学措施、方法，进行个别指导。同时，发现和培养具有特殊才能和潜力的学生，为他们提供更好的教育资源和条件，帮助他们成为各领域的领军人物。

第四，注重创新意识和创新能力的培养，在教学中要积极培养学生的元认知能力和创造能力。对于元认知的训练，具体方法有以下三种：自我提问法、相互提问法和知识传授法。元认知的培养可以通过元认知学习意识的提高、元认知知识体验的丰富和元认知知识操作的指导等途径实现。

第五，注重实际能力的培养，鼓励学生积极参加各类社会实践活动，如文艺晚会、体育赛事、社团学习、科学探索等活动，使他们更好地适应社会发展的需要。同时，鼓励学生在团队活动、项目合作等活动中发挥自己的优势，共同完成任务，不断提高自身团队协作能力。

第六，注重多元智力和综合素质的培养，坚持德智体美劳全面发展的教育指导思想，五育并举，既要重视智力培养，同时也要注意培养学生的非智力因素。对于学生非智力因素的培养，其目的就是调动学生学习的积极性，使学生形成正确的学习需要，激发学习兴趣和热情，培养良好的学习习惯。

第四节　智力的测量

一、比奈智力量表

智力测验就是运用标准化的测量工具——智力测量量表来评估个体智力水平高低的一种科学方法。智力测验测量一般心理能力，是心理学应用于社会、服务于人类的最好例子，它在因材施教、人才选拔、智力缺陷的早期诊断等方面都具有重要意义。

比奈和西蒙（Binet & Simon，1905）假设所有儿童都遵循相同的智力发展过程，但是有些儿童发展得更快，迟钝的儿童只是发展迟缓而已。因此，比奈开始测量后来所谓的心理年龄（mental age），即代表一种特定表现水平的实际年龄。为了测量心理年龄，比奈指出，心理才能就像运动才能一样，是以多种方式展示出来的一般能力。接着，他编制了多种可预测学业成就的推理和问题解决题目，随后应用于巴黎学生，并获得了成功。

1905年编制的比奈智力量表是世界上第一种真正意义上的智力测验模型，涉及的测验内容包括记忆、言语、理解、手工操作等。1908年和1911年，比奈又对该量表进行了两次修订，即1908年量表和1911年量表。1908年量表将题目增加到59道，测验项目以年龄分组，以实际通过的项目组所代表的智力年龄作为被试的智力水平。1911年量表增加了一个成人题目组，题目数仍为59道。

二、斯坦福-比奈智力量表

斯坦福大学教授推孟在使用比奈智力量表过程中发现以巴黎儿童为常模编制的年龄标准不适合加利福尼亚州的学生。因此，推孟进一步修订比奈智力量表，建立了新的年龄常模，并将测验的年龄上限扩展到成年人。推孟把他修订的测验叫作斯坦福-比奈智力量表。

德国心理学家斯特恩（Stern）提出**智力商数**（intelligence quotient，IQ）的概念。IQ是根据智力测验成绩计算出的分数，是智力的一个指标，由心理年龄除以实际年龄再乘以100得到：

$$\text{智商（IQ）}=\frac{\text{心理年龄（MA）}}{\text{实际年龄（CA）}}\times 100$$

因此，一个心理年龄和实际年龄相同的普通儿童，其IQ是100，如果一个8岁儿童的心理年龄为10岁，那么他的IQ是125。IQ为90～110代表智力正常。用心理年龄和实际年龄的比率来代表智商，称为**比率智商**（ratio IQ）。斯坦福-比奈智力量表不再计算比率智商，因为人的实际年龄在逐年增加，而智力发展到一定阶段却基本稳定在一种水平上，所以用比率智商来表示人的智力水平，智商将逐渐下降，这和实际是不相符的。

1924年，陆志韦对比奈-西蒙智力量表进行了修订，形成了中国比奈-西蒙智力测验，适用于江浙一带。1936年，陆志韦和吴天敏对中国比奈-西蒙智力测验进行了第二次修订，使其适用于北方。1979年，吴天敏主持第三次修订；1982年完成“中国比奈测验”，该测验包括51道题目，具有大量的认知作业和操作作业，由易到难排列。被试的智力水平由其心理年龄与实际年龄之比值来表示，智商的计算采用离差智商的方法，适用于年龄范围为3～18岁（最适用年龄为6～14岁）的中国儿童。

三、韦氏智力量表

斯坦福-比奈智力量表更适合测量儿童和青少年，韦氏成人智力量表（WAIS）则是专门为测量成人智力而设计的，它由美国心理学家韦克斯勒编制，他还编制了一种适用于学龄儿童（6～16岁）的测验工具，称为韦氏儿童智力量表（WISC）；另有一种适用于学前儿童（4～6.5岁）的测验工具，称为韦氏幼儿智力量表（WPPSI）。韦氏智力量表于20世纪80年代中后期引进我国，经过修订出版了中文版，应用较广。

随文提问：人的智力如何测量更为科学?

智力商数 智力的一个指标，由心理年龄除以生理年龄再乘以100得到。

比率智商 用心理年龄和实际年龄的比率来代表智商。

离差智商 用一个人在其年龄组中智力水平的相对位置，来说明一个人的原始分数高于或低于平均分数的程度。

韦氏成人智力量表由11项分测验组成，不仅计算总体智力分数，还分开计算言语分数和操作分数。言语分测验包含的项目有词汇、常识、理解、回忆、发现相似性和数学推理等，操作分测验包含的项目有图片完成、图片排列、事物组合、拼凑、译码等。对比斯坦福-比奈智力量表，韦氏智力量表更少依赖被试的言语能力，量表中使用了许多只需要非言语推理的项目，并且革新了智商的计算方法，把比率智商改为**离差智商**（deviation IQ），即用一个人在其年龄组中智力水平的相对位置，来说明一个人的原始分数高于或低于平均分数的程度，其计算公式为：$IQ=100+15Z$。提出离差智商的依据是：人的智力水平符合正态分布，大多数人的智力处于中等水平，其平均值 IQ=100，离平均值越远，人数越少，智商分布的标准差为 15。

离差智商是对个体的智商在其同龄人中的相对位置的度量，因此不受个体年龄增长的影响，克服了比率智商的弊病，但也存在问题，即容易造成对智力绝对水平的误解。例如，一个人的离差智商在 70 岁和 30 岁都是 100，但智力的绝对水平并不相同，70 岁的智力应该比 30 岁的智力降低一些。

我国学者对韦克斯勒编制的上述三个智力量表都进行过修订。1981 年，由龚耀先主持、全国 56 个单位协作修订的《中国修订韦氏成人智力量表》（WAIS-RC）出版。1986 年，龚耀先、林传鼎和张厚粲完成对韦氏幼儿智力量表的修订，即中国韦氏幼儿智力量表（C-WYCSI）。2008 年，张厚粲主持完成了对韦氏儿童智力量表第 4 版（WISC-IV）中文版的修订工作。

四、瑞文智力测验

瑞文智力测验原名为“渐进方阵”（Progressive Matrices），是由英国心理学家瑞文于 1938 年创制的非文字智力测验，主要通过图形的辨别、组合和系列关系测量个体的智力水平，以及测量个体的观察力、思维能力、解决问题的能力、发现和利用自己所需信息及适应社会生活的能力。经过不断地研究和修订，瑞文智力测验已经发展出标准型、彩色型、高级型和联合型四套测验。标准型瑞文智力测验包括 A、B、C、D、E 五个黑白色单元，每个单元有 12 道测验题，共 60 道测验题。彩色型是为幼儿及智力低下个体设计的，将标准型的 A、B 两个黑白色单元改成彩色，再加上一个彩色的 AB 单元，共 3 个单元、36 道测验题。高级型主要通过图形的辨别、组合、系列关系等测量人的智力水平，以及人们解决问题的能力、观察力、思维能力、发现和利用自己所需的信息及适应社会生活的能力。联合型是将标准型和彩色型联合使用，共 6 个单元、72 道测验题。

瑞文智力测验的使用范围较大，从幼儿到老年人都有对应使用的测验，既可以个别施测，也可以团体施测，还可用于对语言障碍者的智力施测以及跨文化研究。1985 年，由张厚粲和全国 27 个单位组成的协作组完成了对《瑞文标准测验》的修订，出版了《瑞文标准测验》中国城市修订版；1989 年，李丹、王栋等人分别完成了彩色型和标准型的合并本——《联合型瑞文测验》中国修订版的城市、成人、农村三个常模的制订工作；1996 年，王栋等人对《联合型瑞文测验》进行了再修订。

五、考夫曼智力量表

考夫曼智力量表（Kaufman Intelligence Test）是一种个别施测的智力测量工具，共有三个版本：考夫曼儿童智力评价量表（Kaufman Assessment Battery for Children，K-ABC）、考夫曼简明智力量表（Kaufman Brief Intelligence Test，K-BIT）和考夫曼青少年及成人智力量表（Kaufman Adolescent and Adult Intelligence Test，K-AIT）。K-ABC 主要用

于评定 2.5～12.5 岁正常儿童和特殊儿童的智力和学业成就水平，包含 16 个分测验，构成继时性加工、同时性加工和成就量表等 3 个分量表，其中前两个分量表组成智力量表。K-BIT 是一种快速的智力测量工具，适用于 4～94 岁的人群，包括由 45 个词汇表达项目和 37 个定义项目组成的言语分测验及由 48 个矩阵项目组成的非言语分测验，结果产生三种分数：言语的、非言语的和复合的。K-AIT 适用于 11～85 岁的人群，能够提供流体智力分数、晶体智力分数和综合智力分数。

六、认知评估系统

认知评估系统（Cognitive Assessment System，CAS）是以 PASS 模型为理论基础编制出的一种新型的智力测量工具。CAS 的结果包括 3 个层次：综合分数、4 种认知过程分量表的分数、12 项分测验的分数。CAS 是一种个别施测的智力测验，适用于 5～18 岁人群，由 4 个分量表组成，分别对计划、注意、同时性加工和继时性加工 4 种认知进行测量，每个分量表中包括 3 项分测验。

CAS 与传统的智力测验工具相比，除了具有选拔、预测等功能外，还具有很突出的诊断性功能，即通过测验，可以非常清楚地发现被试存在的认知薄弱环节，根据发现的薄弱环节可以分析被试在学习上实际存在的认知缺陷，设计具体的补救措施。有国内学者将该量表与韦氏儿童智力量表进行了比较研究，认为：在结构层面，CAS 比韦氏儿童智力量表更加系统，更加能够反映被试智力发展的全貌；在预测层面，CAS 的预测力明显强于韦氏儿童智力量表的言语 IQ；在诊断层面，CAS 分数依据 PASS 理论进行的诊断更准确、具体、有说服力。

实践与应用

想一想

如果你对班级里的同学的身高进行测量，你会发现大多数人集中在一个平均高度附近，特别高与特别矮的人极少。这意味着什么？你认为这是正态分布吗？

（当然是，人的很多特征结果都呈正态分布。）

你认为超常应该定义为高智商还是有特殊天赋（或二者都是)？为了提升在当今社会中的成功概率，你是更愿意变聪明还是有特长（或二者都要)？如果一个人聪明、有特长、动机强烈且幸运，他会怎样？

如果你是一位心理学家，有人请你对一个孩子的智力落后程度进行评估，你会更多依靠智商还是孩子的适应行为？如果两方面都考虑，你会更有把握吗？

第五节 其他智力

一、创造性智力

思维的创造性，是人类思维的高级形态，也是智力的高级表现，它是指在新异情况或困难面前采取对策，是在独特和新颖地解决问题过程中表现出来的智力品质。创造性智力，也称创造力，是指产生独创的、新颖的并且有价值的想法的能力。创造性思维是新鲜的和独创的，但单单具有创新性是不够的，创造性思维还必须是适用的，它必须适合所面对的情境和问题。

根据许多理论家的观点，创造力的关键在于发散思维——吉尔福特所说的“朝多个不同方向前进”的思维。吉尔福特（Guilford，1967）区分了聚合思维和发散思维。在**聚合思维**（convergent thinking）中，个体尝试缩窄一系列的可能性，最终归于唯一的正确答案。例如，当你参与一项多选测验时，你尝试排除不正确选项，直至你得到正确答案。大多数学校训练鼓励学生的聚合思维。在**发散思维**（divergent thinking）中，个体尝试通过产生许多可能的解决方案来扩大可能性范围。想象你是一个广告公司的员工，为了想出尽可能多的广告标语，你必须应用发散思维。

虽然不存在拥有创造力的单一人格类型，但是研究者们发现特定的人格特征与创造力之间有着中等的相关性。已有研究表明，高创造力的人倾向于比低创造力的人更加独立、更不服从、更内向、对新经验更开放、更自信、更顽固、更有雄心壮志、更有支配欲、更冲动。这一系列人格特征的核心是与不服从性和对新经验的开放性相关的特质。有创造力的人倾向于独立思考，并比普通人更不容易接受他人意见的影响。对创造性人才的研究发现，创造性有五种不同的成分：专业知识、富有想象力的思维技巧、冒险性人格、内部动机、创造性环境。

阈限假设（threshold hypothesis）是关于创造力和智力关系的模型，根据这种理论，创造性成就需要智力达到一个最低阈值。因此，大部分有创造力的人很可能在智力上远高于平均水平。有人提出，120分的IQ是创造力的最低阈值。超出120分以后，智力分数和创造性之间就不再相关了。

二、情绪智力

聚合思维 吉尔福特提出的一种思维方式，指个体尝试缩窄一系列的可能性，最终归于唯一的正确答案。
发散思维 吉尔福特提出的一种思维方式，指个体尝试通过产生许多可能的解决方案来扩大可能性范围。
情绪智力 由萨洛维和梅耶提出的一种智力概念，指个体监控自己及他人的情绪和情感，并识别、利用这些信息指导自己的思想和行为的能力。

情绪智力（emotional intelligence）是萨洛维和梅耶（Salovey & Mayer，1990）最早提出来的。他们认为，情绪智力是指知觉、表达、理解和调节情绪的能力，利用情感促进思维的能力，理解情绪和情绪知识的能力，调节情绪、促进情绪和智力发展的能力。换言之，情绪智力是指个体监控自己及他人的情绪和情感，并识别、利用这些信息指导自己的思想和行为的能力。

情绪智力理论主要有：梅耶和萨洛维的情绪智力结构模型、戈尔曼（Goleman，1995）的情绪胜任力模型、巴昂（Bar-On，1997）的情绪和社会智力结构模型。梅耶和萨洛维的情绪智力结构模型最初认为，情绪智力由情绪评估和表达能力、情绪调节能力和情绪运用能力组成。后来，他们将其发展为四个维度：情绪知觉、评估和表达的能力，情绪对思维的促进能力，理解、分析、运用情绪的能力，对情绪进行自我调节的能力。21 世纪初，他们又参照智力的信息加工模型，把情绪智力理解为跨智力系统和情绪系统的一系列操作，把模型修改为一个整合性的模型，最终提出了多因素情绪智力理论。

情绪智力是社会智力的重要部分。情绪智力高的人是能够自我觉知的，他们能够管理自己的情绪，其情绪不会被严重的抑郁、焦虑或愤怒支配；他们能够为了追求长远回报而延期满足，不被即刻的冲动支配；他们的同理心能使他们读懂他人的情绪，他们能够巧妙地应对他人的情绪。因此，他们常常能够在职场、婚姻和教育等方面获得成功。美国心理学家伊扎德等（Izard et al.，2001）评估了 5 岁儿童识别和说出面部情绪的能力，结果发现，即使控制了言语能力和气质因素，那些能够最准确地辨别情绪的 5 岁儿童到 9 岁时也更容易交朋友、与教师合作和有效管理自己的情绪。极端情况下，大脑损伤可能会降低情绪智力，而学业智力不受影响。此外，情绪智力对个体的心理健康状况也会产生影响。一项追踪研究发现，情绪智力对初中生的心理适应有一定的影响。具体来说，情绪智力可正向预测初中生心理适应，人际素质、逆境信念在情绪智力与初中生心理适应间起链式中介作用。追踪研究结果表明，在延时条件下，情绪智力能够依次通过人际素质、逆境信念来进一步预测初中生心理适应（麦哲豪，麻书滔，李婷，谢嘉敏，麻彦坤，2022）。何安明等（2020）研究发现，大学生的情绪智力对心理健康的影响显著，社会支持在其中起部分中介作用，即情绪智力既可以直接影响心理健康，又可以通过社会支持的中介作用间接影响心理健康。还有研究者从父母情绪智力对子女情绪智力的代际传递效应的视角进行考察，结果发现，父母情绪智力显著正向影响子女情绪智力，父母情感温暖在父母情绪智力与子女情绪智力之间的中介效应显著，同伴关系在父母情感温暖影响子女情绪智力的路径中起显著调节作用（麻书滔，麦哲豪，黄郁槐，麻彦坤，2021）。

情商　情绪商数的简称，它代表了一个人的情绪智力指数。

情商（emotional intelligence quotient，EQ）是情绪商数的简称，它代表了一个人的情绪智力指数。第一个使用 EQ 这个名词的是巴昂（Bar-On，1988），他最早编制了测量 EQ 的问卷（EQ-i），认为 EQ 包括影响我们适应环境的情绪和社交能力。戈尔曼的《情绪智力》一书使得 EQ 概念风靡一时。戈尔曼针对职场的工作表现，提出了工作 EQ 的架构，包括四大项：自我觉察、自我管理、社交觉察和人际关系管理。广泛使用的情商测量工具是情绪胜任力问卷（Emotional Competence Inventory，ECI），总共有 110 个题目。最新的研究显示，一个人的成功，只有 20%归于智商，80%则取决于情商。戈尔曼（Goleman，1995）认为，情商是决定人生成功与否的关键。

三、社会智力

社会智力最早是由桑代克（Thorndike，1920）提出的概念。现在对社会智力主要有三种理论取向：行为表现取向、社会认知取向，以及社会认知与行为表现相整合的观点。

行为表现取向认为社会智力反映的是个体社会能力的有效性或适应性，这是依据行为的结果对社会智力的内涵做出的界定。例如，桑代克就将社会智力定义为理解他人、与他人良好协作的能力。随后，莫斯和亨特（Moss & Hunt，1927）提出社会智力是与他人融洽相处的能力，福特和蒂萨克（Ford & Tisak，1983）认为社会智力是采用恰当方法和策略实现具体社会情境中相关社会目标并取得积极发展结果的能力，斯滕伯格等（Sternberg & Smith，2011）认为社会智力是人们进行恰当社会交往所必备的能力。

社会认知取向认为，社会智力是理解社会信息的能力。吉尔福特（Guilford，1981）认为社会智力是个体对自己以及他人思想、动机、情绪、情感的认识。也有学者从信息加工的角度出发，提出社会智力是一种知识储备，由陈述性知识和程序性知识组成，并且包括目标的设定、计划、管理和社会行为的评估等元认知能力。

社会认知与行为表现相整合的观点纠正了以往偏重行为或偏重认知的倾向，在社会智力的研究上是一个新的突破。马洛（Marlowe，1986）提出社会智力是一种理解人际情境中人们（包括自己）的感受、思想和行为，以及据此做出恰当反应的能力，它由一系列问题解决技能组成。加德纳（Gardner，1995）在他的多元智力理论中提出了两种类型的社会智力：一种是指向外部的人际智力，一种是指向内部的内省智力。弗农（Vernon，1933）提出了最广泛的社会智力定义，他将社会智力定义为个人一系列能力与知识的总和。

关于社会智力的结构一般存在两种不同的观点，即二维结构说和三维结构说。二维结构说认为，社会智力由认知-行为和流体-晶体构成。三维结构说则认为，社会智力由感知、认知分析和行为三部分构成，感知即感觉到自己的动机以及认知水平，认知分析指对他人社会行为进行分析，行为指为了实现特定社会目标而采取的行动。

四、文化智力

20 世纪 80 年代，厄利和安（Earley & Ang，2003）提出了文化智力的概念。文化智力是指人们在新的文化背景下，收集处理信息、做出判断并采取相应的有效措施以有效适应新文化的能力。这种适应多元文化的能力理论来源于加德纳的多元智力理论。有学者认为，文化智力是由文化知识、对跨文化情境的敏感性和全部应对行为技能组成的跨文化适应能力或者潜能。很多学者认为，文化智力是一种既包含内容又包含过程的结构，它能让个体理解并适当地面对多元文化情景，而且它是一种不受个人具体文化背景影响的普遍能力结构，并能应对具体的某种文化情境。

厄利和安在提出文化智力概念的时候，认为文化智力有三个维度：认知性、动机性、行为性。认知性指智力的认知加工方面，亦即运用自己的感知能力和分析能力来认识和领悟不同文化的能力；动机性即个体融入其他文化中的愿望和自我效能感；行为性即个体采取与文化相适应的有效行为的能力。厄利和安还对文化智力的三维结构进行了形象的比喻，他们将文化智力概括为头脑、心和身体。头脑指面对新文化情境时自己的思考，相当于认知性；心指有没有采取行动的动机，相当于动机性；身体指能不能做出得体、有效的反应，相当于行为性。

托马斯（Thomas，2010）也认为文化智力的结构是三维的，但他所提出的三维结构是知识、警觉和行为。知识指对相关文化的背景知识的了解；警觉指持续关注自身所处的环境；行为指基于知识与警觉，选择合适的行为以适应特定的文化环境。这三维结构虽然与厄利和安的表述不尽相同，但是都体现了认知、动力和行为。文化智力作为一个全新的智力研究领域，有待更多的学者去深入探索。

第六节 智力领域的新发现

一、智力与大脑机能

虽然智力与大脑之间的关系在一百多年前就引起了人们的注意，但是受进化论的影响，心理学家把智力看作经过生物进化后人脑所反映的一种机能。如皮亚杰的认知发展理论就建立在生物机体成熟和认知能力发展这两个领域相互联系、彼此决定的同构性基础之上。真正研究大脑内部结构和智力之间的关系是在 20 世纪 70 年代认知神经科学产生以后，通过现代神经科学的手段，人类可以更加深入地探索智力与大脑之间的关系。虽然脑的大小与智力分数之间基本上毫不相干（平均相关系数 0.15），但是有学者研究发现，智商与负责记忆、注意、言语等区域的灰质体积存在相关，灰质的数量反映了神经元及其树突的密度，这个密度可以预测信息处理的容量；与之相比，白质的数量则反映了大脑轴突的数量和它们髓鞘绝缘化的程度，可以预测神经传递效率。

当人们考虑类似智力测验那样的各种问题时，大脑额叶就会变得格外活跃。邓肯等（Duncan et al.，2000）利用 PET 技术对斯皮尔曼的智力 G 因素进行神经机制的研究，发现与 G 因素高度相关的三种任务只激活了单侧或双侧的外侧前额叶皮层。格雷等（Gray et al.，2003）的研究支持了邓肯等的发现，认为较为高级的认知功能（如智力）本身可能是一个功能模块，会激活多个脑区，但这些脑区可能处于同一网络之中。智力可能取决于大脑中关键区域之间的相互作用，这些区域包括前额叶皮层、布洛卡区和威尔尼克区、躯体感觉相关皮层、视觉相关皮层和前扣带回等。

加里克（Garlick，2002）通过对人工神经系统的研究提出了智力的神经可塑性模型。神经可塑性是指神经系统为不断适应外界环境的变化而改变自身结构的能力，包括神经组织的正常发展和成熟、新技术的获得、在神经系统受损以及感觉被剥夺时的代偿等机制。智力的神经可塑性模型认为，个体的智力由于大脑神经系统的可塑性而得到发展。可塑性是适应外部环境的一种生物能力，对智力有决定性作用。可塑性的质量决定于树突和轴突之间的神经网络质量，与环境、成熟有关。智力的发展是神经联结不断丰富的结果，通常更聪明的人能更快地将之前的经验纳入新的神经联结中，因此具有更强的适应新的刺激或环境的能力。

二、智力与信息加工

信息加工理论是现代认知心理学的重要理论。信息加工主要是指对信息的接收、存储、处理和传递。信息加工是在收集原始信息的基础上，经过相关处理，使信息增值的过程。信息加工的方式可以分为三类：串行加工、并行加工和混合加工。信息加工论者把知识分为两种：一种是陈述性知识，一种是程序性知识。陈述性知识也叫描述性知识，是个人能用语言直接陈述的知识；程序性知识也叫操作性知识，大多是关于问题解决的知识。对于要解决的问题，信息加工论者会把解题过程编成一套程序，并用计算机模拟出来。如果这套程序是成功的，那就说明它符合人类的思维过程。

许多智力行为是良好思维技能的体现。有学者认为，一个人的聪明程度取决于三种智力：神经智力，即神经系统的速度和效率方面相对固定的能力；经验智力，即过去生活中获得的特殊知识和能力；反思智力，即能够意识到自己的思维习惯的能力。许多心理学家认为，为了充分利用先天智力，一个人必须拥有良好的元认知技能，以便将问题分解为几个部分，确立目标和子目标，并进行监控和调整。

三、人工智能

人工智能　既指一种可以完成人类需要用智力完成的任务的计算机程序，也指程序本身的结果。

人工智能（artificial intelligence，AI）既指一种可以完成人类需要用智力完成的任务的计算机程序，也指程序本身的结果。人工智能作为当前高科技、高创新领域的典型代表，是引领未来的战略性技术，也是构建科技强国的重要保障，在全面建设社会主义现代化国家中发挥着全局性和统领性作用。

人工智能的发展是生产力发展的重要体现，与人类发展史上的几次工业革命息息相关。18 世纪中叶以来，人类发展史上出现过四次生产力的飞跃，通常称为四次工业革命。由于工业革命是科学与技术交叉推动的结果，因此，工业革命也被称为“科学技术革命”（或科技革命）。前三次科技革命（蒸汽革命、电气革命、信息革命）主要是动力赋能和信息赋能，扩展（或替代）的是人类的体力。第四次科技革命（智能革命）是机器智慧赋能，主要扩展（或替代）的是人类的智力，包括人工智能、物联网、生命科学、新能源、虚拟现实等一系列创新技术引领的范式变革。其中，人工智能被广泛认为是第四次科技革命的技术基石，并将成为此次革命最大的推动力。

近年来，对人工智能的理解形成了三种不同的观点：一种是符号主义，认为认知的单元是符号，认知的过程是符号的运算和逻辑推理，思维就是符号运算。另一种观点是联结主义，认为思维的单元是神经元，而不是符号；思维的过程是神经网络的连接活动，而不是符号处理活动。还有一种观点是行为主义，认为智能取决于感知和行动，智力行为无须表达和推理，这种观点和符号主义完全相反。

计算机模拟和专家系统是人工智能应用的典型体现。计算机模拟是指试图复制人类行为的程序，特别是思考、决策和问题解决的程序。如果这种计算机程序表现得像人类一样（包括会犯同样的错误），那么它就可以帮助我们思考。专家系统这种程序与人类专家做出的反应相似，它们将复杂的技能转化为计算机可以识别的清晰易懂的规则，从而揭示人类的心理能力。专家系统可以预测天气、分析地理信息、诊断疾病、下棋、阅读、告诉我们什么时候该买进或抛掉股票等。最终，人工智能几乎可以产生这样的机器人：可以识别声音，可以说话，还可以在特定的领域表现得“具有智慧”。

人工智能的电子元件系统类似于人脑神经系统，人工智能的主要模拟手段来自电脑系统的程序运作，即将一系列电子元件通过开关回路的连接，实现电路数字信息的传输，完成命令程序。也可将其抽象地解释为：这些回路当中的电子元件类似于大脑神经系统中的神经元，具有像神经元在大脑中的解剖学特性与功能特性，虽然其本质上只是一个个简单的开关电路。

与人脑相比，人工智能算法应对数值和符号计算更加精确快速、稳定可靠；特别是对于有确定规则的计算问题，人工智能可以远远超出人脑的计算速度，也更容易找到最优的解答方案。1997 年 5 月 IBM 公司研制的“深蓝”计算机战胜国际象棋大师卡斯帕洛夫，2016 年 3 月谷歌人工智能阿尔法围棋（Alpha Go）以 4∶1 战胜九段高手李世石，都充分证明了这一点。今天，ChatGPT 以其最先进的聊天机器人的身份遽然而至，意味着人工智能技术将广泛应用于人类的生产生活及各个领域。人工智能技术（尤其是 ChatGPT）在为人类创造了前所未有的物质和精神财富，成为社会生产力发展的新的增长点的同时，也可能会在一定程度上违背人类初衷，带来某些负面效应，如人工智能带来平均化趋向会使人产生思维懒惰和心理依赖，进而导致思考能力、判断能力和创新能力的降低等。因此，在人工智能的全球竞争中，我们应抓住机遇、迎接挑战，通过人工智能建立发展优势、加快创新步伐，不断推进我国教育事业的发展。

基本概念

智力　元认知　G 因素　S 因素　流体智力　晶体智力　三维智力结构理论　多元智力理论　三元智力理论　成功智力理论　成功智力　PASS 理论　真智力理论　智力落后　智力商数　比率智商　离差智商　聚合思维　发散思维　情绪智力　情商　人工智能

本章要点

1. 智力是理性思维、有目的的行动和有效应对环境的综合能力。

2. 第一套实用的智力测验由比奈编制。比奈智力量表的现代版本是斯坦福-比奈智力量表第五版。

3. 一般来说，人在智力测验中的得分直到中年都会缓慢上升。对于大多数人来说，直到 70 岁，智力的下降都很平缓，随着年龄的增大，智力从流体智力转为晶体智力。

4. 天才或超常儿童指智商在 140 以上者，这些人在许多方面出类拔萃。

5. 智力落后或有发展障碍者是指那些智商低于 70 或在多方面存在适应不良者。

6. 有证据表明，智力的一些元素是可以教出来的，因此智力是遗传与环境综合作用的结果。

7. 认知心理学家认为，成功的智力获得取决于思维和问题解决的技能，特别是元认知技能。

8. 智商仅是智力的一个指数，而且大多数测验中定义的智力都是狭义的，不是完整意义上的智力。

9. 人工智能作为当前高科技、高创新领域的典型代表，是引领未来的战略性技术，也是构建科技强国的重要保障。

复习思考题

1. 世界上第一个成功编制了智力测验的人是谁？
2. 如果我们通过编制一个测验来定义智力，那么我们是在使用什么类型的定义？

A. 循环定义　　B. 抽象定义
C. 操作性定义　　D. 按年代顺序排列的定义

3. IQ最初被定义为________乘以100？
4. 智商低于90为智力落后，对不对？
5. 下列四种关系中，智商最接近者是哪一种？

A. 父母和子女　　B. 分开抚养的同卵双生子
C. 在一起生活的异卵双生子　　D. 在一起生活的兄弟姐妹

6. 推孟对超常儿童非常感兴趣，他不但对他们的生活进行观察，而且建议他们应该选择何种职业。推孟在观察中犯了什么错误？
7. 辍学会降低智商，而上学可以提高智商。这样的研究结果说明了有关智力测验的哪些问题？
8. 在现实生活中，人们经常可以发现，智商高的人在婚姻关系、子女养育、职场适应等方面并不一定成功。请根据萨洛维和梅耶的情绪智力观点加以分析与阐述。

拓展学习

白学军.(2004).*智力发展心理学*.合肥：安徽教育出版社.

林崇德.(2021).*创造性心理学*.北京：北京师范大学出版社.

邱江.(2023).*创造性心理学*.重庆：西南大学出版社.

戴海琦.(2022).*心理测量学*（第3版）.北京：高等教育出版社.

海尔.(2019).*智力的奥秘：认知神经科学的解释*（葛秋菊译）.北京：知识产权出版社.

蒋京川.(2011).*智力心理学*.南京：东南大学出版社.

蔡笑岳，邢强.(2012).*智力心理学*.广州：暨南大学出版社.

第十章
动　机

【学习目标】

1. 什么是动机？
2. 动机对个体的行为有什么作用？
3. 有关动机的代表性理论有哪些？
4. 如何培养和激发学生的学习动机？

【章节导读】

在河北省隆化县北郊，长眠着模范共产党员、全国著名战斗英雄董存瑞的英灵。在苍松翠柏中，矗立着一座雄伟的纪念碑，碑上铭刻着朱德的题词："舍身为国，永垂不朽！"

董存瑞，1929 年生，河北省怀来县人。1948 年 5 月 25 日，我军攻打隆化城的战斗打响。董存瑞所在连队担负攻击国民党守军防御重点隆化中学的任务。他任爆破组组长，带领战友接连炸毁 3 座炮楼、5 座碉堡，胜利完成了规定的任务。连队随即发起冲锋，突然遭敌人一隐蔽的桥形暗堡猛烈火力的封锁。部队受阻于开阔地带，二班、四班接连两次对暗堡爆破均未成功。董存瑞挺身而出，向连长请战："我是共产党员，请准许我去！"被批准后，他毅然抱起炸药包，冲向暗堡，前进中左腿负伤，仍顽强坚持冲至桥下。然而，桥形暗堡距地面超过身高，两头桥台又无法放置炸药包。危急关头，他毫不犹豫地用左手托起炸药包，右手拉燃导火索，高喊："为了新中国，冲啊！"碉堡被炸毁，董存瑞以自己的生命为部队开辟了前进的道路，牺牲时年仅 19 岁。

请思考以下两个重要问题：

第一，人们做出这样或那样的行为背后的原因是什么？

第二，董存瑞为何会做出手托炸药包这一惊人的举动？

第一节　动机概述

心理学家一般都用动机这一术语对人们的行为原因进行描述。动机，顾名思义是指人的行为的内在动力。人的感知、记忆、学习和问题解决等是受什么力量推动、调节和控制的？人为什么会对某一事物感兴趣，而对另一事物不感兴趣？是什么力量使人们在艰苦的条件下，仍然坚持学习和工作？这些都是动机研究中探讨的问题。

一、动机及相关概念

动机（motivation）一词来源于拉丁语“movere”，意思是“趋向于”（to move）。所有的生物有机体都会趋向于某些刺激而远离某些刺激，这是由它们的喜好和厌恶决定的，是生物进化的结果。动机是一个概括性的术语，是对所有引起、支持和维持生理和心理活动的内部过程的概括，主要表现为追求某种目标的主观愿望或意向，是人们追求某种目的的自觉意识。

（一）动机与需要

动机是在需要的基础上产生的。当人的某种需要没有得到满足时，它会推动人去寻找满足需要的对象，从而产生活动的动机。

1. 需要的含义

动机 一个概括性的术语，概括了所有引起、支持和维持生理和心理活动的内部过程。
需要 人体组织系统中的一种缺乏、不平衡状态，是动机产生的基础。

需要（need）是人体组织系统中的一种缺乏、不平衡状态，是动机产生的基础。它表现为有机体对内部环境或外部生活条件的一种稳定的要求，并成为有机体活动的源泉。这种不平衡状态包括生理的和心理的不平衡。例如，因血液中水分的缺乏，会产生喝水的需要；因失去亲人，会产生爱的需要；等等。在需要得到满足后，这种不平衡状态暂时得到消除；当出现新的不平衡时，新的需要又会产生。

需要是个体活动的基本动力，是个体行为动力的重要源泉。人的各种活动或行为，从饥则食、渴则饮，到物质资料的生产、文学艺术作品的创作、科学技术的发明与创造，都是在需要的推动下进行的。当理想信念的追求成为一种内在需要时，人们就会自觉地将个人追求融入理想信念当中。因此，党的二十大强调要筑牢党员精神支柱，这样党和人民的事业才能焕发出强大的精神动力。

2. 需要的种类

人的需要是多种多样的，按起源可分为自然需要和社会需要，按指向的对象可分为物质需要和精神需要。

（1）自然需要和社会需要。自然需要也称生物需要，包括饮食、运动、休息、排泄、求偶等。这些需要主要由有机体内部某些生理的不平衡状态引起，对有机体维持生命、延续后代有重要意义。社会需要是人类的需要，比如劳动的需要、交往的需要、成就的需要、社会赞许的需要等。这些需要反映了人类社会的要求，对维系人类社会生活、推动社会进步有重要的作用。

（2）物质需要和精神需要。物质需要指向社会的物质产品，并以占有这些产品来获得满足，如对日常生活用品的需要。精神需要指向社会的各种精神产品，如对文艺作品的需要等。这些需要以占有某些精神产品来得到满足。

随文提问：你最迫切的需要有哪些？

与自然需要和社会需要不同，物质需要和精神需要具有高度的时代特性。二十大报告提出，十八大以来，国内外形势新变化和实践新要求，迫切需要我们从理论和实践的结合上深入回答关系党和国家事业发展、党治国理政的一系列重大时代课题。不断谱写马克思主义中国化时代化新篇章，是为了更好地为人民的需要而奋斗。

（二）动机与兴趣

兴趣（interest）是人们探究某种事物或从事某种活动的心理倾向，它以认识或探索外界的需要为基础，是推动人们认识事物、探求真理的重要动力。人对感兴趣的东西会表现出巨大的积极性，并产生某种肯定的情绪体验。这也是大量教育研究者都在探索将兴趣融入教学的原因。高光珍等（2008）研究发现，高中生的物理学习兴趣与其自我效能感存在显著的正相关。李娇在2023年教育理论与实践科研学术研究论坛上也指出，在小学语文教学当中，培养学生的学习兴趣对于教学质量和教学效果有着非常重要的影响。

兴趣具有以下特征：

兴趣的指向性，是指人们对于什么事物感兴趣。有人对音乐感兴趣，有人对文学感兴趣。

兴趣的广度，是指兴趣的范围。有人兴趣广泛，有多种多样的兴趣；有人兴趣狭窄，除了对自己所从事的专业产生兴趣外，对其他任何事物几乎都不产生兴趣。

兴趣的稳定性，是指对事物感兴趣持续时间的长短。人们的兴趣可能是经久不变的，也可能是变化无常的。

兴趣的效能，是指兴趣在推动认识深化过程中所起的作用。有人的兴趣只停留在消极的感知水平上；有人的兴趣是积极主动的，表现出力求认识某事物、掌握某事物。因此，后者的兴趣效能就高于前者。

（三）动机与目标

1. 目标的含义

目标（goal）是个体努力要达到的具体成绩标准或结果，是个体期望的未来状态（Locke & Latham，1990）。目标既可以反映个体的内在成长趋向，如自我接受、亲密关系、健康等，也可以指向如何获得外部奖赏或社会赞许，通过获得外部的价值给别人留下印象等（胡小勇，郭永玉，2008）。例如，一个高中生想要提升学习能力，另一个同学想要在数学考试中取得优异成绩，这都属于目标的范畴。动机必须有目标，目标引导个体行为的方

兴趣　人们探究某种事物或从事某种活动的心理倾向，它以认识或探索外界的需要为基础，是推动人们认识事物、探求真理的重要动力。

目标　个体努力要达到的具体成绩标准或结果，是个体期望的未来状态。

向，并且提供原动力。个体对目标的认识，由外部的诱因变成内部的需要，进而演变为行为的动力，并推动行为。正如“绿水青山就是金山银山”的提出，推动更多人参与到环保事业中。

勒温（Lewin，1936）指出，那些能够满足需要的目标具有正的效价，会促使个体产生趋近行为；个体与目标的心理距离越近，目标的动机力量就越大，它吸引着个体采取行动以达到该目标。

2. 目标的类型

（1）明确的目标与模糊的目标。明确的目标是指有具体要求或成绩标准的目标。例如，到 2020 年底实现全面脱贫这一明确目标的设立，是实现全面脱贫的重大推动力。模糊的目标是指那些评价指标不明确、要求比较含糊的目标。例如：“马上中考了，我要好好努力。”一般来说，明确的目标比模糊的目标具有更大的激励作用。

（2）长期目标与短期目标。根据达成目标所需时间的长短，可以将目标分为长期目标和短期目标。长期目标是指需要较长时间才能达成的目标，如一名小学生立志成为航天员；短期目标是指达成期限较短的目标，如在一小时内背诵一篇短文。短期目标提供及时要求，增加压力感和控制感；长期目标缺乏及时反馈，不利于完成任务的自信的维持。

（3）不同难度的目标。根据目标的难度水平，可以将目标分为难的、中等的和容易的目标。面对同一活动情境，不同个体所设置的目标难度水平可能是不同的。对于不同的个体而言，目标的难度水平并不是绝对的。同一难度水平的目标对一个人来说可能是困难的，对另一个人来说可能就是容易的，这取决于他们的能力和经验。

学术前沿

动机与员工时间偷窃

时间偷窃行为是员工有意地谎报工作时长，或者在工作时间内从事与工作无关的事务却接受这期间公司支付的工作报酬。这会降低工作活动绩效，给企业带来一系列负面影响。那么，时间偷窃行为是如何形成的呢？

胡碧芸等从动机视角重新审视了员工时间偷窃行为的形成机制，提出了二维动机分类框架，即主动性（主动型、响应型）、目标导向（自我导向、他人导向、工作导向），构建了时间偷窃机制的理论模型，指出员工的时间偷窃行为可能并不是由单一的动机驱动，而是由多种不同类型、水平的动机组合驱动的。

比如主动型-自我导向的时间偷窃，是员工为了印象管理、赚取不当报酬或者个人享乐等采取的主动行为（如篡改工作时间、进行与工作无关的活动）。主动型-工作导向的时间偷窃，是员工在没有压力源或其他触发因素的前提下，为了获得人脉资源而采取的行为（如在工作时间与客户闲聊）。

资料来源：胡碧芸，孟亮．(2024)．动机视角下员工时间偷窃的产生机制及影响．*心理科学进展，32 (3).*

（四）动机与价值观

> **价值观** 个体按照客观事物对其自身及社会的意义或重要性进行评价和选择的原则、信念和标准。

价值观（personal value）是指个体按照客观事物对其自身及社会的意义或重要性进行评价和选择的原则、信念和标准。价值观是一个人思想意识的核心，对个人的思想和行为具有导向或调节作用。价值观直接影响个体对各种观念、事物和行为的判断，使个体发现事物对自己的意义，确定自己奋斗的目标，并根据自己认为有价值的事情或目标去做。个体把目标的价值看得越高，目标激发的动机就越强，在活动中发挥的力量就越大。换句话说，动机是个体行为调节系统的一个组成部分，其中价值观起着核心的作用。价值观决定着动机的性质、方向和强度。

党的二十大报告强调要广泛践行社会主义核心价值观，这是凝聚人心、汇聚民力的强大力量。深化爱国主义、集体主义、社会主义教育的有力途径，就是深入开展社会主义核心价值观宣传教育，推动理想信念教育常态化制度化，不断坚定中国特色社会主义共同理想，把社会主义核心价值观融入法治建设、融入社会发展、融入日常生活。

罗克奇（Rokeach，1973）根据工具-目标维度把价值观分为工具性价值观和终极性价值观（见表 10－1）。工具性价值观是以个体的行为方式为工具，如有礼貌、有责任心、有爱心、诚实善良等，进而获得社会认可。终极性价值观是个体以一种行为方式谋求许多终极目的，如自由、平等、和谐及友谊等。实际上，工具性价值观是终极性价值观的手段，两者的关系很复杂，不容易区分开来。

表 10－1 罗克奇的价值观分类

终极性价值观	工具性价值观
舒适自主的生活	有抱负
令人兴奋的生活	心胸开阔
有成就感	有能力
和平的世界	欢愉
美丽的世界	干净
平等	有勇气
家庭安康	宽容
自由	乐于助人
幸福	诚实
内心和谐	富于想象力
成熟的爱	独立
国家安全	有知识
快感	有逻辑
得救	有爱心
自我尊重	服从
社会认可	有礼貌

续表

终极性价值观	工具性价值观
真正的友谊	负责
智慧	有自制力

（五）动机与意志

动机与意志是两个既有区别又有密切联系的概念。**意志**（will）是有意识地支配、调节行为，通过克服困难，实现预定目标的内在心理过程。意志具有引发行为的动机作用，意志行为是自觉的、有目的的行为。意志是和克服困难相联系的，只有在克服困难的过程中，才能体现意志的力量。党的二十大报告强调团结带领全党全军全国各族人民前行，义无反顾地进行具有许多新的历史特点的伟大斗争，这无疑反映了党坚强意志的力量。

二、动机的分类

（一）内部动机与外部动机

根据动机的来源，人的动机可以分为内部动机与外部动机。詹姆斯认为，意志过程是有意识观念之间的竞争。意志的本质在于以较小冲动的观念与较强大冲动的观念进行斗争而最终获胜（Kuhl，1985）。阿希（Ach，1905，1910）提出了鉴别意志过程的四种标准：有意识地开展与某些观念相关的行动、体验到实施意向的自我承诺、有由意识导致的努力、感觉到身体不同部位的紧张。他还指出，情境中是否存在需要克服的困难，是判断一项行动是否由意志调节的客观标准。

在行为主义盛行的年代，意志与意识一样，受到心理学家的冷落。20 世纪 80 年代初，库赫尔（Kuhl，1984，1985）提出的行动控制论（action control theory）为意志研究的重新兴起做出了杰出贡献。他认为，意志行动是一种目标导向活动，它应分为两个不同的阶段：决定阶段和决定后阶段。前者是评估效能感和价值，进行决策和设置目标的阶段，是动机性的；而后者是保护已承诺的目标，使之贯彻实施的阶段，是意志性的。在行动计划完成前，对当前的行动意向加以保护，避免被其他竞争性倾向替代的过程，就是行动控制，也可称作意志控制（volitional control）。有研究指出，青少年的意志控制能够显著负向预测两年后的自我感知学业成绩不良（潘斌等，2016），这提示了意志控制能力对青少年学业成绩的重要性，也为提升青少年学业成绩提供了新的思路，即可以通过培养青少年的意志控制能力来帮助他们提高学业成绩。

1. 内部动机

意志 有意识地支配、调节行为，通过克服困难，实现预定目标的内在心理过程。

内部动机 人们对行为本身的兴趣所引起的动机。

内部动机（intrinsic motivation）是指人们对行为本身的兴趣所引起的动机。内部动机提供了一种促进学习和发展的自然力量，它在没有外在奖赏和压力的情况下可以激发行为。例如，有的学生喜爱阅读，即使没有外在奖赏和压力，也能产生阅读一本书的欲望。内部动机是由三种内驱力引起的：一是好奇的内驱力，即求知欲；二是好胜的内驱力，即求成欲；三是互惠的内驱力，即与他人和睦共处、协作活动的需求，这种驱力能够进一步增强对个人行为的激励作用。

内部动机可以有效激发个体的行为。可以通过以下几种方式增强内部动机：（1）培养兴趣——设置新情境，让已有的认知和情境产生矛盾，从而引发好奇与探索。（2）激发好奇心与探索倾向——维护与设置疑惑。（3）自主性支持——减少控制感，提供选择和建议，并且鼓励其负起独立选择的责任。（4）设置任务的最佳挑战水平——设置的任务应当具有适当的难度，不能太简单，也不能困难到无法完成，过于简单或者过于困难都会削弱内部动机。

2. 外部动机

外部动机（extrinsic motivation）是指由外部诱因所引起的动机。动机的满足不在活动之内，而在活动之外。外部动机激发行为时，人们不是对事物本身感兴趣，而是对外在奖赏和报酬感兴趣。20 世纪 50 年代之前，大多数动机研究认为外部强化是激发动机的关键，个体行为的目标主要是获取外部强化。例如，有的学生为了取悦老师和家长而努力学习。

> **外部动机** 由外部诱因所引起的动机。

外部动机具有速效性、短期性和较为被动的特点。外部动机能够有效地激发理想行为、抑制不良行为。趋利避害是人类的本能反应，不过，如果行为的原因仅仅在于获得奖赏、逃避惩罚，那么一旦外在条件消失，相应的行为就会回落到原来的水平。

心理学与生活

聪明的老爷爷

从前有位老爷爷，安静地居住在一个院落里，可总有一群附近的小孩来骚扰他。他们恶作剧地往老爷爷的院子里扔石头，惹得老爷爷发怒，然后一窝蜂地跑掉，第二天再来扔石头，乐此不疲。过了很久，老爷爷觉得再凶巴巴地发火也是没用，就另想了一个办法。有一天，一阵“石头雨”后，老爷爷和颜悦色地出现在孩子们面前，说：“欢迎你们来玩。从今天起，我会给每个扔石头的孩子 10 块钱。”小孩们一听都高兴极了：“干坏事还得钱？真是太好了！”第二天，小孩们来到老爷爷家又是一顿扔，然后每人都得到 10 块钱。第三天就不一样了，孩子们扔完石头后每人只得到 5 块钱。又过了两天，钱更少了，老爷爷只给每个孩子 2 块钱，孩子们对待遇的降低都不满意，石头也不好好扔了。接下来，老爷爷更过分了，连屋都不出，一分钱不给。孩子们很生气：“我们辛辛苦苦地扔石头，他还不给钱？不给他扔了！”困扰老爷爷已久的问题就此解决。

故事里的老爷爷就是运用了动机与行为的关系，将小孩们的内部动机转向外部，然后撤销外部奖励，小孩们就失去了行为的动机。

（二）生理性动机与社会性动机

根据动机的性质，动机可以分为生理性动机与社会性动机。

1. 生理性动机

生理性动机（physiological motivation）又称原发性动机，是以生物性需要为基础产生的动机。饥渴、睡眠、呼吸、性、躲避危险等，都是生理性动机。

（1）饥饿。饥饿（hunger）是一种强大的动机，是由体内缺乏食物或营养引发的一种生理不平衡状态。它表现为一定程度的紧张不安，甚至是某种折磨和苦楚，从而形成个体内在的紧张压力，并使个体产生觅食活动。

（2）渴。渴（thirst）是由体内水分不足引发的一种生理不平衡状态。它能推动个体产生找水的活动。渴具有比饥饿更强的驱动力。

（3）性。性（sex）是人与动物共有的一种强有力的动力或内驱力。虽然性不像食物和水那样对机体的生存具有关键作用，但是它对种族的生存是必需的。性驱力与个体的性成熟有着密切的关系，性驱力在儿童身上就有某种表现，但是强烈的性驱力只表现在性成熟的机体上。

（4）睡眠。睡眠（sleep）是一种因生物节律而出现的动机，对于消除疲劳、恢复体力具有重要的作用。

2. 社会性动机

社会性动机（social motivation）是以人类的社会文化需要为基础产生的动机，如交往、成就和权力的需要都会产生相应的动机。社会性动机是人的社会行为产生的直接原因，它推动人们与其他人交往，从而使人们获得社会和他人的认可，并从中获得某种地位。

生理性动机 又称原发性动机，是以生物性需要为基础产生的动机。
社会性动机 以人类的社会文化需要为基础产生的动机。
交往动机 在交往需要的基础上发展起来的一种重要的社会性动机。

（1）交往动机。**交往动机**（affiliation motivation）是在交往需要的基础上发展起来的一种重要的社会性动机。人在交往中为自己的行为吸取信息进行定向，将自己所做的同人们期待他做的进行核对，从而调节自己的需求、观念和行为，使自己在符合群体要求的情况下得到发展；否则就会感到孤独、别扭或焦虑，这就使人产生一种交往的需要和动机。

学术前沿

相对身高、求偶动机与男性冒险行为

拿破仑的手下对他说：“尊敬的陛下，我看起来比您高，这让我觉得很不好意思。”拿破仑回应道：“我很矮，但是我很伟大，如果你因此嘲笑我，我一定会砍掉你的脑袋，来缩小我们的差距。”这位小个子的法国皇帝最终横扫欧洲，成为历史上一位名副其实的“巨人”。阿德勒将这一现象概括为“拿破仑情结”，即矮个子的男性会通过一些行为来弥补自身在身高上的缺陷。原因在于，身高属于典型的好基因特质，它能代表男性是否具有优秀的基因质量，是否具备如健康、强壮和勇气等重要的性状或特质，它对男性彼此竞争和吸引异性都很重要。

吴奇等（2021）通过实验发现，与同性竞争者间存在的相对身高劣势会导致男性增

强自己的冒险性，表现出更多的冒险行为，而男性的求偶动机会对这一效应进行调节，拥有更高求偶动机的男性会进一步由于与竞争者相较的身高劣势而增强自己的冒险性。这支持了拿破仑情结的进化理论。

资料来源：吴奇，钟春艳，谢锦源．(2021). 拿破仑情结的进化：相对身高劣势和求偶动机对男性冒险行为的影响．*心理学报*，*53* (1).

(2) 成就动机。**成就动机** (achievement motivation) 是人们希望从事对他们有重要意义、有一定挑战性的活动，在活动中能取得完满的结果和成绩，并能超过他人的动机。

成就动机对个体的活动起着重要的作用。许多研究发现，在智力大体相同的情况下，成就动机强的人比成就动机弱的人在活动中成功的可能性要大一些。例如，成就动机强的学生学习成绩可能更好。成就动机的强弱还会影响人们的职业选择。例如，成就动机强的人喜欢毛遂自荐，喜欢承担具有开创性的工作；而成就动机弱的人正好相反。

经典回顾

父母养育行为和成就动机的关系

弗兰兹等 (Franz et al.，1991) 对 1951 年的一批孩子大约 5 岁时收集的父母养育行为资料，与 1987—1988 年同一批人 41 岁时收集的成就动机和收入资料做了对比。弗兰兹等认为，当孩子的父母用严格的规则来喂养、照看和训练他们的孩子时，孩子就会感受到高度的成就压力。总的来说，早期的成就压力与长大后的成就动机之间有一种正相关，而且早期经历高成就压力的人比早期经历低成就压力的同龄人每年要多挣 1 万美元。

(3) 权力动机。**权力动机** (power motivation) 是指人们具有的某种支配和影响他人以及周围环境的内在驱力。在权力动机的支配下，人们表现出积极主动的参与精神，并有成为某一群体领导者的愿望。权力动机强的人，热衷于参与社会事业，在群体中希望处于领导地位，在日常生活中更健谈、好争论。根据个体行为的目标，权力动机可以分为个人化权力动机 (personalized power motivation) 和社会化权力动机 (socialized power motivation)。

成就动机 人们希望从事对他们有重要意义、有一定挑战性的活动，在活动中能取得完满的结果和成绩，并能超过他人的动机。

权力动机 人们具有的某种支配和影响他人以及周围环境的内在驱力。

学术前沿

权力动机与社会存在对亲社会行为的影响

当前，关于权力动机的研究发现，权力动机既与适应不良，如攻击、赌博、性不忠、冒险、反社会决策等存在密切关系，也与积极性社会行为，如指导和支持他人、代际关怀等相关联。

王建峰等 (2020) 的研究探讨了不同权力动机水平的个体在内隐或外显社会存在下的亲社会行为是否不同。结果发现，在社会存在条件下，相对于低权力动机者，高权力动机者表现出更高的公平与合作水平。然而，在无社会存在线索时，高、低权力动机者的亲社会行为没有显著差异。

资料来源：王建峰，戴冰．(2020)．“追名弃利”：权力动机与社会存在对亲社会行为的影响．*心理学报，52 (1).*

三、动机的功能

（一）激活功能

动机是个体能动性的一个主要方面，它具有发动行为的作用，能推动个体产生某种活动，使个体由静止状态转向活动状态。例如，为了避免饥饿而产生择食活动，为了获得优秀成绩而努力学习，为了赢得他人赞扬而勤奋工作，为了摆脱孤独而结交朋友，等等。动机激活力量的大小是由动机的性质和强度决定的。

（二）指向功能

动机能将行为指向特定的对象或目标。例如，想吃饭了就去食堂，想学习了就去图书馆或教室。动机不同，指向的目标和对象也不同。

（三）维持功能

动机具有维持功能，表现为行为的坚持性。动机的维持功能是由个体的活动与其预期目标的一致性程度决定的。当活动指向个体所追求的目标时，这种活动就会在相应的动机的维持下继续下去；相反，当活动背离了个体所追求的目标时，个体进行这种活动的积极性就会降低。中国梦描绘了国家富强、民族振兴、人民幸福的美好蓝图，为个人奋斗提供了明确的方向和目标。中国梦就是激活个人为国家经济发展、科技创新、社会进步贡献力量，以中华民族伟大复兴为目标导向，增强个人的动力，并持续不懈地为之奋斗。

第二节　动机理论

动机作为一个较古老的研究领域，有着一百多年的研究历史。人们通过对动机的实质的探讨，提出了各种不同的看法，形成了相应的动机理论。以下将从不同的层面探讨动机的实质：本能理论、驱力理论、需要层次理论、成就动机理论、成败归因理论、自我效能理论和逆转理论。

一、本能理论

动机最早是由本能的概念引出的。从生物学角度解释，本能由遗传决定，对物种的生存至关重要，提供了一个行为仓库，它是每个物种遗传特征的一部分。受达尔文进化学说的影响，许多心理学家相信，人的行为也是遗传进化保留下来的本能的体现。

本能理论（instinct theory）在动机的研究中一度占主导地位。美国机能主义心理学家威廉·詹姆斯（James，1890）提出，人类比动物更加依赖本能。除了与动物类似的生理本能之外，人还有更加复杂的社会本能，如社交、兴趣、爱与同情等。詹姆斯认为，人和动物的本能都是为了适应环境。

（一）麦独孤的本能理论

英国心理学家麦独孤（W. McDougall）是本能理论最著名的倡导者，他系统地提出了动机本能论，认为：人类所有的行为都以本能为基础；本能是人类一切行为与活动的动力与源泉；本能具有能量、行为和目标指向三个成分；个人和民族的性格与意志也是由本能逐渐发展而形成的。他认为人类有 18 种本能，如逃避、拒绝、好奇、好斗、获取、自信、生殖、合群、自卑、建设等（McDougall，1926）。

（二）精神分析的本能理论

弗洛伊德的精神分析学说建立在本能理论的基础上，认为人的心理活动的基本动力是由人生来就有的本能驱力决定的。弗洛伊德早期的学说认为人类的两大基本本能是性本能和生本能；后来，他修改了原来的观点，认为人类行为的两种基本动力是生本能和死本能（对外界的攻击和破坏的本能）。

经典回顾

印刻实验

奥地利习性学家康拉德·柴卡里阿斯·洛伦兹（K. Z. Lorenz）长期观察研究动物的行为。洛伦兹的动物实验场所里饲养了许多动物，其中有灰天鹅。一次，他在观察小天鹅破壳出生时，发现了一个奇怪的现象：小天鹅从蛋壳里爬出来，首先看见什么动物就把什么动物当妈妈。如果出生时老天鹅在眼前，它们就喜欢老天鹅；如果是老母鸡孵化它们出壳，它们就跟着老母鸡走；假如出生时只有洛伦兹在看它们玩，那么小天鹅就把洛伦兹当妈妈了。无论洛伦兹走到哪里，他的身后都跟着一群摇摇摆摆的小天鹅。洛伦兹去游泳，小天鹅也跳进水里，并且亲热地啄他的头发、胡子。所以，人们给洛伦兹取了个绰号——“长胡子的鹅妈妈”。小天鹅出生后对洛伦兹的这种“依恋”现象，被称为印刻（stereotype）。印刻是动物的一种本能。

本能理论在动机的很长一段研究历史上一直占据统治地位，但伴随着的争议也从未停歇。20 世纪 20 年代末，本能理论开始受到人们的怀疑和批评。本能理论不能确切地解释行为的原因，过度地把所有行为归结为先天因素。另外，本能理论所列举的许多行为，如自信、自卑等，实际上是在经验和文化的作用下形成的。在这一点上，行为主义心理学家给予了充分的证据，他们证明了很多重要的行为是后天习得的，而不是先天就存在的。

20 世纪 50 年代以后，欧洲一批习性学家再度爆发出对本能行为的研究热情。他们主要探讨控制本能行为的重要因素，如感觉输入机制、特定刺激、学习的作用和中枢机制等，试图揭示影响动物行为的生理因素与环境因素的关系。

二、驱力理论

驱力 个体由生理需要引起的一种紧张状态，它能激发或驱动个体行为以满足需要、消除紧张，从而恢复机体平衡。

由于动机的本能理论在解释中受到批评，20 世纪 20 年代，心理学家提出了驱力的概念。**驱力**（drive）是个体由生理需要（如饮食的需要、睡眠的需要、性的需要和远离痛苦的需要）引起的一种紧张状态，它能激发或驱动个体行为以满足需要、消除紧张，从而恢复机体平衡。

赫尔（C. L. Hull）提出了驱力减少理论（drive reduction theory）。赫尔假定个体为了生存就会产生需要，需要则会产生驱力。驱力给机体提供力量和能量，促使需要得到满足，从而使驱力减少。因此，它是一种动机结构。人的行为并不是生理性驱力推动的，而是受习惯的支配。他强调经验和学习对驱力的形成具有重要的影响，并且认为学习对机体适应环境具有重要作用。驱力为行为提供力量，为行为指引方向。赫尔将驱力分为不需要习得的、来自内部刺激的原始动力和需要习得的、来自外部刺激的获得性驱力。

赫尔认为驱力、习惯强度和有效行为潜能之间的相互关系可表示为：

$$P = D \times H$$

式中，P 表示有效行为潜能，D 表示驱力，H 表示习惯强度。

赫尔的动机理论主要有两点：（1）机体的活动在于减少或消除驱力。（2）驱力减少的同时，活动受到强化，这是促进学习概率提高的基本条件（黄希庭，2007）。但这一思路无法解释过度进食行为，以及为什么人可以通宵达旦地工作。在这些行为中，人的需要得到满足，但是驱力并不是减少而是增加了。

三、需要层次理论

我们在上一节解释过需要的含义及其分类。在用需要的结构对动机做出解释的理论中，比较著名的是马斯洛的需要层次理论（hierarchical theory of needs）。

马斯洛认为，人的需要由七个等级构成，即生理需要、安全需要、归属与爱的需要、尊重需要（这四种需要被称为低级需要），以及认知需要、审美需要、自我实现需要（这三种需要被称为高级需要）。

生理需要是人最基本、最强烈、最具有优势的一种需要，是基本生存条件的一种。它表现为人对食物、水、氧气、休息、性欲表达的需要。如果基本需要没有满足，比如极度缺水，那么除水之外，一个人对其他事物就提不起任何兴趣。

如果生理需要得到了充分满足，就会出现安全需要。它表现为人们对秩序、稳定、受到保护、工作和生活保障、免除焦虑和恐惧的需要。例如，人们为了安定的生活选择有保险基金保障的工作岗位，人们宁愿从事熟悉的不喜欢的职业也不想换成自己喜欢的却没有把握的工作。由于婴幼儿无力应付环境中的不稳定和不安的因素，安全需要在婴幼儿身上体现得更为强烈。

当生理需要和安全需要得到满足时，归属与爱的需要就出现了。马斯洛认为，爱是一种人与人之间健康的、亲热的关系，包括互相信赖。人们渴望在社会中有自己的一席之地，拥有良好的社交圈子，自己能属于某些组织或团体。

尊重需要包括自尊和来自他人的尊重。自尊包括：对获得信心、能力、成就和自由等的渴望；来自他人的尊重，包括威信、承认、地位、名誉和赏识。习近平总书记在党的二十大报告中指出："坚持党管人才原则，坚持尊重劳动、尊重知识、尊重人才、尊重创造，实施更加积极、更加开放、更加有效的人才政策，引导广大人才爱党报国、敬业奉献、服务人民。"① 这充分体现了尊重需要的重要性，也为深入实施新时代人才强国战略指明了方向。马斯洛认为，最稳定和健康的自尊是建立在当之无愧的来自他人的尊敬之上，而不是建立在外在的名气、声望以及虚夸的奉承之上。同时，自尊的满足会让人相信自己的价值、相信自己的能力和力量；反之，则会令人感到自卑，没有足够的信心去应对困境和挫折。

比尊重需要层次更高的需要是认知需要。马斯洛认为，人生来就有满足自我好奇心的需要，人们总是喜欢探索身边新奇的事物，成年人会倾向于发展这种好奇心，推动自己建立内部意义结构，这也是人们发展安全感、爱与归属的一种方法。

审美需要是对闭合、结构、对称以及对存在于大部分儿童和成年人身上的行为完满的需要。审美使人丰富自我的内心世界，陶冶情操，使生活既丰富又充满乐趣。

自我实现需要是需要中的最高层次，是人类需要发展的高峰。一般来说，在前几项需要得到满足后，人们就会追寻自我实现需要，并不断在这种需求的推动下前进。中国共产党的发展也是不断自我实现的过程。党的二十大审议通过的《中国共产党章程（修正案）》首次将"自我革命"写入党章，在历史长河中刻印下党不断实现自我净化、自我完善、自我革新、自我提高的新坐标。透过新党章，我们能看到新时代坚定不移全面从严治党取得的新的重大成果和成功经验，体悟到党在民族复兴征程的新起点上将党的伟大自我革命进行到底的坚定决心。

随文提问：革命烈士夏明翰说"砍头不要紧，只要主义真。杀了夏明翰，还有后来人"。请结合马斯洛的需要层次理论理解这一观点。

一般来说，需要会按照上文中所列出的顺序呈现。低级需要一经满足，高级需要就会出现。但有的时候并不完全恪守这一规律。马斯洛进一步指出，满足需求不是"全有或全无"的现象。在人的高级需要产生以前，低级需要只要部分满足就可以了。例如，为实现理想，不惜牺牲生命，舍己为人、克己奉公、鞠躬尽瘁等一直为世人所尊崇，凝聚为中华优秀传统文化的内核，成为中华民族传统美德的重要组成部分。党的二十大报告也强调"在全社会弘扬劳动精神、奋斗精神、奉献精神、创造精神、勤俭节约精神，培育时代新风新貌"②。当然，个体对需要的追求也有所不同，有人对尊重的需要超过了

① 习近平．(2022)．*高举中国特色社会主义伟大旗帜 为全面建设社会主义现代化国家而奋斗：在中国共产党第二十次全国代表大会上的讲话*．北京：人民出版社，32－33.

② 同①44－45.

对爱和归属的需要。

心理学与生活

孩子花20元买爸爸一小时时间

爸爸总是很忙，回到家也经常在电脑前加班。6岁的孩子希望他能陪自己玩一会儿，但爸爸总是说："我要忙着工作赚钱。"孩子问爸爸："你一天工作能赚多少钱？"爸爸说："很多，你数不清的。"孩子又问："你一小时能赚到20元钱吗？"爸爸笑着说："当然能！"过了半年，有一天，孩子拿着20元钱来找爸爸玩，爸爸仍然说要工作，孩子说："我攒了半年，总算有20元钱了，现在这些钱给你，我要买你一小时时间，赶快陪我玩一小时吧。"

许多家长都想尽自己所能，给孩子最好的一切。可是，孩子想要的是什么，我们是否考虑了？那么，我们想要的是什么？孩子想要的是什么？有没有共同的地方？

现在大多数家庭里，孩子的生理需要都能得到满足，但其他的需要就不一定了。有的家长自己工作压力大，整天焦虑担心，情绪不稳定；有的家庭父母关系不好，即使瞒着孩子，孩子凭本能也能感觉到。这些情况都会使孩子缺乏安全感，不能安心学习。

尊重的需要也是容易被忽视的。四川某学校调查发现，家长认为自己很尊重孩子，但有40%的学生认为家长不尊重自己。在孩子眼中，不尊重的表现有：对孩子不耐烦，拿孩子出气；随意打断孩子说话、游戏；辱骂孩子，贬低孩子；阻止孩子做自己喜欢的事；抢先回答别人问孩子的问题；做决定不与孩子商量，不告知孩子；等等。

我们希望孩子有强烈的学习动机，就要在孩子成长的过程中，满足孩子的缺失性需要，激发孩子的成长性需要。

四、成就动机理论

研究成就动机的心理学家主要有默里（Murray）、麦克利兰（McClelland）和阿特金森（Atkinson）等。默里将成就需要定义为：克服障碍，施展才能，力求尽快尽好地解决某一难题。20世纪四五十年代，麦克利兰在默里的研究基础上进一步发展了成就动机理论。该理论认为，成就动机是一种力求成功并选择朝向成功（或避免失败）目标的活动的一般倾向。个人成就动机可分为两部分：其一是力求成功的意向；其二是避免失败的意向。也就是说，成就行为融合了趋向成功和避免失败这两种意向。一个人在追求成功的过程中会同时考虑是否有失败的风险：如果一个人追求成功的动机强于避免失败的动机，那么这个人会努力追求目标；如果一个人避免失败的动机强于追求成功的动机，那么这个人就会选择尽可能容易成功而不会失败的目标。

阿特金森用实验的方法证明了成就动机理论中的推断（Atkinson & Litwin，1960）。该实验选用5岁的儿童作为被试。实验中，孩子们拿着许多绳圈走进一间屋子，用绳圈去套屋子中间的一个木桩。孩子们可以自由选择自己站立的位置，并预测自己能套中多少绳圈。结果发现，追求成功的孩子选择了距离木桩适中的位置，而避免失败的孩子选择了要么距离木桩非常近、要么距离木桩非常远的地方。阿特金森对此这样解释：追求成功的孩子选择了具有一定挑战性的任务，但同时也保证了具有一定的成功可能性。因此，他们选择了与木桩距离适中的位置。这个发现在不同年龄、不同任务中取得了一致的结果。避免失败的孩子关注的不是成功与失败的取舍，而是尽力地避免失败和与此有关的消极情绪。因此，他们要么选择距离木桩很近，能轻易成功；要么选择距离木桩很远，几乎没有成功的可能，这是任何人都达不到的，因此也不会带来消极情绪。

阿特金森对成就动机理论做了进一步的发展，创建了动机的期望-价值理论。该理论运用数量化的形式来说明。他认为，趋向成功的动机是成就需要、对行为成功的主观期望概率以及取得成就的诱因值三者的乘积，其公式为：

$$T_s = M_s \times P_s \times I_s$$

式中，T_s 为追求成功的倾向，由以下三个因素决定：(1) 对成就的需要（成功的动机）M_s；(2) 在该项任务上将会成功的可能性 P_s；(3) 成功的诱因值 I_s。其中，M_s 是一个相对稳定的特性，是个体努力追求成功的性格特质（可用主题统觉测验测得）。P_s 指的是个体对达成目标的可能性的估计，或是个体理解的成功的可能性。I_s 为成功的诱因值，这是一种自豪的情感，与 P_s 具有对立的关系，也就是 $I_s=1-P_s$，即：任务越难，个体越倾向于付出更多努力，而完成后，又会体验到更多的自豪感。例如，经过几天冥思苦想后解出数学题比轻而易举地解出一道简单的数学题更令人兴奋。

阿特金森认为，与成就有关的情境既能引起对成功的期望，也能引起对失败的担心。决定对失败担心的因素类似于决定对成功期望的因素，即避免失败的倾向 T_{af} 是以下三个因素的乘积：(1) 避免失败的动机 M_{af}；(2) 失败的可能性 P_f；(3) 失败的消极诱因值 I_f。其公式为：

$$T_{af} = M_{af} \times P_f \times I_f$$

同前面一样，$I_f=1-P_f$。也就是说，失败的可能性减小时，失败的诱因值就增加。失败的诱因值可理解为一种消极的情感，如羞愧、消沉等。显然，在一项容易的任务失败后所体验到的羞愧感比一项困难任务失败后所体验到的羞愧感要强。

由以上得出，作为结果的成就动机是力求成功的倾向的强度减去避免失败的倾向的强度，即：$T_a = (M_s \times P_s \times I_s) - (M_{af} \times P_f \times I_f)$。如果一个人在一种特定的情境中获得成功的需要大于避免失败的需要，那么他就敢于冒风险去尝试并追求成功。

根据这一理论，如果学生获得成功的动机大于避免失败的动机，那么他们为了探索一个问题，在遭遇一定量的失败之后，解决该问题的愿望反而会更强烈；而与此同时，如果获得成功太容易的话，这类学生的动机反而会减弱。因此，这类学生最有可能选择成功概率约为 50%的任务，因为这种选择能为他们提供最大的现实挑战。他们能抵制不可靠的意见，有自己独立的见解，在学校举行的智力测验中能得到较好的分数。对于完全不可能成功或稳操胜券的任务，他们的动机水平反而不高。阿特金森（Atkinson，1958）在一项经典实验中演示了这一点。他在实验中把 80 名大学生分成 4 组，每组 20 人，给他们一项同样的任务。他对第一组学生说，只有成绩最好者能得到奖励（$P_s=1/20$）；对第二组学生说，成绩前 5 名者将会得到奖励（$P_s=1/4$）；对第三组学生说，成绩前 10 名者可以得到奖励（$P_s=1/2$）；对第四组学生说，成绩前15名者都能得到奖励（$P_s=3/4$）。结果如图10－1所示。

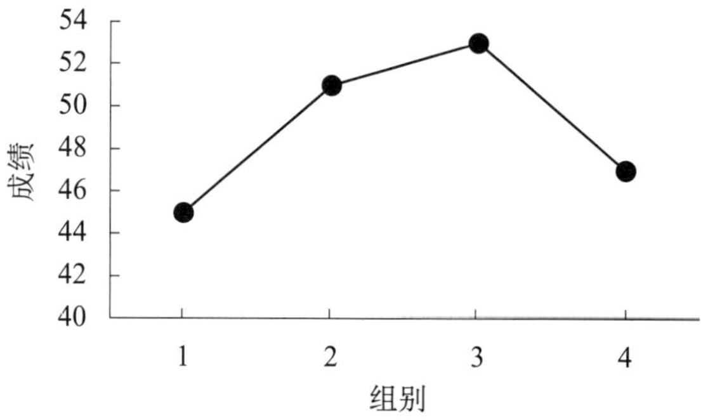

图10－1　成绩与对成功的估计

资料来源：Atkinson，J. W.（1958）. Towards experimental analysis of human motivation in terms of motives，expectancies and incentives. In J. W. Atkinson（Eds.），*Motives in fantasy action，and society*（pp. 288－305）. Van Nostrand.

从图中可见，成功可能性适中的两个组成绩最好，成功概率太高或太低时成绩下降。第一组学生大多认为，即使自己尽最大努力也极少有可能成为第1名；而第四组学生一般都认为自己肯定在前15名之列。于是，这两组学生都认为无须努力了。研究表明，最佳的成功概率是1/2左右。这是因为大多数学生认为，如果自己努力，很有希望获得成功；如果不努力，则有可能会失败。

这里需要提醒的是，期望-价值理论并不是在探讨学习任务本身的难易问题，而是涉及成功标准（如评分标准）的问题。如果一个学生认为不论怎样努力都肯定会不及格，他的学习动机就会处于极低的水平。因此，教师要适当地掌握评分标准，使学生认为得到好成绩是可能的，但也不是轻而易举的。

学术前沿

越努力越幸福——中国背景下成就动机与主观幸福感的元分析

高峰和白学军（2021）采用元分析的方法，探讨了成就动机与主观幸福感的关系。结果发现，成就动机与主观幸福感呈显著正相关，追求成功的动机与主观幸福感呈显著正相关，避免失败的动机与主观幸福感呈显著负相关。文献来源显著调节成就动机与主观幸福感的关系。以上结果说明，成就动机与主观幸福感关系密切。

资料来源：高峰，白学军．（2021）．越努力越幸福——中国背景下成就动机与主观幸福感的元分析．*心理与行为研究*，*19*（4）.

实践与应用

测测你的成就动机强度

请仔细阅读表10－2中的句子，选择最符合自己情况的数字。

表 10-2 成就动机强度测验

编号	题目	完全不符合	有些不符合	基本符合	非常符合
1	我喜欢坚持不懈地解决我没有把握解决的问题。	1	2	3	4
2	我喜欢新奇的、有困难的任务，甚至不惜冒风险。	1	2	3	4
3	即使有充裕的时间来完成任务，我也喜欢立即着手进行。	1	2	3	4
4	面临我没有把握解决的难题时，我会非常兴奋、快乐。	1	2	3	4
5	我会被那些能了解自己有多大才智的工作吸引。	1	2	3	4
6	我会被有困难的任务吸引。	1	2	3	4
7	面对能测量我能力的机会，我感到是一种鞭策和挑战。	1	2	3	4
8	我在完成有困难的任务时，感到快乐。	1	2	3	4
9	对于困难的活动，即使没有什么意义，我也很容易卷进去。	1	2	3	4
10	能够测量我能力的机会，对我是有吸引力的。	1	2	3	4
11	我希望把有困难的工作分配给我。	1	2	3	4
12	我喜欢尽最大努力才能完成的工作。	1	2	3	4
13	如果有些事不能立刻理解，我会很快对它们产生兴趣。	1	2	3	4
14	我不确定是否能成功完成的工作最能吸引我。	1	2	3	4
15	对我来说，重要的是做有困难的事，即使无人知道也无关紧要。	1	2	3	4
16	我讨厌在完全不能确定会不会失败的情境中工作。	1	2	3	4
17	在结果不明的情况下，我担心失败。	1	2	3	4
18	在完成我认为困难的任务时，我担心失败。	1	2	3	4
19	一想到要去做那些新奇的、有困难的工作，我就感到不安。	1	2	3	4
20	我不喜欢那种测量我能力的场面。	1	2	3	4
21	我对那些没有把握能胜任的工作感到忧虑。	1	2	3	4
22	我不喜欢做我不知道能否完成的事，即使是别人不知道也一样。	1	2	3	4
23	在那些测量我能力的情境中，我感到不安。	1	2	3	4
24	对需要有特定机会才能解决的问题，我会害怕失败。	1	2	3	4
25	那些看起来相当困难的事，我做时很担心。	1	2	3	4
26	我不喜欢在不熟悉的环境下工作，即使无人知道也一样。	1	2	3	4
27	如果有困难的工作要做，我希望不要分配给我。	1	2	3	4
28	我不希望做那些要发挥我能力的工作。	1	2	3	4
29	我不喜欢做那些我不知道我能否胜任的事。	1	2	3	4
30	当我遇到我不能立即弄懂的问题时，我会焦虑不安。	1	2	3	4

评分方法：

1～15 题计总分为 MS（追求成功），16～30 题计总分为 MF（害怕失败）。

MS－MF 为总得分 MA。

MS－MF＞0 时，成就动机高，分值越高，成就动机越高。

MS－MF＝0 时，成就动机中等，追求成功和害怕失败相当。

MS－MF＜0 时，成就动机低，分值越低，成就动机越低。

五、成败归因理论

20 世纪 60 年代，心理学家采用因果推论的方法，从人们行为的结果中寻求行为的内在动力因素，这种因果推论即归因。

海德（Heider，1958）指出，当人们在工作和学习中体验到成功或失败时，会寻找成功或失败的原因。一般来说，人会把行为的原因归结为内部原因和外部原因两种。内部原因是指存在于个体本身的因素，如能力、努力、兴趣、态度等。外部原因是指环境因素，如任务难度、外部的奖励与惩罚、运气等。海德还提出了“控制点”（locus of control）的概念，并把人分为“内控型”和“外控型”。内控型的人认为成败是由自身的原因造成的，外控型的人则认为成败是由外部因素造成的（Rooter，1966）。同时，他还指出，在归因时，人们经常使用共变原则（principle of co-variation），即在不同情境下，某个特定的原因总是和某个特定的结果相联系，当这个原因不存在时，相应的结果也不会出现。

韦纳（Weiner）系统地提出了动机的归因理论，认为成败归因是成就活动过程的中心要素。韦纳也把成就行为的原因划分为内部原因和外部原因，同时将“稳定性”作为一个新的维度，把行为原因分为稳定的和不稳定的两类。例如，能力、任务难度是稳定的，而努力和运气是不稳定的。由此，韦纳等（Weiner et al.，1971）提出了两维的归因模式（见表 10－3）。

表 10－3　两维的归因模式

	内控	外控
稳定	能力	任务难度
不稳定	努力	运气

随文提问：当成功就要降临时，你会给你自己足够的信心去取得这个成就吗？这种行为反映了什么类型的归因方式？

韦纳根据自己的研究提出，如果一个新的结果和过去的结果不同，人们一般归因于不稳定的因素，如努力和运气等；如果新结果与过去的结果一致，人们一般归因于稳定的因素，如任务难度和能力等。归因会使人们对下一次的行为结果产生预期。具体来说，如果将成就行为归因为不稳定的因素，人们就会预期结果与上一次不一致；如果归因为稳定因素，人们就会预期结果可能与上一次一致。同时，韦纳还发现，归因会使人出现情绪反应。如果把成就行为归结为内部原因，在成功时会感到满意和自豪，在失败时会感到内疚和羞愧。但是，如果把成就行为归结为外部原因，不论成功还是失败都不会产生太明显的情绪反应。

学术前沿

领导对建言反应的动机感知作用机制

为何领导对员工的建言会有不同反应呢？严瑜等（2016）基于归因理论，从认知视角解释了领导对建言差异反应的原因，提出：当领导认为员工建言是基于组织关心动机、亲社会动机时，会给予表扬/认可、奖赏、执行等积极反应；当领导认为员工建言是基于挑战动机、疏离动机、印象管理动机或自我保护动机时，会给予批评/惩罚、忽视、报复等消极反应。此外，权力距离能够调节领导对建言动机的感知，即低权力距离领导对建言行为更为接纳、支持，会增强专业性、建言氛围与积极动机感知的关系，削弱挑战性建言与消极动机感知的关系；而高权力距离领导倾向于绝对优势的权力和对下属的控制，会削弱专业性、可信性及建言氛围与积极动机感知的关系，增强挑战性建言与消极动机感知的关系。

资料来源：严瑜，何亚男．（2016）．领导对建言反应的动机感知作用机制：基于归因理论的阐释．*心理科学进展，24（9）*．

六、自我效能理论

自我效能感　人们对自己是否能够成功地采取某一成就行为的主观判断。

自我效能感（self-efficacy）指人们对自己是否能够成功地采取某一成就行为的主观判断。这一概念由班杜拉（Bandura，1977）最早提出。在20世纪80年代，自我效能理论得到了丰富和发展，也得到了大量实证研究的支持。

班杜拉在他的动机理论中指出，人的行为受行为的结果因素与先行因素的影响。行为的结果因素就是通常所说的强化，但他关于强化的看法与传统的行为主义不同。他认为，不用强化，个体也能习得新的行为。强化能激发和维持行为，但是，行为的出现不是由于随后的强化，而是由于人认识了行为与强化之间的依赖关系后对下一步强化的期望。他的“期望”概念也不同于传统的“期望”概念。传统的“期望”概念指的只是对结果的期望；而他认为，除了结果期望外，还有一种效能期望。结果期望指的是个体对自己某种行为会引起某种结果的推测。如果个体预测某一特定行为将会引起积极的结果，那么这一行为就可能被激活和选择。例如，儿童感到上课注意听讲就会获得他所希望获得的好成绩，他就有可能认真听课。效能期望指的则是个体对自己能否采取某种行为的实施能力的推测或判断，即个体对自己行为能力的推测。它意味着个体是否确信自己能够成功地采取带来某一结果的行为。当个体确信自己有能力进行某一活动时，他就会产生较强的“自我效能感”，并会去进行这一活动。例如，只有在学生不但知道注意听课可以带来理想的成绩，而且感到自己有能力听懂教师所讲的内容时，学生才会认真听课。

人们在获得了相应的知识、技能后，自我效能感就会成为行为的决定因素。

自我效能感具有下述功能：(1) 决定人们对活动的选择及对该活动的坚持性；(2) 影响人们在困难面前的态度；(3) 影响新行为的获得和习得行为的表现；(4) 影响活动时的情绪。

班杜拉等的研究指出，影响自我效能感形成的因素有四个。

(1) 直接经验 (direct experience)。学习者的亲身经验对自我效能感的影响是最大的。成功的经验会增强自我效能感，多次失败的经验会减弱自我效能感。不断成功会使人建立起稳定的自我效能感，还会泛化到类似情境中。除能力因素外，非能力因素，如个人没有付出多少努力、没有什么外力援助时的成功会增强自我效能感。同时，班杜拉在研究中还发现，人们对于行为成败的归因方式会直接影响自我效能感。

(2) 替代经验 (vicarious experience)。学习者通过观察示范者的行为获得的间接经验对自我效能感的形成也具有重要影响。当一个人看到与自己水平差不多的示范者获得了成功时，自我效能感就会增强；反之，自我效能感就会减弱。这种观察学习对于自我效能感的影响，是通过两种认知过程实现的：一种是社会比较的过程，学习者采用与示范者比较的方式，参考其表现以判断自身的效能；另一种是提供信息的过程，学习者可以从示范者的表现中学到有效的问题解决策略或方法。

(3) 言语说服 (verbal persuasion)。这是凭借说服性的建议、劝告、解释和自我引导，来改变人们自我效能感的一种方法。然而，依靠这种方法形成的自我效能感不易持久，一旦面临令人困惑或难以处理的情境，就会迅速消失。此外，人们是否接受说服者的意见，要依说服者的身份和可信力而定。

(4) 情绪唤起 (cmotion arisc)。班杜拉认为，情绪和生理状态也影响自我效能感。在充满紧张、危险的场合或负荷较大的情况下，情绪易于唤起。高度的情绪唤起和紧张的生理状态会妨碍行为操作，降低对成功的预期。焦虑水平高的人往往会低估自己的能力，烦恼、疲劳则会使人感到难以胜任所承担的任务。当人处于过度焦虑或恐惧状态时，心情紧张、浑身颤抖会使恐惧加剧，无能感会不断得到加强。

七、逆转理论

阿普特尔 (Apter, 1989) 提出了一种新的动机理论，称为逆转理论 (reversal theory)。他认为，人们的心理需要是对立的，概括起来有四对相反的元动机状态，如表10-4所示。每对动机状态都是按相反方向对应排列的，不同的状态派生出不同的动机模式。该理论认为，在任何时候，每对动机的两种状态中只有一种能被激活。

表10-4 四对元动机状态的基本特征

有目的的	超越目的的
严肃的	嬉戏的
目标取向的	活动取向的
事前计划安排的	为瞬间而活
避免焦虑	寻求刺激
愿望达成——成就	娱乐与享受

续表

顺从的 服从的 愿意墨守成规 保守的 愉快的 愿意与人相处	**逆反的** 反叛的 愿意打破常规 激进的 愤怒的 愿意独来独往
控制的 权力取向的 把生活当作奋斗 意志坚强的 关心控制 重支配	**同情的** 关怀取向的 把生活当作合作 感情脆弱的 关心友善 重情感
自我中心的 主要关心自己 自我中心 关注自身情感	**他人取向的** 主要关心他人 认同他人 关注他人情感

资料来源：格里格，津巴多．(2003)．*心理学与生活*（王垒等译）．北京：人民邮电出版社．

为了证实“逆转”的存在，阿普特尔与巴特尔对两个跳伞俱乐部的会员进行了调研。会员们报告他们在跳伞前是焦虑的，在降落伞打开后感到兴奋，表明跳伞前和跳伞时存在从焦虑到兴奋的转化。这就是从目的状态向超越目的状态的转化。

随文提问：请列表比较各种动机理论的代表人物、基本观点、研究方法上的差异。

总之，人在活动中，总处于一种对立的动机状态。例如：你想融入集体，还是想独立？你只关心自己的感受，还是也关心他人的感受？逆转理论试图解释人类的动机状态是如何从一端向另一端转化的。

学术前沿

自我决定理论

自我决定理论是美国学者德西和莱恩（Deci & Ryan）在20世纪70年代末提出的关于人类行为的动机理论，该理论从有机辩证的角度阐述了外部环境促进内部动机及外部动机内化的过程，揭示了外在干预影响个体动机的有效路径。

自我决定理论从有机的视角，假定每个个体都有一种先天的、内在的、建设性地完善与整合自我的意识，也就是说，所有个体都具有一种使得自我心灵的各部分成为整体，并与他人或周围社会成为整体的倾向。这种整合的倾向包括自主与协同两个方面，自主是指内在组织和整体自我调节的倾向，而协同是把自身与别人加以整合的倾向。个体的健康发展有赖于自主与协同功能的相互补充。

自我决定理论指出人的心理成长具有先天性，能利用经验自我选择，在接收环境信息及了解个人需求的前提下，针对个人行为灵活做出选择。自我决定理论包括较多动机类型，动态观察这些动机能对学习者进行综合性评估，为教育方案设计与实施助力。

资料来源：施微．(2022)．基于自我决定理论的高职心理健康教育课程改革研究．*现代职业教育(7)*．

第三节 动机与学习

党的二十大报告指出，教育、科技、人才是全面建设社会主义现代化国家的基础性、战略性支撑。其中，教育摆在首位。在中华民族伟大复兴战略全局和世界百年未有之大变局的时代背景下，教育肩负着特殊而重大的使命，直接关系到党和国家事业发展全局，战略地位和作用更加凸显。在当今教育领域日益强调"教会学生学会学习"的背景下，学习动机对学生学习的影响日益引起心理学和教育学领域专家的关注。教师在日常教学中会遇到各种各样的问题，如：有些学生在学习中过多地避免失败，而不愿主动尝试；有些学生虽然智商相似，但在学习的主动性、积极性方面却存在很大的差异；另外一些学生由于过度焦虑而不能将注意力集中于所学的知识，从而使学习成绩下滑；等等。以上这些问题都可以归为学习动机的问题。学习动机对学生的学习具有重要的推动作用。对学习动机的探索和研究不仅具有重要的理论意义，更具有重要的现实意义。

一、学习动机的概念

学习动机 激励并维持学生朝向某一目的的学习行为的动力倾向。

学习动机（motivation to learn）指的是激励并维持学生朝向某一目的的学习行为的动力倾向。学习动机与学生的学习兴趣、学习需要、个人价值观、态度、志向水平、外在鼓励、学习结果等多种因素紧密相连。学习动机与学习的关系是辩证的，是相辅相成、相互作用的。学习动机可以通过增强行为方式来促进学习，而所学到的知识反过来又可以增强学习动机。

学生的学习动机是在社会生活条件和教育的影响下逐渐形成的，不同的社会生活条件和教育对学生的学习有不同的要求，所以反映在学生头脑中的学习动机是非常复杂多样的。为了对学生的学习动机有所了解，首先对其进行分类。学习动机的分类方法有很多，这里只介绍两种对教学实践有影响的分类。

（一）内部动机与外部动机

按学习动机的内外维度，可将其划分为内部动机与外部动机。内部动机是指对学习本身的兴趣所引发的动机。如有的学生喜欢数学，他便在课上认真听讲，课下认真钻研。相反，外部动机是指由外部诱因引发的动机。如有的学生是为了得到奖励、避免惩罚、取悦老师等。

内部动机和外部动机决定着学生是否能持续掌握他们所学的知识。具有内部动机的学生能在学习活动中得到满足，他们积极参与学习过程，而且在教师评估之前能对自己的学业表现有所了解；他们具有好奇心，喜欢挑战，在解决问题时具有独立性。而具有外部动机的学生一旦达到了目的，学习动机便会下降；此外，为了达到目的，他们往往采取避免失败的做法，或是选择没有挑战性的任务，或是一旦失败便一蹶不振。

（二）认知内驱力、自我提高内驱力和附属内驱力

奥苏贝尔将学习动机分为认知内驱力、自我提高内驱力和附属内驱力三类。**认知内驱力**（cognitive drive），即一种要求了解和理解的需要、要求掌握知识的需要，以及系统地阐述问题并解决问题的需要。满足这种动机的积极结果是由学习本身提供的，因而也被称为内部动机。**自我提高内驱力**（ego-enhancement drive），是个体因自己的胜任能力或工作能力而赢得相应地位的需要，是个体为了赢得地位和自尊心而促使自己不断朝目标前进，以求达到自我提高的动力。**附属内驱力**（affiliated drive），是一个人为了获得长者的赞许或认可而表现出来的把工作做好的一种需要，是个体为了得到长者的肯定而提高自己并朝目标前进时产生的动力。

在成就动机中表现出来的认知内驱力、自我提高内驱力与附属内驱力这三个组成部分的比重，通常因年龄、性别、社会阶层以及人格结构等因素而定。

> **认知内驱力** 一种要求了解和理解的需要、要求掌握知识的需要，以及系统地阐述问题并解决问题的需要。
>
> **自我提高内驱力** 个体因自己的胜任能力或工作能力而赢得相应地位的需要。
>
> **附属内驱力** 一个人为了获得长者的赞许或认可而表现出来的把工作做好的一种需要。

二、学习动机与学习效果

动机具有加强学习的作用，它能够激励并维持个体的学习行为。尤古罗格卢（Uguroglu）和沃尔伯格（Walberg）梳理了大量的关于动机与成就关系的研究报告，分析了232项动机测量和学业成就之间的相关系数，发现其中98%是正相关（估计平均相关系数是+0.34）。该调查覆盖面为1～12年级的学生，共63.7万人，具有一定的代表性。由此我们可以得出，学习动机与学业成就相互作用：一方面，学生动机水平越高，其学业成就也就越高；另一方面，高的成就水平也能引发高的动机水平（Gage & Berliner，1987）。

内部动机和外部动机对学业成就的影响也是不同的。张宏如等（2005）的研究表明认知驱动力、自我提高内驱力与元认知和学业成就呈正相关，而附属内驱力与学业成就呈负相关。郭衎等（2019）通过对25 000多名学生的研究指出，学生的内部动机对其学业成就的影响更大，当学生没有较强的内部学习动机时，外部动机（如父母的鼓励、教师的表扬、竞争的奖励）可以促进学生的数学学业成就；倘若学生已有较高的内部学习动机，则过高的外部动机反而不利于学生的数学学习，对学业成就产生消极影响。

但是，学习动机强度与学习效率并不完全成正比。当学习动机强度过大时，学生始终处于一种紧张的情绪状态，注意力无法长时间保持高度集中，知觉范围也变得狭窄，从而限制了学生的学习活动和智力活动，最终降低了学生的思维效率。因此，学习动机存在一种最佳水平，即在一定范围内，学习效率会随学习动机强度的增大而提高。当学习动机达到最佳强度时，学习效率也相应达到最高，之后则会随学习动机强度的不断增大而下降。而且，学习动机强度的最佳水平会随学习活动的难易程度而有所变化。一般

来说，从事比较容易的学习活动，动机强度的最佳水平会高些，而从事比较困难的学习活动，动机强度的最佳水平会低些，这就是耶克斯-多德森定律（Yerkes & Dodson，1908），如图 10－2 所示。不仅如此，动机强度的最佳水平也会因人而异，当学习活动的难度相同时，有的学生动机强度的最佳水平高些更有利，有的学生则是最佳水平低一些更有利。

随文提问：结合自己学习的实际情况，分析学习动机与学习效果之间的关系。

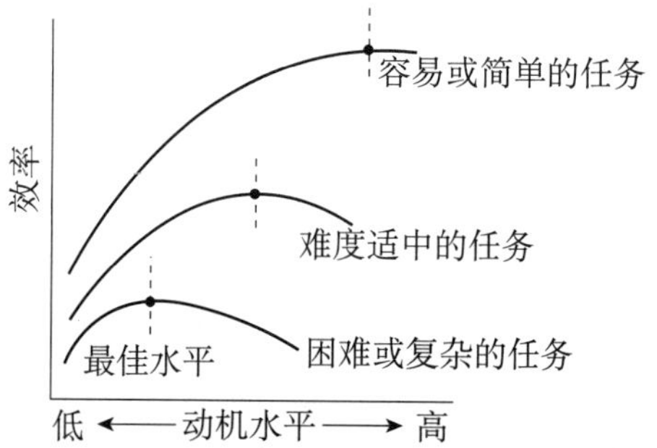

图 10－2　耶克斯-多德森定律曲线

资料来源：Yerkes，R. M.，& Dodson，J. D.（1908）. The relation of strength of stimulus to rapidity of habit-formation. *Journal of Comparative Neuroloy & Psychology*，*18*（5）.

三、学习动机的培养与激发

“世有伯乐，然后有千里马；千里马常有，而伯乐不常有。”学生的学习动机就是教师身为伯乐需要寻找的千里马。下面一些方法和建议对如何培养和激发学生的学习动机具有一定的启发作用。

（一）培养兴趣

学习兴趣是学习动机中最活跃的心理成分。“知之者不如好之者，好之者不如乐之者。”持续保持学习兴趣对于学习质量的改善具有重要影响。习近平总书记曾指出，兴趣是激励学习的最好老师。有了学习的浓厚兴趣，就可以变“要我学”为“我要学”，变“学一阵”为“学一生”。具有学习兴趣的学生会把学习看成内心的满足，而不是把学习当成负担，从而取得好的学习效果。学习兴趣不是与生俱来的，它是通过多种教育机制加以培养形成的。

1. 利用灵活的教学方式唤起学生的学习兴趣

灵活的教学方式能够通过引起学生的好奇心来提升学生的学习兴趣，因此教师要运用灵活多样的教学方式，实施启发式教学，创设问题情境，让学生提出各种假设，然后进行小组讨论，最后教师进行补充修改和总结，而不应该将知识直接教授给学生。如在讲授物理学中“浮力”时提出“一根针会沉入海底，而钢铁巨轮却浮出海面，为什么”这样的问题。围绕这一问题展开教学，加深学生对原理的理解。

2. 利用教师期望效应培养学生的学习兴趣

教师的期望对学生也具有深刻的影响。只有教师把学生看作渴望学习的人，学生才更有可能成为渴望学习的人。教师要把学生看作积极的、有强烈的成长动机的学习者，他们喜欢学习，而且努力带着理解的态度学习。教师使用鼓励式教育，对学生的学习信心和情感认知进行正向培养，发挥教师的认可与赞赏作用。教师可以通过鼓励、关注、心理暗示等策略来激发学生的潜能，让他们坚信自己“是有能力做到的”。自我效能感的提升可以为学生全面发展奠定良好的基础。比如，一位教师在学期开始便宣布，他计划把学生培养成“自然科学家”。在这学年的讲课中，他频繁地提到这一点：“既然你们是自然科学家，那你们应该知道热带雨林区适合种植什么样的庄稼。”或者：“从一位自然科学家的观点出发，你们可以从信息中得到什么结论呢？”

经典回顾

皮格马利翁效应

罗森塔尔（R. Rosenthal）是美国著名的心理学家，加利福尼亚大学教授。他和雅各布森（L. Jacobson）于1968年做过一个著名实验。他们到一所小学，在一至六年级各选三个班的儿童进行“预测未来发展的测验”，然后将“测出”未来有优异发展的学生名单告知教师。但其实，这个名单并不是根据测验结果确定的，而是随机抽取的。8个月后，经调查发现名单上的学生的成绩普遍提高，教师也给了他们良好的评语。这种学生取得教师所期望的进步的现象，称为“罗森塔尔效应”，又称教师期望效应，习惯上也称为“皮格马利翁效应”（皮格马利翁是古希腊神话中的塞浦路斯国王，他对一尊少女塑像产生爱慕之情，他的热望最终使这尊雕像活了过来）。

3. 利用已有的动机形成新的学习兴趣

教学经验和研究表明，在学生缺乏学习兴趣时，可以通过将学生已有的兴趣和学生学习兴趣之间建立联结来使学生的兴趣转移到学习上来。例如，在数学课上，可以利用生活中有关的生动的小故事来引起学生的学习兴趣；对于爱好手工的学生来说，可以让他们自己动手制作几何模型进行几何部分的学习。在物理课、化学课上，可以让学生通过自己动手演示所学内容，更直观地看到产生的现象，进而产生探索原理的兴趣。

4. 加强课外活动，使学生的学习兴趣得以保持

在很多家长和教师看来，只要是与学习内容无关的，如课外阅读、课外活动等，都是在浪费学习时间，都是不应该做的，尤其是对于学习差的学生更应该坚决制止，所以他们往往利用课余时间让学生补课、补作业，结果使学生原来仅存的对学习的兴趣也熄灭了，学习成绩也变得越来越差。苏联教育家苏霍姆林斯基曾指出：“让学生变聪明的方法不是补课，不是增加作业，而是阅读、阅读、再阅读。”课外阅读和课外活动对于培养兴趣、增长知识、开阔视野是极好的手段。越是学习好的学生往往越热衷于课外阅读和课外活动，越有自觉主动地要求获取多方面知识的强烈愿望。当然，学生的课外阅读和课外活动需要在教师的指导下进行。例如，教师发现某男同学对当海员感兴趣，那么就可以在开展活动时让该男同学扮演海员角色，同时学习航海有关知识，包括地理、历史、航模制造等，让学生考虑作为一名海员应该做什么、具备哪些特质，从而激发学习动机，并转移到文化科学知识的学习上来。习近平总书记明确指出，要深化教育体制改革，健全立德树人落实机制，扭转不科学的教育评价导向。着力破除唯分数、唯升学、唯文凭、唯论文、唯帽子的顽瘴痼疾。要突出人才培养这一中心，重视培养学生的综合素质，围绕德智体美劳全面发展构建学生评价体系。

（二）结果反馈

结果的及时反馈（包括作业的正误、成绩的好坏以及应用所学知识的成效）能有效地激发学生的学习兴趣和学习动机。通过结果反馈，学生能够了解这段时间自己的学习情况、对知识的掌握情况，从而对自己整体的学习情况有一个清晰的认识。结果反馈还能让学生看到自己的进步，激起进一步学好的愿望，也可以了解自己的学习特点，了解自己的擅长之处，树立学习的信心，从而增强学习的积极性。例如，罗西与亨利研究发现（Ross & Henry，1939），即时反馈对学习有重要作用。此外，布朗的实验也表明（Brown，2016），不同反馈方式对学习的促进作用不同，一般来说，学生自己进行的主动反馈要优于教师的反馈。我国学者杨春和路海东（2015）在前人研究的基础上，将被试分为 4 个组。个体反馈组：从第二次测试开始反馈相对于上一次测试的进步或退步的分数；社会反馈组：反馈其单元测试分数在 46 人中的百分等级；任务反馈组：反馈其单元测试分数；控制对照组：没有任何反馈。实验持续 18 个教学周，测试间隔两个星期，每次单元测试结束后及时反馈。首先，在学习成绩方面，与控制对照组相比，仅任务反馈组提高了成绩，个体反馈组、社会反馈组的成绩无差别。这说明，及时知道自己的学习成果对学习有非常重要的促进作用。教师向学生提供的反馈应当为学生提供明确的学习目标，才能产生效果。其次，在学习动机方面，任务反馈能够提升学习动机，个体反馈以及社会反馈会降低学习动机，表明学生在与他人比较的过程中容易形成自我价值保护，从而削弱了学习活动的参与程度，所以教师在课堂上应尽量少对学生进行社会比较。

运用结果反馈时应把握如下原则：

（1）学习结果的反馈要及时。只有这样，才能利用学生刚刚留下的鲜明的记忆表象，使学生及时对自己的学习结果产生更加清晰的认知，从而使学习结果得到最大限度的巩固与加强。如果周六日完成的练习直到下个周五才能得到反馈，反馈的效果会变得微乎其微，学生也很难对曾经所犯的错误进行改正。另外，如果反馈和学习行为的间隔过长，学生就很难将两者联系起来，尤其是年幼的孩子更难产生联结。学校老师总是对学生说只有好好学习才能考上大学，但是能否考上大学这一结果往往要等好几年才能得到反馈，所以这种劝说对于学生学习动机的激发收效甚微。

（2）学习结果的反馈要具体。反馈要有针对性、启发性和教育性，使学生从中受到鼓舞和激励。反馈信息越具体，学生对自己的学习结果就越会有清晰的认识，对自己的优缺点就越会有精确的了解，也就越能够有针对性地对自己的错误和不足进行改正和完善。

（3）学习结果的反馈要经常给予。行为主义学习理论证明，不管奖励多么有效，如果奖励不够频繁，那么奖励对于改善行为都作用甚微。频繁给予小奖励比偶尔给予大奖励对学习更有促进作用。对于考试频率的研究发现，经常使用简短的测验比偶尔进行较大的考试更能提高学生的成绩（Dempester，1991）。

（三）奖励与惩罚

奖励与惩罚是对学生成绩和态度进行评价的方式，可以提高学生的认识水平，激发学生的上进心、自尊心，帮助学生维持好的学习习惯，改正不良学习习惯。适当的奖励与惩罚是激发学生学习动机的重要手段之一。

心理学家赫洛克（Hurlock，1925）曾做过一个实验。他把被试分成 4 个组，每个组的能力相当。他们在 4 种不同的情况下进行难度相等的加法练习，每天 15 分钟，练习 5 天。第一组为表扬组，每次练习后予以鼓励；第二组为训斥组，每次练习后对存在的每一点问题都严加批评和训斥；第三组为忽视组，每次练习后不给予任何评价，只让其静静地听其他两组受表扬和挨批评；第四组为控制组，将他们与前三组隔离，且每次练习后也不给予任何评价。结果发现，四个组的学习成绩如图 10－3 所示。

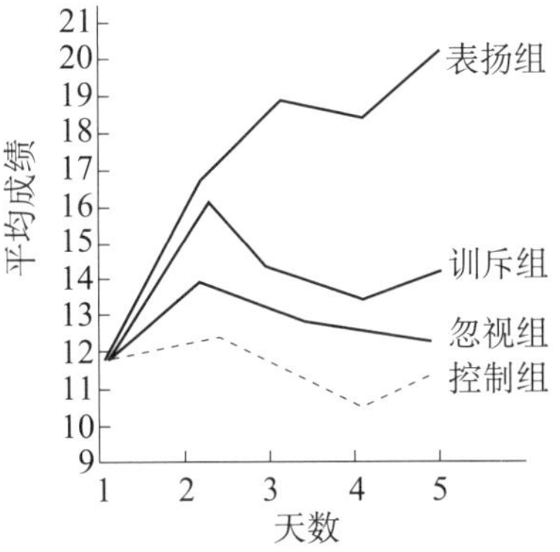

图 10－3　奖励和惩罚对学习结果的影响

资料来源：冯忠良，伍新春，姚梅林，王健敏．(2000)．*教育心理学*．北京：人民教育出版社．

从图 10－3 可以看出，前三组的成绩都比控制组优秀，表扬组与训斥组显然比忽视组优秀，而表扬组的成绩不断提高。这个实验说明：对于学习结果及时给予评价，能够强化学习动机，对学习起到促进作用。适当表扬的效果显然比批评要好，而批评的效果要优于不给予评价。

但奖励真的是万能的吗？近来，对于奖励的功过，有越来越多的教育学家提出了不同的观点。他们认为，奖励使学生把注意力放在了奖励而不是任务本身上，学生的表现越来越应付了事，学生做事越来越斤斤计较，总在绞尽脑汁用最少的努力赢得最大的奖励，而不是想方设法创造高质量的产品。换句话说，外部奖励可能会削弱内部动机。

虽然奖励受到众多非议，但因此取消一切奖励是不实际的。事实上，奖励的益处应该是得到公认的，关键是要认识到奖励质量比奖励形式更为重要。对奖励的成功运用取决于奖励时间和方式。教师要奖励个体的良好成绩和表现，而不是奖励参与活动；奖励是对能力的认可；奖励的内容要属于社会性的而非物质性的；奖励最好用于完成常规的任务而不是新任务；最好把奖励作为促进学生达到行为技能标准的动力（如打字、拼写、数学运算），这些技能要求进行大量的练习，而不是作为进行重要研究或演示项目的动力；而且仅对于那些认为自己通过适当努力便有机会获奖的学生，奖励才具有有效性。

同时，奖励与惩罚必须充分考虑学生的个别差异。一般说来，对于低年级学生，教师评价起的作用更大一些；而对于高年级学生，通过集体舆论进行评价效果更好；对于自信心差的学生，应给予更多表扬和鼓励；对于过于自信的学生，则应更多地提出严格要求；成绩差的学生，易对奖励敏感，故宜多奖励；成绩好的学生，往往对批评很敏感，故宜适当惩罚；对于女学生宜个别谈话，切忌当众严厉指责；等等。只有这样，奖惩才能起到激励学习动机的作用。

学术前沿

自主支持对学业成就及学习动机的影响

在教育实践中，教师作为教学活动的主要引导者，他们的教学风格对学生的学业成就具有重要影响。根据自我决定理论，自主支持型教师能够满足学生的基本心理需要，促进学生的学习动机内化，进而提高学生的学业投入及学业成就。

王国霞、赵扬（2022）通过对 37 项教师自主支持与学生学业成就的实证研究（53 个独立样本，18 278 名学生）进行元分析，探讨了两者关系强度以及相关的中介因素和调节因素。结果发现：教师自主支持显著正向预测需要满足、动机、投入及学业成就，同时教师自主支持对需要满足、动机及投入的效应量高于学业成就的效应量；学生的需要满足及动机在教师自主支持对学业成就的影响中起中介作用。在未来的教育活动中，教师应给予学生更多的自主支持，以满足学生基本心理需要，激发学生的学习动机，促进学生的学业投入，提升学生的学业成就。

资料来源：王国霞，赵扬．(2022)．教师自主支持与学生学业成就关系的元分析：心理需要满足、动机及投入的中介作用．*心理发展与教育，38 (3).*

（四）合作与竞争

合作与竞争是学习中一定会经历的，课堂上的合作与竞争无疑也是影响动机的重要因素。正确使用合作与竞争才能发挥激发动机的作用，否则还有可能会起反作用。在使用合作的时候要注意，必须将小组奖励和个体责任相结合，否则极有可能出现责任分散和“搭便车”现象。在使用竞争时要注意：第一，参与课堂活动要承担当众失败的风险。学校的考试制度已经包含大量的竞争，因此，引入更多的竞争因素可能反而不利于促生学习动机。第二，竞争过多，会让人体验到更多的失败，降低学习的动机。第三，竞争产生获胜者，也产生失败者，而且通常都是失败者远多于获胜者。那些常常败而不胜的人要忍受失败带来的信心的丧失，而在小组竞争中输掉的小组成员可能会互相诋毁，寻找他们认为应为小组失败负责的替罪羊。所以，当我们把竞争引入作为动机策略时，一定要注意少用慎用，并可采用按能力分组，以及鼓励自己和自己比赛等多种形式，让赢家更多一些，以调动大部分人的积极性。

随文提问：竞争是否必然导致消极的结果?

学术前沿

合作与竞争关系中的社会比较

邓颜彦、郭成（2021）以559名高中生为被试，构建合作与竞争关系，用学业成绩作为比较内容，探讨了不同关系中社会比较对认知信任与情感信任的影响。结果发现：在控制组和竞争组，向下比较会损害认知信任；在竞争组，向上比较会损害情感信任；社会比较对合作组中两种信任的影响无显著差异，两种信任均处于较高水平。结果表明，对在社会比较中受损的两种信任而言，竞争会进一步增加损害，合作则能起到保护作用。

资料来源：邓颜彦，郭成．(2021)．合作与竞争关系中社会比较对高中生认知信任与情感信任的影响．*心理与行为研究*，*19* (4).

（五）归因指导

所谓归因，就是人们解释自己或他人行为的原因。美国心理学家韦纳（Weiner，1974）认为，人们常把自己的成功或失败归咎于个人能力、努力程度、任务难度和运气四个因素。研究发现，个体对成败的归因方式影响着他们后来的行为动机。不同的归因方式对个体所产生的效应也各不相同。因此，在教学的过程中，教师应该学习和借鉴归因理论，帮助学生对自己的成败进行正确归因，因势利导，激发学生的学习动机。

1. 能力归因

当学生倾向于能力归因时，他们往往将成功看成自己头脑聪明、能力强的结果，这时候容易产生骄傲自满的情绪；而往往将失败看成自己脑子笨、能力差的结果，久而久之便会形成自卑心理。这种归因方式不利于激发学生的学习动机，教师必须努力消除这种归因方式给学生造成的消极影响。在教学过程中，要让学生看到自己的能力，增强自信心，克服消极的自卑心理。

2. 努力归因

当学生倾向于努力归因时，他们往往将成功看成自己努力的结果，进而会鼓励自己继续努力，并期望获得更大的成功；而将失败看成自己不努力或不够努力的结果，认为自己只要今后努力也一定可以获得成功。研究表明，学生把过去的失败归因于自己的努力程度不够，往往能增强学生的学习动机。根据韦纳的归因理论，当人们相信更加努力将带来成功时，他们就会在工作、学习中坚持更长的时间。教师在指导学生的过程中要积极引导学生进行努力归因，充分发挥努力归因的积极作用；在学生的努力过程中，对学生积极的表现要及时加以肯定和鼓励。

3. 难度归因与运气归因

当学生倾向于难度归因或运气归因时，他们往往将成功看成任务难度小或自己运气好的结果，而将失败看成任务难度大或自己运气差的结果。这样常常导致不能引起学生的学习兴趣，不利于激活学生的思维。对于倾向于难度归因的学生，教师在教学过程中要坚持由简单到复杂、由易到难、由单一到综合逐步提高的原则。在解决较难的问题时，应预先设好铺垫，分散难度，阶梯式推进，螺旋式提高。这样，学生不但不会因为题目难度大而放弃思考，而且能体验到经过思考后获得成功的喜悦。

正确的归因方式能够激发学生的学习动机。教师应在教学的过程中正确引导学生进行积极的归因，充分调动学生的学习动机；同时，应注意培养学生自我评估的归因方式，对学生进行积极归因训练；引导学生合理评估学习结果，使学生正确看待学习过程中的成功与失败，并且内化为自己的人生观，用积极归因促进心理健康发展。

基本概念

动机　需要　兴趣　目标　价值观　意志　内部动机　外部动机　生理性动机　社会性动机　交往动机　成就动机　权力动机　驱力　自我效能感　学习动机　认知内驱力　自我提高内驱力　附属内驱力

本章要点

1. 动机是指人的行为的内在动力，是个体能动性的一个方面，它具有激活、指向和维持的功能。

2. 动机与目标关系十分密切。一般认为，动机所激发的行为就是目标指向行为。

3. 动机的性质、方向和强度受个体价值观的影响。

4. 根据动机的来源，动机可以分为内部动机与外部动机。根据动机的性质，动机可以分为生理性动机与社会性动机。

5. 动机的本能理论认为，人类行为是在进化过程中形成，并由遗传固定下来的。

6. 动机的成败归因理论认为动机是思维的功能，强调采用因果推论的方法从人们行为的结果中寻求行为的内在动力因素。

7. 动机的自我效能理论强调期望是行为的先行决定因素，分为结果期望和效能期望。

8. 学习动机是推动学生进行学习的内部动力。

复习思考题

1. 阐述动机的本能理论、驱力理论、需要层次理论、成就动机理论等的基本观点并进行比较。

2. 在一次数学考试中，小明得了满分，而小华不及格。当问及原因时，小明说是自己刻苦学习的结果，小华认为是自己“缺少数学细胞”。请结合动机理论，分析他们今后数学学习可能的行为表现及原因。

3. 如果你是一名中学教师，你会如何激发学生的学习动机?

拓展学习

伯克利，等 . (2020). *动机心理学*（郭书彩译). 北京：人民邮电出版社 .

瓦格纳 . (2021). *人类动机*（白学军等译). 北京：中国人民大学出版社 .

韦纳 . (2020). *归因动机论*（周玉婷译). 北京：中国人民大学出版社 .

马斯洛 . (2012). *动机与人格*（许金声等译). 北京：中国人民大学出版社 .

第十一章

情绪与应对

【学习目标】

1. 情绪的体验过程及其功能分别有哪些?
2. 情绪的中枢神经和躯体神经在哪里?
3. 情绪的认知理论和动机分化理论分别有哪些?
4. 应对方式的理论和测量方法分别有哪些?

【章节导读】

秦朝末年，楚霸王项羽率领部队与秦军作战。部队渡河以后，项羽命令士兵把所有的船只都毁掉沉到河底，把行军的饭锅全部打碎，每人只发给三天的干粮。项羽这样做的目的，是向大家表明只能胜利前进、不能失败后退的决心。果然，部队经过九次激烈的战斗终于打垮了秦军。

春秋时期，吴王夫差在与越国交战中大败越王勾践。夫差要捉拿勾践。范蠡出策，让勾践假装投降——“留得青山在，不愁没柴烧”。夫差不听老臣伍子胥的劝告，留下了勾践等人。越国君臣在吴国为奴三年，饱受屈辱，终被放回越国。勾践暗中训练精兵，每日晚上睡觉不用褥子，只铺些柴草，又在屋里挂了一只苦胆，不时尝尝苦胆的味道，为的就是不忘过去的耻辱。勾践励精图治，最终成功复国。勾践亦成为春秋时期最后一位霸主。

这便是（清代文学家蒲松龄的自勉联）:

有志者事竟成，破釜沉舟，百二秦关终属楚;

苦心人天不负，卧薪尝胆，三千越甲可吞吴。

第一节　情绪概述

一、什么是情绪

情绪（emotion）一词来自拉丁文“e”（外）和“movere”（动），指从一个地方向另一个地方转移。《心理学大辞典》解释，情绪产生时伴随着独特的主观体验、明显的机体变化以及生理唤醒，且是由外在刺激或内部身体状况引起的。孟昭兰在《情绪心理学》中解释：情绪是对一系列主观认知经验的通称，是以个体愿望和需要为中介的一种心理活动。总之，情绪是一种以个体愿望和需求为中介的心理活动，反映的是个体对客观事物的态度体验及相应的行为反应。

研究者一般从三个层面考察情绪：认知层面的主观体验、生理层面的生理唤醒、表达层面的外部行为。情绪产生时，三个层面共同活动，构成一个完整的情绪体验过程。

情绪的主观体验（subjective experience）是一种自我觉察，即大脑的主观感受状态，对认知和行为起着组织或者瓦解作用。人有许多主观感受，如喜、怒、哀、乐、爱、惧、恨等。人对不同事物的态度会产生不同的感受。人对自己、对他人、对事物都会产生一定的态度，如对朋友遭遇的同情、对敌人凶暴的仇恨。这些主观体验是内心真正感受到的，如我感到“我很高兴”、我意识到“我很痛苦”等。

情绪　个体对客观事物的态度体验及相应的行为反应。

情绪的主观体验　人的一种自我觉察，即大脑的主观感受状态，对认知和行为起着组织或者瓦解作用。

情绪的生理唤醒　情绪活动中产生的生理变化。

情绪的表达过程　情绪出现时身体各部分的动作变化形式。

情绪的生理唤醒（physical arousal）是情绪活动中产生的生理变化。每一种情绪都有自己的神经生理基础，并发生在一定的生理唤醒水平上。如激动时血压升高、愤怒时浑身发抖。脉搏加快、肌肉紧张、血压升高及血流加快等生理指数变化是个体生理反应过程。这些生理反应不但维持着情绪，而且影响情绪的强度和持续时间。

情绪的外部行为就是**情绪的表达过程**（emotion expression），是情绪出现时身体各部分的动作变化形式。如人悲伤时会痛哭流涕，高兴时会开怀大笑。身体姿态和面部表情常常成为人们判断和推测情绪的外部指标，某种主观体验和相应的表情模式是对应的。但由于人类心理的复杂性，外部行为与主观体验有时不相对应，如竞选班长演讲时，虽然内心紧张，但能做到镇定自若。

随文提问：《素问·阴阳应象大论》有“怒伤肝”“喜伤心”“思伤脾”“忧伤肺”“恐伤肾”的记载，想一想这其中的科学道理是什么。

二、情绪的外部表现

情绪表现在有机体身上的外显行为称作表情，具体分为面部表情、体态表情、言语表情，表情特别是面部表情是人际交往的重要工具。

（一）面部表情

面部表情指通过眼部肌肉、颜面肌肉和口部肌肉的变化来表现各种情绪状态。如两眼闪光、两眉舒展，所谓“眉开眼笑”；惊奇时，张嘴、瞪眼、两眉竖起，所谓“目瞪口呆”；喜悦、愉快、欢乐时，嘴角向后伸，上唇略提。

（二）体态表情

体态表情是借全身姿态或四肢活动表达情绪，不同的情绪会导致人们不同的体态表情，体态表情包括身体表情和手势表情两种。

不同情绪状态下，身体表情不同，如紧张时坐立不安、恐惧时紧缩双肩、欢乐时手舞足蹈、悲痛时捶胸顿足等。手势通常同语言相结合使用，用来表达赞成或反对、接受或拒绝、喜欢或厌恶等态度。手势也可以单独用来表达情绪，如振臂一挥表示激愤、鼓掌表示称赞。

（三）言语表情

言语表情是指随情绪的变化，声带等发音器官的活动和言语的声调变化。如喜悦时音调稍高、言语速度快，悲哀时音调低沉、言语缓慢无力等。人们可以从不同音调、言语中辨别和理解别人多种多样的情绪和情感状态。

人的情绪外部表现是可控的。正确了解人的情绪，单凭外部表现还很不够。在意识控制和调节下，人们能夸大自己的情绪，也能抑制强烈的情绪而做到面不改色。

学术前沿

群体信息对面部表情识别的影响

面部表情识别的情境效应，具体表现为情境与面孔情绪一致时的促进作用及不一致时的阻碍作用。换言之，个体对面部表情的识别并不是孤立的，来自面孔外部的情境信息同样在面部表情识别中发挥着重要作用。

该研究通过3个实验探讨群体信息对面部表情识别的影响，验证了在群体条件下，周围面孔的情绪状态会影响个体对目标面孔情绪的判断，产生情绪识别的情境效应。结果发现：(1) 周围面孔的情绪状态影响个体对目标面孔情绪的识别，两者情绪一致时的反应时显著短于不一致时的反应时，且面部表情识别准确性更高。(2) 群体信息会调节周围面孔情绪对目标面孔的影响，进而影响面部表情识别。具体而言，群体条件下，个体对目标面部表情的识别受到周围面孔情绪状态的影响，相比周围面孔情绪与目标面孔情绪不一致，两者情绪一致时，即符合个体基于知觉线索建立的群体成员情绪具有一致性的预期，面部表情识别的准确性更高、速度更快；而非群体条件下，个体则不受周围面孔情绪状态的影响。

资料来源：王伟晗，曹斐臻，余林伟，曾珂，杨鑫超，徐强．(2024)．群体信息对面部表情识别的影响．*心理学报*，*56* (3).

三、情绪的种类

关于情绪的种类，学术界从不同的角度对情绪进行了分类。

（一）心境、激情和应激

依据情绪产生的强度、持续性和外部表现，情绪可以分为三类：心境、激情和应激。

1. 心境

心境（mood）是一种微弱、平静而持久的带有渲染性的情绪状态。“人逢喜事精神爽”，这种“爽”按其强度来说并不强烈，但会持续一段较长的时间。心境具有弥散性和长期性。弥散性是指当人产生某种心境时，这种心境表现出的态度体验会朝向周围的一切事物。“忧者见之而忧，喜者见之而喜”，就是心境弥散性的表现。长期性是指心境产生后要在相当长的时间内影响人的情绪表现，成为一段时间内的主导情绪。

心境产生的原因很多。生活中的顺境和逆境，工作、学习上的成功和失败等，都可能引出某种心境。心境也同人的世界观和人生观有联系，如有的人一生历尽坎坷，却总是豁达、开朗，以乐观的心境去面对生活。

2. 激情

激情（passionate）是一种强烈、短暂、爆发式的情绪状态，伴随着剧烈的生理反应、内心体验和明显的外部行为表现。激情常由生活事件引发，那些对个体有特殊意义的事件才会导致激情，如考上理想大学时的兴奋、失联多年的亲人相见时的欣喜。违背个体意愿的事件也会引发激情，比如，春秋时期的伍子胥过昭关，因担心被抓回楚国，父仇不能报，一夜之间竟然愁白了头。可见，不同的生活事件会引发不同的激情。

激情对人的影响有积极和消极两个方面。一方面，激情可以激发内在的心理能量，成为行为的巨大动力，提高工作效率。如战士在战场上冲锋陷阵，一往无前；运动员敢于拼搏，勇夺金牌。另一方面，激情还有很大的破坏性和危害性。激情状态下，人有时感情用事，不计后果，一时冲动，对人对己都造成损失，酿成大错。所以，生活中应该适当地控制激情，多发挥其积极作用。

3. 应激

应激（stress）是由危险的或出乎意料的外界情况的变化所引起的一种情绪状态，是人对意外的环境刺激做出的适应性反应。人在应激状态下常伴随明显的生理变化，这是因为个体在意外刺激作用下必须调动体内能量以应付紧急事件和重大变故。这个生理反应的具体过程为：紧张刺激作用于大脑，使得下丘脑兴奋，肾上腺髓质释放大量肾上腺素和去甲状腺素，从而大大增加通向体内某些器官和肌肉的血流量，提高机体应付紧张刺激的能力。

心境　一种微弱、平静而持久的带有渲染性的情绪状态。

激情　一种强烈、短暂、爆发式的情绪状态，伴随着剧烈的生理反应、内心体验和明显的外部行为表现。

应激　由危险的或出乎意料的外界情况的变化所引起的一种情绪状态，是人对意外的环境刺激做出的适应性反应。

应激反应有积极和消极之分。积极的应激反应表现为沉着冷静、急中生智，全力以赴地去排除危险，克服困难；消极的应激反应则表现为惊慌失措、一筹莫展，或者产生错误的行为，加剧事态的严重性。这两种截然不同的行为表现，既与个人的能力和素质有关，又与平时的训练和经验积累有关。例如，接受过消防演习和救生训练的人，遇到突发事故，能够沉着冷静地逃生和救人。

（二）基本情绪和复合情绪

基本情绪是指人与动物共有的、先天就有的、不学而会的快乐、惊恐、悲伤、愤怒等情绪；复合情绪是指由这些基本情绪的不同组合派生出来的爱、恨、欣喜、嫉妒等。美国心理学家普拉切克提出了八种基本情绪：悲痛、恐惧、惊奇、接受、狂喜、狂怒、警惕、憎恨。一般认为人类有四种基本情绪，即快乐、愤怒、恐惧和悲哀。

快乐是人的需要得到满足后生理、心理上表现出的一种反应。快乐在强度上存在差异，从愉快、兴奋到狂喜，这种差异与需要对自身的意义、需要实现后急迫感和紧张感的解除以及需要实现的难易程度有关。愤怒是指当人的愿望不能实现或为达到目的的行动受到挫折时引起的一种紧张而不愉快的情绪，因极度不满而情绪激动。愤怒时紧张感增加，有时不能自我控制，甚至出现攻击行为。愤怒也有程度的区别，一般的愿望无法实现时，只会感到不快或生气，但当遇到不合理的阻碍或恶意的破坏时，愤怒会急剧爆发。恐惧是人们在面临并企图摆脱某种危险情境而又无能为力时产生的情绪体验。恐惧的产生不仅仅由于危险情景的存在，还与个人排除危险的能力和应付危险的手段有关。一个初次出海的人遇到惊涛骇浪会感到极端恐惧，而一位经验丰富的水手对此已经司空见惯、泰然自若。悲哀指伤心难过，侧重于因心情不好而伤感。当失去心爱之物时，或理想和愿望破灭时产生的情绪体验，即悲哀。悲哀的程度取决于失去的事物对于自己的重要性和价值，悲哀时带来的紧张释放会导致哭泣。

（三）积极情绪（正性情绪）、消极情绪（负性情绪）和中性情绪

基本情绪存在两极维度，即积极情绪和消极情绪（傅小兰，2016）。积极情绪与趋近行为相伴随，包括快乐、兴趣、满足和爱等。消极情绪与回避行为相伴随，如痛苦、悲伤、愤怒、恐惧等。此外，有些研究者会在积极、消极情绪之外设置中性情绪。孟昭兰（2005）认为：积极和消极情绪（即正性和负性情绪）分别位于愉快度的两极；中性情绪则处于愉快度的中间位置，既没有愉快的主观体验又没有不愉快的主观体验，可以称为一种没有情绪的状态。适度的消极情绪有时是有益的，但过于强烈和持久的消极情绪对人的健康和社会适应则是有害的。

（四） 对立情绪

对立情绪是指一组具有完全相反性质的情绪，如爱与恨、喜与悲等。冯特认为，情绪过程由三对相互矛盾的情绪因素构成：愉快-不愉快、兴奋-沉静、紧张-松弛。每当一种情绪出现时，它都处于这三对相反的情绪的极性中间。一般情况下，个体不可能同时经历两种对立的情绪，所以，目前这一原理被广泛用于心理治疗，主要是通过让患者体验相反的情绪来消除最初的负面情绪（李蓉，2015）。

四、情绪的功能

(一) 动机功能

情绪能够以一种与生理性动机或社会性动机相同的方式激发和引导行为。有时，我们会努力去做某件事，只因为这件事能够给我们带来愉快与喜悦。从情绪的动力性特征看，情绪分为积极增力的情绪和消极减力的情绪。快乐、自信等积极的情绪会提高人们的活动能力，恐惧、痛苦、自卑等消极的情绪则会减弱人们活动的积极性。有些情绪兼具增力与减力两种动力性质，悲痛可以使人消沉，也可以使人化悲痛为力量。张凯等(2023) 研究指出：要有效激发学习者的积极情绪体验，增大其情感投入，进而形成“积极情绪—有效互动—高质量英语学习”的良性循环。姜文婧等(2021) 探讨新冠疫情抗疫一线医务人员的社会支持、负性情绪与消极应对的关系，研究发现：女性医务人员比男性医务人员更容易出现负性情绪和采取消极应对的方式。

(二) 调控功能

情绪对于人们的认知过程的影响作用，既有积极的又有消极的。大量研究表明：适当的情绪对人的认知活动具有积极的促进功能，而不当的情绪对人的认知活动具有消极的瓦解功能。

1. 促进功能

良好的情绪情感会提高大脑活动的效率，提高认知操作的速度与质量。著名的耶克斯-多德森定律说明了情绪与认知操作效率的关系，两者是倒 U 形曲线关系，且最佳情绪唤醒水平受任务难度的调节，具体可见第十章图 10-2。

不同难度的任务需要不同的情绪唤醒的最佳水平。在困难复杂的任务中，低水平的情绪有助于保持最佳的操作效果；在中等难度的任务中，中等情绪水平是最佳操作效果的条件；在简单任务中，高情绪唤醒水平是保证工作效率的条件。总之，活动任务越复杂，情绪的最佳唤醒水平越低。

2. 瓦解功能

情绪对认知操作的消极影响主要体现在不良情绪对认知活动功能的瓦解。一些消极情绪，如恐惧、抑郁、悲哀、愤怒等，会干扰或抑制认知功能。青少年有了消极情绪体验后，由于他们情绪调节能力相对较弱，难以及时释放淤积于内心的负面情绪，从而导致情绪表达和应对能力出现退行趋势，这就为自杀意念的形成积蓄了较大可能性(胡兴蕾等，2019)。女大学生的特质愤怒情绪对其躯体化症状具有显著的预测作用(刘亮等，2017)。当个体处于悲伤等消极情绪状态时，个体会做出更严厉的道德惩罚；但当个体产生同情时，个体又会做出宽松判断；在快乐情绪下，被试的道德判断标准显著低于中性和负性情绪下(柯增金，2022)。

> 随文提问：在某重要考试前，教师还给同学讲考试的重要性，想一想，这样做是否有利于学生考出好成绩？

（三）适应功能

情绪是动物进化的产物。在低等动物种系中，几乎无情绪可言。当动物的神经系统发展到皮质阶段时，生理唤醒在脑中催生相应的感觉（感受）状态并留下痕迹，就是最原始的爱、怒、怕等情绪。当特定的行为模式、生理唤醒及相应的感受状态三成分出现时，动物就具备了情绪的适应性，其作用在于发动机体中的能量，使机体处于适宜的活动状态，将相应的感受通过行为（表情）表现出来，以达到共鸣或求得援助。因此，情绪自产生之日便成为适应生存的心理工具。人类继承和发展了动物情绪这一高级适应手段。人类个体发育几乎重复了动物种系产生的过程。人类婴儿出生时，由于脑的发育尚未成熟，还不具有独立行动和觅食等维持生存的基本能力，就靠情绪信息的传递，得到成人的哺育。成人正是通过婴儿的情绪反应体察他们的需要，并及时调整他们的生活条件的。

情绪的适应功能从根本上说是服务于改善和完善人的生存和生活条件的。无论是儿童还是成人，快乐表示情况良好，痛苦表示急需改善不良处境，悲伤和忧郁表示无奈和无助。同时，由于人生活在高度文明的社会里，所以情绪的适应功能的形式有了很大的变化，例如，人通过微笑向对方表示友好，通过共情和同情来维护人际联结，情绪起着促进社会亲和力提升的作用。但是，人们也看到，在个人之间和社会上挑起事端引起的情绪对立，有着极大的破坏作用。总之，各种情绪的发生时刻都在提醒个人和社会去了解自身或他人的处境和状态，以求得良好适应。

（四）信号功能

情绪是人们社会交往中的一种心理表现形式。情绪的外部表现是表情，表情具有信号传递作用，属于一种非言语性交际表现。人们可以凭借一定的表情来传递情感信息和思想愿望。表情是比言语产生更早的心理现象。婴儿不会说话之前，主要是靠表情来与他人交流的。表情比语言更具生动性、表现力、神秘性和敏感性。特别是在言语信息模糊不清时，表情往往具有补充作用，人们可以通过表情准确而微妙地表达自己的思想感情，也可以通过表情去辨认对方的态度和内心世界。所以，表情作为情感交流的一种方式，被视为人际关系的纽带。

共情也能发挥信号功能，它是指个人看到他人忍受痛苦或得到好运时产生的不安或愉快的情绪。在人际交往中，共情可以帮助个体更好地理解他人的感受和需求，从而更好地与他人沟通和交往。具有高共情水平的个体能够更好地建立和维系人际关系，可以有效增加亲社会行为（张凯等，2023）。这实际上是一个信息传递过程，通过这一过程能够构建人们对共情对象在情感上的共鸣反应，促使亲社会行为发生。

心理学与生活

你身边的同学经常消化不良吗？

消化不良表现为上腹疼痛或烧灼感，餐后上腹饱胀，伴有不同程度的食欲不振、嗳气和恶心等特征。消化不良单靠药物和患者自身调节很难达到理想效果，需要给予必要的心理治疗。近年来，基于生理-心理-社会模式及脑-肠消化作用的视角，消化不良与心理情绪的关系得到关注。

一项调查研究，抽取 3 000 名大学生问卷筛查后，选择 180 名大学生进一步调查分析当代大学生心理情绪与胃肠功能的关系。结果发现：当代大学生心理情绪与胃肠功能关系较密切，其中心理情绪中躯体化、焦虑、抑郁、负性心理对其影响较大。因此，积极干预心理因素有利于减少功能性胃肠病，有利于改善大学生胃肠功能，提升其生活质量。

资料来源：张玉芝，郑雯菁，苏芳．(2024). 当代大学生心理情绪与胃肠功能关系的调查研究．*潍坊医学院学报*，*64*（1）.

第二节 情绪的生理机制

在情绪过程中发生的机体变化和外部表现，是与神经系统的多种水平的机能相联系的。大量研究表明，情绪产生在神经生理上是多水平整合活动的结果，每一次情绪的产生都涉及广泛的神经生理、生化活动，包括中枢神经系统、躯体神经系统、自主神经系统和内分泌系统。

一、情绪的脑中枢机制

神经系统分为中枢神经系统（central nervous system）和外周神经系统（peripheral nervous system）。中枢神经系统是神经系统的主要部分，包括位于椎管内的脊髓和位于颅腔内的脑，其位置常在动物体的中轴，由明显的脑神经节、神经索或脑和脊髓以及它们之间的连接成分组成。在中枢神经系统内，大量神经细胞聚集在一起，有机地构成网络或回路，其主要功能是传递、存储和加工信息，产生各种心理活动，支配与控制动物的全部行为。

（一）与情绪有关的大脑区域组织

生理心理学的研究表明，大脑皮层调节控制着皮层下各个部位的活动。但是，情绪发生的核心部位主要在皮层下部。在情绪刺激作用下，整个丘脑系统、边缘系统、网状结构、大脑皮层等部位的活动都被卷入，从而形成极为复杂的情绪的中枢机制。

1. 丘脑

丘脑（thalamus）又称背侧丘脑，是间脑中最大的卵圆形灰质核团。丘脑是较早被发现的情绪中枢（Venkatraman et al.，2017）。美国心理学家坎农（W. Cannon）根据丘脑受损伤或丘脑活动在失去大脑皮层的控制时，情绪变得容易激动或发生病理性变化这一事实，认为丘脑在情绪的产生上起着最重要的作用。

2. 下丘脑

下丘脑（hypothalamus）位于丘脑沟以下第三脑室下部的侧壁和底部（周晓琳，高定国，2023）。已有研究表明，下丘脑在情绪形成中发挥着重要作用，是情绪表达的重要中枢。1953 年，奥尔兹（Olds）和米尔纳（Milner）用埋藏电极的方法进行“自我刺激”的实验，发现在下丘脑、边缘系统及其邻近部位存在“奖励”和“惩罚”中枢，即“快乐”和“痛苦”中枢，当刺激这些部位时就会产生愉快或不愉快的情绪。实验表明，下丘脑的某些核团在各类情绪性和动机性行为过程中起关键作用。当人的下丘脑受损时，人会出现狂躁或抑郁；而切除下丘脑结构后，情绪反应会完全消失。

3. 边缘系统

边缘系统（limbic system）位于前脑底部。之所以称为边缘，是因为它环绕着脑干形成一个边界，并延伸到大脑的全部领域。1937 年，帕佩兹（Papez）系统地阐述了一个影响情绪行为与情绪体验的复合神经机构，即帕佩兹环路。这个环路的主要结构就是边缘系统。由于环路内的联系复杂、密切，麦克莱恩（MacLean）于 1952 年提出“边缘系统”概念，并认为边缘系统内的海马体、杏仁核在情绪体验中起着极其重要的作用。

4. 网状结构

网状结构（reticular formation）指脑干内弥散的白质纤维交织成网、网眼内散布不同大小的神经元的细胞体与纤维混杂区。网状结构在情绪的构成中起着激活的作用，它所产生的唤醒是活跃情绪的必要条件。它可以减弱或增强脑的积极性，加强或抑制对刺激的回答反应。人的情绪色彩和情绪反应在很大程度上依赖网状结构的状态。

5. 大脑皮层

大脑皮层（cerebral cortex）是皮层下部位以及整个有机体的最高调节器。情绪、情感的多水平的中枢在皮层下各部位，同时与大脑皮层的调节是密不可分的。大脑皮层可以抑制皮下中枢的兴奋，因此它直接控制情绪和情感。

（二）情绪回路中的关键结构

研究发现，有两种基本的情绪和动机系统，分别是趋近系统和退缩系统。各种证据表明，趋近和退缩是由部分独立的回路执行的，这些回路包括前额皮层、杏仁核、海马、前部扣带回、腹侧纹状体等，它们整合加工情绪信息，产生情绪行为（马庆霞，郭德俊，2003）。

1. 前额皮层

动物和人类的大量资料显示左前额叶皮层（PFC）的各个部分与情绪有关。戴维森等（Davidson et al.，1990）报告情绪电影诱发的厌恶和恐惧等消极情绪增强右侧前额和前部颞叶的激活，而诱发的积极情绪引发相反的不对称激活。莫里斯等（Morris et al.，1996）发现，在单侧皮层小范围损伤的病人中，PFC 损伤和抑郁症状之间有关系。腹内侧 PFC 与对未来积极和消极情绪后果的期待有关。贝沙拉等（Bechara et al.，1994）报告腹内侧 PFC 两侧损伤的病人在期待未来的积极和消极后果中有困难，这样的病人与控制组相比，在期待冒险选择中，表现出皮肤电活动水平的降低。

随文提问：如何才能更好地控制不良的情绪？

2. 杏仁核

杏仁核对知觉、产生消极情绪和联想厌恶学习很重要。在一项从面部照片判断不熟悉者的信任和可接近性的研究中（Adolphs et al.，1998），双侧杏仁核损伤病人与控制组相比，认为不熟悉的个体可接近和值得信任的程度更高。双侧杏仁核损伤病人对恐惧和愤怒声音的识别有困难（Scott et al.，1997），表明这一缺陷并不限于面部表情。贝瑞特等（Breiter et al.，1996）研究报告，给焦虑病人呈现特定的诱发焦虑刺激时，运用PET 或 fMRI 觉察到杏仁核激活。研究还发现，刺激杏仁核与刺激下丘脑引起的攻击性行为不同。刺激下丘脑立即引起攻击性行为，刺激停止，攻击也即停止；而刺激杏仁核引起的是逐渐加强的攻击性行为，刺激停止后，攻击行为也是逐渐平息的。

3. 海马和前部扣带回

海马是大脑中有很高糖皮质激素类受体密度的部位，在情绪调节中很重要。鲁施等（Rusch et al.，2001）的研究表明，海马体积与特质焦虑正相关。戴维森等（Davidson et al.，2000）提出海马在情绪行为的背景调节中起关键作用。海马损伤，个体的正常背景调节作用受到损害，因而在不适当的背景下表现出情绪行为。

目前，先进的无损伤神经成像技术，如脑电、fMRI 和 PET 等的使用，使人们揭示情绪的生理机制或脑机制成为可能。已有研究成果表明，情绪的大脑机制主要是前额叶皮层和边缘系统，说明情绪与旧皮层和新皮层都有广泛的联系。情绪的大脑机制两半球的功能也是不一致的，积极情绪和消极情绪有不同的脑区。左 PFC 与积极情绪有关，右PFC 与消极情绪有关。海马在情绪的背景调节中起重要作用。

（三）情绪产生与调节的脑网络和逐级分层信号传递

1. 情绪产生与调节的脑网络

研究发现，情绪的感知、产生和调节过程不只涉及单个或几个独立脑区，而是涉及多个大规模神经网络。默尔维奇等通过元分析聚类技术，识别和表征情绪感知、产生和调节的神经活动，发现有 MAG1～MAG4 四个大脑神经网络参与该过程。MAG1 主要由包括背外侧前额皮质在内的额顶叶网络组成，MAG2 主要由包括腹外侧前额皮质在内的前额叶网络组成，这两个脑网络和对外部刺激的重新评价与情绪调节有关。MAG3 主要由双侧杏仁核、左侧海马旁、双侧梭状回等皮层下区域组成，主要与情绪刺激的加工和情绪产生有关。MAG4 主要由中央后回、脑岛、左侧顶叶上叶、楔前叶和后扣带回等脑区组成，它可能作为一个中枢，整合来自前额叶网络（MAG1 和 MAG2）和皮质下网络（MAG3）的信息，以便产生情绪并调节这些反应（冯正直，廖成菊，2023）。

2. 情绪的逐级分层信号传递

根据史密斯和莱恩（Smith & Lane，2015）提出的情绪调节六级层次模型，躯体、内脏、脑干等低水平调节处于模型的第一、二级。梭状回、中脑中央灰质（PAG）等处于模型的第三级，参与低级的皮质下情绪产生过程。杏仁核等处于模型的第四级，通常与快速、自动地检测和评估情绪刺激有关。岛叶和腹内侧前额皮质（VMPFC）等处于模型的第五级，负责整合调控内感知觉表征与内部情绪状态。背外侧前额皮质（DLPFC）

和腹外侧前额皮质（VLPFC）等位于模型的最高级，负责自上而下的最高调控。这种实施分级监管控制的脑网络是既可分离又相互作用的大尺度网络（冯正直，廖成菊，2023）。

二、情绪的外周神经机制

（一）外周神经系统的结构与功能

外周神经系统，也称周围神经系统，是神经系统的一部分，由中枢神经系统以外的神经（轴突和胶质细胞束）和神经节（神经细胞体）组成（周晓琳，高定国，2023）。外周神经系统承担着中枢神经系统与身体外周之间的双向信息传递任务。一方面，外周神经系统通过传入神经从身体周围向中枢神经系统传递信息；另一方面，外周神经系统通过传出神经把中枢神经系统的信息传向外周。

外周神经系统可分为两大类，即躯体神经系统（somatic nervous system）和自主神经系统（autonomic nervous system）。躯体神经系统（又称动物神经系统），由来往于感觉器官和运动器官的神经元和神经纤维组成。这部分的神经可以通过意识加以控制，控制躯体的随意活动，以适应外界环境。自主神经系统（又称植物性神经系统），由调节平滑肌、心肌和腺体的神经元与神经纤维组成。这部分的神经受大脑支配，但有较强的独立性，能够从事不受意志支配的自主活动，控制心血管、呼吸、消化和内分泌系统的活动。

（二）情绪与外周神经系统

1. 情绪与躯体神经系统

不同于其他心理过程，在情绪活动过程中一般伴随着一定的外部表现，如面部表情、姿态表情和声调表情，这些都是由躯体神经系统支配的随意运动。如前所述，躯体神经系统由感觉神经和运动神经组成，是一个生理反馈系统，支配和调节着人体骨骼肌肉系统的活动。这种支配和调节具有随意性和指向性，是一种有意识、有目的的活动。

人的面部表情是在生物长期进化过程中逐渐形成的。伴随着人的面部肌肉系统高度精细化，神经系统也得到高度发展，相应的大脑皮层的结构和功能也高度分化，从而使人的面部能呈现各种各样的面部肌肉活动模式。艾克曼（Ekman）把人的面部分为三个部位，即额-眉区、眼-睑区、鼻夹-口唇区。他通过刺激面部一块块肌肉组织引起反应，用照相和录像记录的方法确定了愉快、惊奇、厌恶、愤怒、恐惧和悲伤六种情绪的面部肌肉运动的组合模式。这说明躯体神经系统是人的面部表情活动的生理基础之一。

随文提问：面部表情是先天的还是后天的？

学术前沿

谁可以更轻松地理解幽默？

幽默是人际交往中的一种常见现象。幽默加工包括认知和情绪两个因素，幽默的认知加工过程分为不一致探测和不一致消解两个阶段。研究表明，内外向人格倾向与认知加工、情绪体验密切相关。外向者对正性的情绪体验存在认知加工偏向。与内向者相比，外向者在外显的行为表现和心理、生理上均具有更快的反应速度。

在幽默加工的不一致探测过程中，无意义语句在350～500ms范围内能够激发出比笑话语句和非笑话语句更负的N400成分；在幽默不一致消解的再分析过程中，笑话语句和非笑话语句在500～700ms范围内能够激发出比无意义语句更正的P600成分；在800～1 500ms的情绪加工阶段，笑话语句能够引发晚正成分。内外向被试在幽默加工过程中会激活不同的脑区。

研究结果发现，内向型被试的N400波幅显著大于外向被试。N400的波幅与语义整合加工的难度成正比。N400波幅越大，表明个体在语义加工中需要投入更多的资源，语义加工能力越低。外向者N400波幅较小，这表明具有外向型人格特质的个体在对笑话进行加工时自动化程度较高，所需的认知资源较少。

资料来源：夏之晨，杨帆，范庭卫．(2016)．内外向者幽默加工进程差异：ERP研究．*心理科学*（3）.

2. 情绪与自主神经系统

情绪与自主神经系统活动关系的研究始于詹姆斯，他认为当有机体受到来自情境的刺激时，生理唤醒水平提高，所发生的情绪激动程度或者紧张程度也随之提高。从总体上说，与积极情绪相比，消极情绪往往伴随更强的自主神经反应。例如：愤怒时心率加快，血压升高，呼吸变快，呼吸性窦性节律不齐指标降低，表现为交感神经激活加强、迷走神经控制作用减弱。

在情绪活动时，交感神经系统开始活动，这时肾上腺素和去甲肾上腺素分泌增多，心血管系统会发生一系列变化，如心率加快、血压升高、肌体处于唤醒状态。同时，为了获得更多的氧，呼吸会加快，肝脏也会输出更多的糖进入血液。为了把血液送给大脑和骨骼肌肉，消化系统的供给减缓，瞳孔放亮，唾液的分泌活动受到了抑制。这一切说明，肾上腺素和去甲肾上腺素为人们的激情提供了生理的燃料。

在情绪活动后，副交感神经系统恢复活动，使身体状况恢复到情绪出现前的平静状态，心率平稳，血压降低，瞳孔收缩，呼吸减缓，唾液再次分泌，消化系统恢复正常功能，能量供给也处于正常水平。肾上腺素和去甲肾上腺素的水平降低，情绪的强度也随之逐渐下降。

此外，运用国际情绪图片系统（IAPS)，研究者发现，皮肤电反应的大小与对图片情绪唤醒水平的变化一致，表明皮肤电变化与情绪唤醒有关；而皱眉肌活动、心率变化大小则与情绪效价判断有关。另外，研究表明，具体情绪感受与不同的生理反应模式相联系。例如，诱发恐惧、厌恶时产生的皮肤电变化要比诱发悲伤、愤怒时产生的皮肤电变化大，心率、皱眉肌的反应模式亦是如此。

3. 情绪与分泌系统

人体内有两种腺体：外分泌腺和内分泌腺。不同的情绪状态会引起内外腺体的变化，从而影响激素分泌的变化，这种变化可以作为判定某种情绪状态的客观指标。

在特定情绪状态下，外部腺体的活动会产生相应的变化。例如，人在悲伤或极度愉快时会流眼泪、焦虑和恐惧时会冒汗等。人产生某种负性情绪，如焦虑、恐惧时，会抑制消化腺的活动和胃肠的蠕动，从而使人感到口渴、食欲减退或消化不良；反之，人产生愉快情绪时，可以加强消化腺的活动，促进唾液、胃液及胆汁的分泌。

情绪与内分泌系统的关系，涉及许多身体器官的活动，包括肝、脾和其他内分泌腺的活动。在情绪体验过程中，神经系统对内分泌系统的支配作用通过两条途径实现：一条是内分泌腺作为内脏器官的一部分，受自主神经系统的调节；另一条是内分泌腺独立的系统活动，受中枢神经系统的直接支配。一般而言，情绪与内分泌系统的关系主要是通过激素（如肾上腺激素等）来调节的。去甲肾上腺素是交感分支神经细胞的传递物质，它的作用是支持交感神经系统兴奋，对交感神经系统兴奋有直接的影响，受交感神经系统控制。

此外，下丘脑的内分泌激素能控制脑垂体的活动，从而影响内分泌系统，形成下丘脑-脑垂体-肾上腺控制系统，影响情绪的延续时间和强度。脑垂体和下丘脑这两个器官不但是神经系统的一部分，其本身也是腺体，是内分泌腺，它们所分泌的激素及其所产生的作用同情绪的关系尤为密切。在不同的情绪状态下会出现不同的内分泌腺的变化，从而影响激素的分泌。

三、情绪的生理反应

情绪产生时会有某些生理上的反应，主要包括植物性神经活动的变化和脑电波的变化。

（一）植物性神经活动的变化

植物性神经系统（vegetative nervous system）是控制腺体、内脏和血管的神经系统，它控制诸如心跳、呼吸等活动，这些活动是不受意志支配的。植物性神经系统由交感神经系统和副交感神经系统构成。交感神经系统的活动一般比较广泛，常以整个系统参与反应，主要表现为肌肉和内脏器官血管收缩、机体消耗能量，其主要作用在于促使运动机体能适应环境的急剧变化。副交感神经系统的活动主要在于保护机体、休整恢复、促进消化、积蓄能量，以及加强排泄和生殖功能等方面。一般而言，交感神经系统引起兴奋活动，副交感神经系统引起抑制活动，二者的功能是拮抗的。

当个体处于情绪状态时，植物性神经活动就会相应地发生变化，并且表现在外。可以看到，个体在情绪状态下，呼吸、心率、血压、血管容积、皮肤电、内外分泌腺活动等方面都会发生显著的变化，而这些生理变化就成为情绪状态变化的生理指标。

1. 情绪与呼吸

随着情绪状态的不同，在呼与吸的次数、快慢和质量上，人的呼吸有明显不同。人在平静时每分钟呼吸20次左右；愤怒时每分钟呼吸为40～50次（见图11-1）；突然惊惧时，人的呼吸会发生临时中断现象；狂喜或悲痛时会出现呼吸痉挛现象。心理学在研究呼吸时间比率的改变与情绪之间的关系时发现，笑时呼气快、吸气慢，呼吸的比率低至 0.30；惊讶时，吸气则是呼气的 2～3 倍；恐惧时，呼气与吸气的比率由平静状态下的 0.07 上升至 3.00 或 4.00。

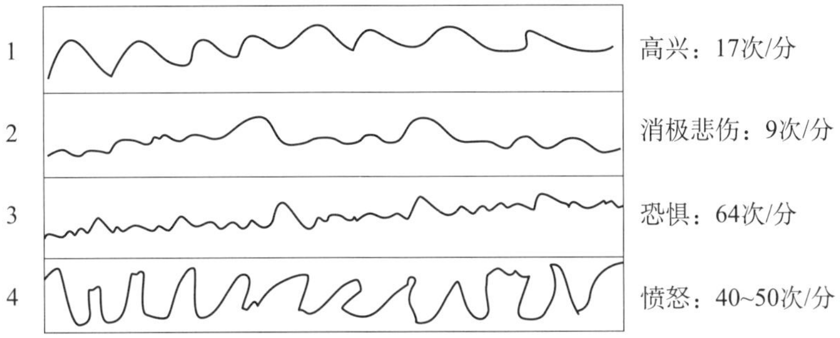

图 11－1　各种情绪状态下的呼吸曲线

2. 情绪与循环系统

循环系统是维持有机体机能活动的动力输送系统，对于应付紧急情境，反应十分灵敏。因此，当情绪发生时，循环系统几乎同步表现出变化。在情绪状态下，循环系统的活动会发生两方面的变化：一方面表现为心跳速度和强度的改变，另一方面表现为外周血管的舒张与收缩的变化。例如，愉快时，心率正常；恐惧或愤怒时，心跳加速，血压升高，大脑血管舒张，脸部血管收缩，面色苍白。因此，心率、血压和血管容积的变化可以作为情绪测量的生理指标，间接地反映情绪的变化。

血管容积的变化很复杂。在同一情绪状态下，各器官的血管活动存在差异。例如，恐惧时，大腿血管舒张，脸部血管则会收缩，使得面色惨白；愤怒时，四肢血管舒张，肌肉收缩率上升，而胃肠消化道血管收缩，唾液分泌，胃酶供给受到抑制。

3. 情绪与皮肤电

皮肤电反应是皮肤导电性的反应。一般情况下，皮肤电流活动具有一定的电阻参数。在不同的情绪状态下，皮肤内血管舒张或收缩，汗腺分泌也会发生变化，这便导致皮肤电阻的变化。通过对皮肤电流的测量和记录，就可以简单测定情绪反应。研究表明，在吃惊、恐惧和困惑等紧张情绪状态下，皮肤导电电流会有所增加。因此，皮肤电阻变化被认为是测定情绪的客观指标之一。但值得注意的是，皮肤电不能反映各种情绪之间的差异，因而人们更多地认为皮肤电只反映一般的神经激活，而难以作为情绪的特定指标。但是，在多指标相互参照的情况下，皮肤电阻变化可以被确定为情绪的一定强度变化的有效指标。

4. 情绪与内外分泌腺

人体内有外分泌腺和内分泌腺两种腺体，外分泌腺包括汗腺、泪腺、唾液腺等，内分泌腺包括甲状腺、肾上腺、脑垂体等。这些腺体都会有相应的分泌物产生。情绪状态与内外分泌腺的活动密切相关。

研究发现，认知和情绪都会加强生理唤醒，影响心率、皮肤电反应、瞳孔扩张（Bradley et al.，2010），同时也会提升压力激素水平，如肾上腺素和皮质醇，即使是几秒钟情绪画面的呈现也会增加唤醒（Mather & Sutherland，2011）。

（二）脑电波的变化

脑电波又称脑电图（EEG），有四种波形：α波、β波、θ波、δ波。在情绪状态下，不但外周生理有变化，而且神经中枢也有变化，所以，脑电波也会发生相应变化。在强烈的情绪状态下，人的脑电波与正常状态下的脑电波不同。许多研究发现，情绪状态对α波的影响最大。在焦虑状态下，枕叶的α波消失，脑电波振幅减小，额叶区、运动区、颞叶区的脑电波振幅都比正常状态下小。在出现疼痛刺激时，脑电图上也会出现α波阻断或不完全抑制现象，并且快波增多；疼痛减轻时，快波逐渐减少，同时α波开始恢复。在特别高兴时，出现θ波；情绪不稳定时，会出现慢α变异型的锯齿状波形。

第三节　情绪理论

人类的情绪是如何产生的？心理学家是如何解释情绪体验的？自开展情绪研究以来，产生了多种理论和冲突模型，其中有些理论已经被激烈地争论超过一个世纪。

一、早期的情绪理论

（一）詹姆斯-兰格理论

美国心理学家詹姆斯和丹麦生理学家兰格（Lange）分别于1884年和1885年提出了内容相同的情绪理论——外周生理反应论。

随文提问：想一想，人是越怕越跑，还是越跑越怕？

詹姆斯根据情绪发生时引起的植物性神经系统的活动，以及由此产生的一系列机体变化，提出情绪就是对身体变化的知觉（Crider，1983），即悲伤乃由哭泣而起、高兴乃由发笑而生。兰格认为情绪是内脏活动的结果，他特别强调情绪与血管变化的关系，即情绪决定于血管受神经支配的状态、血管容积的改变以及对它的意识。虽然兰格与詹姆斯对情绪产生的具体描述有所不同，但他们的基本观点是相同的，即情绪刺激引起身体的生理反应，而生理反应进一步导致情绪体验（Lange，1985），见图11-2。

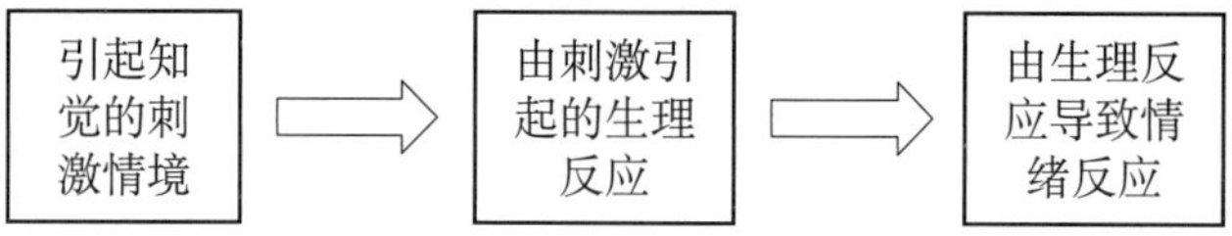

图11-2　外周生理反应论

外周生理反应论得到研究者的认可。艾克曼等（Ekman et al.，1983）采用心率、血压等生理指标的研究显示，人类的一些基本情绪（快乐、悲伤、愤怒、恐惧和厌恶等）伴随着特定的外周生理改变。兰维尔等（Rainville et al.，2006）采用心率变异性（HRV）等指标的研究也表明，不同的基本情绪存在特异的自主神经活动模式。

其实，詹姆斯-兰格理论看到了情绪与机体变化的直接关系，强调植物性神经系统在情绪产生中的作用，这有其合理的一面；但是，他们片面强调植物性神经系统的作用，忽视了中枢神经系统的调节、控制作用，因而引发了很多争议（Nitschke et al.，2010）。

（二）坎农-巴德理论

美国心理学家坎农（Cannon，1927）在对詹姆斯-兰格理论提出质疑的基础上，认为情绪的中心不在外周神经系统，而在中枢神经系统的丘脑。由外界刺激引起感觉器官的神经冲动，通过内导神经传至丘脑，再由丘脑同时向上、向下发出神经冲动。向上传至大脑，产生情绪的主观体验；向下传至交感神经，引起机体的生理变化，如血压升高、心跳加速、瞳孔放大、内分泌增多和肌肉紧张等，使个体在生理上进入应激准备状态，见图 11-3。

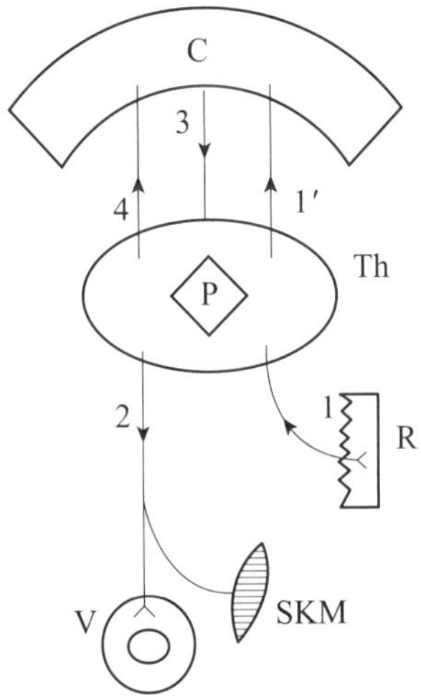

图 11-3 丘脑与情绪的关系图

图 11-3 表明，感受器（R）接收外界刺激后产生的兴奋，沿着神经通道 1 到达丘脑（Th），再通过 1′到达大脑皮层（C），引起大脑皮层兴奋，从而形成人们对外界对象的知觉。然后，皮层的兴奋经过通路 3，使经常处于抑制状态的丘脑中心获得释放，引出一种情绪模式（P）。丘脑的神经冲动经通路 2 引起内脏（V）和横纹肌（SKM）的活动，从内脏和横纹肌系统而来的内部感觉回到丘脑，并经过通路 4 再回到大脑皮层，在皮层上和最初产生的知觉相结合，就使人们关于外界对象的知觉获得情绪色彩。可见，情绪体验和生理变化是同时发生的，它们都受丘脑的控制。坎农的丘脑情绪学说得到他的学生巴德（Bard）的支持和发展，故后人称坎农的情绪理论为坎巴情绪学说（Cornelius，1996）。

坎农的两项实验研究表明，刺激内脏并不一定引起情绪状态质的变化；用外科手术分离内脏和中枢神经系统，情绪行为没有改变（Davidson et al.，2000）。

二、情绪的认知理论

（一）阿诺德的评定-兴奋理论

美国心理学家阿诺德（Arnold）在 20 世纪 50 年代提出了情绪的评定-兴奋理论，认为刺激情景并不直接决定情绪的性质，从刺激出现到情绪的产生要经过对刺激的估量和评价，情绪产生的基本过程是：刺激情景—评估—情绪。同一刺激情景，对它的评估不同，就会产生不同的情绪反应。评估的结果可能会是对个体“有利”、“有害”或“无关”。如果是“有利”，就会引起积极的情绪体验，以及企图接近刺激物；如果是“有害”，就会引起消极的情绪体验，以及企图躲避刺激物；如果是“无关”，人们就予以忽视（Arnold，1970）。

阿诺德认为，情绪的产生是大脑皮层和皮下组织协同活动的结果，大脑皮层的兴奋是情绪产生的最重要的条件。她提出情绪产生的理论模式是：作为引起情绪原因的外界刺激作用于感受器，产生神经冲动，通过内导神经上送至丘脑，在更换神经元后，再送到大脑皮层，在大脑皮层上刺激情景得到评估，形成一种特殊的态度（如恐惧及逃避、愤怒及攻击等）。这种态度通过外导神经将皮层的冲动传至丘脑的交感神经，将兴奋发送到血管和内脏，所产生的变化使其获得感觉。这种从外周来的反馈信息，在大脑皮层中被估价，使纯粹的认识经验转化为被感受到的情绪（Arnold，1970），其示意图见图11－4。

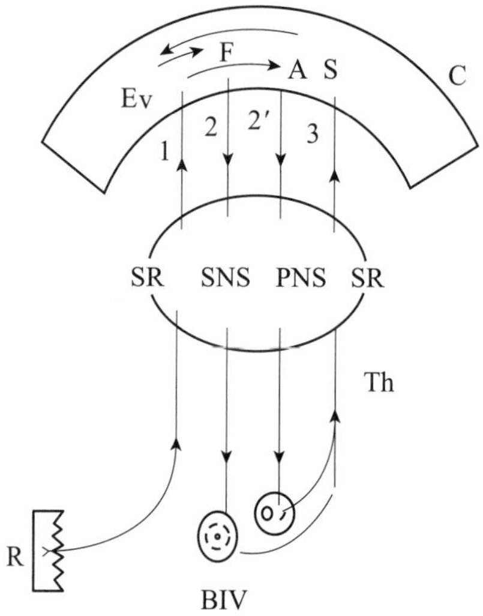

图11－4 评定-兴奋理论神经环路示意图

图11－4中，C代表大脑皮层，R代表感受器。感受器接收到刺激，通过丘脑的转换站（SR）传到皮层。Ev是对情景的评估，即将大脑皮层里原来存储的信息和现在新输入的信息比较，从而产生情绪：F代表恐惧，A代表愤怒。情绪产生后，通过下行箭头2和2′（即外导通路），经过交感和副交感神经系统的转换站（SNS和PNS），到达血管和内脏组织（BIV）。然后，这些器官的变化信息通过上行箭头3返回大脑皮层，产生关于内脏变化的感觉。这些反馈回来的信息也要受到存储信息的评估，最后使原有的情绪（F或A）附加点感觉材料S（情绪的另一部分）。

可见，评定-兴奋理论中，情绪反应包括内脏器官和肌肉的变化，而对外周变化的反馈是情绪意识的基础，这和詹姆斯-兰格理论有某些共同性；不同之处在于，詹姆斯-兰格理论的反应序列是“情景—机体表现—情绪”，而阿诺德的情绪理论反应序列是“情景—评估—情绪”。前者强调情绪的原因是外周机体变化，后者强调大脑皮层对情景的认识、评估。

（二）沙赫特的两因素情绪理论

20 世纪 60 年代初，美国心理学家沙赫特和辛格提出，对于特定的情绪来说，有两个因素是必不可少的。第一，个体必须体验到高度的生理唤醒，如心率加快、手出汗、胃收缩、呼吸急促等；第二，个体必须对生理状态的变化进行认知性的唤醒（Schachter & Singer，1962）。

为了检验情绪的两因素理论，他们用实验证明，人对生理反应的认知和了解决定了最后的情绪体验。这个结论并不否定生理变化和环境因素对情绪产生的作用。事实上，情绪状态是认知过程（期望）、生理状态和环境因素在大脑皮层中整合的结果。环境中的刺激因素，通过感受器向大脑皮层输入外界信息；生理因素通过内部器官、骨骼肌的活动，向大脑输入生理状态变化的信息；认知过程是对过去经验的回忆和对当前情境的评估。来自这三个方面的信息经过大脑皮层的整合作用，才产生了某种情绪体验。

将上述理论转化为一个工作系统，称为情绪唤醒模型。这个工作系统包括三个亚系统：（1）对来自环境的输入信息的知觉分析；（2）根据长期生活经验建立起来的对外部影响的内部模式，包括过去、现在和将来的期望；（3）现实情景的知觉分析与基于过去经验的认知加工间的比较系统，称为认知比较器，它带有庞大的生化系统和神经系统的激活机构，并与效应器官联系。

这个情绪唤醒模型的核心部分是认知，通过认知比较器把当前的现实刺激与存储在记忆中的过去经验进行比较，当知觉分析与认知加工间出现不匹配时，认知比较器产生信息，动员一系列的生化和神经机制，释放化学物质，改变脑的神经激活状态，使身体适应当前情境的要求，这时情绪就被唤醒了（Schachter，1970）。

（三）拉扎勒斯的认知-评价理论

拉扎勒斯（Lazarus）是情绪认知理论的另一位代表。他认为情绪是人与环境相互作用的产物。在情绪活动中，人不仅反映环境中的刺激事件对自己的影响，同时也要调节自己对于刺激的反应。按照拉扎勒斯的观点，情绪是个体对环境事件知觉到有害或有益的反应。因此，在情绪活动中，个体需要不断地评价刺激事件与自身的关系。具体讲，有三个层次的评价：初次评价、次级评价和再评价（Lazarus，1991）。

初次评价是指人确认刺激事件与自己是否有利害关系，以及这种关系的程度。只要人们处在清醒的状态下，这种评价随时随地都会发生，这是人的生存适应的一个重要方面。

次级评价是指人对自己反应行为的调节和控制。它主要涉及人们能否控制刺激事件，以及控制的程度。人们要对刺激事件做出行为反应时，必须根据主观条件和客观社会规范来考虑行为的后果，从而选择有效的措施和方法。在这种评价过程中，经验起着重要的作用。

再评价是指人对自己的情绪和行为反应的有效性和适宜性的评价，这是一种反馈性行为。如果再评价结果表明行为是无效的或不适宜的，人们就会调整自己对刺激事件的次级评价，甚至初次评价，并相应地调整自己的情绪和行为反应。

（四）情绪的动机-信息理论

情绪的动机-信息理论的代表人物是西米诺夫（Siminov）。西米诺夫主张（Siminov，1970），如果有一个机体因缺乏信息而不能适当地组织自己，那么神经机制就会使消极情绪开始行动。他认为，情绪（E）等于期望信息（In）与后验信息（Ia）之差和需要（N）的乘积，即：$E=-N(In-Ia)$。

西米诺夫认为，情绪本身具有一种强烈的生理激活的力量。当有机体需要的信息等于可得的信息时，有机体的需要得到预期满足，情绪便是稳定的。如果信息过剩，超出了有机体预期的需要，便会产生积极的情绪；反之，则会产生消极情绪。虽然西米诺夫的情绪理论比较简单，但它为情绪研究开辟了一个新的视野和方向。遗憾的是，西米诺夫没有对信息、需要的性质和它们的内在联系进行深入的动力学分析（浦江，2014）。

（五）扬和普里布拉姆的情绪不协调理论

20世纪中叶，生理心理学家扬（Young，1973）和普里布拉姆（Pribram，1970）总结了大量的生理学和神经心理学资料，提出了情绪的“不协调”观点。扬（Young，1973）给情绪下的定义为“起源于心理状况并显示平滑肌、腺体和总体行为的身体过程的感情状态或过程的激烈扰乱”。普里布拉姆（Pribram，1970）认为，情绪以有机体的一种有组织的稳定性为基线。这种稳定性代表有机体的常态工作，这时有机体处于适应的协调状态。但不适当的输入信息可以破坏这种稳定性，冲破这条基线，使有机体处于一种不协调状态。这发生在新的加工过程阻断了原来正在进行的过程，或新的输入信息与原有的内部模式有足够的不一致，或预料到对当前信息无力应付的时刻。这时，情绪就产生了。

普里布拉姆（Pribram，1970）提出了“监视器”的概念。他认为，情绪过程实际上对信息加工起着监视的作用，它会控制、影响或改变加工的过程。他认为，情绪过程就是当原来进行的加工程序受到阻断时取而代之所产生的执行程序。对这个阻断过程的意识觉知，就是情绪的体验或感受。

三、情绪的动机-分化理论

（一）汤姆金斯的理论观点

汤姆金斯（Tomkins，1962，1963）认为，早期动机理论的错误在于把内驱力本身的信号和这个信号的“放大器”混淆了。他认为，内驱力的信号（如食物、水、氧气等生理需要的信号）需要具有一种放大的媒介才能激发有机体的行动，起这种放大作用的就是感情性过程。他提出，感情常常补充到内驱力的信号中，使这个信号得到增强和放大。汤姆金斯举例说，人在被淹没或窒息的情况下产生对氧气的紧迫需要，这时经常伴随着恐慌情绪的出现。恐慌把缺氧的信号放大并与它合并而起作用。对于这一现象，人们单纯地把它看成内驱力信号本身而忽略情绪在其中的作用。事实是，感情与内驱力相比是更强有力的驱动因素，因为人完全可以离开内驱力的信号而被各种情绪调动起来。无论是快乐或悲伤、愤怒或恐惧、惊奇或害羞，都足以激起人的行动。因此，汤姆金斯直接把情绪看作动机，强调情绪的主观体验是起动机作用的心理结构，是驱动有机体采取行动的动机力量。

（二）伊扎德的理论观点

伊扎德（Izard，1991，1993）认为，情绪的主观成分即体验就是起动机作用的心理结构，各种情绪体验是驱动有机体采取行动的动机力量。情绪是人格系统的组成部分，是人格系统的动力核心，情绪系统与认知、行为等人格子系统建立联系，实现情绪与其他系统的相互作用（见图 11－5）。

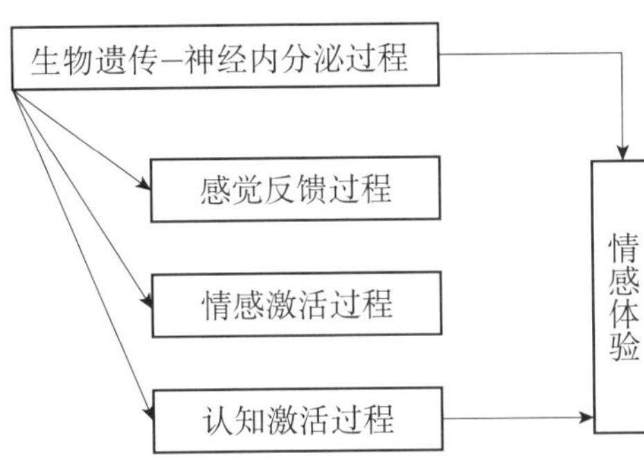

图 11－5　情绪激活和调节的多系统模型

伊扎德以情绪为核心，以人格为基础，论述了情绪的性质和功能。其核心观点表现在三个方面：

（1）情绪和人格系统。人格系统由体内平衡系统、内驱力系统、情绪系统、知觉系统、认知系统和动作系统六个子系统组成。其中，情绪系统是人格系统的核心动力。情绪具有动力性，它组织并驱动认知和行为。

（2）情绪系统及其功能。情绪包含神经生理、表情行为和情感体验三个子系统，它们相互作用，并与情绪系统以外的认知和行为等人格子系统相互联系，实现情绪和其他系统的相互作用。

（3）情绪激活与调节。伊扎德提出，情绪的激活与调节有四个基本过程：第一，生物遗传-神经内分泌过程。它可直接激活情感体验，并影响其他三个情绪激活过程。如产妇在产后，由于内分泌物质的改变，负性情绪逐渐减少。第二，感觉反馈过程。表情肌肉活动引起的反馈信息进入边缘皮层区，使情绪达到意识水平，产生情绪体验。第三，情感激活过程。一种情绪可以引起另一种情绪，如极度疲劳引起痛苦。第四，认知激活过程。如评价、比较等认知活动可以激活情绪。

学术前沿

通过情绪调节可以改善人们的拖延症

拖延是常见的不良行为。拖延一旦形成习惯，会剥夺自己的前途和希望，心胸日渐变得狭窄，会出现自责、内疚、自信心不足等危害。

有研究选取高拖延人群作为研究对象，分为积极重评组（34 人）和无效策略组（34 人），对两组被试进行了为期 7 天的经验采样法的纵向追踪（共 14 次）研究。结果发现：（1）后测中积极重评组执行意愿显著高于无效策略组，前测中两组无显著差异。（2）后测中积极重评组任务厌恶度显著低于无效策略组，前测中两组无显著差异；后测中积极重评组结果效用显著高于无效策略组，前测中两组无显著差异。（3）任务厌恶降低量中介化了情绪调节对拖延改善程度的作用，而结果效用提升量不能中介化此作用。

结果表明：情绪调节主要通过降低任务厌恶度来提升执行意愿，从而减少拖延行为，这为从情绪调节角度干预拖延提供了坚实的理论依据。

资料来源：童廷婷，白幼玲，冯廷勇．(2024)．情绪调节改善拖延行为的认知机制：任务厌恶中介作用．*心理学报*，*56* (4).

第四节　应　对

应对是一个复杂、动态的心理过程，也与个体身心健康密切相关。弗洛伊德在防御机制中首次提出“应对”概念。随着心理学的不断发展，拉扎勒斯和福尔克曼等学者也将“应对”和“应对方式”作为学术名词。直到 20 世纪七八十年代，应对及应对方式成为心理学界的研究热点。

一、应对方式的概念与分类

（一）应对的概念与特征

应对　个体评价环境的意义，进而改变压力情境，最终缓解或消除由不利环境引起的身心反应的认知和行为活动。

应对（coping）源于弗洛伊德的人格理论。应对又称面对，意思是面对不正常的情况、困难情况和压力。应对是个体评价环境的意义，进而改变压力情境，最终缓解或消除由不利环境引起的身心反应的认知和行为活动。拉扎勒斯（Lazarus，1984）等将应对引入心理压力领域，并使之成为该领域的核心课题（Folkman，2013）。福尔克曼和拉扎勒斯认为，应对是指个体在面临一种自己评价为不利的环境时，为了应对这种不利因素带给自己的内外影响，而做出认知和行为上的努力的过程（Folkman et al.，1986），即个体评价环境的意义，进而改变压力情境，最终缓解或消除由不利环境引起的身心反应的认知和行为活动。黄希庭等（2000）将应对定义为个体在认知和行为层面所做出的努力，目的是缓解压力和对抗挫折。

应对具有如下特征：

（1）情境性。个体的选择受情境压力影响，并通过一定的形式对内外压力做出反应，这也是受压力情境调节的。

（2）过程性。应对是一个动态、连续、发展的过程。个体经过压力源与压力情境的作用后，通过对自己拥有的能力、资源进行认知和评估，选择与应用相应的策略，做出适应性或者不适应性反应的过程。

（3）策略性。应对过程的发展并不是无意识通过本能反应进行的，而是在意识的控制下有目的、有计划地进行的。从评估所处情境的内外压力和拥有的应对资源再到策略的选择和应用，整个应对过程都是在有意识的情况下进行调节和控制的。

（4）反应性。应对具有反应性，是每个人在情境的内部和外部的压力下，由意识控制、引导做出的认知和行为方面的努力，是多重因素结合的反应活动，与一般的压力反应有所不同（张田，2018）。

学术前沿

国内校园欺凌研究现状及其进展

在青少年成长过程中，校园欺凌时有发生。欺凌者可能受到法律制裁，也可能成年后成为社会的危险分子，并给被欺凌者造成一生挥之不去的心理阴影。因此，关注欺凌，研究欺凌，消除欺凌，有助于社会安定和青少年幸福成长。校园欺凌是复杂的，在不同文化背景下欺凌的内涵存在差异，不同年龄个体对欺凌的认识和理解也存在差异。

一项关于校园欺凌的研究综述基于文化和发展的视角，系统梳理了国内外关于欺凌界定的研究，重点探讨了中国文化背景下欺凌的特征以及儿童青少年和成人对于欺凌的理解。中文语境中，欺凌更强调蓄意伤害性和双方力量的不均衡性特征，不含重复发生性特征。相比儿童，青少年、成人对欺凌的认识更接近欺凌的科学定义。蓄意伤害性、力量不均衡性特征是青少年、成人判断欺凌事件的关键要素；重复发生性不是欺凌的关键特征，却是儿童青少年和成人界定欺凌事件的重要线索，重复发生的伤害性事件更可能被认定为欺凌。该研究综述提出了明确欺凌界定对校园欺凌研究和防治实践的启示。

资料来源：张文新．(2023)．欺凌的界定：文化和发展的视角．*心理发展与教育，39（4）*.

（二）应对方式的概述

1. 应对方式的概念

应对方式（coping style）又称应对风格，是指个体面对不同的应激情况时采取的应对策略，是个体稳定因素与情境因素交互作用的结果（黄希庭等，2000）。应对方式是人们为了应对外部环境的挑战及其带来的情绪压力而采取的措施、技巧或策略，目的是帮助人们更好地应对外部环境。

应对方式是个体用来使心理、生理和外部环境协调发展的主观行为，被看作个体认识和处理困难或感受到压力时，自身内部因素与外部因素共同作用的结果；即使面对同一刺激情境，不同的人应对的方式也会不一样。应对方式会影响个体的生理和心理健康。积极的应对方式更有利于个体保障自己的全面健康。

应对方式 又称应对风格，是指个体面对不同的应激情况时采取的应对策略，是个体稳定因素与情境因素交互作用的结果。

2. 应对方式的种类

不同的应对方式会导致生活事件的不同结果，从而给个体带来不同的心理和情绪体验。研究者根据研究方向和研究目的进行分类。以下是几种分类方式。

肖计划（1992）认为，应对方式是在应对过程中继认知评价之后所表现出来的具体的应对活动。根据活动的有形还是无形，应对方式分为动作性应对方式和意念性应对方式；根据活动的针对性，应对方式分为针对问题的应对方式和针对情绪的应对方式；根据活动的目的，应对方式分为旨在解决问题的应对方式和旨在改变自我认知评价的应对方式。黄希庭等（2000）则根据实际情况，通过对中学生应对方式的初步研究，将应对方式分为问题解决、求助、回避、发泄、幻想、忍耐六种。

瑞比托和罗格斯（Rippetoe & Rogers，1987）根据应对方式的效果和影响，划分出两种应对方式：有效果应对（适应性）和无效果应对（不适应）。有效果应对即寻求劝告和信息，从别人那儿收到协助和思考解决问题的办法。相反，无效果应对包括退缩行为和逃避行为。

拉扎勒斯和福尔克曼（Lazarus & Folkman，1984）区分了两种应对方式：问题聚焦应对和情绪聚焦应对。问题聚焦应对包括解决压力事件或改变问题来源的直接行动，强调处理困难情况的认知努力，旨在改变现状，控制压力来源；包括试图解决问题并寻求帮助来处理紧张局势的行动，评估压力的来源，并积极考虑和实施潜在的解决方案，以减少压力源的负面影响。这更符合寻找有效方法应对压力情况的调节需求。情绪聚焦应对是个体用来控制和改善因对抗、回避、逃避-回避和自我约束等紧张情况而产生的情绪压力的所有活动和想法，旨在管理与压力事件相关和面对逆境时的负面情绪，需要从他人那里获得情感支持，包括旨在管理压力来源、拒绝问题、否认问题或试图忽略问题的行动。

3. 应对方式的测量

（1）简版应对量表（Brief COPE）。该量表共有28个问题，涵盖了14个不同的维度，即：自责、情感上的社会支持、注意力的转移、发泄、工具性的社会支持、主动应对、拒绝、药物滥用、宗教、放弃、积极的理解、计划、幽默和接受。其中，主动应对、计划、积极的理解、接受为以问题为中心的分维度，共8个题项；情感上的社会支持、发泄、自责为以情绪为中心的分维度，共6个题项。中文版的简版COPE量表删除了宗教维度，采用4级计分方式，得分越高，说明这种反应的程度越强烈。

（2）《应对方式问卷》。肖计划等（1996）所编制的量表分为6个维度：对问题进行合理化、自我责备、幻想、回避问题、问题解决、寻求外界帮助。该量表采用5点计分的方式，共有62个题项。

二、应对方式的理论

（一）心理防御机制理论

心理防御机制理论（defense mechanism theory）源于弗洛伊德的自我防御机制理论，主张个体在面临应激情境时，会无意识地运用否认、压抑、投射等防御机制来应对（叶一舵，申艳娥，2002)。该理论能解释人们在危机突然降临时的自动化应对行为。

(二) 人格特质理论

人格特质理论（personality trait theory）主张，个体的应对方式就像人格特质，即使压力情景不一样，个体所采取的应对方式也是稳定的。人格特质能够预测一个人的应对方式，即每个人都处于与应对方式相关的不同人格维度，通常个体会采用单一的应对模式，即评估-应对方式-后效认同模式，从而形成各不相同的应对风格。如内向-外向维度所对应的应对风格：内向个体倾向于孤独，而外向个体倾向于向同伴求助。该理论过分强调人格特质的影响，忽视了具体情境的影响，低估了应对情境的复杂性和多变性（王春莉，2006)。

(三) 应对情境理论

应对情境理论（coping state theory）主张，应对是在某一特定情境下，个体根据情境做出的反应，所以情境决定应对方式的选择。最合适的应对方式是能够使得应对情境改变的应对方式。在不同的压力情境下，个体采取的应对方式应该有所变化，最终目的都是使个体适应情境的要求。该理论没有考虑个体性差异，对客观情境的应激与主观体验到的情境的应激不能做出区分（叶一舵，申艳娥，2002)。

(四) 应对的交互作用理论

应对的交互作用理论（coping interaction theory）又称认知-评价理论，是福尔克曼和拉扎勒斯（Folkman & Lazarus，1988）提出的，主张应对是个体有意识参与的活动，并且是一个不断变化发展的过程。个体首先对情境做出认知和评价，再根据认知和评价的结果决定自己的行为方式，从而出现与应激情境的互动。接下来，情境不断被个体改变的同时，个体对情境的认知和评价也会被重新做出判断，对自己的应对方式会做出适时调整。所以，应对分为认知和行为两个过程。在个体与环境的交互作用过程中，一般会形成三种独立的评价：初级评价、次级评价和重新评价。初级评价先来判断个体处境的性质，次级评价接着比较所采用的应对方式与情境之间的关系，重新评价最后核查前两次评价的准确性和可靠性。

学术前沿

社会排斥与大学生恶意创造力的关系：应对方式和攻击性的链式中介作用

人是社会性动物，与他人建立和保持社会联结是人类最强烈的需求之一，而社会排斥会威胁到这一需求的满足。当与他人交好的需求受到严重损害并难以恢复时，个体会表现出更多的攻击性行为。个体面临社会排斥时，可能通过激发攻击性来诱发恶意创造力。因此，倾向于消极应对方式的个体，在人际冲突和挫折情境中，总是保持消极的想法，对他人意图进行错误归因，产生敌意归因偏差，对他人表现出更强的攻击性。

为了考察社会排斥与恶意创造力的关系以及应对方式和攻击性在其中的作用，有研究对 863 名大学生进行调查。结果发现：（1）社会排斥正向预测恶意创造力；（2）消极应对方式和攻击性在社会排斥和恶意创造力间的链式中介作用显著；（3）积极应对方式和攻击性在社会排斥和恶意创造力间的链式中介作用不显著。研究结果进一步揭示了社会排斥对大学生恶意创造力影响的内在机制。

资料来源：李娇娇，徐碧波，袁海龙，尹锡杨．(2024)．社会排斥与大学生恶意创造力的关系：应对方式和攻击性的链式中介作用．*心理发展与教育，40 (5).*

三、应对方式的影响因素

应对方式的影响因素主要有客观因素和个人因素。

（一）客观因素

个体应对方式受许多客观因素影响，如应对事件的强度、社会支持、教育、文化、历史和政治环境等。其中，社会支持和父母教养方式是影响人们的应对方式的重要因素。

1. 社会支持

个体从外界获得的社会支持会影响个体的应对方式。研究显示，社会支持对应对方式的影响表现在多个方面，包括缓解消极情绪、提供陪伴降低孤独感、提供问题解决的建议等。拥有良好的社会关系和资源的大学生可以通过寻求他人帮助和解决实际问题，应对自身面临的挑战；如果没有充分的社会支持，大学生可能会选择逃避、沉浸在虚构的世界中、承担后果等消极的行为。研究表明，当没有足够的社会支持时，人们很容易以消极的态度来处理压力，甚至陷入孤立的境地；拥有充足的社会支持的人更有可能采取积极的行动，如寻求帮助、解决问题，以及改善自身的生活状况（彭丽丽，2018）。张玲玲（2020）的研究表明，个体一般自我效能感在社会支持和其应对方式之间发挥着某种程度的桥梁作用。

2. 父母教养方式

父母教养方式会对个体产生潜移默化的影响。这种影响主要通过父母教养观念和行为等逐渐体现在个体的应对方式上。父母教养方式会影响个体的社交焦虑水平，同时应对方式在外界刺激和内部情绪中起到重要作用（杨舒涵等，2020）。沈晓红等（2002）的研究结果表明，受到家庭的关爱和理解的大学生更倾向于以积极的态度面对挑战，比如努力解决问题，并寻求社会的帮助。良好的母亲教养方式可以显著提升问题青少年的自尊水平，使他们能够更加乐观地面对挑战，从而避免出现不良行为（朱亚琪，2020）。然而，在孩子的成长过程中，如果家庭的干预、保护和偏爱太多，可能会使孩子产生负面的情绪，比如沉溺于幻想、自我封闭以及出现其他不良行为（沈晓红等，2002）。

（二）个人因素

应对方式受性别、年龄和人格特征等个人因素影响。

1. 性别

中国传统社会文化对男性的期待高，男性被认为应该具备主动性、理智和能力。这种观念也促使男生更加乐观、勇敢和自信。女性在获取客观支持、有效运用这些支持以及采取积极行动方面的成绩要远远优于男性。一般来说，女性更倾向于与他人分享和交流，以获得支持。在中国的传统文化中，男性被要求拥有坚韧、忍耐和承受能力，男性可能会更加关注"面子"，并且在面临挑战时，可能会选择独立承担，或者采取消极的行为，例如抽烟、饮酒，以此来寻求支持（张玲玲，2020）。

目前研究发现，性别差异的研究结果不尽一致。在应对压力事件时，女性更倾向于选择基于情绪的或者回避的应对方式（王海民等，2003），男性则更倾向于使用问题聚焦应对来应对压力情况。李茹等（2005）研究发现，在武警医学生中，男性比女性更倾向于采取积极的应对措施，这种情况可能是由于他们的家庭教育模式所致。然而，张林等（2005）却研究认为，女性会使用更多如主动寻求帮助之类的积极应对方式，男性则会使用更多如逃避之类的消极应对方式；或者女性更有可能使用积极应对和社会支持，并采用问题聚焦应对。朱振杰（2020）的研究结果显示男性性别差异不显著。近期的一项关于性别如何影响新冠疫情的应对方式的研究发现，性别会导致应对方式的显著不同（黄敏等，2021）。可见，性别是否影响应对方式这一问题仍存在分歧，还没有得出比较一致的结论。

2. 年龄

随着年龄的增长，个体对人生、社会的体验越丰富，采取的应对方式也就越成熟（畅相韦，2014）。年长的学生比年轻的学生更有可能使用积极的应对方式。对大一至大四学生的应对方式研究发现，随着学生年级的提高，他们的应对方式也会变得更加成熟。大一学生常常采取压抑、寻求帮助和幻想的方式来应对压力，而大二和大三学生更倾向于采取自我防御的方式来应对压力，大四学生则更多地采用心理调节的方式来应对压力（张林等，2005）。王冠楠（2022）研究发现，不同年级的大学生在应对问题时有显著的不同。特别是，大一的学生在积极性和乐观性方面的平均得分都较高，大二的学生则更倾向于消极。

3. 人格特征

人格特征与应对方式的关系研究一直是心理学研究的一个热点。在人格特质理论框架下，个体的应对方式并非受到环境的影响，而是受到其自身特质的影响，因此，即使面临多种复杂的环境，也能够保持其基本的应对方式。例如，王海民等（2003）认为，神经质得分与不成熟的应对方式正相关，与求助得分显著负相关。梁宝勇和郭倩玉（2000）研究发现，人格是个体决定采取何种应对方式的重要决定因素，个体在应激情境下所采用的应对方式表现出一定的稳定性和一致性。黄希庭等（2000）的研究结果与梁宝勇和郭倩玉（2000）的研究结果一致，实验结果表明，A 型人格的初中生通常采用情绪取向的应对方式，B 型人格的初中生则主要采用问题取向的应对方式。由此可见，个体的人格特征存在差异性，使得个体在应对方式上也存在差异。

基本概念

情绪　情绪的主观体验　情绪的生理唤醒　情绪的表达过程　心境　激情　应激　应对　应对方式

本章要点

1. 情绪是人类复杂的心理现象，情绪产生时伴随着独特的主观体验、明显的机体变化以及生理唤醒。

2. 情绪的外部表现包括面部表情、体态表情和言语表情。情绪具有动机功能、调控功能、适应功能和信号功能，兼具积极性和消极性。

3. 情绪发生的中枢部位在大脑的丘脑、下丘脑、边缘系统和网状结构等部位。情绪回路中的关键结构包括前额皮层、杏仁核、海马、前部扣带回、腹侧纹状体等。

4. 早期的情绪理论：詹姆斯-兰格认为情绪刺激引起身体的生理反应，进而导致情绪体验；坎巴情绪学说认为情绪的中心不在外周神经系统，而在中枢神经系统的丘脑。

5. 情绪的认知理论：阿诺德认为情绪的产生是大脑皮层和皮下组织协同活动的结果，大脑皮层的兴奋是情绪产生的最重要的条件。拉扎勒斯认为，情绪是个体对环境事件知觉到有害或有益的反应，个体需要不断地评价刺激事件与自身的关系，有三个层次的评价（初级评价、次级评价和再评价）。

6. 情绪的动机-分化理论：汤姆金斯把情绪看作动机，认为情绪的主观体验是驱动有机体采取行动的动机力量；伊扎德认为情绪系统与认知、行为等人格子系统建立联系并相互作用。

7. 应对方式是个体用来使心理、生理和外部环境协调发展的主观行为。国内外研究者根据研究方向和研究目的，把应对方式分成不同的种类。应对方式的测量也有比较成熟的测量问卷。

8. 应对方式的理论有心理防御机制理论、人格特质理论、应对情境理论和应对的交互作用理论。

9. 应对方式的影响因素包括客观因素和个人因素。客观因素包括社会支持、父母教养方式等；个人因素包括性别、年龄、人格特征等。

复习思考题

1. 谈谈情绪的功能及其在工作生活中的价值。
2. 谈谈情绪产生的生理结构及其最新的研究发现。
3. 从发展的视角评述各位情绪心理学家对情绪的解释。
4. 评述应对方式的四种解释理论和应对最新的研究发现。

拓展学习

孟昭兰.（2005）. *情绪心理学*. 北京：北京大学出版社.

傅小兰.（2016）. *情绪心理学*. 上海：华东师范大学出版社.

Shiota，M. N.，Kalat，J. W.（2015）. *情绪心理学*（周仁来等译）. 北京：中国轻工业出版社.

周晓琳，高定国［主译］.（2023）. *认知神经科学：关于心智的生物学*. 北京：中国轻工业出版社.

第十二章
人　格

【学习目标】

1. 什么是人格?
2. 人格的特征有哪些?
3. 人格的理论有哪些?
4. 如何塑造学生良好的人格?

【章节导读】

有一次，孔子讲完课，回到自己的书房，学生公西华给他端上一杯水。这时，子路匆匆走进来，大声向老师讨教:“先生，如果我听到一种正确的主张，可以立刻去做吗?”

孔子看了子路一眼，慢条斯理地说:“总要问一下父亲和兄长吧，怎么能听到就去做呢?”

子路刚出去，另一个学生冉有悄悄走到孔子面前，恭敬地问:“先生，如果我听到正确的主张，可以立刻去做吗?”

孔子马上回答:“对，应该立刻去做。”冉有走后，公西华奇怪地问:“先生，一样的问题，你的回答怎么相反呢?”

孔子笑了笑说:“冉有性格谦逊，办事犹豫不决，所以我鼓励他临事果断。但子路逞强好胜，办事不周全，所以我就劝他遇事多听取别人意见，三思而行。”

请思考以下两个问题:

第一，同一班上的学生年龄相仿，心理层面有怎样的差别?

第二，如何依据学生的心理差异开展教育?

第一节　人格概述

一、人格的定义

在生活中，人们常常会听到人格一词的运用。“某某舍生取义，人格高尚”，这里的

“人格”主要含品格、道德之意。法律上也讲尊重人格，这时人格是指人应该享有的权利和资格，每个公民人格平等，人格尊严受法律保护。心理学中的人格有其专业的含义。但心理学家对人格的定义也不尽相同。比如，美国心理学家奥尔波特（G. W. Allport）认为（Allport，1937），人格是个体内部决定其独特的顺应环境的那些心理生理系统中的动力组织。艾森克（H. J. Eysenck）认为（Eysenck，1947），人格是个体由遗传和环境所决定的实际的和潜在的行为模式的整合。

总之，我们认为，**人格**（personality）是个体在各种交互作用过程中形成的内在的动力组织和相应行为模式的统一体。该定义有以下几方面的含义：

人格 个体在各种交互作用过程中形成的内在的动力组织和相应行为模式的统一体。

第一，人格是指个体外在的行为模式，即个人与环境（特别是社会环境）的互动方式，亦即个体在各种情境中表现出来的一贯的行为方式、生活风格或生活方式等。如一名内向、不好交际的学生，无论是在日常生活中还是参加社交活动，无论是在家还是在学校，都是内向的、不好交际的。

第二，人格是个体内在的动力组织，包括：稳定的动机，习惯性的情感体验方式和思维方式，稳定的态度、信念和价值观。正是个体内部的动力组织决定了其外在的行为模式。如一名一贯努力学习的学生，其学习行为的内在驱动力源于稳定的成就动机。

第三，人格是一个统一体，这种统一体往往由一些特质构成，如内外向、独立性、自信心等。当然，表里不一的情况也是常见的，如一个对他人怀有敌意的人可能表现得特别友好。但这种经常性的表里不一本身也是一种统一体，即一种人格特质。

第四，人格既是各种交互作用的结果，也是各种交互作用的过程。人格是个体在环境和遗传交互作用过程中经由主观努力形成和发展起来的。除了心理与环境的交互作用，还存在身心之间、成熟与学习之间、过去-现在-未来之间等的复杂的交互作用。

其实，人格定义的不同，既反映了心理学家们对人格研究侧重点的不同以及研究方法的差异，也反映了人格内涵的丰富性。综合各心理学家的见解，我们认为人格是构成个体的思想、情感及行为的特有模式，包含个体区别于他人的稳定而统一的心理品质，即人格是决定个体的外显行为和内隐行为，并使其与他人行为有稳定区别的综合心理特征。

二、人格的特征

（一）整体性

人格的整体性是指构成人格的多种成分，如能力、气质、性格、情感、需要、动机和价值观等，在个体身上不是孤立存在的，而是相互联系，构成一个有机组织。这个有机组织中的各种成分必须协调一致，才能保障其顺利运行。如果各种成分不能协调，就会产生心理问题或心理障碍。如精神分裂症患者会笑着述说他们家悲惨的故事，这体现了情感体验与内容、认知的不协调。

（二）稳定性

人格的稳定性是指人格有跨时间和跨情境的一致性。人格跨时间的一致性是指个体的人格特征在人生的各个阶段基本一致。古人也有“三岁看大，七岁看老”这一说法。人格跨情境的一致性是指在不同的场合或环境中，个体都会以自己特定的方式来展现。例如，一个容易冲动的人，不管是在学校，还是在大街上，都会表现出冲动行为。

当然，人格的稳定性也只是相对的，并不是一成不变的。尤其是与年龄有关，一般年龄越小，可塑性越强。经历比较大的变故（如失恋、重大疾病），也会导致个体好像变了个人一样。个体也可能根据自己的理想、价值观和追求，有意识地磨炼、约束和规范自己，塑造自己希望的人格。

学术前沿

人格动态性

人格除了具有稳定性，还具有动态性。人格的动态性是指人格在一定文化或情景中的短期波动。21 世纪前，对人格的研究大多关注个体间差异的普遍性结构，采取人格特质的研究视角；相对而言，20 世纪早期的奥尔波特将人格定义为“个体内部决定其独特的顺应环境的那些心理生理系统中的动力组织”，较早体现了个体人格的动态性思想。人格特质说虽适用于描述结构，却难以对人格的形成和作用机制进行解释，因此，还需要从动态性的角度对人格进行研究。

人格的动态性理论主要包括人格过程模型、人格整合模型两类模型。前者对人格表现的产生过程进行阐释，为个体在不同情境中行为波动的产生机制提供了理论假设，包括社会认知人格模型、神经生理人格模型、人-环境关系模型等；后者结合人格过程，聚焦于解释人格特质的成因与作用机制，包括全特质理论、认知评估的人格构造论、大五人格控制论。

资料来源：吴凡，胡月琴．(2023)．人格动态性：过程与特质整合视角．*心理科学进展，31 (7).*

（三）独特性

人格的独特性是指人与人之间的差异性。世界上没有完全相同的两个人，就如同没有完全一样的两片树叶。与别人相比，每个人总有自己独特的地方。即便是双胞胎，哪怕在外表上差异不大，也可能在气质、性格等方面存在显著差异。

强调人格的独特性，并不排斥个体间人格上的共性。尤其是生活在同一地域、同一文化背景下，成员之间不可避免会形成一些典型的、共同的对人、对己、对事的相似态度和价值判断，因而某个集体会体现出他们自己的共同人格特点，如中国人勤劳勇敢、德国人秩序严谨、法国人浪漫开放等。所以，人格是独特性和共同性的统一。

（四）社会性

人是社会性动物，从出生开始就生活在社会中。因此，人格也是在社会生活中形成的。个体在与人交往的过程中，逐渐掌握社会经验和行为规范，形成不同的人格特征，因而每个人的人格都会打上其所处社会文化的烙印。离开了人类社会，人格就不会形成。多起狼孩事例也说明了这一点。狼孩具有人的遗传素质，但其身上狼性、野性十足（用四肢爬行、吃生肉、昼伏夜出和嚎叫等）。即便科学家对其进行训练，也收效不大，其智能远远落后于同龄人。

强调人格的社会性，同时也不能忽视人格的生物性。例如，个体的气质类型与他的神经活动类型有关，受遗传的影响非常明显。除气质外，能力、性格等也都与生理因素有关。因而，人格也是社会性与生物性的统一。

三、人格结构

人格结构包含个人的气质、性格和认知风格等。接下来逐一介绍气质、性格、认知风格。

（一）气质

1. 什么是气质

气质是与人格有关的一个概念。在日常生活中，人们常使用这个词，如某某气质高雅、某某很有气质。这里所讲的气质相当于“风度”“气派”，与心理学中的气质含义完全不一样。在心理学中，**气质**（temperament）指一个人与生俱来的心理活动的动力特征。心理活动的动力特征包括心理活动的速度、强度、指向性。速度指思维、动作等反应的敏捷程度。强度指情绪反应的强弱、意志力的强弱等。指向性指心理活动更多指向于外部世界（外向）还是自己的内心世界（内向）。气质受神经活动过程的特性制约，受遗传的影响比较大。婴儿一出生，气质上的差异就很明显。有的婴儿情绪平稳、安静，有的爱哭、好动。可见，在心理学中所讲的“气质”，其含义是日常生活中所说的脾气、秉性。

气质 一个人与生俱来的心理活动的动力特征。

随文提问：俗话说：“江山易改，禀性难移。”对此，你怎么看？

2. 气质理论

（1）气质的体液说。古希腊医生希波克拉底（Hippocrates）提出气质的体液说。他认为，人的心脏产生血液，脑分泌黏液，肝分泌黄胆汁，胃分泌黑胆汁。机体的状况取决于四种液体的正确配合。在体液的混合比例中，血液占优势的人属于多血质，黏液占优势的人属于黏液质，黄胆汁占优势的人属于胆汁质，黑胆汁占优势的人属于抑郁质。每一种体液也都是由寒、热、湿、干四种性能中的两种性能混合而成。血液具有热-湿的性能，因此多血质的人温而润，好似春天一般；黏液具有寒-湿的性能，因此黏液质的人冷酷无情，好似冬天一般；黄胆汁具有热-干的性能，因此黄胆汁的人热而燥，如夏季一般；黑胆汁的人具有寒-干的性能，因此抑郁质的人如秋天一般。

（2）气质的高级神经活动类型说。巴甫洛夫（Pavlov）提出了气质的高级神经活动类型说，主张高级神经类型是气质的生理基础。他认为，大脑皮层有兴奋和抑制两种最基本的神经过程，并具有强度、平衡性和灵活性三种属性。神经过程的强度是指神经细胞能接受的刺激的强弱程度，以及神经细胞持久工作的能力。神经过程的平衡性是指兴奋和抑制两种过程的力量是否平衡，如果不平衡会表现为其中的一种占优势。神经过程的灵活性是指兴奋和抑制两种过程相互转换的速度和难易程度。

巴甫洛夫根据高级神经活动过程的以上三种属性，把高级神经活动分为兴奋型、活泼型、安静型、抑制型四种，与气质类型的对应关系及典型特征如表12－1所示。

表12－1　高级神经活动类型与气质类型的对应关系

神经过程的基本属性			高级神经活动类型	气质类型	典型特征
强度	平衡性	灵活性			
强	不平衡		兴奋型（又称不可遏制型）	胆汁质	攻击性强、精力旺盛、头脑反应很快、果断勇敢、易冲动兴奋、不愿意受约束、直率热情、急躁
强	平衡	灵活	活泼型（又称灵活型）	多血质	适应力强、反应敏捷、活泼好动、充满活力、行动与思维敏捷、适应力强、易转移注意力、缺乏耐心
强	平衡	不灵活	安静型	黏液质	安静沉着、有节制、善于忍耐、情绪不外露、喜欢思考、思维灵活性稍差、做事刻板、主动性欠缺
弱			抑制型（又称弱型）	抑郁质	沉静而羞涩、敏感、情绪体验深刻、见微知著、遇事三思而后行、被动消极、反应缓慢

很少有人完全属于一种气质类型。多数人可能以某种气质类型为主，或者是介于某两种气质类型之间。一个人的气质也可能是三种或四种类型的混合。

3. 气质与教育

在教育教学中，必须了解学生的情况，重视学生的气质类型，才可能取得较好的教育效果。为此，教师应注意以下几个方面（李文权，2016）：

（1）克服偏见，因为气质类型无好坏之分。气质仅使人的行为带有某种动力特征，无所谓好坏；同时，每一种气质类型都有其积极的方面，也都有其消极的方面，不能简单说哪种气质类型好。例如，兴奋型的人，精力充沛，行动快，做事勇敢，但思维不严密，做事不计后果。教师在教育工作中的职责之一就是要帮助学生分析和认识自己气质特征中的优势和不足，善于驾驭自己的气质，充分发挥气质中的优势，克服消极的一面。

（2）根据学生气质类型的不同，因材施教。根据学生的气质差异，在教育过程中做到“一把钥匙开一把锁”。比如，抑郁质的学生敏锐稳重、情感体验深刻持久、胆小、孤僻、多愁善感、内向谨慎、易畏缩。对这类学生进行教育时应尽量采用委婉暗示的方式，对其关心、爱护，不宜在公开场合下指责，不宜过于严厉地批评，培养他们亲切友好、善于交往、富有自信的精神，强化其敏感、机智、认真、细致、高自尊的优点。

（3）帮助学生进行气质的自我分析、自我教育，发挥气质特点中的优势。随着学生年龄的增长，他们对自身气质特征的认识能力和控制能力将大大提高。因此，教师应帮助学生对自己的气质特点进行分析，让他们主动用自己坚强的意志力去克服气质的消极面，或以气质的积极面去掩盖其消极面。

（4）组建学生干部队伍时，应考虑学生的气质类型。在任命学生干部时应考虑学生的气质类型，使学生干部的气质类型与每种职务的工作要求相符合，充分发挥学生干部的潜力和优势。

（二）性格

1. 什么是性格

性格（character）是个体在生活过程中形成的、对现实稳定的态度以及与之相适应的习惯化的行为方式。例如，个体的诚实或虚伪、勇敢或骄傲、关心他人、爱护公共财物，都属于他的性格特征。个体的性格是由许多性格特征组成的统一体。这种对人对事的态度和行为上的独特性，体现了人与人之间的差别。它具有以下几个特点：

性格 个体在生活过程中形成的、对现实稳定的态度以及与之相适应的习惯化的行为方式。

第一，稳定性。个体的某一性格特征是个体对某一类事物比较稳定一致的表现。例如，个体偶尔一次主动做事情，不能说他勤劳。

第二，差异性。个体对自己、对别人、对事物的态度和所采取的言行存在差异，这与个体的世界观、人生观、价值观有关。

第三，有好坏之分。性格是在后天社会环境中逐渐形成的，是人最核心的人格特征。如果对他人、社会有益，这种性格就是好的；反之，则是不良性格表现。

第四，可塑性。由于个体对人、对事的思想认识会发生改变，所处环境会发生变化，个体的生活目标和追求也会发生调整，原有的某些性格就会发生改变。所以，性格又具有可塑性。比如，通过个体的主观努力，可以在一定程度上将性格上的懒惰转变为勤奋。

2. 性格与气质的关系

性格与气质都属于一个人的个性，都包含于一个人的人格之中。两者既有区别又有联系。两者的区别体现在：第一，气质具有先天性，受高级神经活动类型影响较大，主要是在人的情绪和行为活动中表现出来的动力特征（如强度、速度）。性格主要是指个体行为的内容，是在后天形成的，更多受社会生活条件影响和制约，是人的态度和行为方式相结合而表现出来的、具有核心意义的个性心理特征。第二，气质无好坏之分，而性格有好坏之分。第三，气质表现范围狭窄，局限于心理活动的强度、速度等方面。因此，气质的可塑性极弱，变化很慢；而性格表现的范围广泛，几乎囊括了人的各方面心理特点，可塑性强。

性格与气质又有一定的联系。首先，不同气质类型的人可以形成相同的性格特征，在行为表现上具有自己的个人风格和色彩。例如，同样是乐于助人的性格，胆汁质的人帮助别人时表现为满腔热情、雷厉风行，黏液质的人则不声不响、不紧不慢。其次，气质可以影响性格的形成与发展速度。例如，羞涩、敏感的抑郁质个体想要变成热情好客的性格，就比原本活泼、爱交际的多血质个体要慢一些。

（三）认知风格

认知风格　人们在认知活动中偏爱的信息加工方式，也称认知方式。

认知风格（cognitive style）是指人们在认知活动中偏爱的信息加工方式，也称认知方式。认知风格一般是个体在成长过程中养成的习惯化的解决问题的方式，在个体身上具有较为明显的稳定性，在人与人之间有一定的差异性。

1. 场依存型和场独立型

美国心理学家威特金（H. Witkin）认为（Witkin et al.，1977），有些人在知觉事物时，较多地受到周围环境信息（场）的影响。这种人喜欢社交活动，社会敏感性强。他们对事物的态度和自我认知，容易受周围环境线索或暗示的影响，也包括受他人尤其是权威人士的影响。而另外一些人在对事物进行判断的时候，常常以自己的内部线索、经验和价值观为依据，较少受到周围因素的干扰，倾向于自己独立做出判断。这类人不喜欢社交，社会敏感性差，喜欢独自关注抽象的概念和理论，喜欢独立思考和学习。威特金因而把认知风格分为场依存型和场独立型。

随文提问：你容易迷路吗？

2. 冲动型和沉思型

冲动型的人在完成认知任务时，往往粗枝大叶，没有对信息进行细致全面的搜集整理，也没有进行深入思考，很快就做出反应。从外在表现看，他们的认知活动反应快，效率很高，但可能不求甚解，遗漏一些重要信息，认知活动也缺乏深度。沉思型的人在认知活动中认真细致，全面搜集信息，有条理、有步骤地深入思考，在有依据、有把握的情况下做出反应；虽然效率较低，但能关注到细节，思考有一定的深度，不容易犯错。在完成复杂、困难的任务时，沉思型的人表现更好一些。

3. 同时型与继时型

戴斯（J. P. Das）等（Das et al.，1975）根据脑功能的研究，认为左脑优势的个体表现出继时型加工风格，右脑优势的个体表现出同时型加工风格。同时型加工风格者在解决问题时，视野较广，同时考虑多种假设，兼顾解决问题的多种可能途径或发展趋势。继时型加工风格者喜欢一步一步地解决问题，每一步只考虑一种假设或一种属性，不能同时进行多种加工；上一步的事情完成或停止后，才能进行下一步的工作，整个过程中的很多步骤一环扣一环，直到问题解决为止。同时型与继时型只是认知风格上的区别，与加工水平无关。如果某项任务需要某种认知风格，而你正好这种认知风格占优势，你完成任务就会得心应手、事半功倍。

第二节　弗洛伊德的人格理论

一、人格结构理论

弗洛伊德认为，人格由本我（id）、自我（ego）、超我（superego）三个部分构成。

个体在出生时，只有本我这一个成分。本我按快乐原则行事。它由与生俱来的原始的欲望、冲动和能量构成，没有是非观念，也不管条件和环境如何，只追求及时得到快乐和满足。例如，一个婴儿饥饿，他不会考虑母亲当时的情况，只管马上能吃到食物，方才止啼。但儿童在成长的过程中，通过不断与周围世界相互作用，增加了对周围世界的认识，也逐渐发现自己的需要并不都能及时得到满足，有些时候必须服从和考虑现实的情况。此时，人格中的自我这个部分就开始出现。

自我遵循现实原则，是本我和外界环境的调节者。它既要考虑满足本我的需要，又要考虑客观现实的情况。这犹如骑手与马的关系。马有强大的力量，想要撒开四蹄狂奔，却离不开骑手指导游历的方向和路径。自我帮助本我合理地满足欲望，解除个体原先的紧张状态，从而体会快乐。在儿童成长过程中，自我会分化出超我，即道德化的自我。儿童早期经验中，受到父母价值观和社会规范的影响，某些行为得到奖励而增多，某些行为受惩罚而减少甚至完全消失。儿童逐渐将这些奖惩的经验内化为自身的行为准则，即使没有他人监督或环境约束也会自觉遵守。此时，自我控制取代了他人控制，超我就发展起来了。

超我遵循道德原则，通过良心和自我理想确定道德行为标准，使个体行为符合社会规范。个人违背道德标准时，会产生内疚感。

人格结构中的本我、自我和超我之间会相互作用和制约。本我中的原始欲望只求快乐。自我既要满足其需要，又要根据现实情况和超我对其进行限制和约束。三者之间都要有一定的力量，才能处于平衡和协调状态，人格才能健全发展。如果三者失去平衡，人格就会不健全，轻则出现适应困难，重则产生精神疾病，甚至危害社会。

学术前沿

阴阳学说与精神分析的“合体”

杨仁兵等巧妙地以阴阳太极图对弗洛伊德后期修正的人格（精神）结构进行新的阐释和发展，即在结构上，探讨本我、超我和自我与阴阳太极之间的关系；在发展过程上，根据意识发展的动态过程，考察个体在不同时期“阴阳我”的不同表现。

首先，弗洛伊德承认存在一种对立和一种“原初”。这种对立是在相互作用中明确的；而“原初”是一种混沌不明的东西，它要求存在。由此，最终产生是“个人”还是“公众（集体)”的存在，以及随之而来的自我处境中的焦虑、不安和绝望等问题。单就发展来说，自我，即太极的“成为”过程包括个体审美的“阴我”和大众伦理的“阳我”这两者的综合和超越。然而，这个过程曲折繁复，因为每一个环节都有固守自己原来的存在状态的倾向。其次，以阴阳鱼结构解释个体的发展和存在状态，即分析在个体发展的不同时期“阴我”和“阳我”的优势地位，探讨个体是在什么样的生存状态下进行交流和活动的，以此解释个人的分裂、抑郁和焦虑等问题，“前知大古，后能精明”，即：知道以往的发展规律，才能够不断精明起来。

一方面，依照自我精神的阴阳鱼结构，在进一步探讨“阴我”和“阳我”的运动和变化时，可以结合儒家社会人和道家自然人的自我或人格修养思想对个人心理进行分析，以使个人朝更加整合的方向发展，拥有近乎于“道”和“中庸”的完美自我，甚至是考察人际的阴阳互动模式。另一方面，阴阳太极图是整体性、辩证性的，同时具有发展性和动力性的特点，蕴含中国独有的天人合一观念。

资料来源：杨仁兵，郭本禹，陈劲骁．（2021）．精神的结构：阴阳与弗洛伊德人格理论．*心理科学，44（1）*.

二、人格发展阶段理论

弗洛伊德认为，推动人格发展的基本动力是本能，尤其是性本能。此处的性含义较一般的性更广，泛指引起个体产生快感的一切活动。弗洛伊德按照身体获得快感的部位的不同，把人格的发展分为五个阶段。在不同阶段，身体特定部位的快感获得适当满足，人格发展就会顺利进入下一个阶段。但是，如果某一阶段快感过度满足或严重缺失，个体的人格发展就会停滞或固着在这一阶段。随后，个体的生理年龄继续增长，但人格停留在这一阶段，显得比较幼稚。

（一）口唇期（0～1 岁）

婴儿获得快感的部位是口唇。婴儿通过吸吮、咀嚼、吞咽等活动获得满足。婴儿即便不饿，也喜欢衔着乳头玩耍，甚至对玩具性质的奶瓶盖也会衔着不放。这时的婴儿还喜欢咬手指。这些都是口唇追求快感的体现。但口唇期的欲望过于满足或严重缺失，其人格发展就会停滞，形成口唇期人格，表现为喜欢吃、喝、抽烟、接吻等口唇活动，或者表现为喜欢口头攻击行为，如挖苦、讽刺、骂人等。

（二）肛门期（1～3 岁）

婴儿获得快感的部位转移到肛门，通过大便排泄时与肛门肌肉的摩擦和减小便意的压力，产生快感。如果父母对儿童的大便训练过于严格或宽松，其人格发展就会停滞。成年人对小孩大便的态度，影响小孩对大便的认识和对待方式。如果小孩发现大人非常重视他的排泄物，他会认为大便是非常宝贵的，应该珍惜。这会让小孩形成“肛门滞留型人格”，表现为吝啬行为。

（三）性器期（3～6 岁）

幼儿获得快感的部位转换到了生殖器。在这一阶段，幼儿有了性别的区分意识，对自己的性器官感兴趣，有时抚摸性器官以获得性本能的满足。男童会在无意识层面喜欢自己的母亲，把父亲看成潜在的“情敌”展开竞争，形成“恋母情结”（俄狄浦斯情结）。女孩也会与自己的母亲竞争父亲，产生“恋父情结”。由于儿童力量弱小，在这种竞争中不能直接取得胜利，他或她就会转向模仿与自己同性别的父亲或母亲的行为。通过这种认同方式，女孩也就能得到父亲的喜爱。随着年龄增长，小女孩越来越女性化，恋父情结消失。但有的女孩没有完成这种认同过程，恋父情结会一直存在，成年后会对年龄大、长相像父亲，或者像长辈一样关怀她的异性产生好感，从而对恋爱、婚姻产生影响。

（四）潜伏期（7岁至青春期）

儿童在这一阶段的活动范围扩大，他们将关注的对象从自己的身体和父母转移到外界环境，喜欢爬山、探险等活动。在这一阶段，性本能处于潜伏期，儿童对异性没有兴趣。因此，男女儿童之间的感情较为疏远，各自与同性别的儿童玩游戏、运动等。

（五）两性期（青春期以后）

随着生殖系统的逐渐成熟，性机能出现，性本能复苏，生殖器成为产生快感的主要区域。青春期男女开始向往异性，学习与异性相处，形成良好的两性关系。个体也从一个追求快感的孩子转变成具有异性爱的能力的成人。但这一时期如果没有能够得到顺利发展，个体就可能产生性犯罪、性倒错，或者精神疾病。

经典回顾

弗洛伊德的成长史

弗洛伊德于1856年生于摩拉维亚，4岁时举家迁居维也纳。他在中学时代成绩一直名列前茅，17岁考入维也纳大学医学院。1885年，他前往巴黎，师从神经学家让·沙考（J. Charcot）。当时，沙考正在进行早期的催眠实验，考察催眠对一些疾病的治疗作用（这些疾病在当时被认为是异常的生理问题）。不久，弗洛伊德回到维也纳，与生理学家布洛伊尔（J. Breuer）合作。同沙考一样，布洛伊尔也用催眠术治疗歇斯底里症患者。歇斯底里症是一种伴随多种生理症状的精神紊乱，患者通常表现出盲、聋、不能行走或不能活动手臂等症状。当时，多数外科医生把歇斯底里症当成身体疾病治疗。但布洛伊尔和弗洛伊德提出了另一种解释。

对布洛伊尔的患者、化名安娜·O的女性进行的探讨，决定了弗洛伊德后来的职业生涯。布洛伊尔认为，安娜·O身上有歇斯底里症的许多症状，包括左臂瘫痪，产生幻觉，不会说母语德语而只说英语。在催眠状态下，安娜·O讲述了她的幻觉和过去的创伤经历。在最后一次催眠治疗中，她谈到她病危的父亲和与一条黑蛇相关的幻觉。这次催眠后，安娜·O瘫痪的手臂恢复了正常，她也重新开始讲德语。1895年，弗洛伊德和布洛伊尔出版《歇斯底里症研究》。他们以安娜·O为例，阐述了他们是如何运用催眠术治疗歇斯底里症的。在继续使用这种方法治疗一段时间以后，弗洛伊德很快意识到催眠的局限性并对它感到失望，转而开始寻找其他方法。弗洛伊德认识到，让患者说出他们潜藏于内心的事物很重要。他发现，即使不用催眠，患者在正常状态下也能描述以前隐藏的经历，这些经历似乎与歇斯底里症的病因和治疗有关。这一技术被称为自由联想，这是弗洛伊德理论发展的重要一步。

通过对这些早期患者的观察，弗洛伊德有一个惊人的发现：自由联想揭示的患者的回忆通常与性创伤经历有关，这些性创伤经历大多数被认为发生在幼儿期。他得出结论：早期性经历与成年患者表现出的症状有关。此时，弗洛伊德开始从神经学家转变为心理学家。

资料来源：琼斯等．(2018)．*弗洛伊德传*（张洪量译）．北京：中央编译出版社．

第三节　人格的影响因素

人格的形成和发展受先天遗传因素和后天环境的影响，而且是交互作用的结果。同时，人还具有主观能动性，会根据自己的价值观和生活目标有意识地约束自己的行为反应。因此，人格还受自我教育的影响。

一、遗传因素

关于遗传对人格的影响，心理学界很早就有推测并收集相关数据进行证明。甚至有部分心理学家把遗传的影响看得很重，如斯坦利·霍尔（Stanley Hall）宣称“一两的遗传胜过一吨的教育”（转引自白学军，林崇德，2014）。如果遗传真的影响人格的形成，它应该遵循这样的规律：相同的遗传素质越多，人格之间的相似度越高。有血缘关系的人，人格之间的相似度就应该高于没有血缘关系的人。亲兄弟姐妹之间的人格相似度应该高于表兄弟姐妹，同卵双生子之间的人格相似度应该高于异卵双生子。双生子即使分开在不同的家庭抚养，两者的人格之间也应该有一定的关联。一些心理学家围绕上面的假设进行了较为细致的研究，所得的结论基本一致，即同卵双生子的人格相似程度高于异卵双生子。简而言之，两个人拥有的相同基因越多，其人格越有可能相似。基因能够影响大多数人格特质。目前研究估计人格的平均遗传率为0.40～0.60。一项研究发现，双生子的大五人格特质遗传率为0.35～0.49，具体见表12-2。

表12-2　双生子的大五人格特质遗传率

人格特质	开放性	尽责性	外倾性	宜人性	神经质
遗传率	0.45	0.38	0.49	0.35	0.41

二、环境因素

遗传因素并不能解释人格变异的全部，还需要考虑个体所生活的环境，主要包括家庭环境、学校环境和社会环境。

（一）家庭环境

儿童来到这个世界上，由家庭提供生理需要和精神安慰。父母或其他养育者不断与之相互作用，成为婴儿的重要他人，对儿童的性格、智力、气质都会有一定的影响。家庭对儿童人格的影响主要体现在父母的教养方式、儿童在家庭中的地位与作用、家庭的经济地位等方面。

父母的教养方式可从两个维度看：第一个维度是父母对待儿童的情感态度（接受-拒绝维度）；第二个维度是父母对儿童的要求和控制程度（控制-容许维度）。在情感维度的接受端，家长以积极、肯定和耐心的态度对待儿童，尽可能满足儿童的各种要求；在情感维度的拒绝端，家长常以排斥的态度对待儿童，对他们不闻不问。在要求和控制维度的控制端，家长为儿童制定了较高的标准，并要求他们努力达到这些要求；在要求和控制维度的容许端，家长宽容放任，对儿童缺乏管教。根据这两个维度的不同组合，可以形成四种教养方式：权威型、专断型、放纵型、忽视型。不同的教养方式无疑会对儿童的社会性发展和人格形成产生重大影响。具体影响情况如表 12-3 所示。

表 12-3　不同教养方式对儿童人格的影响

教养方式	维度类型	可能影响
权威型	接受-控制	儿童期：心情愉悦，高幸福感；高自尊和高自我控制。 青少年期：高自尊、高社会和道德成熟性；高学业成就。
专断型	拒绝-控制	儿童期：焦虑、退缩、低幸福感；遇到挫折易产生敌对感。 青少年期：与权威型相比，自我调整和适应较差；但与放纵型和忽视型相比，常有更好的在校表现。
放纵型	接受-容许	儿童期：冲动、不服从、叛逆；苛求且依赖成人；缺乏毅力。 青少年期：自我控制差，在校表现不良；与权威型相比，更容易产生不良行为。
忽视型	拒绝-容许	儿童期：在依恋、认知、游戏、情绪和社交技巧方面存在缺陷；富有攻击性。 青少年期：自我控制差；在校表现不良。

儿童在家庭中的地位与作用，对其人格的形成与发展常常有一定的影响。例如，父母对待子女不公平，子女就容易产生嫉妒、自卑、怨恨心理，也可能助长其叛逆行为。另外，长幼顺序对其人格发展也有影响。长子的独立性更强，胸怀更广，而最小的孩子依赖性更强。

另外，家庭结构的完整性对儿童人格形成只是产生表层的影响，离异夫妻对于离婚后双方关系的处理才对儿童的人格有深层和直接的影响（廖芳芳，2018）。

学术前沿

家庭中的协同养育和共同养育

协同养育是指父母双方协调好父母角色，合理分工来共同养育儿童。它是一种家庭中承担父母角色的成人关系。协同养育包括支持性协同养育和破坏性协同养育。支持性协同养育表现为父母双方对对方教养孩子的支持，包括肯定对方作为父母的能力、承认和尊重对方的贡献、维护对方的养育决定和权威。破坏性协同养育表现为父母双方对对方教养孩子的不支持，以批评、贬低和责备等来削弱对方。有些父母会采取具有破坏性的竞争方式让自己获得孩子教养过程中的权威，而使对方失去资格。已有研究发现，协同养育对儿童的认知、情绪情感及问题行为等都具有重要影响。因此，关注正常家庭中父母双方协同养育尤为重要。

采用问卷法分层整群抽取上海市幼儿园中 650 个家庭的父亲与母亲参与调研，分两个时间段收集数据后进行分析。结果发现：家庭层面的婚姻质量正向预测家庭层面的支持性协同养育，并负向预测家庭层面的破坏性协同养育；家庭层面的婚姻质量正向预测父母各自的教养能力感；父母各自的教养能力感正向预测家庭层面的支持性协同养育，并负向预测家庭层面的破坏性协同养育；父母个人层面的教养能力感在家庭层面的婚姻质量与家庭层面的支持性协同养育和破坏性协同养育起中介作用。

调查显示，全国约 80%的祖辈参与照顾孙辈，祖辈-父辈共同养育已成为当前我国家庭中普遍存在的育儿模式。在这种模式下，通常祖辈主要照顾幼儿的生活起居；父辈则在工作之余陪幼儿游戏，负责幼儿的教育。祖父辈各负其责，共同养育幼儿。在共同养育过程中，共同养育双方难免因养育观念、行为等方面的不一致而产生分歧、出现矛盾。祖辈-父辈共同养育关系成为共同养育家庭中影响幼儿发展的重要因素之一。共同养育关系是影响幼儿气质发展的重要环境因素。多项研究表明，父母共同养育关系与幼儿气质显著相关。对幼儿及其家庭进行的为期两年的追踪研究发现，父母之间互相挑剔和不信任的养育关系预示着后期幼儿的困难气质，具体表现为应激反应强烈、高消极情绪（如焦虑、哭闹等）、低专注度、适应性差和低努力控制能力。

资料来源：刘怡婷，范洁琼，陈斌斌．(2022)．婚姻质量对父母协同养育的影响：基于共同命运模型的跨层中介分析．*心理学报，54 (10)*；郭媛芳，李晓巍．(2021)．祖辈-父辈共同养育关系与幼儿气质的相互作用关系．*中国临床心理学杂志，29 (4)*.

（二）学校环境

儿童从进入幼儿园开始，就会在学校中度过较长的时间。学校教育是有目的、有计划塑造人的活动，必然会对儿童的人格产生重要影响。这首先体现在教师的言传身教，以及教师与学生建立怎样的关系上。如果教师与学生建立的是亲密型关系，学生对教师尊重、信任、热爱和敬佩，师生在课堂上就会体现为合作、共进，师生间的课堂有双向或多向交往，课外也会有较多的接触和交往，关系融洽。如果师生关系演变为紧张型，学生畏惧、不喜欢教师，师生间的感情疏远、对立，学生在课堂上表面服从或者直接反抗，课堂上体现为单向交流，就容易发生师生冲突。

同伴关系也是学校影响学生人格发展的一个重要方面。随着学生年龄的增长，同伴交往的频率和花费的时间呈上升趋势。由于没有代沟，身心发展水平比较接近，他们之间的交流更为顺畅，交往的层次更深。同伴关系能够满足学生的安全需要、归属和爱的需要。同伴关系还能为学生的社会能力的发展提供背景。同伴之间的相互评价和反馈，能让学生认识自己的性格并加以完善，促进学生自我意识的发展。

（三）社会环境

人都生活在社会环境中，除了学校和家庭外，还会走出家门、校门，与同事、邻居、陌生人交往。通过观察周围人的行为方式，我们可能不自觉地进行了榜样学习，从而对我们的行为规范产生影响。此外，在这个信息飞速发展的时代，大众传媒和网络虚拟环境对个体人格的形成和发展也有很大的影响。可以说，我们每个人的人格都带有自身所处社会的烙印。良好的社会风气能使人形成积极的、健康向上的人格特征，不良的社会风气则使人格畸形发展。个体的人格还会受到所处文化传承的影响，每一文化都试图塑造它所崇尚的人格特征，如我们就深受中国传统文化的影响。党的二十大报告也强调我们要发展社会主义先进文化，弘扬革命文化，传承中华优秀传统文化。总之，社会环境对人格的形成起着潜移默化的作用。

学术前沿

善良与道德

党的二十大报告指出要提高全社会文明程度，提高人民道德水准和文明素养。中国自古以来就对“德”有所描述，道德需要的存在可以从中国的传统文化思想及相关研究中找到证据。中国文化强调“人之初，性本善”。孟子谈论人性本善，认为人心中生来就有四种善端：恻隐之心、羞恶之心、恭敬之心和是非之心。而以性善论为基础的人格理论认为，“每个人都有对美、真理、正义等的本能需求，而且是朝向自我实现、成熟和社会方向发展的”；人们对他人评价的感知也会被归为“仁者”和“智者”；此外，儒学思想中追求君子人格为理想的人格特质，回答了“成为什么人”这一问题，其中便包含了道德成分。这些都体现出人们在传统文化影响下对于“自己是道德的”这种体验的基本需要。

焦丽颖等在中国文化下探究了积极的道德品质（即善良人格）与道德需要满足之间相互促进的关系。研究发现，在控制了基本心理需要（自主需要、胜任需要和关系需要）后，善良人格和道德需要满足存在互相影响的关系。

动机产生于需要，而个体为了满足他们的基本需要，在追求目标过程中便发展出一系列的信念、情绪和行为倾向等心理表征，引导着个体寻求新的目标。在这个不断循环的过程中，个体形成了自己追求需要满足目标的独特风格，即人格。因此，基本心理需要及在追求目标过程中形成的心理表征，对个体的人格形成与塑造具有重要作用。当人们存在道德的需要时，为了追求“自己是道德的”目标，个体会产生独特的道德心理表征，如更强的道德信念、更明显的道德行为倾向，这个过程促进了善良人格的发展。反过来，高善良的人因为有其相应的高道德水平心理特征和行为模式，也更容易满足其道德需要。

同时，这项研究也为提高新时代人们的幸福感提供了新的思路。善良人格和道德需要的满足即使发生微小的变化，对人们生活的影响也是非常有意义的。例如，善良人格作为积极、美好的道德品质，是新时代公民道德建设的重要心理因素，高善良的人不但有动力做出更多的道德行为，而且这可能是无意识、自动加工的过程。道德心理需要的满足和受阻直接影响到个体的情绪和生活满意度等幸福感的体验，而这可能导致个体或社会的其他方面发生改变，如身体健康。因此，教育实践者在德育中应重视对善良品行的培养；政府在社会治理中应注重引导“善良”的风气，为人们道德行为表达提供良好、安全的社会文化土壤，降低个体救助行为产生的风险。这样也许会对个体的生命历程与和谐社会建设产生更多积极影响。

资料来源：焦丽颖，郭震，史慧玥，等．(2023)．善良人格与道德需要满足的关系：交叉滞后研究．*心理科学*，*46* (1).

三、自我教育

个体的人格不会完全被动接受遗传和环境的影响，他还有自己的主观能动性。儿童有自己的思维能力，也有自己的兴趣爱好，很多时候都会有自己的主见和思想。尤其是进入青春期后的中学生，除了身高、体重快速发展外，抽象思维、独立思维、批判思维也在快速发展，自我意识同样显著提升。学生比较关心自己是一个什么样的人，通过自身前后对比、与他人对比、别人的反馈、自我反省等多种途径认识自己。同时，他们也很在乎别人的批评、建议。中学生已经初步有了职业意识，会尝试思考自己将来要做一个什么样的人，树立近期目标和远期目标。他们根据自己追求的目标或价值观，发现自己身上有哪些不良性格或行为方式，结合朋友、师长的建议，会消除自己不喜欢的性格特点，增加自己希望的性格。这是一个自我认识、自我协调、自我控制的过程，需要不断磨炼和修炼，绝不是短时间一蹴而就的易事。结合青春期自我意识快速发展的情况，学校应该加强对中学生健全人格的培养工作。

第四节　人格的培养

黄希庭教授提出健全人格的概念，意在指一个人按照自己设定的人生目标，不断充实自己、发掘自己的潜能，按照自己选择的人生目标不断进取，以辩证的态度看待世界、他人与自己，过去、现在和未来，顺境和逆境，即成为幸福进取者。因此，健全人格对个人取得成就、享受幸福生活，甚至对社会的发展和世界和平都有重要的意义。

心理学与生活

人格与冠心病

A-B型人格理论由弗里德曼（Freidman）和罗森曼（Rosenman）首先提出，他们发现冠心病的发病率不仅与高脂肪摄入、吸烟等个体的生理因素有关，还与个体的心理因素有关。通过临床观察，他们发现冠心病患者大多有强烈的成就动机、争强好胜、有时间紧迫感等行为特征，这些行为特征被称为A型人格（A-type personality）；而与之相反的行为特征被称为B型人格（B-type personality），其典型行为特征是悠闲自得、无时间紧迫感、不喜争强、有耐心、能容忍等。有研究者对3 000多名男性进行8年追踪，结果发现A型人格者罹患冠心病的概率是对照组的两倍，其心肌梗死的复发率比对照组高出5倍。但是，随着研究的深入，越来越多的研究结果表明A型人格并不能预测冠心病的发生；甚至有研究者在对1万多名健康人随访多年后发现，A型人格在女性中呈现反常的保护作用。目前，研究者提出了新的冠心病人格特质——D型人格。

D型人格是由学者德诺雷（Denollet）发现的，包含消极情感和社交抑制两个维度。消极情 感指个体倾向于体验更多的负性情绪，如抑郁、焦虑、忧伤等，体验到更多的压力；社交抑制指个体在社会交往中，总是倾向于抑制情感和行为的表达以避免遭到他人的不认可或拒绝。D 型人格者冠心病发病率高于非 D 型人格者。研究表明，在我国正常人群中 D 型人格者约占 27%，在冠心病患者中约占 40%，由此可见，D 型人格者患冠心病的风险增加（李如雪等，2018）。此外，D 型人格的冠心病病人更容易出现睡眠障碍（罗秋湖等，2022）。

一、健全人格的标准

（一）自我实现者

马斯洛（Maslow，1987）对林肯、罗斯福 、斯宾诺莎、詹姆斯和赫胥黎等名人传记进行了深入研究后，从他们的身上总结出 15 种人格特征，具体为：

（1）全面和准确地知觉现实。自我实现者对世界的知觉是客观的、全面的和准确的，按照客观世界的本来面貌去反映。

（2）接纳自然、自己与他人。自我实现者能够接受自然、自身及他人的不足与缺陷，并以积极的态度来对待；而对那些不可改变的不足与缺陷，他们能顺其自然。

（3）对人自发、坦率和真实。在人际交往中，自我实现者具有流露自己真情实感的倾向，他们不会装假或做作，他们的行为坦诚、自然。

（4）以问题为中心。自我实现者热爱自己所从事的工作，献身于某种事业或使命，并能全力以赴。与常人相比，他们工作起来更刻苦、更专注。

（5）具有超然于世和独处的需要。自我实现者以自己的价值和感情指导生活，依靠的只是自己。他们平静安详，保持冷静，安然地度过或顶住各种灾难和不幸。

（6）富有自主性和独立性。自我实现者行为的动力主要来自自身内部发展和自我实现的需要，更多依赖自己而不是外部环境，独立自主地发挥思考的能力，自我引导和自我管理。

（7）富有欣赏力。自我实现者能够对周围现实保持奇特而经久不衰的欣赏力，充分地体验自然和人生中的一切美好东西。

（8）存在高峰体验。高峰体验是人感受到的一种强烈的、心醉神迷的狂喜或敬畏的情绪体验。自我实现者更有可能、更常得到这种体验。

（9）充满爱心。自我实现者所关心的不仅局限于他们的朋友、亲属，而是全人类。

（10）与朋友感情深厚。自我实现者注重与朋友间的友谊，虽然他们交友的数目不多，但友情深切而充实。

（11）富有民主的精神。自我实现者谦虚待人，尊重别人的权利和个性，善于倾听不同的意见。他们极少有偏见，愿意向一切值得学习的人学习。

（12）区分手段与目的。自我实现者的行为几乎总是表现出手段与目的的界限。

（13）富有创造性。自我实现者具有创造性，他们有儿童一样天真的想象能力。

（14）幽默和风趣。自我实现者善于观察人世间的荒诞和不协调现象，并能够以一种诙谐、风趣的方式将其恰当地表现出来。

（15）不盲从。自我实现者认为人必须具有自己的主见，认定的事情就应坚持去做。

实践与应用

测测你的人格——自我实现指数量表

对下面的陈述，按以下标准选择与你最符合的分数：1＝不同意；2＝比较不同意；3＝比较同意；4＝同意。

1. 我不为自己的情绪特征感到丢脸。
2. 我觉得我必须做别人期望我做的事情。
3. 我相信人的本质是善良的、可信赖的。
4. 我觉得我可以对我所爱的人发脾气。
5. 别人应赞赏我做的事情。
6. 我不能接受自己的弱点。
7. 我能够赞许、喜欢他人。
8. 我害怕失败。
9. 我不愿意分析那些复杂问题并把它们简化。
10. 我觉得做自己想做的总比随大流好。
11. 在生活中，我没有明确的要为之献身的目标。
12. 我恣意表达我的情绪，不管后果怎样。
13. 我没有帮助别人的责任。
14. 我总是害怕自己不够完美。
15. 我被别人爱是因为我对别人付出了爱。

计分时，以下题目要反向计分：2、5、6、8、9、11、13、14（选择“1”计 4 分，选择“2”计 3 分，选择“3”计 2 分，选择“4”计 1 分）。然后把 15 道题的分数相加。可以将你的分数和大学生常模进行比较（男生平均分 45.02，标准差 4.95；女生平均分 46.07，标准差 4.79）。分数越高，说明在你人生的某个阶段，越有可能达到自我实现。

资料来源：许燕．(2017)．*人格心理学导论*．北京：中国人民大学出版社．

（二）机能完善者

罗杰斯推崇的具有理想人格的人是机能完善者。这种人根据自己的机体评价过程而非价值条件生活，是有自我实现趋向者。自我实现的倾向是人格发展的根本动力。机能完善者的人格具有以下特征：

（1）经验开放。即不运用防卫机制，使所有经验都能正确地被符号化为意识。

（2）自我与经验相吻合。即自我概念与经验相吻合，并能不断变化，以同化新经验。

（3）利用自身的机体评价过程。即以自己的实现趋向作为评价经验的参考系，对强加的价值条件不予理睬。

（4）经验自由。即自己承担行为和决定的责任，不受他人或自己的虚伪性驱使。

（5）与人和睦相处。即乐意给他人以无条件的积极关怀，受人欢迎。

学术前沿

中国传统理想人格

党的二十大报告提出，要“植根本国、本民族历史文化沃土”，深入发掘民族精神内涵，“提高全社会文明程度”，“推动全社会见贤思齐、崇尚英雄、争做先锋”，为新时代理想人格的塑造作出积极贡献。人格是一个人精神修养的集中体现，理想人格则蕴含着人的道德行为和价值目标。中国传统理想人格是在特定历史时期受到主流标榜或大众推崇的人格典范，经历了长期的文化濡养，在坚守传统道德价值的基础上，不断汲取优秀思想精髓，适应时代发展需要，响应主流文化号召，进而实现文明理性的升华，成为民族精神的优秀传统。

通过梳理文献，李小白（2023）发现“圣贤”与“英雄”作为中国文化两个非常重要的人物品格褒词，代表着理想人格的精神感召，体现着改造社会的能力。圣贤情结与英雄精神本质上是正统文化与士人文化、大众文化相互作用、相互融合的产物，表达着传统的治国理念和文化建构思想。二者均以家国同构为理想，分别从不同角度对社会、哲学、文化的前进与发展进行不断的思考与探索，其植根于中华文化，强调道德内涵，主张独立人格，维护人性尊严，注重能力提升，共同为民族精神的形成作出巨大贡献。二者的互动，促使圣贤走下神坛、英雄深入民众，推动文化理性替代了盲目的宗教情绪，使得偶像崇拜意识转化为高尚的道德认知，而新时代英雄观念的产生更使英雄文化及圣贤文化得到了更高层次的升华，其“坚定理想信念、坚定奋斗意志、坚定恒心韧劲”的品质成为民族奋发向上的人格榜样，其“平常时候看得出来、关键时刻站得出来、危难关头豁得出来”的行为实践成为引领人心、激励奋进的强大精神动力。深入解读英雄精神的当下性，充分发掘传统理想人格的教育意义，“英雄行为彰显与传递崇高精神和正确价值观，能够在人民中产生示范带动效果，使之产生‘见贤思齐’的钦慕心理，从而主动在思想、行动上与之看齐”，这既是弘扬圣贤文化、“传承英雄精神的关键点”，也是“增强文化自信的重要源泉”，既有助于促进“社会主流价值的表达和凝练”，亦“对推动铸牢中华民族共同体意识教育具有重要作用”。

二、健全人格的培养

从学校教育的角度，教师可从以下几方面入手来培养学生的健全人格。

（1）加强认知教育，使学生形成正确的世界观、人生观和价值观。对于学生，一直都有必要加强认知教育，使他们具有是非观念，知道什么是美丑。这就需要把认知教育与对学生的日常教育管理相结合。学生要学习相关的行为规范，教师也要对班级、学校、社会上发生的一些事例进行引导，传播正能量。教师还可以列举相关的名人事例，引导学生树立高尚的世界观、人生观和价值观。学生需要有正确的学习动机，树立恰当的学习目标，树立高尚的、可行的生活目标；在目标指引下，学生才可能自觉规范自己的行为。

（2）注重学生个别差异，因材施教。每个学生都不一样，包括认知风格，或智力的某些方面，以及气质、性格等。教师无论在课堂上当众交流，还是课下私人沟通，其谈话方式、语气轻重、内容深浅都需要考虑。尤其是黏液质和抑郁质的学生，谈话时要慢慢引导。学生的某些性格或行为规范的塑造不能操之过急。

（3）发挥学生的主观能动性，促进其自我意识的发展。随着年龄的增长，学生的自我意识逐渐发展完善。尤其是进入青春期之后，学生的自我意识快速发展。他们更注重认识自己、了解自己，同时也会协调与控制自己，并根据自己为未来设定的目标不断完善自己。因此，教师和家长可以利用这一契机，一方面鼓励他们树立积极健康的生活目标，另一方面帮助他们从师生、亲友等途径正确认识自己的气质、性格，客观了解并磨炼自己的能力，完善自己的性格，塑造健康人格。

（4）教师人格魅力熏陶。教师属于对学生有影响的重要他人，在学生心中有较高的威信和感染力。教师不仅要向学生传播知识，也要指导学生规范个人行为，还要答疑解惑。教师的示范作用对学生的人格会产生潜移默化的影响。人格不是知识，人格教育无法通过知识传授来形成，只能通过理想的人格来示范和引领。习近平总书记特别重视教师人格在青少年人格培养中的关键作用，反复提出要加强教师的人格修养，以广大教师的美好人格来砥砺青少年学生的人格理想。在第三十九个教师节到来之际，习近平总书记致信全国优秀教师代表，强调要弘扬心有大我、至诚报国的理想信念，言为士则、行为世范的道德情操，启智润心、因材施教的育人智慧，勤学笃行、求是创新的躬耕态度，乐教爱生、甘于奉献的仁爱之心，胸怀天下、以文化人的弘道追求的中国特有的教育家精神。

学术前沿

大学生的创业准备行为的形成机制

近年来，虽然我国大力提倡大学生自主创业，但大学生实际自主创业比例仍较低。因此，如何促进大学生的创业行为仍是亟待解决的现实议题。敢于创业者以及创业成功者往往具有独特的人格特征。已有研究显示，作为重要的人格特质之一的主动性人格可能是决定个体创业行为的一个关键因素。郑爽等对1 659名大学生进行问卷调查以考察影响大学生创业准备行为的前因与机制，结果表明：主动性人格正向预测创业准备行为；创业意向在主动性人格和创业准备行为的关系中起部分中介作用；创业社会支持调节主动性人格通过创业意向预测创业准备行为的前半段，预示着高创业社会支持可能会增强主动性人格对创业意向的积极影响，进而促进创业准备行为。

该研究发现主动性人格特质的影响可能是动态变化的，高创业社会支持的介入可以加强主动性人格通过创业意向对创业准备行为的影响。这提示高校在相关创业教育过程中，应高度重视社会支持的重要作用，并在鼓励大学生创业的同时，尽量提供适宜的创业社会支持或鼓励大学生主动寻求各种社会支持，使得大学生原有的主动性人格优势得到充分发挥，产生明确而坚定的创业意向，进而展现出较多的创业准备行为。同时，由于主动性人格倾向较低的大学生可能难以自发启动创业准备行为，教育工作者应多关注这类人群，让他们感受到身边的人对其创业所持有的友善、宽容和支持的态度，从而使其萌生创业意向，并为之付出实际行动。

资料来源：郑爽，刘红瑞，李静，等．(2022)．主动性人格与大学生创业准备行为的关系：创业意向的中介效应与创业社会支持的调节作用．*心理发展与教育*，*38* (*6*)，813－821.

---

(5) 鼓励学生参与社会实践。人格具有社会性。学生人格的形成不仅受社会影响，还需要在社会活动中磨炼和检验。学生首先要熟悉社会，可从身边接触到的人、事开始，如家人和朋友的社会职业、交通规则等，逐渐参与力所能及的社会调查、社会服务等。只有对社会有一定的了解、积累一定社会经验的人，才可能适应社会，同时保持自己适当的独立性。

(6) 家校合作。学生的成长首先受到家庭教育的影响，并贯穿其成长过程始终。尤其是早期，学生的卫生习惯、行为规范、学习态度、价值观都会非常明显地打上家庭的烙印。对学生健全人格的塑造，需要学校和家庭针对学生的具体情况，保持一致的教育和引导，这样才能形成教育合力，引导学生健康成长。

(7) 专业化的辅导、训练。如果学生人格方面有一定的偏差，一般教师和家长教育引导效果不好，或者对某些人格表现不熟悉，可以请受过专业训练的学校心理健康教育老师提供帮助，由心理健康教育老师进行个体或团体心理辅导。如果人格方面的问题已经达到某种程度的心理障碍，严重干扰学习和生活，就需要寻求校外机构的帮助，进行心理咨询甚至心理治疗。

基本概念

人格　气质　性格　认知风格

本章要点

1. 人格的特征有整体性、稳定性、独特性、社会性。

2. 人格结构包含气质、性格和认知风格等。

3. 弗洛伊德将人格发展阶段划分为口唇期、肛门期、性器期、潜伏期、两性期。其中，前三个阶段对人格的影响最大。

4. 人格的影响因素有遗传因素、环境因素（家庭、学校、社会）、自我教育。

5. 健全人格的培养方式有：加强认知教育，使学生形成正确的世界观、人生观和价值观；注重学生个别差异，因材施教；发挥学生的主观能动性，促进其自我意识的发展；教师人格魅力熏陶；鼓励学生参与社会实践；家校合作；专业化的辅导、训练。

复习思考题

1. 你同意“三岁看大，七岁看老”吗？为什么？

2. 一个人的气质与性格是否有联系？举例说明。

3. 弗洛伊德与埃里克森的人格发展阶段论有何异同？

4. 个体的人格是否由遗传决定？为什么？

拓展学习

陈琦，刘儒德．(2020)．*教育心理学*（第3版）．北京：高等教育出版社．

蒙台梭利．(2018)．*家庭中的儿童与人格塑造*（梁海涛译）．上海：上海人民出版社．

奥尔森，赫根汉．(2018)．*人格心理学入门*（陈会昌，苏玲译）．北京：中国人民大学出版社．

许燕．(2023)．*人格心理学导论*（第2版）．北京：中国人民大学出版社．

郭永玉．(2018)．*人格心理学纲要*．北京：教育科学出版社．

第十三章
社会心理

【学习目标】

1. 为什么看似正常的人有时会做出不可理喻的错事？
2. 为什么大多数人的决策也不总是正确的？
3. 当有他人在场的时候，我们为什么更不会施予援手？
4. 如何提升人际吸引力？
5. 为什么个人或群体会有偏见？如何减少偏见？

【章节导读】

2001 年 9 月 11 日，两架被 19 名自杀式恐怖分子劫持的民航客机分别撞向美国纽约世界贸易中心一号楼和二号楼，两座建筑在遭到袭击后相继倒塌，世界贸易中心其余 5 座建筑物也受震而坍塌损毁；9 时许，另一架被劫持的客机撞向位于美国华盛顿的美国国防部五角大楼，五角大楼局部结构损坏并坍塌。

"9·11"事件是发生在美国本土的最为严重的恐怖袭击行为，遇难者总数约 3 000 人。自杀式恐怖袭击者也被称为"人肉炸弹"，人们认为这些恐怖分子有严重的心理问题。但是，社会心理学家发现，这些"人肉炸弹"并没有标志性的心理特征，也就是说他们在心理特征方面与普通人没有显著的差异。

请思考以下两个重要问题：

1. 是什么原因导致有人自愿成为"人肉炸弹"？
2. 在哪些情境之下，普通人也会被煽动采取不道德的行为？

第一节　社会认知

社会认知　个人根据环境中的社会信息推论他人和事物的过程，是人们思考自身和社会世界的方式，包括选择、理解、识记、运用各种社会信息做出推测与判断。

社会认知（social cognition）是个人根据环境中的社会信息推论他人和事物的过程，是人们思考自身和社会世界的方式，包括选择、理解、识记、运用各种社会信息做出推测与判断。在社会环境影响之下，人们会如何感知自己和他人？社会环境如何影响思维和信念？在这一节，我们将讨论社会认知中两个重要的议题：归因和社会态度。

一、归因

（一）归因及归因理论

归因（attribution）是指人们对于他人和自己行为原因的推论过程。对这一推论过程进行研究，就形成了归因理论（attribution theory）。

1. 海德的内外部归因理论

归因 人们对于他人和自己行为原因的推论过程。
内归因 认为个体采取行为的原因与个体自身有关，例如人格或个性、态度、能力等。
外归因 认为个体出现某种行为的原因与其所处的情境有关，并假设大多数人在同样的情境下会做出同样的反应。

海德（F. Heider）被誉为"归因理论之父"，他认为个体之所以表现出某种行为，原因可以分为内外部两种。一种是**内归因**（international attribution），认为个体采取行为的原因与个体自身有关，例如人格或个性、态度、能力等。另一种是**外归因**（external attribution），认为个体出现某种行为的原因与其所处的情境有关，并假设大多数人在同样的情境下会做出同样的反应。例如，当看到母亲对儿子破口大骂时，我们可以对母亲的行为做出内外部两种归因。我们可以认为这位母亲不是一位很有教育方法的母亲，或者这位母亲的性格脾气不好；但同时我们也可以认为，这位母亲之所以骂孩子是因为她的孩子骑车闯红灯险些被车辆撞到。前一种归因方式就是内归因，后一种则是在对母亲的行为做外归因。

内外部归因理论在亲密关系中也发挥着相当重要的作用。婚姻幸福美满的夫妻对伴侣做出的积极行为更倾向于做内归因（例如，"他之所以做家务，是因为他是一个勤快的人"），而对伴侣的消极行为做外归因（例如，"她之所以说话刻薄，是因为她现在的压力实在太大了"）。相反，婚姻不幸的夫妻则倾向于使用相反的模式，认为伴侣的积极行为是外部原因所致（例如，"他之所以做家务，是因为害怕老婆说他"），而伴侣的消极行为是内部原因导致的（例如，"她之所以说话刻薄，是因为她本就是无情的人"）。

2. 凯利的三度理论

凯利（H. H. Kelly）的三度理论（the cube theory）是对海德的归因理论的扩充和发展。凯利认为，人们在归因的过程中总是涉及三个方面的因素：（1）客观刺激物（刺激）；（2）所处关系或情境；（3）行动者（人）。这三个因素构成一个共同变化的立体框架，所以称为三度理论。三度理论遵循的总原则是共变性（covariation）原则。对上述三个因素中的任何一个因素进行归因都需要同时考虑行为的下列三个变量：

一是区别性（distinctiveness）。针对客观刺激物，即行动者是否会对其他同类刺激物做出相同的反应。

二是一贯性（consistency）。针对情境，即行动者是否在任何情境和任何时候都对同一刺激物做出相同的反应。

三是一致性（consensus）。针对行动者，即其他潜在行动者对同一刺激物是否也做出与行动者相同的反应。

例如，我们看到某人在看电影时发笑，那么我们归因时就需要了解：这个人是看这部电影时才发笑还是看所有电影时都发笑？这是区别性信息。这个人是在看电影时才发笑还是在别的场合也爱笑？这是一贯性信息。是在场看电影的所有人都发笑还是只有这个人发笑？这是一致性信息。根据上述三方面的信息与共变，我们可以对人的行为做出相对正确的归因。

（二）归因偏差

归因理论所描述的归因基本上是一种合理的、有逻辑的过程。它假定人们是用合理的方法处理信息资料的，而且在估计信息资料并加以综合得出结论的过程中是相当客观的。但是，人们在对他人或自己的行为进行归因时，并不总是既合逻辑又合情理的，因此会出现归因偏差（attributional bias）。

1. 基本归因误差

关于人类行为，大多数人抱有一种普遍、基本的理论或图式，那就是：人们的所作所为起因于他们是什么样的人，而非他们处于什么样的情境。这种推论人们的行为、个性及人格相一致的倾向称为一致性偏见（correspondence bias）。一致性偏见非常普遍，以至于许多社会心理学家称之为基本归因误差。**基本归因误差**（fundamental attribution error）是指，当解释他人的行为时，倾向于高估人格因素而低估情境力量在个体身上的作用。

基本归因误差 当解释他人的行为时，倾向于高估人格因素而低估情境力量在个体身上的作用。

对于人们认为人类行为反映出其性格和信念，而不是受情境影响的倾向，已经有许多实证研究证明了这一点。例如，1967 年，琼斯和哈里斯（Jones & Harris, 1967）两位研究者要求大学生们读一篇他们同学所写的短文，内容是反对或赞成卡斯特罗对古巴的领导，并且猜测短文作者对卡斯特罗的真实看法。在第一种情况下，研究人员告诉学生，作者可以自由选择其文章赞同或反对的立场，因此猜测其真正的想法变得很容易。如果作者选择以文字支持卡斯特罗，那么很明显，他一定支持卡斯特罗。然而，在另一种情况下，学生被告知作者对于自己的立场无法选择，他的立场已经被指定了。因此，我们不应当假设作者认同自己所写的内容。但是，在这项研究以及许多类似的研究中，被试都假设作者真的认同自己所写的，即使他们被告知作者不能自己选择立场时亦然。

2. 自利归因

自利归因 将成功归功于己（通过内部归因）、将失败归咎于他人或情境（通过外部归因）的倾向。

当人们的自尊受到威胁时，他们通常采取**自利归因**（self-serving attributions）。简单地说，它是指将成功归功于己（通过内部归因）、将失败归咎于他人或情境（通过外部归因）的倾向。

心理学与生活

生活中的自利归因

职业体育比赛对研究自利归因来说是一个极其有趣的领域。在解释他们取胜的原因时，队员及教练一致认为那是因为他们的队伍或队员自身的关系。事实上，一项对职业棒球运动员和教练如何解释其队伍输赢的分析发现，80%的获胜原因被认为与内在因素有关。在解释1977年世界大赛的第4场中纽约扬基队击败洛杉矶道奇队的原因时，扬基队的经理比利·马丁将成功归功于队里的一名选手："都是皮涅拉的功劳。"失败则大多归咎于外部原因，这非球队所能控制。例如，道奇队球员并没有将失败归因于他们的能力差或表现不佳，而认为是扬基队运气较好或发挥超常。道奇队的经理汤米·拉索达表示："实力很强的队伍才能打赢我们，而扬基队确实是实力很强的队伍。"

3. 公正世界信念

根据公正世界假设（just-world hypothesis），人们相信正义必胜，好人会得到上天的馈赠，坏人终究会受到应有的惩罚。这种信念被称为**公正世界信念**，即认为善有善报、恶有恶报。人们对于这种思想的需要也使归因受到影响（Lerner，1980）。当这种信念被怀疑时，特别是当像我们这样的"好人"身上发生了坏事时，我们有动力去修复它（Hafer & Rubel，2015）。不幸的是，修复公正世界信念的一种常见方法是被称为"谴责受害者"的个人特质归因。比如，一个年轻女孩搭乘出租车时被司机强暴了，你听说这件事情时会如何认为？你是否会认为是因为这个女孩衣着暴露、举止轻浮？当然，这种有问题的心态出现，是由于缺乏对受害者的同情，而将事件的过失错误地施加于受害者。

公正世界信念 人们相信正义必胜，好人会得到上天的馈赠，坏人终究会受到应有的惩罚。

人们认为自己比他人更加友善、更有能力、更道德，并相信只要我们是好人，坏事就不会发生在我们身上，这对我们自尊的维护是有好处的，同时也使我们不会对自己的安全产生忧虑，因此公正世界信念也被称为防卫归因（defensive attribution）。有时，这种夸大的错觉也会使得信息沟通交流失真，妨碍冲突的解决，从而导致严重的误解，甚至是悲剧性的后果。

4. 文化与归因偏差

社会心理学关注环境是如何影响个人行为的，认为文化是一个包罗万象、高层次的环境变量。既然文化是影响人们日常生活的最大"情境"，那么不同文化下的人们的归因偏差会出现怎样的不同？

基本归因偏差普遍存在于西方国家（Na & Kitayama，2011）。比如，在呈现服从实验（地铁驾驶员服从实验者的命令，而没有去帮助一名乘客）的结果后，许多美国人反馈的是"他们"应该拒绝实验者残忍的命令而且应该去帮那名地铁乘客。与之相比，在印度、日本、中国、韩国这些国家，人们更加注重集体目标和个体间的联系，人们更可能意识到情境对行为的限制（Balcetis et al.，2008）。因此，如果某人行为古怪、做错了事或在道德方面出现了问题，印度人或中国人更可能对其行为做出情境归因（"他压力太大了”)，西方人则更可能归因于其个人特质(“他能力不足”)。尼斯贝特等（Nisbett et al.，2001）在2001年的研究中也指出：中国人对于模糊事件的解释更可能涉及背景，美国人则更可能涉及事物的内部因素。

不同文化中存在的社会差异能影响人们的社会认知，如北美文化将个体看作自由行动者，东亚人则认为个体更多受到社会集体的制约而更缺少能动性。所以，东亚人就比美国人更多关注集体特质，这可能就是不同文化背景下的个体表现出不同归因倾向的原因之一（李陈，陈午晴，2006）。

心理学与生活

系统观念下的归因

在党的二十大报告第二部分“开辟马克思主义中国化时代化新境界”中，习近平总书记指出，“必须坚持系统观念”，“我们要善于通过历史看现实、透过现象看本质，把握好全局和局部、当前和长远、宏观和微观、主要矛盾和次要矛盾、特殊和一般的关系，不断提高战略思维、历史思维、辩证思维、系统思维、创新思维、法治思维、底线思维能力，为前瞻性思考、全局性谋划、整体性推进党和国家各项事业提供科学思想方法”。

归因过程中可能出现各种偏差，原因很复杂，但我们如果能有意识地锻炼系统思维，培养系统观念，就可以尽可能地科学归因，发现问题的本质所在，进而更好地面对并解决人生中的各种问题。

二、社会态度

（一）态度

1. 态度的本质

你对堕胎、干细胞研究以及同性恋的感受如何？这些都是热门的有轰动效应的话题，因为人们对它们各有鲜明的态度。每一个话题都引发了认知评价（如赞成或不赞成）、感觉（喜欢、不喜欢，或者更强烈的体验）和行为倾向（如趋近或避免）。虽然是问你“感受”如何，但是态度并不仅仅是感受或情绪。很多心理学家认为思维或者判断更为基本。感受还和行为相互影响。**态度**（attitude）是一种行为和认知倾向，它通过对特定的人物、地点和事物进行好恶评价表现出来。态度大体上说是后天习得的，并且影响着行为。态度能制造爱或恨，能引发助人行为或者大规模破坏，能导致社会冲突或者冲突的解决。态度可以改变，但绝非易事。没有慎重的反思或强迫，大多数人不会改变他们的信仰或政治立场。

> **态度** 一种行为和认知倾向，它通过对特定的人物、地点和事物进行好恶评价表现出来。

人们的行为与其态度一致吗？换句话说，与人们的信念和感受一致吗？人们行如所想吗？当我们随心所欲时，答案是肯定的。但是，也存在例外。华莱士等（Wallace et al.，2005）在2005年总结了关于被试对待态度目标的口头表达和实际行为反应之间关系的 46 项研究，结果发现，大多数情况下测量出来的态度与实际行为之间的相关低于 0.30。

2. 态度与行为的一致性问题

随文提问：如何正确理解态度决定一切?

态度与行为的一致性问题表现在以下四个方面。

第一，具体性。比起总体的态度，我们能够从具体态度中更好地预测具体行为。例如，我们知道人们是不是基督徒，以及他们对到教堂参加礼拜的态度，后者能更好地帮助预测人们参加礼拜的行为。

第二，态度的强度。比起软弱的态度来说，强烈的态度更能决定行为（Huskinson & Haddock，2004；Petty et al.，1997）。与一个倾向于支持民主党但不相信选举会带来不同的人相比，一个相信国家的命运仰仗于民主党掌控国会的人更可能去投票。

第三，既得利益。当结果中包含人们的既得利益时，他们更可能按照自己的态度去行动。当人们相信他们的工作保障依赖于工作场所的工会时，他们更可能去投票赞成（或反对）它。

第四，可及性。当态度是可及的（即容易想起）时，人们的行为更可能与态度一致（Kallgren et al.，2000；Petty et al.，1997）。这也就是政治家为赢得选举，在选举马上就要开始之前采取媒体宣传攻势的原因，即让支持者在选举日想起他们。伴随强烈情感冲击的态度更容易被想起，这就是政治家拼命让他们的支持者在相关议题上做文章的原因之一。

心理学与生活

做新时代的好青年

党的二十大的主题是：高举中国特色社会主义伟大旗帜，全面贯彻习近平新时代中国特色社会主义思想，弘扬伟大建党精神，自信自强、守正创新，踔厉奋发、勇毅前行，为全面建设社会主义现代化国家、全面推进中华民族伟大复兴而团结奋斗。报告中强调要在全社会弘扬劳动精神、奋斗精神、奉献精神、创造精神、勤俭节约精神，培育时代新风新貌。

这些是我们青少年成为祖国建设接班人所必须坚持的态度，努力成长为有理想、敢担当、能吃苦、肯奋斗的新时代好青年吧！

（二）态度是如何改变的

1. 说服改变态度

中心途径 说服别人改变态度的方法之一，是指激发对论点和论据的深思熟虑。

外周途径 说服别人改变态度的方法之一，是指通过把对象与积极的或消极的线索联系起来进行说服。

精细可能性模型描述了人们对于有说服力的信息的不同反应（Crano，2000；Salovey & Wegener，2003）。我们看一下说服别人改变态度的两条路线。第一条**中心途径**（central route to persuasion）是激发对论点和论据的深思熟虑。第二条**外周途径**（peripheral route to persuasion）是通过把对象与积极的或消极的线索联系起来进行说服。比如，当政治家承认“这项法案得到了自由派（保守派）的支持”时，他们是在寻求预料中的被说服者的下意识的反应，而不是在寻求有关法案价值的谨慎考虑。即在这个说服过程中，被说服者支持该法案仅仅是由于在他们心中“自由派（保守派）的支持”是一条积极线索，此时这条线索又与该法案联系了起来，于是，他们对该法案也持支持态度。类似地，其他积极或消极的线索还包括奖赏（比如，一个微笑或一个拥抱）、惩罚（比如，父母不赞同）以及诸如说服者可信性和吸引力等因素。外周途径的说服就是借由这些线索来影响被说服者的态度。

作为有说服力的沟通的一种形式，广告同样依赖于中心途径和外周途径。有些广告聚焦于产品的质量（中心途径），另一些广告则试图把产品同吸引人的形象联系起来（外周途径）。那些全麦食品广告都突出了产品的营养价值，提供了有关产品质量的信息。“百事可乐挑战”口味测试的广告也是如此，它宣称百事可乐比可口可乐更好喝。那些展示足球运动员前往迪士尼乐园或者选择某个啤酒品牌的广告，并没有提供产品本身的任何信息。

（1）有说服力的信息。当试图说服他人时，提醒他们论证的反面观点是有帮助还是会弄巧成拙？在正反兼顾的论证中，沟通者叙述反方的观点是为了驳倒这些观点。一项有关模拟审判的研究向大学生们呈现了正反兼顾的论证——控方以及辩方的论证（McKenzie et al.，2002）。当一方的论证较弱时，大学生“陪审员”比起没有听到另一方的任何论证的陪审员在判决时表现得更为自信。

我们通常认为，人们太理智，以至于在态度形成中无法用情感因素说服他们。这样想不是没有道理，但是人们通常并非如此（DeSteno et al.，2004）。看一下恐惧诉求：与那些被告知乳腺造影好处的女性相比，那些被警告不进行乳癌检查将冒巨大风险的女性更可能做乳腺造影（Ruiter et al.，2001）。有意思的是，日光浴会增加罹患皮肤癌的风险，但与被警告会给健康带来风险相比，当学生们被警告会给外貌（比如早衰、皱纹和皮肤疤痕）带来风险时，那些针对日光浴的警告才更加有效。也就是说，关于日光浴，那些知晓其伤害外貌的学生比起知晓癌症风险的学生，更可能声称要保护自己免受日光的侵害。当听众相信存在严重的风险时——比如导致皱纹——恐惧诉求最为有效，听众们也会改变他们的行为以转移风险（比如防止癌症和皱纹）。

（2）有说服力的沟通者。研究表明，有说服力者应具有专业性、可信性、吸引力等特征（Petty et al.，1997）。由于粉丝的崇拜，像姚明那样的体育明星是最有价值的代言人。

人们发现，他们在面对与自身观点相对立的信息时会大伤脑筋（Foerster et al.，2000）。因此，他们常常表现出选择性回避和选择性接触（Lavine et al.，2005）。也就是说，他们倾向于观看支持自己观点的新闻报道，而当新闻报道与自己的态度相抵触时就换台。他们也寻求能共享他们观点的交流者。

（3）信息的语境。别人不能用阿谀奉承来说服过于精明的你，但是也许某个你认识的人会受一口酒和两句恭维话的影响。直接环境的许多方面（比如音乐）都会提升说服的可能性。当心情舒畅时，我们显然不太可能谨慎地评价情境（Petty et al.，1997）。

随文提问：如果你是推销员，如何让他人接受你的新产品？

当你的朋友与你有分歧时，骂他们愚蠢往往会导致相反的效果，即便他们不赞成你的观点的想法的确是“愚蠢的”。赞同和表扬是鼓励别人接受你的观点的更为有效的方式。

（4）说服的对象。为什么有些人能拒绝推销人员？为什么另一些人却总能让上门推销的人不白跑一趟？原因可能在于，说服效果很大程度上也受到说服对象的特点的影响。比如，说服对象当前处于愉快的情绪时就相对比较容易被说服；或者说服对象原有的态度与说服信息冲突不大时，也容易被说服，而且说服对象原有的态度也会有易改变和难改变之分，这也影响到说服结果。说服对象的人格特征也是很重要的因素，有些人就是依赖性较强，易服从权威或缺乏自信，相对地，也有人独立性较强，比较固执或能坚持自我，对这两类人进行说服，其难度和结果就截然不同。

2. 借助认知失调改变态度和行为

认知失调理论 当人们的行为与自我认知不一致时，人们就会体验到不适感，发生认知失调。

什么是认知失调？**认知失调理论**（theory of cognitive dissonance）认为，当人们的行为与自我认知不一致时，人们就会体验到不适感，发生认知失调。根据认知失调理论，人们是寻求行为和态度（即世界观）一致性的理性动物。显然，人们在精神上必须精确地对世界形成心理表征，以便预测和控制事件。信念、态度和行为之间的一致性有助于让世界看起来可以预知。因此，如果我们发现自己处于一种并不舒适的状态（我们珍视的两种观点相互冲突），我们会主动去减小两者的差异，比如主动改变行为，使其与自我认知相一致，或者是改变认知或通过加入新的认知来合理化自身的行为。以戒烟行为为例，当“抽烟有害健康”的认知与自己频繁抽烟的行为相互冲突时，我们可能会采用不同的策略来应对认知失调：（1）主动改变行为——开始戒烟，使行为与认知一致；（2）改变认知——转而相信“抽烟的危害没有宣传的那么大，好多人都抽烟，不还好好活着”；（3）增加新的认知来平衡失调——用“抽烟可以释放压力、提神醒脑，在工作中太需要了”的想法来合理化抽烟行为。

经典回顾

认知失调的经典实验

在研究认知失调的最早一项实验中，一组被试收到了1美元（相当于今天的10美元）去告诉其他人一项无聊的任务是多么有趣。第二组被试收到20美元（相当于今天的200美元）去正面描述这项琐碎的工作。两组被试都领到了参与态度不一致行为——行为与他们的实际想法相背离——的报酬。在表现出他们对无聊任务的虚假热情之后，实验要求被试评估对这项任务的喜爱等级。讽刺的是，报酬较少的被试实际上比那些拿到更多报酬的被试把这项任务评估得更为有趣。

认知失调理论正确地预示：因为“我的报酬很少”和“我告诉别人这项任务很有趣”的观念（认知）是不调和的，所以人们倾向于努力合理化。认知失调的不适促使人们用如下方式解释自己的行为，即这些令人讨厌的任务好像是值得做的。为证明他们一开始没有撒谎，那些仅拿到1美元报酬的被试很可能将他们的谎言合理化了。

第二节 社会与群体的影响

一、社会的影响

(一)社会规范的作用

1. 社会规范

"我们都是社会关系网中被束缚的脆弱生物。"社会心理学家米尔格莱姆(S. Milgram)这样说过。他所说的束缚是指**社会规范**(social norms),即一个社会可接受的行为、价值观和信念:如果违反就会面临受到惩罚的威胁,如果服从就会被承诺受到奖赏。规范是日常生活中的习俗,它可以使我们有预见地、有秩序地与他人相互作用;它就像蜘蛛网一样,无形但很强大。每个社会都有规范:如何接近一个陌生人;如何在交谈中采取非语言行为;如何在公共场合用餐;如何在购买时谈判;等等。规范往往是人们不经思考就能理解的一种潜移默化的文化理解(例如"在公共汽车上不能大声唱歌")。

违反规范是尴尬的,在极端情况下可能导致社会孤立。因此,只有当人们注意到其他人似乎也违反了一种社会规范时,他们才会感到如释重负。这样的话,维系社会团结稳固的"胶水"就会裂开。例如,在荷兰进行的六次实地实验中,研究人员发现:如果人行道肮脏、没有打扫,墙壁上有涂鸦的标记,陌生人在非法燃放烟花爆竹,那么路人更有可能丢弃垃圾、非法停车,甚至从邮箱窃取五欧元的钞票,因为他人也没有遵守社会规范(Keizer et al.,2008)。

2. 社会角色

在每个社会中,人们都会扮演许多不同的**社会角色**(social roles),即社会规范对不同身份的人应该如何行为的定位。性别角色规定了对于男人和女人来说,什么是适宜的行为;职业角色规定了对于经理和员工、教授和学生来说,什么是正确的行为。每种角色的特定要求都应被满足,否则就会带来惩罚,包括情绪的、经济的或职业的。例如,作为学生,你应知道你要做的是通过课程考试。你是如何知道一个角色的要求是什么的?与教学大纲中概述的要求不同,它们并没有被写下来。然而,无论是有意还是无意地违反角色要求,自己都是知道的,因为个体会感到不自在,或者其他人会设法使你感到不安。

> **社会规范** 一个社会可接受的行为、价值观和信念。
> **社会角色** 社会规范对不同身份的人应该如何行为的定位。

> 随文提问:请列一下你现在有多少个角色。

3. 示范性规范与指令性规范

根据规范焦点理论(focus theory of normative conduct),社会规范可以分为示范性规范(descriptive norm)和指令性规范(injunctive norm)。示范性规范指在特定情境下的普遍行为,即在某种情况下,大多数人会如何去做(Cialdini et al.,1990)。指令性规范则不同,它指存在于人们思想中的、人们普遍认同的行为(Cialdini et al.,1990)。指令性规范仅仅存在于思想认知中，不是真实的行为。但是，示范性规范是真实的行为，提供了在这种情境下，何种行为是最普遍和最具适应性的（Smith et al.，2012）。

当示范性规范与指令性规范（例如，道德规范）相冲突时，示范性规范会削弱人们遵从指令性规范的意愿（Smith et al.，2012）。例如，这样的示范性规范会导致人们乱扔垃圾、违反交通规则和有小偷小摸行为（Keizer et al.，2008）。同时，示范性规范对违规行为的作用具有年龄的发展特点。有研究者发现，儿童青少年随着年龄的增长，更容易受到来自社会的示范性规范的影响（Wang et al.，2015）。

（二）服从

服从（obedience）即按照他人命令行为，是人与人之间产生相互影响的基本方式之一。关于服从，米尔格莱姆所做的一系列实验成为社会心理学最著名的研究。

20世纪60年代早期，米尔格莱姆（Milgram，1974）设计了一项后来闻名于世的研究。米尔格莱姆想知道，当直接命令某人背离自己的道德标准时，有多少人会服从权威人物。他想以此了解二战纳粹大屠杀背后的心理状态。

在实验中，被试以为自己是在参与有关惩罚对学习效果影响的实验。安排似乎是随机的，一批被试被分配扮演“老师”角色，另一批被试被分配扮演“学习者”角色。一旦坐在相邻房间的“学习者”在背诵一列被认为应当已经记住的单词时犯下错误，“老师”就必须通过按压机器上的按钮给予“学习者”电击。伴随着每次犯错误，电压都会增加15伏（从0到450伏）。

实际上，“学习者”是米尔格莱姆的实验助手，并未受到任何电击，但是在研究中“老师”（被试）不会知道这一点。当实验进行时，“学习者”装作痛苦地大叫并请求豁免。因此，“老师”会认为隔壁房间的“学习者”确实在受罪。与此同时，一个穿着白色实验服的研究人员会在“老师”开始动摇的时候平静但严厉地说“请继续”或“实验要求继续”。米尔格莱姆的问题是：人们会在多大程度上服从这个权威人物的有问题的命令？

随文提问：什么情况下你会做一些自己不愿意的事？

实验结果出人意料，每个人都对“学习者”实施了一些电击，约2/3不同年龄、职业的被试最大限度地服从了要求。许多人提出抗议，但是当研究人员平静地说“实验需要你继续”时，他们最终放弃了他们的主张。米尔格莱姆在该系列的后续的实验中又设置了几种研究变量，以确定何种环境下“老师”（被试）可能会不服从实验者，例如实验者离开房间时，又或者命令他们继续实验的是一个普通人而非权威的实验者时等。米尔格莱姆的这些研究结果支持：服从更多的是一种情境性功能，而非被试的特定人格。

对米尔格莱姆的研究也有批评之声。一些人认为，该研究违反了心理学研究的伦理原则，因为许多参与者体验到情感痛苦，而对真实情况一无所知（Perry，2013）。一些心理学家质疑米尔格莱姆的结论，即人格特质与个体是否服从权威在本质上是无关的。他们注意到某些特质，尤其是敌意、自恋和刻板，会增加服从和给别人造成痛苦的意愿（Blass，2000；Twenge，2009）。还有些人反对米尔格莱姆将研究中被试的行为与纳粹实施的残忍行为画等号，因为大多数纳粹分子的行为并没有权威直接监管，也没有外部压力和痛苦感。然而，毫无疑问，米尔格莱姆的这项令人叹服的研究对于公众认识到不加批判的服从所带来的危险有着巨大影响。

经典回顾

津巴多的斯坦福监狱实验

津巴多（Philip George Zimbardo）教授想知道普通大学生被随机分配犯人和看守角色后会发生什么。他和他的助手在斯坦福大楼的地下室布置了设有小单间、犯人的制服和看守者的警棍的逼真“监狱”（Haney et al.，1973）。参与研究的学生同意在这里生活两周。

在很短的时间里，大多数犯人就变得痛苦、无助和恐慌，出现了情绪症状和生理失调。一些人变得情感淡漠，另一些人变得极其反叛且难以控制，还有一些人变得惊慌失措和崩溃。然而在同样短的时间内，看守开始喜欢上他们的新权力。一些人努力表现出友善，帮助犯人并为他们做好事。一些人“严厉但公平”。但是，约 1/3 的人变得严酷和富有惩罚性，即使犯人不再抗拒，他们也总是选择残酷和虐待的手段。一名警卫变得异常残忍，用警棍拍着手掌，发誓要“抓住”囚犯，并指示其中两人模仿性行为（他们拒绝了）。津巴多没有料到学生们会发生如此快的和令人担忧的变化，这项研究仅仅持续了 6 天就结束了。

该实验证明了在拥有权力的时候，角色如何影响人的行为。事实上，最近的研究表明，如果不使用同样的让人拥有权力的提示性指令，就不会产生在原始实验中观察到的相同类型的病理行为（Bartels，2015）。

二、群体的影响

（一）从众

从众 个人的观念与行为由于群体的引导或压力，而朝与多数人相一致的方向变化的现象。

从众（conformity）指个人的观念与行为由于群体的引导或压力，而朝与多数人相一致的方向变化的现象。日常生活中的从众可以表现为在临时的特定情境中对占优势的行为方式的采纳，如开会形成决议时进行举手表决，少数人由于多数人举手的压力而最终赞成多数人的意见；也可以表现为长期性的对占优势的观念与行为方式的接受，如顺应风俗、习惯、传统等。

1. 阿希的从众研究

你能相信你的眼睛所看到的吗？眼见为实，不是吗？如果你是阿希（Asch，1952）研究中的一个被试，那就不是。

让我们假定你同其他七个被试一起进入了一间实验室，想象着参加一项关于视觉分辨力的实验。在房间的前面站着一个人，手上拿着画着线的卡片。你们八个人按顺序坐好。你坐在第七个座位上，当时这只是一件小事。那个人解释了任务。在左边的卡片上有一条单独的线，在右边的卡片上画着三条线。右边卡片上的一条线与左边卡片上的线等长。你和其他被试将依次大声说出三条线中的哪一条——1、2 或 3——与左边卡片上的线等长。这太简单了！

在你右边的被试依次说出：3，3，3，3，3，3。现在轮到你了。线 3 确实与左边卡片上的线等长，所以你也说“3”。在你之后的那个人也随声附和“3”。这就结束了。然后在房间前面放置了另外两张卡片。这次，线 2 与左边卡片上的线等长。答案是：2，2，2，2，2，2。又一次轮到你了。你说“2”，而且也许你的精神开始开小差，你的胃有点咕咕响。在你之后的那个人也说是“2”。接着，换了另一对卡片。线 3 明显是正确答案。在你右边的四个人依次说出：1，1……等一下！……1，1。你暂时忘记了午饭和对线的研究。不，线 1 至少短了半英寸。但是，接下来的两名实验者也说是“1”，并且突然又轮到你了。你的手开始出汗，而且你如鲠在喉。你想要说“3”，但是这对吗？没有时间了，而且你已经很明显停顿了。你说了“1”，最后那个人也是。

现在，你的注意力固定在了任务上。大多数时间你赞同其他七个人的判断，但是有时候你不赞同。而且由于某些你难以理解的原因，即使在他们错了的时候——假设你相信自己的眼睛——你也完全与他们保持一致。实验变成了一次不舒服的经历，而且你开始怀疑自己的判断力。

在阿希研究中，不适感源于从众的压力。实际上，其他七名应征者是实验人员的“同伙”。他们预先安排了一些错误的回答。这项研究的唯一目的是看看你是否会与错误的群体判断保持一致。

多少人在阿希研究中屈从于大多数人的答案？多少人附和众人而不是给出他们认为正确的答案？75%。有 3/4 的人至少会有一次赞同多数人的错误答案。

2. 影响从众的因素

很多因素增强了从众的倾向性。从与个体相关的方面考虑，包括个体所处环境是一个集体主义的而非个体主义的社会、渴望被团体中的其他成员喜欢（但是，对公正的重视超过对被喜欢的重视会削弱从众的倾向）、低自尊、社交羞怯，以及对任务不熟悉等（Phalet & Schoenpflug，2001）。个体具备这些特点时，会倾向于采取从众行为。

从与群体特点相关的方面考虑，包括群体的规模和社会支持。当群体规模增长到五名成员时，即使面对错误的群体判断，从众的可能性也会迅速上升；当群体成员增长到八名时，从众可能性的上升就放慢了。也正是处于这一点时，从众的可能性达到了最高水平。然而，只要有一个人与你意见相同，就足以使你坚持己见（Morris et al.，1977）。

从情境因素考虑，包括刺激物的性质和时间因素。刺激物是否模糊会影响人们的判断和决定，人们更倾向于在模棱两可的情境下采取从众行为，因为当情境的模糊性较强时，人们很难自信地做出判断。而时间上，群体交互作用的早期阶段更容易表现出从众行为，因为双方都在互相适应阶段，接纳对方的程度比较高，比较容易说服和接受他人的观点。

（二）群体思维

联系紧密的、友好的群体成员通常在一起工作得很好。但是，他们可能面临无法从群体成员那里得到最好的思想的问题——有时候，为了尽可能做出最好的决定，群体会过分强调牺牲个体的利益这一点。这种极端的从众形式就叫作**群体思维**（groupthink），即一种采取相似思维、压制异议的倾向。根据贾尼斯（E. Janis）的看法，群体思维出现在要求完全一致的群体需要压倒了做出最英明决策的需要时。

群体思维　一种采取相似思维、压制异议的倾向。

1. 群体思维的特征

（1）无懈可击的错觉。群体相信它不会出错，百分之百决策正确。

（2）自我压抑。反对者决定默不作声，而不是找麻烦、伤朋友的感情或冒被嘲笑的危险。

（3）施压使反对者遵从。领导者取笑或羞辱不同意见者，不然就施压使他们同意。

（4）全体一致的错觉。为了劝阻不同意者，领导者和群体成员创造了一种全体一致的错觉。他们甚至可能明确地命令被怀疑可能会不同意的人保持安静。

（5）行为的合理化。决策一经制定，就对其合理化，自己看不到该决策的缺点，同时也忽视外来挑战。

（6）对群体的道德深信不疑。坚信群体的决策就是正确的，不存在伦理道德问题。这种想法消除了根据理性程序证明决策正当性的责任。

（7）对外群体看法刻板化。

（8）从众压力。团队成员的压力会鼓励团队成员保留自己的不同意见。

研究者已经将群体思维这个概念运用到了现实生活中的灾难性决策这一方面。1986年，美国国家航空航天局（NASA）不听工程师们关于挑战者号航天飞机不安全的警告，将它发射升空，结果挑战者号升空后不久爆炸。2003年，布什总统在发动伊拉克战争时，声称该国有大规模杀伤性武器并与“基地”组织结盟。他和他的团队忽视了认为这些指控不真实的异议人士和情报机构的证据（Mayer，2009）。

2. 避免群体思维的陷阱

睿智的领导者会采取以下几个步骤来避免他的团体出现此类的决策错误。

（1）保持中立。领导者不应该扮演指挥者的角色，而应该保持中立。

（2）寻找外界的观点。领导者应该邀请一些非团体成员来发表见解，因为这些人不太关心团体的凝聚力问题。

（3）组建小组。领导者应该将团体分为几个小组，先各自讨论，再集体讨论他们的不同建议。

（4）征求匿名意见。领导者也许可以采取不记名投票，或者要求团体成员匿名写下他们的意见。这样做可以保证成员提出他们的真实看法，不必害怕团体的谴责。

所幸，肯尼迪总统吸取了猪湾事件决策失败的教训，因而，当他面临第一个重大的外交决策事件——古巴导弹危机时，他采取了其中的一些步骤，得以避免群体思维的误区。当他的智囊们开会讨论如何应付苏联在古巴安置的导弹时，肯尼迪总统常常不出席，以免妨碍他们的讨论。他还邀请了一些不属于该团体的专家，如史蒂文森（Adlai Stevenson）。肯尼迪的调解最终成功地使苏联撤出了在古巴的导弹，这显然要归功于他改善了群体决策的方式。

心理学与生活

真正的民主

党的二十大报告强调："发展全过程人民民主"是中国式现代化的本质要求，并把"健全吸纳民意、汇集民智工作机制，建设好基层立法联系点"作为加强人民当家作主制度保障的重要内容。

评价一个国家政治制度是不是民主的、有效的，重要依据就是看：人民群众能否畅通表达利益要求、社会各方面能否有效参与国家政治生活。实践中，基层群众围绕涉及自身利益的实际问题，发表意见建议，进行广泛协商，利益得到协调，矛盾有效化解，促进了基层稳定和谐，让基层民主有更强劲的制度支撑，既可以进一步有效激活基层群众自治制度，又可以让国家立法遵循问题导向原则，做到以问题引导立法、以立法解决问题。

全过程人民民主实现了过程民主和成果民主、程序民主和实质民主、直接民主和间接民主、人民民主和国家意志相统一，是全链条、全方位、全覆盖的民主。这种模式下，有效避免独裁或指挥型领导，更多的专家能参与到决策的讨论制定中，人们有机会并且有意愿表达自己的意见，更利于做出理智的决策。

（三）责任分散

假如你在城市大街上或其他公共场所遇上了麻烦，比如，遭到袭击或突发盲肠炎。你觉得在哪种情况下你更可能得到帮助？（1）另一个人正好经过；（2）有几个陌生人在那儿；（3）很多人在那儿。大多数人会选第三种答案，但事实并非如此。相反，你周围的人越多，其中之一来帮助你的可能性就越小。你可能会问：这是为什么？

答案与一种被称为责任分散的群体过程有关。**责任分散**（diffusion of responsibility）指在群体过程中，对行为结果的责任扩散到许多人身上，从而降低了每个个体的责任感。当周围只有自己时，人们更愿意向陌生人提供帮助，在这种情况下，责任不能扩散给其他人。但是，在人群中，当有人遇上麻烦时，个体往往不会采取行动上前帮助或去求援，因为他们猜测别人会这么做（Fischer et al.，2011）。事实上，研究表明，旁观者效应在儿童5岁时就已经很明显了（Plötner et al.，2015）。但是，责任分散的现象并不总是稳定出现，一项关于旁观者效应研究的元分析显示：人们在经历真正的危险和紧急情况的时候，旁观者经常会在第一时间给予帮助。其中一个原因是，无论何人，都会得到来自旁观者的身体上或心灵上的支持。此外，危险和紧急情况通常会通过旁观者之间的团结协作来得到有效的控制（Greitmeyer & Mugge，2015）。

> **责任分散**　在群体过程中，对行为结果的责任扩散到许多人身上，从而降低了每个个体的责任感。

比起导致群体懒散，群体中的匿名者可能会做很多事情。责任分散最极端的例子出现在大规模的、互不认识的群众或人群中，无论他们是高兴的体育观众，还是生气的暴动者。在这样的人群中，人们往往意识不到自己的个性，似乎把"他们自己"交给了整个人群的情绪和行为，这是一种去个性化的状态。长期以来，去个性化一直被看作群众暴动的首要原

> 随文提问：如何防止责任分散？

因。根据这种解释，因为人群中去个性化的人“忘记了自己”，感到不必对自己的行为负责，所以他们比自己一个人时更有可能偏离社会规范和法律：打破商店橱窗、抢劫、打架、在体育赛事中制造骚乱。但是，去个性化也并不总是使人变得杀气腾腾，有时它也会使人变得更友好。群体的影响是正反两方面的，但是有一个结论却是很清楚的：我们在群体中的表现往往和独自一人时差别很大。

三、提出异议者

至此，我们已经看到了社会角色、规范以及服从权威或遵从一个人所属群体的压力如何导致人们以本来或许不会那样做的方式表现行为。然而在整个历史中，人们一直在拒绝服从他们认为错误的命令，并反抗流行的主导文化信仰。别忘了，在阿希的线条判断实验中，有75%的从众者，也就是说有25%的人坚持了自己的观点。大约有95%的被试至少在第一次是不同意其他成员的看法的。更重要的是，非从众者也改变了社会的进程。1955年，在美国亚拉巴马州的蒙哥马利市，帕克斯（Rosa Parks）拒绝根据当时隔离法的要求移到公共汽车后面的座位上。她被捕并被判犯法。她的抗议引发了一场长达381天的公车抵制运动，并促发了美国民权运动。

不幸的是，异议、勇气和诚实的代价往往很高；大多数群体不欢迎意见不同的人。许多内部举报人并没有因为他们的勇敢而得到嘉奖，而是付出了高昂的个人或职业的代价。关于内部举报者的研究发现，2/3的人丢掉了工作，并且已经完全远离了他们的职业，许多人甚至失去了家和家人（Andrade，2015）。

不一致的是，不满、抗议和利他，即为了别人的利益采取无私或危险的行为的意愿，是个人信仰和道德感的一部分。但是，正如服从和从众行为会受到情境因素的影响，说出一个不受欢迎的意见、选择良心而非从众的观念或帮助有麻烦的陌生人等行为同样也会受到情境因素的影响。下面的情境因素对于不怕“惹麻烦”或采取勇敢行动起着决定作用。

（1）知觉到介入或帮助的需要。这一点看似显而易见，但是你在采取独立行为之前，必须意识到行动是必要的。当情境需要人有太多注意时，就会出现对行动的盲目追求，就像在高密度的城市和人口密集的地铁站，人们总是急匆匆赶路一样。

（2）文化鼓励你采取行动。你会不会自发地告诉一个路人他掉了一支笔？你愿意帮助一个腿受伤的人捡起他掉落的杂志吗？你会帮助盲人过马路吗？一项在23个美国城市和22个其他国家的城市进行的陌生人互助研究发现，文化规范比人口密度对于预测助人行为更重要。研究发现，帮助率有较大的差异，范围从巴西里约热内卢的93%到马来西亚吉隆坡的40%（Levine，2002）。

（3）有同盟存在。在阿希的从众实验中，有给出正确答案的他人存在，足以减少对大多数人的同意。在米尔格莱姆的实验中，不同意实验者的电击指令的同伴的存在，极大地增加了不服从实验者的人数。一个不满的群体成员可能会被看作一个找麻烦的人，两个不满的成员会被看作合谋，但是，一些人不满就是同盟。同盟确保了人们反抗的权利，他们的联合努力也许最终会说服大多数人（Wood et al.，1994）。

第三节 人际关系

林肯说过，人生最美好的东西，就是他同别人的友谊。这句话揭示了**人际关系**（interpersonal relationships）在人类生活中的重要性，人际关系影响我们与他人的互动、交流、合作。人际关系是指人们在人际交往过程中结成的心理关系，主要表现为人们心理上的距离远近以及对他人的影响与依赖程度。

一、人际吸引

（一）什么是人际吸引

人际关系 人们在人际交往过程中结成的心理关系，主要表现为人们心理上的距离远近以及对他人的影响与依赖程度。
人际吸引 人与人之间的相互吸引和喜欢。

人际吸引（interpersonal attraction）是人与人之间的相互吸引和喜欢。怎样才能被接纳和喜爱是一个古老而有生命力的问题。著名人际关系学者卡内基（D. Carnegie）出版了名为《怎样赢得朋友和影响别人》的著作，讨论人际关系中的技巧。该书虽然没有一个十分吸引人的名字，却凭借其深邃的人际交往智慧，一直畅销不衰，而且至少被译成35种文字，已成为世界上名列前茅的畅销书。这一事实本身就说明渴望为人们所接纳和喜爱的需要在人类社会是多么普遍。

随文提问：如何让自己变成一个受大家欢迎的人?

人究竟为什么喜欢别人或为别人所喜欢呢？阿伦森（Aronson）研究发现受人喜爱的主要是：（1）信仰和利益与自己相同的人；（2）有技术、有能力、有成就的人；（3）具有令人愉快或崇拜的品质，如忠诚、诚实、善良的人；（4）喜欢自己的人。总结社会心理学家在人际吸引领域的研究，可以发现人际吸引的条件主要有熟悉、吸引人的个人特征、相似与互补、喜欢与爱情等方面。

（二）人际吸引的条件

1. 熟悉

毫无疑问，在日常生活中，人们除了在少数时候把喜欢的情感投向自己认同的歌星、影星、体育明星之外，更多的时候都把这种情感投向周围与自己有直接交往的对象，并在其中选择交往或合作的伙伴。能够相互接触，彼此之间存在交往的可能性，自然就成为人际吸引的前提条件。社会角色关系影响人际关系的一个途径，就是它使人们不可避免地发生交往。人际关系的由浅入深，也正是从相互接触和初步交往开始的。对越熟悉的东西越喜欢，在心理学中称为曝光效应。

在人际关系中，我们也可以利用曝光效应来增进彼此的了解和亲近感。莫兰德等

（Moreland & Beach，1992）找到四位吸引力相同的女性，并让每位女性学习社会心理学的课程，但每人上课的次数不一样，分别为1次、5次、10次和15次。学期末，教师通过幻灯片呈现这四位女性的照片，让学生们进行喜好程度评价。结果发现，出勤率越高的女性，越会被学生们喜欢。雷怡等（2020）关于婴儿面孔的研究也发现了重复曝光能够提升面孔可爱度，即只要是熟悉的就是可爱的。然而，曝光效应并非"万能药"，在某些情况下曝光效应可能会引发反效果。元分析结果表明，曝光次数在10～20次一般能达到最高的吸引程度，而曝光次数过多时，吸引程度反而可能会下降。同时，曝光效应发挥作用的前提是第一印象。一开始就让人感到厌恶的事物，利用曝光效应往往适得其反。

2. 个人特征

（1）才能。个体对于有能力的人的态度常常出人意料。表面上，似乎在其他条件相等的情况下，一个人能力越强，越是完善，就会越受欢迎。但是研究表明，在一个群体中最有能力、最能出好主意的成员往往不是最受喜爱的人。为什么会有这种现象呢？因为个体对于别人有两种不同的需要。一方面，个体希望自己周围的人有很好的才能，有一个令人愉快的人际交往背景。但另一方面，如果别人超凡的才能使人们可望而不可及，人们就会感到压力。因此，当一个榜样被描绘成在才能和人格完善上都达到了普通人不可企及的地步时，人们就只好敬而远之了。

（2）外貌吸引力。虽然我们常说"不可以貌取人"，但在人际交往的初期外貌对于人际吸引的影响是显而易见的。爱美是人的天性。无论在哪种文化背景中，美貌都是一种财富，都令人向往。

在心理学上，这是一种晕轮效应：大家觉得一个人长得好，便会自觉地认为他各方面都很好。外貌影响人们的吸引力与人际交往。不仅日常生活事实的观察可以证明这一点，严格的社会心理学实验也证实了这一点。西加尔等（Sigall & Aronson，1969）通过巧妙的实验揭示，漂亮的女性比不漂亮的女性更能影响男性的交往行为。王雨晴等（2015）的研究也得到了同样的结果，实验通过操纵面孔吸引力（漂亮、不漂亮）和人格标签词性（积极、消极）来考察它们对男女择偶偏好的影响，结果表明：不管是男性被试还是女性被试对漂亮面孔的择偶意愿均显著高于不漂亮面孔，且男性与漂亮异性成为情侣的意愿显著高于女性，同时，被试与积极词汇标签下的异性成为情侣的意愿显著高于消极词汇标签下的异性，而人格标签积极与否对女性的影响更大。面孔吸引力和词汇词性之间存在交互作用，即积极词汇标签使被试更愿意与拥有漂亮面孔的人成为情侣。可见，漂亮的外表往往更吸引人，同时，良好的个性品质也至关重要。

（3）个性品质。个性品质是个体更为内在的特质，与人际吸引有着更为稳定的关联。安德森（N. H. Anderson）在一项研究中，将555个描绘个性品质的形容词列成表格，让大学生被试按照喜欢程度由高到低排成序列。在这一序列中，有代表性的个性品质有三类：排在整个序列最前面的高度受人喜欢的品质（例如，智慧、可信赖、有思想等），位于序列中间的介于积极与消极之间的中性品质（例如，冲动、好斗、腼腆等），以及排在序列末尾的高度令人厌恶的品质（例如，自负、贪婪、不真诚等）。

3. 相似与互补

（1）相似性吸引。实际上，比起那些与我们共享某些观点和口味的人，我们往往不会被那些不赞成我们观点和口味的人吸引（Singh et al.，2007）。

“物以类聚，人以群分”，为什么我们中的大多数人的伴侣都拥有和我们自己类似的背景？一个原因是类似性，或接近性。虽然近几十年来西方社会中的流动性有所提高，但人们仍然倾向于生活在同自己相类似的人周围，并与他们接触。另一个原因是我们被具有类似态度的人吸引。具有类似背景的人更可能在态度上类似。态度和口味上的相似性是吸引、友谊和爱情关系的关键，尤其是重要态度上的相似性，会带来更多的人际吸引力（Byrne，1961）。

让我们也关注一下性别差异。证据表明，比起男性，女性更看重态度相似性，认为它是对异性陌生人产生吸引的决定因素，然而男性更看重外表魅力（Laumann et al.，1994）。我们也倾向于假定那些我们发现有魅力的人与我们有相同的态度（Morry，2005）。虽然相似性在决定最初的吸引时很重要，但是包容性似乎是维持一段亲密关系的更有力的预测因素（Amodio & Showers，2005）。

（2）互补性吸引。如果两个人越相似就越容易被对方吸引，那为什么会有异性相吸呢？如果两个人在一些方面存在差异，能否建立亲密关系呢？研究表明，当交往双方的需要和满足途径正好构成互补（complementarity）关系时，双方之间的喜爱程度也会上升。大量心理学资料和日常生活的事实都证明，现实生活中一部分人的婚姻是基于互补关系缔结的。互补的一种极端的例子是有虐待倾向和受虐倾向的男女结为夫妇——双方的个性倾向和行为特征正好都满足了对方的需要，并构成了双方互补的关系。而有虐待倾向或受虐倾向的人与正常的人是很难维持正常婚姻关系的。一个支配型的男人娶一个依赖型的妻子，一个喜欢控制人的泼辣女人与一个被动型、不愿做决定的沉默男人结为夫妇等，都属于这种情况。试想，支配型的男人和支配型的女人是很难做一对和平夫妻的。

互补的另一种情况是他人的某一特点满足了一个人的理想，从而提升了其对这个人喜欢的程度。这种情况不是严格意义上的互补，而是补偿（compensation）关系。如一个人看重学历而自己又失去获得高学历的机会，因而尤其看重高学历的朋友，就属于这种情况。但是，如果一个人与另一半差异太大，反而会使其感到有些不安。

除此之外，还有很多因素影响人际吸引的过程。例如，拥有双性化特质的个体，人际吸引力更强。有研究者发现，拥有中性名字的个体被认为兼具较多的男性和女性特质，因此人际吸引力较强（包寒吴霜等，2016）。

实践与应用

在下列情境中，如何提高人际吸引力？

情境1：对于刚刚步入大学校园的学生来说，怎样赢得班级同学的好感？

情境2：刚毕业的大学生在应聘面试中，如何在短时间内给面试官留下良好印象？

情境3：聚会当中，人们怎样能快速捕获他人的目光？

二、爱情

(一)什么是爱情

爱情(love)是一种强烈的积极的情感。有很多关于浪漫之爱的理论。一种理论是斯滕伯格(Sternberg,1988)的**爱情三角模型**(triangular theory of love)。这个爱情三角不是说两个男人追求同一个女人,而是说爱情包含亲密、激情和承诺三种成分(见图 13-1)。

爱情 一种强烈的积极的情感。
爱情三角模型 斯滕伯格提出的关于浪漫之爱的理论,他认为爱情包含亲密、激情和承诺三种成分。

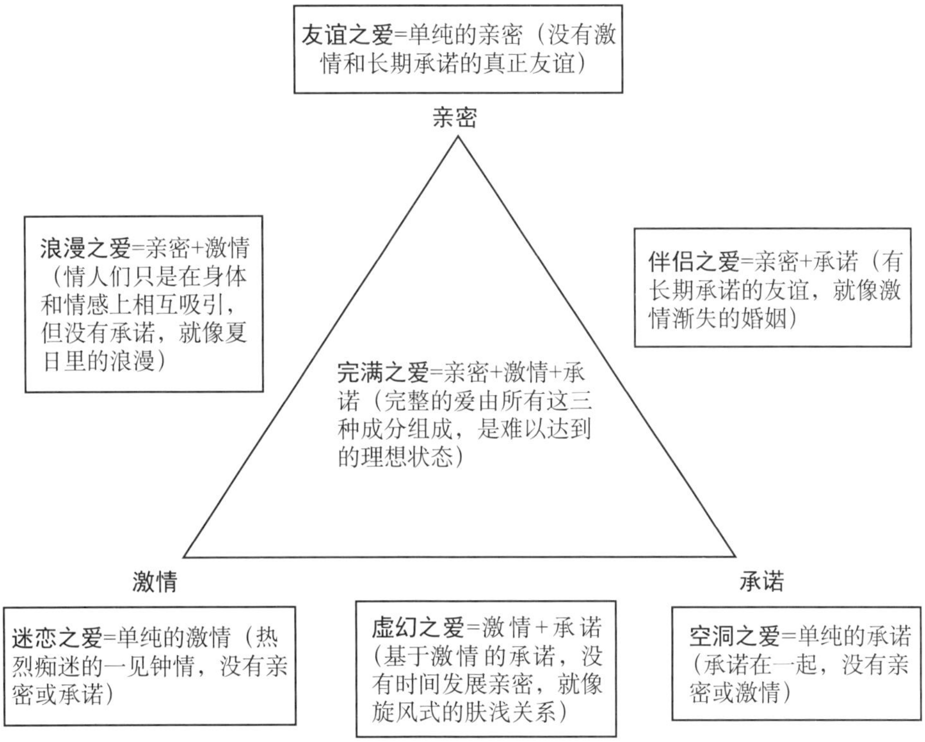

图 13-1 爱情三角模型

亲密涉及两个人的紧密性,是指在爱情关系中能够引起的温暖体验。激情意味着浪漫的性的感受,是情绪上的着迷。承诺是维持一段关系的决定、期许或担保。这三个要素具有不同的性质。在一段亲密关系中,激情部分不太稳定,亲密和承诺相对来说还是比较稳定的。激情在短期关系中至关重要,亲密和承诺在持久的关系中更重要。爱情的理想形式——完满之爱结合了所有这三种成分。完满之爱由浪漫之爱加上承诺构成。

在斯滕伯格的图解中,浪漫之爱被赋予激情和亲密的特征。激情包括迷恋(被所爱之人迷住)、性渴望以及排他性要求(与所爱之人的一种特殊关系)。亲密包括关心、支持所爱之人的兴趣,即使自身的兴趣需要做出牺牲。人们在认知上偏向于积极地评价他们的伴侣(Loving & Agnew,2001)。也就是说,我们理想化了我们所爱的人。

爱情三角模型通过解析爱的构成,为我们理解爱情提供了一个角度。但每个人对爱情的理解和体验可能会有所不同。斯滕伯格在文章中也提到过：爱是一个复杂的整体。这个整体来源于多种要素的结合，这意味着，我们需要全面地理解和体验爱，理解自己和他人在爱情中的需求与期望，从而建立更加持续稳定的亲密关系。

（二）文化与爱情

随文提问：你在选择另一半时，最看重对方的什么品质？

虽然爱情是人类共有的情感，但我们体验它的方式却是和文化联系在一起的。例如，有研究发现中国人和美国人在选择结婚对象时存在区别。当让中国学生描述是否决定和自己的恋爱对象结婚时，他们把下面两个集体主义文化的核心概念放在最重要的位置："孝顺"（即子女对父母的顺从和敬爱）和"关系"（即一种类似网络连接的关联）。而美国学生把获得支持、关心和过上更好的生活放在重要位置。的确，相比西方的年轻人，中国的年轻人爱的程度同样很深，也体验到相似的浪漫爱情中的甜蜜和痛苦。但是，他们的爱基于这样的社会准则，即要求他们在二者有矛盾时为了家庭而牺牲个人的利益。这意味着要避免盲目的爱、随意的性交际以及可能会忽视家庭利益的约会情境。

心理学与生活

影视剧中的那些经典爱情

爱情从古至今都是一个永恒且经典的话题。今天，我们带着心理学知识再去看看影视剧中那些刻骨铭心的爱情。

(1)《红楼梦》中的林黛玉和贾宝玉的凄美爱情故事，用我们今天学习的知识来看是哪种爱情？

(2)《泰坦尼克号》中杰克和罗丝的故事属于哪种爱情？

对比中外两个爱情故事及其结局，我们可以看出文化对爱情有哪些影响？

第四节　群际偏见

一、群际偏见

（一）什么是群际偏见

偏见　人们以不正确或不充分的信息为依据形成的对其他人或群体的片面甚至错误的看法。

群际偏见　针对某个群体的态度，它导致人们消极地去评价这个群体的成员。

偏见（prejudice）是人们以不正确或不充分的信息为依据形成的对其他人或群体的片面甚至错误的看法。**群际偏见**（intergroup prejudice）是针对某个群体的态度，它导致人们消极地去评价这个群体的成员。一般来说，我们会对我们所属的群体——内群体（in-group）持有积极的态度，即"内群体偏好"（ingroup favoritism)，而对于外群体（out-group）则容易产生消极的态度。群际偏见意味着强烈地、莫名地不喜欢甚至厌恶一个群体，与此同时，它也会加剧冲突。一个群体的行为可能会被认为是对另一个群体的挑衅，当这些行为通过先入为主的观念和长期的固着信念来解释时，群体间的冲突就会加剧。在本节，我们将一起探索偏见的根源，并思考如何减少偏见引发的冲突。

(二) 群际偏见的根源

虽然由于时代和社会的不同，偏见会以不同的方式表现在不同的群体中，但其共同的来源可以被归纳为心理上的、社会上的、经济上的和文化或民族上的，如表 13－1 所示。

表 13－1　群际偏见的根源

心理	社会	经济	文化/民族
低自尊 焦虑 不安全感 无力感	群体思维 社会规则的要求 家长的教诲	保证自己地位的渴望 职位、权力与资源的竞争	内群体/外群体思维 群体统一性的渴望 发起战争的正当理由
不同来源的偏见所产生的例子			
"那些人不如我们有道德和正派"	"我的父母教导我那些人不是什么好人"	"那些人不够聪明去做那些工作"	"我们不得不从那些'野兽'手中解救我们的宗教/国家/政府"

1. 心理根源

消极的刻板印象是偏见产生的心理认知因素。**刻板印象**（stereotype）是对一个群体成员的概括，将相同的特征加在群体中的每一个成员身上，无视成员之间实际存在的差异。奥尔波特将刻板印象形容为"最省力的规则"。通常，刻板印象只是人们简化对世界看法的一种方法，不一定带有情绪性，也不一定引发敌意的行为。我们平时所说的偏见一般为负面的，这种偏见有些是错误的，有些是有违社会公正的。但刻板印象不同，它是无所谓积极和消极的。比如，在人们的刻板印象中，法国人是浪漫的，德国人是严谨的，意大利人是具有艺术气质的，美国人是开放的。这些刻板印象用于判断他人和应对交往情境，可能是不准确的，但带来的态度却不一定是负面的和不公正的。

> **刻板印象**　对一个群体成员的概括，将相同的特征加在群体中的每一个成员身上，无视成员之间实际存在的差异。

在一定程度上，偏见是建立在刻板印象的基础之上的，往往是人们过度概括或概括不当的结果。偏见还与先入为主的观念有关。在认识和了解一个人之前，人们会根据这个人所属的群体对他做出某种评价。在偏见与刻板印象之间进行严格的划分，显然是非常困难的。比如，不同人对艾滋病患者的知觉不同，那些对男同性恋者有偏见的人往往在脑海里为他们贴上一个群体标签，比如"男同性恋"，同时还在记忆里存储了伴随这个标签的刻板印象，比如"不道德"，并且将群体标签与负性情感联系在一起（Stephan & Renfro，2002；Stephan & Stephan，2001）。

这说明，虽然我们可以将刻板印象与偏见区别开来，但实际上两者相伴相生，人们对自己持有偏见的不同群体可能有不同的刻板印象。例如，19世纪初，大多数美国人虽然对黑人和犹太人都持有偏见，但对这两个群体的刻板印象却大相径庭。他们对黑人的刻板印象是懒惰、愚蠢但身体素质好，对犹太人的刻板印象则是精明、贪婪而且野心勃勃。

同时，偏见常常可以避免怀疑、恐惧等不合理情绪。正如许多国家的研究已经证明的那样，偏见只是一种低自尊者的“补给品”：虽然我们都不愿意承认，但我们会通过将自己不喜欢或憎恶的群体视为劣等群体的方式，来阻止自己产生低自我价值感（Goplen & Plant，2015）。同样，偏见也会默许人们使用目标群体作为“替罪羊”：“全是那些人给我捣乱。”而且，对“替罪羊”的偏见可能也是人们发泄愤怒情绪或应对无力感的一种方式。在2001年“9·11”美国恐怖袭击事件发生后，一些美国白人把他们的怒气全都发泄在了那些恰好是阿拉伯裔、巴基斯坦裔、印度裔或阿富汗裔的美籍同伴身上。但是，从另一种角度来看，偏见又有助于缓和不安全感，能够在不可预测的世界中增加秩序感。

2. 社会根源

并非所有的偏见都有根深蒂固的心理根源，一些偏见会通过群体思维和其他社会压力变形为自己朋友、亲戚或同伴的观点。如果你不赞同一个群体对另一个群体的偏见，那么你很有可能会被委婉或唐突地要求离开这个群体。其中有一些偏见是无意间通过一代又一代人的传递形成的，比如父母告诉孩子“咱们家从不与那样的人结交”。

然而，社会根源对个体偏见的影响是因人而异的。社会支配取向（social dominance orientation）是一种个体差异，是指个体对社会不平等的赞同程度和对群际关系的总体态度。社会支配取向高的人倾向于认为社会是一个由群体组成的等级社会，会更加支持维持或加剧社会群体之间不平等的制度、政策和实践；社会支配取向低的人则支持减少这种不平等的情况（Karunaratne & Laham，2019）。

3. 经济根源

通过满足多数群体对控制、地位和财富的需要，官方偏见的存在似乎变得合情合理。无论在何处，占大多数的人群都会选择系统地歧视少数人群来维护其自身的权利，他们会声称自己的行为是正当的，因为少数人群在其观念里是低等的和能力不足的（Jost et al.，2008）。通过观察两组人围绕工作的直接竞争或他们为未来收入担忧时偏见的增加，你可以看到：偏见是随着经济变化而起伏的。

4. 文化/民族根源

> 随文提问：当别人对你产生偏见时，你会怎么办？

偏见的形成有时也同我们所属的国家和民族联系密切。通过不喜欢“他们”的判别方式，人们似乎就会感到与像“我们”的那些人更亲近了。这种感觉反过来还可以证明我们为了保护“我们”的风俗和国家政策，会对“他们”国家的所作所为秉持中立的态度。虽然有许多人认为偏见会导致战争，但真相恰恰相反：战争导致偏见。当两个国家公然宣战，一个国家决定入侵另一个国家时，或当一个羸弱的领导人将国家的经济问题转移到少数的替罪羊身上时，公民对这个“入侵者”或“替罪羊”的偏见将会被激起。一开始，他们的愤怒是正当的，但战争通常会把合理的愤怒扭曲为盲目的偏见：很快，人们开始认为这些人不仅仅是敌人，他们根本就不配被称为人，消灭他们是天经地义的事情（Haslam & Loughnan，2014）。这就是为什么敌人经常被描述为除了“人”以外的任何事物，比如魔鬼或者牲畜等。

学术前沿

文化和民族偏见的典型案例

2019 年发表在《科学》上的一篇名为“全球公民诚信度”（Civic honesty around the globe）的文章指出，中国公民诚信度为全球倒数第二。研究的广泛传播、舆论的影响，给中国带来了难以抹去的负面标签和刻板印象。该文章所依据的研究的衡量标准只有一项：电子邮件的回复率。这一标准存在巨大的争议，忽略了不同国家、不同文化的差异，隐藏着深刻的文化偏见。

为此，来自中国 14 所高校的学者组建了研究团队，毅然挑战这一研究结果，为国人正名。历时 4 年，以浙江大学杨芊教授为第一作者、共 16 位作者的合作研究成果终于在 2023 年在《美国科学院院报》（*PNAS*）上发表。他们引入了一个崭新的衡量标准：钱包回收率。结果发现，中国公民 27.4%的“电子邮件回复率”远低于 77.8%的“钱包回收率”。这是因为集体主义和个人主义的文化对衡量公民诚信的指标有显著影响，这说明公民诚信度不能仅靠“电子邮件回复率”这一单一指标来度量。这一发现揭示了柯恩（Cohn）等人研究中的巨大的文化偏见问题（Yang et al.，2023）。该研究成果一经发表，立即受到广泛的关注和认可。《科学》杂志对该研究进行了详细报道，并明确表达对其核心观点的支持。此外，一些高影响力的媒体也对该研究进行了深入报道。值得一提的是，柯恩等人也对该研究做出了积极回应，承认了该研究的主要观点。

资料来源：Yang，Q.，Zhang，W.，Liu，S.，Gong，W.，Han，Y.，Lu，J.，Jiang，D.，Nie，J.，Lyu，X.，Liu，R.，Jiao，M.，Qu，C.，Zhang，M.，Sun，Y.，Zhou，X.，& Zhang，Q.（2023）. Unraveling controversies over civic honesty measurement：An extended field replication in China. *Proceedings of the National Academy of Sciences of the United States of America*.

二、如何减少群际偏见和群际冲突

从偏见研究中得出的结论告诉我们，通过诉诸道德或智力辩论来减少偏见的努力是不够的，还必须触及人们深层的不安全感、恐惧或对群体的消极联想。当然，考虑到偏见的众多来源和功能，单一的办法不会对所有情况或所有偏见起作用。但是，就像社会心理学家研究那些会增加群际偏见和敌意的情境一样，他们也研究了可以减少偏见的情境。下面是四种减少偏见的情境（Pettigrew & Tropp，2006）。

（一）双方必须拥有同等的法律地位、经济机会和权利

这一要求是努力改变那些允许歧视的法律背后的动力。如果民权倡导者一直等到种

族隔离主义者改变主意，那么美国南部公共设施的融合就永远不会发生。女人将永远也不会得到选举权、上大学的权利或“男人做”的工作。但是，如果一个群体可控制另一个群体，那么单单改变法律仍然是不够的。有研究者发现，当少数人群体认为自身群体与多数人群体在对国家文化的代表性上拥有同等的地位时，少数人群体对多数人群体的态度是最积极的（Wang et al.，2018）。从治国理政的角度来看，也是如此。自古以来，我国各族人民共同铸就了伟大的中华民族。新时代党的民族工作的核心，即维护与优化民族区域自治体系，加强与提升党在民族事务中的工作，同时广泛促进民族团结与进步的事业。

（二）政府和文化制度必须为双方提供道义、法律和经济上的支持

社会必须建立平等的规范并在其成员——教师、雇员、审判系统、政府官员和警察等的行动中支持他们。在美国，在那些种族隔离是政府政策或者虽非政府政策但却得到实际应用的地方，冲突和偏见不但会持续存在，而且看起来似乎是正常且具有正当理由的。

（三）双方必须有很多正式的或非正式的工作和社交的机会

根据接触假设，当人们有机会习惯另一群体的规则、食物、习俗和态度，从而发现彼此有共同的兴趣和人性，并知道“那些人”事实上并不都一样时，偏见就会减少。多种族大学的校园是检验接触假设活生生的实验室。有跨种族的室友、朋友和恋人的白人学生倾向于持有更少的偏见并找到双方间的共同点（Van Laar et al.，2008）。高承海等（2018）的一项整合研究以我国少数民族和汉族大学生交往为例，验证了群际接触的基本观点，少数民族与汉族的接触数量越多、质量越高，他们对汉族的态度越积极，交往意愿也越强烈。

（四）双方必须合作，一起为一个共同的目标而努力

虽然接触减少了偏见，但偏见也会减少交往。就像以德国、比利时和英国学生为被试进行的一项纵向田野调查所发现的，当各个群体互不喜欢时，被迫的交往只会让每一方都感到愤愤不平，甚至产生更多偏见（Binder et al.，2009）。在许多有着多族裔学生的美国高中，各族裔群体会形成小团体和帮派，互相争斗，捍卫自己的习惯。为了减少存在于许多学校中的群际紧张和竞争，阿伦森和他的同事们开发了“拼图”方法来培养合作。拥有不同族裔背景的学生共同完成一项任务，这项任务就像拼图游戏一样被打散了，学生们需要互相合作把任务拼接到一起。比起传统课堂里的学生，在这样的课堂里的学生，无论是小学生还是大学生，都倾向于做得更好，更喜欢他们的同学，思维中的刻板印象和偏见更少（Aronson，2010）。

通过创造一种包容的社会身份，如“鹰和响尾蛇”队，往往会减少“我们-他们”的思维和偏见。

在推动世界和平发展中也是如此。和平与发展是永恒的主题，也是世界各国的共同愿望。我国自古以来就主张“天下为公”“和而不同”，崇尚和平，倡导平等与包容。在

西方国家，亚里士多德主张“人类必须互相保持和谐而生活”，欧洲启蒙学者倡导“世界主义”精神。可见，和平、发展、公平、正义、民主、自由这些全人类共同价值，与构建人类命运共同体的内涵——建设持久和平、普遍安全、共同繁荣、开放包容、清洁美丽的世界不谋而合。构建人类命运共同体为世界何去何从的世界之问指明方向，也为加强国际合作、推动世界各国共同发展注入动力，为世界形势向好发展提振信心。

经典回顾

合作与互倚：拼图教室

1971 年，美国得克萨斯大学奥斯汀分校开始实施种族混合教学制度。但在几周之内，不同肤色（黑人和白人）、不同种族（欧洲裔和墨西哥裔）的学生之间就出现公开的冲突，他们在校园的走廊上公开挑衅和打架。为此，校长邀请该校社会心理学家埃利奥特·阿伦森教授来帮助解决这一问题，即如何才能创造一个比较和谐的校园环境。阿伦森教授对多个年级进行系统观察研究后，提出了一种有利于创造教室里同学们相互依赖气氛的方法。这种方法因类似于拼图活动，所以被命名为“拼图教室”（jigsaw classroom）法。

拼图教室是以如下方式组织的：学生们被分为多种多样的六人一组的学习团体，当天的课程被分为六部分，所以每个学生都分到一段文章。比如，当天他们所学的是艾莉诺·罗斯福的一生，那么她的自传被分成六部分，每个学生都分到一段，每一段都是唯一并且重要的。就好像一张拼图一样，必须将它们拼在一起，才能看到一幅完整的图画。每个学生必须先学习自己分到的段落，然后将内容告诉其他同学，这是他们唯一可以知道其他段落内容的方法。因此，如果黛比要在关于“艾莉诺·罗斯福的一生”的测验中取得好成绩，她必须注意倾听卡洛斯（他正在讲述艾莉诺的少女生活），还有沙米卡（她正在讲述艾莉诺的白宫生涯）等。

不同于传统教室那样学生之间相互竞争，拼图教室里的学生彼此依赖。在传统的教室中，如果卡洛斯因为紧张不安而无法朗读，其他学生为了向老师展现聪明才智，很容易就忽视卡洛斯（甚至瞧不起他）。但是，在拼图教室里，如果卡洛斯有朗读的困难，其他学生最好有耐性，说一些鼓励的话，甚至友好地提出问题，以便卡洛斯更容易地将他知道的讲出来。

通过这个拼图的过程，学生们开始关注别人，并且彼此尊重。正如你所期望的，一个类似卡洛斯的孩子在这种情况下会变得比较放松与投入，这样必然能够改善他的沟通能力。事实上，几周之后，其他学生惊讶地发现，原来卡洛斯比他们所想的聪明多了，他们开始喜欢他。他也不再将其他白人同学视为“折磨精”，而是视为友好的、有责任感的队友。此外，由于卡洛斯觉得在学校里越来越舒服，他开始对自己越来越有信心，学习成绩也有明显的进步，自尊也随之改善，恶性循环被打破了，引起恶性循环往下发展的因素也被改变了——开始急剧地向上螺旋攀升。

拼图教室研究中收集的数据很清楚，也很惊人。与传统教室里的学生相比，拼图教室里的学生在种族范围内或者之外，偏见和刻板印象都有所减少，对组员的喜爱有所增加。另外，和传统教室里的学生相比，拼图教室里的学生在客观测验中成绩较好，而且自尊表现出明显的增强，他们也变得更喜欢上学。此外，在拼图教育下的学生在操场上也表现出了真正的种族混合迹象；也就是说，和采用传统教学法的学校相比，不同种族与肤色的团体更加相互融合。

资料来源：Aronson，E.（2000）．*Nobody left to hate*：*Teaching compassion after Columbine*. W. H. Freeman.

基本概念

社会认知　归因　内归因　外归因　基本归因误差　自利归因　公正世界信念　态度　中心途径　外周途径　认知失调理论　社会规范　社会角色　从众　群体思维　责任分散　人际关系　人际吸引　爱情　爱情三角模型　偏见　群际偏见　刻板印象

本章要点

1. 在归因时，从区别性、一贯性、一致性三方面考虑，能更合理地分析原因。

2. 一致性偏见是指常常推论人们的行为与他们的个性及人格相一致的倾向，这是一种大多数人会有的基本图式。

3. 态度是一种行为和认知倾向，它通过对特定的人物、地点和事物进行好恶评价表现出来；态度大体上说是后天习得的，并且影响着行为。

4. 人们会服从权威人物的命令，即使这个命令是不恰当的。

5. 当人们由于真实的（或想象的）他人影响而改变自己的行为时，会产生从众行为。

6. 群体思维倾向于寻求一致，以至于其他行动方案的现实性受到抑制。

7. 人际吸引的条件包括熟悉、个人特征、相似与互补，其中个人特征包括才能、外貌吸引力和个性品质。

8. 爱情三角模型认为，爱情包含亲密、激情和承诺三种成分，爱情的理想形式——完满之爱结合了所有这三种成分。

9. 群际偏见来源于心理、社会、经济、文化或民族方面。

10. 通过使双方拥有同等的法律地位、经济机会和权利，政府和文化制度为双方提供道义、法律和经济上的支持途径，以及提供为同一目标努力的合作机会，可以减少群际偏见。

复习思考题

1. 对自己一次成功或失败的经历从内部和外部两个角度进行归因，并分析这两种归因方式对自己之后行为的影响有什么不同。

2. 回想你曾经说服别人的经历，运用态度和说服的有关知识解释你说服成功或失败的原因。

3. 日常生活中的从众行为会受哪些因素影响?

4. 最近网络上流行一句情话——“始于颜值，陷于才华，忠于人品”。请问在这句话中，依次涉及哪些人际吸引的条件?

5. 本章所述的群际偏见产生的四种根源中，你认为哪一种根源对你的影响最深? 请举例说明。

拓展学习

侯玉波．(2018)．*社会心理学*（第 4 版）．北京：北京大学出版社．

阿伦森，等．(2023)．*社会心理学*（第 10 版，侯玉波，曹毅等译）．北京：人民邮电出版社．

乐国安．(2022)．*社会心理学*（第 4 版・数字教材版）．北京：中国人民大学出版社．

米勒．(2015)．*亲密关系*（王伟平译）．北京：人民邮电出版社．

参考文献

阿伦森，等．(2023)．*社会心理学*(第 10 版，侯玉波，曹毅等译)．北京：人民邮电出版社．

奥尔森，赫根汉．(2018)．*人格心理学入门*(陈会昌，苏玲译)．北京：中国人民大学出版社．

白学军，等．(2024)．*实验心理学*(第 3 版)．北京：中国人民大学出版社．

白学军，康廷虎，闫国利．(2008)．真实情景中刺激物识别的理论模型与研究回顾．*心理科学进展，16 (5)*，679 - 686.

白学军，林崇德．(2014)．论朱智贤学派：儿童心理学理论与实验的创新：*心理与行为研究，12 (6)*，721 - 726.

白学军，王媛媛，杨海波．(2012)．情绪一致性对有意遗忘的影响．*心理科学，35 (1)*，9 - 15.

白学军．(2015)．*心理学概论*. 北京：北京师范大学出版社．

白学军，章鹏，李士一，杨海波，李馨．(2023)．高质量中国特色社会心理服务体系建设要贯彻好“六个必须坚持”．*心理与行为研究，21 (1)*，1 - 6.

白学军．(2004)．*智力发展心理学*. 合肥：安徽教育出版社．

包寒吴霜，陈俊霖，林俊立，刘力．(2016)．名字与性别的人际吸引机制：性别角色评价的中介作用．*中国临床心理学杂志，24 (4)*，595，596 - 600.

贝洛克．(2011)．*超常发挥*(吴奕俊，吴纯佩译)．北京：中信出版社．

波林．(1981)．*实验心理学史*(高觉敷译)．北京：商务印书馆．

伯克．(2024)．*伯克毕生发展心理学*(第 7 版，陈会昌译)．北京：中国人民大学出版社．

伯克利，等．(2020)．*动机心理学*(郭书彩译)．北京：人民邮电出版社．

布朗．(2023)．*注意缺陷多动障碍与阿斯伯格综合征：12 个聪明人的挣扎、支持和干预*(刘璐，钱秋谨主译)．北京：北京大学医学出版社．

蔡佳．(2023)．*情境再激活程度和提取线索对提取诱发促进效应的影响*. 硕士学位论文．湖南科技大学．

蔡笑岳，邢强．(2012)．*智力心理学*. 广州：暨南大学出版社．

畅相韦．(2014)．大学生应对方式研究综述．*江西青年职业学院学报 (4)*，21 - 25.

车文博．(2001)．*当代西方心理学新词典*. 长春：吉林人民出版社．

陈爱国，颜军，殷恒婵．(2011)．运动与脑的可塑性研究进展及其教育启示．*体育与科学，32 (6)*，

61－64.

陈光辉，孔艳红．(2016). 特里尔社会应激测验对儿童皮质醇分泌的影响．*心理发展与教育，32* (5)，532－538.

陈红，黄希庭．(2001). A型人格、自我价值感对中学生不同情境应对方式的影响．*心理科学，24* (3)，350－351.

陈红，黄希庭．(2005). 青少年身体自我的发展特点和性别差异研究．*心理科学，28* (2)，432－435.

陈霖．(2017). 认知科学的三大基石．*中国科学基金，31* (3)，209－210.

陈琦，刘儒德．(2007). *当代教育心理学*（第2版）. 北京：北京师范大学出版社．

陈琦，刘儒德．(2019). *当代教育心理学*（第3版）. 北京：北京师范大学出版社．

陈琦，刘儒德．(2020). *教育心理学*（第3版）. 北京：高等教育出版社．

陈琦，刘儒德，张建伟. (2001). *教育心理学*. 北京：高等教育出版社．

陈少华，邢强．(2016). *心理学基础*. 广州：暨南大学出版社．

陈伟星，傅金田，张月良．(2010). 催眠疗法治疗惊恐障碍疗效分析．*职业卫生与病伤，25* (5)，310－311.

陈晓，高辛，周晖．(2017). 宽宏大量与睚眦必报：宽恕和报复对愤怒的降低作用．*心理学报，49* (2)，241－252.

陈银芳，谢家全，杨文登．(2020). 味觉对判断与决策的影响及其机制．*心理科学进展，28* (10)，1678－1687.

陈永明，彭瑞祥．(1990). 句子理解的实验研究．*心理学报，22* (3)，225－231.

崔诣晨，王沛，谈晨皓．(2016). 内隐人格理论对他人印象加工策略的影响．*心理学报，48* (12)，1538－1550.

戴海琦．(2022). *心理测量学*（第3版）. 北京：高等教育出版社．

戴海琦，张锋．(2018). *心理与教育测量*（第4版）. 广州：暨南大学出版社．

戴雯，张剑，谭晓缨．(2017). 乒乓球和羽毛球运动员大脑可塑性差异比较．*中国体育科技，53* (6)，127－132.

德里斯科尔．(2008). *学习心理学：面向教学的取向*（第3版，王小明等译）. 上海：华东师范大学出版社．

邓赐平，戴晶斌．(1999). 儿童社会认知结构发展研究述评．*心理科学，22* (2)，160－163.

邓颜彦，郭成．(2021). 合作与竞争关系中社会比较对高中生认知信任与情感信任的影响．*心理与行为研究，19* (4)，556－562.

丁倩，孔令龙，张永欣，周宗奎，胡伟．(2018). 父母“低头族”与初中生手机成瘾的交叉滞后分析．*中国临床心理学杂志，26* (5)，952－955.

董奇，陶沙，李蓓蕾，张华．(2000). 爬行经验与母婴依恋行为特点关系的研究．*北京师范大学学报（人文社会科学版）*(2)，75－80.

董奇，张华，曾琦，陶沙．(2001). 爬行经验与婴儿空间认知能力的发展．*心理科学，24* (2)，129－131.

杜新，陈天勇．(2010). 老年执行功能的认知可塑性和神经可塑性．*心理科学进展，18* (9)，1471－1480.

范德．(2018). *人格心理学：人与人有何不同*（许燕等译）. 北京：世界图书出版有限公司．

范海楠，张代发，刘成凤，亓帅．(2020). 足球训练与认知风格对分配性注意的影响．*山东体育科技* (1)，60－63.

费希特，罗森博格．(2012). *心理学：联系的世界*（高雯等译）. 北京：电子工业出版社．

封丹珺，石林．(2004). 应对方式的测量与评价新进展．*中国心理卫生杂志，18* (3)，36－38.

冯正直，廖成菊．(2023)．抑郁症负性情绪加工与认知控制神经模型研究进展．*陆军军医大学学报，45 (23)*，2395－2402.
冯忠良．(1998)．*结构化与定向化教学心理学原理*. 北京：北京师范大学出版社．
冯忠良，伍新春，姚梅林，王健敏．(2000)．*教育心理学*. 北京：人民教育出版社．
付蕊，徐桂芝，朱海军．(2021)．经颅磁刺激对学习记忆及大脑神经突触可塑性影响的研究进展．*生物医学工程学杂志，38 (4)*，783.
傅小兰．(2016)．*情绪心理学*. 上海：华东师范大学出版社．
傅雪薇，孙佳宁，肖家乐，等．(2022)．父母感知的家庭压力对儿童问题行为的影响：父母心理攻击和儿童应激下皮质醇反应的中介作用．*心理发展与教育，38 (5)*，635－647.
高承海，万明钢．(2018)．群际接触减少偏见的机制：一项整合的研究．*心理科学 (4)*，922－928.
高峰，白学军．(2021)．越努力越幸福——中国背景下成就动机与主观幸福感的元分析．*心理与行为研究，19 (4)*，466－472.
高光珍，胡象岭，王德才，等．(2008)．高中生物理学习兴趣与自我效能感、成就目标定向的关系研究．*教育测量与评价（理论版）(3)*，37－40.
高光珍，瞿丽，胡象岭．(2008)．高中生物理学习自我效能感调查．*吕梁教育学院学报 (1)*，30－32.
高觉敷．(1983)．评西方心理学史的时代精神说．*心理学报，3*，245－249.
高觉敷，叶浩生．(2005)．*西方教育心理学发展史*（第2版）．福州：福建教育出版社．
高爽，张向葵．(2016)．表扬对儿童内在动机影响的元分析．*心理科学进展，24 (9)*，1358－1367.
格里格，津巴多．(2003)．*心理学与生活*（王垒等译）．北京：人民邮电出版社．
格里格，津巴多．(2016)．*心理学与生活*（英文版）．北京：人民邮电出版社．
格里格．(2023)．*心理学与生活*（王垒等译）．北京：人民邮电出版社．
耿兴永．(2016)．*潜意识：心理学帮你发现未知的自己*（第3版）．北京：中国纺织出版社．
顾吉有，吕勇．(2016)．选择性注意和分配性注意对多感觉整合的不同影响．*心理与行为研究，14 (2)*，202－206.
顾明远．(1998)．*教育大辞典*（增订合编本）．上海：上海教育出版社．
桂诗春．(2000)．*新编心理语言学*. 上海：上海外语教育出版社．
郭衎，曹一鸣．(2019)．学习动机对学习效果影响的深度解析——基于大规模学生调查的实证研究．*教育科学研究 (3)*，62－67.
郭秀娟，任维聪，张志杰．(2023)．威胁性情绪对时间知觉的影响——基于情绪动机理论的视角．*心理与行为研究，21 (3)*，289－295.
郭秀艳．(2003)．*内隐学习*. 上海：华东师范大学出版社．
郭永玉．(2018)．*人格心理学纲要*. 北京：教育科学出版社．
郭媛芳，李晓巍．(2021)．祖辈-父辈共同养育关系与幼儿气质的相互作用关系．*中国临床心理学杂志，29 (4)*，783－788.
郭孜政，潘毅润，吴志敏，肖琼，谭永刚，张骏．(2015)．疲劳对高铁司机持续性注意影响机制的ERP试验研究．*中国安全科学学报 (8)*，81－86.
国务院学位委员会第六届学科评议组．(2013)．*学位授予和人才培养一级学科简介*. 北京：高等教育出版社．
哈迪曼．(2018)．*脑科学与课堂：以脑为导向的教学模式*（杨志等译）．上海：华东师范大学出版社．
哈里斯．(2024)．*意识：心智的基本奥秘*（杨晨译）．北京：中国人民大学出版社．
海尔．(2019)．*智力的奥秘：认知神经科学的解释*（葛秋菊译）．北京：知识产权出版社．
何安明，包灿灿，惠秋平．(2020)．大学生情绪智力与心理健康的关系：社会支持的中介作用和手机依赖的调节作用．*心理发展与教育，36（4）*，494－501.

何鼎鼎．（2018－11－02）．*追问重庆公交坠江悲剧：我们是否需要一场文明革命?*．“人民日报评论”微信公号．

何贵兵，杨鑫蔚，蒋多．（2017）．环境损益的社会折扣：利他人格的影响．*心理学报，49（10）*，1334－1343.

贺熙，朱滢．（2010）．社会认知神经科学关于自我的研究．*北京大学学报（自然科学版），46（6）*，1021－1024.

赫根汉．（2003）．*心理学史导论*（第4版，郭本禹等译）．上海：华东师范大学出版社．

侯玉波．（2018）．*社会心理学*（第4版）．北京：北京大学出版社．

胡碧芸，孟亮．（2024）．动机视角下员工时间偷窃的产生机制及影响．*心理科学进展，32（3）*，1－18.

胡圣楠，成志娟，窦东徽，张红川，翁学．（2018）．他人积极情绪对自我控制资源的替代恢复及机制．*心理与行为研究，16（1）*，45－50.

胡小勇，郭永玉．（2008）．目标内容效应及其心理机制．*心理科学进展（5）*，826－832.

胡晓檬，喻丰，彭凯平．（2018）．文化如何影响道德？文化间变异、文化内变异与多元文化的视角．*心理科学进展，26（11）*，2081－2090.

胡兴蕾，余思，刘勤学，张微．（2019）．青少年网络被欺负与自杀意念的关系：自尊和情绪应对方式的链式中介作用．*心理发展与教育，35（3）*，368－375.

胡雪，刘启珍，龚先旻，尹述飞．（2018）．时间知觉在老年人跨期选择中的作用．*心理科学，41（2）*，410－415.

怀斯曼．（2016）．*怪诞心理学*（蒋涛译）．长沙：湖南文艺出版社．

黄敏，何容芳，刘可智，石春霞，赵越，郑思琳．（2021）．新冠肺炎患者心理状态评估及应对方式探讨．*西南医科大学学报，44（6）*，665－670.

黄势海．（2018）．*越南大学生人格特征对心理压力的影响：应对方式的中介作用*．博士学位论文．华中师范大学．

黄希庭．（2007）．*心理学导论*（第1版）．北京：人民教育出版社．

黄希庭．（2021）．*探寻健全人格结构*．重庆：西南大学出版社．

黄希庭，余华，郑涌，杨家忠，王卫红．（2000）．中学生应对方式的初步研究．*心理科学，23（1）*，1－5，124.

黄希庭，郑涌．（2015）．*心理学导论*（第3版）．北京：人民教育出版社．

霍克．（2020）．*改变心理学的40项研究*（第7版，白学军等译）．北京：人民邮电出版社．

霍丽娟，郑志伟，李瑾，李娟．（2018）．老年人的脑可塑性：来自认知训练的证据．*心理科学进展，26（5）*，846－858.

加德纳．（2013）．*智能的结构*（沈致隆译）．北京：中国人民大学出版社．

姜乾金，王守谦．（1996）．生活事件，情绪，应对与心身症状探讨．*中国心理卫生杂志（4）*，180－181.

姜文婧，刘秋润，李俊，等．（2021）．负性情绪在临床一线医务人员社会支持与消极应对中的中介作用．*职业卫生与应急救援，39*，382－388.

蒋京川．（2011）．*智力心理学*．南京：东南大学出版社．

蒋天翔 & 马宁．（2021）．正念训练对睡眠质量与日间警觉性的影响．*心理与行为研究（4）*，542－548.

焦丽颖，郭震，史慧玥，等．（2023）．善良人格与道德需要满足的关系：交叉滞后研究．*心理科学，46（1）*，154－161.

解放社编．（1963）．*马克思 恩格斯 列宁 斯大林 思想方法论*．北京：人民出版社，174.

卡巴金．(2015)．*正念：此刻是一枝花*（王俊兰译）．北京：机械工业出版社．

康廷虎，张会．(2020)．场景知觉中的眼动分析指标：基于注视和眼跳视角．*心理科学，43 (6)*，1312－1318.

柯增金．(2022)．快乐和悲伤情绪对大学生道德判断的影响．*广西教育学院学报，182 (6)*，192－199.

科普中国网．(2017－09－08)．*研究人员发现人的情绪有 27 种类型*．http：//www. kepuchina. cn/yc/201709/t20170908 _ 223609. shtml?bsh _ bid＝1812427157.

库恩．(2004)．*心理学导论：思想与行为的认识之路*（第 9 版，郑钢等译）．北京：中国轻工业出版社．

莱希．(2010)．*心理学导论*（吴庆麟等译）．上海：上海人民出版社．

乐国安．(2022)．*社会心理学*（第 4 版·数字教材版）．北京：中国人民大学出版社．

雷雳．(2022)．*毕生发展心理学——发展主题的视角*．北京：中国人民大学出版社．

雷怡，夏琦，莫志凤，李红．(2020)．面孔可爱度和客观熟悉度对婴儿面孔注意偏向效应的影响．*心理学报 (7)*，811－822.

李葆萍，张贤茹，陈秋雨，等．(2020)．碎片化学习真的会影响学习效果吗？——基于在线学习的分散学习效应研究．*现代远程教育研究，32 (6)*，104－111.

李陈，陈午晴．(2006)．基本归因错误的文化局限性．*心理科学进展，14 (6)*，938－943.

李佳，苏彦捷．(2004)．儿童心理理论能力中的情绪理解．*心理科学进展，12 (1)*，37－44.

李娇娇，徐碧波，袁海龙，尹锡杨．(2024)．社会排斥与大学生恶意创造力的关系：应对方式和攻击性的链式中介作用．*心理发展与教育，40 (5)*，667－674.

李娇．(2023)．浅析如何运用心理学方法激发学生对于小学语文的兴趣．*2023 年教育理论与实践科研学术研究论坛文集（一）*(pp. 17－19)．吉林省农安县红旗小学．

李开容，胡博，陈雨嘉，刘博，常明．(2022)．奖赏预期对选择性注意的影响——基于客体和空间的注意的区别．*心理科学 (1)*，133－141.

李蓉．(2015)．*不同情绪诱发下调节定向对冲动性购买行为的影响*．硕士学位论文．苏州大学．

李如雪，林平，高雪琴，等．(2018)．A 型行为模式和 D 型人格概述及与冠心病的关系研究进展．*护理学报，25 (22)*，23－26.

李茹，张志群，王育强，李贤慧．(2005)．武警医学生应对方式与父母养育方式的相关研究．*中国行为医学科学 (7)*，655－656.

李士一．(2023)．*空间内隐记忆研究*．天津：天津教育出版社．

李文权．(2016)．*教育心理学*．上海：华东师范大学出版社．

李小白．(2023)．圣贤情结与英雄精神：论中国传统理想人格的两个向度．*西南大学学报（社会科学版），49 (4)*，15－27.

连榕．(2010)．*认知心理学*．北京：高等教育出版社．

梁宝勇，郭倩玉．(2000)．关于应付的一些思考与实证研究Ⅲ．应付方式与人格．*中国临床心理学杂志，8 (1)*，7－9.

梁宁建．(2011)．*心理学导论*．上海：上海教育出版社．

梁秀玲，李鹏，陈庆飞，雷怡，李红．(2015)．提取学习有利于学习与记忆的认知神经基础．*心理科学进展，23 (7)*，1151－1159.

廖芳芳．(2018)．影响儿童人格发展的家庭环境因素研究现状概述．*教育教学论坛 (28)*，105－107.

列宁．(2012)．*列宁选集：第 2 卷*（第 3 版）．北京：人民出版社，170.

林崇德．(2021)．*创造性心理学*．北京：北京师范大学出版社．

林崇德．(2018)．*发展心理学*．北京：人民教育出版社．

林崇德．(2006)．思维心理学研究的几点回顾．*北京师范大学学报（社会科学版）(5)*，35－42．

林崇德．(2008)．*我的心理学观：聚焦思维结构的智力理论*．北京：商务印书馆．

林崇德．(2003)．*学习与发展：中小学生心理能力发展与培养*．北京：北京师范大学出版社．

林崇德，杨治良，黄希庭．(2003)．*心理学大辞典*．上海：上海教育出版社．

林崇德．(2006)．智力的培养及其干预实验．*北京师范大学学报（社会科学版）(1)*，41－47．

林崇德．(2002)．智力结构与多元智力．*北京师范大学学报（人文社会科学）(1)*，6－14．

刘电芝，孙泽军．(2004)．说明文形式图式阅读策略训练提高初中生阅读水平的实验研究．*心理科学，27 (6)*，1410－1413．

刘飞，蔡厚德．(2010)．情绪生理机制研究的外周与中枢神经系统整合模型．*心理科学进展，18 (4)*，616－622．

刘亮，刘翠莲，赵旭东．(2017)．低年级大学生中与愤怒特质相关联的躯体化：家庭亲密度和适应性的调节作用．*上海精神医学，29 (1)*，30－40．

刘璐，闫国利．(2018)．聋人阅读中的副中央凹视觉注意增强效应：来自消失文本的证据．*心理学报，50 (7)*，715－726．

刘梦攀．(2022)．运动员的生物档案——类固醇生物护照．*中国体育教练员，30 (2)*，22－23．

刘庆奇，周宗奎，牛更枫，范翠英．(2017)．手机成瘾与青少年睡眠质量：中介与调节作用分析．*心理学报，49 (12)*，1524－1536．

刘湍丽，白学军．(2017)．部分线索对记忆提取的影响：认知抑制能力的作用．*心理学报，49 (9)*，1158－1171．

刘湍丽，单亚菲，邢敏，白学军．(2021)．工作记忆中的部分线索效应：任务呈现方式的影响．*心理发展与教育，37 (4)*，489－497．

刘湍丽．(2014)．*再认与自由回忆任务中的部分线索效应：机制和影响因素*．硕士学位论文．天津师范大学．

刘湍丽，张雅静，周崧，邢敏，白学军．(2024)．部分线索诱发遗忘效应的持久性：项目价值的作用．*心理学报，56 (1)*，15－28．

刘湍丽，赵宇飞，邢敏，白学军．(2019)．编码-提取匹配和线索负荷对部分线索效应的影响．*心理与行为研究，17 (4)*，433－441．

刘文，张珊珊，陈亮，杨丽珠．(2014)．气质稳定性与发展性新进展．*心理与行为研究，12 (2)*，260－265．

刘希平，唐卫海，钟汝波．(2022)．*记忆与元记忆心理学*．北京：北京师范大学出版社．

刘肖岑，桑标，窦东徽．(2011)．人际/非人际情境下青少年外显与内隐的自我提升．*心理学报，43 (11)*，1293－1307．

刘旭．(2021)．*提取诱发遗忘：记忆抑制研究的新视角*．长沙：湖南师范大学出版社．

刘旭，王卓，陈佳莉，蔡佳，陈京军．(2023)．项目竞争强度对认知失败大学生提取诱发遗忘的影响．*中国临床心理学杂志，31 (3)*，530－541．

刘怡婷，范洁琼，陈斌斌．(2022)．婚姻质量对父母协同养育的影响：基于共同命运模型的跨层中介分析．*心理学报，54 (10)*，1216－1233．

娄虎．(2019)．运动员压力下“Choking”的机制——过程理论的证据．*体育科学，39 (9)*，89－97．

卢家楣，伍新春，桑标．(2014)．*现代心理学：基础理论及其教育应用*．上海：上海人民出版社．

鲁忠义，彭聃龄．(1990)．故事图式在故事理解中加工机制的初步实验研究．*心理学报，22 (3)*，247－254．

吕勇，等．(2008)．*学习与大脑*．天津：天津科学技术出版社．

罗鑫，苑成梅．(2023)．失眠相关量表汉化及开发现状．*上海交通大学学报（医学版）*．*43*（*11*），1436－1444.

罗秋湖，陈务贤，王灿，等．(2022)．D型人格对住院冠心病病人睡眠质量的影响．*护理研究*，*36*（*11*），2058－2060.

罗婷，邱茹依，陈斌，傅世敏．(2018)．无意识信息的刺激表征及其时间特性．*心理学报*，*50*（*5*），473－482.

罗跃嘉，吴婷婷，古若雷．(2012)．情绪与认知的脑机制研究进展．*中国科学院院刊*，*27*（*S1*），31－40.

麻书滔，麦哲豪，黄郁槐，麻彦坤．(2021)．情绪智力的代际传递：有调节的中介模型．*心理科学*，*44*（*5*），1141－1147.

马克思，恩格斯．(1995)．*马克思恩格斯选集：第1卷*．北京：人民出版社．

马来阳，刘光耀，张鹏飞，王俊，马玉荣．(2021)．功能磁共振成像在人脑语言中的研究进展．*磁共振成像*，*12*（*4*），89－92.

马庆霞，郭德俊．(2003)．情绪大脑机制研究的进展．*心理科学进展*，*11*（*3*），328－333.

马斯洛．(2012)．*动机与人格*（许金声等译）．北京：中国人民大学出版社．

马小凤，张号博，姚歆怡，李鹏飞，王雨柔，陈倩倩，周爱保．(2022)．线索强度对提取练习效应的影响机制：来自ERP的证据．*心理科学*（*5*），1106－1114.

迈尔斯．(2013)．*心理学*（黄希庭等译）．北京：人民邮电出版社．

麦格尼格尔．(2013)．*自控力*（王岑卉译）．北京：文化发展出版社．

麦哲豪，麻书滔，李婷，谢嘉敏，麻彦坤．(2022)．情绪智力对初中生心理适应的影响：一项追踪研究．*心理科学*，*45*（*6*），1360－1366.

满晓霞，魏高峡．(2021)．运动重塑大脑海马：来自神经科学的研究证据与发展展望．*武汉体育学院学报*，*55*（*4*），74－81.

蒙台梭利．(2018)．*家庭中的儿童与人格塑造*（梁海涛译）．上海：上海人民出版社．

孟男，王玉慧，雷雳．(2017)．自拍照编辑与女大学生主观幸福感的关系：积极反馈与自我概念的中介作用．*心理发展与教育*，*33*（*6*），751－758.

孟瑶，陈莅蓉，周仁来．(2019)．皮质醇分泌缓解负性情绪的证据及其机制．*中国临床心理学杂志*，*27*（*1*），28－32.

孟迎芳，林惠茹．(2018)．注意促进效应：注意与记忆关系的新见解．*心理科学进展*，*26*（*2*），221－228.

孟昭兰．(1985)．当代情绪理论的发展．*心理学报*，*17*（*2*），97－103.

孟昭兰．(2005)．*情绪心理学*．北京：北京大学出版社．

米勒．(2015)．*发展心理学研究方法*（陈英和译）．北京：北京师范大学出版社．

米勒．(2015)．*亲密关系*（王伟平译）．北京：人民邮电出版社．

纽曼 B M，纽曼 F R．(2005)．*发展心理学*（第8版，白学军等译）．西安：陕西师范大学出版社．

欧阳明昆，蔡笑，张清芳．(2019)．认知还是元认知：口语产生中舌尖效应的心理机制．*心理科学进展*，*27*（*12*），2052－2063.

潘斌，张良，张文新，等．(2016)．青少年学业成绩不良、学业压力与意志控制的关系：一项交叉滞后研究．*心理发展与教育*，*32*（*6*），717－724.

潘菽，高觉敷．(1983)．组织起来，挖掘我国古代心理学思想的宝藏．*心理学报*，*5*，138－143.

潘菽．(2001)．*教育心理学*．北京：人民教育出版社．

潘菽．(1998)．*意识——心理学的研究*．北京：商务印书馆．

庞丽娟，李辉．(1993)．*婴儿心理学*．杭州：浙江教育出版社．

彭聃龄，陈宝国．(2023)．*普通心理学*（第6版）．北京：北京师范大学出版社．

彭聃龄，刘松林．(1993)．汉语句子理解中语义分析和句法分析的关系．*心理学报，25（2）*，132－139.
彭聃龄．(2012)．*普通心理学*（第4版）．北京：北京师范大学出版社．
彭聃龄．(2019)．*普通心理学*（第5版）．北京：北京师范大学出版社．
彭聃龄，王春茂．(1997)．汉字加工的基本单元：来自笔画数效应和部件数效应的证据．*心理学报，29（1）*，8－16.
彭华茂，毛晓飞．(2018)．抑制对老年人舌尖现象的影响．*心理学报，50（10）*，1142－1150.
彭丽丽．(2018)．领导干部心理弹性提升路径．*领导科学（9）*，44－46.
彭瑞祥，喻柏林．(1983)．*普通心理学与实验心理学论文集*．兰州：甘肃人民出版社．
浦江．(2014)．全认知情感理论：一种新的心智计算模型．*计算机科学，41（7）*，15－24，61.
乔建中．(2003)．*情绪研究：理论与方法*．南京：南京师范大学出版社．
琼斯等．(2018)．*弗洛伊德传*（张洪量译）．北京：中央编译出版社．
邱江．(2023)．*创造性心理学*．重庆：西南大学出版社．
全国十二所重点师范大学（联合编写）．(2008)．*心理学基础*（第2版）．北京：教育科学出版社．
任天虹，胡志善，孙红月，刘扬，李纾．(2015)．选择与坚持：跨期选择与延迟满足之比较．*心理科学进展，23（2）*，303－315.
任真，桑标．(2003)．毕生发展心理学的新进展．*心理科学，26（4）*，634－637.
瑞迪，哈格曼．(2013)．*运动改造大脑*（浦溶译）．杭州：浙江人民出版社．
桑特罗克．(2008)．*心理学和我们*（第2版修订版，吴思为等译）．上海：上海社会科学院出版社．
邵郊，孟昭兰，张伯源．(1978)．以多项生理指标观测痛觉反应的报告．见*北京医学院三院针刺麻醉研究论文集*．
申继亮，方晓义．(1992)．关于儿童心理发展中敏感期的问题．*北京师范大学学报（社会科学版）（1）*，62－67.
沈德立．(2006)．*高效率学习的心理学研究*．北京：教育科学出版社．
沈德立．(2013)．*实验儿童心理学——揭开儿童心理与行为之谜*．北京：北京师范大学出版社．
沈晓红，黄丽，祝一虹．(2002)．大学生应对方式的若干影响因素研究．*中国行为医学科学（1）*，67－69.
沈晓红，姜乾金．(2000)．医学应对方式问卷中文版701例测试报告．*中华行为医学与脑科学杂志，9（1）*，18－20.
沈政，林庶芝．(2014)．*生理心理学*．北京：北京大学出版社．
施微．(2022)．基于自我决定理论的高职心理健康教育课程改革研究．*现代职业教育（7）*，178－180.
石中英，安传迎．(2022)．努力培养青少年的健全和高尚人格——习近平有关人格和人格教育重要论述研究．*中国教育学刊（7）*，59－64.
斯腾伯格．(2000)．*超越智商：人类的智力三元论*（张春莉，吴国珍编译）．海口：海南出版社．
斯滕伯格．(1999)．*成功智力*（吴国宏，钱文译）．上海：华东师范大学出版社．
苏佳佳，叶浩生．(2023)．延展心智：脑是实现心智的唯一基础吗？*心理学报（11）*，1889－1902.
苏泽，等．(2014)．*教育与脑神经科学*（方彤等译）．上海：华东师范大学出版社．
孙远路，胡中华，张瑞玲，寻茫茫，刘强，张庆林．(2011)．多感觉整合测量范式中存在的影响因素探讨．*心理学报，43（11）*，1239－1246.
唐晓雨，崔鑫忠，高敏，等．(2022)．视听时空一致性对Pip-and-Pop效应的影响．*心理学报，54（11）*，1310－1324.
唐莹莹，蔺秀云，殷锦绣，何婷，周少嘉，曹志涛．(2023)．亲子依恋和祖孙依恋的一致与不一致和儿童主观幸福感的关系．*心理发展与教育，39（6）*，559－568.
童廷婷，白幼玲，冯廷勇．(2024)．情绪调节改善拖延行为的认知机制：任务厌恶中介作用．*心理学*

报，56（4），458－468.

瓦格纳．(2021). *人类动机*(白学军等译). 北京：中国人民大学出版社．

湾明月，夏锐，林慧颖，邱媳婷，黄承武，郑国华．(2020). 身体活动对大脑可塑性影响的研究进展．*中国康复理论与实践，26（9）*，1071－1075.

万国斌，李雪荣，龚颖萍．(1998). 家庭刺激质量对 6～8 个月婴儿智力发展的影响．*中国心理卫生杂志（1）*，23－63.

王春莉．(2006). *大学生自我差异、归因风格和行为应对方式关系的研究*. 硕士学位论文．首都师范大学．

王翠玲，邵志方．(2004). 国外关于情绪与记忆的理论与实验研究综述．*心理科学，27（3）*，691－693.

王冠楠．(2022). 大学生应对方式对拖延行为的影响．*黑龙江科学（22）*，139－141.

王国霞，赵扬．(2022). 教师自主支持与学生学业成就关系的元分析：心理需要满足、动机及投入的中介作用．*心理发展与教育，38（3）*，380－390.

王海民，阎克乐，杨玉忠，赵荣霞．(2003). 师范大学生应付方式的研究．*中国行为医学科学（4）*，92.

王建峰，戴冰．(2020). “追名弃利”：权力动机与社会存在对亲社会行为的影响．*心理学报，52（1）*，55－65.

王进，(2004). 解读“反胜为败”的现象：一个“Choking”过程理论．*心理学报（5）*，621－629.

王进，乔智，刘金华，等．(2018). 压力与“Choking”现象：基于过程理论的系统分析．*体育科学，12*.

王立平，库逸轩．(2008). 触觉-视觉交叉模式工作记忆的研究．*心理科学，31（6）*，1286，1301－1303.

王立萍，和秀云，李艳玲，等．(2018). 考试应激与皮质醇觉醒反应．*中国健康心理学杂志，26（1）*，119－123.

王丽娟，田翠，武侠．(2013). 前瞻记忆的神经机制：来自临床研究的证据．*心理科学（5）*，1267－1272.

王霈珊，古若雷，张亮．(2023). 急性应激与风险倾向：兴奋易感性的调节作用．*心理学报，55（1）*，10.

王伟晗，曹斐臻，余林伟，曾珂，杨鑫超，徐强．(2024). 群体信息对面部表情识别的影响．*心理学报，56（3）*，268－280.

王雨晴，姚鹏飞，周国梅．(2015). 面孔吸引力、人格标签对于男女择偶偏好的影响．*心理学报（1）*，108－118.

王振宏，王笑笑，李彩娜．(2020). 儿童发展的不同环境敏感性：理论与实证．*北京师范大学学报（社会科学版），280（4）*，36－47.

王重鸣．(2001). *心理学研究方法*（第 2 版）. 北京：人民教育出版社．

王卓，刘旭，蔡佳，陈芷柔．(2023). 提取诱发遗忘的动态效应：提取与重学交叉混合练习的联合影响．*心理与行为研究，21（5）*，585－591.

韦德，塔佛瑞斯，萨默斯，申．(2023). *心理学*（第 13 版，白学军等译）. 北京：中国人民大学出版社．

韦登，邓恩，哈默．(2023). *实用青年心理学*（杨金花等译）. 北京：商务印书馆．

韦纳．(2020). *归因动机论*（周玉婷译）. 北京：中国人民大学出版社．

魏高峡，李佑发，罗劲．(2011). 长时运动训练对运动员神经功能可塑性的影响．*2011 第九届全国体育科学大会论文摘要汇编（1）*.

魏高峡，满晓霞，盖力锟，等．(2021). 人类共情领域认知神经科学：研究展望与应用启示．*中国科学：生命科学，51（6）*，702－716.

魏景汉，等．(2008). *认知神经科学基础*. 北京：人民教育出版社．

吴凡，胡月琴．(2023)．人格动态性：过程与特质整合视角．*心理科学进展，31 (7)*，1269－1287.
吴福元．(1986)．智力、潜能与非智力因素——智力结构研究之二．*应用心理学，2 (3)*，21－23.
吴奇，钟春艳，谢锦源．(2021)．拿破仑情结的进化：相对身高劣势和求偶动机对男性冒险行为的影响．*心理学报，53 (1)*，95－110.
吴天敏．(1985)．提高智慧的再次研究．*心理学报，17 (1)*，38－45.
伍德 G E，伍德 E G，博伊德．(2018)．*心理学的世界*（陈莉译）．上海：上海社会科学院出版社．
伍尔福克．(2015)．*伍尔福克教育心理学*（第 12 版，伍新春等译）．北京：中国人民大学出版社．
希伊．(2012)．*50 位最伟大的心理学思想家*（郭本禹，方红译）．北京：人民邮电出版社．
习近平．(2022)．*高举中国特色社会主义伟大旗帜 为全面建设社会主义现代化国家而团结奋斗：在中国共产党第二十次全国代表大会上的报告*．北京：人民出版社，24.
习近平．(2020)．*论党的宣传思想工作*．北京：中央文献出版社，282.
夏克特，吉尔伯特，韦格纳，诺克．(2016)．*心理学*（第 3 版，傅小兰等译）．上海：华东师范大学出版社．
夏之晨，杨帆，范庭卫．(2016)．内外向者幽默加工进程差异：ERP 研究．*心理科学，3*，651－658.
肖计划，许秀峰，李晶．(1996)．青少年学生的应付方式与精神健康水平的相关研究．*中国临床心理学杂志，4 (1)*，53－56.
肖计划．(1992)．应付与应付方式．*中国心理卫生杂志，6 (4)*，181－184.
肖晶晶，陈登水，张锦坤．(2023)．注意分散与记忆加工的关系：一项元分析．*心理与行为研究，21 (2)*，200－208.
肖晶晶，张俐娟，陈登水，罗爽，张锦坤．(2024)．任务转换影响词对记忆：提取练习的补偿作用．*心理科学，47 (2)*，308－315.
谢俊，严鸣．(2016)．积极应对还是逃避？主动性人格对职场排斥与组织公民行为的影响机制．*心理学报，48 (10)*，1314－1325.
辛格．(1982)．*狼孩*（陈甦新，李青编译）．长春：吉林人民出版社．
修代明，薛红莉．(2013)．学习与记忆神经机制研究进展．*生物学通报，48 (8)*，1－3.
徐柏容，郑法清．(2006)．*王安石散文选集*．天津：百花文艺出版社．
徐福明，黄龙．(2020)．大脑单侧化对公平判断框架效应的影响．*中国临床心理学杂志，28 (1)*，110－113.
徐光春．(2019)．*马克思主义大辞典*（典藏版）．武汉：崇文书局，41.
徐琴美，李庆功 & 林洁．(2006)．4～6 岁儿童对梦的起因和可控性的理解．*心理学报，38 (1)*，70－78.
徐学俊．(2015)．*人格心理学：理论·方法·案例*（第 2 版）．武汉：华中科技大学出版社．
许燕．(2017)．*人格心理学导论*．北京：中国人民大学出版社．
许燕．(2023)．*人格心理学导论*（第 2 版）．北京：中国人民大学出版社．
闫国利，熊建萍，臧传丽，余莉莉，崔磊，白学军．(2013)．阅读研究中的主要眼动指标评述．*心理科学进展，21 (4)*，589－605.
严瑜，何亚男．(2016)．领导对建言反应的动机感知作用机制：基于归因理论的阐释．*心理科学进展，24 (9)*，1457－1466.
阎书昌．(2018)．晚清时期执权居士创制“心理（学）”一词的考察．*心理学报，8*，920－928.
燕国材．(2006)．*非智力因素与学习*．上海：上海教育出版社．
杨琛，王雅琳，陈睿，徐明津，黄霞妮，杨新国．(2015)．催眠诱导方式与时间对大学生积极情绪的影响．*中国健康心理学杂志，2015，23 (7)*，1088－1091.
杨春，路海东．(2015)．不同形式的评估反馈对大学生的学习动机和学习成绩的影响．*心理与行为研*

究（2），237－241.
杨涵舒，巫静怡，刘文敬，杨志，程文红，肖泽萍．（2020）．父母教养方式对社交焦虑障碍青少年焦虑水平的影响．*中国儿童保健杂志（5）*，521－524.
杨萌萌．（2021）．*儿童提取诱发促进效应的影响因素研究*．硕士学位论文．湖南科技大学．
杨仁兵，郭本禹，陈劲骁．（2021）．精神的结构：阴阳与弗洛伊德人格理论．*心理科学，44（1）*，244－250.
杨雄里．（2002）．脑科学和素质教育刍议．*教育理论与实践，22（2）*，1－10.
杨盈，蔡华俭，等．（2024）．Nature nurtures authenticity：Mechanisms and consequences. *Journal of Personality and Social Psychology*，*126（1）*，79－104.
杨玉芳．（2015）．*心理语言学*．北京：科学出版社．
杨占军，仕薇琳，朱越，白文忠．（2013）．不同培养环境对幼、成年小鼠记忆及脑可塑性变化的影响．*心理与行为研究，11(5)*，618－621.
杨治良，孙连荣，庞菁华．（2012）．*记忆心理学*．上海：华东师范大学出版社．
杨治良，周楚，万璐璐，谢锐．（2006）．短时间延迟条件下错误记忆的遗忘．*心理学报，38（1）*，1－6.
叶浩生．（2016）．镜像神经元的意义．*心理学报，48（4）*，444－456.
叶一舵，申艳娥．（2002）．应对及应对方式研究综述．*心理科学，25（6）*，755－756.
叶奕乾，何存道，梁宁建．（2021）．*普通心理学*（第 6 版）．上海：华东师范大学出版社．
叶子．（2018－02－06）．*别学习了：新研究称智商至少有一半由基因决定*．科普中国网．http：//www.kepuchina.cn/public/right_list/201802/t20180206_549663.shtml.
游旭群，宋晓蕾．（2009）．视觉表象产生的大脑半球专门化效应．*心理学报，41（10）*，911－921.
于婷婷，殷悦，王舒，周淑金，唐晓晨，罗俊龙．（2018）．不同意识水平下认知资源对直觉优势效应的调节．*心理学报，50（6）*，583－591.
俞国良．（2006）．*社会心理学*．北京：北京师范大学出版社．
俞国良，辛自强．（2013）．*社会性发展*．北京：中国人民大学出版社．
张必隐．（1992）．*阅读心理学*．北京：北京师范大学出版社．
张春兴．（1998）．*教育心理学：三化取向的理论与实践*．杭州：浙江教育出版社．
张春兴．（1994）．*现代心理学：现代人研究自身问题的科学*．上海：上海人民出版社．
张桂平，兰珊．（2020）．社会排斥对大学生攻击行为的影响机制——焦虑情绪和自恋型人格的内在机理．*教育学术月刊（3）*，95－100.
张航，冯晓慧，张积家．（2023）．民族内隐观、身份认同对族际通婚子女的外群接触态度和中华民族共同体意识的影响．*心理学报（7）*，1115－1132.
张宏如，沈烈敏．（2005）．学习动机、元认知对学业成就的影响．*心理科学（1）*，114－116.
张厚粲．（2015）．*大学心理学*．北京：北京师范大学出版社．
张积家，等．（2019）．*民族心理学*．上海：华东师范大学出版社．
张积家．（2016）．*高等教育心理学*（第 2 版）．北京：高等教育出版社．
张积家，刘丽红，谭力海．（2005）．语言关联性假设的研究进展——新的证据与看法．*语言科学，4（3）*，42－56.
张积家．（2010）．*语言认知新论：一种相对论的探讨*．广州：广东高等教育出版社．
张建华．（2011）．*中学生认知灵活性与应对方式的关系研究*．博士学位论文．河北大学．
张剑，郭德俊．（2003）．内部动机与外部动机的关系．*心理科学进展（5）*，545－550.
张剑，张建兵，李跃，Deci E.（2010）．促进工作动机的有效路径：自我决定理论的观点．*心理科学进展，18（5）*，752－759.
张锦坤．（2022）．从记忆提取角度审视测试在学习中的应用价值——评《提取诱发遗忘：记忆提取研究的新视角》. *心理与行为研究*，*20* (6)，858－860.
张锦坤，连榕.（2013）. 有效学习的三个易控变量：间隔、顺序与提取练习. *心理与行为研究*，*11* (2)，276－281.
张俊.（2020）. *心理学原理与应用*. 武汉：华中科技大学出版社.
张凯，方晓洪，李子潍.（2023）. 孤独感与大学生攻击性行为的关系：共情和人际信任的链式中介作用，*淮北师范大学学报*，*44* (6)，117－124.
张凯，李玉，陈凯泉.（2023）. 情绪体验与互动模式对合作学习情感投入的作用机理. *现代外语*，*46*，371－384.
张林，车文博，黎兵.（2005）. 大学生心理压力应对方式特点的研究. *心理科学* (1)，36－41.
张玲玲.（2020）. 社会支持和一般自我效能感对大学生应对方式的影响. *江苏预防医学*. *31* (5)，497－499.
张明，董波，陈艾睿.（2018）. 教育神经学：心、脑与教育整合. *苏州大学学报（教育科学版）*，*6* (4)，24－32.
张述祖，沈德立.（1987）. *基础心理学*. 北京：教育科学出版社.
张田.（2018）. *高中生情绪调节自我效能感与应对方式关系及其干预研究*. 硕士学位论文. 河北师范大学.
张伟诗，连榕.（2022）. 催眠定义探新：以恍惚为特色的深度沟通. *心理科学*，*45* (1).
张文新.（2023）. 欺凌的界定：文化和发展的视角. *心理发展与教育*，*39* (4)，590－598.
张亚玲，杨善禄.（1999）. 中学生的学习动机与学习策略的研究. *心理发展与教育*，*15* (4)，35－39.
张勇.（2022－10－09）. 张桂梅：坚守梦想 无私奉献. *光明日报*.
张玉芝，郑雯菁，苏芳.（2024）. 当代大学生心理情绪与胃肠功能关系的调查研究. *潍坊医学院学报*，*64* (1)，34－40.
赵琦，陆颖之，王莹莹，周成林.（2017）. 舞蹈运动员大脑感知运动系统的功能特征：一项静息态功能磁共振研究. *中国运动医学杂志*，*36* (12)，1081－1086.
赵荣，黄钰杰，克丽比努尔·艾尔肯，李晶晶，高军.（2023）. 不同感觉通道在应激传染中的作用及其神经机制. *心理科学进展*，*31* (11)，2142－2154.
郑日昌.（2015）. *心理与教育测量*（第3版）. 北京：人民教育出版社.
郑爽，刘红瑞，李静，等.（2022）. 主动性人格与大学生创业准备行为的关系：创业意向的中介效应与创业社会支持的调节作用. *心理发展与教育*，*38* (6)，813－821.
《中国大百科全书》总编委会.（2021）. *中国大百科全书：心理学*（第3版）. 北京：中国大百科全书出版社，1.
中国心理学会临床心理学注册工作委员会伦理工作组，中国心理学会临床心理学注册工作委员会标准制定工作组.（2018）. 中国心理学会临床与咨询心理学工作伦理守则. *心理学报*，*11*，1314－1322.
周爱保，马小凤，李晶，崔丹.（2013）. 提取练习在记忆保持与迁移中的优势效应：基于认知负荷理论的解释. *心理学报*，*45* (8)，849－859.
周爱保，杨天成，程晨，马小凤，赵静.（2015）. 多篇章学习中提取练习策略对高阶技能的影响. *心理学报*，*47* (7)，928－938.
周爱保，杨小娥，马小凤，王科，夏瑞雪.（2017）. 学习方式的变革：提取促进学习. *心理科学*，*40* (4)，913－919.
周晓琳，高定国 [主译].（2023）. *认知神经科学：关于心智的生物学*. 北京：中国轻工业出版社，39－48.
周雅，范方.（2017）. 睡眠相关情绪记忆加工、情绪调节及其对心理疾病的作用探讨. *中国健康心理学杂志*，*25* (11)，1756－1760.

朱亚琪．(2020)．教养方式、自尊对问题青少年应对方式的影响．*现代交际 (20)*，179－181.

朱振杰．(2020)．*亲子依恋与中学生的应对方式——有调节的中介模型*. 硕士学位论文．曲阜师范大学．

朱智贤．(1991)．简述思惟的心理结构问题．*心理发展与教育，3 (5)*，1－5.

中国脑科学网，http：//www. pai314. com/.

庄子．(2018)．庄子·秋水．见*全注全译老子·庄子*. 北京：中国华侨出版社，638－639.

党的十八大以来经济社会发展成就系列报告：脱贫攻坚取得全面胜利 脱贫地区农民生活持续改善．https：//www. gov. cn/xinwen/2022－10/11/content _ 5717712. htm.

联合国秘书长古特雷斯致函习近平 祝贺中国脱贫攻坚取得重大历史性成就. https：//www. gov. cn/xinwen/2021－03/09/content _ 5591835. htm.

Ach，N. (1910). Über den Willensakt und das Temperament：Eine experimentalle untersuchung. Quelle & Meyer.

Ach，N. (1905). Über die willenstätigkeit und das denken：Eine experimentelle untersuchung mit einem anhange：Über das hippsche chronoskop. Vandenhoeck & Ruprecht.

Action control：From cognition to behavior，267－275.

Adolphs，R.，Tranel，D.，& Damasio，A. R. (1998). The human amygdala in social judgment. *Nature，393 (6684)*，470－474.

Allport，G. W. (1937). *Personality：a psychological interpretation*. Holt.

Amodio，D. M.，& Showers，C. J. (2005). "Similarity breeds liking" revisited：The moderating role of commitment. *Journal of Social & Personal Relationships，22 (6)*，817－836.

Anderson，N. H. (1968). Likableness ratings of 555 personality-trait words. *Journal of Personality & Social Psychology，9 (3)*，272－279.

Andrade，J. A. (2015)，Reconceptualising whistleblowing in a complex world. *Journal of Business Ethics，128 (2)*，321－335.

Apter，M. J. (1989). Reversal theory：A new approach to motivation，emotion and personality. *Anuario de Psicología，42 (3)*，17－29.

Arnold，M. R. (1970). Brain functions in emotion：A phenomenological analysis. In P. Black (Ed.)，*Physiological correlates of emotion* (pp. 261－285). Academic Press.

Aronson，E. (2000). *Nobody left to hate：Teaching compassion after Columbine*. W. H. Freeman.

Aronson，E. (2010). *Not by chance alone：My life as a social psychologist*. Basic Books.

Asch，S. E. (1952). *Social psychology*. Prentice-Hall.

Aserinsky，E.，& Kleitman，N. (1953). Regularly occurring periods of eye motility，and concomitant phenomena，during sleep. *Science，118 (3062)*，273－274.

Aslan，A.，Bäuml，K. H. T.，& Grundgeiger，T. (2007). The role of inhibitory processes in part-list cuing. *Journal of Experimental Psychology：Learning，Memory，and Cognition，33 (2)*，335－341.

Atkinson，J. W.，& Litwin，G. H. (1960). Achievement motive and test anxiety conceived as motive to approach success and motive to avoid failure. *Journal of Abnormal & Social Psychology，60 (1)*，52－63.

Atkinson，J. W. (1958). Towards experimental analysis of human motivation in terms of motives，expectancies and incentives. In J. W. Atkinson (Eds.)，*Motives in fantasy，action，and society* (pp. 288－305). Van Nostrand.

Baddeley，A. D.，& Hitch，G. (1974). Working memory. In G. H. Bower (Eds.)，*Psychology of learning and motivation* (Vol. 8，pp. 47－89). Academic Press.

Baddeley, A. (2000). The episodic buffer: A new component of working memory? . *Trends in Cognitive Sciences*, *4* (*11*), 417 - 423.

Bahrick, H. P., Bahrick, L. E., Bahrick, A. S., & Bahrick, P. E. (1993). Maintenance of foreign language vocabulary and the spacing effect. *Psychological Science*, *4* (*5*), 316 - 321.

Bahrick, H. P., & Phelphs, E. (1987). Retention of Spanish vocabulary over 8 years. *Journal of Experimental Psychology: Learning, Memory, & Cognition*, *13* (*2*), 344 - 349.

Balcetis, E., Dunning, D., & Miller, R. L. (2008). Do collectivists know themselves better than individualists? Cross-cultural studies of the holier than thou phenomenon. *Journal of Personality& Social Psychology*, *95* (*6*), 1252 - 1267.

Baltes, P. B., Staudinger, U. M., & Lindenberger, U. (1999). Lifespan psychology: Theory and application to intellectual functioning. *Annual Review of Psychology*, *50* (*1*), 471 - 507.

Bandura, A. (1977). Self-efficacy: Toward a unifying theory of behavioral change. *Psychological Review*, *84* (*2*), 191 - 215.

Barinaga, M. (2003). Studying the well-trained mind. *Science*, *302* (*5642*), 44 - 46.

Barnier, A. J., & McConkey, K. M. (1998). Posthypnotic responding: Knowing when to stop helps to keep it going. *International Journal of Clinical & Experimental Hypnosis*, *46* (*2*), 204 - 219.

Baron, R., amon, R., & Barshavit, R. (1997). The Emotional Quotient Inventory (EQ-i): Technical manual. *Psychological Testing*, *19* (*3*), 437 - 448.

Bar-On, R. A. (1988). Negative effects of destructive criticism: Impact on conflict, self-efficacy, and task performance. *Journal of Applied Psychology*, *73* (*2*), 199 - 207.

Bartels, J. M. (2015). The Stanford prison experiment in introductory psychology textbooks: A content analysis. *Psychology, Leaning& Teaching*, *14* (*1*), 36 - 50.

Baumrind, D. (1971). Current patterns of parental authority. *Developmental Psychology*, *4* (*1/2*), 1 - 103.

Bayley, N. (1955). On the growth of intelligence. *American Psychologist*, *10* (*12*), 805 - 818.

Bechara, A., Damasio, A. R., Damasio, H., & Anderson, S. W. (1994). Insensitivity to future consequences following damage to human prefrontal cortex. *Cognition*, *50* (*1*), 7 - 15.

Bechara, A., & Damasio, A. R. (2005). The somatic marker hypothesis: A neural theory of economic decision. *Gamesand Economic Behavior*, *52*, 336 - 372.

Bechara, A., Damasio, H., & Anderson, S. W. (1994). Insensitivity to future consequences following damage to human prefrontal cortex. *Cognition*, *50* (*1 - 3*), 7 - 15.

Bechara, A. (2004). The role of emotion in decision-making: Evidence from neurological patients with orbitofrontaldamage. *Brain and Cognition*, *55*, 30 - 40.

Beilock, S. L., Schaeffer, M. W., &Rozek, C. S. (2017). Understanding and addressing performance anxiety. In A. J. Elliot, C. S. Dweck, & D. S. Yeager (Eds.), *Handbook of competence and motivation: Theory and application* (pp. 155 - 172). Guilford Press.

Binder, J., Zagefka, H., Brown. R., Funke, F., Kessler, T., Mummendey, A., … & Leyens, J. (2009). Does contact reduce prejudice or does prejudice reduce contact? A longitudinal test of the contact hypothesis among majority and minority groups in three European countries, *Journal of Personality & Social Psychology*, *96* (*4*), 843 - 856.

Binet, A., & Simon, T. (1905). A Method of Measuring the Development of the Intelligence of Young Children. *JAMA*, *60* (*17*), 1323.

Binet, A., & Simon, T. (1904). Méthodes nouvelles pour le diagnostic du niveau intellectuel des anormaux. *L'année Psychologique*, *11* (2), 191-244.

Bird, C. D., & Emery, N. J. (2009). Rooks use stones to raise the water level to reach a floating worm. *Current Biology*, *19* (16), 1410-1414.

Blass, T. (2000). *Obedience to authority: Current perspectives on the Milgram paradigm*. Erlbaum.

Bloom, A. H. (1981). *The linguistic shaping of thought: A study in the impact of language on thinking in China and West*. Hillsdal, NJ: Erlbaum.

Bock, M., & Klinger, E. (1986). Interaction of emotion and cognition in word recall. *Psychological Research*, *48* (2), 99-106.

Bock, M. (1986). The influence of emotional meaning on the recall of words processed for form or self-reference. *Psychological Research*, *48* (2), 107-112.

Bono, E. (1970). Lateral thinking: Creativity step by step. *Abstract Reasoning*, *115* (3), 337-339.

Boomer, D. S. (1965). Hesitation and grammatical encoding. *Language and Speech*, *8*, 148-158.

Born, J., & Wagner, U. (2004). Awareness in memory: Being explicit about the role of sleep. *Trends in Cognitive Sciences*, *8* (6), 242-244.

Bouchard, T. J., & McGue, M. (1981). Familial studies of intelligence: A review. *Science*, *212* (4498), 1055-1059.

Bowlby, J. (1969). *Attachment and loss: Vol. 1. Attachment*. Basic Books.

Bowlby, J. (1973). *Attachment and loss: Vol. 2. Separation, anxiety and anger*. Basic Books.

Bradley, M. M., Miccoli, L., Escrig, M. A., &Lang, P. J. (2010). The pupil as a measure of emotional arousal and autonomic activation. *Psychophysiology*, *45* (4), 602-607.

Breiter, H. C., Etcoff, N. L., Whalen, P. J., et al. (1996). Functional magnetic resonance imaging of symptom provocation in obsessive-compulsive disorder. *Archives of General Psychiatry*, *53* (7), 595-606.

Britton, J. C., Luan-Phan, K., Taylor, S. F., Welsh, R. C., Berridge, K. C., & Liberzon, I. (2006). Neural correlates of social and nonsocial emotions: An fMRI study. *Neuroimage*, *31*, 397-409.

Brockmole, J. R., & Henderson, J. M. (2008). Prioritizing new objects for eye fixation in real-world scenes: Effects of object-scene consistency. *Visual Cognition*, *16* (2), 375-390.

Bronfenbrenner, U., & Ceci, S. J. (1994). Nature-nurture reconceptualized in developmental perspective: A bioecological model. *Psychological Review*, *101* (4), 568-586.

Bronfenbrenner, U. (1979). *The ecology of human development: Experiments by nature and design*. Harvard University Press.

Brown, D. (2016). The type and linguistic foci of oral corrective feedback in the L2 classroom: A meta-analysis. *Language teaching research*, *20* (4), 436-458.

Bäuml, K. H. T. (2019). Context retrieval as a critical component in selective memory retrieval. *Current Directions in Psychological Science*, *28* (2), 177-182.

Bäuml, K. H. T. & Kliegl, O. (2017). Retrieval-induced remembering and forgetting. In: Wixted, J. T. (ed.), *Cognitive psychology of memory*, Vol. 2 of Learning and Memory: A comprehensive reference, 2nd edition, Byrne, J. H. (ed.). pp. 27-51. Oxford: Academic Press.

Bäuml, K. H. T., & Samenieh, A. (2012). Influences of part-list cuing on different forms of episodic forgetting. *Journal of Experimental Psychology: Learning, Memory, and Cognition*, *38* (2), 366-375.

Bäuml, K. H. T., & Samenieh, A. (2012). Selective memory retrieval can impair and improve retrieval of other memories. *Journal of Experimental Psychology: Learning, Memory, and Cognition, 38 (2)*, 488–494.

Bäuml, K. H. T., & Schlichting, A. (2014). Memory retrieval as a self-propagating process. *Cognition, 132 (1)*, 16–21.

Burgess, P. W., & Shallice, T. (1997). The relationship between prospective memory and retrospective memory: Neuropsychological evidence. In M. A. Conway (Ed.), *Cognitive models of memory* (pp. 247–272). MIT Press.

Byrne, D. (1961). Interpersonal attraction and attitude similarity. *Journal of Abnormal and Social Psychology, 62*, 713–715.

Campos, J. J., Langer, A., & Krowitz, A. (1970). Cardiac responses on the visual cliff prelocomotor human infants. *Science, 170 (3954)*, 196–197.

Cannon, W. B. (1927). The Jams-Lange theory of emotion: A critical examination and an alternative theory. *American Journal of Psychology, 39*, 106–124.

Carpenter, S. K., Pashler, H., & Cepeda, N. J. (2009). Using tests to enhance 8th grade students' retention of US history facts. *Applied Cognitive Psychology, 23 (6)*, 760–771.

Cattell, R. B. (1963). Theory of fluid and crystallized intelligence: A critical experiment. *Journal of Educational Psychology, 54 (1)*, 1–22.

Cepeda, N. J., Vul, E., Rohrer, D., Wixted, J. T., & Pashler, H. (2008). Spacing effects in learning: A temporal ridgeline of optimal retention. *Psychological Science, 19 (11)*, 1095–1102.

Cialdini, R. B., Reno, R. R., & Kallgren, C. A. (1990). A focus theory of normative conduct: Recycling the concept of norms to reduce littering in public pieces. *Journal of Personality & Social Psychology, 58 (6)*, 1015–1026.

Coderre, T. J., Vaccarino, A. L., & Melzack, R. (1990). Central nervous system plasticity in the tonic pain response to subcutaneous formalin injection. *Brain Research, 535 (1)*, 155–158.

Cornelius, R. R. (1996). *The science of emotion: Research and tradition in the psychology of emotion.* Prentice-Hall, Inc., 70–72.

Craik, F. I. M., & Lockhart, R. S. (1972). Levels of processing: A framework for memory research. *Journal of Verbal Learning & Verbal Behavior, 11 (6)*, 671–684.

Craik, F. I. M., & Tulving, E. (1975). Depth of processing and the retention of words in episodic memory. *Journal of Experimental Psychology: General, 104 (3)*, 268–294.

Crano, W. D. (2000). Milestones in the psychological analysis of social influence. *Group Dynamics: Theory, Research, & Practice, 4 (1)*, 68–80.

Crick, F., & Mitchison, G. (1983). The function of dream sleep. *Nature, 304 (5922)*, 111–114.

Crider, A. B. (1983). *Psychology.* Scott, Froresman and Company, 146–150.

Daniel, M. (1981). The choke and what you can do about it. *Scholastic Coach, December 13*, 75–79.

Dannemiller, J. (1989). A test of color constancy in 9- and 20-week-old human infants following simulated illuminant changes. *Developmental Psychology, 25 (2)*, 171–184.

Das, J. P. (2002). A better look at intelligence. *Current Directions in Psychological Science, 11 (1)*, 28–33.

Das, J. P., Kirby, J., & Jarman, R. F. (1975), Simultaneous and successive synthesis: An alternative model for cognitive abilites. *Psychological Bulletin*, 82 (1), 87–103. https://doi.org/10.

1037/120076163.

Davidson, R. J., Ekman, P., Saron, C. D., Senulis, J. A., & Friesen, W. V. (1990). Approach-withdrawal and cerebral asymmetry: Emotional expression and brain physiology. *Journal of Personality & Social Psychology*, *58* (2), 330–341.

Davidson, R. J., Jackson, D. C., & Kalin, N. H. (2000). Emotion, plasticity, context, and regulation: perspectives from affective neuroscience. *Psychological Bulletin*, *126* (6), 890–909.

Dearborn, W. F. (1921). Difficulties in learning. Psychology today. *Lectures and study manual*, 186–197.

De Bono, E. (1970). Lateral thinking: creativity step by step. *Abstract Reasoning*, *115* (3), 337–339.

Deci, E. L., & Flaste, R. (1996). *Why we do what we do: Understanding self-motivation*. New York: Penguin Books.

Dement, W. C., & Vaughan, C. (1999). *The promise of sleep: A pioneer in sleep medicine explores the vital connection between health, happiness, and a good night's sleep*. Dell.

Dement, W., & Kleitman, N. (1957). Cyclic variations in EEG during sleep and their relation to eye movements, body motility, and dreaming. *Electroencephalography & Clinical Neurophysiology*, *9* (4), 673–690.

Dempester, F. N. (1991). Synthesis of research on reviews and tests. *Educational Leadership*, *48* (7), 71–76.

Denney, N. W., & Palmer, A. M. (1981). Adult age difference on traditional and practical problem-solving measures. *Journal of Gerontology*, *36* (3), 323–328.

Derbyshire, S. W. G., Whalley, M. G., Stenger, V. A., & Oakley, D. A. (2004). Cerebral activation during hypnotically induced and imagined pain. *NeuroImage*, *23* (1), 392–401.

DeSteno, D., Petty, R. E., Rucker, D. D., Wegener, D. T., & Braverman, J. (2004). Discrete emotions and persuasion: The role of emotion induced expectancies. *Journal of Personality & Social Psychology*, *86* (1). 43–56.

DonGrubin, & Lars Madsen. (2005). Lie detection and the polygraph: a historical review. *Journal of Forensic Psychiatry & Psychology*, *16* (2), 357–369.

Duarte, N. A., Woods, S. P., Rooney, A., Atkinson, J. H., Grant, I., & Translational Methamphetamine AIDS Research Center (TMARC) Group. (2012). Working memory deficits affect risky decision-making in methamphetamine users with attention-deficit/hyperactivity disorder. *Journal of Psychiatric Research*, *46* (4), 492–499.

Duncan, J., Seitz, R. J., Kolodny, J., Bor, D., Herzog, H., Ahmed, A., … & Emslie, H. (2000). A neural basis for general intelligence. *Science*, *289* (5478), 457–460.

Dunlosky, J., Rawson, K. A., Marsh, E. J., Nathan, M. J., & Willingham, D. T. (2013). Improving students' learning with effective learning techniques: Promising directions from cognitive and educational psychology. *Psychological Science*, *14*, 4–58.

Earley, P. C., & Ang, S. (2003). *Cultural Intelligence: Individual Interactions across Cultures*. Stanford University Press. Stanford University Press.

Ebbinghaus, H. (1885). *Memory: A contribution to experimental psychology*. New York, NY: Teachers College, Columbia University.

Eich, E., & Metcalfe, J. (1989). Mood dependent memory for internal versus external events. *Journal of Experimental Psychology: Learning, Memory, & Cognition*, *15* (3), 443–455.

Ekman, P., & Friesen, W. V. (1975). *Unmasking the face: A guide to recognizing emotions from facial clues*. Prentice-Hall.

Ekman, P., Levenson, R. W., & Friesen, W. V. (1983). Autonomic nervous system activity distinguishes among emotions. *Science, 221 (4616)*, 1208 - 1210.

Elfenbein, H. A., & Ambady, N. (2002). Is there an in-group advantage in emotion recognition?. *Psychological Bulletin, 128 (2)*, 243 - 249.

Ellickson. S. L., Tucker, J. S., Klein, D. J., & McGugan, K. A. (2001). Prospective risk factors for alcohol misuse in late adolescence. *Journal of Studies on Alcohol & Drugs, 62 (6)*, 773 - 782.

Ellis, J. (1996). Prospective memory or the realization of delayed intentions: A conceptual framework for research. In M. Brandimonte, G. O. Einstein, & M. A. McDaniel (Eds.), *Prospective memory: Theory and applications (pp.* 1 - 22). *Erlbaum.*

Erikson, E. H. (1963). *Childhood and society* (2nd ed.). New York: Norton.

Erikson, E. H. (1982). *The life cycle completed: A review*. New York: Norton.

Eysenck, H. J. (1947). *Dimensions of Dimensions of Personality*. Transaction Pub.

Feldman, D. H. (1980). *Beyond universals in cognitive development*. Norwood.

Feuerstein, R., Rand, Y., & Hoffman, M. B. (1980). The dynamic assessment of retarded performers: The learning potential assessment device, theory, instruments and techniques. *International Journal of Rehabilitation Research, 4*, 465 - 466.

Fischer, P., Kruger, J. I., Creitemeyer, T., Vogrincic, C., Kastenmuller, A., Frey, D., … & Kainbaucher, M. (2011). The bystander-effect: A meta-analytic review on bystander, intervention in dangerous and non-dangerous emergencies. *Psychological Bulletin, 137 (4)*, 517 - 537.

Flynn, J. R. (1987). Massive iq gains in 14 nations: what iq tests really measure. *Psychological Bulletin, 101 (2)*, 171 - 191.

Foerster, J., Higgins, E. T., & Strack, F. (2000). When stereotype disconfirmation is a personal threat: How prejudice and prevention focus moderate incongruency effects. *Social Cognition, 18 (2)*, 178 - 197.

Folkman, S., & Lazarus, R. S. (1988). Coping as a mediator of emotion. *Journal of Personality & Social Psychology, 54 (3)*, 466 - 475.

Folkman, S., Lazarus, R. S., Dunkelschetter, C., Delongis, A., & Gruen, R. J. (1986). Dynamics of a stressful encounter: Cognitive appraisal, coping, and encounter outcomes. *Journal of Personality & Social Psychology, 50 (5)*, 992 - 1003.

Folkman, S., Lazarus, R. S., Gruen, R. J., & Delongis, A. (1986). Appraisal, coping, health status, & psychological symptoms. *Journal of Personality & Social Psychology, 50 (3)*, 571 - 579.

Folkman, S. (2013). Stress: Appraisal and Coping. In M. D. Gellman, & J. R. Turner (Eds.), *Encyclopedia of behavioral medicine* (pp. 1913 - 1915). Springer.

Ford, M. E., & Tisak, M. S. (1983). A further search for social intelligence. *Journal of Educational Psychology, 75 (2)*, 196 - 206.

Forgas, J. P. (1995). Mood and judgment: The affect infusion model (AIM). *Psychological Bulletin, 117 (1)*, 39 - 66.

Forgas J. P. (1992). Mood and the perception of unusual people: Affect asymmetry in memory and social judgments. *European Journal of Social Psychology, 22 (3)*, 531 - 547.

Franz, C. E., Mcclelland, D. C., & Weinberger, J. (1991). Childhood antecedents of conventional social accomplishment in midlife adults: A 36-year prospective study. *Journal of Personality & Social Psychology*, *60* (4), 586-595.

Fritz, C. O., & Morris, P. E. (2015). Part-set cuing of texts, scenes, and matrices. *British Journal of Psychology*, *106* (1), 1-21.

Gage, N. L., & Berliner, D. C. (1987). *Educational psychology* (3rd ed.). Houghton Mifflin.

Galambos, N. L., & Almeida, D. M. (1992). Dose parent-adolescent conflict increase in early adolescence?. *Journal of Marriage & the Family*, *54* (4), 737-747.

Galati, D., Scherer, K. R., &Riccibitti, P. E. (1997). Voluntary facial expression of emotion: comparing congenitally blind with normally sighted encoders. *Journal of Personality & Social Psychology*, *73* (6), 1363.

Galbraith, N. S. (1968). Epidemiology and the green paper: A national epidemiological service?. *Lancet*, *292* (7582), 1339-1340.

Gao, M., Chang, R. S., & Wang, A. J., et al. (2021). Which can explain the Pip-and-Pop effect during a visual search: multisensory integration or the oddball effect?. *Journal of Experimental Psychology: Human Perception and Performance*, *47* (5), 689-703.

Gardner, H. (1995). Multiple intelligence: Myths and messages. *International Schools Journal*, *15* (3), 8-22.

Garlick, D. (2002). Understanding the nature of the general factor of intelligence: The role of individual differences in neural plasticity as an explanatory mechanism. *Psychological Review*, *109* (1), 116-136.

Gibson, E. J., & Walk, R. D. (1960). The "Visual cliff". *Scientific American*, *202* (4), 64-71.

Gino, F., Ayal, S., & Ariely, D. (2009). Contagion and differentiation in unethical behavior. *Psychological Science*, *20* (3), 393-398.

Godden, D. R., & Baddeley, A. D. (1975). Context-dependent memory in two natural environments: On land and underwater. *British Journal of Psychology*, *66* (3), 325-331.

Goleman, D. (1995). *Emotional intelligence*. New York: Bantam Books.

Goplen, J., & Plant, E. A. (2015). A religious worldview: Protecting one's meaning system through religious prejudice. *Personality& Social Psychology Bulletin*, *41* (11), 1474-1478.

Gray, J. R., Chabris, C. F., & Braver, T. S. (2003). Neural mechanisms of general fluid intelligence. *Nature Neuroscience*, *6* (3), 316-322.

Greenberger, E., & McLaughlin, C. S. (1998). Attachment, coping, and explanatory style in late adolescence. *Journal of Youth & Adolescence*, *27* (2), 121-139.

Greitmeyer, T., & Mugge, D. O. (2015). When bystanders increase rather than decrease intentions to help. *Social Psychology*, *46* (2), 116-119.

Grosjean, F., & Collins, M. (1979). Breathing, pausing and reading. *Phonetica*, *36*, 98-114.

Grubin, D., & Madsen, L. (2005). Lie detection and the polygraph: A historical review. *Journal of Forensic Psychiatry& Psychology*, *16* (2), 357-369.

Guilford, J. P. (1981). Higher-order structure-of-intellect abilities. *Multivariate Behavioral Research*, *16* (4), 411-435.

Guilford, J. P. (1988). Some changes in the structure-of-intellect model. *Educational & Psychological Measurement*, *48* (1), 1-4.

Guilford, J. P. (1967). *The nature of human intelligence*. McGraw-Hill.

Hafer, C. L., & Rubel, A. N. (2015), Long-term focus and prosocial-antisocial tendencies interact to predict belief in just world. *Personality& Individual Diferences*, *75*, 121 - 124.

Hall, J. A. (1987). On explaining gender differences: the case of nonverbal communication. Shaver, Phillip (Ed); Hendrick, Clyde (Ed), (1987). Sex and gender. *Review of personality and social psychology*, *7*, 177 - 200.

Haney, C., Banks, C., & Zimbardo, P. (1973). Interpersonal dynamics in a simulated prison. *International Journal of Criminology& Penoligy*, *1* (*1*), 69 - 97.

Haslam, N., & Loughnan, S. (2014). Dehumanization and infrahumanization. *Annual Review of Psychology*, *65* (*1*), 399 - 423.

Heider, F. (1958). *The psychology of interpersonal relations*. Wiley.

Herrick, C. J. (1926). *Brains of Rats and Men*: *A Survey of the Origin and Biological Significance of the Cerebral Cortex*. University of Chicago Press.

Holahan, C. J., & Moos, R. H. (1987). Personal and contextual determinants of coping strategies. *Journal of Personality& Social Psychology*, *52* (*5*), 946 - 955.

Holmes, E. A., Oakley, D. A., Stuart, A. D., & Brewin, C. R. (2006). Investigating peri-traumatic dissociation using hypnosis during a traumatic film. *Journal of Trauma& Dissociation*, *7* (*4*), 91 - 113.

Huang, T., Larsen, K. T., Ried-Larsen, M., Møller, N. C., & Andersen, L. B. (2014). The effects of physical activity and exercise on brain-derived neurotrophic factor in healthy humans: A review. *Scandinavian Journal of Medicine & Science in Sports*, *24* (*1*), 1 - 10.

Hunt, E., Browning, P., & Nave, G. (1982). A behavioral exploration of dependent and independent mildly mentally retarded adolescents and their mothers. *Applied Research in Mental Retardation*, *3* (*2*), 141 - 150.

Hurlock, E. B. (1925). An evaluation of certain incentives used in schoolwork. *Journal of Educational Psychology*. *16* (*3*), 145 - 159.

Huskinson, T. L. H., & Haddock, G. (2004). Individual differences in attitude structure: Variance in the chronic reliance on affective and cognitive information. *Journal of Experimental Social Psychology*, *40* (*1*), 82 - 90.

Hyde, J. S., Fennema, E., & Lamon, S. J. (1990). Gender differences in mathematics performance: A meta-analysis. *Psychological Bulletin*, *107* (*2*) , 139 - 155.

Izard, C. E. (1993). Four systems for emotion activation: Cognitive and noncognitive processes. *Psychology Review*, *100* (*1*), 68 - 90.

Izard, C. E., & Malatesta, C. Z. (1987). Perspectives on emotional development: I. Differential emotions theory of early emotional development. In J. D. Osofsky (Ed.), Wiley series on personality processes. *Handbook of infant development* (pp. 494 - 554). Wiley.

Izard, C. E. (1991). *The Psychology of Emotions*. New York: Plenum Press.

Izard, C., Fine, S., Schultz, D., Mostow, A., Ackerman, B., & Youngstrom, E. (2001). Emotion knowledge as a predictor of social behavior and academic competence in children at risk. *Psychological Science*, *12* (*1*) , 18 - 23.

Jacobson, R. P., Mortensen, C. R., & Cialdini, R. B. (2011). Bodies obliged and unbound: Differentiated response tendencies for injunctive and descriptive social norms. *Journal of Personality and Social Psychology*, *100* (*3*), 433 - 448.

James, W. (1890). *The principles of psychology*. New York: Henry Holt.

Jang, K. L., Livesley, W. J., Vernon, P. A., & Jackson, D. N. (1996). Heritability of personality disorder traits: A twin study. *Acta Psychiatrica Scandinavica*, *94* (6), 438-444.

Ji, L. J., Zhang, Z. Y., & Nisbett, R. E. (2004). Is it culture or is it language? Examination of language effects in cross-cultural research on categorization. *Journal of Personality & Social Psychology*, *87* (1), 57-65.

John, T., & Aslan, A. (2020). Age differences in the persistence of part-list cuing impairment: The role of retrieval inhibition and strategy disruption. *Journal of Experimental Child Psychology*, *191*, Article 104746.

John, T., & Aslan, A. (2018). Part list cuing effects in children: A developmental dissociation between the detrimental and beneficial effect. *Journal of Experimental Child Psychology*, *166*, 705-712.

Jones, E. E., & Harris, V. A. (1967). The Attribution of attitudes. *Journal of Experimental Social Psychology*, *3* (1), 1-24.

Jones, M. C. (1957). The later careers of boys who early-or-late-maturing. *Child Development*, *28* (1), 113-128.

Jost, J. T., Nosek, B. A., & Gosling, S. D. (2008). Ideology: Its resurgence in social, personality, and political psychology. *Perspectives on Psychological Science*, *3* (2), 126-136.

Just, M. A., Carpenter, P. A., Keller, T. A., Eddy, W. F., & Thulborn, K. R. (1996). Brain activation modulated by sentence comprehension. *Science*, *274* (5284), 114-116.

Kallgren, C. A., Reno, R. R., & Cialdini, R. B. (2000). A focus theory of normative conduct: When norms do and do not affect behavior. *Personality & Social Psychology Bulletin*, *26* (8), 1002-1012.

Karpicke, J. D., & Roediger, H. L., 3rd (2008). The critical importance of retrieval for learning. *Science* (New York, N. Y.), *319* (5865), 966-968.

Karunaratne K., Laham S. M. (2019). Social Dominance Orientation Predicts Opposition to Hierarchy-Attenuating Intergroup Apologies. *Pers Soc Psychol Bull. Dec*, *45* (12), 1651-1665.

Kübler-Ross, E. (1974). *Questions and answers on death and dying: A companion volume on death and dying*. Collier Books.

Keizer, K., Lindenberg, S., & Steg, L. (2008). The spreading of disorder. *Science*, *322* (5908), 1681-1685.

Kelley, M. R., & Parihar, S. A. (2018). Part-set cueing impairment & facilitation in semantic memory. *Memory*, *26* (7), 1008-1018.

Kobasa, S. C. (1979). Stressful life events, personality, and health: an inquiry into hardiness. *J Pers Soc Psychol*, *37* (1), 1-11.

Kohlberg, L. A. (1964). Development of moral character and moral ideology. In M. L. Hoffman & L. W. Hoffman (Eds.), *Review of child development research* (Vol. 1). Russell Sage Foundation.

Kuhl, J. (1985). From cognition to behavior: Perspectives for future research on action control. *Action control: From cognition to behavior*, 267-275.

Kuhl, J. (1984). Volitional aspects of achievement motivation and learned helplessness: Toward a comprehensive theory of action control. *Progress in experimental personality research* (Vol. 13, pp. 99-171). Elsevier.

Kuhl, J. (1985). Volitional mediators of cognition-behavior consistency: Self-regulatory processes and action versus state orientation. *Action control: From cognition to behavior* (pp. 101-128). Berlin,

Heidelberg: Springer Berlin Heidelberg.

Kurtz, K. J., Gentner, D., & Gunn, V. (1999). Reasoning. In B. M. Bly & D. E. Rumelhart (Eds.), *Cognitive science: Handbook of perception and cognition* (2nd ed., pp. 145 - 200). Academic Press.

Kvavilashvili, L. (1987). Remembering intention as a distinct form of memory. *British Journal of Psychology*, *78* (4), 507 - 518.

Kwon, M., Kim, D. J., Cho, H., & Yang, S. (2013). The smartphone addiction scale: development and validation of a short version for adolescents. *Plos one*, *8* (12), e83558.

Lai, Y. Y., & Siegel, J. M. (2003). Physiological and anatomical link between Parkinson-like disease and REM sleep behavior disorder. *Molecular Neurobiology*, *27* (2), 137 - 151.

Lange, C. G. (1985). *The Emotions*. Baltimore: Williams & Wilkins (English translation. 1922).

Latham, G. P., Winters, D., & Locke, E. A. (1994). Cognitive and motivational effects of participation: A mediator study. *Journal of Organizational Behavior*, *15* (1), 49 - 63.

Laumann, E. O., Gagnon, J. H., Michaels, R. T., & Michaels, S. (1994). *The social organization of sexuality: Sexual practices in the United States*. University of Chicago Press.

Lavine, H. G., Lodge, M., & Freitas, K. (2005). Threat, authoritarianism, and selective exposure to information. *Political Psychology*, *26* (2), 219 - 244.

Lawson, J. S., Inglis, J., & Tittemore, J. A. (1987). Factorially defined verbal and performance iqs derived from the wisc-r: patterns of cognitive ability in normal and learning disabled children. *Personality & Individual Differences*, *8* (3), 331 - 341.

Lazarus, & Folkman, S. (1984). *Stress, appraisal, and coping*. New York: Springer.

Lazarus, R. S. (1991). *Emotion and adaptation*. Oxford University Press.

LeDoux, J. (2003). The Emotional Brain, Fear, and the Amygdala. *Cellular and Molecular Neurobiology*, *23*, 727 - 738.

Lerner, M. J. (1980). *The belief in a just world: A fundamental delusion*. Plenum Press.

Leshner, A. I. (2001). Addiction is a brain disease, and it matters. *Science*, *278* (5335), 45 - 47.

Levine, J. (2002). *Harmful to minors: The perils of protecting children from sex*. University of Minnesota Press.

Lewin, K. (1936). A dynamic theory of personality: Selected papers. *The Journal of Nervous and Mental Disease*, *84* (5), 612 - 613.

Linn, C., Peterson, C. (1985). Emergence and characterization of sex differences inspatial ability: A meta-analysis. *Child Development*, *56*, 1479 - 1498.

Liu, T., Xing, M., & Bai, X. (2020). Part-List cues hinder familiarity but not recollection in item recognition: Behavioral and event-related potential evidence. *Frontiers in Psychology*, *11*, Article 561899.

Liu, T., Zhao, Y., Bai, X., He, A., & Xing, M. (2022). Revisiting the multi-mechanism hypothesis of part-list cuing: The role of list-length and item presentation time. *Memory*, *30* (9), 1073 - 1086.

Locke, E. A., & Latham, G. P. (1990). *A theory of goal setting & task performance*. Prentice-Hall.

Loehlin, J. C. (1980). Recent adoption studies of IQ. *Human Genetics*, *55* (3), 297 - 302.

Loftus, E. L., & Palmer, J. (1974). Reconstruction of automobile destruction: An example of the interaction between language and memory. *Journal of Verbal Learning & Verbal Behavior*, *13* (5), 585 - 589.

Loftus, G. R. (1971). Comparison of recognition and recall in a continuous memory task. *Journal of Experimental Psychology*, *91* (2), 220 - 226.

Lorenz, K. (1935). Der Kumpan in der Umwelt des Vogels. Der Artgenosse als auslö sendes Moment sozialer Verhalt ungsweisen. Joural für Ornithologie. Beiblatt. (Leipzig).

Louis B. (2013). *The Strange Adventure of James Shervinton*. CreateSpace Independent Publishing Platfrom, 150.

Loving, T. J. & Agnew, C. R. (2001). Socially desirable responding in close relationship: A dual-component approach and measure. *Journal of Social & Personal Relationships*, *18* (*4*), 551 - 573.

Maclay, H., & Osgood, C. E. (1959). Hesitation phenomena in spontaneous english speech. *Word*, *15* (*1*), 19 - 44.

MacLean, P. D. (1990). *The triune brain in evolution: Role in Paleocerebral functions*. New York: Plenum Press.

Marcia, J. E. (1966). Development and validation of ego-identity status. *Journal of Personality & Social Psychology*, *3* (*5*), 551 - 558.

Marcia, J. E. (1980). Identity in adolescence. In J. Adelson (Ed.), *Handbook of adolescent psychology* (pp. 159 - 187). Wiley.

Marlowe, H. A. (1986). Social intelligence: Evidence for multidimensionality and construct independence. *Journal of educational psychology*, *78* (*1*), 52.

Marlowe, H. A. (1985). *The structure of social intelligence* (competence, skills, behaviors) (Doctoral dissertation). University of Florida.

Marr, D. (1982). *Vision: A computational investigation into the human representation and processing of visual information*. W. H. Freeman.

Maslow, A. H. (1987). *Motivation and personality* (3rd ed.). Harper & Row Publishers.

Massaro, D. W., & Loftus, G. R. (1996). Sensory and perceptual storage: Data and theory. In E. L. Bjork & R. A. Bjork. *Memory* (pp. 67 - 99). Academic Press.

Mather, M., &Sutherland, M. R. (2011). Arousal-biased competition in perception and memory. *Perspectives On Psychological Science*, *6* (*2*), 114 - 133.

Matsumoto, D., Nezlek, J. B., & Koopmann, B. (2007). Evidence for universality in phenomenological emotion response system coherence. *Emotion*, *7* (*1*), 57 - 67.

Matsumoto, D., & Willingham, B. (2009). Spontaneous facial expressions of emotion of congenitally and noncongenitally blind individuals. *Journal of Personality & Social Psychology*, *96* (*1*), 1.

Mayer, J. (2009). *The side: The inside story of how the war on terror turned into a war on American ideals*. Anchor Books.

McCarley, R. W., & Hobson, J. A. (1977). The neurobiological origins of psychoanalytic dream theory. *American Journal of Psychiatry*, *134* (*11*), 1211 - 1221.

McClelland, D. C., & Franz, C. E. (1992). Motivational and other sources of work accomplishments in mid-life: A longitudinal study. *Journal of personality*, *60* (*4*), 679 - 707.

McDougall W. (1926). *An introduction to social psychology* (Rev. ed.). John W. Luce.

McKenzie, C. R. M, Lee, S. M., & Chen, K. K. (2002). When negative evidence increases confidence: Changes in belief after hearing two sides of a dispute. *Journal of Behavioral Decision Making*, *15* (*1*), 1 - 18.

Meilman, P. W. (1979). Cross-sectional age changes in ego identity status during adolescence. *Developmental Psychology*, *15* (*2*), 230 - 231.

Mesquita, B., & Walker, R. (2003). Cultural differences in emotions: A context for interpreting emotional experiences. *Behaviour Research & Therapy*, *41* (*7*), 777 - 793.

Milgram, S. (1974). *Obedience to authority: An experimental view*. Harper & Row.

Miller, K. F., Smith, C. M., Zhu, J. J., & Zhang, H. C. (1995). Preschool origins of cross-national difference in mathematical competence: The role of number-naming systems. *Psychological Science*, *6* (1), 56-60.

Mónaco, E., Schoeps, K., & Montoya-Castilla, I. (2019). Attachment styles and well-being in adolescents: How does emotional development affect this relationship? *International Journal of Environmental Research and Public Health*, *16* (14), 2554.

Moates, D. R., & Schumacher, G. M. (1980). *An introduction to cognitive psychology*. Wadsworth.

Moray, N., Bates, A., & Barnett, T. (1965). Experiments on the four-eared man. *Journal of the Acoustical Society of America*, *38* (2), 196-201.

Moreland, R. I., & Beach, S. (1992), Exposure effects in the classroom: The development of affinity among students. *Journal of Experiment Social Psychology*, *28* (3), 255-276.

Morrell, E. M. (1986). Meditation and somatic arousal. *American Psychologist*, *41* (6), 712-713.

Morris, P. L., Robinson, R. G., Raphael, B., & Hopwood, M. J. (1996). Lesion location and poststroke depression. *Agricultural History Review*, *8* (2), 195-196.

Morris, P. L., Robinson, R. G., Raphael, B., & Hopwood, M. J. (1996). Lesion location and poststroke depression. *Journal of Neuropsychiatry & Clinical Neurosciences*, *8* (4), 399-403.

Morris, W. N., Miller, R. S., & Spangenberg, S. (1977). The effects of dissenter positioned task difficult on conformity and response conflict. *Journal of Personality*, *45* (2), 251-266.

Morry, M. M. (2005). Relationship satisfaction as a predictor of similarity ratings: A test of the attraction-similarity hypothesis. *Journal of Social & Personal Relationships*, *22* (4), 561-584.

Moss. F, & Hunt. T. (1927). Are you socially intelligent? . *Scientific American*, *137* (2), 108-110.

Na, J., & Kitayama, S. (2011). Spontaneous trait inference is culture-specific: Behavioral and neural evidence. *Psychological Science*, *22* (8), 1025-1032.

Nash, M. R. (2001). The truth and the hype of hypnosis. *Scientific American*, *285* (1), 46-49.

New, B., Ferrand, L., Pallier, C., & Brysbaert, M. (2006). Reexamining the word length effect in visual word recognition: New evidence from the English Lexicon Project. *Psychonomic Bulletin & Review*, *13* (1) , 45-52.

Nisbett R. E., Peng K., Choi I., Norenzayan A. (2001). Culture and systems of thought: Holistic vs. analytic cognition. *Psychological Review*, *108*, 291-310.

Nitschke, J. B., Larson, C. L., Smoller, M. J., Navin, S. D., Pederson, A. J., & Ruffalo, D., et al. (2010). Startle potentiation in aversive anticipation: Evidence for state but not trait effects. *Psychophysiology*, *39* (2), 254-258.

Nugent, A. C., Bain, E. E., Thayer, J. F., Sollers, J. J., & Drevets, W. C. (2008). Alterations in neural correlates of autonomic control in females with major depressive disorder. *International Journal of Psychophysiology*, *69* (3), 195-195.

Olds, J., & Milner, P. (1954). Positive reinforcement produced by electrical stimulation of septal area and other regions of rat brain. *Journal of Comparative & Physiological Psychology*, *47* (6), 419-427.

Orne, M. T. (1980). Hypnotic control of pain: Toward a clarification of the different psychological processes involved. *Research publications Association for Research in Nervous & Mental Disease*, *58* (2), 155-172.

Oswald, K. M., Serra, M., & Krishna, A. (2006). Part-list cuing in speeded recognition and free recall. *Memory and Cognition*, *34* (3), 518 - 526.

Parker, J., Kaplan, A., Volante, W., Abich Iv, J., & Sims, V. (2020). Exploring the Encoding Specificity Principle and Context-Dependent Recognition in Virtual Reality. *Proceedings of the Human Factors and Ergonomics Society Annual Meeting*, *64*, 1481 - 1485.

Parkes, K. R. (1990). Coping, negative affectivity, and the work environment: additive and interactive predictors of mental health. *Journal of Applied Psychology*, *75* (4), 399.

Patterson, D. R., Hoffman, H. G., Weichman, S. A., Jensen, M. R., & Sharar, S. R. (2004). Optimizing control of pain from severe burns: A literature review. *American Journal of Clinical Hypnosis*, *47* (1), 43 - 54.

Pepe, N. W., Moyer, A., Peña, T., & Rajaram, S. (2023). Deceitful hints: A meta-analytic review of the part-list cuing impairment in recall. *Psychonomic Bulletin & Review*, *30* (4), 1243 - 1272.

Perkins, D. N. (1988). Art as an occasion of intelligence. *Educational Leadership*, *45* (4), 36 - 43.

Perlmutter, M. (1980). Development of memory in the preschool years. In R. Greene & T. D. Yawkey (Eds.), *Childhood development*. Technomic Publishing.

Perry, G. (2013). *Behind the shock machine: The untold story of the notorious Milgram psychology experiments*. The New Press.

Pettigrew, T. F., & Tropp, L. R. (2006). A meta-analytic test of intergroup contact theory. *Journal of Personality & Social Psychology*, *90* (5), 751 - 783.

Petty, R. E., Wegener, D. T., & Fabrigar, L. R. (1997). Attitudes and attitude change. *Annual Review of Psychology*, *48* (1), 609 - 647.

Phalet, K., & Schoenpflug, U. (2001). Intergenerational transmission of collectivism and achievement values in two acculturation contexts: The case of Turkish families in Germany and Turkish and Mo roccan families in the Netherlands. *Journal of Cross-Cultural Psychology*, *32* (2), 186 - 201.

Piaget, J. (1978). *Piaget's theory of intelligence*. Englewood Cliffs, NJ: Prentice Hall.

Pianta, R. C., & Ball, R. M. (1993). Maternal social support as a predictor of child adjustment in kindergarten. *Journal of Applied Developmental Psychology*, *14* (1), 107 - 120.

Plötner, M., Over, H., Capenter, M., & Tomasello, M. (2015). Young children show the bystander effect in helping situations. *Psychological Science*, *26* (4), 499 - 506.

Pribram, R. (1970). Feelings as monitors. In M. Arnold (Ed.), *Feelings and Emotions*. New York: Academic Press.

Rainville, P., Bechara, A., Naqvi, N., & Damasio, A. R. (2006). Basic emotions are associated with distinct patterns of cardiorespiratory activity. *International Journal of Psychophysiology*, *61* (1), 5 - 18.

Rawson, K. A., & Dunlosky, J. (2011). Optimizing schedules of retrieval practice for durable and efficient learning: How much is enough?. *Journal of Experimental Psychology: General*, *140* (3), 283 - 302.

Rippetoe, P, A., &Rogers, R, W. (1987). Effects of components of protection-motivation theory on adaptive and maladaptive coping with a health threat. *Journal of Personality Social Psychology*, *52* (3), 596 - 604.

Roediger, H. L., & McDermott, K. B. (1995). Creating false memories: Remembering words not presented in lists. *Journal of Experimental Psychology: Learning, Memory, and Cognition*, *21* (4), 803 - 814.

Roediger, H. L., McDermott, K. B., & Robinson, K. J. (1998). The role of associative processes in creating false memories. In M. A. Conway, S. E. Gathercole, & C. Cornoldi (Eds.), *Theories of memory* (Vol. 2, pp. 187 - 245). Psychological Press.

Roediger, H. L., & McDermott, K. B. (1994). The problem of differing false-alarm rates for the process dissociation procedure: Comment on Verfaellie and Treadwell (1993). *Neuropsychology, 8 (2)*, 284 - 288.

Rogers, T. B., Kuiper, N. A., & Kirker, W. S. (1977). Self-reference and the encoding of personal information. *Journal of Personality & Social Psychology, 35 (9)*, 677 - 688.

Rohrer, D., & Pashler, H. (2010). Recent research on human learning challenges conventional instructional strategies. *Educational Researcher, 39 (5)*, 406 - 412.

Rokeach, M. (1973). *The nature of human values*. Free Press.

Rooter, J. B. (1966). Generalized expectancies for internal versus external control of reinforcement. *Psychological Monographs: General & Applied, 80 (1)*, 1 - 28.

Rosenthal, R., & Jacobson, L. (1968). *Pygmaliton in the classroom: Teacher Expectation and Pupils'Intellectual Development*. Crown House Publishing.

Ross, C. C., & Henry, L. K. (1939). The relation between frequency of testing and progress in learning psychology. *Journal of Educational Psychology, 30 (8)*, 604.

Rowland, C. A., &DeLosh, E. L. (2014). Benefits of testing for nontested information: Retrieval-induced facilitation of episodically bound material. *Psychonomic Bulletin & Review, 21 (6)*, 1516 - 1523.

Ruiter, R. A. C., Abraham, C., & Kok, G. (2001). Scary warnings and rational precautions: A review of the psychology offer appeals. *Psychology& Health, 16 (6)*, 613 - 630.

Rusch B. D., Abercrombie H. C., Oakes T. R., Schaefer S. M., & Davidson R. J. (2001). Hippocampal morphometry in depressed patients and control subjects: relations to anxiety symptoms. *Biological Psychiatry, 50 (12)*, 960 - 964.

Russell, J. A. (1991). Culture and the categorization of emotions. *Psychological Bulletin, 110 (3)*, 426 - 450.

Salovey, P., & Mayer, J. D. (1990). Emotional intelligence. *Imagination Cognition& Personality, 9 (3)*, 185 - 211.

Salovey, P., & Wegener, D. T. (2003). Communicating about health: Message framing, persuasion and health behavior. In J. Suls & K. A. Wallston (Eds.), *Social psychological foundations of heath and illness* (pp. 54 - 81). Blackwell.

Santrock, J. W. (2004). *Educational psychology* (2nd ed.). McGraw-Hill.

Sarbin, T. R., & Coe, W. C. (1979). Hypnosis and psychopathology: Replacing old myths with fresh metaphors. *Journal of Abnormal Psychology, 88 (5)*, 506 - 526.

Scarr, S. (1982). Development is internally guided, not determined. *Contemporary Psychology, 27* (11), 852 - 853.

Schachter, S., & Singer, J. E. (1962). Cognitive, social, and physiological determinants of emotional state. *Psychological Review, 69 (5)*, 379 - 399.

Schachter S. (1970). The assumption of identity and peripheralist-centralist contoversies in motivation and emotion. In M. B. Arnold (ed.) *Feelings and Emotion: The Loyola Symposium*. New York: Academic Press.

Schlichting, A., Aslan, A., Holterman, C., & Bäuml, K. H. T. (2015). Working memory capacity predicts the beneficial effect of selective memory retrieval. *Memory, 23 (5)*, 786 - 794.

Scott, S. K., Young, A. W., Calder, A. J., Hellawell, D. J., Aggleton, J. P., & Johnsons, M. (1997). Impaired auditory recognition of fear and anger following bilateral amygdala lesions. *Nature, 385 (6613)*, 254 - 257.

Seiffge-Krenke, I. (2006). Coping with relationship stressors: The impact of different working models of attachment and links to adaptation. *Journal of Youth & Adolescence, 35 (1)*, 25 - 39.

Sensation and Perception (1). https://www.bilibili.com/video/av6805705.

Sensation and Perception (2). https://www.bilibili.com/video/av6948430.

Serbest, S., & Soncu Buyukiscan, E. (2012). Factors predicting coping styles among university students in Turkey. *European Psychiatry, 27 (S1)*, 1401.

Shiota, M. N., Kalat, J. W. (2015). *情绪心理学*（周仁来等译）. 北京：中国轻工业出版社.

Sigall, H., & Aronson, E. (1969). Liking for an evaluator as a function of her physical attractiveness and nature of the evaluations. *Journal of Experimental Social Psychology, 5 (1)*, 93 - 100.

Siminov, P. V. (1970). The information theory of emotion. In M. B. Arnold (ed.) *Feelings and emotions: The Loyola Symposium*. New York: Academic Press.

Singh, R., Yeo, S. E., Lin, P. K. F., & Tan, L. (2007). Multiple mediators of the attitude similarity-attraction relationship: Dominance of inferred attraction and subtlety of affect. *Basic& Applied Social Psychology, 29 (1)*, 61 - 74.

Slamecka, N. J. (1968). An examination of trace storage in free recall. *Journal of Experimental Psychology, 76 (4)*, 504 - 513.

Smith, J. R., Louis, W. R., Terry, D. J., Greenaway, K. H., Clarke, M. R., & Cheng, X. (2012). Congruent or conflicted? The impact of injunctive and descriptive norms on environmental intentions. *Journal of Environmental Psychology, 32 (4)*, 353 - 361.

Smith R., Lane R. D. (2015). The neural basis of one's own conscious and unconscious emotional states. *Neurosci Biobehav Rev, 57*, 1 - 29.

Smith, S. M., Glenberg, A., & Bjork, R. A. (1978). Environmental context and human memory. *Memory& Cognition, 6 (4)*, 342 - 353.

Sommerville, J. A. (2018). Infants' understanding of distributive fairness as a test case for identifying the extents and limits of infants' sociomoralcognition and behavior. *Child Development Perspectives, 12 (3)*, 141 - 145.

Spearman, C. (1914). The theory of two factors. *Psychological Review, 21 (2)*, 101 - 115.

Sperling, G. (1960). The information available in brief visual presentations. *Psychological Monographs: General& Applied, 74 (11)*, 1 - 29.

Squire, L. R., Knowlton, B., & Musen, G. (1993). The structure and organization of memory. *Annual Review of Psychology, 44 (1)*, 453 - 495.

Stacy, A. W., Bentler, P. M., & Flay, B. R. (1994). Attitudes and health behavior in diverse populations. *Health Psychology, 13 (1)*, 73 - 85.

Stephan, W. G., & Renfro, C. L. (2002). The role of threat in intergroup relations. In D. M. Mackie & R. Smith (Eds.), *From prejudice to intergroup emotions: Differentiated reactions to social groups* (pp. 191 - 208). Psychology Press.

Stephan, W. G., Stephan, C. W., & De Vargas, M. C. (1996). Emotional expression in Costa Rica and the United States. *Journal of Cross-Cultural Psychology*, *27* (2), 147–160.

Stephan, W. G., & Stephan, C. W. (2001). *Improving Intergroup Relations*. Sage.

Sternberg, R. J. (1988). Triangulating love. In R. J. Sternberg & M. J. Barnes (Eds.), *The psychology of love*. Yale University Press.

Sternberg, R. J., & Smith, C. (2011). Social intelligence and decoding skills in nonverbal communication. *Social Cognition*, *3* (2), 168–192.

Stern, W. (1914). The Psychological Methods of Testing Intelligence. *Psychological Clinic*, *9* (2), 56–59.

Stevens, A. D. (2009). *Social problem-solving and cognitive flexibility: Relations to social skills and problem behavior of at-risk young children* (Doctoral dissertation). Seattle Pacific University.

Stickgold, R., & Walker, M. (2004). To sleep, perchance to gain creative insight? . *Trends in Cognitive Sciences*, *8* (5), 191–192.

Talhelm, T., Zhang, X., Oishi, S., Shimin, C., & Kitayama, S. (2014). Large-scale psychological differences within China explained by rice versus wheat agriculture. *Science*, *344* (6184), 603–608.

Talsma, D. (2015). Predictive coding and multisensory integration: An attentional account of the multisensory mind. *Frontiers in Integrative Neuroscience*, *9* (19), 1–13.

Talsma, D., Senkowski, D., Soto-Faraco, S., & Woldorff M. G. (2010). The multifaceted interplay between attention and multisensory integration. *Trends in Cognitive Sciences*, *14* (9), 400–401.

Teller, D. Y., & Bornstein, M. H. (1987). Infant color vision and color perception. In P. Salapatek & L. B. Cohen (Eds.), *Handbook of infant perception: From sensation to perception* (Vol. 1, pp. 185–236). Academic Press.

Terman, L. M., Lyman, G., Ordahl, G., Ordahl, L., Galbreath, N., & Talbert, W. (1915). The stanford revision of the binet-simon scale and some results from its application to 1000 non-selected children. *Journal of Educational Psychology*, *6* (9), 551–562.

Terman, L. M. (1925). The Mental Growth of the Child: A Psychological Outline of Normal Development from Birth to the Sixth Year, Including a System of Developmental Diagnosis . *Science*, 447.

Terman, L. M. (1916). The uses of intelligence tests. *Measurement of Intelligence*, 3–21.

Thayer, J. F., & Lane, R. D. (2000). A model of neurovisceral integration in emotion regulation and dysregulation. *Journal of Affective Disorders*, *61* (3), 201–216.

Thayer, J. F., & Lane, R. D. (2009). Claude Bernard and the heart-brain connection: Further elaboration of a model of neurovisceral integration. *Neuroscience& Biobehavioral Reviews*, *33* (2), 81–88.

Thayer, J. F., & Ruiz-Padial, E. (2006). Neurovisceral integration, emotions and health: An update. In *International Congress Series* (Vol. 1287, pp. 122–127). Elsevier.

Thomas, D. C. (2010). *Cultural intelligence*. American Cancer Society.

Thomas, D. C. (2008). *Cultural intelligence: People skills for global business*, Oakland: Berrett-Koehler Publishers Press.

Thorndike, E. L. (1920). Equality in difficulty of alternative intelligence examinations. *Journal of Applied Psychology*, *4* (4), 283–288.

Thorndike, E. L. (1926). Intelligence and its use. *Harper's Magazine*, *140* , 227–235.

Thurstone, L. L. (1931). Multiple factor analysis. *Psychological Review*, *38* (5), 406–427.

Tobin-Richards, M., Boxer, A. M., & Petersen, A. C. (1983). The psychological significance of pubertal change: Sex differences in perceptions of self during early adolescence, In J. Brooks-Gunn & A. C. Petersen (Eds.), *Girls at puberty: Biological, psychological, and social perspectives* (pp. 127 - 154). Plenum Press.

Tomkins, S. S. (1962). *Affect, Imagery and Consciousness*, Vol. 1, The Positive Affects. New York: Springer-Verlag.

Tomkins, S. S. (1963). *Affect, Imagery and Consciousness*, Vol. 2, The Negative Affects. New York: Springer-Verlag.

Tononi, G., & Edelman, G. M. (1998). Consciousness and complexity. *Science, 282 (5395)*, 1846 - 1851.

Tulving, E., & Donaldson, W. (1972). *Organization of memory*. Academic Press.

Twenge, J. M. (2009). Change over time in obedience: The jury's still out, but it might be decreasing. *American Psychologist, 64 (1)*, 28 - 31.

Underwood, B. J. (1949). Proactive inhibition as a function of time and degree of prior learning. *Journal of Experimental Psychology, 39 (1)*, 24 - 34.

Van der Burg, E., Olivers, C. N. L., Bronkhorst, A. W., & Theeuwes, J. (2008). Pip and Pop: Nonspatial auditory signals improve spatial visual search. *Journal of Experimental Psychology: Human Perception and Performance, 34 (5)*, 1053 - 1065.

Van Ijzendoorn, M. H., Schuengel, C., & Bakermans-Kranenburg, M. J. (1999). Disorganized attachment in early childhood: Meta-analysis of precursors, concomitants, and sequelae. *Development& Psychopathology, 11 (2)*, 225 - 250.

Van Laar, C., Levin, S., & Sidanius, J. (2008). Ingroup and outgroup contact: A longitudinal study of the effects of cross-ethnic friendships, dates, roommate relationships andparticipation in segregated organization. In U. Wagner, L. R. Tropp, G. Finchilescu, & C. Tredoux (Eds.), *Improving intergroup relations: Building on the legacy of Thomas F. Pettigrew* (pp. 127 - 142). Blackwell.

Venkatraman, A., Edlow, B. L., &Immordinoyang, M. H. (2017). The brainstem in emotion: a review. *Frontiers in Neuroanatomy, 11 (144)*, 15.

Vernon, P. E. (1933). Some characteristics of the good judge of personality. *The Journal of Social Psychology, 4 (1)*, 42 - 57.

Vernon, P. E. (1936). The matching method applied to investigations of personality. *Psychological Bulletin, 33 (3)*, 149 - 177.

Vygotsky, L. S. (1978). *Mind in society: The development of higher psychological processes*. Harvard University Press.

Walk, R. D., & Gibson, E. J. (1961). A comparative and analytical study of visual depth perception. *Psychological Monographs: General & Applied, 75 (15)*, 1 - 44.

Wallace, D. S., Paulson, R., Lord, C. G., & Bond, C. F. (2005). Which behaviors do attitudes predict? Meta-Analyzing the effects of social pressure and perceived difficulty. *Review of General Psychology, 9 (3)*, 214 - 227.

Wallner, L., & Bäuml, K. H. T. (2017). Beneficial effects of selective item repetition on the recall of other items. *Journal of Memory and Language, 95*, 159 - 172.

Wallner, L., & Bäuml, K. H. T. (2021). Self-paced part-list cuing. *Psychonomic Bulletin & Review, 28 (6)*, 2012 - 2018.

Walton, G. E., Bower, N. J. A., & Bower, T. G. R. (1992). Recognition of familiar faces by newborns. *Infant Behavior & Development*, *15* (2), 265-269.

Wamsley, E. J., & Stickgold, R. (2011). Memory, sleep and dreaming: Experiencing consolidation. *Sleep Medicine Clinics*, *6* (1), 97-108.

Wang, J., Fu, X., Zhang, L., & Kou, Y. (2015). The impacts of moral evaluations and descriptive norms on children's and adolescents' tolerance of transgression. *Journal of Pacific Rim Psychology*, *9* (2), 86-96.

Wang, J., Wang, L., & Kou, Y. (2018). The different roles of relative ingroup prototypicality in the outgroup attitudes for majority and minority groups. *Group Processes & Intergroup Relations*, *21* (2), 319-335.

Warrington, E. K., & Weiskrantz, L. (1968). New method of testing long-term retention with special reference to amnesic patients. *Nature*, *217* (5132), 972-974.

Wechsler, D. (1943). Non-intellective factors in general intelligence. *Journal of Abnormal & Social Psychology*, *38* (1), 101-103.

Wechsler, D. (1958). The measurement and appraisal of adult intelligence. *Academic Medicine*, *33* (9), 706.

Weiner, B. (1974). *Achievement motivation and attribution theory*. New Jersey: General Learning Press.

Weiner, B., Frieze, I., Kukla, A., Reed, L. Rest, S., & Rosenbaum, R. M. (1971). Perceiving the causes of success and failure. In E. E. Jones, D. E. Kanouse, H. H. Kelley, R. E. Nisbett, S. Valins, & B. Weiner (Eds.), *Attribution: Perceiving the causes of behavior* (pp. 1-26). General Learning Press.

Weingartner, H., Grafman, J., & Boutelle, W. (1983). Forms of memory failure. *Science*, *221* (4608), 380-382.

Wilkins, M. C. (1928). The effect of changed material on the ability to do formal reasoning. *Archives of Psychology*, *16* (102), 28-35.

Witkin, H. A., Moore, C. A., Goodenough, D. R., Cox, P. W. (1977). Field-dependent and field-independent cognitive styles and their educational implications. *Review of Educational Research*, *47* (1), 1-64. https://doi.org/10.2307/1169967.

Wood, W., Lundgren, S., Ouellette, J. A., Busceme, S., & Blacksyone, T. (1994). Minority influence: A meta-analytic review of social influence processes. *Psychological Bulletin*, *115* (3), 323-345.

Woodworth, R. S. & Sells, S. B. (1935). An atmosphere effect in syllogistic reasoning. *Journal of Experimental Psychology*, *18* (4), 451-460.

Xi, Y., Liu, L., Hao, G., Abudusadike, Z., Jiang, C., Zhang, J., & Wang, B. (2017). Research of cerebral activation in Uygur-speaking and Chinese-speaking participants during verb generation task with functional magnetic resonance imaging. *Medicine*, *96* (30), e7460.

Yang, Q., Zhang, W., Liu, S., Gong, W., Han, Y., Lu, J., Jiang, D., Nie, J., Lyu, X., Liu, R., Jiao, M., Qu, C., Zhang, M., Sun, Y., Zhou, X., & Zhang, Q. (2023). Unraveling controversies over civic honesty measurement: An extended field replication in China. *Proceedings of the National Academy of Sciences of the United States of America*, 120.

Yang, Y., Sedikides, C., Wang, Y., & Cai, H. (2023). Nature nurtures authenticity: Mechanisms and consequences. *Journal of Personality and Social Psychology*. Advance online publication. https://doi.org/10.1037/pspi0000432.

Yau, J., & Smetana, J. G. (1996). Adolescent-parent conflict among Chinese adolescents in Hong

Kong. *Child Development*, *67* (3), 1262 - 1275.

Yerkes, R. M., & Dodson, J. D. (1908). The relation of strength of stimulus to rapidity of habit-formation. *Journal of Comparative Neurology & Psychology*, *18* (5), 459 - 482.

Young, P. (1973). Feeling and Emotion. In Wolman, (Ed.), *Handbook of General Psychology*. Englewood Cliffs, N. J.: Prentice-Hall, 1973.

Zang, C., Zhang, M., Bai, X., Yan, G., Paterson, K. B., & Liversedge, S. P. (2016). Effects of word frequency and visual complexity on eye movements of young and older Chinese readers. *Quarterly Journal of Experimental Psychology*, *69* (7), 1409 - 1425.

Zellner, M., & Bäuml, K. H. T. (2005). Intact retrieval inhibition in children's episodic recall. *Memory and Cognition*, *33* (3), 396 - 404.

图书在版编目（CIP）数据

心理学基础 / 白学军主编．-- 2 版．-- 北京：中国人民大学出版社，2025.4．--（新编 21 世纪心理学系列教材）．-- ISBN 978-7-300-33693-0

Ⅰ．B84

中国国家版本馆 CIP 数据核字第 20258W4Z11 号

新编 21 世纪心理学系列教材

心理学基础（第 2 版）

白学军　主编

Xinlixue Jichu

出版发行	中国人民大学出版社		
社　　址	北京中关村大街 31 号	**邮政编码**	100080
电　　话	010－62511242（总编室）		010－62511770（质管部）
	010－82501766（邮购部）		010－62514148（门市部）
	010－62511173（发行公司）		010－62515275（盗版举报）
网　　址	http://www.crup.com.cn		
经　　销	新华书店		
印　　刷	北京市鑫霸印务有限公司	**版　　次**	2020 年 6 月第 1 版
开　　本	787 mm×1092 mm　1/16		2025 年 4 月第 2 版
印　　张	26 插页 1	**印　　次**	2025 年 8 月第 3 次印刷
字　　数	591 000	**定　　价**	59.00 元

关联课程教材推荐

书号	书名	作者	定价（元）
978-7-300-32716-7	普通心理学（第 3 版）	张钦	69.00
978-7-300-32539-2	实验心理学（第 3 版）	白学军 等	59.90
978-7-300-32948-2	发展心理学（第 5 版 · 数字教材版）	雷雳	59.00
978-7-300-30451-9	认知心理学（第 3 版）	丁锦红 等	58.00
978-7-300-25882-9	生理心理学（第 2 版）	隋南 等	49.90
978-7-300-30715-2	社会心理学（第 4 版 · 数字教材版）	乐国安　管健	68.00
978-7-300-25588-0	变态心理学（第 3 版）	王建平　张宁 等	59.80
978-7-300-27212-2	教育心理学：原理与应用	刘儒德	58.00
978-7-300-32062-5	人格心理学导论（第 2 版）	许燕	59.00
978-7-300-32143-1	健康心理学	林丹华	59.00
978-7-300-26722-7	心理学（第 3 版）	斯宾塞 · A. 拉瑟斯	79.00
978-7-300-27971-8	心理学研究方法：从选题到论文发表	王轶楠	45.00
978-7-300-30663-6	社会心理学（第 8 版）	迈克尔 · 豪格 等	158.00

配套教学资源支持

尊敬的老师：

衷心感谢您选择使用人大版教材！相关配套教学资源，请您到人大社网站（http：//www. crup. com. cn）下载，或是随时与我们联系，我们将向您免费提供。

欢迎您随时反馈教材使用过程中的疑问、修订建议，并提供您个人制作的课件。您的课件一经入选，我们将有偿使用。让我们与教材共成长！

联系人信息：

地址：北京海淀区中关村大街 31 号 802 室　　翟然 收　　邮编：100080

电子邮件：lgcbfs@crup. com. cn　　电话：010－62511967　　QQ：492788991

如有相关教材的选题计划，也欢迎您与我们联系，我们将竭诚为您服务！

选题联系人：张宏学　电子邮件：zhanghx@crup. com. cn　电话：010－62512127

人大社网站：http：//www. crup. com. cn

心理学专业教师 QQ 群：259019599

欢迎您登录人大社网站浏览，了解图书信息，共享教学资源

期待您加入专业教师 QQ 群，开展学术讨论，交流教学心得